Herauszunehmen:		Zahl der Blätter	Einzufügen:		Zahl der Blätter
Übertrag:		183	Übertrag:		186
	641–646	3		641–646a	4
	669–672	2		669–672	2
	691/692	1		691/692	1
	773/774	1		773/774	1
	801/802	1		801/802	1
	825–826a	2		825–826a	2
	845–864	10		845–864	10
	878–880c	4		878–880c	4
500	**Anl. 8** 1–6	3	**500**	**Anl. 8** 1–10	5
800	1–6a	4	**800**	1–6a	4
	11–14a	4		11–14a	4
	59–86	15		59–86a	17
	95–98	2		95–98	2
	105–106a	2		105–106a	2
	143/143a	1		143/143a	1
	200–203c	7		200–203c	7
	221/222	1		221/222	1
	253/253a	1		253/253a	1
	283–289a	4		283–289a	4
	329/330	1		329/330	1
Insgesamt herauszunehmen:		252	Insgesamt einzufügen:		260

STEUERRICHTLINIEN

Einkommensteuer-Richtlinien, Lohnsteuer-Richtlinien,
Wohnungsbau-Prämienrichtlinien, Körperschaftsteuer-Richtlinien,
Bewertungsrichtlinien, Erbschaftsteuer-Richtlinien,
Grundsteuer-Richtlinien, Gewerbesteuer-Richtlinien,
Umsatzsteuer-Anwendungserlass,
Anwendungserlass zur Abgabenordnung

Textsammlung
der Richtlinien des Bundes zum Steuerrecht
mit Verweisungen und Sachverzeichnissen

Stand: 30. September 2021
(181. Ergänzungslieferung)

C.H.BECK

Dieses Titelblatt stammt aus der 181. Ergänzungslieferung September 2021
ISBN 978 3 406 76427 1
die an die 180. Ergänzungslieferung Mai 2021 anschließt.

Redaktioneller Hinweis

Vom Verlag erstellte Fußnoten sind urheber- und wettbewerbsrechtlich geschützt; amtliche Fußnoten sind als solche gekennzeichnet.
Die Angaben zum Stand der Sammlung auf dem Titelblatt beziehen sich auf das Verkündungsdatum der maßgeblichen Veröffentlichungsblätter.
Verbesserungsvorschläge und Fehlerhinweise sind jederzeit willkommen.

Verlag C. H. Beck
Wilhelmstraße 9, 80801 München
Fax: (0 89) 3 81 89-3 98 · Internet: www.beck.de
E-Mail: kundenservice@beck.de

www.beck.de

ISBN 978 3 406 46020 3 (Grundwerk zur Fortsetzung)
ISBN 978 3 406 73770 1 (Grundwerk ohne Fortsetzung)
Ergänzt bis 978 3 406 76427 1

Wilhelmstraße 9, 80801 München
Druck: Druckerei C. H. Beck Nördlingen
(Adresse wie Verlag)

Gedruckt auf säurefreiem, alterungsbeständigem Papier
(hergestellt aus chlorfrei gebleichtem Zellstoff)

Geleitwort

zur 181. Ergänzungslieferung September 2021

Mit der vorliegenden 181. Ergänzungslieferung erhält die Sammlung den Stand 30. September 2021.

Hauptbestandteil der Lieferung sind die vielfältigen Änderungen des Umsatzsteuer-Anwendungserlasses **(UStAE)** durch mehr als 10 BMF-Schreiben, zuletzt vom 9.9.2021; hervorzuheben ist hier das umfangreiche BMF-Schreiben vom 24.6.2021 zur umsatzsteuerlichen Behandlung von Reiseleistungen mit der Neufassung des Abschnitts 25 UStAE. Der Anwendungserlass zur AO **(AEAO)** wurde durch das BMF-Schreiben vom 6.8.2021 mit zahlreichen Einzelanweisungen zu den §§ 52ff. AO (Steuerbegünstigte Zwecke) geändert.

Mit dem Austausch zahlreicher Einzelblätter u.a. in den Bereichen Einkommensteuer, Erbschaftsteuer, Lohnsteuer wird die rasch fortschreitende Rechtsentwicklung in Gesetzgebung, Rechtsprechung und Verwaltung dokumentiert und das Werk durchgehend aktualisiert.

Informationen zu aktuellen Gesetzen und Verwaltungsanweisungen sowie sonstige aktuelle steuerliche Fachinformationen finden Sie in der Rubrik Fach-News auf unseren Internetseiten unter www.dstr.de.

München, im Oktober 2021 VERLAG C. H. BECK

H 3.2 **Zu § 3 Nr. 2**

Existenzgründerzuschuss. Zuschüsse zur Förderung von Existenzgründern aus Mitteln des Europäischen Sozialfonds und aus Landesmitteln sind nicht steuerfrei, wenn sie nicht der Aufstockung des Überbrückungsgeldes nach dem SGB III dienen (→ BFH vom 26.6.2002 – BStBl. II S. 697).

Leistungen nach dem SGB III. → R 3.2 LStR 2015.

H 3.5 **Zu § 3 Nr. 5**

Geld- und Sachbezüge an Wehrpflichtige und Zivildienstleistende. → H 3.5 LStH 2020.

H 3.6 **Zu § 3 Nr. 6**

Bezüge aus EU-Mitgliedstaaten. § 3 Nr. 6 EStG ist auch auf Bezüge von Kriegsbeschädigten und gleichgestellten Personen anzuwenden, die aus öffentlichen Mitteln anderer EU-Mitgliedstaaten gezahlt werden (→ BFH vom 22.1.1997 – BStBl. II S. 358).

Gesetzliche Bezüge der Wehr- und Zivildienstbeschädigten, Kriegsbeschädigten, ihrer Hinterbliebenen und der ihnen gleichgestellten Personen. → R 3.6 LStR 2015.

H 3.7 **Zu § 3 Nr. 7**

Allgemeines. Steuerfrei sind insbesondere folgende Leistungen, soweit sie nicht in Form zurückzahlbarer Darlehen, z. B. Eingliederungsdarlehen, gewährt werden:

Flüchtlingshilfegesetz (FlüHG).
- Laufende Beihilfe – Beihilfe zum Lebensunterhalt.
- Besondere laufende Beihilfe (§§ 10 bis 16a FlüHG).

Lastenausgleichsgesetz (LAG).
- Hauptentschädigung – einschließlich des Zinszuschlags i. S. d. § 250 Abs. 3 und des § 252 Abs. 2 LAG – (§§ 243 bis 252, 258 LAG).
- Kriegsschadenrente – Unterhaltshilfe und Entschädigungsrente – (§§ 261 bis 292c LAG).
- Hausratentschädigungen (§§ 293 bis 297 LAG), Leistungen aus dem Härtefonds (§§ 301, 301a, 301b LAG).
- Leistungen auf Grund sonstiger Förderungsmaßnahmen (§ 302 LAG).

H 3.8 **Zu § 3 Nr. 8**

Wiedergutmachungsleistungen. → Bundesentschädigungsgesetz; → Bundesgesetz zur Wiedergutmachung nationalsozialistischen Unrechts in der Kriegsopferversorgung; → Bundesgesetz zur Wiedergutmachung nationalsozialistischen Unrechts in der Kriegsopferversorgung für Berechtigte im Ausland; → Entschädigungsrentengesetz; → Wiedergutmachungsrecht der Länder.

H 3.11 Zu § 3 Nr. 11

Beihilfen. Entscheidendes Merkmal der Beihilfe ist ihre Unentgeltlichkeit und Einseitigkeit. Leistungen, die im Rahmen eines entgeltlichen Austauschgeschäfts erbracht werden, können nicht als Beihilfe qualifiziert werden. Danach sind die von den Jugendämtern an Vollzeitpflegeeltern geleisteten → Pflegegelder nach § 3 Nr. 11 EStG steuerfrei. Demgegenüber sind Pflegesätze, die an ein erwerbsmäßig betriebenes Kinderhaus für die Unterbringung von Kindern gezahlt werden, keine Beihilfen i. S. d. § 3 Nr. 11 EStG (→ BFH vom 23.9.1998 – BStBl. 1999 II S. 133).

Beihilfen und Unterstützungen, die wegen Hilfsbedürftigkeit gewährt werden. → R 3.11 LStR 2015.

Beihilfen zu Lebenshaltungskosten können die Erziehung und Ausbildung, nicht aber die Wissenschaft und Kunst unmittelbar fördern (→ BFH vom 27.4.2006 – BStBl. II S. 755).

Erziehungs- und Ausbildungsbeihilfen. → H 3.11 (Steuerfreiheit nach § 3 Nr. 11 EStG) LStH 2020.

Öffentliche Stiftung. Eine öffentliche Stiftung liegt vor, wenn

a) die Stiftung selbst juristische Person des öffentlichen Rechts ist **oder**

b) das Stiftungsvermögen im Eigentum einer juristischen Person des öffentlichen Rechts steht **oder**

c) die Stiftung von einer juristischen Person des öffentlichen Rechts verwaltet wird.

Zur Definition der öffentlichen Stiftung → BVerfGE 15 S. 46, 66.[1] Im Übrigen richtet sich der Begriff nach Landesrecht.

Pflegegeld.

- Zur einkommensteuerrechtlichen Behandlung der Geldleistungen für Kinder in **Vollzeitpflege,** für die Erziehung in einer Tagesgruppe, für Heimerziehung/Erziehung in sonstiger betreuter Wohnform, für die intensive sozialpädagogische Einzelbetreuung sowie für die Unterbringung/Betreuung bei Inobhutnahme von Kindern und Jugendlichen → *BMF vom 22.10.2018 (BStBl. I S. 1109).*[2]
- Zur Behandlung der Geldleistungen für Kinder in **Kindertagespflege** → BMF vom 11.11.2016 (BStBl. I S. 1236).
- → Beihilfen.

H 3.12 Zu § 3 Nr. 12

Aufwandsentschädigungen aus öffentlichen Kassen. → R 3.12 LStR 2015.
→ H 3.11 (Öffentliche Kassen) LStH 2020.

H 3.13 Zu § 3 Nr. 13

Reisekostenvergütungen, Umzugskostenvergütungen und Trennungsgelder aus öffentlichen Kassen. → R 3.13 LStR 2015.
→ H 3.11 (Öffentliche Kassen) LStH 2020.

---

[1] BVerfG v. 6.11.1962 2 BvR 151/60, DÖV 1963, 262.

[2] Ersetzt durch BMF v. 31.8.2021, DStR 2021, 2076. – Zur Zahlung aus öffentlichen Mitteln bei Zwischenschaltung eines freien Trägers der Jugendhilfe siehe BFH v. 25.3.2021 VIII R 37/19, DStRE 2021, 971.

Durchlaufende Posten. In fremdem Namen und auf fremde Rechnung beigetriebene Beträge verlieren ihre Eigenschaft als durchlaufende Posten nicht dadurch, dass der Stpfl. sie für eigene Zwecke verwendet. Veruntreute Fremdgelder stellen keine steuerbaren Einnahmen aus der jeweiligen Einkunftsart dar (→ BFH vom 16.12.2014 – BStBl. 2015 II S. 643).[1)]

Fremdwährungsdarlehen. Die Mehrausgaben, die sich bei der Tilgung eines Fremdwährungsdarlehens nach einer Kurssteigerung der ausländischen Währung ergeben, sind im Zeitpunkt der Zahlung als Betriebsausgabe, umgerechnet in Euro, abzuziehen; wird infolge eines Kursrückgangs der ausländischen Währung ein geringerer als der ursprünglich zugeflossene Betrag zurückgezahlt, ist der Unterschiedsbetrag, umgerechnet in Euro, im Zeitpunkt der Zahlung als Betriebseinnahme zu erfassen (→ BFH vom 15.11. 1990 – BStBl. 1991 II S. 228).

Gold. Physisches Gold ist entsprechend seiner Zweckbestimmung im Betrieb dem Anlage- oder Umlaufvermögen zuzuordnen. Dem Umlaufvermögen zuzuordnendes physisches Gold stellt keine den Wertpapieren vergleichbare nicht verbriefte Forderungen oder Rechte i. S. d. § 4 Abs. 3 Satz 4 Variante 3 EStG dar (→ BFH vom 19.1.2017 – BStBl. II S. 456 und S. 466).

Investitionszuschüsse bei Einnahmenüberschussrechnung. → H 6.5.

Rückdeckungsanspruch. Ein Rückdeckungsanspruch stellt eine Forderung gegen den Versicherer dar, die zum Umlaufvermögen gehört. Der Erwerb eines Rückdeckungsanspruchs ist regelmäßig keine von § 4 Abs. 3 Satz 4 EStG erfasste Anschaffung von Wertpapieren und vergleichbaren, nicht verbrieften Forderungen und Rechten des Umlaufvermögens (→ BFH vom 12.12.2017 – BStBl. 2018 II S. 387).

Sacheinnahmen sind wie Geldeingänge in dem Zeitpunkt als Betriebseinnahme zu erfassen, in dem der Sachwert zufließt (→ BFH vom 12.3.1992 – BStBl. 1993 II S. 36).

Tauschvorgänge. Durch die Lieferung von zum Betriebsvermögen gehörenden Wirtschaftsgütern im Tausch gegen andere Wirtschaftsgüter hat der Stpfl. eine Betriebseinnahme i. S. d. § 4 Abs. 3 EStG realisiert, da ihm dadurch ein geldwerter Gegenstand zugegangen ist und dieser Zugang im Hinblick auf die Hingabe von Betriebsgegenständen betrieblich veranlasst ist. Ob die erlangte Gegenleistung in den betrieblichen oder in den privaten Bereich des Stpfl. gelangt ist, hat dafür keine Bedeutung. Eine Betriebseinnahme setzt nicht voraus, dass die erlangte Leistung Betriebsvermögen wird (→ BFH vom 17.4.1986 – BStBl. II S. 607).

Vereinnahmte Umsatzsteuerbeträge. → H 9b (Gewinnermittlung nach § 4 Abs. 3 EStG und Ermittlung des Überschusses der Einnahmen über die Werbungskosten).

Vorschusszahlung.

– Vorschussweise gezahlte Honorare sind auch dann zugeflossen, wenn im Zeitpunkt der Veranlagung feststeht, dass sie teilweise zurückzuzahlen

1) Siehe aber BFH v. 29.9.2020 VIII R 14/17, BStBl. II 2021, 431: Aufrechnung gegen Anspruch des Mandanten löst Verklammerung von Einnahme und Ausgabe auf.

sind; das „Behaltendürfen" ist nicht Merkmal des Zuflusses (→ BFH vom 13.10.1989 – BStBl. 1990 II S. 287).
– Nicht rückzahlbare Zahlungen, die ein Verlag zum Zweck der Vorfinanzierung erwarteter GEMA-Zahlungen an den Urheber erbringt und die mit den Ausschüttungen der GEMA zu verrechnen sind, sind unabhängig davon, ob sie als vorzeitige Teilerfüllung einer Vergütungspflicht des Verlages anzusehen sind, mit dem Zufluss als Betriebseinnahmen zu erfassen (→ BFH vom 2.8.2016 – BStBl. 2017 II S. 310).

Wirtschaftsjahr. § 11 Abs. 1 Satz 2 EStG ist auch bei abweichendem Wj. in der Land- und Forstwirtschaft anzuwenden (→ BFH vom 23.9.1999 – BStBl. 2000 II S. 121).

Zahngold. Ausgaben eines Zahnarztes mit Gewinnermittlung nach § 4 Abs. 3 EStG für Zahngold (→ H 4.2 (1) Gold) bilden auch dann Betriebsausgaben, wenn der angeschaffte Goldvorrat den Verbrauch für einige Jahre deckt (→ BFH vom 12.7.1990 – BStBl. 1991 II S. 13 und vom 12.3.1992 – BStBl. 1993 II S. 36); Indiz dafür ist der Verbrauch der Vorräte innerhalb eines Zeitraums von maximal sieben Jahren oder der Nachweis, dass bei Anschaffung mit einem Verbrauch innerhalb dieses Zeitraums zu rechnen war (→ BFH vom 26.5.1994 – BStBl. II S. 750).

Zufluss von Betriebseinnahmen.
– **Provisionszahlungen** → H 11 (Provisionen).
– **Zahlungen des Auftraggebers an ein Versorgungswerk** als Betriebseinnahmen des Auftragnehmers im Zeitpunkt des Eingangs beim Versorgungswerk (→ BFH vom 1.10.1993 – BStBl. 1994 II S. 179).
– **Veräußerungserlös** – der Erlös aus dem Verkauf eines Wirtschaftsgutes ist stets im Jahr des Zuflusses anzusetzen (→ BFH vom 16.2.1995 – BStBl. II S. 635); bei Inanspruchnahme des § 6c EStG → aber R 6c Abs. 1 Satz 3 und 4.

R 4.5 (3)

Abnutzbare und nicht abnutzbare Anlagegüter

(3) [1] Zu den Betriebseinnahmen gehören auch die Einnahmen aus der Veräußerung von abnutzbaren und nicht abnutzbaren Anlagegütern sowie vereinnahmte Umsatzsteuerbeträge. [2] Die Anschaffungs- oder Herstellungskosten für Anlagegüter, die der Abnutzung unterliegen, z.B. Einrichtungsgegenstände, Maschinen, der Geschäfts- oder Firmenwert oder der Praxiswert dürfen nur im Wege der AfA auf die Nutzungsdauer des Wirtschaftsgutes verteilt werden, sofern nicht die Voraussetzungen des § 6 Abs. 2 oder Abs. 2a EStG anzuwenden ist. [3] Neben den Vorschriften über die AfA, die Absetzung für Substanzverringerung, die Bewertungsfreiheit für geringwertige Wirtschaftsgüter oder die Bildung eines Sammelpostens gelten auch die Regelungen über erhöhte Absetzungen und über Sonderabschreibungen. [4] Die vorgenommenen Abschreibungen sind in die besonderen, laufend zu führenden Verzeichnisse des Anlagevermögens aufzunehmen. [5] Die Anschaffungs- oder Herstellungskosten oder der an deren Stelle tretende Wert sind bei nicht abnutzbaren Wirtschaftsgütern des Anlagevermögens, z.B. Grund und Boden, Genossenschaftsanteile, Wald einschließlich Erstaufforstung, erst im Zeitpunkt des Zuflusses des Veräußerungserlöses oder im Zeitpunkt der Entnahme als Betriebsausgaben zu

[3]Sie wird jedoch nicht schon dadurch ausgeschlossen, dass mit der Zuwendung der Zweck verfolgt wird, Geschäftsbeziehungen zu sichern oder zu verbessern oder für ein Erzeugnis zu werben. [4]Ein Geschenk i. S. d. § 4 Abs. 5 Satz 1 Nr. 1 EStG ist danach regelmäßig anzunehmen, wenn ein Stpfl. einem Geschäftsfreund oder dessen Beauftragten ohne rechtliche Verpflichtung und ohne zeitlichen oder sonstigen unmittelbaren Zusammenhang mit einer Leistung des Empfängers eine Bar- oder Sachzuwendung gibt. [5]Keine Geschenke sind beispielsweise

1. Kränze und Blumen bei Beerdigungen,
2. Spargeschenkgutscheine der Kreditinstitute und darauf beruhende Gutschriften auf dem Sparkonto anlässlich der Eröffnung des Sparkontos oder weitere Einzahlungen,
3. Preise anlässlich eines Preisausschreibens oder einer Auslobung.

[6]Zu den Geschenken i. S. d. § 4 Abs. 5 Satz 1 Nr. 1 EStG rechnen ebenfalls nicht die Bewirtung, die damit verbundene Unterhaltung und die Beherbergung von Personen aus geschäftlichem Anlass (→ Absätze 5 ff.).

H 4.10 (2–4)

Freigrenze für Geschenke nach § 4 Abs. 5 Satz 1 Nr. 1 EStG. → H 9b.

Geschenk. Ob eine Vermögenszuwendung unentgeltlich als Geschenk oder entgeltlich gemacht wird, entscheidet nach bürgerlichem Recht die hierüber zwischen den Beteiligten getroffene Vereinbarung. Ein Geschenk liegt nur vor, wenn beide Seiten über die Unentgeltlichkeit einig sind. Daher liegt schon dann kein Geschenk vor, wenn eine Seite von der Entgeltlichkeit der Zuwendung ausgeht (→ BFH vom 23.6.1993 – BStBl. II S. 806).

Selbständige Tätigkeit eines Angestellten. Übt ein Angestellter unter Mithilfe anderer Angestellter desselben Arbeitgebers auch eine selbständige Tätigkeit aus, handelt es sich bei diesen Mitarbeitern nicht um Arbeitnehmer des Angestellten und zugleich selbständig Tätigen (→ BFH vom 8.11.1984 – BStBl. 1985 II S. 286).

R 4.10 (5–9)

Bewirtung und Bewirtungsaufwendungen[1), 2)]

(5) [1]Eine **Bewirtung** i. S. d. § 4 Abs. 5 Satz 1 Nr. 2 EStG liegt vor, wenn Personen beköstigt werden. [2]Dies ist stets dann der Fall, wenn die Darreichung von Speisen und/oder Getränken eindeutig im Vordergrund steht. [3]**Bewirtungsaufwendungen** sind Aufwendungen für den Verzehr von Speisen, Getränken und sonstigen Genussmitteln. [4]Dazu können auch Aufwendungen gehören, die zwangsläufig im Zusammenhang mit der Bewirtung anfallen, wenn sie im Rahmen des insgesamt geforderten Preises von untergeordneter Bedeutung sind, wie z. B. Trinkgelder und Garderobengebühren. [5]Die Beurteilung der Art der Aufwendungen richtet sich grundsätzlich nach

---

1) Siehe jetzt im Einzelnen BMF v. 30.6.2021, BStBl. I 2021, 908.

2) Zu den Bewirtungskosten bei Incentive-Reisen siehe BMF v. 14.10.1996, BStBl. I 1996, 1192.

der Hauptleistung. [6]Werden dem bewirtenden Stpfl. die Bewirtungsaufwendungen im Rahmen eines Entgelts ersetzt (z. B. bei einer Seminargebühr oder einem Beförderungsentgelt), unterliegen diese Aufwendungen nicht der in § 4 Abs. 5 Satz 1 Nr. 2 EStG festgelegten Kürzung. [7]Dies gilt nur, wenn die Bewirtung in den Leistungsaustausch einbezogen ist. [8]Die nach § 15 Abs. 1a UStG nichtabziehbare Vorsteuer unterliegt dem Abzugsverbot des § 12 Nr. 3 EStG. [9]Keine Bewirtung liegt vor bei

1. Gewährung von Aufmerksamkeiten in geringem Umfang (wie Kaffee, Tee, Gebäck), z. B. anlässlich betrieblicher Besprechungen, wenn es sich hierbei um eine übliche Geste der Höflichkeit handelt; die Höhe der Aufwendungen ist dabei nicht ausschlaggebend,
2. Produkt-/Warenverkostungen, z. B. im Herstellungsbetrieb, beim Kunden, beim (Zwischen-)Händler, bei Messeveranstaltungen; hier besteht ein unmittelbarer Zusammenhang mit dem Verkauf der Produkte oder Waren. [2]Voraussetzung für den unbeschränkten Abzug ist, dass nur das zu veräußernde Produkt und ggf. Aufmerksamkeiten (z. B. Brot anlässlich einer Weinprobe) gereicht werden. [3]Diese Aufwendungen können als Werbeaufwand unbeschränkt als Betriebsausgaben abgezogen werden. [4]Entsprechendes gilt, wenn ein Dritter mit der Durchführung der Produkt-/Warenverkostung beauftragt war.

[10]Solche Aufwendungen können unbegrenzt als Betriebsausgaben abgezogen werden.

Betrieblicher und geschäftlicher Anlass

(6) [1]Betrieblich veranlasste Aufwendungen für die Bewirtung von Personen können geschäftlich oder nicht geschäftlich (→ Absatz 7) bedingt sein. [2]Ein geschäftlicher Anlass besteht insbesondere bei der Bewirtung von Personen, zu denen schon Geschäftsbeziehungen bestehen oder zu denen sie angebahnt werden sollen. [3]Auch die Bewirtung von Besuchern des Betriebs, z. B. im Rahmen der Öffentlichkeitsarbeit ist geschäftlich veranlasst. [4]Bei geschäftlichem Anlass sind die Bewirtungsaufwendungen nach § 4 Abs. 5 Satz 1 Nr. 2 Satz 1 EStG nicht zum Abzug zugelassen, soweit sie den dort genannten Prozentsatz[1)] der angemessenen und nachgewiesenen Aufwendungen übersteigen. [5]Hierbei sind zunächst folgende Kosten auszuscheiden:

1. Teile der Bewirtungskosten, die privat veranlasst sind;
2. Teile der Bewirtungsaufwendungen, die nach allgemeiner Verkehrsauffassung als unangemessen anzusehen sind (Angemessenheit);
3. Bewirtungsaufwendungen, deren Höhe und betriebliche Veranlassung nicht nachgewiesen sind (→ Absatz 8);
4. Bewirtungsaufwendungen, die wegen Verletzung der besonderen Aufzeichnungspflichten nicht abgezogen werden können (→ § 4 Abs. 7 EStG, R 4.11);
5. Aufwendungen, die nach ihrer Art keine Bewirtungsaufwendungen sind (z. B. Kosten für eine Musikkapelle anlässlich einer Informations- oder

---

1) Derzeit 70%.

Werbeveranstaltung und andere Nebenkosten), es sei denn, sie sind von untergeordneter Bedeutung (z. B. Trinkgelder → Absatz 5); solche Aufwendungen sind in vollem Umfang abziehbar, wenn die übrigen Voraussetzungen vorliegen.

6 Die verbleibenden Aufwendungen fallen unter die Abzugsbegrenzung.[1)] 7 Die Abzugsbegrenzung gilt bei der Bewirtung von Personen aus geschäftlichem Anlass auch für den Teil der Aufwendungen, der auf den an der Bewirtung teilnehmenden Stpfl. oder dessen Arbeitnehmer entfällt. 8 Aufwendungen für die Bewirtung von Personen aus geschäftlichem Anlass in der Wohnung des Stpfl. gehören regelmäßig nicht zu den Betriebsausgaben, sondern zu den Kosten der Lebensführung (§ 12 Nr. 1 EStG). 9 Bei Bewirtungen in einer betriebseigenen Kantine wird aus Vereinfachungsgründen zugelassen, dass die Aufwendungen nur aus den Sachkosten der verabreichten Speisen und Getränke sowie den Personalkosten ermittelt werden; es ist nicht zu beanstanden, wenn – im Wirtschaftsjahr einheitlich – je Bewirtung ein Betrag von 15 Euro angesetzt wird, wenn dieser Ansatz nicht zu einer offenbar unzutreffenden Besteuerung führt. 10 Unter dem Begriff „betriebseigene Kantine" sind alle betriebsinternen Einrichtungen zu verstehen, die es den Arbeitnehmern des Unternehmens ermöglichen, Speisen und Getränke einzunehmen, und die für fremde Dritte nicht ohne weiteres zugänglich sind. 11 Auf die Bezeichnung der Einrichtung kommt es nicht an; zu Kantinen können deshalb auch Einrichtungen gehören, die im Betrieb als „Casino" oder „Restaurant" bezeichnet werden.

(7) 1 Nicht geschäftlich, sondern allgemein betrieblich veranlasst ist ausschließlich die Bewirtung von Arbeitnehmern des bewirtenden Unternehmens. 2 Geschäftlich veranlasst ist danach die Bewirtung von Arbeitnehmern von gesellschaftsrechtlich verbundenen Unternehmen (z. B. Mutter- oder Tochterunternehmen) und mit ihnen vergleichbaren Personen. 3 Nur in dem Maße, wie die Aufwendungen auf die nicht geschäftlich veranlasste Bewirtung von Arbeitnehmern des bewirtenden Unternehmens entfallen, können sie unbegrenzt abgezogen werden. 4 Bei Betriebsfesten ist die Bewirtung von Angehörigen oder von Personen, die zu ihrer Gestaltung beitragen, unschädlich.

Nachweis

(8) 1 Der Nachweis der Höhe und der betrieblichen Veranlassung der Aufwendungen durch schriftliche Angaben zu Ort, Tag, Teilnehmer und Anlass der Bewirtung sowie Höhe der Aufwendungen ist gesetzliches Tatbestandsmerkmal für den Abzug der Bewirtungsaufwendungen als Betriebsausgaben. 2 Bei Bewirtung in einer Gaststätte genügen neben der beizufügenden Rechnung Angaben zu dem Anlass und den Teilnehmern der Bewirtung; auch hierbei handelt es sich um ein gesetzliches Tatbestandsmerkmal für den Abzug der Bewirtungsaufwendungen als Betriebsausgaben. 3 Aus der Rechnung müssen sich Name und Anschrift der Gaststätte sowie der Tag der Bewirtung ergeben. 4 Die Rechnung muss auch den Namen des bewirtenden Stpfl. enthalten; dies gilt nicht, wenn der Gesamtbetrag der Rechnung *150 Euro*[2)] nicht

---

1) Derzeit 70 %.
2) **[Amtl. Anm.:]** Ab 1.1.2017 250 Euro (§ 14 UStG i. V. m. § 33 UStDV).

übersteigt. [5]Die schriftlichen Angaben können auf der Rechnung oder getrennt gemacht werden. [6]Erfolgen die Angaben getrennt von der Rechnung, müssen das Schriftstück über die Angaben und die Rechnung grundsätzlich zusammengefügt werden. [7]Ausnahmsweise genügt es, den Zusammenhang dadurch darzustellen, dass auf der Rechnung und dem Schriftstück über die Angaben Gegenseitigkeitshinweise angebracht werden, so dass Rechnung und Schriftstück jederzeit zusammengefügt werden können. [8]Die Rechnung muss den Anforderungen des § 14 UStG genügen und maschinell erstellt und registriert sein. [9]Die in Anspruch genommenen Leistungen sind nach Art, Umfang, Entgelt und Tag der Bewirtung in der Rechnung gesondert zu bezeichnen; die für den Vorsteuerabzug ausreichende Angabe „Speisen und Getränke“ und die Angabe der für die Bewirtung in Rechnung gestellten Gesamtsumme sind für den Betriebsausgabenabzug nicht ausreichend.

(9) [1]Zur Bezeichnung der Teilnehmer der Bewirtung ist grundsätzlich die Angabe ihres Namens erforderlich. [2]Auf die Angabe der Namen kann jedoch verzichtet werden, wenn ihre Feststellung dem Stpfl. nicht zugemutet werden kann. [3]Das ist z.B. bei Bewirtungen anlässlich von Betriebsbesichtigungen durch eine größere Personenzahl und bei vergleichbaren Anlässen der Fall. [4]In diesen Fällen sind die Zahl der Teilnehmer der Bewirtung sowie eine die Personengruppe kennzeichnende Sammelbezeichnung anzugeben. [5]Die Angaben über den Anlass der Bewirtung müssen den Zusammenhang mit einem geschäftlichen Vorgang oder einer Geschäftsbeziehung erkennen lassen.

H 4.10 (5–9)

Angemessenheit.
- Die Angemessenheit ist vor allem nach den jeweiligen Branchenverhältnissen zu beurteilen (→ BFH vom 14.4.1988 – BStBl. II S. 771).
- → H 4.10 (12).

Anlass der Bewirtung. Angaben wie „Arbeitsgespräch“, „Infogespräch“ oder „Hintergrundgespräch“ als Anlass der Bewirtung sind nicht ausreichend (→ BFH vom 15.1.1998 – BStBl. II S. 263).

Aufteilung von Bewirtungsaufwendungen in einen betrieblichen und einen privaten Teil. Der eigene Verzehraufwand eines Gewerbetreibenden in Gaststätten, in denen er seine Waren mit Hilfe von aufgestellten Automaten vertreibt, ist nur insoweit als betrieblich veranlasster Aufwand abziehbar, wie im Einzelnen nachgewiesen wird, dass dabei die private Lebensführung als unbedeutend in den Hintergrund getreten ist (→ BFH vom 14.4.1988 – BStBl. II S. 771).

Bewirtung. Eine Bewirtung i. S. d. § 4 Abs. 5 Satz 1 Nr. 2 EStG liegt nur vor, wenn die Darreichung von Speisen und/oder Getränken eindeutig im Vordergrund steht (→ BFH vom 16.2.1990 – BStBl. II S. 575). Keine Bewirtungsaufwendungen sind daher Aufwendungen für die Darbietung anderer Leistungen (wie insbesondere Varieté, Striptease und Ähnliches), wenn der insgesamt geforderte Preis in einem offensichtlichen Missverhältnis zum Wert der verzehrten Speisen und/oder Getränke steht (→ BFH vom 16.2.1990 – BStBl. II S. 575); solche Aufwendungen sind insgesamt nach § 4 Abs. 5 Satz 1 Nr. 7 EStG zu beurteilen (→ R 4.10 Abs. 12) und ggf. aufzuteilen. Die nach Aufteilung auf eine Bewirtung entfallenden Aufwendungen unterliegen sodann der Abzugsbegrenzung des § 4 Abs. 5 Satz 1 Nr. 2 EStG.

Bewirtung im gastronomischen Unternehmensbereich. Die Abzugsbegrenzung findet keine Anwendung, wenn die Bewirtungsaufwendungen entweder anlässlich einer Bewirtung von zahlenden Gästen (z.B. bei der Bewirtung von Fluggästen durch eine Fluggesellschaft) oder durch Präsentation bestimmter Speisen zu Werbezwecken anfallen (→ BFH vom 7.9.2011 – BStBl. 2012 II S. 194).

Bewirtung im Rahmen eines Leistungsaustauschs. Das Abzugsverbot gilt nicht bei Aufwendungen eines Gaststättenbetreibers für die Bewirtung von Busfahrern als Gegenleistung für das Zuführen von potenziellen Kunden (→ BFH vom 26.4.2018 – BStBl. II S. 750).

Bewirtung mehrerer Personen. Werden mehrere Personen bewirtet, müssen grundsätzlich die Namen aller Teilnehmer der Bewirtung, ggf. auch des Stpfl. und seiner Arbeitnehmer angegeben werden (→ BFH vom 25.2.1988 – BStBl. II S. 581).

Bewirtung von Personen aus geschäftlichem Anlass.
- Keine Betriebseinnahme → R 4.7 Abs. 3.
- Steuerliche Anerkennung der Aufwendungen als Betriebsausgaben nach R 4.10 Abs. 6 → *BMF vom 21.11.1994 (BStBl. I S. 855).*[1]

Journalisten. Journalisten können die nach § 4 Abs. 5 Satz 1 Nr. 2 Satz 1 EStG geforderten Angaben zu Teilnehmern und Anlass einer Bewirtung in der Regel nicht unter Berufung auf das Pressegeheimnis verweigern (→ BFH vom 15.1.1998 – BStBl. II S. 263).

Nachholung von Angaben. Die zum Nachweis von Bewirtungsaufwendungen erforderlichen schriftlichen Angaben müssen zeitnah gemacht werden (→ BFH vom 25.3.1988 – BStBl. II S. 655). Die Namensangabe darf vom Rechnungsaussteller auf der Rechnung oder durch eine sie ergänzende Urkunde nachgeholt werden (→ BFH vom 27.6.1990 – BStBl. II S. 903 und vom 2.10.1990 – BStBl. 1991 II S. 174).

Name des bewirtenden Stpfl. Angabe ist Voraussetzung für den Nachweis der betrieblichen Veranlassung (→ BFH vom 13.7.1994 – BStBl. II S. 894).

Schulungsveranstaltung. Bewirtet ein Unternehmen im Rahmen einer Schulungsveranstaltung Personen, die nicht seine Arbeitnehmer sind, unterliegt der Bewirtungsaufwand der Abzugsbeschränkung gem. § 4 Abs. 5 Satz 1 Nr. 2 EStG (→ BFH vom 18.9.2007 – BStBl. 2008 II S. 116).

Schweigepflicht. Rechtsanwälte können die nach § 4 Abs. 5 Satz 1 Nr. 2 EStG erforderlichen Angaben zu Teilnehmern und Anlass einer Bewirtung in der Regel nicht unter Berufung auf die anwaltliche Schweigepflicht verweigern (→ BFH vom 26.2.2004 – BStBl. II S. 502).

Unterschrift. Das zum Nachweis der betrieblichen Veranlassung der Bewirtung vom Stpfl. erstellte Schriftstück ist von diesem zu unterschreiben (→ BFH vom 15.1.1998 – BStBl. II S. 263).

---

[1] Siehe jetzt BMF v. 30.6.2021, BStBl. I 2021, 908.

Unvollständige Angaben. Sind die Angaben lückenhaft, können die Aufwendungen auch dann nicht abgezogen werden, wenn der Stpfl. ihre Höhe und betriebliche Veranlassung in anderer Weise nachweist oder glaubhaft macht (→ BFH vom 30.1.1986 – BStBl. II S. 488).

R 4.10 (10, 11)

Gästehäuser[1)]

(10) [1] Nach § 4 Abs. 5 Satz 1 Nr. 3 EStG können Aufwendungen für Einrichtungen, die der Bewirtung oder Beherbergung von Geschäftsfreunden dienen (Gästehäuser) und sich außerhalb des Orts des Betriebs des Stpfl. befinden, nicht abgezogen werden. [2] Dagegen können Aufwendungen für Gästehäuser am Ort des Betriebs oder für die Unterbringung von Geschäftsfreunden in fremden Beherbergungsbetrieben, soweit sie ihrer Höhe nach angemessen sind (→ Absatz 12), als Betriebsausgaben berücksichtigt werden. [3] Als „Betrieb" gelten in diesem Sinne auch Zweigniederlassungen und Betriebsstätten mit einer gewissen Selbständigkeit, die üblicherweise von Geschäftsfreunden besucht werden.

(11) [1] Zu den nicht abziehbaren Aufwendungen für Gästehäuser i. S. d. § 4 Abs. 5 Satz 1 Nr. 3 EStG gehören sämtliche mit dem Gästehaus im Zusammenhang stehenden Ausgaben einschließlich der Absetzung für Abnutzung. [2] Wird die Beherbergung und Bewirtung von Geschäftsfreunden in einem Gästehaus außerhalb des Orts des Betriebs gegen Entgelt vorgenommen, und erfordert das Gästehaus einen ständigen Zuschuss, ist dieser Zuschuss nach § 4 Abs. 5 Satz 1 Nr. 3 EStG nicht abziehbar.

H 4.10 (10, 11)

Ferienhausüberlassung an Arbeitnehmer. Aufwendungen des Arbeitgebers für seinen Arbeitnehmern unentgeltlich zur Verfügung gestellte Ferienhäuser sind unbegrenzt als Betriebsausgaben abziehbar und zwar auch dann, wenn die Ferienhäuser im Ausland belegen sind (→ BFH vom 9.4.1997 – BStBl. II S. 539).

Ort des Betriebs. Der Ort des Betriebs ist regelmäßig die politische Gemeinde (→ BFH vom 9.4.1968 – BStBl. II S. 603).

R 4.10 (12)

Angemessenheit von Aufwendungen

(12) Als die Lebensführung berührende Aufwendungen, die auf ihre → Angemessenheit zu prüfen sind, kommen insbesondere in Betracht

1. die Kosten der Übernachtung anlässlich einer Geschäftsreise,
2. die Aufwendungen für die Unterhaltung und Beherbergung von Geschäftsfreunden, soweit der Abzug dieser Aufwendungen nicht schon nach den Absätzen 1, 10 und 11 ausgeschlossen ist,
3. die Aufwendungen für die Unterhaltung von Personenkraftwagen (Kraftfahrzeug) und für die Nutzung eines Flugzeugs,
4. die Aufwendungen für die Ausstattung der Geschäftsräume, z. B. der Chefzimmer und Sitzungsräume.

---

1) Zu Unterbringungskosten bei Incentive-Reisen vgl. BMF v. 14.10.1996, BStBl. I 1996, 1192.

– Ein nach dem Bilanzstichtag, aber vor dem Zeitpunkt der Bilanzaufstellung erfolgter Verzicht des Prozessgegners auf ein Rechtsmittel wirkt nicht auf die Verhältnisse am Bilanzstichtag zurück (→ BFH vom 30.1. 2002 – BStBl. II S. 688).

Schadensersatz. → Rechtsmittel.

Verhandlungen. Wird am Bilanzstichtag über den Wegfall einer Verpflichtung verhandelt, so rechtfertigt dies die Auflösung einer gebildeten Rückstellung grundsätzlich nicht (→ BFH vom 17.11.1987 – BStBl. 1988 II S. 430).

H 5.8

Verpflichtungsübernahmen. Zur bilanziellen Berücksichtigung von Verpflichtungsübernahmen, Schuldbeitritten und Erfüllungsübernahmen mit vollständiger oder teilweiser Schuldfreistellung → BMF vom 30.11.2017 (BStBl. I S. 1619).

Zu § 5a EStG

H 5a

Allgemeines. → BMF vom 12.6.2002 (BStBl. I S. 614) unter Berücksichtigung der Änderungen durch BMF vom 31.10.2008 (BStBl. I S. 956) und vom 10.9.2013 (BStBl. I S. 1152); Rz. 12 Satz 2 bis Rz. 14 sind überholt und nicht mehr anzuwenden (→ BFH vom 16.1.2014 – BStBl. II S. 774).

Feststellung eines Unterschiedsbetrags. Ein Unterschiedsbetrag ist nur für diejenigen Wirtschaftsgüter festzustellen, die in der Steuerbilanz des Wj., das der erstmaligen Anwendung der Tonnagebesteuerung vorangeht, anzusetzen sind (→ BFH vom 29.11.2012 – BStBl. 2013 II S. 324).

Hilfsgeschäft.[1] Die Veräußerung eines Schiffs stellt nur dann ein Hilfsgeschäft i. S. d. § 5a Abs. 2 Satz 2 EStG dar, wenn dieses Schiff zunächst in der Absicht eingesetzt wurde, langfristig Handelsschiffe i. S. d. § 5a EStG zu betreiben. Der Erwerb und die Veräußerung eines Schiffes mit dem Ziel, aus dem Veräußerungserlös erst ein anderes i. S. d. § 5a EStG langfristig betriebenes Handelsschiff zu erwerben, ist kein Hilfsgeschäft nach § 5a Abs. 2 Satz 2 EStG (→ BFH vom 26.9.2013 – BStBl. 2014 II S. 253).

Hinzurechnung einer Sondervergütung nach § 5a Abs. 4a Satz 3 EStG. Sondervergütungen i. S. d. § 15 Abs. 1 Satz 1 Nr. 2 EStG sind auch in den Jahren vor Indienststellung eines Handelsschiffes dem nach § 5a Abs. 1 EStG pauschal ermittelten Gewinn (dieser beträgt mangels Tonnage und mangels Betriebstagen 0 Euro) in vollem Umfang nach § 5a Abs. 4a Satz 3 EStG hinzuzurechnen (→ BFH vom 6.2.2014 – BStBl. II S. 522).

Hinzurechnung eines Unterschiedsbetrags nach § 5a Abs. 4 Satz 3 Nr. 3 EStG.[2] Der in dem Jahr des Ausscheidens eines Gesellschafters hin-

---

[1] Zur Abgrenzung bei Hilfsgeschäften eines Schiffsbetriebs siehe BFH v. 13.4.2017 IV R 49/15, DStR 2017, 1428.

[2] Betrag aus der Auflösung von Unterschiedsbeträgen nach § 5a Abs. 4 Satz 3 EStG als Teil des laufenden Gesamthandsgewinns, siehe BFH v. 1.10.2020 IV R 4/18, DStRE 2021, 399. – Siehe auch § 5a Abs. 4 und § 52 Abs. 10 Satz 4 EStG i. d. F. des G v. 2.6.2021, BGBl. I 2021, 1859.

sichtlich des auf ihn entfallenden Anteils gem. § 5a Abs. 4 Satz 3 Nr. 3 EStG dem Gewinn hinzuzurechnende Unterschiedsbetrag nach § 5a Abs. 4 Satz 1 EStG führt nicht zu einem nach den §§ 16, 34 EStG steuerbegünstigten Veräußerungsgewinn (→ BFH vom 19.7.2011 – BStBl. II S. 878).

Langfristiger Betrieb von Handelsschiffen. Die Anwendung der Gewinnermittlung nach der Tonnage setzt die Absicht zum langfristigen Betrieb von Handelsschiffen im internationalen Verkehr voraus. Wird der schuldrechtliche Vertrag über die Veräußerung eines Schiffes schon innerhalb eines Jahres seit dem Zeitpunkt geschlossen, zu dem erstmals alle übrigen Voraussetzungen des § 5a EStG vorlagen (Jahresfrist), spricht eine widerlegbare Vermutung dafür, dass schon zu Beginn der Jahresfrist nicht die nach § 5a EStG erforderliche Absicht zum langfristigen Betrieb von Handelsschiffen bestand (→ BFH vom 26.9.2013 – BStBl. 2014 II S. 253).

Zu § 5b EStG

H 5b

Allgemeines. Anwendungsschreiben zur Veröffentlichung der Taxonomie → BMF vom 28.9.2011 (BStBl. I S. 855).

Atypische stille Gesellschaft. → BMF vom 24.11.2017 (BStBl. I S. 1543).

Taxonomien.[1)]
- → BMF vom 2.7.2019 (BStBl. I S. 887).
- → BMF vom 23.7.2020 (BStBl. I S. 639).

Zu § 6 EStG

(§§ 8, 8b, 8c, 9a, 10 bis 11d EStDV)

R 6.1 Anlagevermögen und Umlaufvermögen

(1) [1]Zum **Anlagevermögen** gehören die Wirtschaftsgüter, die bestimmt sind, dauernd dem Betrieb zu dienen. [2]Ob ein Wirtschaftsgut zum Anlagevermögen gehört, ergibt sich aus dessen Zweckbestimmung, nicht aus seiner Bilanzierung. [3]Ist die Zweckbestimmung nicht eindeutig feststellbar, kann die Bilanzierung Anhaltspunkt für die Zuordnung zum Anlagevermögen sein. [4]Zum Anlagevermögen können immaterielle Wirtschaftsgüter, Sachanlagen und Finanzanlagen gehören. [5]Zum abnutzbaren Anlagevermögen gehören insbesondere die auf Dauer dem Betrieb gewidmeten Gebäude, technischen Anlagen und Maschinen sowie die Betriebs- und Geschäftsausstattung. [6]Zum nicht abnutzbaren Anlagevermögen gehören insbesondere Grund und Boden, Beteiligungen und andere Finanzanlagen, wenn sie dazu bestimmt sind, dauernd dem Betrieb zu dienen. [7]Ein Wirtschaftsgut des Anlagevermögens, dessen Veräußerung beabsichtigt ist, bleibt so lange Anlagevermögen, wie sich seine bisherige Nutzung nicht ändert, auch wenn bereits vorbereitende Maßnahmen zu seiner Veräußerung getroffen worden sind. [8]Bei Grundstücken des Anlagevermögens, die bis zu ihrer Veräußerung unverändert genutzt werden, ändert somit selbst eine zum Zwecke der Veräußerung vorgenommene Parzellierung des Grund und Bodens oder Aufteilung des Gebäudes in Eigentumswohnungen nicht die Zugehörigkeit zum Anlagevermögen.

---

1) Taxonomien für die nach dem 31.12.2021 beginnenden Wj. siehe BMF v. 9.7.2021, BStBl. I 2021, 911.

Sparprämien. Rückstellungen für die Leistung einer Sparprämie bei Ablauf eines Sparvertrags sind über die Laufzeit des Sparvertrages anzusammeln und abzuzinsen (→ BFH vom 15.7.1998 – BStBl. II S. 728).

Urlaubsverpflichtung. Bei der Ermittlung der Höhe der rückständigen Urlaubsverpflichtung sind das Bruttoarbeitsentgelt, die Arbeitgeberanteile zur Sozialversicherung, das Urlaubsgeld und andere lohnabhängige Nebenkosten zu berücksichtigen. Nicht zu berücksichtigen sind jährlich vereinbarte Sondervergütungen (z. B. Weihnachtsgeld, Tantiemen oder Zuführungen zu Pensions- und Jubiläumsrückstellungen) sowie Gehaltssteigerungen nach dem Bilanzstichtag (→ BFH vom 6.12.1995 – BStBl. 1996 II S. 406).

Verbindlichkeiten mit steigenden Zinssätzen. → H 6.10.

Verwendung von Wirtschaftsgütern. Können Wirtschaftsgüter, z. B. Roh-, Hilfs- und Betriebsstoffe oder unfertige Erzeugnisse, die bereits am Bilanzstichtag vorhanden waren, bei der Erfüllung von Sachleistungsverpflichtungen verwendet werden, sind sie mit ihren Buchwerten zu berücksichtigen (→ BFH vom 26.6.1975 – BStBl. II S. 700).

Weihnachtsgeld. In einer Rückstellung für zu zahlendes Weihnachtsgeld bei abweichendem Wj. kann nur der Teil der Vergütung berücksichtigt werden, der bei zeitproportionaler Aufteilung des Weihnachtsgeldes auf die Zeit vom Beginn des Kj. bis zum Bilanzstichtag entfällt (→ BFH vom 26.6.1980 – BStBl. II S. 506).

R **6.12** [1), 2)] Bewertung von Entnahmen und Einlagen

(1) [1]Bei **Einlage** eines abnutzbaren Wirtschaftsgutes innerhalb von drei Jahren nach der Anschaffung oder Herstellung sind die Anschaffungs- oder Herstellungskosten um AfA nach § 7 EStG, erhöhte Absetzungen sowie etwaige Sonderabschreibungen zu kürzen, die auf den Zeitraum zwischen der Anschaffung oder der Herstellung des Wirtschaftsgutes und der Einlage entfallen. [2]In diesen Fällen sind die Anschaffungs- oder Herstellungskosten auch dann um die AfA nach § 7 EStG zu kürzen, wenn das Wirtschaftsgut nach einer Nutzung außerhalb der Einkunftsarten eingelegt wird.

(2) [1]Die einer Entnahme gleichgestellte Entstrickung ist mit dem gemeinen Wert anzusetzen. [2]Der gemeine Wert entspricht regelmäßig dem Fremdvergleichspreis.

(3) Das Buchwertprivileg des § 6 Abs. 1 Nr. 4 Satz 4 EStG findet auch dann Anwendung, wenn die übernehmende steuerbegünstigte Körperschaft das ihr unentgeltlich zur Verwendung für steuerbegünstigte Zwecke i. S. d. § 10b Abs. 1 Satz 1 EStG überlassene Wirtschaftsgut zeitnah weiterveräußert.

---

1) Zur Bewertung der Einlage bei Umwandlung einer Darlehensforderung in eine atypische stille Beteiligung siehe BFH v. 29.5.2001 VIII R 10/00, BStBl. II 2001, 747.

2) Pauschbeträge für unentgeltliche Wertabgaben (Sachentnahmen) für **2019** siehe BMF v. 12.12.2018, BStBl. I 2018, 1395, für **2020** siehe BMF v. 27.8.2020, BStBl. I 2020, 867, für **2021** siehe BMF v. 15.6.2021, BStBl. I 2021, 821; ermäßigter USt-Satz (§ 12 Abs. 2 Nr. 15 UStG) verlängert bis 31.12.2022 durch G v. 10.3.2021, BGBl. I 2021, 330.

H 6.12

Anteilsvereinigung bei verdeckter Einlage. Die in Folge der Einlage auf Grund Anteilsvereinigung entstehenden Grunderwerbsteuern erhöhen weder den Teilwert der eingelegten Anteile noch sind sie den bereits vorher gehaltenen (Alt-)Anteilen als nachträgliche Anschaffungs(neben)kosten zuzurechnen (→ BFH vom 14.3.2011 – BStBl. 2012 II S. 281).

Bausparvertrag. Einlage eines nicht zugeteilten Bausparvertrags ins Betriebsvermögen höchstens mit den gezahlten Bauspareinlagen einschließlich der aufgelaufenen Guthabenzinsen und der Abschlussgebühren → BFH vom 13.1.1994 (BStBl. II S. 454).

Bodenschatz. Ein im eigenen Grund und Boden entdecktes Kiesvorkommen ist ein materielles Wirtschaftsgut, das bei Zuführung zum Betriebsvermögen mit dem Teilwert zu bewerten ist. Es dürfen aber weder AfS noch **Teilwertabschreibungen** aufwandswirksam vorgenommen werden (→ BFH vom 4.12.2006 – BStBl. 2007 II S. 508 und vom 4.2.2016 – BStBl. II S. 607).[1]

Buchwertprivileg.
- Bei Betriebsaufgabe → R 16 Abs. 2 Satz 7.
- Zulässig bei Entnahmen im Fall des Übergangs von Sonderbetriebsvermögen auf den Erben, wenn die Gesellschaft auf Grund einer Fortsetzungsklausel mit den bisherigen Gesellschaftern fortgeführt wird (→ BFH vom 5.2.2002 – BStBl. 2003 II S. 237).

Einlage bei Ausbuchung einer Verbindlichkeit. Darf eine Verbindlichkeit nach § 5 Abs. 2a EStG nicht mehr passiviert werden, ist der daraus resultierende Wegfallgewinn bei gesellschaftsrechtlicher Verursachung durch eine Einlage in Höhe des werthaltigen Teils der Forderung zu neutralisieren (→ BFH vom 10.8.2016 – BStBl. 2017 II S. 670).

Einlage eines Anteils an einer Kapitalgesellschaft.
- Die Einlage eines Anteils an einer Kapitalgesellschaft ist mit den Anschaffungskosten zu bewerten, wenn der Stpfl. an der Gesellschaft im Zeitpunkt der Einlage i. S. v. § 17 Abs. 1 oder 6 EStG beteiligt ist. Dem steht nicht entgegen, dass es sich bei dem eingelegten Geschäftsanteil selbst nicht um eine Beteiligung i. S. v. § 17 Abs. 1 oder 6 EStG handelt. Erforderlich und ausreichend ist vielmehr, dass der Stpfl. an der Kapitalgesellschaft überhaupt i. S. v. § 17 Abs. 1 oder 6 EStG beteiligt ist (→ BFH vom 5.6.2008 – BStBl. II S. 965).
- Einlagen von Beteiligungen i. S. v. § 17 EStG in ein Betriebsvermögen sind mit den Anschaffungskosten zu bewerten. Die Grundsätze der Entscheidung des BVerfG vom 7.7.2010 (BStBl. 2011 II S. 86) sind erst im Zeitpunkt der Veräußerung durch außerbilanzielle Korrektur des Gewinns aus der Veräußerung der Beteiligung anzuwenden (→ BMF vom 21.12.2011 – BStBl. 2012 I S. 42 unter Berücksichtigung der Änderungen durch BMF vom 16.12.2015 – BStBl. 2016 I S. 11).

Einlage einer wertgeminderten Beteiligung. → H 17 (8).

[1] Siehe auch BFH v. 29.7.2015 IV R 15/14, BStBl. II 2016, 284.

kennen wären, sind als Sonderausgabe nach § 10 Abs. 1 Nr. 4 EStG abziehbar. Das betrifft die Staaten Finnland (evangelisch-lutherische und orthodoxe Staatskirchen) und Dänemark (evangelisch-lutherische Staatskirche). Soweit in den vorgenannten Staaten andere Religionsgemeinschaften ansässig sind, sind für die fiktive Einordnung als Körperschaft des öffentlichen Rechts die zuständigen Innen- oder Kultusbehörden einzubeziehen (→ BMF vom 16.11.2010 – BStBl. I S. 1311).

Kirchensteuern des Erblassers. Zahlungen auf offene Kirchensteuern des Erblassers durch den Erben sind bei diesem im Jahr der Zahlung als Sonderausgabe abziehbar (→ BFH vom 21.7.2016 – BStBl. 2017 II S. 256).

Kirchensteuern i. S. d. § 10 Abs. 1 Nr. 4 EStG. Sie sind Geldleistungen, die von den als Körperschaften des öffentlichen Rechts anerkannten Religionsgemeinschaften von ihren Mitgliedern auf Grund gesetzlicher Vorschriften erhoben werden. Die Kirchensteuer wird in der Regel als Zuschlagsteuer zur Einkommen- bzw. Lohnsteuer erhoben. Kirchensteuern können aber nach Maßgabe der Gesetze auch erhoben werden als Kirchensteuern vom Einkommen, vom Vermögen, vom Grundbesitz und als Kirchgeld. **Keine Kirchensteuern** sind freiwillige Beiträge, die an öffentlich-rechtliche Religionsgemeinschaften oder andere religiöse Gemeinschaften entrichtet werden.

Willkürliche Zahlungen. Kirchensteuern sind grundsätzlich in dem VZ als Sonderausgabe abzugsfähig, in dem sie tatsächlich entrichtet wurden, soweit es sich nicht um willkürliche, die voraussichtliche Steuerschuld weit übersteigende Zahlungen handelt (→ BFH vom 25.1.1963 – BStBl. III S. 141).

R 10.8 Kinderbetreuungskosten[1] *(unbesetzt)*

H 10.8

Abzugsbeschränkung. Die Beschränkung des Abzugs von Kinderbetreuungskosten auf zwei Drittel der Aufwendungen und einen Höchstbetrag von 4000 Euro je Kind ist verfassungsgemäß (→ BFH vom 9.2.2012 – BStBl. II S. 567).

Anwendungsschreiben. → BMF vom 14.3.2012 (BStBl. I S. 307).

R 10.9 Aufwendungen für die Berufsausbildung

(1) [1] Erhält der Stpfl. zur unmittelbaren Förderung seiner Ausbildung steuerfreie Bezüge, mit denen Aufwendungen i. S. d. § 10 Abs. 1 Nr. 7 EStG abgegolten werden, entfällt insoweit der Sonderausgabenabzug. [2] Das gilt auch dann, wenn die zweckgebundenen steuerfreien Bezüge erst nach Ablauf des betreffenden Kalenderjahres gezahlt werden. [3] Zur Vereinfachung ist eine Kürzung der für den Sonderausgabenabzug in Betracht kommenden Aufwendungen nur dann vorzunehmen, wenn die steuerfreien Bezüge ausschließlich zur Bestreitung der in § 10 Abs. 1 Nr. 7 EStG bezeichneten Aufwendungen bestimmt sind. [4] Gelten die steuerfreien Bezüge dagegen ausschließlich oder teilweise Aufwendungen für den Lebensunterhalt ab – ausgenommen solche für auswärtige Unterbringung –, z. B.

[1] Als Sonderausgaben abziehbare Kinderbetreuungskosten sind um steuerfreie Arbeitgeberzuschüsse (§ 3 Nr. 33 EStG) zur kürzen; BFH v. 14.4.2021 III R 30/20, DStR 2021, 1689.

Berufsausbildungsbeihilfen nach § 59 SGB III,[1] Leistungen nach den §§ 12 und 13 BAföG,[2] sind die als Sonderausgaben geltend gemachten Berufsausbildungsaufwendungen nicht zu kürzen.

Nachlaufende Studiengebühren

(2) Staatlich gestundete Studienbeiträge, die erst nach Abschluss des Studiums gezahlt werden (sog. nachlaufende Studiengebühren), sind nach den allgemeinen Grundsätzen des § 11 Abs. 2 EStG im Jahr der Zahlung der gestundeten Beiträge und somit auch nach Abschluss der Berufsausbildung als Sonderausgaben abziehbar.

H 10.9

Aufwendungen i. S. d. § 10 Abs. 1 Nr. 7 EStG:

– **Arbeitsmittel.** Die für Arbeitsmittel i. S. d. § 9 Abs. 1 Satz 3 Nr. 6 EStG geltenden Vorschriften sind sinngemäß anzuwenden. Schafft ein Stpfl. abnutzbare Wirtschaftsgüter von mehrjähriger Nutzungsdauer an, sind im Rahmen des § 10 Abs. 1 Nr. 7 EStG nur die auf die Nutzungsdauer verteilten Anschaffungskosten als Sonderausgaben abziehbar (→ BFH vom 7.5.1993 – BStBl. II S. 676).
  Die Anschaffungs- oder Herstellungskosten von Arbeitsmitteln einschließlich der Umsatzsteuer können im Jahr der Anschaffung oder Herstellung in voller Höhe als Sonderausgaben abgesetzt werden, wenn sie ausschließlich der Umsatzsteuer für das einzelne Arbeitsmittel 800 € nicht übersteigen (→ R 9.12 LStR 2015),[3]
– **häusliches Arbeitszimmer**[4] → BMF vom 6.10.2017 (BStBl. I S. 1320),
– **Fachliteratur** → BFH vom 28.11.1980 (BStBl. 1981 II S. 309),
– **Mehraufwand für Verpflegung** → BFH vom 3.12.1974 (BStBl. 1975 II S. 356), → R 9.6 LStR 2015,[3]
– **Mehraufwand wegen doppelter Haushaltsführung** → R 9.11 LStR 2015.[3]

Ausbildungsdarlehen/Studiendarlehen.

– Abzugshöhe/Abzugszeitpunkt → H 10.1.
– Aufwendungen zur Tilgung von Ausbildungs-/Studiendarlehen gehören nicht zu den abziehbaren Aufwendungen i. S. d. § 10 Abs. 1 Nr. 7 EStG (→ BFH vom 15.3.1974 – BStBl. II S. 513).
– Zinsen für ein Ausbildungsdarlehen gehören zu den abziehbaren Aufwendungen, auch wenn sie nach Abschluss der Berufsausbildung gezahlt werden (→ BFH vom 28.2.1992 – BStBl. II S. 834).
– Ist ein Ausbildungsdarlehen nebst Zuschlag zurückzuzahlen, sind die Aufwendungen für den Zuschlag Ausbildungs- und keine Werbungskosten, wenn damit nachträglich die im Zusammenhang mit der Berufsausbildung gewährten Vorteile abgegolten werden sollen und wenn der Zuschlag nicht weitaus überwiegend als Druckmittel zur Einhaltung der

---

[1] **Aichberger SGB** Nr. **3**.
[2] **Sartorius** Nr. **420**.
[3] Nr. **20**.
[4] Zum Begriff des häuslichen Arbeitszimmers siehe BFH-Beschluss v. 27.7.2015 GrS 1/14, BStBl. II 2016, 265.

vorvertraglichen Verpflichtung zur Eingehung eines langfristigen Arbeitsverhältnisses dienen soll (→ BFH vom 28.2.1992 – BStBl. II S. 834).

Aus- und Fortbildung. → R 9.2 LStR 2015.[1)]

Auswärtige Unterbringung. Ein Student, der seinen Lebensmittelpunkt an den Studienort verlagert hat, ist regelmäßig nicht auswärts untergebracht (→ BFH vom 19.9.2012 – BStBl. 2013 II S. 284).

Beruf. Der angestrebte Beruf muss nicht innerhalb bestimmter bildungspolitischer Zielvorstellungen des Gesetzgebers liegen (→ BFH vom 18.12.1987 – BStBl. 1988 II S. 494).

Berufsausbildungskosten.[2)] Aufwendungen für die erstmalige Berufsausbildung oder ein Erststudium → BMF vom 22.9.2010 (BStBl. I S. 721).

Deutschkurs. Aufwendungen eines in Deutschland lebenden Ausländers für den Erwerb von Deutschkenntnissen sind nicht als Aufwendungen für die Berufsausbildung abziehbar (→ BFH vom 15.3.2007 – BStBl. II S. 814).

Habilitation. Aufwendungen eines wissenschaftlichen Assistenten an einer Hochschule für seine Habilitation sind Werbungskosten i. S. v. § 9 EStG (→ BFH vom 7.8.1967 – BStBl. III S. 778).

Klassenfahrt. Aufwendungen eines Berufsschülers für eine im Rahmen eines Ausbildungsdienstverhältnisses als verbindliche Schulveranstaltung durchgeführte Klassenfahrt sind in der Regel Werbungskosten (→ BFH vom 7.2.1992 – BStBl. II S. 531).

Studienreisen. → R 12.2.

Umschulung. Aufwendungen für eine Umschulungsmaßnahme, die die Grundlage dafür bildet, von einer Berufs- oder Erwerbsart zu einer anderen überzuwechseln, können vorab entstandene Werbungskosten sein (→ BFH vom 4.12.2002 – BStBl. 2003 II S. 403).

R **10.10** Schulgeld

Kind als Vertragspartner

(1) [1]Schulgeldzahlungen eines Stpfl. sind bei diesem auch dann nach § 10 Abs. 1 Nr. 9 EStG abziehbar, wenn dessen unterhaltsberechtigtes Kind selbst Vertragspartner der Schule ist. [2]Hat der Stpfl. für das sich in der Ausbildung befindende Kind einen Anspruch auf einen Freibetrag nach § 32 Abs. 6 EStG oder auf Kindergeld, ist davon auszugehen, dass die erforderliche Unterhaltsberechtigung des Kindes besteht.

[1)] Nr. **20**.

[2)] Siehe ab VZ 2015 § 9 Abs. 6 EStG i. d. F. des G v. 22.12.2014, BGBl. I 2014, 2417. – Siehe auch Beschluss BVerfG v. 19.11.2019 2 BvL 22-27/14, DStR 2020, 93: § 9 Abs. 6 EStG i. d. F. des G vom 7.12.2011, BGBl. I 2011, 2592, wonach Aufwendungen des Steuerpflichtigen für seine erstmalige Berufsausbildung oder für ein Erststudium, das zugleich eine Erstausbildung vermittelt, keine Werbungskosten sind, wenn diese Berufsausbildung oder dieses Erststudium nicht im Rahmen eines Dienstverhältnisses stattfinden, ist mit dem Grundgesetz vereinbar.

Schulbesuche im Ausland

(2) [1]Zu den nach § 10 Abs. 1 Nr. 9 EStG abziehbaren Sonderausgaben gehören u. a. Schulgeldzahlungen für den Besuch einer im EU-/EWR-Raum belegenen Bildungsstätte, wenn der Besuch mit dem „International Baccalaureate" (Internationales Abitur) abschließen soll. [2]Für die Anerkennung mehrjähriger Auslandsschulbesuche ist die Vorlage einer einmaligen Prognoseentscheidung der im Einzelfall zuständigen Behörde (z. B. Zeugnisanerkennungsstelle) ausreichend.

H 10.10

Allgemeines.
- → BMF vom 9.3.2009 (BStBl. I S. 487).[1)]
- Der Abzug von Schulgeldzahlungen setzt nicht voraus, dass die Eltern selbst Vertragspartner des mit der Privatschule abgeschlossenen Vertrages sind (→ BFH vom 9.11.2011 – BStBl. 2012 II S. 321).

Aufwendungen für den Schulbesuch als außergewöhnliche Belastungen. → H 33.1–33.4 (Schulbesuch).

Privatschule in der Schweiz. Schulgeld, das an eine schweizerische Privatschule gezahlt wird, kann nicht als Sonderausgabe abgezogen werden. Hierin liegt keine Verletzung der Kapitalverkehrsfreiheit. Das Freizügigkeitsabkommen zwischen der Europäischen Gemeinschaft und ihren Mitgliedstaaten und der Schweiz vom 21.6.1999 (BGBl. 2001 II S. 811) gewährt keinen Anspruch auf Gleichbehandlung mit Privatschulen, die in der EU oder im EWR belegen sind (→ BFH vom 9.5.2012 – BStBl. II S. 585).

Spendenabzug. Zum Spendenabzug von Leistungen der Eltern an gemeinnützige Schulvereine – Schulen in freier Trägerschaft → BMF vom 4.1.1991 (BStBl. 1992 I S. 266).

R 10.11 Kürzung des Vorwegabzugs bei der Günstigerprüfung

(unbesetzt)

H 10.11

Bemessungsgrundlage für die Kürzung des Vorwegabzugs.
- **Einnahmen aus einem früheren Beschäftigungsverhältnis.** Der Vorwegabzug für Vorsorgeaufwendungen ist auch für VZ nach Beendigung des Beschäftigungsverhältnisses zu kürzen, wenn in wirtschaftlichem Zusammenhang mit der früheren Beschäftigung stehender Arbeitslohn nachträglich an den Stpfl. ausgezahlt wird und dieser durch arbeitgeberfinanzierte Zukunftssicherungsleistungen oder Altersversorgungsansprüche begünstigt worden war (→ BFH vom 20.12.2006 – BStBl. 2007 II S. 823).
- **Entlassungsentschädigung.** Zu den Einnahmen aus nichtselbständiger Arbeit, die Bemessungsgrundlage für die Kürzung des Vorwegabzugs für Vorsorgeaufwendungen sind, gehört auch eine vom Arbeitgeber gezahlte

---

1) Zu Schulgeldzahlungen an andere Einrichtungen i. S. d. § 10 Abs. 1 Nr. 9 Satz 3 EStG siehe aber auch BFH v. 20.6.2017 X R 26/15, BStBl. II 2018, 58.

Entlassungsentschädigung, für die kein Arbeitgeberbeitrag zu leisten war (→ BFH vom 16.10.2002 – BStBl. 2003 II S. 343).

- **Mehrere Beschäftigungsverhältnisse.** Bei mehreren Beschäftigungsverhältnissen sind für die Kürzung des Vorwegabzugs für Vorsorgeaufwendungen nur die Einnahmen aus den Beschäftigungsverhältnissen zu berücksichtigen, in deren Zusammenhang die Voraussetzungen für eine Kürzung des Vorwegabzugs für Vorsorgeaufwendungen erfüllt sind (→ BFH vom 26.2.2004 – BStBl. II S. 720).
- **Zukunftssicherungsleistungen.**
  - Zum Begriff der Zukunftssicherungsleistungen i. S. d. § 3 Nr. 62 EStG → R 3.62 LStR 2015.[1]
  - Die Höhe der vom Arbeitgeber erbrachten Zukunftssicherungsleistungen i. S. d. § 3 Nr. 62 EStG ist für den Umfang der Kürzung des Vorwegabzugs ohne Bedeutung (→ BFH vom 16.10.2002 – BStBl. 2003 II S. 183).
  - Der Vorwegabzug ist auch dann zu kürzen, wenn der Arbeitgeber Zukunftssicherungsleistungen während des VZ nur zeitweise erbringt oder nur Beiträge zur Kranken- und Pflegeversicherung leistet (→ BFH vom 16.10.2002 – BStBl. 2003 II S. 288).
  - Der Vorwegabzug für Vorsorgeaufwendungen ist auch dann zu kürzen, wenn das Anwartschaftsrecht auf Altersversorgung nicht unverfallbar ist oder wirtschaftlich nicht gesichert erscheint. Diese Kürzung ist nicht rückgängig zu machen, wenn eine Pensionszusage in späteren Jahren widerrufen wird (→ BFH vom 28.7.2004 – BStBl. 2005 II S. 94).
- **Zusammenveranlagte Ehegatten.** Bei der Kürzung des zusammenveranlagten Ehegatten gemeinsam zustehenden Vorwegabzugs für Vorsorgeaufwendungen ist in die Bemessungsgrundlage nur der Arbeitslohn desjenigen Ehegatten einzubeziehen, für den Zukunftssicherungsleistungen i. S. d. § 3 Nr. 62 EStG erbracht worden sind oder der zum Personenkreis des § 10c Abs. 3 Nr. 1 oder 2 EStG gehört (→ BFH vom 3.12.2003 – BStBl. 2004 II S. 709).

Gesellschafter-Geschäftsführer von Kapitalgesellschaften. → BMF vom 22.5.2007 (BStBl. I S. 493).

Höchstbetrag nach § 10 Abs. 3 EStG. Der Höchstbetrag ist nicht zu kürzen:
- wenn der Arbeitgeber für die Zukunftssicherung des Stpfl. keine Leistungen i. S. d. Absatzes 3 erbracht hat. Werden später Beiträge für einen bestimmten Zeitraum nachentrichtet, ist dieser Vorgang ein rückwirkendes Ereignis i. S. d. § 175 Abs. 1 Satz 1 Nr. 2 AO; der Höchstbetrag ist zu kürzen (→ BFH vom 21.1.2004 – BStBl. II S. 650),
- wenn einem Gesellschafter-Geschäftsführer einer GmbH im Anstellungsvertrag ein Anspruch auf Ruhegehalt eingeräumt wird, dessen Art und Höhe erst später per Gesellschafterbeschluss bestimmt werden soll und die GmbH keine Aufwendungen zur Sicherstellung der künftigen Altersversorgung tätigt (→ BFH vom 14.6.2000 – BStBl. 2001 II S. 28),
- bei nach § 4 SGB VI auf Antrag Pflichtversicherten (→ BFH vom 19.5.1999 – BStBl. 2001 II S. 64).

---

[1] Nr. **20**.

Zu § 10a EStG

H **10a**

Private Altersvorsorge. → BMF vom 21.12.2017 (BStBl. 2018 I S. 93) unter Berücksichtigung der Änderungen durch BMF vom 17.2.2020 (BStBl. I S. 213).[1)]

Zu § 10b EStG
(§ 50 EStDV)

R **10b.1** **Ausgaben zur Förderung steuerbegünstigter Zwecke i. S. d. § 10b Abs. 1 und 1a EStG**[2) · 3)]

Begünstigte Ausgaben

(1) [1]Mitgliedsbeiträge, sonstige Mitgliedsumlagen und Aufnahmegebühren sind nicht abziehbar, wenn die diese Beträge erhebende Einrichtung Zwecke bzw. auch Zwecke verfolgt, die in § 10b Abs. 1 Satz 8 EStG genannt sind. [2]Zuwendungen, die mit der Auflage geleistet werden, sie an eine bestimmte natürliche Person weiterzugeben, sind nicht abziehbar. [3]Zuwendungen können nur dann abgezogen werden, wenn der Zuwendende endgültig wirtschaftlich belastet ist. [4]Bei Sachzuwendungen aus einem Betriebsvermögen darf zuzüglich zu dem Entnahmewert i. S. d. § 6 Abs. 1 Nr. 4 EStG auch die bei der Entnahme angefallene Umsatzsteuer abgezogen werden.

Durchlaufspenden

(2) [1]Das Durchlaufspendenverfahren ist keine Voraussetzung für die steuerliche Begünstigung von Zuwendungen. [2]Inländische juristische Personen des öffentlichen Rechts, die Gebietskörperschaften sind, und ihre Dienststellen sowie inländische kirchliche juristische Personen des öffentlichen Rechts können jedoch ihnen zugewendete Spenden – nicht aber Mitgliedsbeiträge, sonstige Mitgliedsumlagen und Aufnahmegebühren – an Zuwendungsempfänger i. S. d. § 10b Abs. 1 Satz 2 EStG weiterleiten. [3]Die Durchlaufstelle muss die tatsächliche Verfügungsmacht über die Spendenmittel erhalten. [4]Dies geschieht in der Regel (anders insbesondere bei Sachspenden) durch Buchung auf deren Konto. [5]Die Durchlaufstelle muss die Vereinnahmung der Spenden und ihre Verwendung (Weiterleitung) getrennt und unter Beachtung der haushaltsrechtlichen Vorschriften nachweisen. [6]Vor der Weiterleitung der Spenden an eine

---

1) Siehe auch BMF v. 6.12.2017, BStBl. I 2018, 147.

2) Zu steuerlichen Maßnahmen zur Förderung der Hilfe für von der Corona-Krise Betroffene siehe BMF v. 9.4.2020, BStBl. I 2020, 498, ergänzt durch BMF v. 26.5.2020, BStBl. I 2020, 543, erneut ergänzt und verlängert durch BMF v. 18.12.2020, BStBl. I 2021, 57.

3) Zu steuerlichen Maßnahmen zur Berücksichtigung der Schäden im Zusammenhang mit den Unwetterereignissen im Juli 2021 siehe FM Rh-Pf v. 26.7.2021 – S 1915 # 2018/0001-0401 447; FM NRW v. 16.7.2021, DStR 2021, 1762; BayFM v. 26.7.2021 – 37 – S 1915-14; FM Sachsen v. 27.7.2021 – 31 – S 1915/1/303 – 2021/51320; FM Hessen v. 27.7.2021 – S 1915 A – 026 – II 1a7.

Versicherungsvertreter. Selbständige Versicherungsvertreter üben auch dann eine gewerbliche Tätigkeit aus, wenn sie nur für ein einziges Versicherungsunternehmen tätig sein dürfen (→ BFH vom 26.10.1977 – BStBl. 1978 II S. 137).
→ Generalagent.

R 15.2 Nachhaltigkeit *(unbesetzt)*

H 15.2

Einmalige Handlung.
- Eine einmalige Handlung stellt keine nachhaltige Betätigung dar, wenn sie nicht weitere Tätigkeiten des Stpfl. (zumindest Dulden, Unterlassen) auslöst (→ BFH vom 14.11.1963 – BStBl. 1964 III S. 139).
- → Wiederholungsabsicht.

Mehrzahl selbständiger Handlungen. Nachhaltig sind auch Einzeltätigkeiten, die Teil einer in organisatorischer, technischer und finanzieller Hinsicht aufeinander abgestimmten Gesamttätigkeit sind (→ BFH vom 21.8.1985 – BStBl. 1986 II S. 88).

Nachhaltigkeit – Einzelfälle.
- Bankgeschäfte eines **Bankangestellten,** die in fortgesetzter Untreue zu Lasten der Bank getätigt werden, sind nachhaltig (→ BFH vom 3.7.1991 – BStBl. II S. 802).
- Zur Nachhaltigkeit bei Veräußerung von Grundstücken im Rahmen eines **gewerblichen Grundstückshandels** → BMF vom 26.3.2004 (BStBl. I S. 434).[1]
- → H 18.1 (Nachhaltige Erfindertätigkeit).
- Zu den Voraussetzungen, unter denen der Erwerb eines Wirtschaftsguts **zum Zweck** der späteren **Veräußerung** als nachhaltige Tätigkeit zu beurteilen ist → BFH vom 28.4.1977 (BStBl. II S. 728) und vom 8.7.1982 (BStBl. II S. 700).

Wertpapiere. Besteht beim An- und Verkauf festverzinslicher Wertpapiere eine Wiederholungsabsicht, kann die Tätigkeit nachhaltig sein (→ BFH vom 31.7.1990 – BStBl. 1991 II S. 66 und vom 6.3.1991 – BStBl. II S. 631).

Wiederholungsabsicht. Eine Tätigkeit ist nachhaltig, wenn sie auf Wiederholung angelegt ist. Da die Wiederholungsabsicht eine innere Tatsache ist, kommt den tatsächlichen Umständen besondere Bedeutung zu. Das Merkmal der Nachhaltigkeit ist daher bei einer Mehrzahl von gleichartigen Handlungen im Regelfall zu bejahen (→ BFH vom 23.10.1987 – BStBl. 1988 II S. 293 und vom 12.7.1991 – BStBl. 1992 II S. 143). Bei **erkennbarer** Wiederholungsabsicht kann bereits eine einmalige Handlung den Beginn einer fortgesetzten Tätigkeit begründen (→ BFH vom 31.7.1990 – BStBl. 1991 II S. 66).

Zeitdauer. Die Zeitdauer einer Tätigkeit allein lässt nicht auf die Nachhaltigkeit schließen (→ BFH vom 21.8.1985 – BStBl. 1986 II S. 88).

---

[1] Ergänzend siehe BFH v. 19.2.2009 IV R 10/06, BStBl. II 2009, 533, und v. 30.9.2010 IV R 44/08, BStBl. II 2011, 645.

Zurechnung der Tätigkeit eines Anderen. Bedingen sich die Aktivitäten zweier selbständiger Rechtssubjekte gegenseitig und sind sie derart miteinander verflochten, dass sie nach der Verkehrsanschauung als einheitlich anzusehen sind, können bei der Prüfung der Nachhaltigkeit die Handlungen des Einen dem Anderen zugerechnet werden (→ BFH vom 12.7.2007 – BStBl. II S. 885).

R 15.3 Gewinnerzielungsabsicht *(unbesetzt)*

H 15.3

Abgrenzung der Gewinnerzielungsabsicht zur Liebhaberei[1)]

- bei einem **Architekten** → BFH vom 12.9.2002 (BStBl. 2003 II S. 85),
- bei einem **Bootshandel** mit langjährigen Verlusten → BFH vom 21.7.2004 (BStBl. II S. 1063),
- bei einem **Erfinder** → BFH vom 14.3.1985 (BStBl. II S. 424),
- bei Vermietung einer **Ferienwohnung** → BFH vom 5.5.1988 (BStBl. II S. 778),
- beim Betrieb eines **Gästehauses** → BFH vom 13.12.1984 (BStBl. 1985 II S. 455),
- bei einem als sog. **Generationenbetrieb** geführten Unternehmen → BFH vom 24.8.2000 (BStBl. II S. 674),
- bei einem **gewerblichen Grundstückshandel** → BFH vom 5.4.2017 (BStBl. II S. 1130),
- bei einem unverändert fortgeführten regelmäßig Verluste bringenden **Großhandelsunternehmen** → BFH vom 19.11.1985 (BStBl. 1986 II S. 289),
- bei einem **Künstler** → BFH vom 6.3.2003 (BStBl. II S. 602),
- bei Vercharterung eines **Motorbootes** → BFH vom 28.8.1987 (BStBl. 1988 II S. 10),
- bei einer **Pferdezucht** → BFH vom 27.1.2000 (BStBl. II S. 227),
- bei einem hauptberuflich tätigen **Rechtsanwalt** → BFH vom 22.4.1998 (BStBl. II S. 663) und vom 14.12.2004 (BStBl. 2005 II S. 392),
- bei Betrieb einer **Reitschule** → BFH vom 15.11.1984 (BStBl. 1985 II S. 205),
- bei einem **Schriftsteller** → BFH vom 23.5.1985 (BStBl. II S. 515),
- bei einem **Steuerberater** → BFH vom 31.5.2001 (BStBl. 2002 II S. 276),
- bei Betrieb eines **Trabrennstalls** → BFH vom 19.7.1990 (BStBl. 1991 II S. 333).

Anlaufverluste.

- Verluste der Anlaufzeit sind steuerlich nicht zu berücksichtigen, wenn die Tätigkeit von Anfang an erkennbar ungeeignet ist, auf Dauer einen Gewinn zu erbringen (→ BFH vom 23.5.1985 – BStBl. II S. 515 und vom 28.8.1987 – BStBl. 1988 II S. 10).

---

1) „Liebhaberei" ist erst nach Festlegung der Einkunftsart zu überprüfen; siehe BFH v. 29.3.2001 IV R 88/99, BStBl. II 2002, 791. – Zu kleinen Fotovoltaikanlagen und Blockheizkraftwerken siehe BMF v. 2.6.2021, BStBl. I 2021, 722.

1987 II S. 116). Eine sonstige selbständige Tätigkeit i. S. d. § 18 Abs. 1 Nr. 3 EStG wird in der Regel gelegentlich und nur ausnahmsweise nachhaltig ausgeübt (→ BFH vom 28.6.2001 – BStBl. 2002 II S. 338).

Abgrenzung selbständige Arbeit/Gewerbebetrieb.

a) Beispiele für selbständige Arbeit

Altenpfleger, soweit keine hauswirtschaftliche Versorgung der Patienten erfolgt (→ BMF vom 20.11.2019 – BStBl. I S. 1298),

Berufsbetreuer i. S. v. §§ 1896 ff. BGB; die Tätigkeit fällt in der Regel unter § 18 Abs. 1 Nr. 3 EStG (→ BFH vom 15.6.2010 – BStBl. II S. 909 und S. 906),[1]

Diätassistent (→ BMF vom 20.11.2019 – BStBl. I S. 1298),

EDV-Berater übt im Bereich der Systemsoftware regelmäßig eine ingenieurähnliche Tätigkeit aus. Im Bereich der Entwicklung von Anwendersoftware ist die Tätigkeit des EDV-Beraters nur dann als selbständige Tätigkeit zu qualifizieren, wenn er die Entwicklung der Anwendersoftware durch eine klassische ingenieursmäßige Vorgehensweise (Planung, Konstruktion, Überwachung) betreibt und er über eine Ausbildung, die der eines Ingenieurs vergleichbar ist, verfügt (→ BFH vom 4.5.2004 – BStBl. II S. 989),

Ergotherapeut (→ BMF vom 20.11.2019 – BStBl. I S. 1298),

Fachkrankenpfleger für Krankenhaushygiene (→ BFH v. 6.9.2006 – BStBl. 2007 II S. 177),

Hebamme/Entbindungspfleger (→ BMF vom 20.11.2019 – BStBl. I S. 1298),

Heileurythmist bei Teilnahme an Verträgen zur Integrierten Versorgung mit Anthroposophischer Medizin nach §§ 140a ff. SGB V (→ BFH vom 20.11.2018 – BStBl. 2019 II S. 776 und vom 20.11.2019 – BStBl. I S. 1298),

Industrie-Designer; auch im Bereich zwischen Kunst und Gewerbe kann gewerblicher Verwendungszweck eine künstlerische Tätigkeit nicht ausschließen (→ BFH vom 14.12.1976 – BStBl. 1977 II S. 474),

Insolvenzverwalter (→ BFH vom 11.8.1994 – BStBl. II S. 936), → sonstige selbständige Arbeit,

IT-Projektleiter, wenn dieser über Kenntnisse und Fähigkeiten verfügt, die in Breite und Tiefe denen eines Diplom-Informatikers entsprechen (→ BFH vom 22.9.2009 – BStBl. 2010 II S. 404),

Kfz-Sachverständiger, dessen Gutachtertätigkeit mathematisch-technische Kenntnisse voraussetzt, wie sie üblicherweise nur durch eine Berufsausbildung als Ingenieur erlangt werden (→ BFH vom 10.11.1988 – BStBl. 1989 II S. 198),

Kindererholungsheim; der Betrieb eines Kindererholungsheims kann ausnahmsweise eine freiberufliche Tätigkeit darstellen, wenn die Kinder in erster Linie zum Zweck einer planmäßigen körperlichen, geistigen und sittlichen Erziehung auswärts untergebracht sind und die freiberufliche Tätigkeit der Gesamtleistung des Heimes das Gepräge gibt (→ BFH vom 9.4.1975 – BStBl. II S. 610),

Kinder- und Jugendlichenpsychotherapeut (→ BMF vom 20.11.2019 – BStBl. I S. 1298),

Kompasskompensierer auf Seeschiffen (→ BFH vom 14.11.1957 – BStBl. 1958 III S. 3),

Krankenpfleger/Krankenschwester, soweit keine hauswirtschaftliche Versorgung der Patienten erfolgt (→ BFH vom 22.1.2004 – BStBl. II S. 509 und BMF vom 20.11.2019 – BStBl. I S. 1298),

Kunsthandwerker, der von ihm selbst entworfene Gegenstände herstellt (→ BFH vom 26.9.1968 – BStBl. 1969 II S. 70); handwerkliche und künstlerische Tätigkeit können nebeneinander vorliegen (→ BFH vom 11.7.1991 – BStBl. II S. 889),

Logopäde (→ BMF vom 20.11.2019 – BStBl. I S. 1298),

Masseur (staatlich geprüft), **Heilmasseur,** soweit diese nicht lediglich oder überwiegend kosmetische oder Schönheitsmassagen durchführen (→ BMF vom 20.11.2019 – BStBl. I S. 1298),

---

[1] Zu ehrenamtlichen Betreuern siehe BFH v. 17.10.2012 VIII R 57/09, BStBl. II 2013, 799.

Medizinischer Bademeister, soweit dieser auch zur Feststellung des Krankheitsbefunds tätig wird oder persönliche Heilbehandlungen am Körper des Patienten vornimmt (→ BMF vom 20.11.2019 – BStBl. I S. 1298),
Medizinisch-technischer Assistent (→ BMF vom 20.11.2019 – BStBl. I S. 1298),
Modeschöpfer; beratende Tätigkeit eines im Übrigen als Künstler anerkannten Modeschöpfers kann künstlerisch sein (→ BFH vom 2.10.1968 – BStBl. 1969 II S. 138),
Orthoptist (→ BMF vom 20.11.2019 – BStBl. I S. 1298),
Patentberichterstatter mit wertender Tätigkeit (→ BFH vom 2.12.1970 – BStBl. 1971 II S. 233),
Podologe/Medizinischer Fußpfleger (→ BMF vom 20.11.2019 – BStBl. I S. 1298),
Prüfingenieur, der Hauptuntersuchungen und Sicherheitsprüfungen durchführt (→ BFH vom 14.5.2019 – BStBl. II S. 580),
Psychologischer Psychotherapeut (→ BMF vom 20.11.2019 – BStBl. I S. 1298),
Rettungsassistent (→ BMF vom 20.11.2019 – BStBl. I S. 1298),
Schiffseichaufnehmer (→ BFH vom 5.11.1970 – BStBl. 1971 II S. 319),
Synchronsprecher, der bei der Synchronisierung ausländischer Spielfilme mitwirkt (→ BFH vom 3.8.1978 – BStBl. 1979 II S. 131 und vom 12.10.1978 – BStBl. 1981 II S. 706),
Tanz- und Unterhaltungsorchester, wenn es einen bestimmten Qualitätsstandard erreicht (→ BFH vom 19.8.1982 – BStBl. 1983 II S. 7),
Umweltauditor mit einem abgeschlossenen Chemiestudium (→ BFH vom 17.1.2007 – BStBl. II S. 519),
Verfahrenspfleger i. S. d. FamFG; die Tätigkeit fällt in der Regel unter § 18 Abs. 1 Nr. 3 EStG (→ BFH vom 15.6.2010 – BStBl. II S. 909 und S. 906),
Werbung; Tätigkeit eines Künstlers im Bereich der Werbung kann künstlerisch sein, wenn sie als eigenschöpferische Leistung zu werten ist (→ BFH vom 11.7.1991 – BStBl. 1992 II S. 353),
Zahnpraktiker (→ BMF vom 20.11.2019 – BStBl. I S. 1298),
Zwangsverwalter; die Tätigkeit fällt in der Regel unter § 18 Abs. 1 Nr. 3 EStG (→ BFH vom 12.12.2001 – BStBl. 2002 II S. 202); aber → Sonstige selbständige Arbeit.

b) Beispiele für Gewerbebetrieb[1]

Altenpfleger, soweit auch eine hauswirtschaftliche Versorgung der Patienten erfolgt (→ BMF vom 20.11.2019 – BStBl. I S. 1298),
Anlageberater/Finanzanalyst (→ BFH vom 2.9.1988 – BStBl. 1989 II S. 24),
Ärztepropagandist (→ BFH vom 27.4.1961 – BStBl. III S. 315),
Apotheken-Inventurbüro (→ BFH vom 15.6.1965 – BStBl. III S. 556),
Apothekenrezeptabrechner (→ BFH vom 28.3.1974 – BStBl. II S. 515),
Architekt, der bei Ausübung einer beratenden Tätigkeit an der Vermittlung von Geschäftsabschlüssen mittelbar beteiligt ist (→ BFH vom 14.6.1984 – BStBl. 1985 II S. 15) oder der schlüsselfertige Gebäude errichten lässt; die Gewerblichkeit erstreckt sich in diesem Fall auch auf ggf. erbrachte Ingenieur- oder Architektenleistungen (→ BFH vom 18.10.2006 – BStBl. 2008 II S. 54),
Artist (→ BFH vom 16.3.1951 – BStBl. III S. 97),
Baubetreuer (Bauberater), die sich lediglich mit der wirtschaftlichen (finanziellen) Betreuung von Bauvorhaben befassen (→ BFH vom 29.5.1973 – BStBl. 1974 II S. 447 und vom 30.5.1973 – BStBl. II S. 668),
Bauleiter (→ BFH vom 22.1.1988 – BStBl. II S. 497 und vom 11.8.1999 – BStBl. 2000 II S. 31), es sei denn, seine Ausbildung entspricht derjenigen eines Architekten

---

[1] Zum Public-Relations-Berater siehe BFH v. 25.4.1978 VIII R 149/74, BStBl. II 1978, 565; zum Trauerredner siehe BFH v. 29.7.1981 I R 183/79, BStBl. II 1982, 22; zum selbständigen Aktionsleiter einer Bausparkasse siehe BFH v. 28.6.1989 I R 114/85, BStBl. II 1989, 965; zur Inkassotätigkeit eines Rechtsanwalts siehe BFH v. 20.8.2012 III B 246/11, BFH/NV 2012, 1959; zu einem Laborarzt, der bestimmte Routineuntersuchungen vollständig an fachlich vorgebildete Mitarbeiter delegiert, siehe BFH v. 12.6.2018 VIII B 154/17, BFH/NV 2018, 945; zu ambulanter Eingliederungshilfe und dem Begriff der erzieherischen Tätigkeit siehe BFH v. 29.9.2020 VIII R 10/17, BStBl. II 2021, 387.

Erbbaurecht.

– Bestellt der Eigentümer an einem unbebauten Grundstück ein Erbbaurecht und errichtet der Erbbauberechtigte ein Gebäude, das er an ein Betriebsunternehmen vermietet, fehlt zwischen dem Eigentümer und dem Betriebsunternehmen die für die Annahme einer Betriebsaufspaltung erforderliche sachliche Verflechtung (→ BFH vom 24.9.2015 – BStBl. 2016 II S. 154).

– → Beginn der sachlichen Verflechtung.

Leihe. Auch eine leihweise Überlassung wesentlicher Betriebsgrundlagen kann eine Betriebsaufspaltung begründen (→ BFH vom 24.4.1991 – BStBl. II S. 713).

Wesentliche Betriebsgrundlage[1]

– **des Betriebsunternehmens.** Die sachlichen Voraussetzungen einer Betriebsaufspaltung liegen auch dann vor, wenn das überlassene Wirtschaftsgut bei dem Betriebsunternehmen nur eine der wesentlichen Betriebsgrundlagen darstellt (→ BFH vom 21.5.1974 – BStBl. II S. 613).

– **Betriebszweck/-führung.** Wesentliche Grundlagen eines Betriebs sind Wirtschaftsgüter vor allem des Anlagevermögens, die zur Erreichung des Betriebszwecks erforderlich sind und ein besonderes wirtschaftliches Gewicht für die Betriebsführung bei dem Betriebsunternehmen haben (→ BFH vom 26.1.1989 – BStBl. II S. 455 und vom 24.8.1989 – BStBl. II S. 1014).

– **Büro-/Verwaltungsgebäude.** Ein Büro- und Verwaltungsgebäude ist jedenfalls dann eine wesentliche Betriebsgrundlage, wenn es die räumliche und funktionale Grundlage für die Geschäftstätigkeit des Betriebsunternehmens bildet (→ BFH vom 23.5.2000 – BStBl. II S. 621).

– **Einfamilienhaus.** Als einziges Büro (Sitz der Geschäftsleitung) genutzte Räume in einem Einfamilienhaus stellen auch dann eine wesentliche Betriebsgrundlage dar, wenn sie nicht für Zwecke des Betriebsunternehmens besonders hergerichtet und gestaltet sind. Das gilt jedenfalls dann, wenn der Gebäudeteil nicht die in § 8 EStDV genannten Grenzen unterschreitet (→ BFH vom 13.7.2006 – BStBl. II S. 804).

– **Ersetzbarkeit.** Ein Grundstück ist auch dann eine wesentliche Betriebsgrundlage, wenn das Betriebsunternehmen jederzeit am Markt ein für seine Belange gleichwertiges Grundstück mieten oder kaufen kann (→ BFH vom 26.5.1993 – BStBl. II S. 718).

– **Fabrikationsgrundstücke.** Grundstücke, die der Fabrikation dienen, gehören regelmäßig zu den wesentlichen Betriebsgrundlagen im Rahmen einer Betriebsaufspaltung (→ BFH vom 12.9.1991 – BStBl. 1992 II S. 347 und vom 26.3.1992 – BStBl. II S. 830).

– **Filialbetriebe.** Das einzelne Geschäftslokal eines Filialeinzelhandelsbetriebs ist in aller Regel auch dann eine wesentliche Betriebsgrundlage, wenn auf das Geschäftslokal weniger als 10% der gesamten Nutzfläche des Unter-

---

[1] Zu einem Grundstück als wesentliche Betriebsgrundlage siehe auch BFH 18.6.2015 IV R 11/13, BFH/NV 2015, 1398. – Zu einer bloßen Darlehensgewährung an das Betriebsunternehmen siehe BFH v. 9.7.2019 X R 9/17, BStBl. II 2021, 418.

nehmens entfällt. Dabei ist es unbeachtlich, wenn das einzelne Geschäftslokal Verluste erwirtschaftet (→ BFH vom 19.3.2009 – BStBl. II S. 803).

- **Immaterielle Wirtschaftsgüter.** Für die Begründung einer Betriebsaufspaltung ist ausreichend, wenn dem Betriebsunternehmen immaterielle Wirtschaftsgüter, z. B. der Firmenname oder Erfindungen, überlassen werden, die dem Besitzunternehmen gehören (→ BFH vom 6.11.1991 – BStBl. 1992 II S. 415).
- **Serienfabrikate.** Bei beweglichen Wirtschaftsgütern zählen auch Serienfabrikate zu den wesentlichen Betriebsgrundlagen (→ BFH vom 24.8.1989 – BStBl. II S. 1014).
- **Stille Reserven.** Ein Wirtschaftsgut ist nicht allein deshalb als wesentliche Betriebsgrundlage im Rahmen einer Betriebsaufspaltung anzusehen, weil in ihm erhebliche stille Reserven ruhen (→ BFH vom 24.8.1989 – BStBl. II S. 1014).
- **Systemhalle.** Eine sog. Systemhalle kann wesentliche Betriebsgrundlage sein, wenn sie auf die Bedürfnisse des Betriebsunternehmens zugeschnitten ist (→ BFH vom 5.9.1991 – BStBl. 1992 II S. 349).
- **Wirtschaftliche Bedeutung.** Ein Grundstück ist nur dann keine wesentliche Betriebsgrundlage, wenn es für das Betriebsunternehmen lediglich von geringer wirtschaftlicher Bedeutung ist (→ BFH vom 4.11.1992 – BStBl. 1993 II S. 245).

R 15.7 (6)

Betriebsaufspaltung – Personelle Verflechtung *(unbesetzt)*

H 15.7 (6)

Allgemeines. Eine personelle Verflechtung liegt vor, wenn die hinter beiden Unternehmen stehenden Personen einen einheitlichen geschäftlichen Betätigungswillen haben (→ BFH vom 8.11.1971 – BStBl. 1972 II S. 63).

Beherrschungsidentität.

- Ein einheitlicher geschäftlicher Betätigungswille setzt nicht voraus, dass an beiden Unternehmen die gleichen Beteiligungen derselben Personen bestehen (→ BFH vom 8.11.1971 – BStBl. 1972 II S. 63). Es genügt, dass die Personen, die das Besitzunternehmen tatsächlich beherrschen, in der Lage sind, auch in dem Betriebsunternehmen ihren Willen durchzusetzen (→ BMF vom 7.10.2002 – BStBl. I S. 1028). Ein einheitlicher geschäftlicher Betätigungswille ist auch bei wechselseitiger Mehrheitsbeteiligung von zwei Personen am Besitzunternehmen und am Betriebsunternehmen anzunehmen (→ BFH vom 24.2.2000 – BStBl. II S. 417).
- In den Fällen, in denen sämtliche Anteile des Betriebsunternehmens einem einzigen Gesellschafter-Geschäftsführer gehören, kommt es darauf an, ob dieser seinen Willen auch in dem Besitzunternehmen durchsetzen kann (→ BFH vom 5.2.1981 – BStBl. II S. 376 und vom 11.11.1982 – BStBl. 1983 II S. 299).
- Die personelle Verflechtung einer GbR mit einer Betriebskapitalgesellschaft ist auch dann gegeben, wenn der Gesellschafter-Geschäftsführer der

b) Eine **Veräußerung** i. S. d. § 18 Abs. 3 EStG **liegt nicht vor,** wenn
- ein Steuerberater von seiner einheitlichen Praxis den Teil veräußert, der lediglich in der Erledigung von Buchführungsarbeiten bestanden hat (→ BFH vom 14.5.1970 – BStBl. II S. 566),
- ein Steuerbevollmächtigter, der am selben Ort in einem einheitlichen örtlichen Wirkungskreis, jedoch in organisatorisch getrennten Büros, eine landwirtschaftliche Buchstelle und eine Steuerpraxis für Gewerbetreibende betreibt, die Steuerpraxis für Gewerbetreibende veräußert (→ BFH vom 27.4.1978 – BStBl. II S. 562),
- ein unheilbar erkrankter Ingenieur aus diesem Grund sein technisches Spezialwissen und seine Berufserfahrung entgeltlich auf seinen einzigen Kunden überträgt (→ BFH vom 26.4.1995 – BStBl. 1996 II S. 4).

2. Mitunternehmeranteil. Wird der gesamte Mitunternehmeranteil an einer freiberuflich tätigen Personengesellschaft veräußert, muss die Tätigkeit im bisherigen Wirkungskreis für eine gewisse Zeit eingestellt werden (→ BFH vom 23.1.1997 – BStBl. II S. 498).

3. Teilbetrieb.
- Eine begünstigte Teilbetriebsveräußerung setzt neben der Ausübung mehrerer ihrer Art nach verschiedener Tätigkeiten auch eine organisatorische Selbständigkeit der Teilbetriebe voraus. Ist ein Arzt als Allgemeinmediziner und auf arbeitsmedizinischem Gebiet tätig, übt er zwei verschiedene Tätigkeiten aus. Die Veräußerung eines dieser Praxisteile stellt eine tarifbegünstigte Teilpraxisveräußerung dar, sofern den Praxisteilen die notwendige organisatorische Selbständigkeit zukommt (→ BFH vom 4.11.2004 – BStBl. 2005 II S. 208).
- Eine begünstigte Teilpraxisveräußerung kann vorliegen, wenn ein Steuerberater eine Beratungspraxis veräußert, die er (neben anderen Praxen) als völlig selbständigen Betrieb erworben und bis zu ihrer Veräußerung im Wesentlichen unverändert fortgeführt hat (→ BFH vom 26.6.2012 – BStBl. II S. 777).
- Keine Teilbetriebsveräußerung bei Veräußerung der „Großtierpraxis" und Rückbehalt der „Kleintierpraxis" (→ BFH vom 29.10.1992 – BStBl. 1993 II S. 182).[1]

Verpachtung. Beim Tod des Freiberuflers führt die vorübergehende Verpachtung einer freiberuflichen Praxis durch den Erben oder Vermächtnisnehmer bei fehlender Betriebsaufgabeerklärung nicht zur Betriebsaufgabe, wenn der Rechtsnachfolger im Begriff ist, die für die beabsichtigte Praxisfortführung erforderliche freiberufliche Qualifikation zu erlangen (→ BFH vom 12.3.1992 – BStBl. 1993 II S. 36).[2]

---

1) Ebenso bei Veräußerung einer Kassenpraxis unter Beibehaltung der Privatpatienten; siehe BFH v. 6.3.1997 IV R 28/96, DStRE 1997, 712.

2) Siehe auch BFH v. 14.12.1993 VIII R 13/93, BStBl. II 1994, 922.

Zu § 20 EStG

R 20.1 Werbungskosten bei Einkünften aus Kapitalvermögen

(1) [1]Aufwendungen sind, auch wenn sie gleichzeitig der Sicherung und Erhaltung des Kapitalstamms dienen, insoweit als Werbungskosten zu berücksichtigen, als sie zum Erwerb, Sicherung und Erhaltung von Kapitaleinnahmen dienen. [2]Aufwendungen, die auf Vermögen entfallen, das nicht zur Erzielung von Kapitaleinkünften angelegt ist oder bei dem Kapitalerträge nicht mehr zu erwarten sind, können nicht als Werbungskosten berücksichtigt werden.

(2) [1]Nach den allgemeinen Grundsätzen können u. a. Bankspesen für die Depotverwaltung, Gebühren, Fachliteratur, Reisekosten zur Hauptversammlung, Verfahrensauslagen und Rechtsanwaltskosten als Werbungskosten berücksichtigt werden. [2]Zum Abzug ausländischer Steuern wie Werbungskosten → R 34c.

(3) Absatz 1 und 2 gelten vorbehaltlich des § 2 Abs. 2 Satz 2 EStG.

H 20.1

Abgeltungsteuer – Allgemeines. Zu Einzelfragen zur Abgeltungsteuer → BMF vom 18.1.2016 (BStBl. I S. 85) unter Berücksichtigung der Änderungen durch BMF vom 20.4.2016 (BStBl. I S. 475), vom 16.6.2016 (BStBl. I S. 527), vom 3.5.2017 (BStBl. I S. 739), vom 19.12.2017 (BStBl. 2018 I S. 52), vom 12.4.2018 (BStBl. I S. 624), vom 17.1.2019 (BStBl. I S. 51), vom 10.5.2019 (BStBl. I S. 464) und vom 16.9.2019 (BStBl. I S. 889).[1)]

Anschaffungskosten.
- Ein beim Erwerb einer stillen Beteiligung an den Geschäftsinhaber entrichtetes Ausgabeaufgeld gehört zu den Anschaffungskosten der stillen Beteiligung (→ BFH vom 23.11.2000 – BStBl. 2001 II S. 24).
- Gutachtenkosten im Zusammenhang mit der Anschaffung von GmbH-Geschäftsanteilen sind Anschaffungsnebenkosten, wenn sie nach einer grundsätzlich gefassten Erwerbsentscheidung entstehen und die Erstellung des Gutachtens nicht lediglich eine Maßnahme zur Vorbereitung einer noch unbestimmten, erst später zu treffenden Erwerbsentscheidung darstellt (→ BFH vom 27.3.2007 – BStBl. 2010 II S. 159).
- Zahlt ein Stpfl., der einem Vermögensverwalter Vermögen zur Anlage auf dem Kapitalmarkt überlässt, ein gesondertes Entgelt für die Auswahl zwischen mehreren Gewinnstrategien des Vermögensverwalters (sog. Strategieentgelt), ist das Entgelt den Anschaffungskosten für den Erwerb der Kapitalanlagen zuzurechnen (→ BFH vom 28.10.2009 – BStBl. 2010 II S. 469).

Bond-Stripping. → BMF vom 11.11.2016 (BStBl. I S. 1245).

Gesellschafterdarlehen. Ein Verzicht des Gesellschafters auf ein Gesellschafterdarlehen gegen Besserungsschein kann für Schuldzinsen, die auf ein Refinanzierungsdarlehen gezahlt werden, bis zum Eintritt des Besserungsfalls zu einem Wechsel des Veranlassungszusammenhangs der Aufwendungen hin zu den Beteiligungserträgen gem. § 20 Abs. 1 Nr. 1 EStG führen. Dieser

---

[1)] Erneut geänd. durch BMF v. 19.2.2021, BStBl. I 2021, 296, und v. 3.6.2021, BStBl. I 2021, 723.

tritt insbesondere dann ein, wenn der Gesellschafter durch den Verzicht auf Zins- und Tilgungsansprüche aus dem Gesellschafterdarlehen die Eigenkapitalbildung und Ertragskraft der Gesellschaft stärken will (→ BFH vom 24.10.2017 – BStBl. 2019 II S. 34).

Sinngemäße Anwendung des § 15a EStG.

– Erst wenn die Gesellschaft endgültig von einer Schuld befreit wird, handelt es sich im Falle der Übernahme einer Gesellschaftsschuld durch den stillen Gesellschafter um die allein maßgebliche „geleistete Einlage" i.S.d. § 15a Abs. 1 Satz 1 EStG. Eine erst später erteilte Genehmigung einer Schuldübernahme durch den Gläubiger wirkt steuerrechtlich nicht auf den Zeitpunkt zurück, in dem der stille Gesellschafter sich dazu verpflichtet hatte (→ BFH vom 16.10.2007 – BStBl. 2008 II S. 126).
– → H 21.2.

Stiller Gesellschafter.

– Die Vereinbarung einer Beteiligung des stillen Gesellschafters am Gewinn des Geschäftsinhabers gilt im Zweifel auch für seine Beteiligung am Verlust. Der Verlustanteil ist dem stillen Gesellschafter nicht nur bis zum Verbrauch seiner Einlage, sondern auch in Höhe seines negativen Einlagekontos zuzurechnen. Spätere Gewinne sind gem. § 15a EStG zunächst mit den auf diesem Konto ausgewiesenen Verlusten zu verrechnen (→ BFH vom 23.7.2002 – BStBl. II S. 858).
– Ein an einer GmbH typisch still beteiligter Gesellschafter kann seinen Anteil an dem laufenden Verlust der GmbH nur dann berücksichtigen, wenn der Verlustanteil im Jahresabschluss der GmbH festgestellt oder vom Finanzamt geschätzt und von der Kapitaleinlage des stillen Gesellschafters abgebucht worden ist (→ BFH vom 28.5.1997 – BStBl. II S. 724 und vom 16.10.2007 – BStBl. 2008 II S. 126). Die Abbuchung als Voraussetzung für die Verlustberücksichtigung entfällt jedoch, soweit durch den Verlustanteil ein negatives Einlagekonto entsteht. Der Verlustanteil entsteht mit seiner Berechnung nach § 232 Abs. 1 HGB auf der Grundlage des Jahresabschlusses des Geschäftsinhabers (→ BFH vom 23.7.2002 – BStBl. II S. 858).
– Zur Behandlung von Verlusten aus stillen Gesellschaften an Kapitalgesellschaften → BMF vom 19.11.2008 (BStBl. I S. 970).
– → Anschaffungskosten.

Verlustabzug in Erbfällen. Verluste i.S.d. § 20 Abs. 6 EStG → R 10d Abs. 9 Satz 9.

Werbungskostenabzugsverbot nach § 20 Abs. 9 EStG.[1]

– **Schuldzinsen, die nach der Veräußerung oder der Aufgabe einer wesentlichen Beteiligung** i.S.d. § 17 Abs. 1 EStG anfallen, sind ab dem VZ 2009 grundsätzlich nicht mehr als Werbungskosten bei den Einkünften aus Kapitalvermögen abziehbar (→ BFH vom 1.7.2014 – BStBl. II S. 975 und vom 21.10.2014 – BStBl. 2015 II S. 270).
– Das Werbungskostenabzugsverbot findet auch dann Anwendung, wenn Ausgaben, die nach dem 31.12.2008 getätigt wurden, mit **Kapitalerträ-**

---

[1] Zu negativen Einlagezinsen siehe BMF v. 18.1.2016, BStBl. I 2016, 85, zuletzt geänd. durch BMF v. 3.6.2021, BStBl. I 2021, 723.

gen zusammenhängen, die bereits **vor dem 1.1.2009** zugeflossen sind (→ BFH vom 2.12.2014 – BStBl. 2015 II S. 387 und vom 9.6.2015 – BStBl. 2016 II S. 199).

– Gegen das Werbungskostenabzugsverbot bestehen **keine verfassungsrechtlichen Bedenken** (→ BFH vom 1.7.2014 – BStBl. II S. 975, vom 28.1.2015 – BStBl. II S. 393 und vom 9.6.2015 – BStBl. 2016 II S. 199).
– Das Werbungskostenabzugsverbot kommt in den Fällen des § 32d Abs. 2 Nr. 1 Satz 1 Buchst. b Satz 1 EStG nicht zur Anwendung (§ 32d Abs. 2 Nr. 1 Satz 2 EStG). Dies gilt grundsätzlich auch dann, wenn von der Gesellschaft die geschuldeten Kapitalerträge nicht gezahlt werden (→ BFH vom 24.10.2017 – BStBl. 2019 II S. 34).
– Zu einer Sicherheits-Kompakt-Rente → H 22.4 (Werbungskosten).

R 20.2 Einnahmen aus Kapitalvermögen

[1] Auf Erträge aus Versicherungen auf den Erlebens- oder Todesfall ist bei Verträgen, die vor dem 1.1.2005 abgeschlossen worden sind, R 154 EStR 2003 weiter anzuwenden. [2] R 154 Satz 4 Buchstabe a EStR 2003 gilt nicht für Zinsen, die nach Ablauf der Mindestlaufzeit von 12 Jahren bei Weiterführung des Versicherungsvertrages gezahlt werden.

R 154 EStR 2003. Einnahmen aus Kapitalvermögen

[1] Zu den Einnahmen aus Kapitalvermögen rechnen nach § 20 Abs. 1 Nr. 6 EStG die außerrechnungsmäßigen und rechnungsmäßigen Zinsen aus den Sparanteilen, die in den Beiträgen zu Versicherungen auf den Erlebens- oder Todesfall enthalten sind. [2] Zu den Einnahmen aus Kapitalvermögen gehören stets Zinsen aus

1. Kapitalversicherungen gegen Einmalbeitrag,
2. Rentenversicherungen mit Kapitalwahlrecht gegen Einmalbeitrag,
3. Rentenversicherungen mit Kapitalwahlrecht gegen laufende Beitragsleistung, bei denen das Kapitalwahlrecht vor Ablauf von 12 Jahren nach Vertragsabschluss ausgeübt werden kann,
4. Kapitalversicherungen gegen laufende Beitragsleistung, wenn der Vertrag nicht für die Dauer von mindestens 12 Jahren abgeschlossen ist,
5. Versicherungen im Sinne des § 10 Abs. 1 Nr. 2 Buchstabe b EStG in den Fällen des § 10 Abs. 2 Satz 2 EStG, wenn die Voraussetzungen für den Sonderausgabenabzug nicht erfüllt sind,
6. Versicherungen auf den Erlebens- oder Todesfall in den Fällen des § 10 Abs. 1 Nr. 2 Buchstabe b *Satz 5* [ab VZ 2004: Satz 6] EStG, wenn die Voraussetzungen für den Sonderausgabenabzug nicht erfüllt sind.

[3] Zinsen aus Versicherungen im Sinne des § 10 Abs. 1 Nr. 2 Buchstabe b EStG rechnen grundsätzlich nicht zu den steuerpflichtigen Einnahmen, wenn die Voraussetzungen für den Sonderausgabenabzug erfüllt sind. [4] Die Zinsen gehören bei diesen Verträgen jedoch zu den Einnahmen aus Kapitalvermögen, soweit sie

a) zu dem laufenden Vertrag oder
b) im Falle des Rückkaufs des Vertrages vor Ablauf von 12 Jahren nach Vertragsabschluss mit dem Rückkaufwert

ausgezahlt werden. [5] Die Höhe der steuerpflichtigen Kapitalerträge ist von dem Versicherer zu ermitteln.

H 20.2

Abtretung. Zur Zurechnung von Zinsen bei Abtretung einer verzinslichen Forderung → BFH vom 8.7.1998 (BStBl. 1999 II S. 123).

American Depository Receipts (ADRs). Zur Besteuerung von ADRs auf inländische Aktien und vergleichbaren Hinterlegungsscheinen, die Aktien vertreten → BMF vom 24.5.2013 (BStBl. I S. 718) unter Berücksichtigung der Änderungen durch BMF vom 18.12.2018 (BStBl. I S. 1400).

Betriebsaufspaltung. → H 15.7 (4) Gewinnausschüttungen.

Einlagenrückgewähr.

– Rückgewähr von Einlagen durch eine unbeschränkt steuerpflichtige Körperschaft; bilanzsteuerrechtliche Behandlung beim Empfänger → BMF vom 9.1.1987 (BStBl. I S. 171).

– Der aus dem steuerlichen Einlagekonto i. S. d. § 27 KStG stammende Gewinnanteil ist beim Gesellschafter gemäß § 20 Abs. 1 Nr. 1 Satz 3 EStG als nicht steuerbare Einnahme zu behandeln. Dies gilt auch dann, wenn der Stpfl. an der ausschüttenden Körperschaft gemäß § 17 EStG beteiligt ist. Der Teil der Ausschüttung einer Körperschaft, der aus dem steuerlichen Einlagekonto i. S. d. § 27 KStG finanziert ist, führt zu einer Minderung der Anschaffungskosten der Beteiligung. Zur Veräußerung von Anteilen i. S. d. § 17 EStG (→ BFH vom 19.7.1994 – BStBl. 1995 II S. 362); zu den Auswirkungen bei § 20 Abs. 2 EStG → BMF vom 18.1.2016 (BStBl. I S. 85),[1] Rz. 92.

– Zur Bescheinigung der Leistungen, die als Abgang auf dem steuerlichen Einlagekonto zu berücksichtigen sind, durch die Kapitalgesellschaft → § 27 Abs. 3 KStG.

Erstattungszinsen nach § 233a AO.

– Erstattungszinsen sind steuerbare Einnahmen (→ BFH vom 12.11.2013 – BStBl. 2014 II S. 168 und vom 24.6.2014 – BStBl. II S. 998).

– Aus Gründen sachlicher Härte sind auf Antrag Erstattungszinsen i. S. d. § 233a AO nach § 163 AO nicht in die Steuerbemessungsgrundlage einzubeziehen, soweit ihnen nicht abziehbare Nachforderungszinsen gegenüberstehen, die auf ein- und demselben Ereignis beruhen (→ BMF vom 5.10.2000 – BStBl. I S. 1508).[2]

Erträge aus Lebensversicherungen (Vertragsabschluss vor dem 1.1. 1974). Zinsen aus Sparanteilen aus Beiträgen für vor dem 1.1.1974 abgeschlossene Lebensversicherungen sind nicht steuerbar (→ BFH vom 29.5. 2012 – BStBl. 2013 II S. 115).

Erträge aus Lebensversicherungen (Vertragsabschluss vor dem 1.1.2005).

– → BMF vom 31.8.1979 (BStBl. I S. 592) zur steuerlichen Behandlung der rechnungsmäßigen und außerrechnungsmäßigen Zinsen aus Lebensversicherungen.

– → BMF vom 13.11.1985 (BStBl. I S. 661) zum Näherungsverfahren zur Berechnung der rechnungsmäßigen und außerrechnungsmäßigen Zinsen.

– → BMF vom 16.7.2012 (BStBl. I S. 686) zur gesonderten Feststellung der Steuerpflicht von Zinsen aus einer Lebensversicherung.

– → BMF vom 15.6.2000 (BStBl. I S. 1118) zu Finanzierungen unter Einsatz von Lebensversicherungsverträgen (Policendarlehen).

---

[1] Geänd. durch BMF v. 20.4.2016, BStBl. I 2016, 475, v. 16.6.2016, BStBl. I 2016, 527, v. 3.5.2017, BStBl. I 2017, 739, v. 19.12.2017, BStBl. I 2018, 52, v. 12.4.2018, BStBl. I 2018, 624, v. 17.1.2019, BStBl. I 2019, 51, v. 10.5.2019, BStBl. I 2019, 464, v. 16.9.2019, BStBl. I 2019, 889, v. 19.2.2021, BStBl. I 2021, 296, v. 3.6.2021, BStBl. I 2021, 723.

[2] Neugef. durch BMF v. 16.3.2021, BStBl. I 2021, 353.

– Zinsen aus einer vor dem 1.1.2005 abgeschlossenen Kapitallebensversicherung, die nach Ablauf eines Zeitraums von mehr als 12 Jahren nach Vertragsabschluss bei Weiterführung gezahlt werden, sind in entsprechender Anwendung des § 20 Abs. 1 Nr. 6 Satz 2 EStG in der am 31.12.2004 geltenden Fassung steuerfrei (→ BFH vom 12.10.2005 – BStBl. 2006 II S. 251).
– Die Steuerbefreiung in § 20 Abs. 1 Nr. 6 Satz 2 EStG in der am 31.12. 2004 geltenden Fassung für Zinsen aus Lebensversicherungen ist nicht an die Voraussetzungen des Sonderausgabenabzugs für die Versicherungsbeiträge geknüpft. Es ist daher unschädlich, wenn der ausländischen Lebensversicherungsgesellschaft die Erlaubnis zum Betrieb eines nach § 10 Abs. 2 Satz 1 Nr. 2 Buchstabe a EStG in der am 31.12.2004 geltenden Fassung begünstigten Versicherungszweigs im Inland nicht erteilt worden ist (→ BFH vom 1.3.2005 – BStBl. 2006 II S. 365).

Erträge aus Lebensversicherungen (Vertragsabschluss nach dem 31.12. 2004). Zur Besteuerung von Versicherungserträgen i. S. d. § 20 Abs. 1 Nr. 6 EStG → BMF vom 1.10.2009 (BStBl. I S. 1172) unter Berücksichtigung der Änderungen durch BMF vom 6.3.2012 (BStBl. I S. 238), vom 29.9.2017 (BStBl. I S. 1314) und vom 9.8.2019 (BStBl. I S. 829) und → BMF vom 18.6.2013 (BStBl. I S. 768).

Ferienwohnung. Überlässt eine AG satzungsgemäß ihren Aktionären Ferienwohnungen zur zeitlich vorübergehenden Nutzung nach Maßgabe eines Wohnberechtigungspunktesystems, erzielt der Aktionär mit der Nutzung Kapitalerträge (→ BFH vom 16.12.1992 – BStBl. 1993 II S. 399).

Hochzins- und Umtauschanleihen. → BMF vom 2.3.2001 (BStBl. I S. 206).

Investmentanteile. Zu Anwendungsfragen zum Investmentsteuergesetz in der ab dem 1.1.2018 geltenden Fassung → BMF vom 21.5.2019 (BStBl. I S. 527) unter Berücksichtigung der Änderungen durch BMF vom 19.12. 2019 (BStBl. 2020 I S. 85) und vom 29.10.2020 (BStBl. I S. 1167).[1]

Pflichtteilsansprüche.
– Verzichtet ein Kind gegenüber seinen Eltern auf künftige Pflichtteilsansprüche und erhält es dafür im Gegenzug von den Eltern wiederkehrende Zahlungen, so liegt darin kein entgeltlicher Leistungsaustausch und keine Kapitalüberlassung des Kindes an die Eltern, so dass in den wiederkehrenden Zahlungen auch kein einkommensteuerbarer Zinsanteil enthalten ist (→ BFH vom 9.2.2010 – BStBl. II S. 818).
– Erhält das Kind für den Verzicht auf künftige Pflichtteilsansprüche einen fälligen Zahlungsanspruch, führt die Verzinsung dieses Zahlungsanspruches zu steuerpflichtigen Kapitalerträgen i. S. d. § 20 Abs. 1 Nr. 7 EStG (→ BFH vom 6.8.2019 – BStBl. 2020 II S. 92).
– Ist der Erbfall bereits eingetreten und erhält ein Pflichtteilsberechtigter vom Erben unter Anrechnung auf seinen Pflichtteil wiederkehrende Leistungen, ist das Merkmal der Überlassung von Kapital zur Nutzung i. S. d. § 20 Abs. 1 Nr. 7 EStG jedenfalls dann erfüllt, wenn der Bedachte rechtlich

[1] Erneut ergänzt und geänd. durch BMF v. 20.1.2021, BStBl. I 2021, 156, v. 29.4.2021, BStBl. I 2021, 735, v. 1.6.2021, BStBl. I 2021, 773.

befugt ist, den niedrigeren Barwert im Rahmen seines Pflichtteilsanspruchs geltend zu machen (→ BFH vom 26.11.1992 – BStBl. 1993 II S. 298).

Rückgängigmachung einer Gewinnausschüttung. Die Gewinnausschüttung einer Kapitalgesellschaft bleibt bei dem Gesellschafter auch dann eine Einnahme aus Kapitalvermögen, wenn der Gewinnverteilungsbeschluss auf Grund eines Rückforderungsanspruchs der Gesellschaft rückgängig gemacht werden kann oder aufgehoben wird (→ BFH vom 1.3.1977 – BStBl. II S. 545). Das gilt auch bei einer Verpflichtung zur Rückzahlung einer offenen Gewinnausschüttung; die Rückzahlung stellt keine negative Einnahme dar (→ BFH vom 29.8.2000 – BStBl. 2001 II S. 173).

Schenkung unter Auflage. Wird ein geschenkter Geldbetrag entsprechend der Auflage des Schenkers vom Beschenkten angelegt, erzielt dieser hieraus auch dann Einkünfte aus Kapitalvermögen, wenn er die Erträge entsprechend einer weiteren Auflage weiterzuleiten hat (→ BFH vom 26.11.1997 – BStBl. 1998 II S. 190).

Schneeballsystem.

– Beteiligt sich ein Kapitalanleger an einem sog. Schneeballsystem, mit dem ihm vorgetäuscht wird, in seinem Auftrag und für seine Rechnung würden Geschäfte auf dem Kapitalmarkt getätigt, ist der vom Kapitalanleger angenommene Sachverhalt der Besteuerung zugrunde zu legen (→ BFH vom 14.12.2004 – BStBl. 2005 II S. 739 und S. 746).
– Gutschriften aus Schnellballsystemen führen zu Einnahmen aus Kapitalvermögen, wenn der Betreiber des Schneeballsystems bei entsprechendem Verlangen des Anlegers zur Auszahlung der gutgeschriebenen Beträge leistungsbereit und leistungsfähig gewesen wäre. An der Leistungsbereitschaft des Betreibers des Schneeballsystems kann es fehlen, wenn er auf einen Auszahlungswunsch des Anlegers hin eine sofortige Auszahlung ablehnt und stattdessen über anderweitige Zahlungsmodalitäten verhandelt. Entscheidend ist, ob der Anleger in seinem konkreten Fall eine Auszahlung hätte erreichen können. Auf eine hypothetische Zahlung an alle Anleger ist nicht abzustellen (→ BFH vom 16.3.2010 – BStBl. 2014 II S. 147, vom 11.2.2014 – BStBl. II S. 461 und vom 2.4.2014 – BStBl. II S. 698).

Stiftung.

– Können die Leistungsempfänger einer Stiftung unmittelbar oder mittelbar Einfluss auf das Ausschüttungsverhalten der Stiftung nehmen, handelt es sich bei den Leistungen um Einkünfte aus Kapitalvermögen i. S. d. § 20 Abs. 1 Nr. 9 EStG (→ BFH vom 3.11.2010 – BStBl. 2011 II S. 417).
– Unter § 20 Abs. 1 Nr. 9 EStG fallen alle wiederkehrenden oder einmaligen Leistungen einer Stiftung, die von den Beschluss fassenden Stiftungsgremien aus den Erträgen der Stiftung an den Stifter, seine Angehörigen oder deren Abkömmlinge ausgekehrt werden. Dies gilt auch, wenn die Leistungen anlässlich der Auflösung der Stiftung erbracht werden (→ BMF vom 27.6.2006 – BStBl. I S. 417).

Stiller Gesellschafter.

– Zu den Einnahmen aus Kapitalvermögen gehören auch alle Vorteile, die ein typischer stiller Gesellschafter als Gegenleistung für die Überlassung der Einlage erhält, z. B. Bezüge auf Grund von Wertsicherungsklauseln oder von Kursgarantien, ein Damnum und ein Aufgeld. Dazu gehört auch ein im Fall der Veräußerung der stillen Beteiligung über den Betrag der Einlage hinaus erzielter Mehrerlös, soweit dieser auf einen Anteil am Gewinn eines bereits abgelaufenen Wj. entfällt (→ BFH vom 11.2.1981 – BStBl. II S. 465) oder soweit er ein anders bemessenes Entgelt für die Überlassung der Einlage darstellt (→ BFH vom 14.2.1984 – BStBl. II S. 580).

– Gewinnanteile aus einer stillen Beteiligung, die zur Wiederauffüllung einer durch Verluste geminderten Einlage dienen, sind Einnahmen aus Kapitalvermögen (→ BFH vom 24.1.1990 – BStBl. 1991 II S. 147); bei negativem Einlagekonto → H 20.1.
– Auch der Mehrheitsgesellschafter einer Kapitalgesellschaft kann daneben typisch stiller Gesellschafter der Kapitalgesellschaft sein, dessen Gewinnanteil zu den Einnahmen aus Kapitalvermögen gehört (→ BFH vom 21.6.1983 – BStBl. II S. 563).
– § 20 Abs. 1 Nr. 4 EStG ist auf Gewinnanteile aus typischen Unterbeteiligungen entsprechend anzuwenden (→ BFH vom 28.11.1990 – BStBl. 1991 II S. 313).
– Für die Annahme einer stillen Gesellschaft können – vor allem in Grenzfällen – von den Vertragsparteien gewählte Formulierungen indizielle Bedeutung haben; entscheidend ist, was die Vertragsparteien wirtschaftlich gewollt haben und ob der – unter Heranziehung aller Umstände zu ermittelnde – Vertragswille auf die Merkmale einer (stillen) Gesellschaft gerichtet ist (→ BFH vom 28.10.2008 – BStBl. 2009 II S. 190). Dabei darf der für eine stille Gesellschaft erforderliche gemeinsame Zweck der Gesellschafter nicht mit deren Motiven für ihre Beteiligung vermengt werden. Dass Kapitalanleger und Fondsgesellschaft beide das Ziel verfolgen, durch Handel an internationalen Finanzterminmärkten mittelfristig einen Kapitalzuwachs zu erreichen, reicht für die Annahme eines gemeinsamen Zwecks nicht aus. Ein gemeinsamer Zweck verlangt zwischen Anleger und Anlagegesellschaft ein substantielles „Mehr" als die bloße Kapitalhingabe und dessen Verwendung (→ BFH vom 8.4.2008 – BStBl. II S. 852).
– Stellt ein Kapitalanleger einem Unternehmer unter Gewährung einer Erfolgsbeteiligung Geldbeträge zur Verfügung, die dieser an Brokerfirmen für Börsentermingeschäfte oder an Fonds weiterleiten soll, kann eine solche Vereinbarung eine typisch stille Gesellschaft begründen (→ BFH vom 28.10.2008 – BStBl. 2009 II S. 190).

Stückzinsen. → BMF vom 18.1.2016 (BStBl. I S. 85),[1] Rzn. 49–51.

Treuhandverhältnis. Der Treugeber als wirtschaftlicher Inhaber einer Kapitalforderung erzielt die Einkünfte aus Kapitalvermögen (→ BFH vom 24.11.2009 – BStBl. 2010 II S. 590).

Umqualifizierung von Einkünften i. S. d. § 20 Abs. 2 Satz 1 Nr. 1 EStG in Einkünfte i. S. d. § 17 EStG. → BMF vom 16.12.2014 (BStBl. 2015 I S. 24).

[1] Geänd. durch BMF v. 20.4.2016, BStBl. I 2016, 475, v. 16.6.2016, BStBl. I 2016, 527, v. 3.5.2017, BStBl. I 2017, 739, v. 19.12.2017, BStBl. I 2018, 52, v. 12.4.2018, BStBl. I 2018, 624, v. 17.1.2019, BStBl. I 2019, 51, v. 10.5.2019, BStBl. I 2019, 464, v. 16.9.2019, BStBl. I 2019, 889, v. 19.2.2021, BStBl. I 2021, 296, v. 3.6.2021, BStBl. I 2021, 723.

Unverzinsliche Kaufpreisraten. Ein Zinsanteil ist auch in unverzinslichen Forderungen enthalten, deren Laufzeit mehr als ein Jahr beträgt und die zu einem bestimmten Zeitpunkt fällig werden (→ BFH vom 21.10.1980 – BStBl. 1981 II S. 160). Dies gilt auch dann, wenn die Vertragsparteien eine Verzinsung ausdrücklich ausgeschlossen haben (→ BFH vom 25.6.1974 – BStBl. 1975 II S. 431).

Verdeckte Gewinnausschüttung an nahestehende Personen. Die der nahestehenden Person zugeflossene verdeckte Gewinnausschüttung ist stets dem Gesellschafter als Einnahme zuzurechnen (→ BMF vom 20.5.1999 – BStBl. I S. 514).[1]

Vermächtnisanspruch. Zinsen, die auf einer testamentarisch angeordneten Verzinsung eines erst fünf Jahre nach dem Tode des Erblassers fälligen betagten Vermächtnisanspruchs beruhen, sind beim Vermächtnisnehmer Einkünfte aus Kapitalvermögen (→ BFH vom 20.10.2015 – BStBl. 2016 II S. 342).

Zahlungseinstellung des Emittenten. Zur Behandlung der Einnahmen aus der Veräußerung oder Abtretung einer Kapitalanlage bei vorübergehender oder endgültiger Zahlungseinstellung des Emittenten → BMF vom 14.7.2004 (BStBl. I S. 611).

Zinsen aus Rentennachzahlungen. Nicht zu den Rentennachzahlungen zählen darauf entfallende Zinsen. Diese gehören zu den Einkünften aus Kapitalvermögen gem. § 20 Abs. 1 Nr. 7 EStG (→ BMF vom 19.8.2013 – BStBl. I S. 1087 unter Berücksichtigung der Änderungen durch BMF vom 4.7.2016 – BStBl. I S. 645, Rz. 196).

Zinsen und Nebenleistungen aus einer durch Versteigerung realisierten Grundschuld. Zinsen i. S. v. § 1191 Abs. 2 BGB, denen kein Kapitalnutzungsverhältnis zugrunde liegt, unterliegen wegen ihrer ausdrücklichen Erwähnung in § 20 Abs. 1 Nr. 5 EStG der Besteuerung. Sie sind demjenigen zuzurechnen, der im Zeitpunkt des Zuschlagsbeschlusses aus der Grundschuld berechtigt ist und bei dem deshalb erstmals der Anspruch auf Ersatz des Wertes der Grundschuld aus dem Versteigerungserlös entsteht. Dagegen ist der dem Grundschuldgläubiger aus dem Versteigerungserlös zufließende Betrag nicht steuerbar, soweit er auf eine Nebenleistung i. S. v. § 1191 Abs. 2 BGB entfällt (→ BFH vom 11.4.2012 – BStBl. II S. 496).

Zuflusszeitpunkt bei Gewinnausschüttungen.

- **Grundsatz.** Einnahmen aus Kapitalvermögen sind zugeflossen, sobald der Stpfl. über sie wirtschaftlich verfügen kann (→ BFH vom 8.10.1991 – BStBl. 1992 II S. 174). Gewinnausschüttungen sind dem Gesellschafter schon dann zugeflossen, wenn sie ihm z. B. auf einem Verrechnungskonto bei der leistungsfähigen Kapitalgesellschaft gutgeschrieben worden sind, über das der Gesellschafter verfügen kann, oder wenn der Gesellschafter aus eigenem Interesse (z. B. bei einer Novation) seine Gewinnanteile in der Gesellschaft belässt (→ BFH vom 14.2.1984 – BStBl. II S. 480).
- **Beherrschender Gesellschafter/Alleingesellschafter.** Gewinnausschüttungen an den beherrschenden Gesellschafter oder an den Alleingesellschafter einer zahlungsfähigen Kapitalgesellschaft sind diesen in der

[1] Siehe auch BFH v. 19.6.2007 VIII R 54/05, BStBl. II 2007, 830.

Regel auch dann zum Zeitpunkt der Beschlussfassung über die Gewinnverwendung i. S. d. § 11 Abs. 1 Satz 1 EStG zugeflossen, wenn die Gesellschafterversammlung eine spätere Fälligkeit des Auszahlungsanspruchs beschlossen hat (→ BFH vom 17.11.1998 – BStBl. 1999 II S. 223). Die Zahlungsfähigkeit einer Kapitalgesellschaft ist auch dann gegeben, wenn diese zwar mangels eigener Liquidität die von ihr zu erbringende Ausschüttung nicht leisten kann, sie sich als beherrschende Gesellschafterin einer Tochter-Kapitalgesellschaft mit hoher Liquidität indes jederzeit bei dieser bedienen kann, um sich selbst die für ihre Ausschüttung erforderlichen Geldmittel zu verschaffen (→ BFH vom 2.12.2014 – BStBl. 2015 II S. 333).

– **Verschiebung des Auszahlungstags.** Zur Frage des Zeitpunkts des Zuflusses bei Verschiebung des Auszahlungstags, wenn eine Kapitalgesellschaft von mehreren Personen gemeinsam beherrscht wird oder die Satzung Bestimmungen über Gewinnabhebungen oder Auszahlungen zu einem späteren Zeitpunkt als dem Gewinnverteilungsbeschluss enthält, → BFH vom 21.10.1981 (BStBl. 1982 II S. 139).

Zu § 21 EStG

(§§ 82a, 82f, 82g und 82i EStDV)

R 21.1 Erhaltungsaufwand und Herstellungsaufwand[1)]

(1) [1] Aufwendungen für die Erneuerung von bereits vorhandenen Teilen, Einrichtungen oder Anlagen sind regelmäßig Erhaltungsaufwand. [2] Zum Erhaltungsaufwand gehören z. B Aufwendungen für den Einbau messtechnischer Anlagen zur verbrauchsabhängigen Abrechnung von Heiz- und Wasserkosten oder für den Einbau einer privaten Breitbandanlage und einmalige Gebühren für den Anschluss privater Breitbandanlagen an das öffentliche Breitbandnetz bei bestehenden Gebäuden.

(2) [1] Nach der Fertigstellung des Gebäudes ist Herstellungsaufwand anzunehmen, wenn Aufwendungen durch den Verbrauch von Gütern und die Inanspruchnahme von Diensten für die Erweiterung oder für die über den ursprünglichen Zustand hinausgehende wesentliche Verbesserung eines Gebäudes entstehen (→ § 255 Abs. 2 Satz 1 HGB). [2] Betragen die Aufwendungen nach Fertigstellung eines Gebäudes für die einzelne Baumaßnahme nicht mehr als 4000 Euro (Rechnungsbetrag ohne Umsatzsteuer) je Gebäude, ist auf Antrag dieser Aufwand stets als Erhaltungsaufwand zu behandeln. [3] Auf Aufwendungen, die der endgültigen Fertigstellung eines neu errichteten Gebäudes dienen, ist die Vereinfachungsregelung jedoch nicht anzuwenden.

(3) [1] Kosten für die gärtnerische Gestaltung der Grundstücksfläche bei einem Wohngebäude gehören nur zu den Herstellungskosten des Gebäudes, soweit diese Kosten für das Anpflanzen von Hecken, Büschen und Bäumen an den Grundstücksgrenzen („lebende Umzäunung") entstanden sind. [2] Im Übrigen bildet die bepflanzte Gartenanlage ein selbständiges Wirtschaftsgut. [3] Bei Gartenanlagen, die die Mieter mitbenutzen dürfen, und bei Vorgärten sind die

---

1) Zur Abgrenzung zwischen Erhaltungsaufwand und Herstellungsaufwand bei Versorgungsleitungen siehe BFH v. 10.6.1992 I R 9/91, BStBl. II 1993, 41. – Zur Abgrenzung zwischen Erhaltungsaufwand und Herstellungsaufwand bei Umbau eines Flachdachs zu einem Satteldach siehe BFH v. 15.5.2013 IX R 36/12, BStBl. II 2013, 732.

Herstellungskosten der gärtnerischen Anlage gleichmäßig auf deren regelmäßig 10 Jahre betragende Nutzungsdauer zu verteilen. [4]Aufwendungen für die Instandhaltung der Gartenanlagen können sofort abgezogen werden. [5]Absatz 2 Satz 2 ist sinngemäß anzuwenden. [6]Soweit Aufwendungen für den Nutzgarten des Eigentümers und für Gartenanlagen, die die Mieter nicht nutzen dürfen, entstehen, gehören sie zu den nach § 12 Nr. 1 EStG nicht abziehbaren Kosten (grundsätzlich Aufteilung nach der Zahl der zur Nutzung befugten Mietparteien). [7]Auf die in Nutzgärten befindlichen Anlagen sind die allgemeinen Grundsätze anzuwenden.

(4) Die Merkmale zur Abgrenzung von Erhaltungs- und Herstellungsaufwand bei Gebäuden gelten bei selbständigen Gebäudeteilen (→ hierzu R 4.2 Abs. 4 und Abs. 5) entsprechend.

(5) [1]Werden Teile der Wohnung oder des Gebäudes zu eigenen Wohnzwecken genutzt, sind die Herstellungs- und Anschaffungskosten sowie die Erhaltungsaufwendungen um den Teil der Aufwendungen zu kürzen, der nach objektiven Merkmalen und Unterlagen leicht und einwandfrei dem selbst genutzten Teil zugeordnet werden kann. [2]Soweit sich die Aufwendungen nicht eindeutig zuordnen lassen, sind sie um den Teil, der auf eigene Wohnzwecke entfällt, nach dem Verhältnis der Nutzflächen zu kürzen.

(6) [1]Bei der Verteilung von Erhaltungsaufwand nach § 82b EStDV kann für die in dem jeweiligen VZ geleisteten Erhaltungsaufwendungen ein besonderer Verteilungszeitraum gebildet werden. [2]Wird das Eigentum an einem Gebäude unentgeltlich auf einen anderen übertragen, kann der Rechtsnachfolger Erhaltungsaufwand noch in dem von seinem Rechtsvorgänger gewählten restlichen Verteilungszeitraum geltend machen. [3]Dabei ist der Teil des Erhaltungsaufwands, der auf den VZ des Eigentumswechsels entfällt, entsprechend der Besitzdauer auf den Rechtsvorgänger und den Rechtsnachfolger aufzuteilen.

H 21.1

Abgrenzung von Anschaffungs-, Herstellungskosten und Erhaltungsaufwendungen.

- Bei Instandsetzung und Modernisierung von Gebäuden → BMF vom 18.7.2003 (BStBl. I S. 386).
- Instandsetzungs- und Modernisierungsaufwendungen für ein Gebäude sind nicht allein deshalb als Herstellungskosten zu beurteilen, weil das Gebäude wegen Abnutzung und Verwahrlosung nicht mehr vermietbar ist, sondern nur bei schweren Substanzschäden an den für die Nutzbarkeit als Bau und die Nutzungsdauer des Gebäudes bestimmenden Teilen (→ BFH vom 13.10.1998 – BStBl. 1999 II S. 282).
- Bei der Prüfung, ob Herstellungsaufwand vorliegt, darf nicht auf das gesamte Gebäude abgestellt werden, sondern nur auf den entsprechenden Gebäudeteil, wenn das Gebäude in unterschiedlicher Weise genutzt wird und deshalb mehrere Wirtschaftsgüter umfasst (→ BFH vom 25.9.2007 – BStBl. 2008 II S. 218).

Anschaffungsnahe Herstellungskosten. → R 6.4 Abs. 1 und H 6.4.

Erhaltungsaufwand.
- Bei Instandsetzung und Modernisierung von Gebäuden → BMF vom 18.7.2003 (BStBl. I S. 386).
- → H 21.2.

Herstellungsaufwand nach Fertigstellung.
- → BMF vom 18.7.2003 (BStBl. I S. 386).
- Zu den Besonderheiten bei Teileigentum → BFH vom 19.9.1995 (BStBl. 1996 II S. 131).

Verteilung des Erhaltungsaufwands nach § 82b EStDV.
- Keine Übertragung des Anteils eines Jahres auf ein anderes Jahr (→ BFH vom 26.10.1977 – BStBl. 1978 II S. 367).
- Größere Erhaltungsaufwendungen, die das Finanzamt im Jahr ihrer Entstehung bestandskräftig zu Unrecht als Herstellungskosten behandelt hat, können gleichmäßig anteilig auf die Folgejahre verteilt werden. Der auf das Jahr der Entstehung entfallende Anteil der Aufwendungen bleibt dabei unberücksichtigt. Die AfA-Bemessungsgrundlage ist insoweit für die Folgejahre zu korrigieren (→ BFH vom 27.10.1992 – BStBl. 1993 II S. 591).
- Die Ausübung des Wahlrechts ist auch nach Eintritt der Festsetzungsverjährung für das Aufwandsentstehungsjahr möglich. Aufwendungen, die auf VZ entfallen, für die die Festsetzungsverjährung bereits eingetreten ist, dürfen dabei nicht abgezogen werden (→ BFH vom 27.10.1992 – BStBl. 1993 II S. 589). Dies gilt auch, wenn die Erhaltungsaufwendungen im Entstehungsjahr zu Unrecht als Herstellungskosten und in Form der AfA berücksichtigt worden sind (→ BFH vom 24.11.1992 – BStBl. 1993 II S. 593).[1]

R 21.2 Einnahmen und Werbungskosten

(1) [1]Werden Teile einer selbst genutzten Eigentumswohnung, eines selbst genutzten Einfamilienhauses oder insgesamt selbst genutzten anderen Hauses vorübergehend vermietet und übersteigen die Einnahmen hieraus nicht 520 Euro im VZ, kann im Einverständnis mit dem Stpfl. aus Vereinfachungsgründen von der Besteuerung der Einkünfte abgesehen werden. [2]Satz 1 ist bei vorübergehender Untervermietung von Teilen einer angemieteten Wohnung, die im Übrigen selbst genutzt wird, entsprechend anzuwenden.

(2) Zinsen, die Beteiligte einer Wohnungseigentümergemeinschaft aus der Anlage der Instandhaltungsrücklage erzielen, gehören zu den Einkünften aus Kapitalvermögen.

(3) Die Berücksichtigung von Werbungskosten aus Vermietung und Verpachtung kommt auch dann in Betracht, wenn aus dem Objekt im VZ noch keine Einnahmen erzielt werden, z. B. bei einem vorübergehend leer stehenden Gebäude.

(4) [1]Die Tätigkeit eines Stpfl. zur Erzielung von Einkünften aus Vermietung und Verpachtung besteht im Wesentlichen in der Verwaltung seines Grundbesitzes. [2]Bei nicht umfangreichem Grundbesitz erfordert diese Verwaltung in der Regel keine besonderen Einrichtungen, z. B. Büro, sondern erfolgt von der Wohnung des Stpfl. aus. [3]Regelmäßige Tätigkeitsstätte ist dann die

[1] Siehe aber BFH v. 10.11.2020 IX R 31/19, BStBl. II 2021, 474 (gegen R 21.1 Abs. 6 Satz 2 u. 3 EStR).

Wohnung des Stpfl. [4]Aufwendungen für gelegentliche Fahrten zu dem vermieteten Grundstück sind Werbungskosten i. S. d. § 9 Abs. 1 Satz 1 EStG.

H 21.2

Bauherrenmodell.
– Zur Abgrenzung zwischen Werbungskosten, Anschaffungskosten und Herstellungskosten → BMF vom 20.10.2003 (BStBl. I S. 546).
– → Fonds, geschlossene.
– Schuldzinsen, die auf die Zeit zwischen Kündigung und Auseinandersetzung im Zusammenhang mit einer Beteiligung an einer Bauherrengemeinschaft entfallen, sind Werbungskosten, selbst wenn Einnahmen noch nicht erzielt worden sind (→ BFH vom 4.3.1997 – BStBl. II S. 610).

Drittaufwand. → H 4.7.

Eigenaufwand für ein fremdes Wirtschaftsgut. → H 4.7.

Einbauküche. → H 6.4.

Einkünfteerzielungsabsicht[1)]
– **bei Wohnobjekten** → BMF vom 8.10.2004 (BStBl. I S. 933),
– **bei unbebauten Grundstücken** → BMF vom 8.10.2004 (BStBl. I S. 933), Rdnr. 29,
– **bei Gewerbeobjekten.** Bei der Vermietung von Gewerbeobjekten ist im Einzelfall festzustellen, ob der Stpfl. beabsichtigt, auf die voraussichtliche Dauer der Nutzung einen Überschuss der Einnahmen über die Werbungskosten zu erzielen (→ BFH vom 20.7.2010 – BStBl. II S. 1038 und vom 9.10.2013 – BStBl. 2014 II S. 527).

Einnahmen.
– Zahlungen, die wegen **übermäßiger Beanspruchung, vertragswidriger Vernachlässigung oder Vorenthaltung einer Miet- oder Pachtsache** geleistet werden (→ BFH vom 22.4.1966 – BStBl. III S. 395, vom 29.11.1968 – BStBl. 1969 II S. 184 und vom 5.5.1971 – BStBl. II S. 624).
– Guthabenzinsen aus einem **Bausparvertrag,** die in einem engen zeitlichen Zusammenhang mit einem der Einkunftserzielungsabsicht dienenden Grundstück stehen (→ BFH vom 9.11.1982 – BStBl. 1983 II S. 172 und BMF vom 28.2.1990 – BStBl. I S. 124).

---

1) Zur dauerhaften Verpachtung unbebauten Grundbesitzes siehe BFH v. 28.11.2007 IX R 9/06, BStBl. II 2008, 515. – Zum Nachweis der Einkünfteerzielungsabsicht bei einer nach Selbstnutzung leerstehenden Wohnung siehe BFH v. 28.10.2008 IX R 1/07, BStBl. II 2009, 848. – Zur Einkünfteerzielungsabsicht bei Verpachtung von beweglichem Betriebsvermögen siehe BFH v. 28.10.2008 IX R 51/07, BFH/NV 2009, 157. – Zur objektbezogenen Prüfung der Einkünfteerzielungsabsicht siehe BFH v. 1.4.2009 IX R 39/08, BStBl. II 2009, 776, u. v. 9.10.2013 IX R 2/13, BStBl. II 2014, 527. – Zur Einkünfteerzielungsabsicht bei Ferienwohnungen siehe BFH v. 16.4.2013 IX R 26/11, BStBl. II 2013, 613. – Zur „teilweisen" Aufgabe der Vermietungsabsicht bei langjährigem Leerstand einer Wohnung siehe BFH v. 12.6.2013 IX R 38/12, BStBl. II 2013, 1013. – Zur Einkünfteerzielungsabsicht bei strukturell bedingtem Leerstand von Wohnungen siehe BFH v. 9.7.2013 IX R 48/12, BStBl. II 2013, 693. – Zur Feststellung der Bebauungs- und Vermietungsabsicht eines unbebauten Grundstücks siehe BFH v. 1.12.2015 IX R 9/15, BStBl. II 2016, 335. – Zu einer Wohnung in einem nicht vermietbaren Zustand siehe BFH v. 31.1.2017 IX R 17/16, BStBl. II 2017, 633.

- **Abstandszahlungen** eines Mietinteressenten an Vermieter **für Entlassung aus Vormietvertrag** (→ BFH vom 21.8.1990 – BStBl. 1991 II S. 76).
- Von einem Kreditinstitut oder einem Dritten (z.B. Erwerber) **erstattete Damnumbeträge,** die als Werbungskosten abgezogen worden sind (→ BFH vom 22.9.1994 – BStBl. 1995 II S. 118). **Keine Einnahmen** aus Vermietung und Verpachtung liegen vor, wenn das Damnum **nur einen unselbständigen Rechnungsposten für die Bemessung einer Vorfälligkeitsentschädigung** darstellt (→ BFH vom 19.2.2002 – BStBl. 2003 II S. 126).
- **Umlagen und Nebenentgelte,** die der Vermieter für die Nebenkosten oder Betriebskosten erhebt (→ BFH vom 14.12.1999 – BStBl. 2000 II S. 197).
- Zur **Vermietung eines Arbeitszimmers** oder einer als **Homeoffice** genutzten Wohnung durch den Arbeitnehmer **an den Arbeitgeber** → BMF vom 18.4.2019 (BStBl. I S. 461).
- Einkünfte aus der **Vermietung eines häuslichen Arbeitszimmers an den Auftraggeber eines Gewerbetreibenden** sind Einkünfte aus Gewerbebetrieb, wenn die Vermietung ohne den Gewerbebetrieb nicht denkbar wäre (→ BFH vom 13.12.2016 – BStBl. 2017 II S. 450).
- Mietzahlungen des Arbeitgebers für eine vom Arbeitnehmer an den **Arbeitgeber vermietete Garage,** in der ein Dienstwagen untergestellt wird (→ BFH vom 7.6.2002 – BStBl. II S. 829).
- **Öffentliche Fördermittel** (Zuschüsse oder nicht rückzahlbare Darlehen), die ein Bauherr im Rahmen des sog. Dritten Förderungsweges für Belegungs- und Mietpreisbindungen erhält (→ BFH vom 14.10.2003 – BStBl. 2004 II S. 14).
- **Entgelte für die Inanspruchnahme** eines Grundstücks im Zuge baulicher Maßnahmen **auf dem Nachbargrundstück,** selbst wenn das Grundstück mit einem zu eigenen Wohnzwecken genutzten Gebäude bebaut ist (→ BFH vom 2.3.2004 – BStBl. II S. 507).
- Mietentgelte, die der **Restitutionsberechtigte** vom Verfügungsberechtigten nach **§ 7 Abs. 7 Satz 2 VermG** erlangt (→ BFH vom 11.1.2005 – BStBl. II S. 480).
- Die Leistung aus einer **Gebäudefeuerversicherung** führt beim Vermieter bis zur Höhe einer für den Schadensfall in Anspruch genommenen AfaA für das vermietete Gebäude zu Einnahmen aus Vermietung und Verpachtung, soweit er sie nach dem Versicherungsvertrag beanspruchen kann (→ BFH vom 2.12.2014 – BStBl. 2015 II S. 493).
- **Ausgleichszahlungen** aus der Auflösung von **Zinsswapgeschäften** gehören nicht zu den Einkünften aus Vermietung und Verpachtung (→ BMF vom 18.1.2016 – BStBl. I S. 85,[1] Rz. 176).
- Die **einmalige Entschädigung** für ein Recht auf **Überspannung eines im Privatvermögen befindlichen Grundstücks** mit einer Strom-

[1] Geänd. durch BMF v. 20.4.2016, BStBl. I 2016, 475, v. 16.6.2016, BStBl. I 2016, 527, v. 3.5.2017, BStBl. I 2017, 739, v. 19.12.2017, BStBl. I 2018, 52, v. 12.4.2018, BStBl. I 2018, 624, v. 17.1.2019, BStBl. I 2019, 51, v. 10.5.2019, BStBl. I 2019, 464, v. 16.9.2019, BStBl. I 2019, 889, v. 19.2.2021, BStBl. I 2021, 296, v. 3.6.2021, BStBl. I 2021, 723.

leitung ist kein Entgelt für eine zeitlich begrenzte Nutzungsüberlassung, wenn das Überspannungsrecht weder schuldrechtlich noch dinglich auf eine zeitlich bestimmte oder absehbare Dauer beschränkt ist. Sie ist keine steuerbare Einnahme (→ BFH vom 2.7.2018 – BStBl. II S. 759).
– Einnahmen aus dem Betrieb eines **Blockheizkraftwerks** → H 15.8 (1) Wohnungseigentümergemeinschaft.

Erbbaurecht.
– Der Erbbauzins für ein Erbbaurecht an einem privaten Grundstück gehört zu den Einnahmen aus Vermietung und Verpachtung (→ BFH vom 20.9.2006 – BStBl. 2007 II S. 112).
– Vom Erbbauberechtigten neben Erbbauzins gezahlte Erschließungsbeiträge fließen dem Erbbauverpflichteten erst bei Realisierung des Wertzuwachses zu (→ BFH vom 21.11.1989 – BStBl. 1990 II S. 310). Der Erbbauberechtigte kann die von ihm gezahlten Erschließungskosten nur verteilt über die Laufzeit des Erbbaurechtes als Werbungskosten abziehen (→ BMF vom 16.12.1991 – BStBl. I S. 1011).
– Geht das vom Erbbauberechtigten in Ausübung des Erbbaurechts errichtete Gebäude nach Beendigung des Erbbaurechts entsprechend den Bestimmungen des Erbbaurechtsvertrages entschädigungslos auf den Erbbauverpflichteten über, führt dies beim Erbbauverpflichteten zu einer zusätzlichen Vergütung für die vorangegangene Nutzungsüberlassung (→ BFH vom 11.12.2003 – BStBl. 2004 II S. 353).

Erhaltungsaufwand.[1]
– Erhaltungsaufwendungen nach Beendigung der Vermietung und vor Beginn der Selbstnutzung sind grundsätzlich keine Werbungskosten. Ein Abzug kommt ausnahmsweise in Betracht, soweit sie mit Mitteln der einbehaltenen und als Einnahme erfassten Mieterkaution finanziert werden, oder wenn sie zur Beseitigung eines Schadens gemacht werden, der die mit dem gewöhnlichen Gebrauch der Mietsache verbundene Abnutzung deutlich übersteigt, insbesondere eines mutwillig vom Mieter verursachten Schadens (→ BFH vom 11.7.2000 – BStBl. 2001 II S. 784).
– Aufwendungen für Erhaltungsmaßnahmen, die noch während der Vermietungszeit an einem anschließend selbstgenutzten Gebäude durchgeführt werden, sind grundsätzlich als Werbungskosten abziehbar (→ BFH vom 10.10.2000 – BStBl. 2001 II S. 787). Sie sind ausnahmsweise dann nicht als Werbungskosten abziehbar, wenn die Maßnahmen für die Selbstnutzung bestimmt sind und in die Vermietungszeit vorverlagert werden. Dies trifft insbesondere dann zu, wenn sie bei bereits gekündigtem Mietverhältnis objektiv nicht zur Wiederherstellung oder Bewahrung der Mieträume und des Gebäudes erforderlich sind (→ BMF vom 26.11.2001 – BStBl. I S. 868).
– Zur Abgrenzung zwischen Erhaltungs- und Herstellungsaufwendungen → R 21.1, R 6.4 und BMF vom 18.7.2003 (BStBl. I S. 386).

Erschließungskosten. → H 6.4 (Erschließungs-, Straßenanlieger- und andere Beiträge).

---

[1] Zum Werbungskostenabzug auch bei Zahlung eines Dritten im abgekürzten Vertragsweg (Drittaufwand) siehe BFH v. 15.1.2008 IX R 45/07, BStBl. II 2008, 572, und BMF v. 7.7.2008, BStBl. I 2008, 717; vgl. auch H 4.7 EStH „Drittaufwand".

Ferienwohnung. → BMF vom 8.10.2004 (BStBl. I S. 933).

Finanzierungskosten.

– Die **dingliche Belastung** von Grundstücken mit Hypotheken oder Grundschulden begründet für sich allein keinen wirtschaftlichen Zusammenhang des Darlehens mit den Einkünften aus Vermietung und Verpachtung. Maßgebend ist vielmehr der tatsächliche Verwendungszweck. Schuldzinsen für ein durch eine Hypothek auf einem weiteren Grundstück gesichertes Darlehen sind daher bei dem Grundstück zu berücksichtigen, für das das Darlehen verwendet wurde (→ BFH vom 6.10.2004 – BStBl. 2005 II S. 324). Nimmt der Stpfl. ein Darlehen auf, um Grundschulden, die er als Sicherheit für fremde Schulden bestellt hat, abzulösen, sind die für dieses Darlehen aufgewendeten Zinsen und Kreditkosten nicht als Werbungskosten bei seinen Einkünften aus Vermietung und Verpachtung abziehbar (→ BFH vom 29.7.1997 – BStBl. II S. 772).

– Unterlässt es der Stpfl., einen **allgemeinen Betriebskredit** nach Aufgabe seines Betriebes durch Veräußerung eines früheren Betriebsgrundstücks zu tilgen und vermietet er stattdessen das Grundstück vermögensverwaltend, wird die Verbindlichkeit bis zur Höhe des Grundstückswertes Privatvermögen. Die darauf entfallenden Schuldzinsen sind als Werbungskosten bei den Einkünften aus Vermietung und Verpachtung abziehbar (→ BFH vom 19.8.1998 – BStBl. 1999 II S. 353). Gleiches gilt, wenn der allgemeine Betriebskredit durch ein neues Darlehen abgelöst wird (→ BFH vom 25.1.2001 – BStBl. II S. 573).

– Finanzierungskosten für ein **unbebautes Grundstück** sind als vorab entstandene Werbungskosten abziehbar, wenn ein wirtschaftlicher Zusammenhang mit der späteren Bebauung und Vermietung des Gebäudes besteht (→ BFH vom 8.2.1983 – BStBl. II S. 554). Ein solcher wirtschaftlicher Zusammenhang ist auch bei Erwerb von **Bauerwartungsland** nicht ausgeschlossen, wenn der Stpfl. damit rechnen kann, dass er das Grundstück in absehbarer Zeit bebauen darf und er seine erkennbare Bauabsicht nachhaltig zu verwirklichen versucht (→ BFH vom 4.6.1991 – BStBl. II S. 761).

– Zum Schuldzinsenabzug bei einem Darlehen für die Herstellung oder Anschaffung eines **teilweise vermieteten und teilweise selbstgenutzten Gebäudes** → BMF vom 16.4.2004 (BStBl. I S. 464); dies gilt entsprechend für die anteilige Zuordnung von Darlehen zur Herstellung oder Anschaffung eines Gebäudes, das teilweise vermietet und teilweise veräußert werden soll (→ BFH vom 4.2.2020 – BStBl. II S. 311).

– Zum Abzug der Schuldzinsen als nachträgliche Werbungskosten bei Vermietung und Verpachtung **nach Veräußerung des Mietobjekts** oder nach Wegfall der Einkünfteerzielungsabsicht → BMF vom 27.7.2015 (BStBl. I S. 581).

– Wird ein zur Finanzierung eines vermieteten Grundstücks aufgenommenes Darlehen unter Zahlung einer **Vorfälligkeitsentschädigung** getilgt, das Grundstück jedoch weiterhin zur Vermietung genutzt, ist die Vorfälligkeitsentschädigung als Werbungskosten bei den Einkünften aus Vermietung und Verpachtung abziehbar (→ BFH vom 6.12.2005 – BStBl. 2006 II S. 265).

Für im Zuge der Veräußerung gezahlte Vorfälligkeitsentschädigung → BMF vom 27.7.2015 (BStBl. I S. 581).

- Zu den Schuldzinsen gehören auch die **Nebenkosten der Darlehensaufnahme** und sonstige Kreditkosten einschließlich der Geldbeschaffungskosten. Danach sind auch **Notargebühren** zur Besicherung eines Darlehens (→ BFH vom 1.10.2002 – BStBl. 2003 II S. 399) oder **Abschlussgebühren** eines Bausparvertrags, der bestimmungsgemäß der Ablösung eines Finanzierungsdarlehens zum Erwerb einer vermieteten Immobilie dient (→ BFH vom 1.10.2002 – BStBl. 2003 II S. 398) als Werbungskosten abziehbare Schuldzinsen.
- **Damnum** oder **Zinsbegrenzungsprämie** sind in Höhe des vom jeweiligen Darlehensnehmer an das Kreditinstitut gezahlten Betrags als Werbungskosten abziehbar, soweit unter Berücksichtigung der jeweiligen Zinsbelastung die marktüblichen Beträge nicht überschritten werden (→ BMF vom 20.10.2003 – BStBl. I S. 546). Dem Veräußerer erstattete Damnum-/Disagiobeträge gehören beim Erwerber zu den Anschaffungskosten und sind nicht als Werbungskosten abziehbar, wenn die verpflichtende Erstattung des Damnums/Disagios im Kaufvertrag als Teil des Kaufpreises vereinbart worden ist. Sind hingegen die Konditionen für die Schuldübernahme und die damit verbundene Bezahlung des Damnums/Disagios unabhängig vom Kaufpreis des Grundstücks vereinbart worden und der Grundstückskauf nicht zwingend an die Schuldübernahme gekoppelt, kann die Damnumerstattung zu den eigenen Finanzierungskosten des Erwerbers zu rechnen sein, für die der Werbungskostenabzug zulässig ist (→ BFH vom 17.2.1981 – BStBl. II S. 466).
- Nehmen **Ehegatten gemeinsam ein gesamtschuldnerisches Darlehen** zur Finanzierung eines vermieteten Gebäudes auf, das einem von ihnen gehört, sind die Schuldzinsen in vollem Umfang als Werbungskosten bei den Einkünften aus Vermietung und Verpachtung des Eigentümerehegatten abziehbar, gleichgültig aus wessen Mitteln sie gezahlt werden (→ BFH vom 2.12.1999 – BStBl. 2000 II S. 310). Entsprechendes gilt für Schuldzinsen, die nach den Grundsätzen des BMF vom 27.7.2015 (BStBl. I S. 581) als nachträgliche Werbungskosten abziehbar sind (→ BFH vom 16.9.2015 – BStBl. 2016 II S. 78).
- Nimmt ein **Ehegatte allein ein Darlehen** zur Finanzierung eines Gebäudes auf, das dem anderen Ehegatten gehört und von diesem zur Einkünfteerzielung genutzt wird, sind die vom Nichteigentümerehegatten gezahlten Schuldzinsen nicht abziehbar. Dies gilt selbst dann, wenn der Eigentümerehegatte für das Darlehen eine selbstschuldnerische Bürgschaft übernimmt und die auf seinem Gebäude lastenden Grundpfandrechte als Sicherheit einsetzt. Die Schuldzinsen können jedoch abgezogen werden, wenn der Eigentümerehegatte sie aus eigenen Mitteln bezahlt, z. B. wenn er seine Mieteinnahmen mit der Maßgabe auf das Konto des anderen Ehegatten überweist, dass dieser daraus die Schuldzinsen entrichten soll (→ BFH vom 2.12.1999 – BStBl. 2000 II S. 310 und S. 312).
- Nimmt der **Eigentümer-Ehegatte alleine** ein Darlehen zur Finanzierung eines Gebäudes auf, das der andere Ehegatte zur Einkünfteerzielung nutzt, scheidet ein Abzug der Schuldzinsen beim Nichteigentümer-

Ehegatten aus, selbst wenn die Tilgung durch Zahlungen vom Oder-Konto der Ehegatten erfolgt (→ BFH vom 21.2.2017 – BStBl. I S. 819).

- Sind **Darlehen** zur Finanzierung eines vermieteten Gebäudes, das einem Ehegatten gehört, **teils von den Eheleuten gemeinschaftlich, teils allein vom Nichteigentümerehegatten** aufgenommen worden und wird der Zahlungsverkehr für die Immobilie insgesamt über ein Konto des Nichteigentümerehegatten abgewickelt, werden aus den vom Eigentümerehegatten auf dieses Konto geleiteten eigenen Mitteln (hier: Mieteinnahmen) vorrangig die laufenden Aufwendungen für die Immobilie und die Schuldzinsen für die gemeinschaftlich aufgenommenen Darlehen abgedeckt. Nur soweit die eingesetzten Eigenmittel (Mieteinnahmen) des Eigentümerehegatten darüber hinaus auch die allein vom Nichteigentümerehegatten geschuldeten Zinsen abzudecken vermögen, sind diese Zinsen als Werbungskosten des Eigentümerehegatten abziehbar (→ BFH vom 4.9.2000 – BStBl. 2001 II S. 785).
- Wird eine durch ein Darlehen finanzierte Immobilie **veräußert** und unter Aufrechterhaltung des Darlehens nur ein Teil des Verkaufserlöses dazu verwendet, durch die Anschaffung einer anderen Immobilie Einkünfte aus Vermietung und Verpachtung zu erzielen, können aus dem **fortgeführten Darlehen** nicht mehr an Schuldzinsen als Werbungskosten abgezogen werden als dem Anteil der Anschaffungskosten der neuen Immobilie an dem gesamten Verkaufserlös entspricht (→ BFH vom 8.4. 2003 – BStBl. II S. 706).
- Schuldzinsen, die der Erwerber eines zum Vermieten bestimmten Grundstücks vereinbarungsgemäß für den **Zeitraum nach dem Übergang von Besitz, Nutzen, Lasten und Gefahren** bis zur später eintretenden Fälligkeit des Kaufpreises an den Veräußerer zahlt, sind als Werbungskosten abziehbar (→ BFH vom 27.7.2004 – BStBl. II S. 1002).
- Wird ein als Darlehen empfangener Geldbetrag nicht zur Begleichung von Aufwendungen im Zusammenhang mit der Vermietungstätigkeit genutzt, sondern in einen **Cash-Pool** eingebracht, aus dem später die Kosten bestritten werden, sind die Schuldzinsen nicht als Werbungskosten abziehbar (→ BFH vom 29.3.2007 – BStBl. II S. 645).
- Aufwendungen für ein zur Finanzierung von Versicherungsbeiträgen aufgenommenes **Darlehen** können als Werbungskosten abziehbar sein, wenn die **Kapitallebensversicherung** der Rückzahlung von Darlehen dient, die zum Erwerb von Mietgrundstücken aufgenommen worden sind (→ BFH vom 25.2.2009 – BStBl. II S. 459).
- **Bauzeitzinsen,** die während der Herstellungsphase, in der noch keine Vermietungsabsicht bestand, entstanden sind, stellen keine vorweggenommenen Werbungskosten dar. Sie können in die Herstellungskosten des Gebäudes einbezogen werden, wenn das fertiggestellte Gebäude durch Vermietung genutzt wird (→ BFH vom 23.5.2012 – BStBl. II S. 674).
- Schuldzinsen für ein **Darlehen zur Ablösung eines Fremdwährungsdarlehens,** das der Anschaffung eines Vermietungsobjekts gedient hat, sind keine Werbungskosten, soweit das Darlehen zur Bezahlung des bei der Umschuldung realisierten Währungskursverlusts verwendet worden ist (→ BFH vom 12.3.2019 – BStBl. II S. 606).

Fonds, geschlossene.[1)]
– Zur Abgrenzung zwischen Werbungskosten, Anschaffungskosten und Herstellungskosten → BMF vom 20.10.2003 (BStBl. I S. 546).
– Provisionsrückzahlungen, die der Eigenkapitalvermittler Fondsgesellschaftern gewährt, mindern die Anschaffungskosten der Immobilie, weil die Provisionszahlungen zu den Anschaffungskosten gehören (→ BFH vom 26.2.2002 – BStBl. II S. 796).

Negative Einnahmen. Mietentgelte, die der Verfügungsberechtigte nach § 7 Abs. 7 Satz 2 VermG an den Restitutionsberechtigten herausgibt, sind im Jahr des Abflusses negative Einnahmen (→ BFH vom 11.1.2005 – BStBl. II S. 456).

Nießbrauch und andere Nutzungsrechte. Zur einkommensteuerrechtlichen Behandlung des Nießbrauchs und anderer Nutzungsrechte bei Einkünften aus Vermietung und Verpachtung → BMF vom 30.9.2013 (BStBl. I S. 1184).

Sinngemäße Anwendung des § 15a EStG.
– Zur Haftung und zur Unwahrscheinlichkeit der Inanspruchnahme eines Gesellschafters einer GbR mit Einkünften aus Vermietung und Verpachtung → BMF vom 30.6.1994 (BStBl. I S. 355).
– Zur sinngemäßen Anwendung des § 15a EStG bei vermögensverwaltenden Kommanditgesellschaften → BMF vom 15.9.2020 (BStBl. I S. 919).

Sonderabschreibung für Mietwohnungsneubau. → BMF vom 7.7.2020 (BStBl. I S. 623).

Sozialpädagogische Lebensgemeinschaft. Bei der Vermietung von gemeinschaftlich genutzten Räumen an den Betrieb einer sozialpädagogischen Lebensgemeinschaft stellt die Aufteilung nach der Zahl der Nutzer einer Wohnung einen objektiven Maßstab dar, der eine sichere und leichte Abgrenzung einer steuerbaren Raumnutzung von der privaten Wohnnutzung ermöglicht (→ BFH vom 25.6.2009 – BStBl. 2010 II S. 122).

Treuhandverhältnisse.
– Zur Zurechnung von Einkünften aus Vermietung und Verpachtung bei Treuhandverhältnissen → BMF vom 1.9.1994 (BStBl. I S. 604).
– Zur sinngemäßen Anwendung von § 15a Abs. 5 Nr. 2 EStG bei Treuhandverhältnissen → BFH vom 25.7.1995 (BStBl. 1996 II S. 128).

Werbungskosten.[2)]
– → Erhaltungsaufwand.
– → Finanzierungskosten.
– → Sonderabschreibung für Mietwohnungsneubau.
– → Zweitwohnungssteuer.
– Die nach dem WEG an den Verwalter gezahlten **Beiträge zur Instandhaltungsrücklage** sind erst bei Verausgabung der Beträge für Erhaltungsmaßnahmen als Werbungskosten abziehbar (→ BFH vom 26.1.1988 – BStBl. II S. 577).

---

1) Zur gesetzlichen Neuregelung zu Fondsetablierungskosten siehe §§ 6e, 9 Abs. 5 Satz 2 EStG (G v. 12.12.2019, BGBl. I 2019, 2451), anzuwenden auch in vor dem 18.12.2019 endenden Wj. (§ 52 Abs. 14a EStG).

2) Siehe ferner BFH v. 12.12.1996 X R 65/95, BStBl. II 1997, 603.

– Als **dauernde Last** zu beurteilende wiederkehrende Leistungen zum Erwerb eines zum Vermieten bestimmten Grundstücks führen nur in Höhe des in ihnen enthaltenen **Zinsanteils** zu sofort abziehbaren Werbungskosten; in Höhe des Barwerts der dauernden Last liegen Anschaffungskosten vor, die, soweit der Barwert auf das Gebäude entfällt, in Form von AfA als Werbungskosten abziehbar sind (→ BFH vom 9.2. 1994 – BStBl. 1995 II S. 47).
– **Aussetzungszinsen für Grunderwerbsteuer** eines zur Erzielung von Mieteinkünften dienenden Gebäudes gehören zu den sofort abzugsfähigen Werbungskosten (→ BFH vom 25.7.1995 – BStBl. II S. 835).
– Ein gesondertes Honorar für tatsächlich **nicht erbrachte Architektenleistung** gehört nicht zu den Herstellungskosten eines später errichteten anderen Gebäudes, sondern ist als Werbungskosten abziehbar (→ BFH vom 8.9.1998 – BStBl. 1999 II S. 20).
– **Vergütungen** für einen ausschließlich zur Vermögenssorge bestellten **Betreuer** stellen Werbungskosten bei den mit dem verwalteten Vermögen erzielten Einkünften dar, sofern die Tätigkeit des Betreuers weder einer kurzfristigen Abwicklung des Vermögens noch der Verwaltung ertraglosen Vermögens dient (→ BFH vom 14.9.1999 – BStBl. 2000 II S. 69).
– Auch nach Aufgabe der Einkünfteerzielungsabsicht können vorab entstandene **vergebliche Werbungskosten** abziehbar sein, wenn sie getätigt worden sind, um sich aus einer gescheiterten Investition zu lösen und so die Höhe der vergeblich aufgewendeten Kosten zu begrenzen (→ BFH vom 15.11.2005 – BStBl. 2006 II S. 258 und vom 7.6.2006 – BStBl. II S. 803).
– Aufwendungen für ein **Schadstoff-Gutachten,** das der Feststellung der durch einen Mieter verursachten Bodenverunreinigungen dient, können als Werbungskosten abziehbar sein (→ BFH vom 17.7.2007 – BStBl. II S. 941).
– **Grunderwerbsteuer** nach § 1 Abs. 2a GrEStG **bei Gesellschafterwechsel** (→ BFH vom 2.9.2014 – BStBl. 2015 II S. 260).
– Aufwendungen für eine auf Dauer angelegte **Testamentsvollstreckung** können bei den aus der Verwaltung des Nachlasses erzielten Einkünften aus Vermietung und Verpachtung als Werbungskosten abgezogen werden. Werden aus dem Nachlass noch andere Einkünfte erzielt, kommt es für die Aufteilung der Aufwendungen auf die verschiedenen Einkunftsarten auf die Zusammensetzung des Nachlasses im jeweiligen VZ an, wenn sich der Anspruch des Testamentsvollstreckers nach dem Nachlasswert bemisst (→ BFH vom 8.11.2017 – BStBl. 2018 II S. 191).
– Zu **verlorenen Aufwendungen** bei gescheitertem Immobilienerwerb → BFH vom 9.5.2017 (BStBl. 2018 II S. 168).

Keine Werbungskosten.[1])

– Aufwendungen zur **Schadensbeseitigung,** zu denen sich der Verkäufer im Kaufvertrag über sein Mietwohngrundstück verpflichtet hat (→ BFH vom 23.1.1990 – BStBl. II S. 465).

[1]) Kursverluste bei Fremdwährungsdarlehen sind nicht als Werbungskosten abziehbar; siehe BFH v. 9.11.1993 IX R 81/90, BStBl. II 1994, 289, und v. 23.11.2016 IX B 42/16, BFH/NV 2017, 287.

- Zahlungen anteiliger Grundstückserträge an den geschiedenen Ehegatten auf Grund eines **Scheidungsfolgevergleichs** zur Regelung des Zugewinnausgleichs (→ BFH vom 8.12.1992 – BStBl. 1993 II S. 434).
- **Veruntreute Geldbeträge** durch einen Miteigentümer (→ BFH vom 20.12.1994 – BStBl. 1995 II S. 534).
- Aufwendungen für die **geplante** Veräußerung eines Grundstücks, auch wenn das Grundstück tatsächlich weiterhin vermietet wird (→ BFH vom 19.12.1995 – BStBl. 1996 II S. 198).
- Aufwendungen, die auf eine Zeit entfallen, in der der Stpfl. die Absicht hatte, die angeschaffte oder hergestellte Wohnung **selbst zu beziehen,** auch wenn er sich anschließend zu deren Vermietung entschlossen hat (→ BFH vom 23.7.1997 – BStBl. 1998 II S. 15).
- Aufwendungen eines mit einem vermieteten Grundstück Beschenkten, die auf Grund eines **Rückforderungsanspruchs** des Schenkers wegen Verarmung gem. § 528 Abs. 1 BGB geleistet werden (→ BFH vom 19.12.2000 – BStBl. 2001 II S. 342).
- Aufwendungen, die allein oder ganz überwiegend durch die **Veräußerung** des Mietwohnobjekts veranlasst oder die im Rahmen einer Grundstücksveräußerung für vom Verkäufer zu erbringende Reparaturen angefallen sind; dies gilt auch dann, wenn die betreffenden Arbeiten noch während der Vermietungszeit durchgeführt werden (→ BFH vom 14.12.2004 – BStBl. 2005 II S. 343). Entsprechendes gilt bei einer gescheiterten Grundstücksveräußerung (→ BFH vom 1.8.2012 – BStBl. II S. 781).
- Im **Restitutionsverfahren** nach dem VermG zum Ausgleich von Instandsetzungs- und Modernisierungsaufwendungen an einem rückübertragenen Gebäude geleistete Zahlungen (→ BFH vom 11.1.2005 – BStBl. II S. 477).
- **Abstandszahlungen** an den Mieter zur vorzeitigen Räumung der Wohnung, wenn der Vermieter deren Nutzung zu eigenen Wohnzwecken beabsichtigt (→ BFH vom 7.7.2005 – BStBl. II S. 760).
- **Verluste aus Optionsgeschäften,** auch dann nicht, wenn Mieteinnahmen dazu verwendet werden, die Optionsgeschäfte durchzuführen und beabsichtigt ist, die angelegten Beträge wiederum für Zwecke der Vermietung zu verwenden (→ BFH vom 18.9.2007 – BStBl. 2008 II S. 26).
- **Prozess- und Anwaltskosten,** die mit dem Antrag auf Auflösung einer Grundstücksgemeinschaft durch Verkauf des gemeinschaftlichen, bislang vermieteten Grundstücks im Wege der Teilungsversteigerung verbunden sind (→ BFH vom 19.3.2013 – BStBl. II S. 536).
- **Beiträge für Risikolebensversicherungen,** welche der Absicherung von Darlehen dienen, die zur Finanzierung der Anschaffungskosten einer der Einkünfteerzielung dienenden Immobilie aufgenommen werden (→ BFH vom 13.10.2015 – BStBl. 2016 II S. 210).
- **Vergütung des Verbraucherinsolvenztreuhänders;** diese ist insgesamt dem Privatbereich des Stpfl. zuzuordnen und kann nicht – auch nicht anteilig – bei den Einkünften aus Vermietung und Verpachtung abgezogen werden (→ BFH vom 4.8.2016 – BStBl. 2017 II S. 276).

Zwangsverwaltung. Zur Ermittlung der Einkünfte für den Zeitraum einer Zwangsverwaltung → BMF vom 3.5.2017 (BStBl. I S. 718), Rn. 28–32.

Zweitwohnungssteuer. Die Zweitwohnungssteuer ist mit dem auf die Vermietung der Wohnung an wechselnde Feriengäste entfallenden zeitlichen Anteil als Werbungskosten abziehbar (→ BFH vom 15.10.2002 – BStBl. 2003 II S. 287).

R 21.3 Verbilligt überlassene Wohnung

[1]In den Fällen des § 21 Abs. 2 EStG ist von der ortsüblichen Marktmiete für Wohnungen vergleichbarer Art, Lage und Ausstattung auszugehen. [2]Die ortsübliche Marktmiete umfasst die ortsübliche Kaltmiete zuzüglich der nach der Betriebskostenverordnung[1)] umlagefähigen Kosten.

H 21.3

Einkünfteerzielungsabsicht bei verbilligter Überlassung einer Wohnung. → BMF vom 8.10.2004 (BStBl. I S. 933).

Gewinneinkünfte.

– § 21 Abs. 2 EStG ist auf Gewinneinkünfte nicht entsprechend anzuwenden (→ BFH vom 29.4.1999 – BStBl. II S. 652).
– → H 4.7 (Teilentgeltliche Überlassung).

Ortsübliche Marktmiete.[2)]

– Unter ortsüblicher Miete für Wohnungen vergleichbarer Art, Lage und Ausstattung ist die ortsübliche Kaltmiete zuzüglich der nach der Betriebskostenverordnung umlagefähigen Kosten zu verstehen (→ BFH vom 10.5.2016 – BStBl. II S. 835).
– Bei der Überlassung von (teil-)möblierten Wohnungen ist für die Berechnung der ortsüblichen Miete grundsätzlich ein **Möblierungszuschlag** anzusetzen, der am Markt zu realisieren ist. Soweit der Mietspiegel für die überlassenen Möbel einen prozentualen Zuschlag oder eine Erhöhung des Ausstattungsfaktors vorsieht, ist dies als marktüblich anzusehen. Lässt sich aus dem Mietspiegel kein am Markt realisierbarer Möblierungszuschlag entnehmen, kann ein erforderlicher Zuschlag auf der Grundlage des örtlichen Mietmarkts für möblierte Wohnungen ermittelt werden (z. B. durch Sachverständigengutachten oder Rückgriff auf aktuellere Entwicklungen auf dem maßgebenden Mietmarkt/Neuauflagen des örtlichen Mietspiegels). Ist ein marktüblicher Gebrauchswert für die überlassenen Möbel nicht zu ermitteln, kommt ein Möblierungszuschlag nicht in Betracht. Die Annahme eines Möblierungszuschlags in Höhe der monatlichen AfA für die überlassenen Möbel (zuzüglich eines Gewinnaufschlags) ist nicht zulässig (→ BFH vom 6.2.2018 – BStBl. II S. 522).

Überlassung an fremde Dritte. Die Nutzungsüberlassung ist in den Fällen des § 21 Abs. 2 EStG selbst dann in einen entgeltlichen und einen unentgeltlichen Teil aufzuteilen, wenn die Wohnung einem fremden Dritten

---

1) **Steuergesetze** Nr. **445**.

2) Zur Ermittlung der ortsüblichen Marktmiete (Vorrang des örtlichen Mietspiegels) siehe auch BFH v. 22.2.2021 IX R 7/20, BStBl. II 2021, 479.

higkeit handelt es sich stets um abgekürzte Leibrenten. Der Ertragsanteil bemisst sich grundsätzlich nach der Zeitspanne zwischen dem Eintritt des Versicherungsfalles (Begründung der Erwerbsminderung) und dem voraussichtlichen Leistungsende (z. B. Erreichen einer Altersgrenze oder Beginn der Altersrente bei einer kombinierten Rentenversicherung). Steht der Anspruch auf Rentengewährung unter der auflösenden Bedingung des Wegfalls der Erwerbsminderung und lässt der Versicherer das Fortbestehen der Erwerbsminderung in mehr oder minder regelmäßigen Abständen prüfen, wird hierdurch die zu berücksichtigende voraussichtliche Laufzeit nicht berührt. Wird eine Rente wegen desselben Versicherungsfalles hingegen mehrfach hintereinander auf Zeit bewilligt und schließen sich die Bezugszeiten unmittelbar aneinander an, liegt eine einzige abgekürzte Leibrente vor, deren voraussichtliche Laufzeit unter Berücksichtigung der jeweiligen Verlängerung und des ursprünglichen Beginns für jeden VZ neu zu bestimmen ist (→ BFH vom 22.1.1991 – BStBl. II S. 686).

Überschussbeteiligung. Wird neben der garantierten Rente aus einer Rentenversicherung eine Überschussbeteiligung geleistet, ist der Überschussanteil zusammen mit der garantierten Rente als einheitlicher Rentenbezug zu beurteilen (→ BMF vom 26.11.1998 – BStBl. I S. 1508 und BFH vom 22.8.2012 – BStBl. 2013 II S. 158).

Vermögensübertragung. Einkommensteuerrechtliche Behandlung von wiederkehrenden Leistungen im Zusammenhang mit einer Vermögensübertragung → BMF vom 11.3.2010 (BStBl. I S. 227),[1]·[2] Rz. 81.

Versorgungs- und Versicherungsrenten aus einer Zusatzversorgung. Von der Versorgungsanstalt des Bundes und der Länder (VBL) und vergleichbaren Zusatzversorgungseinrichtungen geleistete Versorgungs- und Versicherungsrenten für Versicherte und Hinterbliebene stellen grundsätzlich lebenslängliche Leibrenten dar. Werden sie neben einer Rente wegen verminderter Erwerbsfähigkeit aus der gesetzlichen Rentenversicherung gezahlt, sind sie als abgekürzte Leibrenten zu behandeln (→ BFH vom 4.10.1990 – BStBl. 1991 II S. 89). Soweit die Leistungen auf gefördertem Kapital i. S. d. § 22 Nr. 5 Satz 1 EStG beruhen, unterliegen sie der vollständig nachgelagerten Besteuerung; soweit sie auf nicht gefördertem Kapital beruhen, erfolgt die Besteuerung nach § 22 Nr. 5 Satz 2 Buchst. a EStG (→ BMF vom 21.12.2017 – BStBl. 2018 I S. 93, Rz. 139–147).[3]

Werbungskosten.

– Finanzierungskosten für den Erwerb einer **Sicherheits-Kompakt-Rente,** die den Abschluss einer Rentenversicherung als Versorgungskomponente und einer Lebensversicherung als Tilgungskomponente zum Gegenstand hat, sind auch nach der Einführung des Werbungskostenabzugsverbots nach § 20 Abs. 9 EStG aufzuteilen in Werbungskosten, die

---

[1] Geänd. durch BMF v. 6.5.2016, BStBl. I 2016, 476, mit Übergangsregelung.

[2] Ergänzend siehe BMF v. 20.11.2019, BStBl. I 2019, 1291, geänd. durch BMF v. 5.5. 2021, BStBl. I 2021, 696, Rn. 40.

[3] Geänd. durch BMF v. 17.2.2020, BStBl. I 2020, 213. Siehe auch BMF v. 6.12.2017, BStBl. I 2018, 147.

anteilig den Einkünften aus Kapitalvermögen i. S. d. § 20 Abs. 1 Nr. 6 EStG und den sonstigen Einkünften i. S. d. § 22 Nr. 1 EStG zuzuordnen sind (→ BFH vom 11.12.2018 – BStBl. 2019 II S. 231).
– → H 22.3.

Wertsicherungsklausel. → H 22.3 (Begriff der Leibrente).

R 22.5 Renten nach § 2 Abs. 2 der 32. DV zum Umstellungsgesetz (UGDV)

Beträge, die nach § 2 Abs. 2 der 32. UGDV[1] i. V. m. § 1 der Anordnung der Versicherungsaufsichtsbehörden über die Zahlung von Todesfall- und Invaliditätsversicherungssummen vom 15.11.1949[2] unter der Bezeichnung „Renten" gezahlt werden, gehören nicht zu den wiederkehrenden Bezügen i. S. d. § 22 Nr. 1 EStG und sind deshalb nicht einkommensteuerpflichtig.

R 22.6 Versorgungsleistungen *(unbesetzt)*

H 22.6

Allgemeines. Einkommensteuerrechtliche Behandlung von wiederkehrenden Leistungen im Zusammenhang mit einer Vermögensübertragung → BMF vom 11.3.2010 (BStBl. I S. 227)[3] unter Berücksichtigung der Änderungen durch BMF vom 6.5.2016 (BStBl. I S. 476).

Beerdigungskosten. Beim Erben stellen ersparte Beerdigungskosten Einnahmen nach § 22 Nr. 1b EStG dar, wenn ein Vermögensübernehmer kein Erbe und vertraglich zur Übernahme der durch den Tod des letztverstorbenen Vermögensübergebers entstandenen Beerdigungskosten verpflichtet ist (→ BFH vom 19.1.2010 – BStBl. II S. 544).

R 22.7 Leistungen auf Grund eines schuldrechtlichen Versorgungsausgleichs *(unbesetzt)*

H 22.7

Allgemeines. Zur einkommensteuerrechtlichen Behandlung der Leistungen auf Grund eines schuldrechtlichen Versorgungsausgleichs → BMF vom 9.4.2010 (BStBl. I S. 323).

R 22.8 Besteuerung von Leistungen im Sinne des § 22 Nr. 3 EStG

Haben beide zusammenveranlagten Ehegatten Einkünfte i. S. d. § 22 Nr. 3 EStG bezogen, ist bei jedem Ehegatten die in dieser Vorschrift bezeichnete

---

[1] **[Amtl. Anm.:]** StuZBl. 1949, 327.

[2] **[Amtl. Anm.:]** Veröffentlichungen des Zonenamtes des Reichsaufsichtsamtes für das Versicherungswesen in Abw. 1949, 118.

[3] Ergänzend siehe BMF v. 20.11.2019, BStBl. I 2019, 1291, geänd. durch BMF v. 5.5. 2021, BStBl. I 2021, 696, Rn. 40.

Freigrenze – höchstens jedoch bis zur Höhe seiner Einkünfte i. S. d. § 22 Nr. 3 EStG – zu berücksichtigen.

H 22.8

Allgemeines.[1)]

- Leistung i. S. d. § 22 Nr. 3 EStG ist jedes Tun, Dulden oder Unterlassen, das Gegenstand eines entgeltlichen Vertrags sein kann und das eine Gegenleistung auslöst (→ BFH vom 21.9.2004 – BStBl. 2005 II S. 44 und vom 8.5.2008 – BStBl. II S. 868), sofern es sich nicht um Veräußerungsvorgänge oder veräußerungsähnliche Vorgänge im privaten Bereich handelt, bei denen ein Entgelt dafür erbracht wird, dass ein Vermögenswert in seiner Substanz endgültig aufgegeben wird (→ BFH vom 28.11.1984 – BStBl. 1985 II S. 264 und vom 10.9.2003 – BStBl. 2004 II S. 218).
- Für das Vorliegen einer Leistung i. S. d. § 22 Nr. 3 EStG kommt es entscheidend darauf an, ob die Gegenleistung (das Entgelt) durch das Verhalten des Stpfl. ausgelöst wird. Allerdings setzt § 22 Nr. 3 EStG wie die übrigen Einkunftsarten die allgemeinen Merkmale der Einkünfteerzielung voraus. Der Leistende muss aber nicht bereits beim Erbringen seiner Leistung eine Gegenleistung erwarten. Für die Steuerbarkeit ist ausreichend, dass er eine im wirtschaftlichen Zusammenhang mit seinem Tun, Dulden oder Unterlassen gewährte Gegenleistung als solche annimmt (→ BFH vom 21.9.2004 – BStBl. 2005 II S. 44).
- Hat der Stpfl. nicht die Möglichkeit, durch sein Verhalten (Leistung) das Entstehen des Anspruchs auf die Leistung des Vertragspartners positiv zu beeinflussen, genügt die Annahme der Leistung der Gegenseite nicht, um den fehlenden besteuerungsrelevanten Veranlassungszusammenhang zwischen Leistung und Gegenleistung herzustellen (→ BFH vom 13.3.2018 – BStBl. II S. 531).

Einnahmen aus Leistungen i. S. d. § 22 Nr. 3 EStG sind:

- **Bindungsentgelt (Stillhalterprämie),** das beim Wertpapieroptionsgeschäft dem Optionsgeber gezahlt wird (→ BFH vom 17.4.2007 – BStBl. II S. 608),
- **Einmalige Bürgschaftsprovision** (→ BFH vom 22.1.1965 – BStBl. III S. 313),
- Entgelt für ein freiwilliges **Einsammeln und Verwerten leerer Flaschen** (→ BFH vom 6.6.1973 – BStBl. II S. 727),
- Entgelt für eine **Beschränkung der Grundstücksnutzung** (→ BFH vom 9.4.1965 – BStBl. III S. 361 und vom 26.8.1975 – BStBl. 1976 II S. 62),
- Entgelt für die **Einräumung eines Vorkaufsrechts** (→ BFH vom 30.8.1966 – BStBl. 1967 III S. 69 und vom 10.12.1985 – BStBl. 1986 II S. 340); bei späterer Anrechnung des Entgelts auf den Kaufpreis entfällt der Tatbestand des § 22 Nr. 3 EStG rückwirkend nach § 175 Abs. 1 Satz 1 Nr. 2 AO (→ BFH vom 10.8.1994 – BStBl. 1995 II S. 57),

[1)] Zu Einkünften aus echten Edelmetall-Pensionsgeschäften im Privatvermögen siehe BFH v. 23.4.2021 IX R 20/19, DB 2021, 1783.

- Entgelt für den **Verzicht** auf Einhaltung des gesetzlich vorgeschriebenen **Grenzabstands** eines auf dem Nachbargrundstück errichteten Gebäudes (→ BFH vom 5.8.1976 – BStBl. 1977 II S. 26),
- Entgelt für die **Abgabe eines zeitlich befristeten Kaufangebots** über ein Grundstück (→ BFH vom 26.4.1977 – BStBl. II S. 631),
- Entgelt für den **Verzicht** des Inhabers eines eingetragenen Warenzeichens auf seine **Abwehrrechte** (→ BFH vom 25.9.1979 – BStBl. 1980 II S. 114),
- Entgelt für ein vertraglich vereinbartes umfassendes **Wettbewerbsverbot** (→ BFH vom 12.6.1996 – BStBl. II S. 516 und vom 23.2.1999 – BStBl. II S. 590),
- Entgelt für eine Vereinbarung, das **Bauvorhaben** des Zahlenden zu **dulden** (→ BFH vom 26.10.1982 – BStBl. 1983 II S. 404),
- Entgelt für die regelmäßige **Mitnahme eines Arbeitskollegen** auf der Fahrt zwischen Wohnung und Arbeitsstätte (→ BFH vom 15.3.1994 – BStBl. II S. 516),
- Vergütungen für die **Rücknahme des Widerspruchs** gegen den Bau und Betrieb eines Kraftwerks (→ BFH vom 12.11.1985 – BStBl. 1986 II S. 890),
- Entgelt für die **Duldung der Nutzung** von Teileigentum zum Betrieb eines Spielsalons an einen benachbarten Wohnungseigentümer (→ BFH vom 21.11.1997 – BStBl. 1998 II S. 133),
- **Eigenprovisionen,** wenn sie aus einmaligem Anlass und für die Vermittlung von Eigenverträgen gezahlt werden (→ BFH vom 27.5.1998 – BStBl. II S. 619),
- Entgelt für die **zeitweise Vermietung eines Wohnmobils** an wechselnde Mieter (→ BFH vom 12.11.1997 – BStBl. 1998 II S. 774); zur gewerblichen Wohnmobilvermietung → H 15.7 (3) Wohnmobil,
- **Bestechungsgelder,** die einem Arbeitnehmer von Dritten gezahlt worden sind (→ BFH vom 16.6.2015 – BStBl. II S. 1019),
- **Provision** für die Bereitschaft, mit seinen Beziehungen einem Dritten bei einer geschäftlichen Transaktion behilflich zu sein (→ BFH vom 20.4.2004 – BStBl. II S. 1072),
- Belohnung für einen **„werthaltigen Tipp"** (Hinweis auf die Möglichkeit einer Rechtsposition) durch Beteiligung am Erfolg bei Verwirklichung (→ BFH vom 26.10.2004 – BStBl. 2005 II S. 167),
- **Fernseh-Preisgelder,** wenn der Auftritt des Kandidaten und das gewonnene Preisgeld in einem gegenseitigen Leistungsverhältnis stehen (→ BMF vom 30.5.2008 – BStBl. I S. 645 und BFH vom 24.4.2012 – BStBl. II S. 581),
- Nachträglich wegen fehlgeschlagener Hofübergabe geltend gemachte **Vergütungen für geleistete Dienste** (→ BFH vom 8.5.2008 – BStBl. II S. 868),
- Provisionen aus der ringweisen **Vermittlung von Lebensversicherungen** (→ BFH vom 20.1.2009 – BStBl. II S. 532),
- Vergütungen, die ein an einem Darlehensverhältnis nicht beteiligter Dritter dafür erhält, dass er einen GmbH-Anteil zur **Sicherung des Darlehens** verpfändet, soweit sie nicht zu den Einkünften nach § 22 Nr. 1 Satz 1 1. Halbsatz EStG gehören (→ BFH vom 14.4.2015 – BStBl. II S. 795).

Keine Einnahmen aus Leistungen i. S. d. § 22 Nr. 3 EStG sind:[1)]

- **Abfindungen an den Mieter einer Wohnung,** soweit er sie für vermögenswerte Einschränkungen seiner Mietposition erhält (→ BFH vom 5.8.1976 – BStBl. 1977 II S. 27),
- Entgeltliche **Abtretungen von Rückkaufsrechten** an Grundstücken (→ BFH vom 14.11.1978 – BStBl. 1979 II S. 298),
- Entschädigungen für eine **faktische Bausperre** (→ BFH vom 12.9.1985 – BStBl. 1986 II S. 252),
- Gewinne aus **Errichtung und Veräußerung von Kaufeigenheimen,** auch wenn die Eigenheime bereits vor Errichtung verkauft worden sind (→ BFH vom 1.12.1989 – BStBl. 1990 II S. 1054),
- **Streikunterstützungen** (→ BFH vom 24.10.1990 – BStBl. 1991 II S. 337),
- **Verzicht auf** ein testamentarisch vermachtes obligatorisches **Wohnrecht** gegen Entgelt im privaten Bereich (→ BFH vom 9.8.1990 – BStBl. II S. 1026),
- Vereinbarung wertmindernder Beschränkung des Grundstückseigentums gegen Entgelt zur **Vermeidung eines** ansonsten zulässigen **Enteignungsverfahrens** (→ BFH vom 17.5.1995 – BStBl. II S. 640),
- Zahlungen von einem pflegebedürftigen Angehörigen für seine **Pflege im Rahmen des familiären Zusammenlebens** (→ BFH vom 14.9.1999 – BStBl. II S. 776),
- Entgelte aus der **Vermietung eines** in die Luftfahrzeugrolle eingetragenen **Flugzeugs** (→ BFH vom 2.5.2000 – BStBl. II S. 467); → H 15.7 (3) (Flugzeug),
- Entgelte aus **Telefonsex** (→ BFH vom 23.2.2000 – BStBl. II S. 610); → H 15.4 (Sexuelle Dienstleistungen),
- Entgelte für den **Verzicht auf ein dingliches Recht** (Aufhebung einer eingetragenen Dienstbarkeit alten Rechts) eines Grundstückseigentümers am Nachbargrundstück (→ BFH vom 19.12.2000 – BStBl. 2001 II S. 391),
- Erlöse aus der **Veräußerung einer Zufallserfindung** (→ BFH vom 10.9.2003 – BStBl. 2004 II S. 218),
- Entgelte für die Inanspruchnahme eines Grundstücks im Zuge **baulicher Maßnahmen auf dem Nachbargrundstück** (→ BFH vom 2.3.2004 – BStBl. II S. 507); → aber H 21.2 (Einnahmen),
- an den Versicherungsnehmer **weitergeleitete Versicherungsprovisionen** des Versicherungsvertreters (→ BFH vom 2.3.2004 – BStBl. II S. 506),
- Entgelte für **Verzicht auf Nachbarrechte** im Zusammenhang mit der Veräußerung des betreffenden Grundstücks (→ BFH vom 18.5.2004 – BStBl. II S. 874),
- Provision an den **Erwerber eines Grundstücks,** wenn der Provision keine eigene Leistung des Erwerbers gegenübersteht (→ BFH vom 16.3. 2004 – BStBl. II S. 1046),

---

[1)] Zur Verwendung bereits erwirtschafteter Provisionseinnahmen für die Teilnahme an einer betrieblichen Losveranstaltung siehe BFH v. 2.9.2008 X R 8/06, BStBl. II 2010, 548.

- **Reugeld** wegen Rücktritts vom Kaufvertrag z. B. über ein Grundstück des Privatvermögens (→ BFH vom 24.8.2006 – BStBl. 2007 II S. 44),
- Zahlungen für den **Verzicht auf** ein sich aus einem Aktienkauf- und Übertragungsvertrag ergebenden **Anwartschaftsrecht** (→ BFH vom 19.2.2013 – BStBl. II S. 578),
- **einmalige Entschädigungen** für ein zeitlich nicht begrenztes Recht auf **Überspannung eines zum Privatvermögen gehörenden Grundstücks** mit einer Hochspannungsleitung. Sie sind keine steuerbaren Einnahmen (→ BFH vom 2.7.2018 – BStBl. II S. 759).

Rückzahlung von Einnahmen. Die Rückzahlung von Einnahmen i. S. d. § 22 Nr. 3 EStG in einem späteren VZ ist im Abflusszeitpunkt in voller Höhe steuermindernd zu berücksichtigen. Das Verlustausgleichsverbot und Verlustabzugsverbot des § 22 Nr. 3 Satz 3 EStG steht nicht entgegen (→ BFH vom 26.1.2000 – BStBl. II S. 396).

Steuerfreie Einnahmen nach § 3 Nr. 26a EStG. → BMF vom 21.11. 2014 (BStBl. I S. 1581), Tz. 10.

Verfassungsmäßigkeit. Die Verlustausgleichsbeschränkung des § 22 Nr. 3 Satz 3 EStG ist verfassungsgemäß (→ BFH vom 16.6.2015 – BStBl. II S. 1019).

Verlustabzug in Erbfällen. Verluste i. S. d. § 22 Nr. 3 Satz 4 EStG → R 10d Abs. 9 Satz 9.

Verlustvor- und -rücktrag. Zur Anwendung des § 10d EStG im Rahmen des § 22 Nr. 3 EStG → BMF vom 29.11.2004 (BStBl. I S. 1097).

Werbungskosten. Treffen mehrere Stpfl. die Abrede, sich ringweise Lebensversicherungen zu vermitteln und die dafür erhaltenen Provisionen an den jeweiligen Versicherungsnehmer weiterzugeben, kann die als Gegenleistung für die Vermittlung von der Versicherungsgesellschaft vereinnahmte und nach § 22 Nr. 3 EStG steuerbare Provision nicht um den Betrag der Provision als Werbungskosten gemindert werden, die der Stpfl. an den Versicherungsnehmer weiterleiten muss, wenn er umgekehrt einen Auskehrungsanspruch gegen denjenigen hat, der den Abschluss seiner Versicherung vermittelt (→ BFH vom 20.1.2009 – BStBl. II S. 532).

Zeitpunkt des Werbungskostenabzugs. Werbungskosten sind bei den Einkünften aus einmaligen (sonstigen) Leistungen auch dann im Jahre des Zuflusses der Einnahme abziehbar, wenn sie vor diesem Jahr angefallen sind oder nach diesem Jahr mit Sicherheit anfallen werden. Entstehen künftig Werbungskosten, die im Zuflussjahr noch nicht sicher vorhersehbar waren, ist die Veranlagung des Zuflussjahres gem. § 175 Abs. 1 Satz 1 Nr. 2 AO zu ändern (→ BFH vom 3.6.1992 – BStBl. II S. 1017).

R 22.9 Besteuerung von Bezügen i. S. d. § 22 Nr. 4 EStG

[1] § 22 Nr. 4 EStG umfasst nur solche Leistungen, die auf Grund des Abgeordnetengesetzes, des Europaabgeordnetengesetzes oder der entsprechenden Gesetze der Länder gewährt werden. [2] Leistungen, die außerhalb dieser Gesetze erbracht werden, z. B. Zahlungen der Fraktionen, unterliegen hingegen den allgemeinen Grundsätzen steuerlicher Beurteilung. [3] Gesondert gezahlte Tage-

oder Sitzungsgelder sind nur dann nach § 3 Nr. 12 EStG steuerfrei, wenn sie nach bundes- oder landesrechtlicher Regelung als Aufwandsentschädigung gezahlt werden.

H 22.9

Werbungskosten. Soweit ein Abgeordneter zur Abgeltung von durch das Mandat veranlassten Aufwendungen eine nach § 3 Nr. 12 EStG steuerfreie Aufwandsentschädigung erhält, schließt dies nach § 22 Nr. 4 Satz 2 EStG den Abzug jeglicher mandatsbedingter Aufwendungen, auch von Sonderbeiträgen an eine Partei, als Werbungskosten aus (→ BFH vom 29.3.1983 – BStBl. II S. 601, vom 3.12.1987 – BStBl. 1988 II S. 266, vom 8.12.1987 – BStBl. 1988 II S. 433 und vom 23.1.1991 – BStBl. II S. 396). Derzeit werden nur in Brandenburg, Nordrhein-Westfalen und Schleswig-Holstein keine steuerfreien Aufwandsentschädigungen gezahlt.
Auch Kosten eines erfolglosen Wahlkampfes dürfen nach § 22 Nr. 4 Satz 3 EStG nicht als Werbungskosten abgezogen werden. Für ein Bundestagsmandat → BFH vom 8.12.1987 (BStBl. 1988 II S. 435), für ein Mandat im Europäischen Parlament → BFH vom 10.12.2019 (BStBl. 2020 II S. 389).

R 22.10 Besteuerung von Leistungen i. S. d. § 22 Nr. 5 EStG *(unbesetzt)*

H 22.10

Besteuerung von Leistungen nach § 22 Nr. 5 EStG. → BMF vom 21.12.2017 (BStBl. 2018 I S. 93, Rz. 126–194).[1)]

Mitteilung über steuerpflichtige Leistungen aus einem Altersvorsorgevertrag oder aus einer betrieblichen Altersversorgung. Amtlich vorgeschriebenes Vordruckmuster für Jahre ab 2020 → BMF vom 9.11.2020 (BStBl. I S. 1061).

Zu § 22a EStG

H 22a

Anwendungsschreiben. → BMF vom 7.12.2011 (BStBl. I S. 1223).

Zu § 23 EStG

H 23

Anschaffung. Zu Anschaffungen im Rahmen der vorweggenommenen Erbfolge und bei Erbauseinandersetzung → BMF vom 13.1.1993 (BStBl. I S. 80) unter Berücksichtigung der Änderungen durch BMF vom 26.2.2007 (BStBl. I S. 269) und → BMF vom 14.3.2006 (BStBl. I S. 253) unter Berücksichtigung der Änderungen durch BMF vom 27.12.2018 (BStBl. 2019 I S. 11).
→ Enteignung.

---

1) Geänd. durch BMF v. 17.2.2020, BStBl. I 2020, 213. Siehe auch BMF v. 6.12.2017, BStBl. I 2018, 147.

Anschaffung ist **auch**

– die Abgabe eines Meistgebots in einer Zwangsversteigerung (→ BFH vom 27.8.1997 – BStBl. 1998 II S. 135),
– der Erwerb auf Grund eines Ergänzungsvertrags, wenn damit erstmalig ein Anspruch auf Übertragung eines Miteigentumsanteils rechtswirksam entsteht (→ BFH vom 17.12.1997 – BStBl. 1998 II S. 343),
– der entgeltliche Erwerb eines Anspruchs auf Rückübertragung eines Grundstücks nach dem VermG (Restitutionsanspruch) (→ BFH vom 13.12.2005 – BStBl. 2006 II S. 513),
– der Erwerb eines parzellierten und beplanten Grundstücks, das der Eigentümer auf Grund eines Rückübertragungsanspruchs dafür erhält, dass er bei der Veräußerung eines nicht parzellierten Grundstücks eine Teilfläche ohne Ansatz eines Kaufpreises überträgt (→ BFH vom 13.4.2010 – BStBl. II S. 792).

Keine Anschaffung ist

– der unentgeltliche Erwerb eines Wirtschaftsguts, z. B. durch Erbschaft, Vermächtnis oder Schenkung (→ BFH vom 4.7.1950 – BStBl. 1951 III S. 237, vom 22.9.1987 – BStBl. 1988 II S. 250 und vom 12.7.1988 – BStBl. II S. 942, → Veräußerungsfrist). Ein unentgeltlicher Erwerb liegt auch vor, wenn im Rahmen der Übertragung eines Grundstücks im Wege der vorweggenommenen Erbfolge dem Übergeber ein dingliches Wohnrecht eingeräumt wird und die durch Grundschulden auf dem Grundstück abgesicherten Darlehen des Rechtsvorgängers nicht übernommen werden (→ BFH vom 3.9.2019 – BStBl. 2020 II S. 122),
– der Erwerb kraft Gesetzes oder eines auf Grund gesetzlicher Vorschriften ergangenen Hoheitsaktes (→ BFH vom 19.4.1977 – BStBl. II S. 712 und vom 13.4.2010 – BStBl. II S. 792),
– die Rückübertragung von enteignetem Grundbesitz oder dessen Rückgabe nach Aufhebung der staatlichen Verwaltung auf Grund des VermG vom 23.9.1990 i. d. F. der Bekanntmachung vom 21.12.1998 (BGBl. I S. 4026, § 52 Abs. 2 Satz 2 D-Markbilanzgesetz i. d. F. vom 28.7.1994 – DMBilG – BGBl. I S. 1842); → hierzu auch BMF vom 11.1.1993 – BStBl. I S. 18,
– die Einbringung von Grundstücken durch Bruchteilseigentümer zu unveränderten Anteilen in eine personenidentische GbR mit Vermietungseinkünften (→ BFH vom 6.10.2004 – BStBl. 2005 II S. 324 und BFH vom 2.4.2008 – BStBl. II S. 679),
– die unentgeltliche Einräumung eines Erbbaurechts an einem Grundstück. Vom Erbbauberechtigten getragene Erbbaurechtsvertragskosten, Kosten des Vollzugs der Urkunde und die Grunderwerbsteuer stellen lediglich Anschaffungsnebenkosten des Erbbaurechts und keine Gegenleistung für die Einräumung des Erbbaurechts dar (→ BFH vom 8.11.2017 – BStBl. 2018 II S. 518).

Anschaffungskosten.

– Der Begriff „Anschaffungskosten" in § 23 Abs. 3 Satz 1 EStG ist mit dem Begriff der Anschaffungskosten in § 6 Abs. 1 Nr. 1 und 2 EStG identisch (→ BFH vom 19.12.2000 – BStBl. 2001 II S. 345).

- Nachträgliche Anschaffungskosten entstehen nicht, wenn der Erwerber des Grundstücks zwecks Löschung eines Grundpfandrechts Schulden tilgt, die er zunächst nicht vom Übergeber übernommen hat (→ BFH vom 3.9.2019 – BStBl. 2020 II S. 122).

Eintrittskarten. Eintrittskarten (z. B. Champions League Tickets) zählen zu den anderen Wirtschaftsgütern i. S. d. § 23 Abs. 1 Satz 1 Nr. 2 Satz 1 EStG, die Gegenstand eines privaten Veräußerungsgeschäfts sein können. Sie sind keine Gegenstände des täglichen Gebrauchs i. S. d. § 23 Abs. 1 Satz 1 Nr. 2 Satz 2 EStG (→ BFH vom 29.10.2019 – BStBl. 2020 II S. 258).

Enteignung.

- Veräußert ein Stpfl. zur Abwendung einer unmittelbar drohenden Enteignung ein Grundstück und erwirbt er in diesem Zusammenhang ein Ersatzgrundstück, liegt hierin keine Veräußerung und Anschaffung i. S. d. § 23 EStG (→ BFH vom 29.6.1962 – BStBl. III S. 387 und vom 16.1.1973 – BStBl. II S. 445). Veräußertes und angeschafftes Grundstück bilden in diesem Fall für die Anwendung des § 23 EStG eine Einheit. Für die Berechnung der Veräußerungsfrist ist daher nicht der Tag der Anschaffung des Ersatzgrundstücks, sondern der Tag maßgebend, zu dem das veräußerte Grundstück angeschafft wurde (→ BFH vom 5.5.1961 – BStBl. III S. 385).
- Ersetzt der Stpfl. im Zusammenhang mit der drohenden Enteignung einer Teilfläche auch die nicht unmittelbar betroffenen Grundstücksteile, handelt es sich insoweit um eine Anschaffung und Veräußerung i. S. d. § 23 EStG (→ BFH vom 7.12.1976 – BStBl. 1977 II S. 209).
- Eine Anschaffung bzw. Veräußerung i. S. d. § 23 EStG liegt nicht vor, wenn der Verlust des Eigentums am Grundstück ohne maßgeblichen Einfluss des Stpfl. stattfindet. Ein Entzug des Eigentums durch Sonderungsbescheid nach dem Bodensonderungsgesetz ist deshalb keine Veräußerung i. S. d. § 23 EStG (→ BFH vom 23.7.2019 – BStBl. II S. 701).

Fondsbeteiligung bei Schrottimmobilien. Zahlungen bei der Rückabwicklung von Immobilienfonds mit Schrottimmobilien können in ein steuerpflichtiges Veräußerungsentgelt und eine nicht steuerbare Entschädigungsleistung aufzuteilen sein. Maßgebend für die Kaufpreisaufteilung ist der Wert des Fonds im Veräußerungszeitpunkt. Als Veräußerungserlös auf Ebene des Gesellschafters ist alles anzusehen, was der Anleger vom Erwerber für seine Beteiligung erhalten hat. Eine Erhöhung des Veräußerungserlöses um anteilige Verbindlichkeiten der Fondsgesellschaft erfolgt dann nicht, wenn der Veräußerer nicht von einer ihn belastenden Verbindlichkeit befreit wurde. Zum Veräußerungspreis gehört die Freistellung des Veräußerers von einer ihn betreffenden Verbindlichkeit, wenn der Veräußerer für die Verbindlichkeit zumindest haftete und der Erwerber in die Haftung eintritt (→ BFH vom 6.9.2016 – BStBl. 2018 II S. 323, 329 und 335, vom 31.1.2017 – BStBl. 2018 II S. 341 und vom 11.7.2017 – BStBl. 2018 II S. 348).

Freigrenze.

- Haben beide zusammenveranlagten Ehegatten Veräußerungsgewinne erzielt, steht jedem Ehegatten die Freigrenze des § 23 Abs. 3 EStG –

höchstens jedoch bis zur Höhe seines Gesamtgewinns aus privaten Veräußerungsgeschäften – zu (→ BVerfG vom 21.2.1961 – BStBl. I S. 55).
– → BMF vom 5.10.2000 (BStBl. I S. 1383),[1] Rz. 41.

Fremdwährungsgeschäfte. Fremdwährungsbeträge können Gegenstand eines privaten Veräußerungsgeschäfts sein (→ BMF vom 18.1.2016 – BStBl. I S. 85,[2] Rz. 131). Sie werden insbesondere angeschafft, indem sie gegen Umtausch von nationaler Währung erworben werden, und veräußert, indem sie in die nationale Währung zurückgetauscht oder in eine andere Fremdwährung umgetauscht werden. Werden Fremdwährungsguthaben als Gegenleistung für die Veräußerung von Wertpapieren entgegengenommen, werden beide Wirtschaftsgüter getauscht, d. h. die Wertpapiere veräußert und das Fremdwährungsguthaben angeschafft (→ BFH vom 21.1.2014 – BStBl. II S. 385).

Fristberechnung. → Veräußerungsfrist.

Grundstücksgeschäfte. Zweifelsfragen bei der Besteuerung privater Grundstücksgeschäfte → BMF vom 5.10.2000 (BStBl. I S. 1383)[3] · [4] unter Berücksichtigung der Änderungen durch BMF vom 7.2.2007 (BStBl. I S. 262) und vom 3.9.2019 (BStBl. I S. 888).

Identisches Wirtschaftsgut.
– Ein privates Veräußerungsgeschäft ist auch anzunehmen, wenn ein unbebautes Grundstück parzelliert und eine Parzelle innerhalb der Veräußerungsfrist veräußert wird (→ BFH vom 19.7.1983 – BStBl. 1984 II S. 26).
– Die Aufteilung eines Hausgrundstücks in Wohneigentum ändert nichts an der wirtschaftlichen Identität von angeschafftem und veräußertem Wirtschaftsgut (→ BFH vom 23.8.2011 – BStBl. 2013 II S. 1002).
– Eine wirtschaftliche Teilidentität zwischen angeschafftem und veräußertem Wirtschaftsgut ist ausreichend. Diese ist z. B. gegeben, wenn ein bei Anschaffung mit einem Erbbaurecht belastetes Grundstück lastenfrei veräußert wird (→ BFH vom 12.6.2013 – BStBl. II S. 1011).
– → Enteignung.

Schuldzinsen. → Werbungskosten.

Spekulationsabsicht. Für das Entstehen der Steuerpflicht ist es unerheblich, ob der Stpfl. in spekulativer Absicht gehandelt hat (→ Beschluss des BVerfG vom 9.7.1969 – BStBl. 1970 II S. 156 und BFH vom 2.5.2000 – BStBl. II S. 469).

Veräußerung. → Enteignung.
Als Veräußerung i. S. d. § 23 Abs. 1 EStG ist **auch** anzusehen

---

[1] Geänd. durch BMF v. 7.2.2007, BStBl. I 2007, 262, und v. 3.9.2019, BStBl. I 2019, 888; siehe auch BMF v. 17.6.2020, BStBl. I 2020, 576.

[2] Geänd. durch BMF v. 20.4.2016, BStBl. I 2016, 475, v. 16.6.2016, BStBl. I 2016, 527, v. 3.5.2017, BStBl. I 2017, 739, v. 19.12.2017, BStBl. I 2018, 52, v. 12.4.2018, BStBl. I 2018, 624, v. 17.1.2019, BStBl. I 2019, 51, v. 10.5.2019, BStBl. I 2019, 464, v. 16.9.2019, BStBl. I 2019, 889, v. 19.2.2021, BStBl. I 2021, 296.

[3] Zu Rz. 25 (2. Tiret) des BMF v. 5.10.2000 siehe aber auch BMF vom 17.6.2020, BStBl. I 2020, 576.

[4] Keine Besteuerung des bei Verkauf einer Eigentumswohnung auf das häusliche Arbeitszimmer entfallenden Veräußerungsgewinns; BFH v. 1.3.2021 IX R 27/19, DStR 2021, 1692 (gegen Rz. 31 BMF v. 5.10.2020).

– unter besonderen Umständen die Abgabe eines bindenden Angebots (→ BFH vom 23.9.1966 – BStBl. 1967 III S. 73, vom 7.8.1970 – BStBl. II S. 806 und vom 19.10.1971 – BStBl. 1972 II S. 452);
– der Abschluss eines bürgerlich-rechtlich wirksamen, beide Vertragsparteien bindenden Vorvertrags (→ BFH vom 13.12.1983 – BStBl. 1984 II S. 311);
– unter den Voraussetzungen des § 41 Abs. 1 AO der Abschluss eines unvollständig beurkundeten und deswegen nach den § 313 Satz 1 BGB, § 125 HGB formunwirksamen Kaufvertrags (→ BFH vom 15.12.1993 – BStBl. 1994 II S. 687);
– die Übertragung aus dem Privatvermögen eines Gesellschafters in das betriebliche Gesamthandsvermögen einer Personengesellschaft gegen Gewährung von Gesellschaftsrechten (→ BMF vom 29.3.2000 – BStBl. I S. 462 und vom 11.7.2011 – BStBl. I S. 713 unter Berücksichtigung von BMF vom 26.7.2016 – BStBl. I S. 684);
– die Veräußerung des rückübertragenen Grundstücks bei entgeltlichem Erwerb des Restitutionsanspruchs nach dem VermG (→ BFH vom 13.12.2005 – BStBl. 2006 II S. 513).

Keine Veräußerung i. S. d. § 23 Abs. 1 EStG ist
– die Rückabwicklung eines Anschaffungsgeschäfts wegen irreparabler Vertragsstörungen (→ BFH vom 27.6.2006 – BStBl. 2007 II S. 162);
– die in Erfüllung des Sachleistungsanspruches aus einer XETRA-Gold Inhaberschuldverschreibung erfolgte Einlösung und Auslieferung physischen Goldes (→ BFH vom 6.2.2018 – BStBl. II S. 525).

Veräußerungsfrist.[1)]
– → Enteignung.
– Die **nachträgliche Genehmigung** eines zunächst schwebend unwirksamen Vertrags durch einen der Vertragspartner wirkt für die Fristberechnung nicht auf den Zeitpunkt der Vornahme des Rechtsgeschäfts zurück (→ BFH vom 2.10.2001 – BStBl. 2002 II S. 10).
– Bei Veräußerung eines im Wege der **Gesamtrechtsnachfolge** erworbenen Wirtschaftsguts ist bei der Berechnung der Veräußerungsfrist von dem Zeitpunkt des entgeltlichen Erwerbs durch den Rechtsvorgänger auszugehen (→ BFH vom 12.7.1988 – BStBl. II S. 942). Das Gleiche gilt auch für ein im Wege der unentgeltlichen Einzelrechtsnachfolge erworbenes Wirtschaftsgut → § 23 Abs. 1 Satz 3 EStG.
– Für die Berechnung der Veräußerungsfrist des § 23 Abs. 1 EStG ist grundsätzlich das der → Anschaffung oder → Veräußerung zu Grunde liegende **obligatorische Geschäft** maßgebend (→ BFH vom 15.12.1993 – BStBl. 1994 II S. 687 und vom 8.4.2014 – BStBl. II S. 826); ein außerhalb der Veräußerungsfrist liegender Zeitpunkt des Eintritts einer aufschiebenden Bedingung des Veräußerungsgeschäfts ist unmaßgeblich (→ BFH vom 10.2.2015 – BStBl. II S. 487).[2)]

---

1) Zur rückwirkenden Verlängerung der Veräußerungsfrist für Grundstücksveräußerungen von 2 auf 10 Jahre siehe BVerfG v. 7.7.2010 2 BvL 14/02, 2 BvL 2/04, 2 BvL 13/05, BStBl. II 2011, 76, und BMF v. 20.12.2010, BStBl. I 2011, 14, geänd. durch BMF v. 18.5.2015, BStBl. I 2015, 464.
2) Siehe hierzu auch BFH v. 25.3.2021 IX R 10/20, DStR 2021, 1746.

Veräußerungspreis.

– Wird infolge von Meinungsverschiedenheiten über die Formgültigkeit des innerhalb der Veräußerungsfrist abgeschlossenen Grundstückskaufvertrages der Kaufpreis erhöht, kann der erhöhte Kaufpreis auch dann Veräußerungspreis i. S. v. § 23 Abs. 3 Satz 1 EStG sein, wenn die Erhöhung nach Ablauf der Veräußerungsfrist vereinbart und beurkundet wird (→ BFH vom 15.12.1993 – BStBl. 1994 II S. 687).

– Zum Veräußerungspreis gehört auch das Entgelt für den Verzicht auf Nachbarrechte im Zusammenhang mit der Veräußerung des betreffenden Grundstücks (→ BFH vom 18.5.2004 – BStBl. II S. 874).

Veräußerungsverlust bei Ratenzahlung. Bei Zahlung des Veräußerungserlöses in verschiedenen VZ fällt der Veräußerungsverlust anteilig nach dem Verhältnis der Teilzahlungsbeträge zu dem Gesamtveräußerungserlös in den jeweiligen VZ der Zahlungszuflüsse an (→ BFH vom 6.12.2016 – BStBl. 2017 II S. 676).

Verfassungsmäßigkeit. Die Beschränkung des Verlustausgleichs bei privaten Veräußerungsgeschäften durch § 23 Abs. 3 Satz 8 (jetzt: Satz 7) EStG ist verfassungsgemäß (→ BFH vom 18.10.2006 – BStBl. 2007 II S. 259).

Verlustabzug in Erbfällen. Verluste i. S. d. § 22 Nr. 2 i. V. m. § 23 Abs. 3 Satz 7 bis 10 EStG → R 10d Abs. 9 Satz 10.

Verlustvor- und -rücktrag. Zur Anwendung des § 10d EStG im Rahmen des § 23 EStG → BMF vom 29.11.2004 (BStBl. I S. 1097).

Werbungskosten.

– Werbungskosten sind grundsätzlich alle durch ein Veräußerungsgeschäft i. S. d. § 23 EStG veranlassten Aufwendungen (z. B. Schuldzinsen), die weder zu den (nachträglichen) Anschaffungs- oder Herstellungskosten des veräußerten Wirtschaftsguts gehören noch einer vorrangigen Einkunftsart zuzuordnen sind oder wegen privater Nutzung unter das Ab-zugsverbot des § 12 EStG fallen (→ BFH vom 12.12.1996 – BStBl. 1997 II S. 603).

– Durch ein privates Veräußerungsgeschäft veranlasste Werbungskosten sind – abweichend vom Abflussprinzip des § 11 Abs. 2 EStG – in dem Kj. zu berücksichtigen, in dem der Verkaufserlös zufließt (→ BFH vom 17.7.1991 – BStBl. II S. 916).

– Fließt der Verkaufserlös in mehreren VZ zu, sind sämtliche Werbungskosten zunächst mit dem im ersten Zuflussjahr erhaltenen Teilerlös und ein etwa verbleibender Werbungskostenüberschuss mit den in den Folgejahren erhaltenen Teilerlösen zu verrechnen (→ BFH vom 3.6.1992 – BStBl. II S. 1017).

– Planungsaufwendungen zur Baureifmachung eines unbebauten Grundstücks (Baugenehmigungsgebühren, Architektenhonorare) können abziehbar sein, wenn von Anfang an Veräußerungsabsicht bestanden hat (→ BFH vom 12.12.1996 – BStBl. 1997 II S. 603).

– Erhaltungsaufwendungen können abziehbar sein, soweit sie allein oder ganz überwiegend durch die Veräußerung des Mietobjekts veranlasst sind (→ BFH vom 14.12.2004 – BStBl. 2005 II S. 343).

– Wird ein Gebäude, das zu eigenen Wohnzwecken genutzt werden sollte, vor dem Selbstbezug und innerhalb der Veräußerungsfrist wieder veräu-

ßert, mindern nur solche Grundstücksaufwendungen den Veräußerungsgewinn, die auf die Zeit entfallen, in der der Stpfl. bereits zum Verkauf des Objekts entschlossen war (→ BFH vom 16.6.2004 – BStBl. 2005 II S. 91).
- Vorfälligkeitsentschädigungen, die durch die Verpflichtung zur lastenfreien Veräußerung von Grundbesitz veranlasst sind, sind zu berücksichtigen (→ BFH vom 6.12.2005 – BStBl. 2006 II S. 265).
- Aufwendungen können nicht als Werbungskosten bei den privaten Veräußerungsgeschäften berücksichtigt werden, wenn es tatsächlich nicht zu einer Veräußerung kommt (→ BFH vom 1.8.2012 – BStBl. II S. 781).
- Die bloße Verwendung des Veräußerungserlöses zur Tilgung privater Verbindlichkeiten, die durch Grundschulden auf dem veräußerten Grundstück abgesichert waren, führt nicht zur Entstehung von als Werbungskosten abziehbaren Veräußerungskosten (→ BFH vom 3.9.2019 – BStBl. 2020 II S. 122).

Wiederkehrende Leistungen. Zur Ermittlung des Gewinns bei Veräußerungsgeschäften gegen wiederkehrende Leistungen und bei der Umschichtung von nach § 10 Abs. 1a Nr. 2 EStG begünstigt übernommenem Vermögen → BMF vom 11.3.2010 (BStBl. I S. 227),[1) · 2)] Rzn. 37–41, 65–79 und 88.

Zu § 24 EStG

R 24.1 Begriff der Entschädigung i. S. d. § 24 Nr. 1 EStG

Der Entschädigungsbegriff des § 24 Nr. 1 EStG setzt in seiner zu Buchstabe a und b gleichmäßig geltenden Bedeutung voraus, dass der Stpfl. infolge einer Beeinträchtigung der durch die einzelne Vorschrift geschützten Güter einen finanziellen Schaden erlitten hat und die Zahlung unmittelbar dazu bestimmt ist, diesen Schaden auszugleichen.

H 24.1

Abzugsfähige Aufwendungen. Bei der Ermittlung der Entschädigung i. S. d. § 24 Nr. 1 EStG sind von den Bruttoentschädigungen nur die damit in unmittelbarem Zusammenhang stehenden Betriebsausgaben oder Werbungskosten abzuziehen (→ BFH vom 26.8.2004 – BStBl. 2005 II S. 215).

Allgemeines.
- § 24 EStG schafft keinen neuen Besteuerungstatbestand, sondern weist die in ihm genannten Einnahmen nur der Einkunftsart zu, zu der die entgangenen oder künftig entgehenden Einnahmen gehört hätten, wenn sie erzielt worden wären (→ BFH vom 12.6.1996 – BStBl. II S. 516).
- Wegen einer anstelle der Rückübertragung von enteignetem Grundbesitz gezahlten Entschädigung nach dem VermG vom 23.9.1990 i. d. F. vom 3.8.1992 → BMF vom 11.1.1993 (BStBl. I S. 18).

---

1) Geänd. durch BMF v. 6.5.2016, BStBl. I 2016, 476, mit Übergangsregelung.
2) Ergänzend siehe BMF v. 20.11.2019, BStBl. I 2019, 1291, geänd. durch BMF v. 5.5.2021, BStBl. I 2021, 696, Rn. 40.

Ausgleichszahlungen an Handelsvertreter.

– Ausgleichszahlungen an Handelsvertreter nach § 89b HGB gehören auch dann zu den Entschädigungen i. S. d. § 24 Nr. 1 Buchstabe c EStG, wenn sie zeitlich mit der **Aufgabe der gewerblichen Tätigkeit** zusammenfallen (→ BFH vom 5.12.1968 – BStBl. 1969 II S. 196).

– Ausgleichszahlungen an **andere Kaufleute** als Handelsvertreter, z. B. **Kommissionsagenten oder Vertragshändler,** sind wie Ausgleichszahlungen an Handelsvertreter zu behandeln, wenn sie in entsprechender Anwendung des § 89b HGB geleistet werden (→ BFH vom 12.10.1999 – BStBl. 2000 II S. 220).

– Ausgleichszahlungen i. S. d. § 89b HGB gehören nicht zu den Entschädigungen nach § 24 Nr. 1 Buchstabe c EStG, wenn ein **Nachfolgevertreter** aufgrund eines selbständigen Vertrags mit seinem Vorgänger dessen Handelsvertretung oder Teile davon entgeltlich erwirbt. Ein selbständiger Vertrag liegt aber nicht vor, wenn der Nachfolger es übernimmt, die vertretenen Firmen von Ausgleichsansprüchen freizustellen (→ BFH vom 31.5.1972 – BStBl. II S. 899 und vom 25.7.1990 – BStBl. 1991 II S. 218).

Entschädigungen i. S. d. § 24 Nr. 1 Buchstabe a EStG.

– Die Entschädigung i. S. d. § 24 Nr. 1 Buchstabe a EStG muss als **Ersatz** für unmittelbar entgangene oder entgehende **konkrete Einnahmen** gezahlt werden (→ BFH vom 9.7.1992 – BStBl. 1993 II S. 27).

– Für den Begriff der Entschädigung nach § 24 Nr. 1 Buchstabe a EStG ist **nicht entscheidend,** ob das zur Entschädigung führende **Ereignis ohne oder gegen den Willen** des Stpfl. eingetreten ist. Eine Entschädigung i. S. d. § 24 Nr. 1 Buchstabe a EStG kann vielmehr auch vorliegen, wenn der Stpfl. bei dem zum Einnahmeausfall führenden Ereignis selbst mitgewirkt hat. Ist dies der Fall, muss der Stpfl. bei Aufgabe seiner Rechte aber unter erheblichem wirtschaftlichen, rechtlichen oder tatsächlichen Druck gehandelt haben; keinesfalls darf er das schadenstiftende Ereignis aus eigenem Antrieb herbeigeführt haben. Der Begriff des Entgehens schließt freiwilliges Mitwirken oder gar die Verwirklichung eines eigenen Strebens aus (→ BFH vom 20.7.1978 – BStBl. 1979 II S. 9, vom 16.4.1980 – BStBl. II S. 393, vom 9.7.1992 – BStBl. 1993 II S. 27 und vom 4.9.2002 – BStBl. 2003 II S. 177). Gibt ein Arbeitnehmer im Konflikt mit seinem Arbeitgeber nach und nimmt dessen Abfindungsangebot an, entspricht es dem Zweck des Merkmals der Zwangssituation, nicht schon wegen dieser gütlichen Einigung in Widerspruch stehender Interessenlage einen tatsächlichen Druck in Frage zu stellen (→ BFH vom 29.2.2012 – BStBl. II S. 569). Bei einer (einvernehmlichen) Auflösung des Arbeitsverhältnisses sind tatsächliche Feststellungen zu der Frage, ob der Arbeitnehmer dabei unter tatsächlichem Druck stand, regelmäßig entbehrlich (→ BFH vom 13.3.2018 – BStBl. II S. 709).

– Die an die Stelle der Einnahmen tretende Ersatzleistung nach § 24 Nr. 1 Buchstabe a EStG muss auf einer **neuen Rechts- oder Billigkeitsgrundlage** beruhen. Zahlungen, die zur Erfüllung eines Anspruchs geleistet werden, sind keine Entschädigungen i. S. d. § 24 Nr. 1 Buchstabe a

triebsaufgabe eine das gesamte Nennkapital umfassende Beteiligung an einer Kapitalgesellschaft zum Buchwert in ein anderes Betriebsvermögen übertragen oder überführt worden ist (→ BFH vom 28.5.2015 – BStBl. II S. 797).

Beispiel. → H 34.2 (Berechnungsbeispiele), Beispiel 5.

Zu § 34a EStG

H **34a**

Allgemeines. → BMF vom 11.8.2008 (BStBl. I S. 838).

Zu § 34b EStG[1]

(§ 68 EStDV)

R **34b.1** **Gewinnermittlung**

Allgemeines

(1) [1]Die Einkünfte aus Holznutzungen sind nach den Grundsätzen der jeweiligen Gewinnermittlungsart für jedes Wirtschaftsjahr gesondert zu ermitteln. [2]Eine Holznutzung liegt vor, wenn aus einem Wirtschaftsgut Baumbestand heraus Holz vom Grund und Boden getrennt wird und im Zuge der Aufarbeitung vom Anlagevermögen zum Umlaufvermögen wird. [3]Entsprechendes gilt, wenn Holz auf dem Stamm verkauft wird. [4]Mit der Zuordnung zum Umlaufvermögen ist der Holzvorrat mit den tatsächlichen Anschaffungs- oder Herstellungskosten zu bewerten.

Pauschalierung

(2) [1]Die Pauschalierung der Betriebsausgaben nach § 51 EStDV darf nur vorgenommen werden, wenn es zulässig ist, den Gewinn für die forstwirtschaftliche Nutzung des Betriebs nach den Grundsätzen des § 4 Abs. 3 EStG zu ermitteln und die zum Betrieb gehörenden forstwirtschaftlich genutzten Flächen im Sinne des § 34 Abs. 2 Nr. 1 Buchstabe b des Bewertungsgesetzes zum Beginn des Wirtschaftsjahres 50 Hektar nicht übersteigen. [2]Soweit unter diesen Voraussetzungen oder nach § 4 des Forstschäden-Ausgleichsgesetzes Gewinne aus Holznutzungen pauschal ermittelt werden, gelten die pauschalen Betriebsausgaben auch für die Ermittlung der nach § 34b EStG begünstigten Einkünfte aus außerordentlichen Holznutzungen.

Abweichende Wirtschaftsjahre

(3) Die für jedes Wirtschaftsjahr gesondert ermittelten Einkünfte für außerordentliche Holznutzungen sind bei abweichenden Wirtschaftsjahren – den übrigen laufenden Einkünften entsprechend – zeitanteilig und getrennt nach den Einkünften i. S. v. § 34b Abs. 2 i. V. m. Abs. 3 Nr. 1 und 2 EStG dem jeweiligen VZ zuzuordnen.

Mehrere Betriebe

(4) Unterhält ein Stpfl. mehrere Betriebe mit eigenständiger Gewinnermittlung, sind die Einkünfte aus außerordentlichen Holznutzungen nach § 34b

[1] Zu sachlichen Billigkeitsmaßnahmen aufgrund der besonderen Forstschäden des Jahres 2018 siehe BMF v. 29.4.2019, BStBl. I 2019, 463. – Siehe auch BMF v. 27.7.2021, BStBl. I 2021, 1044.

Abs. 2 i. V.m. Abs. 3 Nr. 1 und 2 EStG für jeden Betrieb gesondert zu ermitteln und dem jeweiligen VZ zuzurechnen.

H 34b.1

Bewertung des Baumbestandes. Zur steuerlichen Behandlung des Baumbestandes → BMF vom 16.5.2012 (BStBl. I S. 595).

Forstschäden-Ausgleichsgesetz.[1)]

- → Gesetz vom 26.8.1985 (BGBl. I S. 1756, BStBl. I S. 592) zuletzt geändert durch Artikel 412 der Zehnten Zuständigkeitsanpassungsverordnung vom 31.8.2015 (BGBl. I S. 1474).
- → H 13.5 (Forstwirtschaft).

Zeitliche Anwendung. Zur zeitlichen Anwendung der Tarifvorschrift des § 68 EStDV → BMF vom 16.5.2012 (BStBl. I S. 594).

R 34b.2 Ordentliche und außerordentliche Holznutzungen

Definition

(1) [1]Außerordentliche Holznutzungen liegen vor, wenn bei einer Holznutzung die in § 34b Abs. 1 EStG genannten Voraussetzungen erfüllt sind. [2]Es ist unerheblich, ob sie in Nachhaltsbetrieben oder in aussetzenden Betrieben anfallen. [3]Alle übrigen Holznutzungen sind ordentliche Holznutzungen. [4]Die Veräußerung des Grund und Bodens einschließlich des Aufwuchses oder die Veräußerung des Grund und Bodens und des stehenden Holzes an denselben Erwerber in getrennten Verträgen ist keine Holznutzung i. S. d. § 34b EStG.

Zeitpunkt der Verwertung

(2) [1]§ 34b EStG begünstigt die Einkünfte aus der Verwertung von außerordentlichen Holznutzungen (→ R 34b.1 Abs. 1) durch Veräußerung oder Entnahme. [2]Zeitpunkt der Verwertung ist in den Fällen der Gewinnermittlung nach § 4 Abs. 1 EStG der Zeitpunkt der Veräußerung oder Entnahme. [3]Soweit die Grundsätze des § 4 Abs. 3 EStG anzuwenden sind, ist der Zeitpunkt des Zuflusses der Einnahmen oder der Entnahme maßgebend.

Holznutzungen aus volks- und staatswirtschaftlichen Gründen

(3) [1]Eine Nutzung geschieht aus volks- oder staatswirtschaftlichen Gründen, wenn sie z. B. durch gesetzlichen oder behördlichen Zwang veranlasst worden ist. [2]Dies sind insbesondere Holznutzungen infolge einer Enteignung oder einer drohenden Enteignung, z. B. beim Bau von Verkehrswegen. [3]Ein Zwang kann dabei schon angenommen werden, wenn der Stpfl. nach den Umständen des Falles der Ansicht sein kann, dass er im Fall der Verweigerung des Verkaufs ein behördliches Enteignungsverfahren zu erwarten habe. [4]Unter einem unmittelbar drohenden behördlichen Eingriff sind jedoch nicht diejenigen Verpflichtungen zu verstehen, die allein auf Grund der Waldgesetze vorzunehmen sind.

1) **Steuergesetze** Nr. **720**. – Siehe auch BMF v. 27.7.2021, BStBl. I 2021, 1044.

Holznutzungen infolge höherer Gewalt (Kalamitätsnutzungen)[1)]

(4) [1]Holznutzungen infolge höherer Gewalt liegen neben den in § 34b Abs. 1 Nr. 2 Satz 2 EStG genannten Fällen auch dann vor, wenn sie durch Naturereignisse verursacht sind, die im Gesetz nicht besonders aufgeführt sind. [2]Kalamitätsnutzungen knüpfen stets an das Vorliegen eines außergewöhnlichen Naturereignisses im Sinne höherer Gewalt an. [3]Eine Holznutzung infolge höherer Gewalt kann auch in einem Wirtschaftsjahr nach Eintritt des Schadensereignisses erfolgen. [4]Zu den Holznutzungen infolge höherer Gewalt zählen nicht Schadensfälle von einzelnen Bäumen (z. B. Dürrhölzer, Schaden durch Blitzschlag), soweit sie sich im Rahmen der regelmäßigen natürlichen Abgänge halten.

(5) [1]Bei vorzeitigen Holznutzungen auf Grund von Schäden durch militärische Übungen sind dieselben Steuersätze wie für Holznutzungen infolge höherer Gewalt anzuwenden. [2]Ersatzleistungen für Schäden, die sich beseitigen lassen (z. B. Schäden an Wegen und Jungpflanzungen), sind nach R 6.6 zu behandeln.

H 34b.2

Höhere Gewalt. Außerordentliche Holznutzungen infolge gesetzlicher oder behördlicher Anordnungen gehören nicht zu den Holznutzungen infolge höherer Gewalt (→ RFH vom 23.8.1939 – RStBl. S. 1056).

Kalamitätsfolgehiebe. Muss ein nach einem Naturereignis stehengebliebener Bestand nach forstwirtschaftlichen Grundsätzen eingeschlagen werden (sog. Kalamitätsfolgehiebe), werden die daraus anfallenden Nutzungen steuerlich nur als Kalamitätsnutzungen begünstigt, wenn sie nicht in die planmäßige Holznutzung der nächsten Jahre einbezogen werden können, insbesondere aber, wenn nicht hiebreife Bestände eingeschlagen werden müssen (→ BFH vom 11.4.1961 – BStBl. III S. 276).

Rotfäule. → BMF vom 18.11.2018 (BStBl. I S. 1214).

R 34b.3 Ermittlung der Einkünfte aus außerordentlichen Holznutzungen

Grundsätze

(1) Zur Ermittlung der Einkünfte aus außerordentlichen Holznutzungen, sind die mit allen Holznutzungen im Zusammenhang stehenden Betriebseinnahmen und Betriebsausgaben gesondert aufzuzeichnen.

(2) [1]Einnahmen aus sämtlichen Holznutzungen sind die Erlöse aus der Verwertung des Holzes, die der Gewinnermittlung des Wirtschaftsjahres zu Grunde gelegt wurden. [2]Hierzu gehören insbesondere die Erlöse für das veräußerte Holz und der Teilwert für das entnommene Holz. [3]Nicht dazu gehören die Einnahmen aus Nebennutzungen und aus Verkäufen von Wirtschaftsgütern des Anlagevermögens. [4]Von den Einnahmen aus sämtlichen Holznutzungen sind die mit diesen Einnahmen in sachlichem Zusammenhang stehenden Betriebsausgaben des Wirtschaftsjahres abzuziehen, die der Gewinnermittlung des Wirtschaftsjahres zu Grunde gelegt wurden. [5]Dazu gehören insbesondere

---

1) Siehe auch BMF v. 27.7.2021, BStBl. I 2021, 1044.

die festen und beweglichen Verwaltungskosten, Steuern, Zwangsbeiträge und die Betriebskosten. [6]Erhöhte AfA, Sonderabschreibungen sowie Buchwertminderungen und -abgänge sind zu berücksichtigen. [7]Eine Aktivierung von Holzvorräten ist keine Verwertung des Holzes. [8]Der Investitionsabzugsbetrag nach § 7g EStG ist weder als Einnahme noch als Ausgabe zu berücksichtigen, die mit einer Holznutzung in sachlichem Zusammenhang steht. [9]Zum Zeitpunkt der Erfassung der Einnahmen → R 34b.2 Abs. 2.

Pauschalierung

(3) [1]Im Fall der Pauschalierung nach § 51 EStDV oder § 4 des Forstschäden-Ausgleichsgesetzes gilt Absatz 2 entsprechend. [2]Die nicht mit den Pauschsätzen abgegoltenen, aber abzugsfähigen Wiederaufforstungskosten, Buchwertminderungen und -abgänge beim Wirtschaftsgut Baumbestand sind zusätzlich als Betriebsausgaben zu berücksichtigen.

Entschädigungen

(4) [1]Die Berücksichtigung von Entschädigungen und Zuschüssen richtet sich nach den Grundsätzen der maßgebenden Gewinnermittlung. [2]Die Zuordnung der Entschädigungen und Zuschüsse zu den Einnahmen aus Holznutzungen oder zu den übrigen Betriebseinnahmen oder -ausgaben richtet sich nach dem Grund der Zahlung. [3]Soweit für Entschädigungen die Tarifvergünstigung nach § 34 Abs. 1 i. V. m. § 24 Nr. 2 EStG in Anspruch genommen wird, sind die entsprechenden Betriebseinnahmen und die damit in sachlichem Zusammenhang stehenden Betriebsausgaben für Zwecke des § 34b EStG zur Vermeidung einer doppelten Berücksichtigung zu korrigieren.

R 34b.4 Ermittlung der Steuersätze

Durchschnittlicher Steuersatz

(1) [1]Für das gesamte z. v. E. i. S. d. § 32a Abs. 1 EStG – also einschließlich der Einkünfte aus außerordentlichen Holznutzungen – ist der Steuerbetrag nach den allgemeinen Tarifvorschriften zu ermitteln. [2]Aus dem Verhältnis des sich ergebenden Steuerbetrags zu dem gesamten z. v. E. ergibt sich der durchschnittliche Steuersatz, der auf vier Dezimalstellen abzurunden ist. [3]Die Hälfte bzw. ein Viertel dieses durchschnittlichen Steuersatzes ist der anzuwendende ermäßigte Steuersatz nach § 34b Abs. 3 EStG.

Anzuwendende Steuersätze

(2) [1]Der Umfang der ordentlichen Holznutzung ist für die Anwendung der Steuersätze nach § 34b Abs. 3 EStG ohne Bedeutung. [2]Für die Frage, mit welchen Steuersätzen die Einkünfte aus außerordentlichen Holznutzungen zu versteuern sind, ist die im Wirtschaftsjahr verwertete Holzmenge des Betriebs maßgebend. [3]Auf die Einkünfte aus außerordentlichen Holznutzungen des Betriebs ist die Hälfte des durchschnittlichen Steuersatzes i. S. d. Absatzes 1 anzuwenden, wenn die Voraussetzungen des § 68 EStDV nicht vorliegen.

(3) [1]Auf Einkünfte aus außerordentlichen Holznutzungen des Betriebs ist unter den Voraussetzungen des § 68 EStDV bis zur Höhe des Nutzungssatzes

von der Aktivierung des eingeschlagenen und unverkauften Kalamitätsholzes ganz oder teilweise abgesehen werden.

Weisungen im Rahmen einer Vielzahl von Einzelfällen

(4) [1]Die in § 34b Abs. 5 EStG vorgesehenen Billigkeitsmaßnahmen können nach Maßgabe der Absätze 1 bis 3 auch bei größeren, regional begrenzten Schadensereignissen, die nicht nur Einzelfälle betreffen, im Wege typisierender Verwaltungsanweisungen auf der Grundlage des § 163 der AO entsprechend angewendet werden. [2]Darüber hinaus gehende Billigkeitsmaßnahmen sind nur in begründeten Einzelfällen unter Berücksichtigung der sachlichen und persönlichen Unbilligkeit zulässig.

H 34b.7

Beispiel:

Ein Forstwirt hat im Wj. 01 eine Holzmenge von 10 000 fm aufgearbeitet. Davon sind 9000 fm auf Grund eines besonders großen Sturmschadens als Kalamitätsholz angefallen. Der Vorrat an aufgearbeitetem und unverkauftem Kalamitätsholz vorangegangener Wj. beträgt 350 fm.
Der für die Wj. 00 bis 09 festgesetzte Nutzungssatz beträgt 1500 fm.
Eine Einschlagsbeschränkung nach dem Forstschäden-Ausgleichsgesetz wurde nicht angeordnet. Die Bundesregierung hat mit Zustimmung des Bundesrats eine Rechtsverordnung erlassen, wonach zum Ausgleich des Sturmschadens das im Wj. 01 angefallene Kalamitätsholz einheitlich mit einem Viertel des durchschnittlichen Steuersatzes zu besteuern ist.
Im Wj. 01 veräußert er die ordentliche Holznutzung von 1000 fm, das Kalamitätsholz vorangegangener Wj. von 350 fm und 3000 fm Kalamitätsholz des Schadensjahres.
Im Wj. 02 veräußert er weitere 4000 fm Kalamitätsholz aus dem Wj. 01.
Im Wj. 03 fallen weitere 500 fm Kalamitätsholz an, die er sofort veräußert. Zudem veräußert er noch die gesamte restliche Holzmenge von 2000 fm.

Lösung:

Wj. 01
Die veräußerte ordentliche Holznutzung von 1000 fm ist ohne Tarifvergünstigung zu besteuern. Das Kalamitätsholz im Umfang von 9000 fm unterliegt im Wj. der Holznutzung infolge der Anordnung einem Viertel des durchschnittlichen Steuersatzes. Davon sind im Wj. 01 3000 fm veräußert worden und unterliegen der besonderen Tarifvergünstigung. Dies gilt auch für den im Wj. 01 veräußerten Holzvorrat an Kalamitätsholz vorangegangener Wj. von 350 fm. Das verbleibende Begünstigungsvolumen nach § 34b Abs. 5 EStG beträgt 5650 fm.

Wj. 02
Das veräußerte Kalamitätsholz von 4000 fm unterliegt in vollem Umfang einem Viertel des durchschnittlichen Steuersatzes. Das verbleibende Begünstigungsvolumen nach § 34b Abs. 5 EStG beträgt 1650 fm.

Wj. 03
Das veräußerte Kalamitätsholz von 2500 fm unterliegt im Umfang von 1650 fm dem besonderen Steuersatz nach § 34b Abs. 5 EStG. Die verbleibenden 850 fm liegen innerhalb des im Wj. 03 gültigen Nutzungssatzes; hierfür gilt der Steuersatz nach § 34b Abs. 3 Nr. 1 EStG.

R 34b.8 Rücklage nach § 3 des Forstschäden-Ausgleichsgesetzes[1)]

[1]Die Bildung einer steuerfreien Rücklage nach § 3 des Forstschäden-Ausgleichsgesetzes ist von den nutzungssatzmäßigen Einnahmen der vorangegangenen drei Wirtschaftsjahre abhängig. [2]Dabei sind Über- und Unternutzungen

[1)] G v. 26.8.1985, BGBl. I 1985, 1756, zuletzt geänd. durch VO v. 31.8.2015, BGBl. I 2015, 1474 (**Steuergesetze** Nr. **720**). – Siehe auch BMF v. 27.7.2021, BStBl. I 2021, 1044, Rn. 17 ff.

in den jeweiligen Wirtschaftsjahren nicht auszugleichen. [3]Übersteigt die tatsächliche Holznutzung eines Wirtschaftsjahres den Nutzungssatz nicht, so sind alle Einnahmen aus Holznutzungen des Wirtschaftsjahres als nutzungssatzmäßige Einnahmen zu berücksichtigen. [4]Übersteigt dagegen die tatsächliche Holznutzung im Wirtschaftsjahr den Nutzungssatz, sind zur Ermittlung der nutzungssatzmäßigen Einnahmen alle Einnahmen aus Holznutzungen im Verhältnis des Nutzungssatzes zur gesamten Holznutzung aufzuteilen. [5]Dies setzt voraus, dass für das Wirtschaftsjahr der Bildung einer Rücklage und der drei vorangegangenen Wirtschaftsjahre jeweils ein Nutzungssatz gültig ist. [6]Der durch die Rücklage verursachte Aufwand oder Ertrag ist bei der Ermittlung der Einkünfte aus außerordentlichen Holznutzungen nach § 34b Abs. 2 EStG zu berücksichtigen.

Zu § 34c EStG
(§§ 68a und 68b EStDV)

R 34c. Anrechnung und Abzug ausländischer Steuern

Umrechnung ausländischer Steuern

(1) [1]Die nach § 34c Abs. 1 und Abs. 6 EStG auf die deutsche Einkommensteuer anzurechnende oder nach § 34c Abs. 2, 3 und 6 EStG bei der Ermittlung der Einkünfte abzuziehende ausländische Steuer ist auf der Grundlage der von der Europäischen Zentralbank täglich veröffentlichten Euro-Referenzkurse umzurechnen. [2]Zur Vereinfachung ist die Umrechnung dieser Währungen auch zu den Umsatzsteuer-Umrechnungskursen zulässig, die monatlich im Bundessteuerblatt Teil I veröffentlicht werden.[1)]

Zu berücksichtigende ausländische Steuer

(2) [1]Entfällt eine zu berücksichtigende ausländische Steuer auf negative ausländische Einkünfte, die unter die Verlustausgleichsbeschränkung des § 2a Abs. 1 EStG fallen, oder auf die durch die spätere Verrechnung gekürzten positiven ausländischen Einkünfte, ist sie im Rahmen des Höchstbetrags (→ Absatz 3) nach § 34c Abs. 1 EStG anzurechnen oder auf Antrag nach § 34c Abs. 2 EStG bei der Ermittlung der Einkünfte abzuziehen. [2]Bei Abzug erhöhen sich die – im VZ nicht ausgleichsfähigen – negativen ausländischen Einkünfte. [3]Die nach § 34c Abs. 1 und 6 anzurechnende ausländische Steuer ist nicht zu kürzen, wenn die entsprechenden Einnahmen nach § 3 Nr. 40 EStG teilweise steuerfrei sind.

H 34c (1, 2)

Anrechnung ausländischer Steuern bei Bestehen von DBA.
→ H 34c (5) Anrechnung.

Festsetzung ausländischer Steuern. Eine Festsetzung i. S. d. § 34c Abs. 1 EStG kann auch bei einer Anmeldungssteuer vorliegen. Die Anrechnung solcher Steuern hängt von einer hinreichend klaren Bescheinigung des An-

---

1) Zusammenstellung in **Steuererlasse** Nr. **500** § 16/6 und § 16/7.

ständigen Wahlorgan bereits mehrere Jahre vor der nächsten Wahl zugehen. Sie muss ihr spätestens am Ende des Jahres vorliegen, für das eine Tarifermäßigung für Zuwendungen an die unabhängige Wählervereinigung beantragt wird. Spendenbestätigungen dürfen erst ausgestellt werden, wenn die Anzeige tatsächlich erfolgt ist.

4. Nach § 34g Satz 3 EStG wird die Steuerermäßigung für Beiträge und Spenden an eine unabhängige Wählervereinigung, die an der jeweils nächsten Wahl nicht teilgenommen hat, erst wieder gewährt, wenn sie sich mit eigenen Wahlvorschlägen an einer Wahl beteiligt hat. Diese einschränkende Regelung gilt nur für Beiträge und Spenden an unabhängige Wählervereinigungen, die der zuständigen Wahlbehörde vor einer früheren Wahl ihre Teilnahme angekündigt und sich dann entgegen dieser Mitteilung nicht an der Wahl beteiligt haben. Sie gilt nicht für unabhängige Wählervereinigungen, die sich an einer früheren Wahl zwar nicht beteiligt, eine Beteiligung an dieser Wahl aber auch nicht angezeigt haben.

Beispiele:

a) Der neugegründete Verein A teilt der zuständigen Wahlbehörde im Jahr 01 mit, dass er an der nächsten Kommunalwahl am 20.5.03 teilnehmen will. Er nimmt an dieser Wahl jedoch nicht teil, ebenso nicht an der folgenden Wahl im Jahr 08. Im Jahr 09 teilt er der Wahlbehörde mit, dass er an der nächsten Wahl am 5.4.13 teilnehmen will. An dieser Wahl nimmt er dann auch tatsächlich teil.
Die Steuerermäßigung nach § 34g Nr. 2 EStG kann gewährt werden für Beiträge und Spenden, die in der Zeit vom 1.1.01 bis zum 20.5.03 und vom 1.1.13 bis zum 5.4.13 an den Verein geleistet worden sind. In der Zeit vom 21.5.03 bis zum 31.12.12 geleistete Beiträge und Spenden sind nicht begünstigt. Nach dem 5.4.13 geleistete Beiträge und Spenden sind begünstigt, wenn der Verein bei der Wahl am 5.4.13 ein Mandat errungen hat oder noch im Jahr 13 anzeigt, dass er an der nächsten Wahl teilnehmen will.

b) Der Verein B ist in der Wahlperiode 1 mit einem Mandat im Stadtrat vertreten. An der Wahl für die Wahlperiode 2 am 15.10.05 nimmt er nicht teil. Er hatte eine Teilnahme auch nicht angekündigt. Am 20.11.05 teilt er der zuständigen Wahlbehörde mit, dass er an der Wahl für die Wahlperiode 3 am 9.9.10 teilnehmen will.
Die Steuerermäßigung kann für alle bis zum 9.9.10 an den Verein geleisteten Beiträge und Spenden gewährt werden. Nach diesem Termin geleistete Beiträge und Spenden sind nur begünstigt, wenn der Verein an der Wahl am 9.9.10 teilgenommen hat.

c) Der Verein C wird im Jahr 01 gegründet. An der nächsten Kommunalwahl am 10.2.03 nimmt er nicht teil. Er hatte eine Teilnahme an dieser Wahl auch nicht angekündigt. Am 11.2.03 teilt er der zuständigen Wahlbehörde mit, dass er an der nächsten Wahl am 15.3.08 teilnehmen will.
Die Steuerermäßigung kann für Beiträge und Spenden gewährt werden, die ab dem 1.1.03 an den Verein geleistet worden sind. Nach dem 15.3.08 geleistete Beiträge und Spenden sind nur begünstigt, wenn der Verein tatsächlich an der Wahl am 15.3.08 teilgenommen hat und entweder erfolgreich war (mindestens ein Mandat) oder bei erfolgloser Teilnahme der zuständigen Wahlbehörde mitteilt, dass er auch an der folgenden Wahl teilnehmen will.

5. Eine Teilnahme an einer Wahl liegt nur vor, wenn die Wähler die Möglichkeit haben, die Wählervereinigung zu wählen. Der Wahlvorschlag der Wählervereinigung muss also auf dem Stimmzettel enthalten sein.

6. Der Stpfl. hat dem Finanzamt durch eine Spendenbestätigung der unabhängigen Wählervereinigung nachzuweisen, dass alle Voraussetzungen des § 34g EStG für die Gewährung der Tarifermäßigung erfüllt sind.“[1)]

---

1) Siehe BMF v. 7.11.2013, BStBl. I 2013, 1333, ergänzt durch BMF v. 26.3.2014, BStBl. I 2014, 791 (Nr. **1** Anl. 4).

Zu § 35 EStG

R 35. Steuerermäßigung bei Einkünften aus Gewerbebetrieb

(unbesetzt)

H 35

Allgemeines. → BMF vom 3.11.2016 (BStBl. I S. 1187) unter Berücksichtigung der Änderungen durch BMF vom 17.4.2019 (BStBl. I S. 459).

Zu § 35a EStG

H 35a

Anwendungsschreiben. → BMF vom 9.11.2016 (BStBl. I S. 1213).[1]

Zu § 35b EStG

H 35b

Allgemeines. Die nach § 35b Satz 1 EStG begünstigten Einkünfte müssen aus der Veräußerung eines Vermögensgegenstandes herrühren, der sowohl von Todes wegen erworben worden ist als auch tatsächlich der Erbschaftsteuer unterlegen hat; der in Anspruch genommene persönliche Freibetrag (§ 16 ErbStG) ist anteilig abzuziehen.
Die auf die begünstigten Einkünfte anteilig entfallende Einkommensteuer ist nach dem Verhältnis der begünstigten Einkünfte zur S. d. E. zu ermitteln (→ BFH vom 13.3.2018 – BStBl. II S. 593).

Zusammentreffen von Erwerben von Todes wegen und Vorerwerben. Beim Zusammentreffen von Erwerben von Todes wegen und Vorerwerben ermittelt sich der Ermäßigungsprozentsatz des § 35b Satz 2 EStG durch Gegenüberstellung der anteiligen, auf die von Todes wegen erworbenen Vermögensteile entfallenden Erbschaftsteuer und des Betrags, der sich ergibt, wenn dem anteiligen steuerpflichtigen Erwerb (§ 10 Abs. 1 ErbStG) der anteilige Freibetrag nach § 16 ErbStG hinzugerechnet wird (→ BFH vom 13.3.2018 – BStBl. II S. 593).

Zu § 35c EStG

H 35c

Anwendungsschreiben. → BMF vom 14.1.2021 (BStBl. I S. 103).

Bescheinigungen. Zur Bescheinigung des Fachunternehmens gem. § 35c Abs. 1 Satz 7 EStG und zur Bescheinigung für Personen mit Ausstellungsberechtigung nach § 21 EnEV[2] → BMF vom 31.3.2020 (BStBl. I S. 484).

Zu § 36 EStG

R 36. Anrechnung von Steuervorauszahlungen und von Steuerabzugsbeträgen

[1]Die Anrechnung von Kapitalertragsteuer setzt voraus, dass die der Anrechnung zugrunde liegenden Einnahmen bei der Veranlagung erfasst werden

---

[1] Geänd. durch BMF v. 1.9.2021, BStBl. I 2021, 1494.
[2] Siehe jetzt mWv 1.11.2020 GebäudeenergieG v. 8.8.2020, BGBl. I 2020, 1728.

und der Anteilseigner die in § 45a Abs. 2 oder 3 EStG bezeichnete Bescheinigung im Original vorlegt.[1] [2]Ob die Einnahmen im Rahmen der Einkünfte aus Kapitalvermögen anfallen oder bei einer anderen Einkunftsart, ist für die Anrechnung unerheblich. [3]Bei der Bilanzierung abgezinster Kapitalforderungen erfolgt die Anrechnung der Kapitalertragsteuer stets im Erhebungsjahr, auch wenn die der Anrechnung zugrunde liegenden Einnahmen ganz oder teilweise bereits in früheren Jahren zu erfassen waren.

H 36

Abtretung. Der Anspruch auf die Anrechnung von Steuerabzugsbeträgen kann nicht abgetreten werden. Abgetreten werden kann nur der Anspruch auf Erstattung von überzahlter Einkommensteuer, der sich durch den Anrechnungsbetrag ergibt. Der Erstattungsanspruch entsteht wie die zu veranlagende Einkommensteuer mit Ablauf des VZ. Die Abtretung wird erst wirksam, wenn sie der Gläubiger nach diesem Zeitpunkt der zuständigen Finanzbehörde anzeigt (§ 46 Abs. 2 AO).

Anrechnung.

- **Änderungen.** Die Vorschriften über die Aufhebung oder Änderung von Steuerfestsetzungen können – auch wenn im Einkommensteuerbescheid die Steuerfestsetzung und die Anrechnung technisch zusammengefasst sind – nicht auf die Anrechnung angewendet werden. Die Korrektur der Anrechnung richtet sich nach §§ 129 bis 131 AO. Zum Erlass eines Abrechnungsbescheides → § 218 Abs. 2 AO.
  Die Anrechnung von Steuerabzugsbeträgen und Steuervorauszahlungen ist ein Verwaltungsakt mit Bindungswirkung. Diese Bindungswirkung muss auch beim Erlass eines Abrechnungsbescheids nach § 218 Abs. 2 AO beachtet werden. Deshalb kann im Rahmen eines Abrechnungsbescheides die Steueranrechnung zugunsten oder zuungunsten des Stpfl. nur dann geändert werden, wenn eine der Voraussetzungen der §§ 129 bis 131 AO gegeben ist (→ BFH vom 15.4.1997 – BStBl. II S. 787).
- **Bei Veranlagung.** Die Anrechnung von Steuerabzugsbeträgen ist unzulässig, soweit die Erstattung beantragt oder durchgeführt worden ist (§ 36 Abs. 2 Nr. 2 EStG).
  Durch einen bestandskräftig abgelehnten Antrag auf Erstattung von Kapitalertragsteuer wird die Anrechnung von Kapitalertragsteuer bei der Veranlagung zur Einkommensteuer nicht ausgeschlossen.
- **Teil der Steuererhebung.** Die Anrechnung von Steuervorauszahlungen (§ 36 Abs. 2 Nr. 1 EStG) und von erhobenen Steuerabzugsbeträgen (§ 36 Abs. 2 Nr. 2 EStG) auf die Einkommensteuer ist Teil der Steuererhebung (→ BFH vom 14.11.1984 – BStBl. 1985 II S. 216).

Investmentanteile. Zur Anrechnung von Kapitalertragsteuer bei Veräußerung oder Rückgabe eines Anteils an einem ausländischen thesaurierenden Investmentvermögen → BMF vom 17.12.2012 (BStBl. 2013 I S. 54).

Personengesellschaft. → H 15.8 (3) GmbH-Beteiligung.

---

[1] **[Amtl. Anm.:]** Soweit der Stpfl. einen Antrag nach § 32d Abs. 4 oder Abs. 6 EStG stellt, ist es ab VZ 2017 für die Anrechnung ausreichend, wenn die Bescheinigung auf Verlangen des Finanzamts vorgelegt wird → § 36 Abs. 2 Satz 3 EStG.

Zu § 36a EStG

H 36a

Allgemeines. Anwendungsfragen zur Beschränkung der Anrechenbarkeit der Kapitalertragsteuer nach § 36a EStG → BMF vom 3.4.2017 (BStBl. I S. 726) unter Berücksichtigung der Änderungen vom 20.2.2018 (BStBl. I S. 308).

Zu § 37 EStG

R 37. Einkommensteuer-Vorauszahlung[1]

Bei der Veranlagung von Ehegatten nach § 26a EStG ist für die Ermittlung der 600-Euro-Grenze in § 37 Abs. 3 EStG die Summe der für beide Ehegatten in Betracht kommenden Aufwendungen und abziehbaren Beträge zugrunde zu legen.

H 37

Anpassung von Vorauszahlungen. Eine Anpassung ist auch dann noch möglich, wenn eine Einkommensteuererklärung für den abgelaufenen VZ bereits abgegeben worden ist (→ BFH vom 27.9.1976 – BStBl. 1977 II S. 33).

Erhöhung von Vorauszahlungen. Im Fall der Erhöhung einer Vorauszahlung zum nächsten Vorauszahlungstermin des laufenden Kj. gilt die Monatsfrist des § 37 Abs. 4 Satz 2 EStG nicht (→ BFH vom 22.8.1974 – BStBl. 1975 II S. 15 und vom 25.6.1981 – BStBl. 1982 II S. 105).

Verteilung von Vorauszahlungen. Vorauszahlungen sind grundsätzlich in vier gleich großen Teilbeträgen zu leisten. Eine Ausnahme hiervon kommt auch dann nicht in Betracht, wenn der Stpfl. geltend macht, der Gewinn des laufenden VZ entstehe nicht gleichmäßig (→ BFH vom 22.11.2011 – BStBl. 2012 II S. 329).

Vorauszahlungen bei Arbeitnehmern. Die Festsetzung von Einkommensteuer-Vorauszahlungen ist auch dann zulässig, wenn der Stpfl. ausschließlich Einkünfte aus nichtselbständiger Arbeit erzielt, die dem Lohnsteuerabzug unterliegen (→ BFH vom 20.12.2004 – BStBl. 2005 II S. 358).

Zu § 37b EStG

H 37b

Allgemeines.[2] Zur Pauschalierung der Einkommensteuer bei Sachzuwendungen → BMF vom 19.5.2015 (BStBl. I S. 468) unter Berücksichtigung der Änderungen durch BMF vom 28.6.2018 (BStBl. I S. 814).

---

[1] Zum Antrag auf pauschalierte Herabsetzung bereits geleisteter Vorauszahlungen für 2019 als Corona-Sofortmaßnahme siehe §§ 110, 111 EStG idF des 2. Corona-SteuerhilfeG v. 29.6.2020, BGBl. I 2020, 1512. Zur vereinfachten Anpassung von Vorauszahlungen 2021 für die durch die Auswirkungen des Coronavirus nicht unerheblich negativ wirtschaftlich betroffenen Steuerpflichtigen siehe BMF v. 18.3.2021, BStBl. I 2021, 337.

[2] Siehe auch BFH v. 21.2.2018 VI R 25/16, BStBl. II 2018, 389.

Zu § 43 EStG

H 43

Allgemeines.[1] Einzelfragen zur Abgeltungsteuer → BMF vom 18.1.2016 (BStBl. I S. 85) unter Berücksichtigung der Änderungen durch BMF vom 20.4.2016 (BStBl. I S. 475), vom 16.6.2016 (BStBl. I S. 527), vom 3.5.2017 (BStBl. I S. 739), vom 19.12.2017 (BStBl. 2018 I S. 52), vom 12.4.2018 (BStBl. I S. 624), vom 17.1.2019 (BStBl. I S. 51), vom 10.5.2019 (BStBl. I S. 464) und vom 16.9.2019 (BStBl. I S. 889).[2]

Empfänger und Zeitpunkt der Datenlieferung. → BMF vom 24.9.2013 (BStBl. I S. 1183).

Insolvenz. Der Abzug von Kapitalertragsteuer ist auch bei dem Gläubiger von Kapitalerträgen vorzunehmen, der in Insolvenz gefallen ist (→ BFH vom 20.12.1995 – BStBl. 1996 II S. 308).

Rückzahlung einer Dividende. → H 44b.1.

Typische Unterbeteiligung. Der Gewinnanteil aus einer typischen Unterbeteiligung unterliegt der Kapitalertragsteuer. Der Zeitpunkt des Zuflusses bestimmt sich für die Zwecke der Kapitalertragsteuer nach dem vertraglich bestimmten Tag der Auszahlung (§ 44 Abs. 3 EStG) (→ BFH vom 28.11.1990 – BStBl. 1991 II S. 313).

Zu § 43b EStG

H 43b

Zuständige Behörde. Zuständige Behörde für die Durchführung des Erstattungs- oder Freistellungsverfahrens ist das Bundeszentralamt für Steuern, 53221 Bonn.

Zu § 44 EStG

H 44

Allgemeines. Einzelfragen zur Abgeltungsteuer → BMF vom 18.1.2016 (BStBl. I S. 85) unter Berücksichtigung der Änderungen durch BMF vom 20.4.2016 (BStBl. I S. 475), vom 16.6.2016 (BStBl. I S. 527), vom 3.5.2017 (BStBl. I S. 739), vom 19.12.2017 (BStBl. 2018 I S. 52), vom 12.4.2018 (BStBl. I S. 624), vom 17.1.2019 (BStBl. I S. 51), vom 10.5.2019 (BStBl. I S. 464) und vom 16.9.2019 (BStBl. I S. 889).[2]

Zuflusszeitpunkt. Eine Dividende gilt auch dann gem. § 44 Abs. 2 Satz 2 EStG als am Tag nach dem Gewinnausschüttungsbeschluss zugeflossen, wenn dieser bestimmt, die Ausschüttung solle nach einem bestimmten Tag erfolgen (→ BFH vom 20.12.2006 – BStBl. 2007 II S. 616).

---

[1] Zum Kapitalertragsteuerabzug durch inländische Kreditinstitute bei Treuhandmodellen siehe BMF v. 31.3.2017, BStBl. I 2017, 725.

[2] Erneut geänd. durch BMF v. 19.2.2021, BStBl. I 2021, 296, und v. 3.6.2021, BStBl. I 2021, 723.

Zu § 44a EStG

H 44a

Allgemeines.[1] Einzelfragen zur Abgeltungsteuer → BMF vom 18.1.2016 (BStBl. I S. 85) unter Berücksichtigung der Änderungen durch BMF vom 20.4.2016 (BStBl. I S. 475), vom 16.6.2016 (BStBl. I S. 527), vom 3.5.2017 (BStBl. I S. 739), vom 19.12.2017 (BStBl. 2018 I S. 52), vom 12.4.2018 (BStBl. I S. 624), vom 17.1.2019 (BStBl. I S. 51), vom 10.5.2019 (BStBl. I S. 464) und vom 16.9.2019 (BStBl. I S. 889).[2]

Freistellungsauftrag. Muster des amtlich vorgeschriebenen Vordrucks → BMF vom 18.1.2016 (BStBl. I S. 85) unter Berücksichtigung der Änderungen durch BMF vom 12.4.2018 (BStBl. I S. 624), Rz. 257, Anlage 2.

Genossenschaften. Kapitalertragsteuer ist bei einer eingetragenen Genossenschaft auch dann zu erheben, wenn diese auf Dauer höher wäre als die gesamte festzusetzende Körperschaftsteuer, weil die Genossenschaft ihre Geschäftsüberschüsse an ihre Mitglieder rückvergütet (→ BFH vom 10.7.1996 – BStBl. 1997 II S. 38).

Insolvenz.

- Im Insolvenzverfahren über das Vermögen einer Personengesellschaft kann dem Insolvenzverwalter keine NV-Bescheinigung erteilt werden (→ BFH vom 9.11.1994 – BStBl. 1995 II S. 255).
- Der Kapitalertragsteuerabzug gem. § 43 Abs. 1 EStG ist auch bei dem Gläubiger von Kapitalerträgen vorzunehmen, der in Insolvenz gefallen ist und bei dem wegen hoher Verlustvorträge die Kapitalertragsteuer auf Dauer höher wäre als die gesamte festzusetzende Einkommensteuer (sog. Überzahler). Eine solche Überzahlung beruht nicht auf Grund der „Art seiner Geschäfte" i. S. v. § 44a Abs. 5 EStG. Bei einem solchen Gläubiger von Kapitalerträgen kann deshalb auch nicht aus Gründen sachlicher Billigkeit vom Kapitalertragsteuerabzug abgesehen werden (→ BFH vom 20.12.1995 – BStBl. 1996 II S. 199).

Kommunale Unternehmen. Der Kapitalertragsteuerabzug ist auch bei einem kommunalen Unternehmen (z. B. Abwasserentsorgungsunternehmen) vorzunehmen, bei dem diese auf Dauer höher als die gesamte festzusetzende Körperschaftsteuer ist (→ BFH vom 29.3.2000 – BStBl. II S. 496).

Sammel-Steuerbescheinigungen. Zur Anwendung der Sammel-Steuerbescheinigung nach § 44a Abs. 10 Satz 4 EStG → BMF vom 16.9.2013 (BStBl. I S. 1168).

Verlustvortrag/Verfassungsmäßigkeit. Kapitalertragsteuer ist auch dann zu erheben, wenn diese wegen hoher Verlustvorträge höher ist als die festzusetzende Einkommensteuer; § 44a Abs. 5 EStG ist verfassungsgemäß (→ BFH vom 20.12.1995 – BStBl. 1996 II S. 199).

---

[1] Zur Abstandnahme vom Kapitalertragsteuerabzug nach § 44a Abs. 10 Satz 1 Nr. 3, § 44a Abs. 7 EStG i. d. F. des G v. 11.12.2018, BGBl. I 2018, 2338, siehe auch BMF v. 17.12.2018, BStBl. I 2018, 1399.

[2] Erneut geänd. durch BMF v. 19.2.2021, BStBl. I 2021, 296, und v. 3.6.2021, BStBl. I 2021, 723.

Zu § 44b EStG[1]

R 44b.1 *Erstattung von Kapitalertragsteuer durch das BZSt nach den §§ 44b und 45b EStG*[1]

Liegen die Voraussetzungen für die Erstattung von Kapitalertragsteuer durch das BZSt nach den §§ 44b und 45b EStG vor, kann der Anteilseigner wählen, ob er die Erstattung im Rahmen
1. eines Einzelantrags (→ R 44b.2) oder
2. eines Sammelantragsverfahrens (→ R 45b)
beansprucht.

H 44b.1

Allgemeines. Einzelfragen zur Abgeltungsteuer → BMF vom 18.1.2016 (BStBl. I S. 85) unter Berücksichtigung der Änderungen durch BMF vom 20.4.2016 (BStBl. I S. 475), vom 16.6.2016 (BStBl. I S. 527), vom 3.5. 2017 (BStBl. I S. 739), vom 19.12.2017 (BStBl. 2018 I S. 52), vom 12.4. 2018 (BStBl. I S. 624), vom 17.1.2019 (BStBl. I S. 51), vom 10.5.2019 (BStBl. I S. 464) und vom 16.9.2019 (BStBl. I S. 889).[2]

Rückzahlung einer Dividende. Werden steuerpflichtige Kapitalerträge auf Grund einer tatsächlichen oder rechtlichen Verpflichtung in einem späteren Jahr zurückgezahlt, berührt die Rückzahlung den ursprünglichen Zufluss nicht. Eine Erstattung/Verrechnung der Kapitalertragsteuer, die von der ursprünglichen Dividende einbehalten und abgeführt worden ist, kommt deshalb nicht in Betracht (→ BFH vom 13.11.1985 – BStBl. 1986 II S. 193).

R 44b.2 *Einzelantrag beim BZSt (§ 44b EStG)*[1]

(1) Voraussetzungen für die Erstattung:

1. Dem auf amtlichem Vordruck zu stellenden Antrag ist das Original
– der vom zuständigen Wohnsitzfinanzamt ausgestellten Nichtveranlagungs-(NV-)Bescheinigung oder
– der Bescheinigung i. S. d. § 44a Abs. 5 EStG
beizufügen.

2. Der Anteilseigner weist die Höhe der Kapitalertragsteuer durch die Urschrift der Steuerbescheinigung oder durch eine als solche gekennzeichnete Ersatzbescheinigung eines inländischen Kreditinstituts nach (§ 45a Abs. 2 oder 3 EStG). [2]Wird für Ehegatten ein gemeinschaftliches Depot unterhalten, ist es unter den Voraussetzungen des § 26 EStG nicht zu beanstanden, wenn die Bescheinigung auf den Namen beider Ehegatten lautet.

(2) [1]Eine NV-Bescheinigung ist nicht zu erteilen, wenn der Anteilseigner voraussichtlich von Amts wegen oder auf Antrag zur Einkommensteuer veranlagt wird. [2]Das

---

[1] Erstattung von Kapitalertragsteuer durch das BZSt nach den §§ 44b Abs. 1 bis 4 und § 45b EStG a. F. ist letztmals für Kapitalerträge anzuwenden, die vor dem 1.1.2013 zugeflossen sind.

[2] Erneut geänd. durch BMF v. 19.2.2021, BStBl. I 2021, 296, und v. 3.6.2021, BStBl. I 2021, 723.

gilt auch, wenn die Veranlagung voraussichtlich nicht zur Festsetzung einer Steuer führt. [3] Im Falle der Eheschließung hat der Anteilseigner eine vorher auf seinen Namen ausgestellte NV-Bescheinigung an das Finanzamt auch dann zurückzugeben, wenn die Geltungsdauer noch nicht abgelaufen ist. [4] Das Finanzamt hat auf Antrag eine neue NV-Bescheinigung auszustellen, wenn anzunehmen ist, dass für den unbeschränkt steuerpflichtigen Anteilseigner und seinen Ehegatten auch nach der Eheschließung eine Veranlagung zur Einkommensteuer nicht in Betracht kommt; bei Veranlagung auf Antrag gilt Satz 1 entsprechend. [5] Für Kapitalerträge, die nach einem Erbfall zugeflossen sind, berechtigt eine auf den Namen des Erblassers ausgestellte NV-Bescheinigung nicht zur Erstattung der Kapitalertragsteuer an die Erben.

(3) Für die Erstattung von Kapitalertragsteuer bei Kapitalerträgen i. S. d. § 43 Abs. 1 Satz 1 Nr. 2 EStG gelten die Absätze 1 und 2 entsprechend.

Zu § 45a EStG

H 45a

Steuerbescheinigung.
- Zur Ausstellung von Steuerbescheinigungen für Kapitalerträge nach § 45a Absatz 2 und 3 EStG → BMF vom 15.12.2017 (BStBl. 2018 I S. 13) unter Berücksichtigung der Änderungen durch BMF vom 27.6.2018 (BStBl. I S. 805) und vom 11.11.2020 (BStBl. I S. 1134).[1)]
- Zur Ausstellung von Steuerbescheinigungen bei American Depository Receipts (ADRs) auf inländische Aktien und vergleichbaren Hinterlegungsscheinen, die Aktien vertreten → BMF vom 24.5.2013 (BStBl. I S. 718) unter Berücksichtigung der Änderungen durch BMF vom 18.12.2018 (BStBl. I S. 1400).

Zu § 45b EStG[2)]

R 45b. *Sammelantrag beim BZSt (§ 45b EStG)*

(1) [1] Der Anteilseigner muss den Sammelantragsteller zu seiner Vertretung bevollmächtigt haben. [2] Der Nachweis einer Vollmacht ist nur zu verlangen, wenn begründete Zweifel an der Vertretungsmacht bestehen. [3] Abweichend von § 80 Abs. 1 Satz 2 AO ermächtigt bei einem Sammelantrag auf Erstattung von Kapitalertragsteuer die für die Antragstellung erteilte Vollmacht auch zum Empfang der Steuererstattungen.

(2) Die Anweisungen in R 44b.2 Abs. 1 gelten für den Sammelantrag mit folgenden Abweichungen:

1. Beauftragt der Anteilseigner einen in § 45b EStG genannten Vertreter, einen Sammelantrag beim BZSt zu stellen, hat er dem Vertreter das Original der NV-Bescheinigung, des Freistellungsauftrags oder der Bescheinigung i. S. d. § 44a Abs. 5, Abs. 7 oder Abs. 8 EStG vorzulegen.

2. [1] In den Sammelantrag auf Erstattung von Kapitalertragsteuer dürfen auch Einnahmen einbezogen werden, für die der Anteilseigner die Ausstellung einer Jahressteuerbescheinigung beantragt hat, wenn der Vertreter des Anteilseigners versichert, dass

---

1) Geänd. durch BMF v. 18.12.2018, BStBl. I 2018, 1400, v. 18.2.2021, BStBl. I 2021, 295, sowie v. 13.4.2021, BStBl. I 2021, 686.

2) § 45b EStG aufgeh. durch AmtshilfeRLUmsG v. 26.6.2013, BGBl. I 2013, 1809, letztmals anzuwenden auf vor dem 1.1.2013 zugeflossene Kapitalerträge.

eine Steuerbescheinigung über zu erstattende Kapitalertragsteuer nicht erteilt worden ist. 2 Das Gleiche gilt für Einnahmen, für die dem Anteilseigner eine Steuerbescheinigung ausgestellt worden ist, wenn der Vertreter des Anteilseigners versichert, dass die Bescheinigung als ungültig gekennzeichnet oder nach den Angaben des Anteilseigners abhanden gekommen oder vernichtet ist.

(3) Für die Erstattung von Kapitalertragsteuer bei Kapitalerträgen i. S. d. § 43 Abs. 1 Satz 1 Nr. 2 EStG gelten die Absätze 1 und 2 entsprechend.

Zu § 46 EStG
(§ 70 EStDV)

R 46.1 Veranlagung nach § 46 Abs. 2 Nr. 2 EStG

§ 46 Abs. 2 Nr. 2 EStG gilt auch für die Fälle, in denen der Stpfl. rechtlich in nur einem Dienstverhältnis steht, die Bezüge aber von verschiedenen öffentlichen Kassen ausgezahlt und gesondert nach Maßgabe der jeweiligen *Lohnsteuerkarte*[1] dem Steuerabzug unterworfen worden sind.

R 46.2 Veranlagung nach § 46 Abs. 2 Nr. 8 EStG

(1) Die Vorschrift des § 46 Abs. 2 Nr. 8 EStG ist nur anwendbar, wenn der Arbeitnehmer nicht bereits nach den Vorschriften des § 46 Abs. 2 Nr. 1 bis 7 EStG zu veranlagen ist.

(2) Der Antrag ist innerhalb der allgemeinen Festsetzungsfrist von vier Jahren zu stellen.

(3) Sollen ausländische Verluste, die nach einem DBA bei der Ermittlung des z. v. E. (§ 2 Abs. 5 EStG) außer Ansatz geblieben sind, zur Anwendung des negativen Progressionsvorbehalts berücksichtigt werden, ist auf Antrag eine Veranlagung durchzuführen.

(4) 1 Hat ein Arbeitnehmer im VZ zeitweise nicht in einem Dienstverhältnis gestanden, so kann die Dauer der Nichtbeschäftigung z. B. durch eine entsprechende Bescheinigung der Agentur für Arbeit, wie einen Bewilligungsbescheid über das Arbeitslosengeld oder eine Bewilligung von Leistungen nach dem SGB III, belegt werden. 2 Kann ein Arbeitnehmer Zeiten der Nichtbeschäftigung durch geeignete Unterlagen nicht nachweisen oder in sonstiger Weise glaubhaft machen, ist dies kein Grund, die Antragsveranlagung nicht durchzuführen. 3 Ob und in welcher Höhe außer dem auf der Lohnsteuerbescheinigung ausgewiesenen Arbeitslohn weiterer Arbeitslohn zu berücksichtigen ist, hängt von dem im Einzelfall ermittelten Sachverhalt ab. 4 Für dessen Beurteilung gelten die Grundsätze der freien Beweiswürdigung.

H 46.2

Abtretung/Verpfändung.
– Zur Abtretung bzw. Verpfändung des Erstattungsanspruchs → § 46 AO sowie AEAO zu § 46,[2]

---

[1] **[Amtl. Anm.:]** Jetzt Lohnsteuerabzugsmerkmale.
[2] Nr. **800**.

– zum Entstehen des Erstattungsanspruchs → § 38 AO i. V. m. § 36 Abs. 1 EStG.

Anlaufhemmung. Eine Anlaufhemmung gem. § 170 Abs. 2 Satz 1 Nr. 1 AO kommt in den Fällen des § 46 Abs. 2 Nr. 8 EStG nicht in Betracht (→ BFH vom 14.4.2011 – BStBl. II S. 746).

Antrag auf Veranlagung. Kommt eine Veranlagung des Stpfl. nach § 46 Abs. 2 EStG nicht in Betracht, können auch Grundlagenbescheide nicht über die Änderungsnorm des § 175 Abs. 1 Satz 1 Nr. 1 AO zu einer solchen führen (→ BFH vom 9.2.2012 – BStBl. II S. 750).

Ermittlung der Summe der Einkünfte. Unter der „Summe der Einkünfte" i. S. d. § 46 Abs. 2 Nr. 1 EStG ist derjenige Saldo zu verstehen, der nach horizontaler und vertikaler Verrechnung der Einkünfte verbleibt. Versagt das Gesetz – wie in § 23 Abs. 3 Satz 8 EStG im Falle eines Verlustes aus privaten Veräußerungsgeschäften – die Verrechnung eines Verlustes aus einer Einkunftsart mit Gewinnen bzw. Überschüssen aus anderen Einkunftsarten, fließt dieser Verlust nicht in die „Summe der Einkünfte" ein (→ BFH vom 26.3.2013 – BStBl. II S. 631).

Pfändung des Erstattungsanspruchs aus der Antragsveranlagung. → § 46 AO sowie AEAO zu § 46.[1]

Rechtswirksamer Antrag.[2] Ein Antrag auf Veranlagung zur Einkommensteuer ist nur dann rechtswirksam gestellt, wenn der amtlich vorgeschriebene Vordruck verwendet wird, dieser innerhalb der allgemeinen Festsetzungsfrist beim Finanzamt eingeht und bis dahin auch vom Arbeitnehmer eigenhändig unterschrieben ist (→ BFH vom 10.10.1986 – BStBl. 1987 II S. 77). Eine Einkommensteuererklärung ist auch dann „nach amtlich vorgeschriebenem Vordruck" abgegeben, wenn ein – auch einseitig – privat gedruckter oder fotokopierter Vordruck verwendet wird, der dem amtlichen Muster entspricht (→ BFH vom 22.5.2006 – BStBl. 2007 II S. 2).

Schätzungsbescheid. Für die Durchführung des Veranlagungsverfahrens bedarf es keines Antrags des Stpfl., wenn das Finanzamt das Veranlagungsverfahren von sich aus bereits durchgeführt und einen Schätzungsbescheid unter dem Vorbehalt der Nachprüfung erlassen hat. Dies gilt jedenfalls dann, wenn bei Erlass des Steuerbescheids aus der insoweit maßgeblichen Sicht des Finanzamts die Voraussetzungen für eine Veranlagung von Amts wegen vorlagen (→ BFH vom 22.5.2006 – BStBl. II S. 912).

R 46.3 Härteausgleich *(unbesetzt)*

H 46.3

Abhängigkeit der Veranlagung vom Härteausgleich. Eine Veranlagung ist unabhängig vom Härteausgleich nach § 46 Abs. 3 EStG durchzuführen, auch wenn dieser im Ergebnis zu einem Betrag unter 410 Euro führt (→ BFH vom 2.12.1971 – BStBl. 1972 II S. 278).

---

[1] Nr. **800**.

[2] Zum Antragsrecht des Pfändungsgläubigers siehe BFH v. 18.8.1998 VII R 114/97, BStBl. II 1999, 84, und v. 29.2.2000 VII R 109/98, BStBl. II 2000, 573.

Allgemeines. Bestehen die einkommensteuerpflichtigen Einkünfte, die nicht der Lohnsteuer zu unterwerfen waren, sowohl aus positiven Einkünften als auch aus negativen Einkünften (Verlusten), so wird ein Härteausgleich nur gewährt, wenn die Summe dieser Einkünfte abzüglich der darauf entfallenden Beträge nach § 13 Abs. 3 und § 24a EStG einen positiven Einkunftsbetrag von nicht mehr als 410 Euro bzw. 820 Euro ergibt. Das gilt auch in den Fällen der Zusammenveranlagung von Ehegatten, in denen der eine Ehegatte positive und der andere Ehegatte negative Einkünfte, die nicht der Lohnsteuer zu unterwerfen waren, bezogen hat, und im Falle der Veranlagung nach § 46 Abs. 2 Nr. 4 EStG (→ BFH vom 24.4.1961 – BStBl. III S. 310).

Beispiel:

Ein Arbeitnehmer, der im Jahr 2005 das 65. Lebensjahr vollendet hatte und für den Lohnsteuerabzugsmerkmale nach § 39 Abs. 4 i. V. m. § 39a Abs. 1 Satz 1 Nr. 5 EStG (einschl. Freibetrag) gebildet wurden, hat neben seinen Einkünften aus nichtselbständiger Arbeit (Ruhegeld) in 2020 folgende Einkünfte bezogen:

Gewinn aus Land- und Forstwirtschaft		2000 €
Verlust aus Vermietung und Verpachtung		– 300 €
positive Summe dieser Einkünfte		1700 €
Prüfung des Veranlagungsgrundes nach § 46 Abs. 2 Nr. 1 EStG:		
Summe der einkommensteuerpflichtigen Einkünfte, die nicht dem Steuerabzug vom Arbeitslohn unterlagen		1700 €
Abzug nach § 13 Abs. 3 EStG	900 €	
Altersentlastungsbetrag nach § 24a EStG (40 % aus 1700 € =)	+ 680 €	– 1580 €
		120 €

Die Voraussetzungen nach § 46 Abs. 2 Nr. 1 EStG sind nicht gegeben; der Arbeitnehmer ist nach § 46 Abs. 2 Nr. 4 EStG zu veranlagen.

Härteausgleich nach § 46 Abs. 3 EStG:	
Betrag der einkommensteuerpflichtigen (Neben-)Einkünfte	1700 €
Abzug nach § 13 Abs. 3 EStG	– 900 €
Altersentlastungsbetrag nach § 24a EStG	– 680 €
Vom Einkommen abziehbarer Betrag	120 €

Anwendung der §§ 34, 34b und 34c EStG. Würden Einkünfte, die nicht der Lohnsteuer zu unterwerfen waren, auf Grund eines Härteausgleichsbetrags in gleicher Höhe unversteuert bleiben, ist für die Anwendung dieser Ermäßigungsvorschriften kein Raum (→ BFH vom 29.5.1963 – BStBl. III S. 379 und vom 2.12.1971 – BStBl. 1972 II S. 278).

Lohnersatzleistung. Der Härteausgleich nach § 46 Abs. 3 EStG ist nicht auf dem Progressionsvorbehalt unterliegende Lohnersatzleistungen anzuwenden (→ BFH vom 5.5.1994 – BStBl. II S. 654).

Zu § 48 EStG

H 48

Bauwerke. Bauwerke i. S. d. § 48 Abs. 1 Satz 3 EStG sind insbesondere nicht auf Gebäude oder unbewegliche Wirtschaftsgüter beschränkt, sondern kommen auch bei Scheinbestandteilen, Betriebsvorrichtungen und technischen Anlagen in Betracht. Zur Errichtung von Freiland-Photovoltaikanlagen → BFH vom 7.11.2019 (BStBl. 2020 II S. 552).

Steuerabzug bei Bauleistungen. → BMF vom 27.12.2002 (BStBl. I S. 1399) unter Berücksichtigung der Änderungen durch BMF vom 4.9. 2003 (BStBl. I S. 431).

Zu § 49 EStG

R 49.1 Beschränkte Steuerpflicht bei Einkünften aus Gewerbebetrieb

(1) [1]Einkünfte aus Gewerbebetrieb unterliegen nach § 49 Abs. 1 Nr. 2 Buchstabe a EStG auch dann der beschränkten Steuerpflicht, wenn im Inland keine Betriebsstätte unterhalten wird, sondern nur ein ständiger Vertreter für den Gewerbebetrieb bestellt ist (§ 13 AO). [2]Ist der ständige Vertreter ein Kommissionär oder Makler, der Geschäftsbeziehungen für das ausländische Unternehmen im Rahmen seiner ordentlichen Geschäftstätigkeit unterhält, und ist die Besteuerung des ausländischen Unternehmens nicht durch ein DBA geregelt, sind die Einkünfte des ausländischen Unternehmens insoweit nicht der Besteuerung zu unterwerfen. [3]Das gilt auch, wenn der ständige Vertreter ein Handelsvertreter (§ 84 HGB) ist, der weder eine allgemeine Vollmacht zu Vertragsverhandlungen und Vertragsabschlüssen für das ausländische Unternehmen besitzt noch über ein Warenlager dieses Unternehmens verfügt, von dem er regelmäßig Bestellungen für das Unternehmen ausführt.

(2) [1]Auf Einkünfte, die ein beschränkt Stpfl. durch den Betrieb eigener oder gecharterter Schiffe oder Luftfahrzeuge aus einem Unternehmen bezieht, dessen Geschäftsleitung sich in einem ausländischen Staat befindet, sind die Sätze 2 und 3 des Absatzes 1 nicht anzuwenden. [2]Einkünfte aus Gewerbebetrieb, die ein Unternehmen im Rahmen einer internationalen Betriebsgemeinschaft oder eines Pool-Abkommens erzielt, unterliegen nach § 49 Abs. 1 Nr. 2 Buchstabe c EStG der beschränkten Steuerpflicht auch, wenn das die Beförderung durchführende Unternehmen mit Sitz oder Geschäftsleitung im Inland nicht als ständiger Vertreter des ausländischen Beteiligten anzusehen ist.

(3) Bei gewerblichen Einkünften, die durch im Inland ausgeübte oder verwertete künstlerische, sportliche, artistische, unterhaltende oder ähnliche Darbietungen erzielt werden, kommt es für die Begründung der beschränkten Steuerpflicht nicht darauf an, ob im Inland eine Betriebsstätte unterhalten wird oder ein ständiger Vertreter bestellt worden ist und ob die Einnahmen dem Darbietenden, dem die Darbietung Verwertenden oder einem Dritten zufließen.

(4) [1]Hat der Stpfl. im Falle des § 49 Abs. 1 Nr. 2 Buchstabe e EStG wegen Verlegung des Wohnsitzes in das Ausland den Vermögenszuwachs der Beteiligung i. S. d. § 17 Abs. 1 Satz 1 EStG nach § 6 AStG[1)] versteuert, ist dieser Vermögenszuwachs vom tatsächlich erzielten Veräußerungsgewinn abzusetzen (§ 6 Abs. 1 Satz 5 AStG). [2]Ein sich dabei ergebender Verlust ist bei der Ermittlung der Summe der zu veranlagenden inländischen Einkünfte auszugleichen.

---

1) **Steuergesetze** Nr. **725**.

H 49.1

Anteilsveräußerung mit Verlust nach Wegzug ins EU-/EWR-Ausland. → § 6 Abs. 6 AStG.[1]

Beschränkt steuerpflichtige inländische Einkünfte aus Gewerbebetrieb bei Verpachtung liegen vor, solange der Verpächter für seinen Gewerbebetrieb im Inland einen ständigen Vertreter, gegebenenfalls den Pächter seines Betriebs, bestellt hat und während dieser Zeit weder eine Betriebsaufgabe erklärt noch den Betrieb veräußert (→ BFH vom 13.11.1963 – BStBl. 1964 III S. 124 und vom 12.4.1978 – BStBl. II S. 494).

Besteuerung beschränkt steuerpflichtiger Einkünfte nach § 50a EStG.
- → BMF vom 25.11.2010 (BStBl. I S. 1350).
- → R 49.1 Abs. 3.

Grenzüberschreitende Überlassung von Software und Datenbanken. → BMF vom 27.10.2017 (BStBl. I S. 1448).

Nachträgliche Einkünfte aus Gewerbebetrieb im Zusammenhang mit einer inländischen Betriebsstätte. → H 34d sinngemäß.

Rechte, die in ein inländisches Register eingetragen sind. → BMF vom 6.11.2020 (BStBl. I S. 1060).[2]

Schiff- und Luftfahrt.
- Pauschalierung der Einkünfte → § 49 Abs. 3 EStG.
- Steuerfreiheit der Einkünfte bei Gegenseitigkeit mit ausländischem Staat → § 49 Abs. 4 EStG.
- → BMF vom 17.1.2019 (BStBl. I S. 31)[3] mit Verzeichnis der Staaten, die eine dem § 49 Abs. 4 EStG entsprechende Steuerbefreiung gewähren; Gegenseitigkeit wird erforderlichenfalls vom BMF festgestellt.

Ständiger Vertreter kann auch ein inländischer Gewerbetreibender sein, der die Tätigkeit im Rahmen eines eigenen Gewerbebetriebs ausübt (→ BFH vom 28.6.1972 – BStBl. II S. 785).

Veräußerung von Dividendenansprüchen. Zur Veräußerung von Dividendenansprüchen durch Steuerausländer an Dritte → BMF vom 26.7.2013 (BStBl. I S. 939).

Zweifelsfragen zur Besteuerung der Einkünfte aus Vermietung und Verpachtung. Zur Vermietung und Verpachtung gem. § 49 Abs. 1 Nr. 2 Buchstabe f Doppelbuchstabe aa EStG → BMF vom 16.5.2011 (BStBl. I S. 530).

R 49.2 Beschränkte Steuerpflicht bei Einkünften aus selbständiger Arbeit

[1]Zur Ausübung einer selbständigen Tätigkeit gehört z. B. die inländische Vortragstätigkeit durch eine im Ausland ansässige Person. [2]Eine Verwertung

---

1) **Steuergesetze** Nr. **725**.

2) Ergänzend siehe BMF v. 11.2.2021, BStBl. I 2021, 301, und v. 14.7.2021, BStBl. I 2021, 1005.

3) Stand 1.1.2020 BMF v. 15.1.2020, BStBl. I 2020, 162; Stand 1.1.2021 BMF v. 18.2.2021, BStBl. I 2021, 265 (abgedruckt in **Doppelbesteuerungsabkommen** DBA-Allgemein 0.1).

einer selbständigen Tätigkeit im Inland liegt z. B. vor, wenn ein beschränkt steuerpflichtiger Erfinder sein Patent einem inländischen Betrieb überlässt oder wenn ein beschränkt steuerpflichtiger Schriftsteller sein Urheberrecht an einem Werk auf ein inländisches Unternehmen überträgt.[1)]

H 49.2

Ausüben einer selbständigen Tätigkeit setzt das persönliche Tätigwerden im Inland voraus (→ BFH vom 12.11.1986 – BStBl. 1987 II S. 372).

Beschränkt steuerpflichtige inländische Einkünfte eines im Ausland ansässigen Textdichters.
– → BFH vom 28.2.1973 (BStBl. II S. 660).
– → BFH vom 20.7.1988 (BStBl. 1989 II S. 87).

R 49.3 Bedeutung der Besteuerungsmerkmale im Ausland bei beschränkter Steuerpflicht[2)]

(1) [1]Nach § 49 Abs. 2 EStG sind bei der Feststellung, ob inländische Einkünfte i. S. d. beschränkten Steuerpflicht vorliegen, die im Ausland gegebenen Besteuerungsmerkmale insoweit außer Betracht zu lassen, als bei ihrer Berücksichtigung steuerpflichtige inländische Einkünfte nicht angenommen werden könnten (isolierende Betrachtungsweise). [2]Danach unterliegen z. B. Einkünfte, die unter den Voraussetzungen des § 17 EStG aus der Veräußerung des Anteiles an einer Kapitalgesellschaft erzielt werden, auch dann der beschränkten Steuerpflicht (§ 49 Abs. 1 Nr. 2 Buchstabe e EStG), wenn der Anteil in einem ausländischen Betriebsvermögen gehalten wird.

(2) Vergütungen für die Überlassung der Nutzung oder des Rechts auf Nutzung von gewerblichem Know-how, die weder Betriebseinnahmen eines inländischen Betriebs sind noch zu den Einkünften i. S. d. § 49 Abs. 1 Nr. 1 bis 8 EStG gehören, sind als sonstige Einkünfte i. S. d. § 49 Abs. 1 Nr. 9 EStG beschränkt steuerpflichtig.

(3) [1]Wird für verschiedenartige Leistungen eine einheitliche Vergütung gewährt, z. B. für Leistungen i. S. d. § 49 Abs. 1 Nr. 3 oder 9 EStG, ist die Vergütung nach dem Verhältnis der einzelnen Leistungen aufzuteilen. [2]Ist eine Trennung nicht ohne besondere Schwierigkeit möglich, kann die Gesamtvergütung zur Vereinfachung den sonstigen Einkünften i. S. d. § 49 Abs. 1 Nr. 9 EStG zugeordnet werden.

H 49.4

Einkünfte aus inländischen öffentlichen Kassen. → BMF vom 13.11. 2019 (BStBl. I S. 1082).

---

1) Siehe BFH v. 5.11.1992 I R 41/92, BStBl. II 1993, 407.

2) Siehe aber BFH v. 7.11.2001 I R 14/01, BStBl. II 2002, 861, und BMF v. 25.11.2010, BStBl. I 2010, 1350.

Zu § 50 EStG

R **50**. Bemessungsgrundlage für die Einkommensteuer und Steuerermäßigung für ausländische Steuern

[1] § 50 Abs. 3 EStG ist auch im Verhältnis zu Staaten anzuwenden, mit denen ein DBA besteht. [2] Es ist in diesem Fall grundsätzlich davon auszugehen, dass Ertragsteuern, für die das DBA gilt, der deutschen Einkommensteuer entsprechen. [3] Bei der Ermittlung des Höchstbetrags für Zwecke der Steueranrechnung (→ R 34c) sind in die S. d. E. nur die Einkünfte einzubeziehen, die im Wege der Veranlagung besteuert werden.

H **50**

Anwendung des § 50 Abs. 5 Satz 2 Nr. 2 EStG (jetzt § 50 Abs. 2 Satz 2 Nr. 4 EStG i. d. F. des JStG 2009). → BMF vom 30.12.1996 (BStBl. I S. 1506).

Anwendung des § 50 Abs. 3 EStG. → R 34c gilt entsprechend.

Ausländische Kulturvereinigungen.
- Zu Billigkeitsmaßnahmen nach § 50 Abs. 7 EStG (jetzt § 50 Abs. 4 EStG) bei ausländischen Kulturvereinigungen → BMF vom 20.7.1983 (BStBl. I S. 382) – sog. Kulturorchestererlass – und BMF vom 30.5.1995 (BStBl. I S. 336).
- Als „solistisch besetztes Ensemble" i. S. d. Tz. 4 des sog. Kulturorchestererlasses ist eine Formation jedenfalls dann anzusehen, wenn bei den einzelnen Veranstaltungen nicht mehr als fünf Mitglieder auftreten und die ihnen abverlangte künstlerische Gestaltungshöhe mit derjenigen eines Solisten vergleichbar ist (→ BFH vom 7.3.2007 – BStBl. 2008 II S. 186).

Berufsständische Versorgungseinrichtungen. Zum Sonderausgabenabzug bei beschränkt Stpfl. für Pflichtbeiträge an berufsständische Versorgungseinrichtungen (§ 10 Abs. 1 Nr. 2 Buchstabe a, § 50 Abs. 1 Satz 3 EStG) → BMF vom 26.6.2019 (BStBl. I S. 624).

Europäische Vereinswettbewerbe von Mannschaftssportarten. → BMF vom 20.3.2008 (BStBl. I S. 538).

Wechsel zwischen beschränkter und unbeschränkter Steuerpflicht. → § 2 Abs. 7 Satz 3 EStG.

Zu § 50a EStG

(§§ 73a bis 73g EStDV)

R **50a.1** Steuerabzug bei Lizenzgebühren, Vergütungen für die Nutzung von Urheberrechten und bei Veräußerungen von Schutzrechten usw.

[1] Lizenzgebühren für die Verwertung gewerblicher Schutzrechte und Vergütungen für die Nutzung von Urheberrechten, deren Empfänger im Inland weder einen Wohnsitz noch ihren gewöhnlichen Aufenthalt haben, unterliegen nach § 49 Abs. 1 Nr. 2 Buchstabe f Doppelbuchstabe aa bzw. Nr. 6 EStG der beschränkten Steuerpflicht, wenn die Patente in die deutsche Patentrolle eingetragen sind oder wenn die gewerblichen Erfindungen oder Urheberrechte

in einer inländischen Betriebsstätte oder in einer anderen Einrichtung verwertet werden. [2] Als andere Einrichtungen sind öffentlich-rechtliche Rundfunkanstalten anzusehen, soweit sie sich in dem durch Gesetz oder Staatsvertrag bestimmten Rahmen mit der Weitergabe von Informationen in Wort und Bild beschäftigen und damit hoheitliche Aufgaben wahrnehmen, so dass sie nicht der Körperschaftsteuer unterliegen und damit auch keine Betriebsstätte begründen. [3] In den übrigen Fällen ergibt sich die beschränkte Steuerpflicht für Lizenzgebühren aus § 49 Abs. 1 Nr. 2 Buchstabe a oder Nr. 9 EStG. [4] Dem Steuerabzug unterliegen auch Lizenzgebühren, die den Einkünften aus selbständiger Arbeit zuzurechnen sind (§ 49 Abs. 1 Nr. 3 EStG).

H 50a.1

Kundenadressen. Einkünfte aus der Überlassung von Kundenadressen zur Nutzung im Inland fallen auch dann nicht gem. § 49 Abs. 1 Nr. 9 EStG unter die beschränkte Steuerpflicht, wenn die Adressen vom ausländischen Überlassenden nach Informationen über das Konsumverhalten der betreffenden Kunden selektiert wurden. Es handelt sich nicht um die Nutzungsüberlassung von Know-how, sondern von Datenbeständen (→ BFH vom 13.11.2002 – BStBl. 2003 II S. 249).

Rechteüberlassung.

- Die entgeltliche Überlassung eines Rechts führt zu inländischen Einkünften, wenn die Rechteverwertung Teil einer gewerblichen oder selbständigen Tätigkeit im Inland (§ 49 Abs. 1 Nr. 2 Buchstabe a oder Nr. 3 EStG) ist oder die Überlassung zeitlich begrenzt zum Zwecke der Verwertung in einer inländischen Betriebsstätte oder anderen inländischen Einrichtung erfolgt (§ 49 Abs. 1 Nr. 6 EStG). Dies gilt auch dann, wenn das Recht vom originären beschränkt steuerpflichtigen Inhaber selbst überlassen wird, wie z.B. bei der Überlassung der Persönlichkeitsrechte eines Sportlers durch diesen selbst im Rahmen einer Werbekampagne (→ BMF vom 2.8.2005 – BStBl. I S. 844).
- Zu einem ausnahmsweise möglichen Betriebsausgaben- und Werbungskostenabzug → BMF vom 17.6.2014 (BStBl. I S. 887).
- Zur grenzüberschreitenden Überlassung von Software und Datenbanken → BMF vom 27.10.2017 (BStBl. I S. 1448).
- Kein Steuerabzug nach § 50a Abs. 1 Nr. 3 EStG bei Vergütungen für die Platzierung oder Vermittlung von Onlinewerbung → BMF vom 3.4.2019 (BStBl. I S. 256).
- Zur Überlassung von in inländischen Registern eingetragenen Rechten → BMF vom 6.11.2020 (BStBl. I S. 1060).[1]

Spezialwissen. Auch ein rechtlich nicht geschütztes technisches Spezialwissen, wie es in § 49 Abs. 1 Nr. 9 EStG aufgeführt ist, kann wie eine Erfindung zu behandeln sein, wenn sein Wert etwa dadurch greifbar ist, dass es in Lizenzverträgen zur Nutzung weitergegeben werden kann (→ BFH vom 26.10.2004 – BStBl. 2005 II S. 167).

[1] Ergänzend siehe BMF v. 11.2.2021, BStBl. I 2021, 301, und v. 14.7.2021, BStBl. I 2021, 1005.

20. Lohnsteuer-Richtlinien 2015/2021 (LStR 2015/2021)

Allgemeine Verwaltungsvorschrift zum Steuerabzug vom Arbeitslohn

Vom 10.12.2007 (BStBl. I Sondernummer 1)
in der Fassung der LStÄR 2011 vom 23.11.2010 (BStBl. I 2010, 1325), der LStÄR 2013 vom 8. Juli 2013 (BStBl. I S. 851), der LStÄR 2015 vom 22. Oktober 2014 (BStBl. I S. 1344) und der LStÄR 2021 (BStBl. I 2021, 776)[1)]

Mit den Lohnsteuer-Hinweisen 2021

Nach Artikel 108 Abs. 7 des Grundgesetzes wird folgende Allgemeine Verwaltungsvorschrift erlassen:

Inhaltsverzeichnis

1) Die LStÄR 2021 enthalten nur die Änderungen von R 3.12 Abs. 3 und Abs. 5 LStR.

Unterstützungen an Arbeitnehmer im privaten Dienst

(2)[1] [1]Unterstützungen, die von privaten Arbeitgebern an einzelne Arbeitnehmer gezahlt werden, sind steuerfrei, wenn die Unterstützungen dem Anlass nach gerechtfertigt sind, z.B. in Krankheits- und Unglücksfällen. [2]Voraussetzung für die Steuerfreiheit ist, dass die Unterstützungen

1. aus einer mit eigenen Mitteln des Arbeitgebers geschaffenen, aber von ihm unabhängigen und mit ausreichender Selbständigkeit ausgestatteten Einrichtung gewährt werden. [2]Das gilt nicht nur für bürgerlich-rechtlich selbständige Unterstützungskassen, sondern auch für steuerlich selbständige Unterstützungskassen ohne bürgerlich-rechtliche Rechtspersönlichkeit, auf deren Verwaltung der Arbeitgeber keinen maßgebenden Einfluss hat;
2. aus Beträgen gezahlt werden, die der Arbeitgeber dem Betriebsrat oder sonstigen Vertretern der Arbeitnehmer zu dem Zweck überweist, aus diesen Beträgen Unterstützungen an die Arbeitnehmer ohne maßgebenden Einfluss des Arbeitgebers zu gewähren;
3. vom Arbeitgeber selbst erst nach Anhörung des Betriebsrats oder sonstiger Vertreter der Arbeitnehmer gewährt oder nach einheitlichen Grundsätzen bewilligt werden, denen der Betriebsrat oder sonstige Vertreter der Arbeitnehmer zugestimmt haben.

[3]Die Voraussetzungen des Satzes 2 Nr. 1 bis 3 brauchen nicht vorzuliegen, wenn der Betrieb weniger als fünf Arbeitnehmer beschäftigt. [4]Die Unterstützungen sind bis zu einem Betrag von 600 Euro je Kalenderjahr steuerfrei. [5]Der 600 Euro übersteigende Betrag gehört nur dann nicht zum steuerpflichtigen Arbeitslohn, wenn er aus Anlass eines besonderen Notfalls gewährt wird. [6]Bei der Beurteilung, ob ein solcher Notfall vorliegt, sind auch die Einkommensverhältnisse und der Familienstand des Arbeitnehmers zu berücksichtigen; drohende oder bereits eingetretene Arbeitslosigkeit begründet für sich keinen besonderen Notfall im Sinne dieser Vorschrift. [7]Steuerfrei sind auch Leistungen des Arbeitgebers zur Aufrechterhaltung und Erfüllung eines Beihilfeanspruchs nach beamtenrechtlichen Vorschriften sowie zum Ausgleich von Beihilfeaufwendungen früherer Arbeitgeber im Falle der Beurlaubung oder Gestellung von Arbeitnehmern oder des Übergangs des öffentlich-rechtlichen Dienstverhältnisses auf den privaten Arbeitgeber, wenn Versicherungsfreiheit in der gesetzlichen Krankenversicherung nach § 6 Abs. 1 Nr. 2 SGB V[2] besteht.

H 3.11

Beamte bei Postunternehmen. → § 3 Nr. 35 EStG.

Beihilfen aus öffentlichen Haushalten. Für nicht nach R 3.11 Abs. 1 Nr. 3 oder 4 steuerfreie Beihilfen kann eine Steuerfreiheit in Betracht kommen, soweit die Mittel aus einem öffentlichen Haushalt stammen und über die Gelder nur nach Maßgabe der haushaltsrechtlichen Vorschriften

[1] Zur Steuerbefreiung für Beihilfen und Unterstützungen nach § 3 Nr. 11a EStG für Arbeitnehmer in der Corona-Krise siehe BMF v. 26.10.2020, BStBl. I 2020, 1227; § 3 Nr. 11a EStG Anwendung verlängert bis 31.3.2022 durch G v. 2.6.2021, BGBl. I 2021, 1259.

[2] **Aichberger SGB** Nr. **5**.

des öffentlichen Rechts verfügt werden kann und ihre Verwendung einer gesetzlich geregelten Kontrolle unterliegt (→ BFH vom 15.11.1983 – BStBl. 1984 II S. 113); ist das Verhältnis der öffentlichen Mittel zu den Gesamtkosten im Zeitpunkt des Lohnsteuerabzugs nicht bekannt, so muss das Verhältnis ggf. geschätzt werden.

Beihilfen von einem Dritten gehören regelmäßig zum steuerpflichtigen Arbeitslohn, wenn dies durch eine ausreichende Beziehung zwischen dem Arbeitgeber und dem Dritten gerechtfertigt ist (→ BFH vom 27.1.1961 – BStBl. III S. 167).

Erholungsbeihilfen und andere Beihilfen gehören grundsätzlich zum steuerpflichtigen Arbeitslohn, soweit sie nicht ausnahmsweise als Unterstützungen anzuerkennen sind (→ BFH vom 14.1.1954 – BStBl. III S. 86, vom 4.2.1954 – BStBl. III S. 111, vom 5.7.1957 – BStBl. III S. 279 und vom 18.3.1960 – BStBl. III S. 237).

Öffentliche Kassen. Öffentliche Kassen sind die Kassen der inländischen juristischen Personen des öffentlichen Rechts und solche Kassen, die einer Dienstaufsicht und Prüfung der Finanzgebarung durch die inländische öffentliche Hand unterliegen (→ BFH vom 7.8.1986 – BStBl. II S. 848). Zu den öffentlichen Kassen gehören danach neben den Kassen des Bundes, der Länder und der Gemeinden insbesondere auch die Kassen der öffentlich-rechtlichen Religionsgemeinschaften, die Ortskrankenkassen, Landwirtschaftliche Krankenkassen, Innungskrankenkassen und Ersatzkassen sowie die Kassen des Bundeseisenbahnvermögens, der Deutschen Bundesbank, der öffentlich-rechtlichen Rundfunkanstalten, der Berufsgenossenschaften, Gemeindeunfallversicherungsverbände, der Deutschen Rentenversicherung (Bund, Knappschaft-Bahn-See, Regionalträger) und die Unterstützungskassen der Postunternehmen sowie deren Nachfolgeunternehmen → § 3 Nr. 35 EStG.

Öffentliche Stiftung. → H 3.11 EStH.[1]

Steuerfreiheit nach § 3 Nr. 11 EStG.

- Voraussetzung ist eine offene Verausgabung nach Maßgabe der haushaltsrechtlichen Vorschriften und unter gesetzlicher Kontrolle (→ BFH vom 9.4.1975 – BStBl. II S. 577 und vom 15.11.1983 – BStBl. 1984 II S. 113).
- Empfänger einer steuerfreien Beihilfe können nur Personen sein, denen sie im Hinblick auf den Zweck der Leistung bewilligt worden ist (→ BFH vom 19.6.1997 – BStBl. II S. 652).
- Zu den steuerfreien Erziehungs- und Ausbildungsbeihilfen gehören die Leistungen nach dem BAföG sowie die Ausbildungszuschüsse nach § 5 Abs. 4 SVG.
- Zu den steuerfreien Erziehungs- und Ausbildungsbeihilfen gehören **nicht** die Unterhaltszuschüsse an Beamte im Vorbereitungsdienst – Beamtenanwärter (→ BFH vom 12.8.1983 – BStBl. II S. 718), die zur Sicherstellung von Nachwuchskräften gezahlten Studienbeihilfen und die für die

[1] Nr. 1.

Fertigung einer Habilitationsschrift gewährten Beihilfen (→ BFH vom 4.5.1972 – BStBl. II S. 566).

Stipendien. → R 3.44 EStR, H 3.44 EStH.[1)]

R 3.12 Aufwandsentschädigungen aus öffentlichen Kassen (§ 3 Nr. 12 Satz 2 EStG)

(1) [1] Öffentliche Dienste leisten grundsätzlich alle Personen, die im Dienst einer juristischen Person des öffentlichen Rechts stehen und hoheitliche (einschl. schlichter Hoheitsverwaltung) Aufgaben ausüben, die nicht der Daseinsvorsorge zuzurechnen sind. [2] Keine öffentlichen Dienste im Sinne dieser Vorschrift leisten hingegen Personen, die in der fiskalischen Verwaltung tätig sind.

(2) [1] Voraussetzung für die Anerkennung als steuerfreie Aufwandsentschädigung nach § 3 Nr. 12 Satz 2 EStG ist, dass die gezahlten Beträge dazu bestimmt sind, Aufwendungen abzugelten, die steuerlich als Werbungskosten oder Betriebsausgaben abziehbar wären. [2] Eine steuerfreie Aufwandsentschädigung liegt deshalb insoweit nicht vor, als die Entschädigung für Verdienstausfall oder Zeitverlust oder zur Abgeltung eines Haftungsrisikos gezahlt wird oder dem Empfänger ein abziehbarer Aufwand nicht oder offenbar nicht in Höhe der gewährten Entschädigung erwächst. [3] Das Finanzamt hat das Recht und die Pflicht zu prüfen, ob die als Aufwandsentschädigung gezahlten Beträge tatsächlich zur Bestreitung eines abziehbaren Aufwands erforderlich sind. [4] Dabei ist nicht erforderlich, dass der Steuerpflichtige alle seine dienstlichen Aufwendungen bis ins kleinste nachweist. [5] Entscheidend ist auch nicht, welche Aufwendungen einem einzelnen Steuerpflichtigen in einem einzelnen Jahr tatsächlich erwachsen sind, sondern ob Personen in gleicher dienstlicher Stellung im Durchschnitt der Jahre abziehbare Aufwendungen etwa in Höhe der Aufwandsentschädigung erwachsen. [6] Eine Nachprüfung ist nur geboten, wenn dazu ein Anlass von einigem Gewicht besteht. [7] Werden im kommunalen Bereich ehrenamtlich tätigen Personen Bezüge unter der Bezeichnung Aufwandsentschädigung gezahlt, so sind sie nicht nach § 3 Nr. 12 Satz 2 EStG steuerfrei, soweit sie auch den Aufwand an Zeit und Arbeitsleistung sowie den entgangenen Arbeitsverdienst und das Haftungsrisiko abgelten oder den abziehbaren Aufwand offensichtlich übersteigen.

(3) [1] Zur Erleichterung der Feststellung, inwieweit es sich in den Fällen des § 3 Nr. 12 Satz 2 EStG um eine steuerfreie Aufwandsentschädigung handelt, ist wie folgt zu verfahren:

[2] Sind die Anspruchsberechtigten und der Betrag oder auch ein Höchstbetrag der aus einer öffentlichen Kasse gewährten Aufwandsentschädigung durch Gesetz oder Rechtsverordnung bestimmt, so ist die Aufwandsentschädigung

1. bei hauptamtlich tätigen Personen in voller Höhe steuerfrei,
2. bei ehrenamtlich tätigen Personen in Höhe von $^1/_3$ der gewährten Aufwandsentschädigung, mindestens 250 Euro[2)] monatlich steuerfrei.

[3] Sind die Anspruchsberechtigten und der Betrag oder auch ein Höchstbetrag nicht durch Gesetz oder Rechtsverordnung bestimmt, so kann bei hauptamt-

---

1) Nr. **1**.
2) Erhöhung auf **250 €** durch LStÄR 2021 mWv 1.1.2021.

lich und ehrenamtlich tätigen Personen in der Regel ohne weiteren Nachweis ein steuerlich anzuerkennender Aufwand von 250 Euro[1] monatlich angenommen werden. [4]Ist die Aufwandsentschädigung niedriger als 250 Euro[1] monatlich, so bleibt nur der tatsächlich geleistete Betrag steuerfrei. [5]Bei Personen, die für mehrere Körperschaften des öffentlichen Rechts tätig sind, sind die steuerfreien monatlichen Mindest- und Höchstbeträge auf die Entschädigung zu beziehen, die von der einzelnen öffentlich-rechtlichen Körperschaft an diese Personen gezahlt wird. [6]Aufwandsentschädigungen für mehrere Tätigkeiten bei einer Körperschaft sind für die Anwendung der Mindest- und Höchstbeträge zusammenzurechnen. [7]Bei einer gelegentlichen ehrenamtlichen Tätigkeit sind die steuerfreien monatlichen Mindest- und Höchstbeträge nicht auf einen weniger als einen Monat dauernden Zeitraum der ehrenamtlichen Tätigkeit umzurechnen. [8]Soweit der steuerfreie Monatsbetrag von 250 Euro[1] nicht ausgeschöpft wird, ist eine Übertragung in andere Monate dieser Tätigkeiten im selben Kalenderjahr möglich. [9]Maßgebend für die Ermittlung der Anzahl der in Betracht kommenden Monate ist die Dauer der ehrenamtlichen Funktion bzw. Ausübung im Kalenderjahr. [10]Die für die Finanzverwaltung zuständige oberste Landesbehörde kann im Benehmen mit dem Bundesministerium der Finanzen und den obersten Finanzbehörden der anderen Länder Anpassungen an die im Lande gegebenen Verhältnisse vornehmen.

(4) [1]Die Empfänger von Aufwandsentschädigungen können dem Finanzamt gegenüber einen höheren steuerlich abziehbaren Aufwand glaubhaft machen; der die Aufwandsentschädigung übersteigende Aufwand ist als Werbungskosten oder Betriebsausgaben abziehbar. [2]Wenn einer hauptamtlich tätigen Person neben den Aufwendungen, die durch die Aufwandsentschädigung ersetzt werden sollen, andere beruflich veranlasste Aufwendungen entstehen, sind diese unabhängig von der Aufwandsentschädigung als Werbungskosten abziehbar; in diesem Fall ist aber Absatz 3 nicht anzuwenden, sondern nach Absatz 2 Satz 3 bis 6 zu verfahren. [3]Bei ehrenamtlich tätigen Personen sind alle durch die Tätigkeit veranlassten Aufwendungen als durch die steuerfreie Aufwandsentschädigung ersetzt anzusehen, so dass nur ein die Aufwandsentschädigung übersteigender Aufwand als Werbungskosten oder Betriebsausgaben abziehbar ist.

(5) [1]Von Pauschalentschädigungen, die Gemeinden oder andere juristische Personen des öffentlichen Rechts für eine gelegentliche ehrenamtliche Tätigkeit zahlen, darf ein Betrag bis zu 8 Euro[1] täglich ohne nähere Prüfung als steuerfrei anerkannt werden. [2]Bei höheren Pauschalentschädigungen hat das Finanzamt zu prüfen, ob auch ein Aufwand an Zeit und Arbeitsleistung sowie ein entgangener Verdienst abgegolten worden ist. [3]Anstelle dieser Regelung kann auch Absatz 3 angewendet werden.

H **3.12**[2]

Allgemeines zu § 3 Nr. 12 Satz 2 EStG. Aufwandsentschädigungen, bei denen die Voraussetzungen des § 3 Nr. 12 Satz 1 EStG nicht vorliegen, sind

[1] Erhöhung auf **250 €** bzw. **8 €** durch LStÄR 2021 mWv 1.1.2021.

[2] Die Aufwandsentschädigungen für die ehrenamtlichen Erhebungsbeauftragten nach § 20 Abs. 3 Zensusgesetz 2022 v. 26.11.2019, BGBl. I 2019, 1851, unterliegen nicht der Besteuerung nach dem EStG.

nach § 3 Nr. 12 Satz 2 EStG nur steuerfrei, wenn sie aus öffentlichen Kassen (→ H 3.11) an Personen gezahlt werden, die öffentliche Dienste für einen inländischen Träger öffentlicher Gewalt leisten (→ BFH vom 3.12.1982 – BStBl. 1983 II S. 219). Dabei kann es sich auch um eine Nebentätigkeit handeln. Aufwandsentschädigungen können nicht nur bei Personen steuerfrei sein, die öffentlich-rechtliche (hoheitliche) Dienste leisten, sondern auch bei Personen, die im Rahmen des öffentlichen Dienstes Aufgaben der schlichten Hoheitsverwaltung erfüllen (→ BFH vom 15.3.1968 – BStBl. II S. 437, vom 1.4.1971 – BStBl. II S. 519 und vom 27.2.1976 – BStBl. II S. 418).

Beamte bei Postunternehmen. → § 3 Nr. 35 EStG.

Begriff der Aufwandsentschädigung.

- Zur Abgeltung von Werbungskosten/Betriebsausgaben → BFH vom 9.7.1992 (BStBl. 1993 II S. 50) und vom 29.11.2006 (BStBl. 2007 II S. 308).
- Zur Prüfung dieser Voraussetzung durch das Finanzamt → BFH vom 3.8.1962 (BStBl. III S. 425) und vom 9.6.1989 (BStBl. 1990 II S. 121 und 123).

Daseinsvorsorge.

Beispiel:

Ein kirchlicher Verein erbringt Pflegeleistungen im Rahmen der Nachbarschaftshilfe. Die den Pflegekräften gewährten Entschädigungen sind nicht nach § 3 Nr. 12 Satz 2 EStG steuerbefreit, da Pflegeleistungen zur Daseinsvorsorge gehören; ggf. kann eine Steuerbefreiung nach § 3 Nr. 26 oder Nr. 26a EStG in Betracht kommen.

Entschädigungen für Zeitaufwand nach § 41 Abs. 3 Satz 2 SGB IV. Die den ehrenamtlich tätigen Versichertenberatern und Mitgliedern eines Widerspruchsausschusses gewährten Entschädigungen für Zeitaufwand nach § 41 Abs. 3 Satz 2 SGB IV sind nicht nach § 3 Nr. 12 Satz 2 EStG steuerfrei (→ BFH vom 3.7.2018 – BStBl. II S. 715).

Fiskalische Verwaltung. Keine öffentlichen Dienste i. S. d. § 3 Nr. 12 Satz 2 EStG leisten Personen, die in der fiskalischen Verwaltung tätig sind (→ BFH vom 13.8.1971 – BStBl. II S. 818, vom 9.5.1974 – BStBl. II S. 631 und vom 31.1.1975 – BStBl. II S. 563). Dies ist insbesondere dann der Fall, wenn sich die Tätigkeit für die juristische Person des öffentlichen Rechts ausschließlich oder überwiegend auf die Erfüllung von Aufgaben

1. in einem land- oder forstwirtschaftlichen Betrieb einer juristischen Person des öffentlichen Rechts oder
2. in einem **Betrieb gewerblicher Art** einer juristischen Person des öffentlichen Rechts i. S. d. § 1 Abs. 1 Nr. 6 KStG bezieht.

Ob es sich um einen Betrieb gewerblicher Art einer juristischen Person des öffentlichen Rechts handelt, beurteilt sich nach dem Körperschaftsteuerrecht (§ 4 KStG und R 4.1 KStR 2015).[1] Hierbei kommt es nicht darauf an, ob der Betrieb gewerblicher Art von der Körperschaftsteuer befreit ist. Zu den Betrieben gewerblicher Art in diesem Sinne gehören insbesondere

[1] Nr. **100**.

die von einer juristischen Person des öffentlichen Rechts unterhaltenen Betriebe, die der Versorgung der Bevölkerung mit Wasser, Gas, Elektrizität oder Wärme (→ BFH vom 19.1.1990 – BStBl. II S. 679), dem öffentlichen Verkehr oder dem Hafenbetrieb dienen, sowie die in der Rechtsform einer juristischen Person des öffentlichen Rechts betriebenen Sparkassen (→ BFH vom 13.8.1971 – BStBl. II S. 818).

Öffentliche Dienste. Ehrenamtliche Vorstandsmitglieder eines Versorgungswerks leisten öffentliche Dienste i. S. d. § 3 Nr. 12 Satz 2 EStG, wenn sich das Versorgungswerk als juristische Person des öffentlichen Rechts im Rahmen seiner gesetzlichen Aufgabenzuweisungen auf die Gewährleistung der Alters-, Invaliden- und Hinterbliebenenversorgung für seine Zwangsmitglieder beschränkt und dabei die insoweit bestehenden Anlagegrundsätze beachtet (→ BFH vom 27.8.2013 – BStBl. 2014 II S. 248).

Öffentliche Kassen. → H 3.11.

Steuerlicher Aufwand. Zur Voraussetzung der Abgeltung steuerlich zu berücksichtigender Werbungskosten/Betriebsausgaben → BFH vom 3.8.1962 (BStBl. III S. 425), vom 9.6.1989 (BStBl. 1990 II S. 121 und 123), vom 9.7.1992 (BStBl. 1993 II S. 50) und vom 29.11.2006 (BStBl. 2007 II S. 308).

Übertragung nicht ausgeschöpfter steuerfreier Monatsbeträge (Beispiel):[1)]

Für öffentliche Dienste in einem Ehrenamt in der Zeit vom 1. 1. bis 31. 5. werden folgende Aufwandsentschädigungen im Sinne von § 3 Nr. 12 Satz 2 EStG und R 3.12 Abs. 3 Satz 3 LStR gezahlt:

Januar 275 €, Februar 75 €, März 205 €, April 325 €, Mai 225 €; Zeitaufwand wird nicht vergütet. Für den Lohnsteuerabzug können die nicht ausgeschöpften steuerfreien Monatsbeträge i. H. v. 200 € wie folgt mit den steuerpflichtigen Aufwandsentschädigungen der anderen Lohnzahlungszeiträume dieser Tätigkeit verrechnet werden:

	Gezahlte Aufwandsentschädigung	Steuerliche Behandlung nach R 3.12 Abs. 3 Satz 3 LStR		Steuerliche Behandlung bei Übertragung nicht ausgeschöpfter steuerfreier Monatsbeträge	
		Steuerfrei sind:	Steuerpflichtig sind:	Steuerfreier Höchstbetrag:	Steuerpflichtig sind:
Januar	275 €	200 €	75 €	200 €	75 €
Februar	75 €	75 €	0 €	2 × 200 € = 400 €	0 € (275 + 75 – 400), Aufrollung des Januar
März	205 €	200 €	5 €	3 × 200 € = 600 €	0 € (275 + 75 + 205 – 600)
April	325 €	200 €	125 €	4 × 200 € = 800 €	80 € (275 + 75 + 205 + 325 – 800), Aufrollung des März

1) Zur Anhebung der Beträge ab 1.1.2021 siehe R 3.12 Abs. 3 LStR.

H 3.30

Musikinstrumente sind keine Werkzeuge (→ BFH vom 21.8.1995 – BStBl. II S. 906).

R 3.31 Überlassung typischer Berufskleidung (§ 3 Nr. 31 EStG)

(1) [1]Steuerfrei ist nach § 3 Nr. 31 erster Halbsatz EStG nicht nur die Gestellung, sondern auch die Übereignung typischer Berufskleidung durch den Arbeitgeber. [2]Erhält der Arbeitnehmer die Berufskleidung von seinem Arbeitgeber zusätzlich zum ohnehin geschuldeten Arbeitslohn (→ R 3.33 Abs. 5), ist anzunehmen, dass es sich um typische Berufskleidung handelt, wenn nicht das Gegenteil offensichtlich ist. [3]Zur typischen Berufskleidung gehören Kleidungsstücke, die

1. als Arbeitsschutzkleidung auf die jeweils ausgeübte Berufstätigkeit zugeschnitten sind oder
2.[1] nach ihrer z.B. uniformartigen Beschaffenheit oder dauerhaft angebrachten Kennzeichnung durch Firmenemblem objektiv eine berufliche Funktion erfüllen,

wenn ihre private Nutzung so gut wie ausgeschlossen ist. [4]Normale Schuhe und Unterwäsche sind z.B. keine typische Berufskleidung.

(2) [1]Die Steuerbefreiung nach § 3 Nr. 31 zweiter Halbsatz EStG beschränkt sich auf die Erstattung der Aufwendungen, die dem Arbeitnehmer durch den beruflichen Einsatz typischer Berufskleidung in den Fällen entstehen, in denen der Arbeitnehmer z.B. nach Unfallverhütungsvorschriften, Tarifvertrag oder Betriebsvereinbarung einen Anspruch auf Gestellung von Arbeitskleidung hat, der aus betrieblichen Gründen durch die Barvergütung abgelöst wird. [2]Die Barablösung einer Verpflichtung zur Gestellung von typischer Berufskleidung ist z.B. betrieblich begründet, wenn die Beschaffung der Kleidungsstücke durch den Arbeitnehmer für den Arbeitgeber vorteilhafter ist. [3]Pauschale Barablösungen sind steuerfrei, soweit sie die regelmäßigen Absetzungen für Abnutzung und die üblichen Instandhaltungs- und Instandsetzungskosten der typischen Berufskleidung abgelten. [4]Aufwendungen für die Reinigung gehören regelmäßig nicht zu den Instandhaltungs- und Instandsetzungskosten der typischen Berufsbekleidung.

H 3.31

Abgrenzung zwischen typischer Berufskleidung und bürgerlicher Kleidung. → BFH vom 18.4.1991 (BStBl. II S. 751).[2]

Lodenmantel ist keine typische Berufskleidung (→ BFH vom 19.1.1996 – BStBl. II S. 202).

---

[1] Siehe BFH v. 22.6.2006 VI R 21/05, BStBl. II 2006, 915 (Gestellung einheitlicher bürgerlicher Kleidung ist nicht zwangsläufig Arbeitslohn), siehe auch H 19.3 LStH „Beispiele: Nicht zum Arbeitslohn gehören".

[2] Überlassung exklusiver Kleidung zu Repräsentationszwecken ist Arbeitslohn; siehe BFH v. 11.4.2006 VI R 60/02, BStBl. II 2006, 691, siehe auch H 19.3 LStH „Beispiele: Zum Arbeitslohn gehören".

R **3.32** Sammelbeförderung von Arbeitnehmern zwischen Wohnung und erster Tätigkeitsstätte (§ 3 Nr. 32 EStG)

Die Notwendigkeit einer Sammelbeförderung ist z. B. in den Fällen anzunehmen, in denen

1. die Beförderung mit öffentlichen Verkehrsmitteln nicht oder nur mit unverhältnismäßig hohem Zeitaufwand durchgeführt werden könnte oder
2. der Arbeitsablauf eine gleichzeitige Arbeitsaufnahme der beförderten Arbeitnehmer erfordert.

H **3.32**

Lohnsteuerbescheinigung. Bei steuerfreier Sammelbeförderung zwischen Wohnung und erster Tätigkeitsstätte sowie bei Fahrten nach § 9 Abs. 1 Satz 3 Nr. 4a Satz 3 EStG ist der Großbuchstabe F anzugeben → BMF-Schreiben zur Ausstellung von Lohnsteuerbescheinigungen.[1]

Sammelbeförderung. Sammelbeförderung i. S. d. § 3 Nr. 32 EStG ist die durch den Arbeitgeber organisierte oder zumindest veranlasste Beförderung mehrerer Arbeitnehmer; sie darf nicht auf dem Entschluss eines Arbeitnehmers beruhen. Das Vorliegen einer Sammelbeförderung bedarf grundsätzlich einer besonderen Rechtsgrundlage. Dies kann ein Tarifvertrag oder eine Betriebsvereinbarung sein (→ BFH vom 29.1.2009 – BStBl. 2010 II S. 1067).[2]

R **3.33** Unterbringung und Betreuung von nicht schulpflichtigen Kindern (§ 3 Nr. 33 EStG)

(1)[3] [1] Steuerfrei sind zusätzliche Arbeitgeberleistungen (→ Absatz 5) zur Unterbringung, einschließlich Unterkunft und Verpflegung, und Betreuung von nicht schulpflichtigen Kindern des Arbeitnehmers in Kindergärten oder vergleichbaren Einrichtungen. [2] Dies gilt auch, wenn der nicht beim Arbeitgeber beschäftigte Elternteil die Aufwendungen trägt. [3] Leistungen für die Vermittlung einer Unterbringungs- und Betreuungsmöglichkeit durch Dritte sind nicht steuerfrei.[4] [4] Zuwendungen des Arbeitgebers an einen Kindergarten oder vergleichbare Einrichtung, durch die er für die Kinder seiner Arbeitnehmer ein Belegungsrecht ohne Bewerbungsverfahren und Wartezeit erwirbt, sind den Arbeitnehmern nicht als geldwerter Vorteil zuzurechnen.

(2) [1] Es ist gleichgültig, ob die Unterbringung und Betreuung in betrieblichen oder außerbetrieblichen Kindergärten erfolgt. [2] Vergleichbare Einrichtungen sind z. B. Schulkindergärten, Kindertagesstätten, Kinderkrippen, Tagesmütter, Wochenmütter und Ganztagspflegestellen. [3] Die Einrichtung muss gleichzeitig zur Unterbringung und Betreuung von Kindern geeignet sein. [4] Die alleinige Betreuung im Haushalt, z. B. durch Kinderpflegerinnen, Hausgehilfinnen oder

---

[1] Siehe BMF v. 9.9.2019, BStBl. I 2019, 911, v. 9.9.2020, BStBl. I 2020, 926 (Muster für 2021) u. v. 18.8.2021, BStBl. I 2021, 1079 (Muster für 2022).

[2] Die unentgeltliche bzw. verbilligte Überlassung eines Dienstwagens durch den Arbeitgeber an den Arbeitnehmer für dessen Privatnutzung führt zum Lohnzufluss (Ls. 1 des zitierten BFH-Urteils v. 29.1.2009 VI R 56/07, BStBl. II 2010, 1067).

[3] Als Sonderausgaben abziehbare Kinderbetreuungskosten sind um steuerfreie Arbeitgeberzuschüsse zu kürzen; BFH v. 14.4.2021 III R 30/20, DStR 2021, 1689.

[4] Ab VZ 2015 siehe aber § 3 Nr. 34a EStG.

Familienangehörige, genügt nicht. [5]Soweit Arbeitgeberleistungen auch den Unterricht eines Kindes ermöglichen, sind sie nicht steuerfrei. [6]Das Gleiche gilt für Leistungen, die nicht unmittelbar der Betreuung eines Kindes dienen, z. B. die Beförderung zwischen Wohnung und Kindergarten.

(3) [1]Begünstigt sind nur Leistungen zur Unterbringung und Betreuung von nicht schulpflichtigen Kindern. [2]Ob ein Kind schulpflichtig ist, richtet sich nach dem jeweiligen landesrechtlichen Schulgesetz. [3]Die Schulpflicht ist aus Vereinfachungsgründen nicht zu prüfen bei Kindern, die

1. das 6. Lebensjahr noch nicht vollendet haben oder
2. im laufenden Kalenderjahr das 6. Lebensjahr nach dem 30. Juni vollendet haben, es sei denn, sie sind vorzeitig eingeschult worden, oder
3. im laufenden Kalenderjahr das 6. Lebensjahr vor dem 1. Juli vollendet haben, in den Monaten Januar bis Juli dieses Jahres.

[4]Den nicht schulpflichtigen Kindern stehen schulpflichtige Kinder gleich, solange sie mangels Schulreife vom Schulbesuch zurückgestellt oder noch nicht eingeschult sind.

(4) [1]Sachleistungen an den Arbeitnehmer, die über den nach § 3 Nr. 33 EStG steuerfreien Bereich hinausgehen, sind regelmäßig mit dem Wert nach § 8 Abs. 2 Satz 1 EStG dem Arbeitslohn hinzuzurechnen. [2]Barzuwendungen an den Arbeitnehmer sind nur steuerfrei, soweit der Arbeitnehmer dem Arbeitgeber die zweckentsprechende Verwendung nachgewiesen hat. [3]Der Arbeitgeber hat die Nachweise im Original als Belege zum Lohnkonto aufzubewahren.

(5) [1]Die Zusätzlichkeitsvoraussetzung erfordert, dass die zweckbestimmte Leistung zu dem Arbeitslohn hinzukommt, den der Arbeitgeber arbeitsrechtlich schuldet. [2]Wird eine zweckbestimmte Leistung unter Anrechnung auf den arbeitsrechtlich geschuldeten Arbeitslohn oder durch dessen Umwandlung gewährt, liegt keine zusätzliche Leistung vor. [3]Eine zusätzliche Leistung liegt aber dann vor, wenn sie unter Anrechnung auf eine andere freiwillige Sonderzahlung, z. B. freiwillig geleistetes Weihnachtsgeld, erbracht wird. [4]Unschädlich ist es, wenn der Arbeitgeber verschiedene zweckgebundene Leistungen zur Auswahl anbietet oder die übrigen Arbeitnehmer die freiwillige Sonderzahlung erhalten.

H 3.33

Zusätzlichkeitsvoraussetzung. → BMF vom 5.2.2020 (BStBl. I S. 222).1)

H 3.34 Zu § 3 Nr. 34 EStG

Zusätzlichkeitsvoraussetzung. → BMF vom 5.2.2020 (BStBl. I S. 222).1)·2)

Familienangehörige, genügt nicht. [5]Soweit Arbeitgeberleistungen auch den

H 3.34a Zu § 3 Nr. 34a EStG

Zusätzlichkeitsvoraussetzung. → BMF vom 5.2.2020 (BStBl. I S. 222).1)

1) Das BMF-Schreiben regelt die Anwendung von BFH v. 1.8.2019 VI R 32/18, BStBl. II 2020, 106, VI R 21/17, BFH/NV 2019, 1339 u. VI R 40/17, BFH/NV 2019, 1341, zur Lohnsteuerpauschalierung bei zusätzlich zum ohnehin geschuldeten Arbeitslohn erbrachten Leistungen des Arbeitgebers; siehe auch § 8 Abs. 4 EStG.

2) Siehe auch BMF v. 20.4.2021, BStBl. I 2021, 700, betr. Umsetzungshilfe zur steuerlichen Anerkennung von Arbeitgeberleistungen nach § 3 Nr. 34 EStG.

H **3.37** **Zu § 3 Nr. 37 EStG**

Zusätzlichkeitsvoraussetzung.
- → BMF vom 5.2.2020 (BStBl. I S. 222).[1]
- Zur Bewertung der steuerpflichtigen Fahrradgestellung in den Fällen der Gehaltsumwandlung → Gleich lautende Ländererlasse vom 9.1.2020 (BStBl. I S. 174).

H **3.39** **Zu § 3 Nr. 39 EStG**

Allgemeine Grundsätze. → BMF vom 8.12.2009 (BStBl. I S. 1513).

Darlehensforderung. Darlehensforderungen i. S. d. § 2 Abs. 1 Nr. 1 Buchstabe k des 5. VermBG können in der Regel dann unter dem Nennwert bewertet werden, wenn die Forderung unverzinslich ist (→ R B 12.1 Abs. 1 Nr. 1 ErbStR); eine Bewertung über dem Nennwert ist im Allgemeinen dann gerechtfertigt, wenn die Forderung hochverzinst und von Seiten des Schuldners (Arbeitgebers) für längere Zeit unkündbar ist (→ R B 12.1 Abs. 1 Nr. 2 ErbStR).

Wert der Vermögensbeteiligung.
- Veräußerungssperren mindern den Wert der Vermögensbeteiligung nicht (→ BMF vom 8.12.2009 – BStBl. I S. 1513, Tz. 1.3).
- Der gemeine Wert nicht börsennotierter Aktien lässt sich nicht i. S. d. § 11 Abs. 2 Satz 2 BewG aus Verkäufen ableiten, wenn nach den Veräußerungen, aber noch vor dem Bewertungsstichtag weitere objektive Umstände hinzutreten, die dafür sprechen, dass diese Verkäufe nicht mehr den gemeinen Wert der Aktien repräsentieren, und es an objektiven Maßstäben für Zu- und Abschläge fehlt, um von den festgestellten Verkaufspreisen der Aktien auf deren gemeinen Wert zum Bewertungsstichtag schließen zu können (→ BFH vom 29.7.2010 – BStBl. 2011 II S. 68).
- Der gemäß § 11 Abs. 2 Satz 2 BewG zu ermittelnde gemeine Wert nicht börsennotierter Aktien ist vorrangig aus der Wertbestätigung am Markt abzuleiten, also von dem Preis, der bei einer Veräußerung im gewöhnlichen Geschäftsverkehr tatsächlich erzielt wurde. Bei nicht börsennotierten Aktien kann der gemeine Wert grundsätzlich vom Wert der börsennotierten gattungsgleichen Aktien abgeleitet werden. Die grundsätzlich auf den Zeitpunkt des Lohnzuflusses stichtagsbezogen vorzunehmende Bewertung von Sachlohn gebietet es, den gemeinen Wert nicht börsennotierter Aktien aus Verkäufen abzuleiten, die am Bewertungsstichtag oder, wenn solche Verkäufe nicht feststellbar sind, möglichst in zeitlicher Nähe zum Bewertungsstichtag getätigt wurden (→ BFH vom 1.9.2016 – BStBl. 2017 II S. 149).

Zuflusszeitpunkt der Vermögensbeteiligung. → BMF vom 8.12.2009 (BStBl. I S. 1513), Tz. 1.6.

---

[1] Das BMF-Schreiben regelt die Anwendung von BFH v. 1.8.2019 VI R 32/18, BStBl. II 2020, 106, VI R 21/17, BFH/NV 2019, 1339 u. VI R 40/17, BFH/NV 2019, 1341, zur Lohnsteuerpauschalierung bei zusätzlich zum ohnehin geschuldeten Arbeitslohn erbrachten Leistungen des Arbeitgebers; siehe auch § 8 Abs. 4 EStG.

R 3.45 Betriebliche Datenverarbeitungs- und Telekommunikationsgeräte (§ 3 Nr. 45 EStG)

[1] Die Privatnutzung betrieblicher Datenverarbeitungs- und Telekommunikationsgeräte durch den Arbeitnehmer ist unabhängig vom Verhältnis der beruflichen zur privaten Nutzung steuerfrei. [2] Die Steuerfreiheit umfasst auch die Nutzung von Zubehör und Software. [3] Sie ist nicht auf die private Nutzung im Betrieb beschränkt, sondern gilt beispielsweise auch für Mobiltelefone im Auto oder Personalcomputer in der Wohnung des Arbeitnehmers. [4] Die Steuerfreiheit gilt nur für die Überlassung zur Nutzung durch den Arbeitgeber oder auf Grund des Dienstverhältnisses durch einen Dritten. [5] In diesen Fällen sind auch die vom Arbeitgeber getragenen Verbindungsentgelte (Grundgebühr und sonstige laufende Kosten) steuerfrei. [6] Für die Steuerfreiheit kommt es nicht darauf an, ob die Vorteile zusätzlich zum ohnehin geschuldeten Arbeitslohn[1)] oder auf Grund einer Vereinbarung mit dem Arbeitgeber über die Herabsetzung von Arbeitslohn erbracht werden.

H 3.45

Anwendungsbereich. Die auf Arbeitnehmer beschränkte Steuerfreiheit für die Vorteile aus der privaten Nutzung von betrieblichen Personalcomputern und Telekommunikationsgeräten (§ 3 Nr. 45 EStG) verletzt nicht den Gleichheitssatz (→ BFH vom 21.6.2006 – BStBl. II S. 715).

Beispiele für die Anwendung des § 3 Nr. 45 EStG:

Beispiel 1:

Der Arbeitgeber least einen PC und überlässt dieses Gerät dem Arbeitnehmer zur ausschließlich privaten Nutzung. Gegenüber dem Leasinggeber schuldet der Arbeitgeber die Leasingraten. In entsprechender Höhe wird eine Herabsetzung des Bruttogehalts vereinbart (Gehaltsumwandlung).

Da die Steuerbefreiungsvorschrift des § 3 Nr. 45 EStG keine Zusätzlichkeitsvoraussetzung enthält, ist die Herabsetzung des Bruttogehalts im Wege der Gehaltsumwandlung anzuerkennen; die Vereinbarung einer etwaigen Rückfallklausel/Ausstiegsklausel steht der Anerkennung nicht entgegen.

Beispiel 2:

Der Arbeitgeber „kauft" vom Arbeitnehmer ein Mobiltelefon zu einem nicht marktüblichen Preis von z. B. 1 Euro und stellt es anschließend dem Arbeitnehmer zur privaten Nutzung zur Verfügung. Die Verbindungsentgelte des Arbeitnehmers werden nach dem „Kauf" vom Arbeitgeber übernommen.

Eine Steuerbefreiung der Verbindungsentgelte nach § 3 Nr. 45 EStG kommt nicht in Betracht, da der Kaufvertrag einem Fremdvergleich nicht standhält und es sich somit bei der Zurverfügungstellung des Mobiltelefons nicht um ein betriebliches Telekommunikationsgerät des Arbeitgebers handelt.

Beispiele für begünstigte Geräte und Leistungen:

– **Betriebliche Datenverarbeitungsgeräte und Telekommunikationsgeräte.** Begünstigt sind u. a. Personalcomputer, Laptop, Handy, Smartphone, Smartwatch, Tablet, Autotelefon.
  Regelmäßig nicht begünstigt sind Smart TV, Konsole, MP3-Player, Spielautomat, E-Book-Reader, Gebrauchsgegenstand mit eingebautem Mikrochip, Digitalkamera und digitaler Videocamcorder, weil es sich nicht um betriebliche Geräte des Arbeitgebers

---

1) Siehe § 8 Abs. 4 EStG.

handelt. Nicht begünstigt ist auch ein vorinstalliertes Navigationsgerät im Pkw (→ BFH vom 16.2.2005 – BStBl. II S. 563).

- **System- und Anwendungsprogramme.** Begünstigt sind u. a. im Betrieb des Arbeitgebers eingesetzte Betriebssysteme, Browser, Virenscanner, Softwareprogramme (z. B. Home-Use-Programme, Volumenlizenzvereinbarungen).
  Regelmäßig nicht begünstigt sind mangels Einsatz im Betrieb des Arbeitgebers u. a. Computerspiele.
- **Zubehör.** Begünstigt sind u. a. betriebliche Monitore, Drucker, Beamer, Scanner, Modems, Netzwerkswitches, Router, Hubs, Bridges, ISDN-Karten, Sim-Karten, UMTS-Karte, LTE-Karten, Ladegeräte und Transportbehältnisse.
- **Dienstleistung.** Begünstigt ist insbesondere die Installation oder Inbetriebnahme der begünstigten Geräte und Programme i. S. d. § 3 Nr. 45 EStG durch einen IT-Service des Arbeitgebers.

H 3.46 Zu § 3 Nr. 46 EStG

Anwendungsbereich. → BMF vom 29.9.2020 (BStBl. I S. 972).

Zusätzlichkeitsvoraussetzung. → BMF vom 5.2.2020 (BStBl. I S. 222).[1]

R 3.50 Durchlaufende Gelder, Auslagenersatz (§ 3 Nr. 50 EStG)

(1) [1]Durchlaufende Gelder oder Auslagenersatz liegen vor, wenn

1. der Arbeitnehmer die Ausgaben für Rechnung des Arbeitgebers macht, wobei es gleichgültig ist, ob das im Namen des Arbeitgebers oder im eigenen Namen geschieht und
2. über die Ausgaben im Einzelnen abgerechnet wird.

[2]Dabei sind die Ausgaben des Arbeitnehmers bei ihm so zu beurteilen, als hätte der Arbeitgeber sie selbst getätigt. [3]Die Steuerfreiheit der durchlaufenden Gelder oder des Auslagenersatzes nach § 3 Nr. 50 EStG ist hiernach stets dann ausgeschlossen, wenn die Ausgaben durch das Dienstverhältnis des Arbeitnehmers veranlasst sind (→ R 19.3). [4]Durchlaufende Gelder oder Auslagenersatz werden immer zusätzlich gezahlt, da sie ihrem Wesen nach keinen Arbeitslohn darstellen. [5]Sie können daher auch keinen anderen Arbeitslohn ersetzen.

(2) [1]Pauschaler Auslagenersatz führt regelmäßig zu Arbeitslohn. [2]Ausnahmsweise kann pauschaler Auslagenersatz steuerfrei bleiben, wenn er regelmäßig wiederkehrt und der Arbeitnehmer die entstandenen Aufwendungen für einen repräsentativen Zeitraum von drei Monaten im Einzelnen nachweist. [3]Dabei können bei Aufwendungen für Telekommunikation auch die Aufwendungen für das Nutzungsentgelt einer Telefonanlage sowie für den Grundpreis der Anschlüsse entsprechend dem beruflichen Anteil der Verbindungsentgelte an den gesamten Verbindungsentgelten (Telefon und Internet) steuerfrei ersetzt werden. [4]Fallen erfahrungsgemäß beruflich veranlasste Telekommunikationsaufwendungen an, können aus Vereinfachungsgründen ohne Einzelnachweis bis zu 20% des Rechnungsbetrags, höchstens 20 Euro monatlich steuerfrei ersetzt werden. [5]Zur weiteren Vereinfachung kann der monatliche Durchschnittsbetrag, der sich aus den Rechnungsbeträgen für einen repräsentativen Zeitraum von drei Monaten ergibt, für den pauschalen Auslagenersatz fortgeführt werden. [6]Der pauschale Auslagenersatz bleibt grundsätzlich so

[1] Siehe FN zu H 3.33 LStH.

lange steuerfrei, bis sich die Verhältnisse wesentlich ändern. [7]Eine wesentliche Änderung der Verhältnisse kann sich insbesondere im Zusammenhang mit einer Änderung der Berufstätigkeit ergeben.

H 3.50

Allgemeines.

- **Nicht** nach § 3 Nr. 50 EStG **steuerfrei:**
  - Ersatz von Werbungskosten
  - Ersatz von Kosten der privaten Lebensführung des Arbeitnehmers.[1)]
- **Steuerfrei** ist z. B. der Ersatz von Gebühren für ein geschäftliches Telefongespräch, das der Arbeitnehmer für den Arbeitgeber außerhalb des Betriebs führt.

Ersatz von Reparaturkosten. Ersetzt der Arbeitgeber auf Grund einer tarifvertraglichen Verpflichtung dem als Orchestermusiker beschäftigten Arbeitnehmer die Kosten der Instandsetzung des dem Arbeitnehmer gehörenden Musikinstruments, so handelt es sich dabei um steuerfreien Auslagenersatz (→ BFH vom 28.3.2006 – BStBl. II S. 473).

Garagenmiete. Stellt der Arbeitnehmer den Dienstwagen in einer von ihm angemieteten Garage unter, handelt es sich bei der vom Arbeitgeber erstatteten Garagenmiete um steuerfreien Auslagenersatz (→ BFH vom 7.6.2002 – BStBl. II S. 829).

Pauschaler Auslagenersatz führt regelmäßig zu Arbeitslohn (→ BFH vom 10.6.1966 – BStBl. III S. 607). Er ist nur dann steuerfrei, wenn der Steuerpflichtige nachweist, dass die Pauschale den tatsächlichen Aufwendungen im Großen und Ganzen entspricht (→ BFH vom 2.10.2003 – BStBl. 2004 II S. 129).

→ BMF vom 29.9.2020 (BStBl. I S. 972), Rdnr. 22–26.

H 3.51 Zu § 3 Nr. 51 EStG

Freiwillige Sonderzahlungen an Arbeitnehmer eines konzernverbundenen Unternehmens sind keine steuerfreien Trinkgelder (→ BFH vom 3.5.2007 – BStBl. II S. 712).

Notarassessoren. Freiwillige Zahlungen von Notaren an Notarassessoren für deren Vertretungstätigkeit sind keine steuerfreien Trinkgelder (→ BFH vom 10.3.2015 – BStBl. II S. 767).

Spielbank.

- Aus dem Spielbanktronc finanzierte Zahlungen an die Arbeitnehmer der Spielbank sind keine steuerfreien Trinkgelder (→ BFH vom 18.12.2008 – BStBl. 2009 II S. 820).
- Freiwillige Zahlungen von Spielbankkunden an die Saalassistenten einer Spielbank für das Servieren von Speisen und Getränken können steuerfreie Trinkgelder sein. Die Steuerfreiheit entfällt nicht dadurch, dass der Arbeitgeber als eine Art Treuhänder bei der Aufbewahrung und Verteilung der Gelder eingeschaltet ist (→ BFH vom 18.6.2015 – BStBl. 2016 II S. 751).

[1)] Kein steuerfreier Auslagenersatz für Zuschuss zu Sicherheitsmaßnahmen am Wohnhaus des Arbeitnehmers; siehe BFH v. 5.4.2006 IX R 109/00, BStBl. II 2006, 541.

H **3.55** **Zu § 3 Nr. 55 EStG**

Übertragung der betrieblichen Altersversorgung. → *BMF vom 6.12. 2017 (BStBl. 2018 I S. 147), Rz. 57–62.*[1)]

H **3.55a** **Zu § 3 Nr. 55a EStG**

Allgemeine Grundsätze. → BMF vom 21.12.2017 (BStBl. 2018 I S. 93), Rz. 319; → BMF vom 19.8.2013 (BStBl. I S. 1087), Rz. 270 ff.

H **3.55b** **Zu § 3 Nr. 55b EStG**

Allgemeine Grundsätze. → BMF vom 21.12.2017 (BStBl. 2018 I S. 93), Rz. 323–324; → BMF vom 19.8.2013 (BStBl. I S. 1087), Rz. 270 ff.

H **3.55c** **Zu § 3 Nr. 55c EStG**

Allgemeine Grundsätze. → *BMF vom 6.12.2017 (BStBl. 2018 I S. 147), Rz. 63;*[1)] → BMF vom 21.12.2017 (BStBl. 2018 I S. 93), Rz. 150 ff.

H **3.56** **Zu § 3 Nr. 56 EStG**

Allgemeine Grundsätze. → *BMF vom 6.12.2017 (BStBl. 2018 I S. 147), Rz. 76–82.*[1)]

R **3.58** **Zuschüsse und Zinsvorteile aus öffentlichen Haushalten (§ 3 Nr. 58 EStG)**

Öffentliche Haushalte i. S. d. § 3 Nr. 58 EStG sind die Haushalte des Bundes, der Länder, der Gemeinden, der Gemeindeverbände, der kommunalen Zweckverbände und der Sozialversicherungsträger.

H **3.58** **Zu § 3 Nr. 58 EStG**

Öffentliche Haushalte. Die Handwerkskammer führt als Körperschaft des öffentlichen Rechts einen öffentlichen Haushalt i. S. d. § 3 Nr. 58 EStG (→ BFH vom 3.7.2019 – BStBl. 2020 II S. 241).

Steuerfreiheit von Zinsvergünstigungen. Eine Steuerbefreiung nach § 3 Nr. 58 EStG kann nur gewährt werden, wenn die Einkommensgrenzen des im Einzelfall einschlägigen Wohnraumförderungsgesetzes oder des Landesgesetzes zur Wohnraumförderung eingehalten sind (→ BFH vom 3.7.2019 – BStBl. 2020 II S. 241).

R **3.59** **Steuerfreie Mietvorteile (§ 3 Nr. 59 EStG)**

[1]Steuerfrei sind Mietvorteile, die im Rahmen eines Dienstverhältnisses gewährt werden und die auf der Förderung nach dem Zweiten Wohnungsbaugesetz, dem Wohnungsbaugesetz für das Saarland, nach dem Wohnraumförderungsgesetz (WoFG) oder den Landesgesetzen zur Wohnraumförderung beruhen. [2]Mietvorteile, die sich aus dem Einsatz von Wohnungsfürsorgemitteln aus öffentlichen Haushalten ergeben, sind ebenfalls steuerfrei. [3]Bei einer Wohnung, die ohne Mittel aus öffentlichen Haushalten errichtet worden ist, gilt Folgendes: [4]Die Mietvorteile im Rahmen eines Dienstverhältnisses sind steuerfrei, wenn die Wohnung im Zeitpunkt ihres Bezugs durch den Arbeitnehmer für eine Förderung mit Mitteln aus öffentlichen Haushalten in Be-

---

1) Siehe jetzt BMF v. 12.8.2021, BStBl. I 2021, 1050, anzuwenden in allen offenen Fällen.

tracht gekommen wäre. [5] § 3 Nr. 59 EStG ist deshalb nur auf Wohnungen anwendbar, die im Geltungszeitraum der in Satz 1 genannten Gesetze errichtet worden sind, d. h. auf Baujahrgänge ab 1957. [6] Es muss nicht geprüft werden, ob der Arbeitnehmer nach seinen Einkommensverhältnissen als Mieter einer geförderten Wohnung in Betracht kommt. [7] Der Höhe nach ist die Steuerbefreiung auf die Mietvorteile begrenzt, die sich aus der Förderung nach den in Satz 1 genannten Gesetzen ergeben würden. [8] § 3 Nr. 59 EStG ist deshalb nicht anwendbar auf Wohnungen, für die der Förderzeitraum abgelaufen ist. [9] Wenn der Förderzeitraum im Zeitpunkt des Bezugs der Wohnung durch den Arbeitnehmer noch nicht abgelaufen ist, ist ein Mietvorteil bis zur Höhe des Teilbetrags steuerfrei, auf den der Arbeitgeber gegenüber der Vergleichsmiete verzichten müsste, wenn die Errichtung der Wohnung nach den in Satz 1 genannten Gesetzen gefördert worden wäre. [10] Der steuerfreie Teilbetrag verringert sich in dem Maße, in dem der Arbeitgeber nach den Förderregelungen eine höhere Miete verlangen könnte. [11] Mit Ablauf der Mietbindungsfrist läuft auch die Steuerbefreiung aus. [12] Soweit später zulässige Mieterhöhungen z. B. nach Ablauf des Förderzeitraums im Hinblick auf das Dienstverhältnis unterblieben sind, sind sie in den steuerpflichtigen Mietvorteil einzubeziehen.

H 3.59

Steuerfreie Mietvorteile im Zusammenhang mit einem Arbeitsverhältnis. R 3.59 Sätze 2 bis 4 LStR sind unabhängig vom BFH-Urteil vom 16.2.2005 (BStBl. II S. 750) weiterhin anzuwenden (→ BMF vom 10.10.2005 – BStBl. I S. 959).

R 3.62 Zukunftssicherungsleistungen (§ 3 Nr. 62 EStG, § 2 Abs. 2 Nr. 3 LStDV)

Leistungen auf Grund gesetzlicher Verpflichtungen

(1) [1] Zu den nach § 3 Nr. 62 EStG steuerfreien Ausgaben des Arbeitgebers für die Zukunftssicherung des Arbeitnehmers (§ 2 Abs. 2 Nr. 3 Satz 1 und 2 LStDV) gehören insbesondere die Beitragsanteile des Arbeitgebers am Gesamtsozialversicherungsbeitrag (Rentenversicherung, Krankenversicherung, Pflegeversicherung, Arbeitslosenversicherung), Beiträge des Arbeitgebers nach § 172a SGB VI[1)] zu einer berufsständischen Versorgungseinrichtung für Arbeitnehmer, die nach § 6 Abs. 1 Satz 1 Nr. 1 SGB VI von der Versicherungspflicht in der gesetzlichen Rentenversicherung befreit sind, und Beiträge des Arbeitgebers nach § 249b SGB V[1)] und nach §§ 168 Abs. 1 Nr. 1b oder 1c, 172 Abs. 3 oder 3a, 276a Abs. 1 SGB VI für geringfügig Beschäftigte. [2] Dies gilt auch für solche Beitragsanteile, die auf Grund einer nach ausländischen Gesetzen bestehenden Verpflichtung an ausländische Sozialversicherungsträger, die den inländischen Sozialversicherungsträgern vergleichbar sind, geleistet werden. [3] Steuerfrei sind nach § 3 Nr. 62 EStG auch vom Arbeitgeber nach § 3 Abs. 3 Satz 3 SvEV[2)] übernommene Arbeitnehmeranteile am Gesamtsozialversicherungsbeitrag sowie Krankenversicherungsbeiträge, die der Arbeitgeber nach § 9 der Mutterschutz- und Elternzeitverordnung oder nach entsprechenden Rechtsvorschriften der

---

[1)] **Aichberger SGB** Nr. **5** bzw. Nr. **6**.
[2)] **Steuergesetze** Nr. **21**.

Länder erstattet. [4]Zukunftssicherungsleistungen auf Grund einer tarifvertraglichen Verpflichtung sind dagegen nicht nach § 3 Nr. 62 EStG steuerfrei.

(2) Für Ausgaben des Arbeitgebers zur Kranken- und Pflegeversicherung des Arbeitnehmers gilt Folgendes:

1. [1]Die Beitragsteile und Zuschüsse des Arbeitgebers zur gesetzlichen Krankenversicherung und zur sozialen Pflegeversicherung eines gesetzlich krankenversicherungspflichtigen Arbeitnehmers sind steuerfrei, soweit der Arbeitgeber zur Tragung der Beiträge verpflichtet ist (§ 249 SGB V,[1)] § 58 SGB XI).[1)] [2]Der Zusatzbeitrag (§ 242 SGB V)[1) · 2)] sowie der Beitragszuschlag für Kinderlose i. H. v. 0,25 % (§ 55 Abs. 3 SGB XI) sind vom Arbeitnehmer allein zu tragen und können deshalb vom Arbeitgeber nicht steuerfrei erstattet werden.
2. [1]Zuschüsse des Arbeitgebers zur gesetzlichen Krankenversicherung und zur sozialen Pflegeversicherung oder privaten Pflege-Pflichtversicherung eines nicht gesetzlich krankenversicherungspflichtigen Arbeitnehmers, der in der gesetzlichen Krankenversicherung freiwillig versichert ist, sind nach § 3 Nr. 62 EStG steuerfrei, soweit der Arbeitgeber nach § 257 Abs. 1 SGB V[1)] und nach § 61 Abs. 1 SGB XI[1)] zur Zuschussleistung verpflichtet ist. [2]Soweit bei Beziehern von Kurzarbeitergeld ein fiktives Arbeitsentgelt maßgebend ist, bleiben die Arbeitgeberzuschüsse in voller Höhe steuerfrei (§ 257 Abs. 1 i. V. m. § 249 Abs. 2 SGB V). [3]Übersteigt das Arbeitsentgelt nur auf Grund von einmalig gezahltem Arbeitsentgelt die Beitragsbemessungsgrenze und hat der Arbeitnehmer deshalb für jeden Monat die Höchstbeiträge an die Kranken- und Pflegekasse zu zahlen, sind die Arbeitgeberzuschüsse aus Vereinfachungsgründen entsprechend der Höchstbeiträge steuerfrei. [4]Dies gilt auch dann, wenn das im Krankheitsfall fortgezahlte Arbeitsentgelt die monatliche Beitragsbemessungsgrenze unterschreitet und der Arbeitnehmer dennoch für die Dauer der Entgeltfortzahlung die Höchstbeiträge an die Kranken- und Pflegekasse zu zahlen hat.
3. [1]Zuschüsse des Arbeitgebers zu den Kranken- und Pflegeversicherungsbeiträgen eines nicht gesetzlich krankenversicherungspflichtigen Arbeitnehmers, der eine private Kranken- und Pflege-Pflichtversicherung abgeschlossen hat, sind ebenfalls nach § 3 Nr. 62 EStG steuerfrei, soweit der Arbeitgeber nach § 257 Abs. 2 SGB V[1)] sowie nach § 61 Abs. 2 SGB XI[1)] zur Zuschussleistung verpflichtet ist. [2]Der Anspruch auf den Arbeitgeberzuschuss an den bei einem privaten Krankenversicherungsunternehmen versicherten Arbeitnehmer setzt voraus, dass der private Krankenversicherungsschutz Leistungen zum Inhalt hat, die ihrer Art nach auch den Leistungen des SGB V entsprechen. [3]Die Höhe des Arbeitgeberzuschusses bemisst sich nach § 257 Abs. 2 Satz 2 SGB V. [4]Eine leistungsbezogene Begrenzung des Zuschusses sieht § 257 Abs. 2 Satz 2 SGB V nicht vor, so dass Beiträge zur privaten Krankenversicherung im Rahmen des § 257 SGB V zuschussfähig sind, auch wenn der Krankenversicherungsvertrag Leistungserweiterungen enthält (§ 11 Abs. 1, § 257 Abs. 2 Satz 1 SGB V). [5]Die

---

1) **Aichberger SGB** Nr. **5** bzw. Nr. **11**.

2) **[Amtl. Anm.:]** Seit 2019 wird der Zusatzbeitrag vom Arbeitgeber und Arbeitnehmer je zur Hälfte getragen (GKV-Versichertenentlastungsgesetz). Ein Beitragsanteil des Arbeitnehmers am Zusatzbeitrag kann vom Arbeitgeber nicht steuerfrei erstattet werden.

für Zwecke des Sonderausgabenabzugs bestehenden Regelungen der Krankenversicherungsbeitragsanteils-Ermittlungsverordnung (KVBEVO) bilden keine Grundlage für die Bemessung des Arbeitgeberzuschusses. [6] Nummer 2 Satz 4 und 5 gilt entsprechend. [7] Für die private Pflege-Pflichtversicherung gilt, dass der Versicherungsschutz Leistungen zum Inhalt haben muss, die nach Art und Umfang den Leistungen der sozialen Pflegeversicherung nach dem SGB XI entsprechen (§ 61 Abs. 2 Satz 1 SGB XI). [8] Die Höhe des Arbeitgeberzuschusses bemisst sich nach § 61 Abs. 2 Satz 2 SGB XI. [9] Der Arbeitgeber darf Zuschüsse zu einer privaten Krankenversicherung und zu einer privaten Pflege-Pflichtversicherung des Arbeitnehmers nur dann steuerfrei lassen, wenn der Arbeitnehmer eine Bescheinigung des Versicherungsunternehmens vorlegt, in der bestätigt wird, dass die Voraussetzungen des § 257 Abs. 2a SGB V und des § 61 Abs. 6 SGB XI vorliegen und dass es sich bei den vertraglichen Leistungen um Leistungen i. S. d. SGB V und SGB XI handelt. [10] Die Bescheinigung muss außerdem Angaben über die Höhe des für die vertraglichen Leistungen i. S. d. SGB V und SGB XI zu zahlenden Versicherungsbeitrags enthalten. [11] Der Arbeitgeber hat die Bescheinigung als Unterlage zum Lohnkonto aufzubewahren. [12] Soweit der Arbeitgeber die steuerfreien Zuschüsse unmittelbar an den Arbeitnehmer auszahlt, hat der Arbeitnehmer die zweckentsprechende Verwendung durch eine Bescheinigung des Versicherungsunternehmens über die tatsächlichen Kranken- und Pflege-Pflichtversicherungsbeiträge nach Ablauf eines jeden Kalenderjahrs nachzuweisen; der Arbeitgeber hat diese Bescheinigung als Unterlage zum Lohnkonto aufzubewahren. [13] Diese Bescheinigung kann mit der Bescheinigung nach den Sätzen 9 und 10 verbunden werden.

Den gesetzlichen Pflichtbeiträgen gleichgestellte Zuschüsse

(3)[1)] [1] Nach § 3 Nr. 62 Satz 2 EStG sind den Ausgaben des Arbeitgebers für die Zukunftssicherung des Arbeitnehmers, die auf Grund gesetzlicher Verpflichtung geleistet werden, die Zuschüsse des Arbeitgebers gleichgestellt, die zu den Beiträgen des Arbeitnehmers für eine Lebensversicherung – auch für die mit einer betrieblichen Pensionskasse abgeschlossene Lebensversicherung –, für die freiwillige Versicherung in der gesetzlichen Rentenversicherung oder für eine öffentlich-rechtliche Versicherungs- oder Versorgungseinrichtung der Berufsgruppe geleistet werden, wenn der Arbeitnehmer von der Versicherungspflicht in der gesetzlichen Rentenversicherung nach einer der folgenden Vorschriften auf eigenen Antrag befreit worden ist:

1. § 18 Abs. 3 des Gesetzes über die Erhöhung der Einkommensgrenzen in der Sozialversicherung und der Arbeitslosenversicherung und zur Änderung der Zwölften Verordnung zum Aufbau der Sozialversicherung vom 13.8.1952 (BGBl. I S. 437),

---

1) Kein Arbeitslohn bei Sonderzahlungen an Zusatzversorgungskasse, siehe BFH v. 14.9.2005 VI R 32/04, BStBl. II 2006, 500, u. VI R 148/98, BStBl. II 2006, 532; ebenso bei Gegenwertzahlungen beim Ausscheiden eines öffentlichen Arbeitgebers aus Versorgungssystem, siehe BFH v. 15.2.2006 VI R 92/04, BStBl. II 2006, 528. – Zur freiwilligen Rentenversicherung für Kirchenbeamte siehe BFH v. 5.9.2006 VI R 38/04, BStBl. II 2007, 181, und Nichtanwendungserlass BMF v. 13.2.2007, BStBl. I 2007, 270.

2. Artikel 2 § 1 des Angestelltenversicherungs-Neuregelungsgesetzes vom 23.2.1957 (BGBl. I S. 88, 1074) oder Artikel 2 § 1 des Knappschaftsrentenversicherungs-Neuregelungsgesetzes vom 21.5.1957 (BGBl. I S. 533), jeweils in der bis zum 30.6.1965 geltenden Fassung,
3. § 7 Abs. 2 des Angestelltenversicherungsgesetzes (AVG) i. d. F. des Artikels 1 des Angestelltenversicherungs-Neuregelungsgesetzes vom 23.2.1957 (BGBl. I S. 88, 1074),
4. Artikel 2 § 1 des Angestelltenversicherungs-Neuregelungsgesetzes oder Artikel 2 § 1 des Knappschaftsrentenversicherungs-Neuregelungsgesetzes, jeweils i. d. F. des Rentenversicherungs-Änderungsgesetzes vom 9.6.1965 (BGBl. I S. 476),
5. Artikel 2 § 1 des Zweiten Rentenversicherungs-Änderungsgesetzes vom 23.12.1966 (BGBl. I S. 745),
6. Artikel 2 § 1 des Angestelltenversicherungs-Neuregelungsgesetzes oder Artikel 2 § 1 des Knappschaftsrentenversicherungs-Neuregelungsgesetzes, jeweils i. d. F. des Finanzänderungsgesetzes 1967 vom 21.12.1967 (BGBl. I S. 1259),
7. Artikel 2 § 1 Abs. 2 des Angestelltenversicherungs-Neuregelungsgesetzes oder Artikel 2 § 1 Abs. 1a des Knappschaftsrentenversicherungs-Neuregelungsgesetzes, jeweils i. d. F. des Dritten Rentenversicherungs-Änderungsgesetzes vom 28.7.1969 (BGBl. I S. 956),
8. § 20 des Gesetzes über die Sozialversicherung vom 28.6.1990 (GBl. der Deutschen Demokratischen Republik I Nr. 38 S. 486) i. V. m. § 231a SGB VI i. d. F. des Gesetzes zur Herstellung der Rechtseinheit in der gesetzlichen Renten- und Unfallversicherung (Renten-Überleitungsgesetz – RÜG) vom 25.7.1991 (BGBl. I S. 1606).

[2] Zuschüsse des Arbeitgebers im Sinne des § 3 Nr. 62 Satz 2 EStG liegen nicht vor, wenn der Arbeitnehmer kraft Gesetzes in der gesetzlichen Rentenversicherung versicherungsfrei ist. [3] Den Beiträgen des Arbeitnehmers für eine freiwillige Versicherung in der allgemeinen Rentenversicherung stehen im Übrigen Beiträge für die freiwillige Versicherung in der knappschaftlichen Rentenversicherung oder für die Selbstversicherung/Weiterversicherung in der gesetzlichen Rentenversicherung gleich.

Höhe der steuerfreien Zuschüsse, Nachweis

(4) [1] Die Steuerfreiheit der Zuschüsse beschränkt sich nach § 3 Nr. 62 Satz 3 EStG im Grundsatz auf den Betrag, den der Arbeitgeber als Arbeitgeberanteil zur gesetzlichen Rentenversicherung aufzuwenden hätte, wenn der Arbeitnehmer nicht von der gesetzlichen Versicherungspflicht befreit worden wäre. [2] Soweit der Arbeitgeber die steuerfreien Zuschüsse unmittelbar an den Arbeitnehmer auszahlt, hat dieser die zweckentsprechende Verwendung durch eine entsprechende Bescheinigung des Versicherungsträgers bis zum 30. April des folgenden Kalenderjahres nachzuweisen. [3] Die Bescheinigung ist als Unterlage zum Lohnkonto aufzubewahren.

H 3.62

Ausländische Krankenversicherung. Die nach § 3 Nr. 62 Satz 1 EStG für die Steuerfreiheit vorausgesetzte gesetzliche Verpflichtung zu einer Zukunftssicherungsleistung des Arbeitgebers ergibt sich für einen Arbeitgeberzuschuss zu einer privaten Krankenversicherung aus § 257 Abs. 2a Satz 1 SGB V. § 257 Abs. 2a SGB V findet auch auf Steuerpflichtige Anwendung, die eine Krankenversicherung bei einem Versicherungsunternehmen abgeschlossen haben, das in einem anderen Land der EU seinen Sitz hat und ist vom Steuerpflichtigen nachzuweisen. Die Vorlage der Bescheinigung nach § 257 Abs. 2a SGB V ist nicht konstitutive Voraussetzung der Steuerbefreiung (→ BFH vom 22.7.2008 – BStBl. II S. 894).

Ausländische Versicherungsunternehmen. Zahlungen des Arbeitgebers an ausländische Versicherungsunternehmen sind nicht steuerfrei, wenn sie auf vertraglicher Grundlage entrichtet werden (→ BFH vom 28.5.2009 – BStBl. II S. 857).

Ausländischer Sozialversicherungsträger.
- Arbeitgeberanteile zur ausländischen Sozialversicherung sind nicht steuerfrei, wenn sie auf vertraglicher Grundlage und damit freiwillig entrichtet werden (→ BFH vom 18.5.2004 – BStBl. II S. 1014).
- Zu Zuschüssen zu einer ausländischen gesetzlichen Krankenversicherung → BMF vom 30.1.2014 (BStBl. I S. 210).
- Bei Beiträgen zu einer ausländischen gesetzlichen Rentenversicherung ist die Anwendung des § 3 Nr. 62 EStG nicht durch die inländische Beitragsbemessungsgrenze begrenzt (→ BMF vom 27.7.2016 – BStBl. I S. 759).

Beitragszuschlag. Der Beitragszuschlag für Kinderlose in der sozialen Pflegeversicherung i. H. v. 0,25% ist vom Arbeitnehmer allein zu tragen und kann deshalb vom Arbeitgeber nicht steuerfrei erstattet werden (→ § 55 Abs. 3 i. V. m. § 58 Abs. 1 SGB XI).[1]

Entscheidung des Sozialversicherungsträgers. Bei der Frage, ob die Ausgaben des Arbeitgebers für die Zukunftssicherung des Arbeitnehmers auf einer gesetzlichen Verpflichtung beruhen, ist der Entscheidung des zuständigen Sozialversicherungsträgers des Arbeitnehmers zu folgen, wenn sie nicht offensichtlich rechtswidrig ist (→ BFH vom 6.6.2002 – BStBl. 2003 II S. 34 und vom 21.1.2010 – BStBl. II S. 703).

Gegenwärtiger Versicherungsstatus. Für die Steuerfreiheit von Arbeitgeberzuschüssen zu einer Lebensversicherung des Arbeitnehmers ist dessen gegenwärtiger Versicherungsstatus maßgeblich. Die Zuschüsse sind nicht nach § 3 Nr. 62 Satz 2 EStG steuerfrei, wenn der Arbeitnehmer als nunmehr beherrschender Gesellschafter-Geschäftsführer kraft Gesetzes rentenversicherungsfrei geworden ist, auch wenn er sich ursprünglich auf eigenen Antrag von der Rentenversicherungspflicht hatte befreien lassen (→ BFH vom 10.10.2002 – BStBl. II S. 886).

Gesetzliche Verpflichtung.
- Beiträge für eine Krankenversicherung der Arbeitnehmer können steuerfrei sein, wenn der Arbeitgeber nach einer zwischenstaatlichen Verwaltungsvereinbarung, die ihrerseits auf einer gesetzlichen Ermächtigung beruht, zur Leistung verpflichtet ist (§ 3 Nr. 62 Satz 1 3. Alternative EStG; → BFH vom 14.4.2011 – BStBl. II S. 767).

---

[1] **Aichberger SGB** Nr. **11**.

– Zuschüsse, die eine AG Vorstandsmitgliedern zur freiwilligen Weiterversicherung in der gesetzlichen Rentenversicherung oder einem Versorgungswerk gewährt, sind nicht nach § 3 Nr. 62 Satz 1 EStG steuerfrei (→ BFH vom 24.9.2013 – BStBl. 2014 II S. 124).

Gesetzlicher Beitragszuschuss des Arbeitgebers in der Pflege-Pflichtversicherung.[1)]

Beispiel:
Ein Arbeitgeber zahlt für Juli 2021 einem privat krankenversicherten Arbeitnehmer einen Zuschuss zur privaten Pflege-Pflichtversicherung in Höhe von 50 % des Gesamtbeitrags von 100 €. Die Beitragsbemessungsgrenze 2021 beträgt 58 050 € (mtl. 4837,50 €). Der steuerfreie Betrag errechnet sich wie folgt:

a) Die Betriebsstätte befindet sich in Sachsen (Arbeitgeberanteil: 1,025 %):

1. Begrenzung		
4837,50 € × 1,025 % = 49,58 € mtl. Arbeitgeberanteil		
2. Begrenzung		
Privater Pflege-Pflichtversicherungsbeitrag mtl.	100,00 €	
davon 50 %	50,00 €	
Vergleich		
1. Begrenzung	49,58 €	
2. Begrenzung	50,00 €	
damit steuerfreier Zuschuss des Arbeitgebers nach § 3 Nr. 62 EStG		49,58 €
somit steuerpflichtiger Zuschuss des Arbeitgebers		0,42 €

b) Die Betriebsstätte befindet sich im übrigen Bundesgebiet (Arbeitgeberanteil: 1,525 %):

1. Begrenzung		
4837,50 € × 1,525 % = 73,77 € mtl. Arbeitgeberanteil		
2. Begrenzung		
Privater Pflege-Pflichtversicherungsbeitrag mtl.	100,00 €	
davon 50 %	50,00 €	
Vergleich		
1. Begrenzung		73,77 €
2. Begrenzung		50,00 €
damit steuerfreier Zuschuss des Arbeitgebers nach § 3 Nr. 62 EStG		50,00 €

Rückzahlung von Beitragsanteilen an den Arbeitgeber. Beitragsanteile am Gesamtsozialversicherungsbeitrag, die der Arbeitgeber ohne gesetzliche Verpflichtung übernommen hat, sind kein Arbeitslohn, wenn sie dem Arbeitgeber zurückgezahlt worden sind und der Arbeitnehmer keine Versicherungsleistungen erhalten hat (→ BFH vom 27.3.1992 – BStBl. II S. 663).

Umlagezahlungen. Umlagezahlungen des Arbeitgebers an die VBL sind Arbeitslohn (→ § 19 Abs. 1 Satz 1 Nr. 3 Satz 1 EStG); sie sind nicht nach § 3 Nr. 62 EStG steuerfrei (→ BFH vom 7.5.2009 – BStBl. 2010 II S. 194). Zur Steuerfreistellung → § 3 Nr. 56 EStG.

H 3.63 Zu § 3 Nr. 63 EStG

Allgemeine Grundsätze. → *BMF vom 6.12.2017 (BStBl. 2018 I S. 147), Rz. 23–50;*[2)] → *BMF vom 8.8.2019 (BStBl. I S. 834).*[2)]

---

1) Beitragsbemessungsgrenze **2021: 58 050 €;** Beitragssatz: **3,05 %.**
2) Siehe jetzt BMF v. 12.8.2021, BStBl. I 2021, 1050, anzuwenden in allen offenen Fällen.

Beiträge des Arbeitgebers. → *BMF vom 6.12.2017 (BStBl. 2018 I S. 147), Rz. 26.*[1)]

Umlagezahlungen.

– Zur Abgrenzung gegenüber dem Kapitaldeckungsverfahren → BMF vom 6.12.2017 (BStBl. 2018 I S. 147), Rz. 74, 77–82.
– → § 3 Nr. 56 EStG.

H **3.63a** **Zu § 3 Nr. 63a EStG**

Allgemeine Grundsätze. → BMF vom 6.12.2017 (BStBl. 2018 I S. 147), Rz. 51–52.

R **3.64** **Kaufkraftausgleich (§ 3 Nr. 64 EStG)**

(1) [1]Wird einem Arbeitnehmer außerhalb des öffentlichen Dienstes von einem inländischen Arbeitgeber ein Kaufkraftausgleich gewährt, so bleibt er im Rahmen des Absatzes 2 steuerfrei, wenn der Arbeitnehmer aus dienstlichen Gründen in ein Gebiet außerhalb des Inlands entsandt wird und dort für einen begrenzten Zeitraum einen Wohnsitz i. S. d. § 8 AO oder gewöhnlichen Aufenthalt i. S. d. § 9 AO hat. [2]Eine Entsendung für einen begrenzten Zeitraum ist anzunehmen, wenn eine Rückkehr des Arbeitnehmers nach Beendigung der Tätigkeit vorgesehen ist. [3]Es ist unerheblich, ob der Arbeitnehmer tatsächlich zurückkehrt oder nicht.

(2) [1]Der Umfang der Steuerfreiheit des Kaufkraftausgleichs bestimmt sich nach den Sätzen des Kaufkraftzuschlags zu den Auslandsdienstbezügen im öffentlichen Dienst. [2]Die für die einzelnen Länder in Betracht kommenden Kaufkraftzuschläge werden im BStBl. Teil I bekannt gemacht.[2)]

(3) [1]Die Zuschläge beziehen sich jeweils auf den Auslandsdienstort einer Vertretung der Bundesrepublik Deutschland und gelten, sofern nicht im Einzelnen andere Zuschläge festgesetzt sind, jeweils für den gesamten konsularischen Amtsbezirk der Vertretung. [2]Die konsularischen Amtsbezirke der Vertretungen ergeben sich vorbehaltlich späterer Änderungen, die im Bundesanzeiger veröffentlicht werden, aus dem Verzeichnis der Vertretungen der Bundesrepublik Deutschland im Ausland.

(4) [1]Die regionale Begrenzung der Zuschlagssätze gilt auch für die Steuerbefreiung nach § 3 Nr. 64 EStG. [2]Für ein Land, das von einer Vertretung der Bundesrepublik Deutschland nicht erfasst wird, kann jedoch der Zuschlagssatz angesetzt werden, der für einen vergleichbaren konsularischen Amtsbezirk eines Nachbarlandes festgesetzt worden ist.

(5) [1]Die Zuschlagssätze werden im öffentlichen Dienst auf 60% der Dienstbezüge, die bei Verwendung im Inland zustehen, und der Auslandsdienstbezüge angewendet. [2]Da eine vergleichbare Bemessungsgrundlage außerhalb des öffentlichen Dienstes regelmäßig nicht vorhanden ist, ist der steuerfreie Teil des Kaufkraftausgleichs durch Anwendung eines entsprechenden Abschlagssatzes nach den Gesamtbezügen einschließlich des Kaufkraftausgleichs zu bestim-

[1)] Siehe jetzt BMF v. 12.8.2021, BStBl. I 2021, 1050, anzuwenden in allen offenen Fällen.
[2)] Gesamtübersicht: Stand 1.7.2021 siehe BMF v. 2.7.2021, BStBl. I 2021, 915.

men. [3]Dabei ist es gleichgültig, ob die Bezüge im Inland oder im Ausland ausgezahlt werden. [4]Der Abschlagssatz errechnet sich nach folgender Formel:

$$\frac{\text{Zuschlagssatz} \times 600}{1000 + 6 \times \text{Zuschlagssatz.}}$$

[5]Ergibt sich durch Anwendung des Abschlagssatzes ein höherer Betrag als der tatsächlich gewährte Kaufkraftausgleich, so ist nur der niedrigere Betrag steuerfrei. [6]Zu den Gesamtbezügen, auf die der Abschlagssatz anzuwenden ist, gehören nicht steuerfreie Reisekostenvergütungen und steuerfreie Vergütungen für Mehraufwendungen bei doppelter Haushaltsführung.

(6) [1]Wird ein Zuschlagssatz rückwirkend erhöht, so ist der Arbeitgeber berechtigt, die bereits abgeschlossenen Lohnabrechnungen insoweit wiederaufzurollen und bei der jeweils nächstfolgenden Lohnzahlung die gegebenenfalls zu viel einbehaltene Lohnsteuer zu erstatten. [2]Dabei ist § 41c Abs. 2 und 3 EStG anzuwenden. [3]Die Herabsetzung eines Zuschlagssatzes ist erstmals bei der Lohnabrechnung des Arbeitslohns zu berücksichtigen, der für einen nach der Veröffentlichung der Herabsetzung beginnenden Lohnzahlungszeitraum gezahlt wird.

H **3.64**

Abschlagssätze.

Zuschlagssatz	Abschlagssatz	Zuschlagssatz	Abschlagssatz	Zuschlagssatz	Abschlagssatz
5	2,91	40	19,35	75	31,03
10	5,66	45	21,26	80	32,43
15	8,26	50	23,08	85	33,77
20	10,71	55	24,81	90	35,06
25	13,04	60	26,47	95	36,31
30	15,25	65	28,06	100	37,50
35	17,36	70	29,58		

EU-Recht. Eine Anwendung des § 3 Nr. 64 EStG auf die dem Kaufkraftausgleich vergleichbaren Auslandszahlungen ist aus EU-rechtlichen Gründen nicht erforderlich (→ EuGH vom 15.9.2011 – BStBl. 2013 II S. 56).

EU-Tagegeld. Das EU-Tagegeld ist Arbeitslohn. Es bleibt jedoch steuerfrei, soweit es auf steuerfreie Auslandsdienstbezüge angerechnet wird (→ BMF vom 12.4.2006 – BStBl. I S. 340).[1)]

Wohnungsgestellung am ausländischen Dienstort. → R 8.1 Abs. 6 Satz 10.

R **3.65 Insolvenzsicherung (§ 3 Nr. 65 EStG)**

(1) [1]Die Steuerbefreiung gilt für etwaige Beiträge des Trägers der Insolvenzsicherung an eine Pensionskasse oder an ein Lebensversicherungsunternehmen zur Versicherung seiner Verpflichtungen im Sicherungsfall. [2]Sie gilt auch für die Übertragung von Direktzusagen oder für Zusagen, die von einer Unterstützungskasse erbracht werden sollen, wenn die Betriebstätigkeit eingestellt und das Unternehmen liquidiert wird (§ 4 Abs. 4 des Betriebsrentengesetzes –

[1)] Abgedruckt in **Doppelbesteuerungsabkommen** unter DBA-Allg. Nr. **15.7.**

BetrAVG).[1] [3]Im Falle der Liquidation einer Kapitalgesellschaft greift die Steuerbefreiung auch bei der Übertragung von Versorgungszusagen, die an Gesellschafter-Geschäftsführer gegeben worden sind; dies gilt auch dann, wenn es sich um Versorgungszusagen an beherrschende Gesellschafter-Geschäftsführer handelt. [4]Die Sätze 2 und 3 gelten nicht bei einer Betriebsveräußerung, wenn das Unternehmen vom Erwerber fortgeführt wird.

(2) [1]Die Mittel für die Durchführung der Insolvenzsicherung werden auf Grund öffentlich-rechtlicher Verpflichtung durch Beiträge aller Arbeitgeber aufgebracht, die Leistungen der betrieblichen Altersversorgung unmittelbar zugesagt haben oder eine betriebliche Altersversorgung über eine Unterstützungskasse, eine Direktversicherung oder einen Pensionsfonds durchführen (§ 10 BetrAVG).[1] [2]Die Beiträge an den Träger der Insolvenzsicherung gehören damit als Ausgaben des Arbeitgebers für die Zukunftssicherung des Arbeitnehmers, die auf Grund gesetzlicher Verpflichtung geleistet werden, zu den steuerfreien Einnahmen i. S. d. § 3 Nr. 62 EStG.

(3) [1]Durch die Insolvenzsicherung der betrieblichen Altersversorgung werden nicht neue oder höhere Ansprüche geschaffen, sondern nur bereits vorhandene Ansprüche gegen Insolvenz geschützt. [2]Die in Insolvenzfällen zu erbringenden Versorgungsleistungen des Trägers der Insolvenzsicherung bzw. bei Rückversicherung der Pensionskasse oder des Lebensversicherungsunternehmens behalten deshalb grundsätzlich ihren steuerlichen Charakter, als wäre der Insolvenzfall nicht eingetreten. [3]Das bedeutet z. B., dass Versorgungsleistungen an einen Arbeitnehmer, die auf einer Pensionszusage beruhen oder die über eine Unterstützungskasse durchgeführt werden sollten, auch nach Eintritt des Insolvenzfalles und Übernahme der Leistungen durch ein Versicherungsunternehmen zu den Einnahmen aus nichtselbständiger Arbeit gehören.

(4) § 3 Nr. 65 Satz 1 Buchstabe c EStG ist in den Fällen der Übertragung oder Umwandlung einer Rückdeckungsversicherung (→ R 40b.1 Abs. 3) nicht anwendbar.[2]

H 3.65

Allgemeine Grundsätze. → *BMF vom 6.12.2017 (BStBl. 2018 I S. 147), Rz. 53–55.*[3]

H 3.66 Zu § 3 Nr. 66 EStG

Allgemeines. → *BMF vom 6.12.2017 (BStBl. 2018 I S. 147), Rz. 56.*[3]

H 3.67 Zu § 3 Nr. 67 EStG

Allgemeine Grundsätze. Wird einem Stpfl. für die Erziehung eines vor dem 1. Januar 2015 geborenen Kindes oder für die vor dem 1. Januar 2015 begonnene Pflege einer pflegebedürftigen Person ein Zuschlag nach den §§ 50a bis 50e BeamtVG oder nach den §§ 70 bis 74 SVG oder nach vergleichbaren Regelungen der Länder gewährt, sind für diesen Stpfl. sämtliche Zuschläge, die nach diesen Vorschriften für Zeiten nach dem 31. De-

---

[1] **Steuergesetze** Nr. **70**.

[2] **[Amtl. Anm.:]** Siehe aber § 3 Nr. 65 Satz 1 Buchstabe d EStG.

[3] Siehe jetzt BMF v. 12.8.2021, BStBl. I 2021, 1050, anzuwenden in allen offenen Fällen.

zember 2014 anzurechnen sind, nach § 3 Nr. 67 Buchstabe d EStG steuerfrei (→ BMF vom 8.3.2016 – BStBl. I S. 278).

Zu § 3b EStG

R **3b. Steuerfreiheit der Zuschläge für Sonntags-, Feiertags- oder Nachtarbeit (§ 3b EStG)**

Allgemeines

(1) [1]Die Steuerfreiheit setzt voraus, dass neben dem Grundlohn tatsächlich ein Zuschlag für Sonntags-, Feiertags- oder Nachtarbeit gezahlt wird. [2]Ein solcher Zuschlag kann in einem Gesetz, einer Rechtsverordnung, einem Tarifvertrag, einer Betriebsvereinbarung oder einem Einzelarbeitsvertrag geregelt sein. [3]Bei einer Nettolohnvereinbarung ist der Zuschlag nur steuerfrei, wenn er neben dem vereinbarten Nettolohn gezahlt wird. [4]Unschädlich ist es, wenn neben einem Zuschlag für Sonntags-, Feiertags- oder Nachtarbeit, die gleichzeitig Mehrarbeit ist, keine gesonderte Mehrarbeitsvergütung oder ein Grundlohn gezahlt wird, mit dem die Mehrarbeit abgegolten ist. [5]Auf die Bezeichnung der Lohnzuschläge kommt es nicht an. [6]Die Barabgeltung eines Freizeitanspruchs oder eines Freizeitüberhangs oder Zuschläge wegen Mehrarbeit oder wegen anderer als durch die Arbeitszeit bedingter Erschwernisse oder Zulagen, die lediglich nach bestimmten Zeiträumen bemessen werden, sind keine begünstigten Lohnzuschläge.[1)] [7]§ 3b EStG ist auch bei Arbeitnehmern anwendbar, deren Lohn nach § 40a EStG pauschal versteuert wird.

Grundlohn[2)]

(2) [1]Grundlohn ist nach § 3b Abs. 2 EStG der auf eine Arbeitsstunde entfallende Anspruch auf laufenden Arbeitslohn, den der Arbeitnehmer für den jeweiligen Lohnzahlungszeitraum auf Grund seiner regelmäßigen Arbeitszeit erwirbt. [2]Im Einzelnen gilt Folgendes:

1. Abgrenzung des Grundlohns
   a) [1]Der Anspruch auf laufenden Arbeitslohn ist nach R 39b.2 vom Anspruch auf sonstige Bezüge abzugrenzen. [2]Soweit Arbeitslohn-Nachzahlungen oder -Vorauszahlungen zum laufenden Arbeitslohn gehören, erhöhen sie den laufenden Arbeitslohn der Lohnzahlungszeiträume, für die sie nach- oder vorausgezahlt werden; § 41c EStG ist anzuwenden.
   b) [1]Ansprüche auf Sachbezüge, Aufwendungszuschüsse und vermögenswirksame Leistungen gehören zum Grundlohn, wenn sie laufender Arbeitslohn sind. [2]Das Gleiche gilt für Ansprüche auf Zuschläge und Zulagen, die wegen der Besonderheit der Arbeit in der regelmäßigen Arbeitszeit gezahlt werden, z.B. Erschwerniszulagen oder Schichtzuschläge, sowie für Lohnzuschläge für die Arbeit in der nicht durch § 3b EStG begünstigten Zeit. [3]Regelmäßige Arbeitszeit ist die für das jeweilige Dienstverhältnis vereinbarte Normalarbeitszeit.

---

1) Siehe auch BFH v. 9.6.2005 IX R 68/03, BFH/NV 2006, 37, zur finanziellen Abgeltung des durch Arbeit erworbenen Freizeitanspruchs.

2) Nach § 3b Abs. 2 Satz 1 EStG beträgt der Grundlohn höchstens 50 €, nach § 1 Nr. 1 SvEV (BGBl. I 2006, 3385 – **Steuergesetze** Nr. **21**) höchstens 25 €.

unentgeltlicher Sachbezüge ist deren Geldwert maßgebend. [3]Erhält der Arbeitnehmer die Sachbezüge nicht unentgeltlich, so ist der Unterschiedsbetrag zwischen dem Geldwert des Sachbezugs und dem tatsächlichen Entgelt zu versteuern. [4]Der Geldwert ist entweder durch Einzelbewertung zu ermitteln (→ Absatz 2) oder mit einem amtlichen Sachbezugswert anzusetzen (→ Absatz 4). [5]Besondere Bewertungsvorschriften gelten nach § 8 Abs. 3 EStG für den Bezug von Waren oder Dienstleistungen, die vom Arbeitgeber nicht überwiegend für den Bedarf seiner Arbeitnehmer hergestellt, vertrieben oder erbracht werden, soweit diese Sachbezüge nicht nach § 40 EStG pauschal versteuert werden (→ R 8.2), sowie nach § 19a Abs. 2 EStG in der am 31.12.2008 geltenden Fassung (→ R 19a) und § 3 Nr. 39 Satz 4 EStG für den Bezug von Vermögensbeteiligungen. [6]Die Auszahlung von Arbeitslohn in Fremdwährung ist kein Sachbezug.

Einzelbewertung von Sachbezügen

(2) [1]Sachbezüge, für die keine amtlichen Sachbezugswerte (→ Absatz 4) festgesetzt sind, die nicht nach § 8 Abs. 2 Satz 2 bis 5 EStG (→ Absatz 9 und 10) zu bewerten sind, und die nicht nach § 8 Abs. 3 EStG bewertet werden, sind nach § 8 Abs. 2 Satz 1 EStG mit den um übliche Preisnachlässe geminderten üblichen Endpreisen am Abgabeort im Zeitpunkt der Abgabe anzusetzen. [2]Bei einem umfangreichen Warenangebot, von dem fremde Letztverbraucher ausgeschlossen sind, kann der übliche Preis einer Ware auch auf Grund repräsentativer Erhebungen über die relative Preisdifferenz für die gängigsten Einzelstücke jeder Warengruppe ermittelt werden. [3]Erhält der Arbeitnehmer eine Ware oder Dienstleistung, die nach § 8 Abs. 2 Satz 1 EStG zu bewerten ist, so kann sie aus Vereinfachungsgründen mit 96% des Endpreises bewertet werden, zu dem sie der Abgebende oder dessen Abnehmer fremden Letztverbrauchern im allgemeinen Geschäftsverkehr anbietet. [4]Satz 3 gilt nicht, wenn als Endpreis der günstigste Preis am Markt angesetzt, ein Sachbezug durch eine (zweckgebundene) Geldleistung des Arbeitgebers verwirklicht oder ein Warengutschein mit Betragsangabe hingegeben wird.[1)]

Freigrenze nach § 8 Abs. 2 Satz 11 EStG

(3) [1]Bei der Prüfung der Freigrenze bleiben die nach § 8 Abs. 2 Satz 1 EStG zu bewertenden Vorteile, die nach §§ 37b, 40 EStG pauschal versteuert werden, außer Ansatz.[2)] [2]Für die Feststellung, ob die Freigrenze des § 8 Abs. 2 Satz 11 EStG überschritten ist, sind die in einem Kalendermonat zufließenden und nach § 8 Abs. 2 Satz 1 EStG zu bewertenden Vorteile – auch soweit hierfür Lohnsteuer nach § 39b Abs. 2 und 3 EStG einbehalten worden ist – zusammenzurechnen. [3]Außer Ansatz bleiben Vorteile, die nach § 8 Abs. 2 Satz 2 bis 10 oder Abs. 3, § 3 Nr. 39 EStG oder nach § 19a EStG a. F. i. V. m. § 52 Abs. 27 EStG zu bewerten sind. [4]Auf Zukunftssicherungsleistungen des Arbeitgebers i. S. d. § 2 Abs. 2 Nr. 3 LStDV ist die Freigrenze nicht anwendbar. [5]Bei der monatlichen Überlassung einer Monatsmarke oder einer monat-

---

1) Zur Berechnung der 44 €-Freigrenze bei Sachbezügen (Versandkosten) siehe BFH v. 6.6.2018 VI R 32/16, BStBl. II 2018, 764.

2) **[Amtl. Anm.:]** Zur Anwendung der Freigrenze bei Gutscheinen und Geldkarten i. S. d. § 8 Abs. 1 Satz 3 EStG → § 8 Abs. 2 Satz 11 zweiter Halbsatz EStG.

lichen Fahrberechtigung für ein Job-Ticket, das für einen längeren Zeitraum gilt, ist die Freigrenze anwendbar.

Amtliche Sachbezugswerte

(4) [1] Amtliche Sachbezugswerte werden durch die SvEV[1)] oder durch Erlasse der obersten Landesfinanzbehörden nach § 8 Abs. 2 Satz 10 EStG festgesetzt. [2] Die amtlichen Sachbezugswerte sind, soweit nicht zulässigerweise § 8 Abs. 3 EStG angewandt wird, ausnahmslos für die Sachbezüge maßgebend, für die sie bestimmt sind. [3] Die amtlichen Sachbezugswerte gelten auch dann, wenn in einem Tarifvertrag, einer Betriebsvereinbarung oder in einem Arbeitsvertrag für Sachbezüge höhere oder niedrigere Werte festgesetzt worden sind. [4] Sie gelten ausnahmsweise auch für Barvergütungen, wenn diese nur gelegentlich oder vorübergehend gezahlt werden, z. B. bei tageweiser auswärtiger Beschäftigung, für die Dauer einer Krankheit oder eines Urlaubs, und wenn mit der Barvergütung nicht mehr als der tatsächliche Wert der Sachbezüge abgegolten wird; geht die Barvergütung über den tatsächlichen Wert der Sachbezüge hinaus, so ist die Barvergütung der Besteuerung zugrunde zu legen.

H **8.1** **(1–4)**

44-Euro-Freigrenze.

- Vorteile aus der Überlassung eines zinslosen oder zinsverbilligten Arbeitgeberdarlehens sind bei der Zusammenrechnung einzubeziehen (→ BMF vom 19.5.2015 – BStBl. I S. 484, Rdnr. 10).
- Zu den Aufzeichnungserleichterungen für Sachbezüge i. S. d. § 8 Abs. 2 Satz 11 EStG → § 4 Abs. 3 Satz 2 LStDV.

Aktienoptionen. → H 38.2; → H 9.1.

Arbeitgeberdarlehen. → BMF vom 19.5.2015 (BStBl. I S. 484).

Ausländische Währung. Lohnzahlungen in einer gängigen ausländischen Währung sind Einnahmen in Geld und kein Sachbezug. Die Freigrenze des § 8 Abs. 2 Satz 11 EStG findet auf sie keine Anwendung (→ BFH vom 27.10.2004 – BStBl. 2005 II S. 135 und vom 11.11.2010 – BStBl. 2011 II S. 383, 386 und 389). Umrechnungsmaßstab ist – soweit vorhanden – der auf den Umrechnungszeitpunkt bezogene Euro-Referenzkurs der Europäischen Zentralbank. Lohnzahlungen sind bei Zufluss des Arbeitslohns anhand der von der Europäischen Zentralbank veröffentlichten monatlichen Durchschnittsreferenzkurse umzurechnen, denen die im BStBl. I veröffentlichten Umsatzsteuer-Umrechnungskurse[2)] entsprechen (→ BFH vom 3.12.2009 – BStBl. 2010 II S. 698).

Durchschnittswerte der von Luftfahrtunternehmen gewährten Flüge. → Gleich lautende Ländererlasse vom 16.10.2018 (BStBl. I S. 1088).[3)]

[1)] **Steuergesetze** Nr. **21.**

[2)] Vgl. die Zusammenstellungen in **Steuererlasse** Nr. **500** § 16/6 und § 16/7.

[3)] Für die Jahre 2022 bis 2024 siehe gleich lautenden Ländererlass v. 12.5.2021, BStBl. I 2021, 774.

Kraftwagens, oder wegen eines privaten Zweitwagens, sind nicht zulässig. [6]Listenpreis i.S.d. Sätze 1 bis 3 ist – auch bei gebraucht erworbenen oder geleasten Fahrzeugen – die auf volle hundert Euro abgerundete unverbindliche Preisempfehlung des Herstellers für das genutzte Kraftfahrzeug im Zeitpunkt seiner Erstzulassung zuzüglich der Kosten für werkseitig im Zeitpunkt der Erstzulassung eingebaute Sonderausstattungen (z.B. Navigationsgeräte, Diebstahlsicherungssysteme) und der Umsatzsteuer; der Wert eines Autotelefons einschl. Freisprecheinrichtung sowie der Wert eines weiteren Satzes Reifen einschl. Felgen bleiben außer Ansatz. [7]Bei einem Kraftwagen, der aus Sicherheitsgründen gepanzert ist, kann der Listenpreis des leistungsschwächeren Fahrzeugs zugrunde gelegt werden, das dem Arbeitnehmer zur Verfügung gestellt würde, wenn seine Sicherheit nicht gefährdet wäre. [8]Kann das Kraftfahrzeug auch im Rahmen einer anderen Einkunftsart genutzt werden, ist diese Nutzungsmöglichkeit mit dem Nutzungswert nach Satz 1 abgegolten. [9]Nummer 2 Satz 9 bis 16 gilt entsprechend.

2. [1]Der Arbeitgeber kann den privaten Nutzungswert abweichend von Nummer 1 mit den für das Kraftfahrzeug entstehenden Aufwendungen ansetzen, die auf die nach Nummer 1 zu erfassenden privaten Fahrten entfallen, wenn die Aufwendungen durch Belege und das Verhältnis der privaten zu den übrigen Fahrten durch ein ordnungsgemäßes Fahrtenbuch nachgewiesen werden. [2]Dabei sind die dienstlich und privat zurückgelegten Fahrtstrecken gesondert und laufend im Fahrtenbuch nachzuweisen. [3]Für dienstliche Fahrten sind grundsätzlich die folgenden Angaben erforderlich:
   a) Datum und Kilometerstand zu Beginn und am Ende jeder einzelnen Auswärtstätigkeit,
   b) Reiseziel und bei Umwegen auch die Reiseroute,
   c) Reisezweck und aufgesuchte Geschäftspartner.

   [4]Für Privatfahrten genügen jeweils Kilometerangaben; für Fahrten zwischen Wohnung und erster Tätigkeitsstätte genügt jeweils ein kurzer Vermerk im Fahrtenbuch. [5]Die Führung des Fahrtenbuchs kann nicht auf einen repräsentativen Zeitraum beschränkt werden, selbst wenn die Nutzungsverhältnisse keinen größeren Schwankungen unterliegen. [6]Anstelle des Fahrtenbuchs kann ein Fahrtenschreiber eingesetzt werden, wenn sich daraus dieselben Erkenntnisse gewinnen lassen. [7]Der private Nutzungswert ist der Anteil an den Gesamtkosten des Kraftwagens, der dem Verhältnis der Privatfahrten zur Gesamtfahrtstrecke entspricht. [8]Die insgesamt durch das Kraftfahrzeug entstehenden Aufwendungen i.S.d. § 8 Abs. 2 Satz 4 EStG (Gesamtkosten) sind als Summe der Nettoaufwendungen zuzüglich Umsatzsteuer zu ermitteln; dabei bleiben vom Arbeitnehmer selbst getragene Kosten außer Ansatz.[1)] [9]Zu den Gesamtkosten gehören nur solche Kosten, die dazu bestimmt sind, unmittelbar dem Halten und dem Betrieb des Kraftfahrzeugs zu dienen und im Zusammenhang mit seiner Nutzung typischerweise entstehen. [10]Absetzungen für Abnutzung sind stets in die Ge-

1) **[Amtl. Anm.:]** → BMF v. 4.4.2018, BStBl. I 2018, 592, Rdnrn. 54–55.

samtkosten einzubeziehen; ihnen sind die tatsächlichen Anschaffungs- oder Herstellungskosten einschließlich der Umsatzsteuer zugrunde zu legen. [11]Nicht zu den Gesamtkosten gehören z. B. Beiträge für einen auf den Namen des Arbeitnehmers ausgestellten Schutzbrief, Straßen- oder Tunnelbenutzungsgebühren und Unfallkosten. [12]Verbleiben nach Erstattungen durch Dritte Unfallkosten bis zur Höhe von 1000 Euro (zuzüglich Umsatzsteuer) je Schaden ist es aber nicht zu beanstanden, wenn diese als Reparaturkosten in die Gesamtkosten einbezogen werden; Satz 15 ist sinngemäß anzuwenden. [13]Ist der Arbeitnehmer gegenüber dem Arbeitgeber wegen Unfallkosten nach allgemeinen zivilrechtlichen Regeln schadensersatzpflichtig (z. B. Privatfahrten, Trunkenheitsfahrten) und verzichtet der Arbeitgeber (z. B. durch arbeitsvertragliche Vereinbarungen) auf diesen Schadensersatz, liegt in Höhe des Verzichts ein gesonderter geldwerter Vorteil vor (§ 8 Abs. 2 Satz 1 EStG). [14]Erstattungen durch Dritte (z. B. Versicherung) sind unabhängig vom Zahlungszeitpunkt zu berücksichtigen, so dass der geldwerte Vorteil regelmäßig in Höhe des vereinbarten Selbstbehalts anzusetzen ist. [15]Hat der Arbeitgeber auf den Abschluss einer Versicherung verzichtet oder eine Versicherung mit einem Selbstbehalt von mehr als 1000 Euro abgeschlossen, ist aus Vereinfachungsgründen so zu verfahren, als bestünde eine Versicherung mit einem Selbstbehalt in Höhe von 1000 Euro, wenn es bei bestehender Versicherung zu einer Erstattung gekommen wäre. [16]Liegt keine Schadensersatzpflicht des Arbeitnehmers vor (z. B. Fälle höherer Gewalt, Verursachung des Unfalls durch einen Dritten) oder ereignet sich der Unfall auf einer beruflich veranlassten Fahrt (Auswärtstätigkeit, die wöchentliche Familienheimfahrt bei doppelter Haushaltsführung oder Fahrten zwischen Wohnung und erster Tätigkeitsstätte), liegt vorbehaltlich Satz 13 kein geldwerter Vorteil vor.

3. [1]Der Arbeitgeber muss in Abstimmung mit dem Arbeitnehmer die Anwendung eines der Verfahren nach den Nummern 1 und 2 für jedes Kalenderjahr festlegen; das Verfahren darf bei demselben Kraftfahrzeug während des Kalenderjahrs nicht gewechselt werden.[1)] [2]Soweit die genaue Erfassung des privaten Nutzungswerts nach Nummer 2 monatlich nicht möglich ist, kann der Erhebung der Lohnsteuer monatlich ein Zwölftel des Vorjahresbetrags zugrunde gelegt werden. [3]Nach Ablauf des Kalenderjahres oder nach Beendigung des Dienstverhältnisses ist der tatsächlich zu versteuernde Nutzungswert zu ermitteln und eine etwaige Lohnsteuerdifferenz nach Maßgabe der § 41c, 42b EStG auszugleichen. [4]Bei der Veranlagung zur Einkommensteuer ist der Arbeitnehmer nicht an das für die Erhebung der Lohnsteuer gewählte Verfahren gebunden; Satz 1 2. Halbsatz gilt entsprechend.

4.[2)] [1]Zahlt der Arbeitnehmer an den Arbeitgeber oder auf dessen Weisung an einen Dritten zur Erfüllung einer Verpflichtung des Arbeitgebers (abgekürzter Zahlungsweg) für die außerdienstliche Nutzung (Nutzung zu priva-

---

[1)] Siehe auch BFH v. 3.8.2000 III R 2/00, BStBl. II 2001, 332, zur 1-%-Regelung bei Führung von Fahrtenbüchern nur für einzelne von mehreren auch privat genutzten betrieblichen Kfz.

[2)] Siehe hierzu BMF v. 4.4.2018, BStBl. I 2018, 592. – Siehe aber BFH v. 16.12.2020 VI R 19/18, DStR 2021, 1470 (gegen R 8.1 Abs. 9 Nr. 4 Satz 2 u. 3 und BMF v. 4.4.2018).

Umzugs eines jeden Ehegatten gesondert zu beurteilen (→ BFH vom 23.3.2001 – BStBl. II S. 585). Entsprechendes gilt für Lebenspartnerschaften (→ § 2 Abs. 8 EStG).

Erhebliche Fahrzeitverkürzung.

– Eine erhebliche Verkürzung der Entfernung zwischen Wohnung und Tätigkeitsstätte ist anzunehmen, wenn sich die Dauer der täglichen Hin- und Rückfahrt insgesamt wenigstens zeitweise um mindestens eine Stunde ermäßigt (→ BFH vom 22.11.1991 – BStBl. 1992 II S. 494 und vom 16.10.1992 – BStBl. 1993 II S. 610).
– Die Fahrzeitersparnisse beiderseits berufstätiger Ehegatten/Lebenspartner sind weder zusammenzurechnen (→ BFH vom 27.7.1995 – BStBl. II S. 728) noch zu saldieren (→ BFH vom 21.2.2006 – BStBl. II S. 598).
– Steht bei einem Umzug eine arbeitstägliche Fahrzeitersparnis von mindestens einer Stunde fest, sind private Gründe (z.B. Gründung eines gemeinsamen Haushalts aus Anlass einer Eheschließung/Begründung einer Lebenspartnerschaft, erhöhter Wohnbedarf wegen Geburt eines Kindes) unbeachtlich (→ BFH vom 23.3.2001 – BStBl. II S. 585 und BStBl. 2002 II S. 56).

Höhe der Umzugskosten.

– Zur Höhe der maßgebenden Beträge für umzugsbedingte Unterrichtskosten und sonstige Umzugsauslagen ab 1.6.2020 → *BMF vom 20.5.2020 (BStBl. I S. 544).*[1]
– Die umzugskostenrechtliche Beschränkung einer Mietausfallentschädigung für den bisherigen Wohnungsvermieter gilt nicht für den Werbungskostenabzug (→ BFH vom 1.12.1993 – BStBl. 1994 II S. 323).
– Nicht als Werbungskosten abziehbar sind die bei einem Grundstückskauf angefallenen Maklergebühren, auch soweit sie auf die Vermittlung einer vergleichbaren Mietwohnung entfallen würden (→ BFH vom 24.5.2000 – BStBl. II S. 586) sowie Aufwendungen für die Anschaffung von klimabedingter Kleidung und Wohnungsausstattung i.S.d. §§ 19 und 21 AUV (→ BFH vom 20.3.1992 – BStBl. 1993 II S. 192, vom 27.5.1994 – BStBl. 1995 II S. 17 und vom 12.4.2007 – BStBl. II S. 536).
– Der Werbungskostenabzug setzt eine Belastung mit Aufwendungen voraus. Das ist bei einem in Anlehnung an § 8 Abs. 3 BUKG ermittelten Mietausfall nicht der Fall. Als entgangene Einnahme erfüllt er nicht den Aufwendungsbegriff (→ BFH vom 19.4.2012 – BStBl. 2013 II S. 699).
– Zur steuerfreien Arbeitgebererstattung → R 9.9 Abs. 3.
– Aufwendungen auf Grund der Veräußerung eines Eigenheims anlässlich eines beruflich bedingten Umzugs sind keine Werbungskosten bei den Einkünften aus nichtselbständiger Arbeit (→ BFH vom 24.5.2000 – BStBl. II S. 476).
– Veräußerungsverluste aus dem Verkauf eines Eigenheims einschließlich zwischenzeitlich angefallener Finanzierungskosten anlässlich eines beruflich bedingten Umzugs sind keine Werbungskosten bei den Einkünften aus nichtselbständiger Arbeit (→ BFH vom 24.5.2000 – BStBl. II S. 474).[2]

[1] Für Umzüge ab 1.4.2021 bzw. 1.4.2022 siehe BMF v. 21.7.2021, BStBl. I 2021, 1021.
[2] Siehe auch Stichwort „Aufgabe der Umzugsabsicht".

– Bei einem beruflich veranlassten Umzug sind Aufwendungen für die Ausstattung der neuen Wohnung (z. B. Renovierungsmaterial, Gardinen, Rollos, Lampen, Telefonanschluss, Anschaffung und Installation eines Wasserboilers) nicht als Werbungskosten abziehbar (→ BFH vom 17.12.2002 – BStBl. 2003 II S. 314). Die Berücksichtigung der Pauschale nach § 10 BUKG[1] bleibt unberührt → R 9.9 Abs. 2 Satz 2.

Rückumzug ins Ausland. Der Rückumzug ins Ausland ist bei einem ausländischen Arbeitnehmer, der unbefristet ins Inland versetzt wurde und dessen Familie mit ins Inland umzog und der bei Erreichen der Altersgrenze ins Heimatland zurückzieht, nicht beruflich veranlasst (→ BFH vom 8.11.1996 – BStBl. 1997 II S. 207); anders bei einer von vornherein befristeten Tätigkeit im Inland (→ BFH vom 4.12.1992 – BStBl. 1993 II S. 722).

Umzug ins Ausland. Umzugskosten im Zusammenhang mit einer beabsichtigten nichtselbständigen Tätigkeit im Ausland sind bei den inländischen Einkünften nicht als Werbungskosten abziehbar, wenn die Einkünfte aus der beabsichtigten Tätigkeit nicht der deutschen Besteuerung unterliegen (→ BFH vom 20.9.2006 – BStBl. 2007 II S. 756). Zum Progressionsvorbehalt → H 32b (Zeitweise unbeschränkte Steuerpflicht) EStH.[2]

Zwischenumzug. Die berufliche Veranlassung eines Umzugs endet regelmäßig mit dem Einzug in die erste Wohnung am neuen Arbeitsort. Die Aufwendungen für die Einlagerung von Möbeln für die Zeit vom Bezug dieser Wohnung bis zur Fertigstellung eines Wohnhauses am oder in der Nähe vom neuen Arbeitsort sind daher keine Werbungskosten (→ BFH vom 21.9.2000 – BStBl. 2001 II S. 70).

R 9.10 Aufwendungen für Wege zwischen Wohnung und erster Tätigkeitsstätte sowie Fahrten nach § 9 Abs. 1 Satz 3 Nr. 4a Satz 3 EStG

Maßgebliche Wohnung

(1) [1] Als Ausgangspunkt für die Wege kommt jede Wohnung des Arbeitnehmers in Betracht, die er regelmäßig zur Übernachtung nutzt und von der aus er seine erste Tätigkeitsstätte aufsucht. [2] Als Wohnung ist z. B. auch ein möbliertes Zimmer, eine Schiffskajüte, ein Gartenhaus, ein auf eine gewisse Dauer abgestellter Wohnwagen oder ein Schlafplatz in einer Massenunterkunft anzusehen. [3] Hat ein Arbeitnehmer mehrere Wohnungen, können Wege von und zu der von der ersten Tätigkeitsstätte weiter entfernt liegenden Wohnung nach § 9 Abs. 1 Satz 3 Nr. 4 Satz 6 EStG nur dann berücksichtigt werden, wenn sich dort der Mittelpunkt der Lebensinteressen des Arbeitnehmers befindet und sie nicht nur gelegentlich aufgesucht wird. [4] Der Mittelpunkt der Lebensinteressen befindet sich bei einem verheirateten Arbeitnehmer regelmäßig am tatsächlichen Wohnort seiner Familie. [5] Die Wohnung kann aber nur dann ohne nähere Prüfung berücksichtigt werden, wenn sie der Arbeitnehmer mindestens sechsmal im Kalenderjahr aufsucht. [6] Bei anderen Arbeitnehmern befindet sich der Mittelpunkt der Lebensinteressen an dem Wohnort, zu dem die engeren persönlichen

---

[1] Nr. **29**.
[2] Nr. **1**.

Beziehungen bestehen. [7]Die persönlichen Beziehungen können ihren Ausdruck besonders in Bindungen an Personen, z. B. Eltern, Verlobte, Freundes- und Bekanntenkreis, finden, aber auch in Vereinszugehörigkeiten und anderen Aktivitäten. [8]Sucht der Arbeitnehmer diese Wohnung im Durchschnitt mindestens zweimal monatlich auf, ist davon auszugehen, dass sich dort der Mittelpunkt seiner Lebensinteressen befindet. [9]Die Sätze 4 bis 8 gelten unabhängig davon, ob sich der Lebensmittelpunkt im Inland oder im Ausland befindet.

Fahrten mit einem zur Nutzung überlassenen Kraftfahrzeug

(2) [1]Ein Kraftfahrzeug ist dem Arbeitnehmer zur Nutzung überlassen, wenn es dem Arbeitnehmer vom Arbeitgeber unentgeltlich oder teilentgeltlich überlassen worden ist (→ R 8.1 Abs. 9) oder wenn es der Arbeitnehmer von dritter Seite geliehen, gemietet oder geleast hat. [2]Wird ein Kraftfahrzeug von einer anderen Person als dem Arbeitnehmer, dem das Kraftfahrzeug von seinem Arbeitgeber zur Nutzung überlassen ist, für Wege zwischen Wohnung und erster Tätigkeitsstätte benutzt, kann die andere Person die Entfernungspauschale nach § 9 Abs. 1 Satz 3 Nr. 4 EStG geltend machen; Entsprechendes gilt für den Arbeitnehmer, dem das Kraftfahrzeug von seinem Arbeitgeber überlassen worden ist, für Wege zwischen Wohnung und erster Tätigkeitsstätte im Rahmen eines anderen Dienstverhältnisses.

Behinderte Menschen i. S. d. § 9 Abs. 2 Satz 3 EStG

(3) [1]Ohne Einzelnachweis der tatsächlichen Aufwendungen können die Fahrtkosten nach den Regelungen in § 9 Abs. 1 Satz 3 Nr. 4a Satz 2 EStG angesetzt werden. [2]Wird ein behinderter Arbeitnehmer im eigenen oder ihm zur Nutzung überlassenen Kraftfahrzeug arbeitstäglich von einem Dritten, z. B. dem Ehegatten, zu seiner ersten Tätigkeitsstätte gefahren und wieder abgeholt, können auch die Kraftfahrzeugkosten, die durch die Ab- und Anfahrten des Fahrers – die so genannten Leerfahrten – entstehen, in tatsächlicher Höhe oder in sinngemäßer Anwendung von § 9 Abs. 1 Satz 3 Nr. 4a Satz 2 EStG als Werbungskosten abgezogen werden. [3]Für den Nachweis der Voraussetzungen des § 9 Abs. 2 Satz 3 EStG ist § 65 EStDV entsprechend anzuwenden.[1)] [4]Für die Anerkennung der tatsächlichen Aufwendungen oder der Kilometersätze aus § 9 Abs. 1 Satz 3 Nr. 4a Satz 2 EStG und für die Berücksichtigung von Leerfahrten ist bei rückwirkender Festsetzung oder Änderung des Grads der Behinderung das Gültigkeitsdatum des entsprechenden Nachweises maßgebend.

Sammelpunkt oder weiträumiges Tätigkeitsgebiet i. S. d. § 9 Abs. 1 Satz 3 Nr. 4a Satz 3 EStG

(4) Die Absätze 1 bis 3 gelten bei Fahrten nach § 9 Abs. 1 Satz 3 Nr. 4a Satz 3 EStG entsprechend.

H 9.10

Allgemeine Grundsätze. → BMF vom 31.10.2013 (BStBl. I S. 1376).[2)]

Anrechnung von Arbeitgeberleistungen auf die Entfernungspauschale.
- → BMF vom 31.10.2013 (BStBl. I S. 1376), Tz. 1.9.[2)]
- → BMF vom 15.8.2019 (BStBl. I S. 875).

[1)] Zum Nachweis siehe auch BMF v. 1.3.2021, BStBl. I 2021, 300.
[2)] **[Amtl. Anm.:]** Überholt, wird überarbeitet.

Behinderte Menschen.
– → BMF vom 31.10.2013 (BStBl. I S. 1376), Tz. 3.
– Auch bei Arbeitnehmern mit Behinderungen darf grundsätzlich nur eine Hin- und Rückfahrt arbeitstäglich, gegebenenfalls zusätzlich eine Rück- und Hinfahrt als Leerfahrt, berücksichtigt werden (→ BFH vom 2.4.1976 – BStBl. II S. 452).
– Zur Ermittlung der Absetzungen für Abnutzung sind die Anschaffungskosten um Zuschüsse nach der Kraftfahrzeughilfe-Verordnung zu mindern (→ BFH vom 14.6.2012 – BStBl. II S. 835).
– Wird bei einem behinderten Menschen der Grad der Behinderung herabgesetzt und liegen die Voraussetzungen des § 9 Abs. 2 Satz 3 EStG nach der Herabsetzung nicht mehr vor, ist dies ab dem im Bescheid genannten Zeitpunkt zu berücksichtigen. Aufwendungen für Wege zwischen Wohnung und erster Tätigkeitsstätte sowie für Fahrten nach § 9 Abs. 1 Satz 3 Nr. 4a Satz 3 EStG können daher ab diesem Zeitpunkt nicht mehr nach § 9 Abs. 2 Satz 3 EStG bemessen werden (→ BFH vom 11.3.2014 – BStBl. II S. 525).

Benutzung verschiedener Verkehrsmittel. → BMF vom 31.10.2013 (BStBl. I S. 1376), Tz. 1.6.

Dienstliche Verrichtungen auf der Fahrt. Eine Fahrt zwischen Wohnung und erster Tätigkeitsstätte liegt auch vor, wenn diese gleichzeitig zu dienstlichen Verrichtungen für den Arbeitgeber genutzt wird, z.B. Abholen der Post, sich dabei aber der Charakter der Fahrt nicht wesentlich ändert und allenfalls ein geringer Umweg erforderlich wird; die erforderliche Umwegstrecke ist als Auswärtstätigkeit zu werten (→ BFH vom 12.10.1990 – BStBl. 1991 II S. 134).

Fahrgemeinschaften. → BMF vom 31.10.2013 (BStBl. I S. 1376), Tz. 1.5.

Fahrtkosten
– **bei Antritt einer Auswärtstätigkeit von der ersten Tätigkeitsstätte.** Hat der Arbeitnehmer eine erste Tätigkeitsstätte, ist die Entfernungspauschale auch dann anzusetzen, wenn der Arbeitnehmer seine erste Tätigkeitsstätte deshalb aufsucht, um von dort eine Auswärtstätigkeit anzutreten (→ BFH vom 18.1.1991 – BStBl. II S. 408);
– **bei einfacher Fahrt.** Die Entfernungspauschale für Wege zwischen Wohnung und erster Tätigkeitsstätte gilt arbeitstäglich zwei Wege (einen Hin- und einen Rückweg) ab. Legt ein Arbeitnehmer nur einen Weg zurück, so ist nur die Hälfte der Entfernungspauschale je Entfernungskilometer und Arbeitstag als Werbungskosten zu berücksichtigen. Dies gilt, wenn sich z.B. an die Hinfahrt eine Auswärtstätigkeit anschließt, die an der Wohnung des Arbeitnehmers endet (→ BFH vom 26.7.1978 – BStBl. II S. 661); wenn Hin- und Rückfahrt sich auf unterschiedliche Wohnungen beziehen (→ BFH vom 9.12.1988 – BStBl. 1989 II S. 296) oder wenn die Rückfahrt erst an einem späteren Tag erfolgt (→ BFH vom 12.2.2020 – BStBl. II S. 473);

– **bei mehreren ersten Tätigkeitsstätten.** Zum Ansatz der Entfernungspauschale bei mehreren ersten Tätigkeitsstätten in **mehreren Dienstverhältnissen** (→ BMF vom 31.10.2013 – BStBl. I S. 1376, Tz. 1.8);
– **bei Nutzung verschiedener Verkehrsmittel.** → BMF vom 31.10. 2013 (BStBl. I S. 1376), Tz. 1.6;
– **zu einem bestimmten Sammelpunkt.**[1] → § 9 Abs. 1 Satz 3 Nr. 4a Satz 3 EStG und BMF vom 25.11.2020 (BStBl. I S. 1228), Rz. 38 ff.;
– **zu einem weiträumigen Tätigkeitsgebiet.**[1] → § 9 Abs. 1 Satz 3 Nr. 4a Satz 3 EStG und BMF vom 25.11.2020 (BStBl. I S. 1228), Rz. 41 ff.

Leasingsonderzahlung. Durch die Entfernungspauschale wird auch eine Leasingsonderzahlung abgegolten (→ BFH vom 15.4.2010 – BStBl. II S. 805).

Leerfahrten.
– Wird ein Arbeitnehmer im eigenen Kraftfahrzeug von einem Dritten zu seiner ersten Tätigkeitsstätte gefahren oder wieder abgeholt, so sind die so genannten Leerfahrten selbst dann nicht zu berücksichtigen, wenn die Fahrten wegen schlechter öffentlicher Verkehrsverhältnisse erforderlich sind (→ BFH vom 7.4.1989 – BStBl. II S. 925).
– Bei behinderten Menschen i. S. d. § 9 Abs. 2 Satz 3 EStG → R 9.10 Abs. 3.

Mehrere Dienstverhältnisse. → BMF vom 31.10.2013 (BStBl. I S. 1376), Tz. 1.8.

Mehrere Wege an einem Arbeitstag.
– → BMF vom 31.10.2013 (BStBl. I S. 1376), Tz. 1.7.
– Die Abgeltungswirkung der Entfernungspauschale greift auch dann ein, wenn wegen atypischer Dienstzeiten Wege zwischen Wohnung und erster Tätigkeitsstätte zweimal arbeitstäglich erfolgen (→ BFH vom 11.9.2003 – BStBl. II S. 893).

Parkgebühren. → BMF vom 31.10.2013 (BStBl. I S. 1376), Tz. 4.

Park and ride. → BMF vom 31.10.2013 (BStBl. I S. 1376), Tz. 1.6.

Umwegfahrten. → Dienstliche Verrichtungen auf der Fahrt; → Fahrgemeinschaften.

Unfallschäden. Neben der Entfernungspauschale **können** nur Aufwendungen **berücksichtigt werden** für die Beseitigung von Unfallschäden bei einem Verkehrsunfall
– auf der Fahrt zwischen Wohnung und erster Tätigkeitsstätte (→ BFH vom 23.6.1978 – BStBl. II S. 457 und vom 14.7.1978 – BStBl. II S. 595),
– auf einer Umwegfahrt zum Betanken des Fahrzeugs (→ BFH vom 11.10.1984 – BStBl. 1985 II S. 10),
– unter einschränkenden Voraussetzungen auf einer Leerfahrt des Ehegatten/Lebenspartners zwischen der Wohnung und der Haltestelle eines öffentlichen Verkehrsmittels oder auf der Abholfahrt des Ehegatten/Lebenspartners (→ BFH vom 26.6.1987 – BStBl. II S. 818 und vom 11.2.1993 – BStBl. II S. 518),

[1] Die Anwendung der Entfernungspauschale setzt typischerweise arbeitstägliches (nicht fahrtägliches) dauerhaftes Aufsuchen eines vom Arbeitgeber festgelegten Sammelpunkts voraus; siehe BFH v. 19.4.2021 VI R 6/19, DStR 2021, 1999.

– auf einer Umwegstrecke zur Abholung der Mitfahrer einer Fahrgemeinschaft unabhängig von der Gestaltung der Fahrgemeinschaft (→ BFH vom 11.7.1980 – BStBl. II S. 655).

Nicht berücksichtigt werden können die Folgen von Verkehrsunfällen

– auf der Fahrt unter Alkoholeinfluss (→ BFH vom 6.4.1984 – BStBl. II S. 434),
– auf einer Probefahrt (→ BFH vom 23.6.1978 – BStBl. II S. 457),
– auf einer Fahrt, die nicht von der Wohnung aus angetreten oder an der Wohnung beendet wird (→ BFH vom 25.3.1988 – BStBl. II S. 706),
– auf einer Umwegstrecke, wenn diese aus privaten Gründen befahren wird, z.B. zum Einkauf von Lebensmitteln oder um ein Kleinkind unmittelbar vor Arbeitsbeginn in den Hort zu bringen (→ BFH vom 13.3.1996 – BStBl. II S. 375).

Zu den **berücksichtigungsfähigen Unfallkosten** gehören auch **Schadensersatzleistungen,** die der Arbeitnehmer unter Verzicht auf die Inanspruchnahme seiner gesetzlichen Haftpflichtversicherung selbst getragen hat.

Nicht berücksichtigungsfähig sind dagegen

– die in den Folgejahren erhöhten Beiträge für die Haftpflicht- und Fahrzeugversicherung, wenn die Schadensersatzleistungen von dem Versicherungsunternehmen erbracht worden sind (→ BFH vom 11.7.1986 – BStBl. II S. 866),
– Finanzierungskosten, und zwar auch dann, wenn die Kreditfinanzierung des Fahrzeugs wegen Verlusts eines anderen Kraftfahrzeugs auf einer Fahrt von der Wohnung zur ersten Tätigkeitsstätte erforderlich geworden ist (→ BFH vom 1.10.1982 – BStBl. 1983 II S. 17),
– der so genannte merkantile Minderwert eines reparierten und weiterhin benutzten Fahrzeugs (→ BFH vom 31.1.1992 – BStBl. II S. 401),
– Reparaturaufwendungen infolge der Falschbetankung eines Kraftfahrzeugs auf der Fahrt zwischen Wohnung und erster Tätigkeitsstätte sowie auf Fahrten nach § 9 Abs. 1 Satz 3 Nr. 4a Satz 3 EStG (→ BFH vom 20.3.2014 – BStBl. II S. 849).

Lässt der Arbeitnehmer das unfallbeschädigte Fahrzeug nicht reparieren, kann die Wertminderung durch Absetzungen für außergewöhnliche Abnutzung (§ 7 Abs. 1 letzter Satz i.V.m. § 9 Abs. 1 Satz 3 Nr. 7 EStG) berücksichtigt werden (→ BFH vom 21.8.2012 – BStBl. 2013 II S. 171); Absetzungen sind ausgeschlossen, wenn die gewöhnliche Nutzungsdauer des Fahrzeugs bereits abgelaufen ist (→ BFH vom 21.8.2012 – BStBl. 2013 II S. 171).

→ H 9.12 (Absetzung für Abnutzung).

Soweit die unfallbedingte Wertminderung durch eine Reparatur behoben worden ist, sind nur die tatsächlichen Reparaturkosten zu berücksichtigen (→ BFH vom 27.8.1993 – BStBl. 1994 II S. 235).

Verkehrsgünstigere Strecke.

– → BMF vom 31.10.2013 (BStBl. I S. 1376), Tz. 1.4.
– Für die Entfernungspauschale ist die kürzeste Straßenverbindung auch dann maßgeblich, wenn diese mautpflichtig ist oder mit dem vom Ar-

Lohnzahlung durch Dritte. Die Zuwendung eines Dritten kann Arbeitslohn sein, wenn sie als Entgelt für eine Leistung beurteilt werden kann, die der Arbeitnehmer im Rahmen seines Dienstverhältnisses für seinen Arbeitgeber erbringt, erbracht hat oder erbringen soll (→ BFH vom 28.2.2013 – BStBl. II S. 642). Bei Zuflüssen von dritter Seite können die Einnahmen insbesondere dann Ertrag der nichtselbständigen Arbeit sein, wenn sie

- auf Grund konkreter Vereinbarungen mit dem Arbeitgeber beruhen (→ BFH vom 28.3.1958 – BStBl. III S. 268 und vom 27.1.1961 – BStBl. III S. 167 zu Leistungen aus einer **Unterstützungskasse**),
- auf Grund gesellschaftsrechtlicher oder geschäftlicher Beziehungen des Dritten zum Arbeitgeber gewährt werden (→ BFH vom 21.2.1986 – BStBl. II S. 768 zur unentgeltlichen oder teilentgeltlichen Überlassung von **Belegschaftsaktien** an Mitarbeiter verbundener Unternehmen und vom 1.9.2016 – BStBl. 2017 II S. 69 zum verbilligten Erwerb einer GmbH-Beteiligung durch eine vom Geschäftsführer des Arbeitgebers beherrschte GmbH),
- dem Empfänger mit Rücksicht auf das Dienstverhältnis zufließen (→ BFH vom 19.8.2004 – BStBl. II S. 1076 zur Wohnungsüberlassung),
- → H 38.4 (Lohnzahlung durch Dritte).

Negativer Arbeitslohn. Wird ein fehlgeschlagenes Mitarbeiterbeteiligungsprogramm rückgängig gemacht, indem zuvor vergünstigt erworbene Aktien an den Arbeitgeber zurückgegeben werden, liegen negative Einnahmen bzw. Werbungskosten vor (→ BFH vom 17.9.2009 – BStBl. 2010 II S. 299).

Pensionszusage, Ablösung. → BMF vom 4.7.2017 (BStBl. I S. 883); zur Übertragung der betrieblichen Altersversorgung → § 3 Nr. 55, Nr. 65 und Nr. 66 EStG und *BMF vom 6.12.2017 (BStBl. 2018 I S. 147), Rz. 53 ff.*[1]

Rabattgewährung durch Dritte. → BMF vom 20.1.2015 (BStBl. I S. 143).[2]

Rückzahlung von Arbeitslohn. Arbeitslohnrückzahlungen sind nur dann anzunehmen, wenn der Arbeitnehmer an den Arbeitgeber die Leistungen, die bei ihm als Lohnzahlungen zu qualifizieren waren, zurückzahlt. Der Veranlassungszusammenhang zum Arbeitsverhältnis darf aber nicht beendet worden sein (→ BFH vom 10.8.2010 – BStBl. II S. 1074 zum fehlgeschlagenen Grundstückserwerb vom Arbeitgeber). → H 11.

Zinsen. Soweit die Arbeitnehmer von Kreditinstituten und ihre Angehörigen auf ihre Einlagen beim Arbeitgeber höhere Zinsen erhalten als betriebsfremde Anleger, sind die zusätzlichen Zinsen durch das Dienstverhältnis veranlasst und dem Lohnsteuerabzug zu unterwerfen. Aus Vereinfachungsgründen ist es jedoch nicht zu beanstanden, wenn der Zusatzzins als Einnahmen aus Kapitalvermögen behandelt wird, sofern der dem Arbeitnehmer und seinen Angehörigen eingeräumte Zinssatz nicht mehr als 1 Prozentpunkt über dem Zinssatz liegt, den die kontoführende Stelle des Arbeitgebers betriebsfremden Anlegern im allgemeinen Geschäftsverkehr anbietet (→ BMF vom 2.3.1990 – BStBl. I S. 141).

---

[1] Siehe jetzt BMF v. 12.8.2021, BStBl. I 2021, 1050, anzuwenden in allen offenen Fällen.

[2] Siehe auch BFH v. 18.10.2012 VI R 64/11, BStBl. II 2015, 184, und v. 10.4.2014 VI R 62/11, BStBl. II 2015, 191.

Zufluss von Arbeitslohn. → R 38.2.

Zum Lohnsteuerabzug. → R 38.4.

R 19.4 Vermittlungsprovisionen

(1) [1]Erhalten Arbeitnehmer von ihren Arbeitgebern Vermittlungsprovisionen, so sind diese grundsätzlich Arbeitslohn. [2]Das Gleiche gilt für Provisionen, die ein Dritter an den Arbeitgeber zahlt und die dieser an den Arbeitnehmer weiterleitet.

(2) [1]Provisionszahlungen einer Bausparkasse oder eines Versicherungsunternehmens an Arbeitnehmer der Kreditinstitute für Vertragsabschlüsse, die während der Arbeitszeit vermittelt werden, sind als Lohnzahlungen Dritter dem Lohnsteuerabzug zu unterwerfen. [2]Wenn zum Aufgabengebiet des Arbeitnehmers der direkte Kontakt mit dem Kunden des Kreditinstituts gehört, z. B. bei einem Kunden- oder Anlageberater, gilt dies auch für die Provisionen der Vertragsabschlüsse außerhalb der Arbeitszeit.

H 19.4

Lohnsteuerabzug bei Vermittlungsprovisionen von Dritten. → R 38.4.

Provisionen für Vertragsabschlüsse mit dem Arbeitnehmer.

- Preisnachlässe des Arbeitgebers bei Geschäften, die mit dem Arbeitnehmer als Kunden abgeschlossen werden, sind als Preisvorteile nach § 8 Abs. 3 EStG zu erfassen, auch wenn sie als Provisionszahlungen bezeichnet werden (→ BFH vom 22.5.1992 – BStBl. II S. 840).
- Provisionszahlungen einer Bausparkasse oder eines Versicherungsunternehmens an Arbeitnehmer der Kreditinstitute bei Vertragsabschlüssen im Verwandtenbereich und für eigene Verträge unterliegen als Rabatte von dritter Seite dem Lohnsteuerabzug (→ BMF vom 20.1.2015 (BStBl. I S. 143).

Provisionen für im Innendienst Beschäftigte. Provisionen, die Versicherungsgesellschaften ihren im Innendienst beschäftigten Arbeitnehmern für die gelegentliche Vermittlung von Versicherungen zahlen, und Provisionen im Bankgewerbe für die Vermittlung von Wertpapiergeschäften sind Arbeitslohn, wenn die Vermittlungstätigkeit im Rahmen des Dienstverhältnisses ausgeübt wird (→ BFH vom 7.10.1954 – BStBl. 1955 III S. 17).

R 19.5 Zuwendungen bei Betriebsveranstaltungen[1)]

Allgemeines

(1) Zuwendungen des Arbeitgebers an die Arbeitnehmer bei Betriebsveranstaltungen gehören als Leistungen im ganz überwiegenden betrieblichen Interesse des Arbeitgebers nicht zum Arbeitslohn, wenn es sich um herkömmliche (übliche) Betriebsveranstaltungen und um bei diesen Veranstaltungen übliche Zuwendungen handelt.

[1)] **[Amtl. Anm.:]** R 19.5 LStR ist für alle nach dem 31.12.2014 endenden Lohnzahlungszeiträume sowie für VZ ab dem Jahr 2015 nicht mehr anzuwenden → BMF vom 14.10.2015 (BStBl. I S. 832).

Begriff der Betriebsveranstaltung

(2) [1] Betriebsveranstaltungen sind Veranstaltungen auf betrieblicher Ebene, die gesellschaftlichen Charakter haben und bei denen die Teilnahme allen Betriebsangehörigen offen steht, z. B. Betriebsausflüge, Weihnachtsfeiern, Jubiläumsfeiern. [2] Ob die Veranstaltung vom Arbeitgeber, Betriebsrat oder Personalrat durchgeführt wird, ist unerheblich. [3] Veranstaltungen, die nur für einen beschränkten Kreis der Arbeitnehmer von Interesse sind, sind Betriebsveranstaltungen, wenn sich die Begrenzung des Teilnehmerkreises nicht als eine Bevorzugung bestimmter Arbeitnehmergruppen darstellt. [4] Als Betriebsveranstaltungen sind deshalb auch solche Veranstaltungen anzuerkennen, die z. B.

1. *jeweils nur für eine Organisationseinheit des Betriebs, z. B. Abteilung, durchgeführt werden, wenn alle Arbeitnehmer dieser Organisationseinheit an der Veranstaltung teilnehmen können,*
2. *nur für alle im Ruhestand befindlichen früheren Arbeitnehmer des Unternehmens veranstaltet werden (Pensionärstreffen),*
3. *nur für solche Arbeitnehmer durchgeführt werden, die bereits im Unternehmen ein rundes (10-, 20-, 25-, 30-, 40-, 50-, 60-jähriges) Arbeitnehmerjubiläum gefeiert haben oder in Verbindung mit der Betriebsveranstaltung feiern (Jubilarfeiern). [2] Dabei ist es unschädlich, wenn neben den Jubilaren auch ein begrenzter Kreis anderer Arbeitnehmer, wie z. B. die engeren Mitarbeiter des Jubilars, eingeladen wird. [3] Der Annahme eines 40-, 50- oder 60-jährigen Arbeitnehmerjubiläums steht nicht entgegen, wenn die Jubilarfeier zu einem Zeitpunkt stattfindet, der höchstens fünf Jahre vor den bezeichneten Jubiläumsdienstzeiten liegt.*

[5] Die Ehrung eines einzelnen Jubilars oder eines einzelnen Arbeitnehmers bei dessen Ausscheiden aus dem Betrieb, auch unter Beteiligung weiterer Arbeitnehmer, ist keine Betriebsveranstaltung; zu Sachzuwendungen aus solchen Anlässen → R 19.3 Abs. 2 Nr. 3. [6] Auch ein so genanntes Arbeitsessen ist keine Betriebsveranstaltung (→ R 19.6 Abs. 2).

Herkömmlichkeit (Üblichkeit) der Betriebsveranstaltung

(3) [1] Abgrenzungsmerkmale für die Herkömmlichkeit (Üblichkeit) sind Häufigkeit oder besondere Ausgestaltung der Betriebsveranstaltung. [2] In Bezug auf die Häufigkeit ist eine Betriebsveranstaltung üblich, wenn nicht mehr als zwei Veranstaltungen jährlich durchgeführt werden; auf die Dauer der einzelnen Veranstaltung kommt es nicht an. [3] Das gilt auch für Veranstaltungen i. S. d. Absatzes 2 Satz 4 Nr. 2 und 3, die gesondert zu werten sind. [4] Bei mehr als zwei gleichartigen Veranstaltungen kann der Arbeitgeber die beiden Veranstaltungen auswählen, die als übliche Betriebsveranstaltungen durchgeführt werden. [5] Unschädlich ist, wenn ein Arbeitnehmer an mehr als zwei unterschiedlichen Veranstaltungen teilnimmt, z. B. ein Jubilar, der noch im selben Jahr in den Ruhestand tritt, nimmt an der Jubilarfeier, an einem Pensionärstreffen und an einem Betriebsausflug teil. [6] Die Teilnahme eines Arbeitnehmers an mehr als zwei gleichartigen Betriebsveranstaltungen ist unschädlich, wenn sie der Erfüllung beruflicher Aufgaben dient, z. B. wenn der Personalchef oder Betriebsratsmitglieder die Veranstaltungen mehrerer Abteilungen besuchen.

Übliche Zuwendungen

(4) [1] Übliche Zuwendungen bei einer Betriebsveranstaltung sind insbesondere

1. *Speisen, Getränke, Tabakwaren und Süßigkeiten,*
2. *die Übernahme von Übernachtungs- und Fahrtkosten, auch wenn die Fahrt als solche schon einen Erlebniswert hat,*

3. *Eintrittskarten für kulturelle und sportliche Veranstaltungen, wenn sich die Betriebsveranstaltung nicht im Besuch einer kulturellen oder sportlichen Veranstaltung erschöpft,*
4. *Geschenke (→ Absatz 6 Satz 3). [2] Üblich ist auch die nachträgliche Überreichung der Geschenke an solche Arbeitnehmer, die aus betrieblichen oder persönlichen Gründen nicht an der Betriebsveranstaltung teilnehmen konnten, nicht aber eine deswegen gewährte Barzuwendung,*
5. *Aufwendungen für den äußeren Rahmen, z. B. für Räume, Musik, Kegelbahn, für künstlerische und artistische Darbietungen, wenn die Darbietungen nicht der wesentliche Zweck der Betriebsveranstaltung sind.*

[2] Betragen die Aufwendungen des Arbeitgebers einschließlich Umsatzsteuer für die üblichen Zuwendungen i. S. d. Satzes 1 Nr. 1 bis 5 an den einzelnen Arbeitnehmer insgesamt mehr als 110 Euro je Veranstaltung, so sind die Aufwendungen dem Arbeitslohn hinzuzurechnen.[1)]

(5) Im Übrigen gilt Folgendes:

1. *Zuwendungen an den Ehegatten oder einen Angehörigen des Arbeitnehmers, z. B. Kind, Verlobte, sind dem Arbeitnehmer zuzurechnen.*
2. *Barzuwendungen, die statt der in Absatz 4 Satz 1 Nr. 1 bis 3 genannten Sachzuwendungen gewährt werden, sind diesen gleichgestellt, wenn ihre zweckentsprechende Verwendung sichergestellt ist.*

Besteuerung der Zuwendungen

(6) [1] Bei einer nicht herkömmlichen (unüblichen) Betriebsveranstaltung gehören die gesamten Zuwendungen an die Arbeitnehmer, einschließlich der Aufwendungen für den äußeren Rahmen (Absatz 4 Satz 1 Nr. 5), zum Arbeitslohn. [2] Für die Erhebung der Lohnsteuer gelten die allgemeinen Vorschriften; § 40 Abs. 2 EStG ist anwendbar. [3] Das gilt auch für ihrer Art nach übliche Zuwendungen, bei denen die 110-Euro-Grenze des Absatzes 4 Satz 2 überschritten wird, sowie für nicht übliche Zuwendungen, z. B. Geschenke, deren Gesamtwert 60 Euro übersteigt, oder Zuwendungen an einzelne Arbeitnehmer, aus Anlass – nicht nur bei Gelegenheit – einer Betriebsveranstaltung.

H 19.5

Allgemeines. → BMF vom 14.10.2015 (BStBl. I S. 832).[2)]

Gemischt veranlasste Veranstaltung. Sachzuwendungen an Arbeitnehmer anlässlich einer Veranstaltung, die sowohl Elemente einer Betriebsveranstaltung als auch einer sonstigen betrieblichen Veranstaltung enthält, sind grundsätzlich aufzuteilen (→ BFH vom 16.11.2005 – BStBl. 2006 II S. 444 und vom 30.4.2009 – BStBl. II S. 726).

Incentive-Reisen. Incentive-Reisen, die der Arbeitgeber veranstaltet, um bestimmte Arbeitnehmer für besondere Leistungen zu entlohnen und zu

---

[1)] Zur Ermittlung der Kosten einer Betriebsveranstaltung, zur Bedeutung der (damaligen) Freigrenze und zur typisierenden Gesetzesauslegung siehe BFH v. 12.12.2012 VI R 79/10, DStR 2013, 397.

[2)] Zur Bewertung von Arbeitslohn anlässlich von Betriebsveranstaltungen siehe BFH v. 29.4.2021 VI R 31/18, BStBl. II 2021, 606: Die Gesamtkosten des Arbeitgebers sind auf die bei der Betriebsveranstaltung anwesenden Arbeitnehmer aufzuteilen.

– **Verhältnis Einbehaltungspflicht/Anzeigeverpflichtung.** Die Anzeige des Arbeitgebers nach § 38 Abs. 4 Satz 2 EStG ersetzt die Erfüllung der Einbehaltungspflichten. Bei unterlassener Anzeige hat der Arbeitgeber die Lohnsteuer mit den Haftungsfolgen nicht ordnungsgemäß einbehalten (→ BFH vom 9.10.2002 – BStBl. II S. 884).

R 38.2 Zufluss von Arbeitslohn

(1) [1]Der Lohnsteuerabzug setzt den Zufluss von Arbeitslohn voraus. [2]Hat der Arbeitgeber eine mit dem Arbeitnehmer getroffene Lohnverwendungsabrede erfüllt, ist Arbeitslohn zugeflossen.

(2) Die besondere Regelung für die zeitliche Zuordnung des – zugeflossenen – Arbeitslohns (§ 11 Abs. 1 Satz 4 i. V. m. § 38a Abs. 1 Satz 2 und 3 EStG) bleibt unberührt.

(3)[1)] [1]Der Zufluss des Arbeitslohns erfolgt bei einem Gutschein, der bei einem Dritten einzulösen ist, mit Hingabe des Gutscheins, weil der Arbeitnehmer zu diesem Zeitpunkt einen Rechtsanspruch gegenüber dem Dritten erhält. [2]Ist der Gutschein beim Arbeitgeber einzulösen, fließt Arbeitslohn erst bei Einlösung des Gutscheins zu.

H 38.2

Aktienoptionen.

– Bei nicht handelbaren Aktienoptionsrechten liegt weder bei Einräumung noch im Zeitpunkt der erstmaligen Ausübbarkeit ein Zufluss von Arbeitslohn vor (→ BFH vom 20.6.2001 – BStBl. II S. 689).
– Auch bei handelbaren Optionsrechten fließt ein geldwerter Vorteil grundsätzlich erst zu, wenn die Aktien unentgeltlich oder verbilligt in das wirtschaftliche Eigentum des Arbeitnehmers gelangen (→ BFH vom 20.11.2008 – BStBl. 2009 II S. 382).
– Bei einem entgeltlichen Verzicht auf ein Aktienankaufs- oder Vorkaufsrecht fließt ein geldwerter Vorteil nicht zum Zeitpunkt der Rechtseinräumung, sondern erst zum Zeitpunkt des entgeltlichen Verzichts zu (→ BFH vom 19.6.2008 – BStBl. II S. 826).
– Ein geldwerter Vorteil fließt nicht zu, solange dem Arbeitnehmer eine Verfügung über die im Rahmen eines Aktienoptionsplans erhaltenen Aktien rechtlich unmöglich ist (→ BFH vom 30.6.2011 – BStBl. II S. 923 zu vinkulierten Namensaktien). Im Gegensatz dazu stehen Sperr- und Haltefristen einem Zufluss nicht entgegen (→ BFH vom 30.9.2008 – BStBl. 2009 II S. 282).
– Der Vorteil aus einem vom Arbeitgeber eingeräumten Aktienoptionsrecht fließt dem Arbeitnehmer zu, wenn er das Recht ausübt oder anderweitig verwertet. Eine solche Verwertung liegt insbesondere vor, wenn der Arbeitnehmer das Recht auf einen Dritten überträgt. Der Vorteil bemisst sich nach dem Wert des Rechts im Zeitpunkt der Verfügung darüber (→ BFH vom 18.9.2012 – BStBl. 2013 II S. 289).

---

1) Siehe auch BMF v. 13.4.2021, BStBl. I 2021, 624.

Betriebliche Altersversorgung.
- Allgemeines → *BMF vom 6.12.2017 (BStBl. 2018 I S. 147), Rz. 1–7.*[1]
- Ablösung einer Pensionszusage → BMF vom 4.7.2017 (BStBl. I S. 883).
- Zur Übertragung der betrieblichen Altersversorgung → § 3 Nr. 55, Nr. 65 und Nr. 66 EStG und *BMF vom 6.12.2017 (BStBl. 2018 I S. 147), Rz. 53–63.*[1]
- Beitragsleistungen des Arbeitgebers für eine Direktversicherung seines Arbeitnehmers fließen in dem Zeitpunkt zu, in dem er seiner Bank einen entsprechenden Überweisungsauftrag erteilt (→ BFH vom 7.7.2005 – BStBl. II S. 726).
- Arbeitslohn aus Beiträgen des Arbeitgebers zu einer Direktversicherung des Arbeitnehmers für eine betriebliche Altersversorgung fließt dem Arbeitnehmer nicht schon mit Erteilung der Einzugsermächtigung durch den Arbeitgeber zugunsten des Versicherungsnehmers zu; der Zufluss erfolgt erst, wenn der Arbeitgeber den Versicherungsbeitrag tatsächlich leistet (→ BFH vom 24.8.2017 – BStBl. 2018 II S. 72).

Einräumung eines Wohnungsrechts. Die Einräumung eines dinglichen Wohnungsrechts führt zu einem laufenden monatlichen Zufluss von Arbeitslohn (→ BFH vom 19.8.2004 – BStBl. II S. 1076).

Gesellschafter-Geschäftsführer.[2] Zum Zufluss von Gehaltsbestandteilen bei Nichtauszahlung → BMF vom 12.5.2014 (BStBl. I S. 860).

Kein Zufluss von Arbeitslohn. Arbeitslohn fließt nicht zu bei
- Verzicht des Arbeitnehmers auf Arbeitslohnanspruch, wenn er nicht mit einer Verwendungsauflage hinsichtlich der freiwerdenden Mittel verbunden ist (→ BFH vom 30.7.1993 – BStBl. II S. 884);
- Verzicht des Arbeitnehmers auf Arbeitslohnanspruch zugunsten von Beitragsleistungen des Arbeitgebers an eine Versorgungseinrichtung, die dem Arbeitnehmer keine Rechtsansprüche auf Versorgungsleistungen gewährt (→ BFH vom 27.5.1993 – BStBl. 1994 II S. 246);
- Gutschriften beim Arbeitgeber zugunsten des Arbeitnehmers auf Grund eines Gewinnbeteiligungs- und Vermögensbildungsmodells, wenn der Arbeitnehmer über die gutgeschriebenen Beträge wirtschaftlich nicht verfügen kann (→ BFH vom 14.5.1982 – BStBl. II S. 469);
- Verpflichtung des Arbeitgebers im Rahmen eines arbeitsgerichtlichen Vergleichs zu einer Spendenzahlung, ohne dass der Arbeitnehmer auf die Person des Spendenempfängers Einfluss nehmen kann; diese Vereinbarung enthält noch keine zu Einkünften aus nichtselbständiger Arbeit führende Lohnverwendungsabrede (→ BFH vom 23.9.1998 – BStBl. 1999 II S. 98);
- Einräumung eines Anspruchs gegen den Arbeitgeber, sondern grundsätzlich erst durch dessen Erfüllung. Das gilt auch für den Fall, dass der Anspruch – wie ein solcher auf die spätere Verschaffung einer Aktie zu einem bestimmten Preis (Aktienoptionsrecht) – lediglich die Chance eines zukünftigen Vorteils beinhaltet (→ BFH vom 24.1.2001 – BStBl. II

[1] Siehe jetzt BMF v. 12.8.2021, BStBl. I 2021, 1050, anzuwenden in allen offenen Fällen.
[2] Siehe auch BFH v. 28.4.2020 VI R 44/17, BStBl. II 2021, 392, zum Zufluss von Tantiemen bei verspäteter Feststellung des Jahresabschlusses.

S. 509 und 512). Das gilt grundsätzlich auch bei handelbaren Optionsrechten (→ BFH vom 20.11.2008 – BStBl. 2009 II S. 382);
- Einbehalt eines Betrags vom Arbeitslohn durch den Arbeitgeber und Zuführung zu einer Versorgungsrückstellung (→ BFH vom 20.7.2005 – BStBl. II S. 890);
- rechtlicher Unmöglichkeit der Verfügung des Arbeitnehmers über Aktien (→ BFH vom 30.6.2011 – BStBl. II S. 923 zu vinkulierten Namensaktien); im Gegensatz dazu stehen Sperr- und Haltefristen einem Zufluss nicht entgegen (→ BFH vom 30.9.2008 – BStBl. 2009 II S. 282).

Verschiebung der Fälligkeit. Arbeitgeber und Arbeitnehmer können den Zeitpunkt des Zuflusses einer Abfindung oder eines Teilbetrags einer solchen beim Arbeitnehmer in der Weise steuerwirksam gestalten, dass sie deren ursprünglich vorgesehene Fälligkeit vor ihrem Eintritt auf einen späteren Zeitpunkt verschieben (→ BFH vom 11.11.2009 – BStBl. 2010 II S. 746).

Wandelschuldverschreibung.
- Wird im Rahmen eines Arbeitsverhältnisses durch Übertragung einer nicht handelbaren Wandelschuldverschreibung ein Anspruch auf die Verschaffung von Aktien eingeräumt, liegt ein Zufluss von Arbeitslohn nicht bereits durch die Übertragung der Wandelschuldverschreibung vor. Bei Ausübung des Wandlungsrechts fließt ein geldwerter Vorteil erst dann zu, wenn durch Erfüllung des Anspruchs das wirtschaftliche Eigentum an den Aktien verschafft wird. Geldwerter Vorteil ist die Differenz zwischen dem Börsenpreis der Aktien und den Erwerbsaufwendungen (→ BFH vom 23.6.2005 – BStBl. II S. 766).
- Bei Verkauf eines Darlehens, das mit einem Wandlungsrecht zum Bezug von Aktien ausgestattet ist, fließt der geldwerte Vorteil im Zeitpunkt des Verkaufs zu (→ BFH vom 23.6.2005 – BStBl. II S. 770).[1]

Zeitwertkonten. → BMF vom 17.6.2009 (BStBl. I S. 1286) unter Berücksichtigung der Änderungen durch BMF vom 8.8.2019 (BStBl. I S. 874).

Zufluss von Arbeitslohn.[2] Arbeitslohn fließt zu bei
- wirtschaftlicher Verfügungsmacht des Arbeitnehmers über den Arbeitslohn (→ BFH vom 30.4.1974 – BStBl. II S. 541); dies gilt auch bei Zahlungen ohne Rechtsgrund (→ BFH vom 4.5.2006 – BStBl. II S. 832) sowie versehentlicher Überweisung, die der Arbeitgeber zurückfordern kann (→ BFH vom 4.5.2006 – BStBl. II S. 830); zur Rückzahlung von Arbeitslohn → H 11;
- Zahlung, Verrechnung oder Gutschrift (→ BFH vom 10.12.1985 – BStBl. 1986 II S. 342);
- Entgegennahme eines Schecks oder Verrechnungsschecks, wenn die bezogene Bank im Fall der sofortigen Vorlage den Scheckbetrag auszahlen oder

[1] Siehe auch BFH v. 20.5.2010 VI R 12/08, BStBl. II 2010, 1069.

[2] Siehe auch BFH v. 17.9.2009 VI R 17/08, BStBl. II 2010, 299, und H 19.3 LStH „Negativer Arbeitslohn". – Zur Rückzahlung von Arbeitslohn durch beherrschenden Gesellschafter-Geschäftsführer siehe BFH v. 14.4.2016 VI R 13/14, BStBl. II 2016, 778. – Zum Gehaltsverzicht als – im Wege einer verdeckten Einlage – zugeflossenem Arbeitslohn siehe BFH v. 15.6.2016 VI R 6/13, BStBl. II 2016, 903. – Zum Lohnzufluss bei Teilnahme an einem Firmenfitness-Programm siehe BFH v. 7.7.2020 VI R 14/18, BStBl. II 2021, 232.

gutschreiben würde und der sofortigen Vorlage keine zivilrechtlichen Abreden entgegenstehen (→ BFH vom 30.10.1980 – BStBl. 1981 II S. 305);
- Einlösung oder Diskontierung eines zahlungshalber hingegebenen Wechsels (→ BFH vom 5.5.1971 – BStBl. II S. 624);
- Verzicht des Arbeitgebers auf eine ihm zustehende Schadenersatzforderung gegenüber dem Arbeitnehmer in dem Zeitpunkt, in dem der Arbeitgeber zu erkennen gibt, dass er keinen Rückgriff nehmen wird (→ BFH vom 27.3.1992 – BStBl. II S. 837);
- Überlassung einer Jahresnetzkarte mit uneingeschränktem Nutzungsrecht in voller Höhe im Zeitpunkt der Überlassung (→ BFH vom 12.4.2007 – BStBl. II S. 719) oder im Zeitpunkt der Ausübung des Bezugsrechts durch Erwerb der Jahresnetzkarte (→ BFH vom 14.11.2012 – BStBl. 2013 II S. 382);
- Freifahrtscheinen mit dem Bezug unabhängig vom konkreten Fahrtantritt (→ BFH vom 26.9.2019 – BStBl. 2020 II S. 162);
- Ausgleichszahlungen, die der Arbeitnehmer für seine in der Arbeitsphase erbrachten Vorleistungen erhält, wenn ein im Blockmodell geführtes Altersteilzeitarbeitsverhältnis vor Ablauf der vertraglich vereinbarten Zeit beendet wird (→ BFH vom 15.12.2011 – BStBl. 2012 II S. 415);
- → Wandelschuldverschreibung.

R **38.3 Einbehaltungspflicht des Arbeitgebers**

(1) [1]Zur Einbehaltung der Lohnsteuer vom Arbeitslohn ist jeder inländische Arbeitgeber verpflichtet. [2]Für die Einbehaltung der Lohnsteuer seiner Leiharbeitnehmer hat der ausländische Verleiher nach § 38 Abs. 1 Satz 1 Nr. 2 EStG auch dann die gleichen Pflichten wie ein inländischer Arbeitgeber zu erfüllen, wenn er selbst nicht inländischer Arbeitgeber ist.

(2) Neben den im § 12 Satz 2 AO aufgeführten Einrichtungen sind Betriebsstätten auch Landungsbrücken (Anlegestellen von Schifffahrtsgesellschaften), Kontore und sonstige Geschäftseinrichtungen, die dem Unternehmer oder Mitunternehmer oder seinem ständigen Vertreter, z.B. einem Prokuristen, zur Ausübung des Gewerbes dienen.

(3) [1]Ständiger Vertreter nach § 13 AO kann hiernach z.B. auch eine Person sein, die eine Filiale leitet oder die Aufsicht über einen Bautrupp ausübt. [2]Ständiger Vertreter ist jedoch z.B. nicht ein einzelner Monteur, der von Fall zu Fall Montagearbeiten im Inland ausführt.

(4) [1]Bei Bauausführungen oder Montagen ausländischer Arbeitgeber im Inland, die länger als sechs Monate (→ § 12 Satz 2 Nr. 8 AO) dauern, ist der ausländische Arbeitgeber zugleich als inländischer Arbeitgeber i.S.d. § 38 Abs. 1 Satz 1 Nr. 1 EStG anzusehen, gleichgültig ob die Bauausführung oder Montage nach dem Doppelbesteuerungsabkommen eine Betriebsstätte begründet. [2]Begründet die Bauausführung oder Montage nach dem anzuwendenden Doppelbesteuerungsabkommen keine Betriebsstätte, so sind die Arbeitslöhne, die an die im Inland eingesetzten ausländischen Arbeitnehmer gezahlt werden, in der Regel von der Lohnsteuer freizustellen, wenn sie sich höchstens an 183 Tagen im Kalenderjahr, bei bestimmten Doppelbesteuerungsabkommen in einem Zwölfmonatszeitraum, im Inland aufhalten.

Sonderzuwendung	2500 €
abzüglich Direktversicherungsbeitrag	1752 €
nach den Lohnsteuerabzugsmerkmalen als sonstiger Bezug zu besteuern	748 €
Bemessungsgrundlage für die pauschale Lohnsteuer	1752 €

Allgemeines.

– Der Lohnsteuerpauschalierung unterliegen nur die Arbeitgeberleistungen i. S. d. § 40b EStG zugunsten von Arbeitnehmern oder früheren Arbeitnehmern und deren Hinterbliebenen (→ BFH vom 7.7.1972 – BStBl. II S. 890).
– Die Pauschalierung der Lohnsteuer nach § 40b EStG ist auch dann zulässig, wenn die Zukunftssicherungsleistung erst nach Ausscheiden des Arbeitnehmers aus dem Betrieb erbracht wird und er bereits in einem neuen Dienstverhältnis steht (→ BFH vom 18.12.1987 – BStBl. 1988 II S. 554).
– Pauschalbesteuerungsfähig sind jedoch nur Zukunftssicherungsleistungen, die der Arbeitgeber auf Grund ausschließlich eigener rechtlicher Verpflichtung erbringt (→ BFH vom 29.4.1991 – BStBl. II S. 647).
– Die Pauschalierung der Lohnsteuer nach § 40b EStG ist ausgeschlossen, wenn der Arbeitgeber für den Ehegatten eines verstorbenen früheren Arbeitnehmers eine Lebensversicherung abschließt oder wenn bei einer Versicherung das typische Todesfallwagnis und – bereits bei Vertragsabschluss – das Rentenwagnis ausgeschlossen worden sind. Hier liegt begrifflich keine Direktversicherung i. S. d. § 40b EStG vor (→ BFH vom 9.11.1990 – BStBl. 1991 II S. 189).
– Die Pauschalierung setzt allgemein voraus, dass die Zukunftssicherungsleistungen aus einem ersten Dienstverhältnis bezogen werden. Sie ist demnach bei Arbeitnehmern nicht anwendbar, bei denen der Lohnsteuerabzug nach der Steuerklasse VI vorgenommen wird (→ BFH vom 12.8.1996 – BStBl. 1997 II S. 143). Bei pauschal besteuerten Teilzeitarbeitsverhältnissen (→ § 40a EStG) ist die Pauschalierung zulässig, wenn es sich dabei um das erste Dienstverhältnis handelt (→ BFH vom 8.12.1989 – BStBl. 1990 II S. 398).
– Für Zukunftssicherungsleistungen i. S. d. § 40b EStG kann die Lohnsteuerpauschalierung nach § 40 Abs. 1 Satz 1 Nr. 1 EStG nicht vorgenommen werden, selbst wenn sie als sonstige Bezüge gewährt werden (→ § 40b Abs. 5 Satz 2 EStG).
– Zum Zeitpunkt der Beitragsleistung des Arbeitgebers für eine Direktversicherung → H 38.2 (Zufluss von Arbeitslohn).
– Die Pauschalierung setzt voraus, dass es sich bei den Beiträgen um Arbeitslohn handelt, der den Arbeitnehmern im Zeitpunkt der Abführung durch den Arbeitgeber an die Versorgungseinrichtung zufließt (→ BFH vom 12.4.2007 – BStBl. II S. 619).

Arbeitnehmerfinanzierte betriebliche Altersversorgung. → *BMF vom 6.12.2017 (BStBl. 2018 I S. 147).*[1]

Ausscheiden des Arbeitgebers aus der VBL. Das Ausscheiden des Arbeitgebers aus der VBL und die damit verbundenen Folgen für die Zusatzversorgung des Arbeitnehmers führen nicht zur Rückzahlung von Arbeits-

[1] Siehe jetzt BMF v. 12.8.2021, BStBl. I 2021, 1050, anzuwenden in allen offenen Fällen.

lohn und damit weder zu negativem Arbeitslohn noch zu Werbungskosten bei den Einkünften aus nichtselbständiger Arbeit (→ BFH vom 7.5.2009 – BStBl. 2010 II S. 133 und S. 135).

Barlohnkürzung.

Beispiel:

Der Anspruch auf das 13. Monatsgehalt entsteht gemäß Tarifvertrag zeitanteilig nach den vollen Monaten der Beschäftigung im Kalenderjahr und ist am 1.12. fällig. Die Barlohnkürzung vom 13. Monatsgehalt zu Gunsten eines Direktversicherungsbeitrags wird im November des laufenden Kalenderjahres vereinbart.
Der Barlohn kann vor Fälligkeit, also bis spätestens 30.11., auch um den Teil des 13. Monatsgehalts, der auf bereits abgelaufene Monate entfällt, steuerlich wirksam gekürzt werden. Auf den Zeitpunkt der Entstehung kommt es nicht an (→ R 40b.1 Abs. 5).

Beendigung einer betrieblichen Altersversorgung. → *BMF vom 6.12. 2017 (BStBl. 2018 I S. 147), Rz. 166.*[1]

Dienstverhältnis zwischen Ehegatten.[2] Zur Anerkennung von Zukunftssicherungsleistungen bei Dienstverhältnissen zwischen Ehegatten → H 6a (9) EStH.[3]

Durchschnittsberechnung nach § 40b Abs. 2 Satz 2 EStG:

- „Eigenbeiträge" des Arbeitnehmers, die aus versteuertem Arbeitslohn stammen, sind in die Durchschnittsberechnung nicht einzubeziehen (→ BFH vom 12.4.2007 – BStBl. II S. 619).
- Beiträge zu Direktversicherungen können nur dann in die Durchschnittsberechnung einbezogen werden, wenn ein gemeinsamer Versicherungsvertrag vorliegt. Direktversicherungen, die nach einem Wechsel des Arbeitgebers beim neuen Arbeitgeber als Einzelversicherungen fortgeführt werden, erfüllen diese Voraussetzung nicht (→ BFH vom 11.3.2010 – BStBl. 2011 II S. 183).
- **Beispiel:**

Es werden ganzjährig laufend monatliche Zuwendungen an eine Pensionskasse (Altverträge mit Kapitalauszahlung)

a) für 2 Arbeitnehmer je 250 €	=	500 €
b) für 20 Arbeitnehmer je 175 €	=	3500 €
c) für 20 Arbeitnehmer je 125 €	=	2500 €
insgesamt		6500 € geleistet.

Die Leistungen für die Arbeitnehmer zu a) betragen jeweils mehr als 2148 € jährlich; sie sind daher in eine Durchschnittsberechnung nicht einzubeziehen. Die Leistungen für die Arbeitnehmer zu b) und c) übersteigen jährlich jeweils nicht 2148 €; es ist daher der Durchschnittsbetrag festzustellen. Der Durchschnittsbetrag beträgt 150 € monatlich; er übersteigt hiernach 1752 € jährlich und kommt deshalb als Bemessungsgrundlage nicht in Betracht. Der Pauschalbesteuerung sind also in allen Fällen die tatsächlichen Leistungen zugrunde zu legen. Der Arbeitgeber kann dabei

in den Fällen zu a) im 1. bis 7. Monat je 250 € und im 8. Monat noch 2 €
oder monatlich je 146 €,

in den Fällen zu b) im 1. bis 10. Monat je 175 € und im 11. Monat noch 2 €
oder monatlich je 146 €,

in den Fällen zu c) monatlich je 125 €

pauschal versteuern.

---

[1] Siehe jetzt BMF v. 12.8.2021, BStBl. I 2021, 1050, anzuwenden in allen offenen Fällen.

[2] **[Amtl. Anm.:]** Die dort aufgeführten Grundsätze gelten bei Lebenspartnern entsprechend (→ § 2 Abs. 8 EStG).

[3] Nr. **1**.

Kirchensteuer bei Pauschalierung der Lohn- und Einkommensteuer. → Gleich lautende Ländererlasse vom 8.8.2016 (BStBl. I S. 773).

Mindesttodesfallschutz. → R 40b.1 Abs. 2; → BMF vom 22.8.2002 (BStBl. I S. 827), Rdnr. 23–30.

Negative pauschale Lohnsteuer. Die Festsetzung einer negativen Einkommensteuer und damit auch einer negativen pauschalen Lohnsteuer ist gesetzlich nicht vorgesehen (→ BFH vom 28.4.2016 – BStBl. II S. 898). Bei Rückzahlung pauschal versteuerter Leistungen → R 40b.1 Abs. 13 ff. LStR.

Rückdeckungsversicherung.
- → R 40b.1 Abs. 3.
- Verzichtet der frühere Arbeitnehmer auf seine Rechte aus einer Versorgungszusage des Arbeitgebers, tritt im Gegenzug der Arbeitgeber sämtliche Rechte aus der zur Absicherung der Versorgungszusage abgeschlossenen Rückdeckungsversicherung an den vom Arbeitnehmer nunmehr getrennt lebenden Ehegatten/Lebenspartner ab und zahlt die Versicherung daraufhin das angesammelte Kapital an den Ehegatten/Lebenspartner aus, beinhaltet dies einen den früheren Arbeitnehmer bereichernden Lohnzufluss (→ BFH vom 9.10.2002 – BStBl. II S. 884).
- Tritt ein Arbeitgeber Ansprüche aus einer von ihm mit einem Versicherer abgeschlossenen Rückdeckungsversicherung an den Arbeitnehmer ab und leistet der Arbeitgeber im Anschluss hieran Beiträge an den Versicherer, sind diese Ausgaben Arbeitslohn (→ BFH vom 5.7.2012 – BStBl. 2013 II S. 190).

Rückzahlung von Arbeitslohn.
- Der Verlust des durch eine Direktversicherung eingeräumten Bezugsrechts bei Insolvenz des Arbeitgebers führt wegen des Ersatzanspruchs nicht zu einer Arbeitslohnrückzahlung (→ BFH vom 5.7.2007 – BStBl. II S. 774).
- → R 40b.1 Abs. 13 ff. und → Ausscheiden des Arbeitgebers aus der VBL.

Verhältnis von § 3 Nr. 63 EStG und § 40b EStG. → *BMF vom 6.12. 2017 (BStBl. 2018 I S. 147), Rz. 85 ff.*[1]

Vervielfältigungsregelung. Die Beendigung des Dienstverhältnisses i. S. d. § 40b Abs. 2 Satz 3 1. Halbsatz EStG ist die nach bürgerlichem (Arbeits-) Recht wirksame Beendigung. Ein Dienstverhältnis kann daher auch dann beendet sein, wenn der Arbeitnehmer und sein bisheriger Arbeitgeber im Anschluss an das bisherige Dienstverhältnis ein neues vereinbaren, sofern es sich nicht als Fortsetzung des bisherigen erweist. Es liegt keine solche Beendigung vor, wenn das neue Dienstverhältnis mit demselben Arbeitgeber in Bezug auf den Arbeitsbereich, die Entlohnung und die sozialen Besitzstände im Wesentlichen dem bisherigen Dienstverhältnis entspricht (→ BFH vom 30.10.2008 – BStBl. 2009 II S. 162).

Wahlrecht. → *BMF vom 6.12.2017 (BStBl. 2018 I S. 147), Rz. 93.*[1]

---

[1] Siehe jetzt BMF v. 12.8.2021, BStBl. I 2021, 1050, anzuwenden in allen offenen Fällen.

Wirkung einer fehlerhaften Pauschalbesteuerung. Eine fehlerhafte Pauschalbesteuerung ist für die Veranlagung zur Einkommensteuer nicht bindend (→ BFH vom 10.6.1988 – BStBl. II S. 981).

Zukunftssicherungsleistungen i. S. d. § 40b EStG n. F. → *BMF vom 6.12.2017 (BStBl. 2018 I S. 147), Rz. 83–84.*[1)]

R 40b.2 Pauschalierung der Lohnsteuer bei Beiträgen zu einer Gruppenunfallversicherung

[1]Die Lohnsteuerpauschalierung nach § 40b Abs. 3 EStG ist nicht zulässig, wenn der steuerpflichtige Durchschnittsbeitrag – ohne Versicherungsteuer – *62 Euro*[2)] jährlich übersteigt; in diesem Fall ist der steuerpflichtige Durchschnittsbeitrag dem normalen Lohnsteuerabzug zu unterwerfen. [2]Bei konzernumfassenden Gruppenunfallversicherungen ist der Durchschnittsbeitrag festzustellen, der sich bei Aufteilung der Beitragszahlungen des Arbeitgebers auf die Zahl seiner begünstigten Arbeitnehmer ergibt; es ist nicht zulässig, den Durchschnittsbeitrag durch Aufteilung des Konzernbeitrags auf alle Arbeitnehmer des Konzerns zu ermitteln. [3]Ein gemeinsamer Unfallversicherungsvertrag i. S. d. § 40b Abs. 3 EStG liegt außer bei einer Gruppenversicherung auch dann vor, wenn in einem Rahmenvertrag mit einem oder mehreren Versicherern sowohl die versicherten Personen als auch die versicherten Wagnisse bezeichnet werden und die Einzelheiten in Zusatzvereinbarungen geregelt sind. [4]Ein Rahmenvertrag, der z. B. nur den Beitragseinzug und die Beitragsabrechnung regelt, stellt keinen gemeinsamen Unfallversicherungsvertrag dar.

H 40b.2

Allgemeine Grundsätze. Zur Ermittlung des steuerpflichtigen Beitrags für Unfallversicherungen, die das Unfallrisiko sowohl im beruflichen als auch im außerberuflichen Bereich abdecken, → BMF vom 28.10.2009 (BStBl. I S. 1275).[3)]

Zu § 41 EStG
(§§ 4, 5 LStDV)

R 41.1 Aufzeichnungserleichterungen, Aufzeichnung der Religionsgemeinschaft

(1) [1]Die nach §§ 40 Abs. 1 Satz 1 Nr. 1 und 40b EStG pauschal besteuerten Bezüge und die darauf entfallende pauschale Lohnsteuer sind grundsätzlich in dem für jeden Arbeitnehmer zu führenden Lohnkonto aufzuzeichnen. [2]Soweit die Lohnsteuerpauschalierung nach § 40b EStG auf der Grundlage des Durchschnittsbetrags durchgeführt wird (→ § 40b Abs. 2 Satz 2 EStG), ist dieser aufzuzeichnen.

---

1) Siehe jetzt BMF v. 12.8.2021, BStBl. I 2021, 1050, anzuwenden in allen offenen Fällen.
2) Ab 1.1.2020 100 EUR, siehe § 40b Abs. 3 EStG i. d. F. des G v. 22.11.2019, BGBl. I 2019, 1746.
3) Siehe hierzu BMF v. 13.4.2021, BStBl. I 2021, 624.

§ 38 Abs. 3 EStG im Zeitpunkt der Zahlung einbehaltenen und übernommenen Lohnsteuer ohne Kürzung um das ihr entnommene Kindergeld (→ § 72 Abs. 7 EStG).

(4) [1]Das Betriebsstättenfinanzamt hat den rechtzeitigen Eingang der Lohnsteuer-Anmeldung zu überwachen. [2]Es kann bei nicht rechtzeitigem Eingang der Lohnsteuer-Anmeldung einen Verspätungszuschlag nach § 152 AO festsetzen oder erforderlichenfalls die Abgabe der Lohnsteuer-Anmeldung mit Zwangsmitteln nach §§ 328 bis 335 AO durchsetzen. [3]Wird eine Lohnsteuer-Anmeldung nicht eingereicht, kann das Finanzamt die Lohnsteuer im Schätzungswege ermitteln und den Arbeitgeber durch Steuerbescheid in Anspruch nehmen (→ §§ 162, 167 Abs. 1 AO). [4]Pauschale Lohnsteuer kann im Schätzungswege ermittelt und in einem Steuerbescheid festgesetzt werden, wenn der Arbeitgeber mit dem Pauschalierungsverfahren einverstanden ist.

(5) [1]Bemessungsgrundlage für den Steuereinbehalt nach § 41a Abs. 4 EStG ist die Lohnsteuer, die auf den für die Tätigkeit an Bord von Schiffen gezahlten Arbeitslohn entfällt, wenn der betreffende Arbeitnehmer mehr als 183 Tage bei dem betreffenden Reeder beschäftigt ist.[1)] [2]Der Lohnsteuereinbehalt durch den Reeder nach § 41a Abs. 4 EStG gilt für den Kapitän und alle Besatzungsmitglieder – einschl. des Servicepersonals –, die über ein Seefahrtsbuch[2)] verfügen und deren Arbeitgeber er ist. [3]Der Lohnsteuereinbehalt kann durch Korrespondent- oder Vertragsreeder nur vorgenommen werden, wenn diese mit der Bereederung des Schiffes in ihrer Eigenschaft als Mitgesellschafter an der Eigentümergesellschaft beauftragt sind. [4]Bei Vertragsreedern ist dies regelmäßig nicht der Fall. [5]Bei Korrespondentreedern ist der Lohnsteuereinbehalt nur für die Heuern der Seeleute zulässig, die auf den Schiffen tätig sind, bei denen der Korrespondentreeder auch Miteigentümer ist.

H 41a.1

Änderung der Lohnsteuer-Anmeldung durch das Finanzamt. Eine Erhöhung der Lohnsteuer-Entrichtungsschuld ist unter den Voraussetzungen des § 164 Abs. 2 Satz 1 AO auch nach Übermittlung oder Ausschreibung der Lohnsteuerbescheinigung zulässig (→BFH vom 30.10.2008 – BStBl. 2009 II S. 354).[3)]

Anfechtung der Lohnsteuer-Anmeldung durch den Arbeitnehmer. Ein Arbeitnehmer kann die Lohnsteuer-Anmeldung des Arbeitgebers aus eigenem Recht anfechten, soweit sie ihn betrifft (→BFH vom 20.7.2005 – BStBl. II S. 890).

Elektronische Abgabe der Lohnsteuer-Anmeldung. Die Verpflichtung eines Arbeitgebers, seine Steueranmeldung dem Finanzamt grundsätzlich elektronisch zu übermitteln, ist verfassungsgemäß (→BFH vom 14.3.2012 – BStBl. II S. 477).

Förderbetrag zur betrieblichen Altersversorgung. → *BMF vom 6.12. 2017 (BStBl. 2018 I S. 147), Rz. 100ff.*[4)]

---

1) **[Amtl. Anm.:]** Überholt durch Neufassung des § 41a Abs. 4 Satz 1 EStG.
2) **[Amtl. Anm.:]** Jetzt: eine Dienstbescheinigung.
3) Ebenso BFH v. 13.11.2012 VI R 38/11, BStBl. II 2013, 929.
4) Siehe jetzt BMF v. 12.8.2021, BStBl. I 2021, 1050, anzuwenden in allen offenen Fällen.

Härtefallregelung. Ein Härtefall liegt vor, wenn dem Arbeitgeber die elektronische Datenübermittlung wirtschaftlich oder persönlich unzumutbar ist. Dies ist z. B. der Fall, wenn ihm nicht zuzumuten ist, die technischen Voraussetzungen für die elektronische Übermittlung einzurichten (→BFH vom 14.3.2012 – BStBl. II S. 477).

Lohnsteuereinbehalt durch Reeder.

- Arbeitgeber i. S. d. § 41a Abs. 4 EStG ist der zum Lohnsteuereinbehalt nach § 38 Abs. 3 EStG Verpflichtete. Dies ist regelmäßig der Vertragspartner des Arbeitnehmers aus dem Dienstvertrag (→BFH vom 13.7.2011 – BStBl. II S. 986).
- Eine Kürzung der einbehaltenen Lohnsteuer nach § 41a Abs. 4 Sätze 1 und 2 EStG kommt nicht in Betracht, wenn das Schiff im maßgebenden Lohnzahlungszeitraum nicht im internationalen Verkehr betrieben wird. Ein qualifizierter Betrieb an wenigen Tagen im Jahr reicht nicht aus, um die einbehaltene Lohnsteuer für das gesamte Wirtschaftsjahr zu kürzen (→BFH vom 18.12.2019 – BStBl. 2020 II S. 289).
- Zur Anwendung der Neuregelung des § 41a Abs. 4 EStG →BMF vom 18.5.2016 (BStBl. I S. 503).[1]

Schätzungsbescheid. Wenn ein Arbeitgeber die Lohnsteuer trotz gesetzlicher Verpflichtung nicht anmeldet und abführt, kann das Finanzamt sie durch Schätzungsbescheid festsetzen. Die Möglichkeit, einen Haftungsbescheid zu erlassen, steht dem nicht entgegen (→BFH vom 7.7.2004 – BStBl. II S. 1087).

R **41a.2** Abführung der Lohnsteuer

[1]Der Arbeitgeber hat die Lohnsteuer in einem Betrag an die Kasse des Betriebsstättenfinanzamts (→ § 41 Abs. 2 EStG) oder an eine von der obersten Finanzbehörde des Landes bestimmte öffentliche Kasse (→ § 41a Abs. 3 EStG) abzuführen. [2]Der Arbeitgeber muss mit der Zahlung angeben oder durch sein Kreditinstitut angeben lassen: die Steuernummer, die Bezeichnung der Steuer und den Lohnsteuer-Anmeldungszeitraum. [3]Eine Stundung der einzubehaltenden oder einbehaltenen Lohnsteuer ist nicht möglich (→ § 222 Satz 3 und 4 AO).

Zu § 41b EStG

R **41b.** Abschluss des Lohnsteuerabzugs

Lohnsteuerbescheinigungen

(1) Die Lohnsteuerbescheinigung richtet sich nach § 41b EStG und der im Bundessteuerblatt Teil I bekannt gemachten Datensatzbeschreibung für die elektronische Übermittlung sowie dem entsprechenden Vordruckmuster.

Lohnsteuerbescheinigungen von öffentlichen Kassen

(2) [1]Wird ein Arbeitnehmer, der den Arbeitslohn im Voraus für einen Lohnzahlungszeitraum erhalten hat, während dieser Zeit einer anderen Dienst-

---

[1] Ab 1.6.2021 Verlängerung des Lohnsteuereinbehalts unter Ausweitung auf Flaggen der Mitgliedstaaten von EU und EWR, siehe § 41a Abs. 4 EStG i. d. F. des G v. 12.5.2021, BGBl. I 2021, 989, und BMF v. 29.6.2021, BStBl. I 2021, 854.

stelle zugewiesen und geht die Zahlung des Arbeitslohns auf die Kasse dieser Dienststelle über, hat die früher zuständige Kasse in der Lohnsteuerbescheinigung (→ Absatz 1) den vollen von ihr gezahlten Arbeitslohn und die davon einbehaltene Lohnsteuer auch dann aufzunehmen, wenn ihr ein Teil des Arbeitslohns von der nunmehr zuständigen Kasse erstattet wird; der Arbeitslohn darf nicht um die Freibeträge für Versorgungsbezüge (→ § 19 Abs. 2 EStG) und den Altersentlastungsbetrag (→ § 24a EStG) gekürzt werden. [2]Die nunmehr zuständige Kasse hat den der früher zuständigen Kasse erstatteten Teil des Arbeitslohns nicht in die Lohnsteuerbescheinigung aufzunehmen.

H 41b

Ausstellung von elektronischen Lohnsteuerbescheinigungen für Kalenderjahre ab 2020; Ausstellung von Besonderen Lohnsteuerbescheinigungen durch den Arbeitgeber ohne maschinelle Lohnabrechnung für Kalenderjahre ab 2020.[1)] → BMF vom 9.9.2019 (BStBl. I S. 911).

Bekanntmachung des Musters für den Ausdruck der elektronischen Lohnsteuerbescheinigung 2021. → BMF vom 9.9.2020 (BStBl. I S. 926).[2)]

Berichtigung der Lohnsteuerbescheinigung.
- Der Arbeitnehmer kann nach Übermittlung oder Ausschreibung der Lohnsteuerbescheinigung deren Berichtigung nicht mehr verlangen (→ BFH vom 13.12.2007 – BStBl. 2008 II S. 434).
- Zur Berichtigung der Lohnsteuerbescheinigung bei Änderung der Lohnsteuer-Anmeldung zu Gunsten des Arbeitgebers → § 41c Abs. 3 Satz 4 und 5 EStG.

Bescheinigung zu Unrecht einbehaltener Lohnsteuer. Wird von steuerfreien Einnahmen aus nichtselbständiger Arbeit (zu Unrecht) Lohnsteuer einbehalten und an ein inländisches Finanzamt abgeführt, ist auch diese Lohnsteuer in der Lohnsteuerbescheinigung einzutragen und auf die für den VZ festgesetzte Einkommensteuerschuld des Arbeitnehmers anzurechnen (→ BFH vom 23.5.2000 – BStBl. II S. 581).

Finanzrechtsweg. Bei einer Nettolohnvereinbarung ist für Streitigkeiten über die Höhe des in der Lohnsteuerbescheinigung auszuweisenden Bruttoarbeitslohns der Finanzrechtsweg nicht gegeben (→ BFH vom 13.12.2007 – BStBl. 2008 II S. 434).

Unzutreffender Steuerabzug. Ein unzutreffender Lohnsteuerabzug kann durch Einwendungen gegen die Lohnsteuerbescheinigung nicht berichtigt werden (→ BFH vom 13.12.2007 – BStBl. 2008 II S. 434).

Zu § 41c EStG

R 41c.1 Änderung des Lohnsteuerabzugs

(1) [1]Unabhängig von der Verpflichtung des Arbeitgebers, nach § 39c Abs. 1 und 2 EStG den Lohnsteuerabzug für vorangegangene Monate zu überprüfen

---

1) Zur Aufteilung der an ausländische Sozialversicherungsträger geleisteten Globalbeiträge zu Altersvorsorgeaufwendungen siehe BMF v. 13.11.2020, BStBl. I 2020, 1215.

2) Muster für 2022 siehe BMF v. 18.8.2021, BStBl. I 2021, 1079.

und erforderlichenfalls zu ändern, ist der Arbeitgeber in den in § 41c Abs. 1 EStG bezeichneten Fällen zu einer Änderung des Lohnsteuerabzugs bei der jeweils nächstfolgenden Lohnzahlung berechtigt. [2]Die Änderung ist zugunsten oder zuungunsten des Arbeitnehmers zulässig, ohne dass es dabei auf die Höhe der zu erstattenden oder nachträglich einzubehaltenden Steuer ankommt. [3]Für die nachträgliche Einbehaltung durch den Arbeitgeber gilt der Mindestbetrag für die Nachforderung durch das Finanzamt (§ 41c Abs. 4 Satz 2 EStG) nicht.

(2) [1]Der Arbeitgeber ist zur Änderung des Lohnsteuerabzugs nur berechtigt, soweit die Lohnsteuer von ihm einbehalten worden ist oder einzubehalten war. [2]Bei Nettolöhnen (→ R 39b.9) gilt dies für die zu übernehmende Steuer.

(3) [1]Die Änderung des Lohnsteuerabzugs auf Grund rückwirkender Lohnsteuerabzugsmerkmale ist nicht auf die Fälle beschränkt, in denen das Finanzamt die Lohnsteuerabzugsmerkmale mit Wirkung von einem zurückliegenden Zeitpunkt an ändert oder ergänzt. [2]Die Änderung des Lohnsteuerabzugs ist ebenso zulässig, wenn der Arbeitgeber wegen fehlender Lohnsteuerabzugsmerkmale den Lohnsteuerabzug gemäß § 39c Abs. 1 Satz 1 bis 3 oder Abs. 2 Satz 1 EStG vorgenommen hat und dem Arbeitgeber erstmals Lohnsteuerabzugsmerkmale zur Verfügung gestellt werden bzw. der Arbeitnehmer erstmals eine Bescheinigung für den Lohnsteuerabzug vorlegt oder wenn bei Vorauszahlung des Arbeitslohns der Geltungsbeginn der Lohnsteuerabzugsmerkmale in einen bereits abgerechneten Lohnzahlungszeitraum fällt.

(4) [1]Die Änderung des Lohnsteuerabzugs ist, sofern der Arbeitgeber von seiner Berechtigung hierzu Gebrauch macht, bei der nächsten Lohnzahlung vorzunehmen, die dem Abruf von rückwirkenden Lohnsteuerabzugsmerkmalen oder auf die Vorlage einer Bescheinigung für den Lohnsteuerabzug mit den rückwirkenden Eintragungen oder dem Erkennen einer nicht vorschriftsmäßigen Lohnsteuereinbehaltung folgt. [2]Der Arbeitgeber darf in Fällen nachträglicher Einbehaltung von Lohnsteuer die Einbehaltung nicht auf mehrere Lohnzahlungen verteilen. [3]Die nachträgliche Einbehaltung ist auch insoweit zulässig, als dadurch die Pfändungsfreigrenzen unterschritten werden; wenn die nachträglich einzubehaltende Lohnsteuer den auszuzahlenden Barlohn übersteigt, ist die nachträgliche Einbehaltung in Höhe des auszuzahlenden Barlohns vorzunehmen und dem Finanzamt für den übersteigenden Betrag eine Anzeige nach § 41c Abs. 4 EStG zu erstatten.

(5) [1]Im Fall der Erstattung von Lohnsteuer hat der Arbeitgeber die zu erstattende Lohnsteuer dem Gesamtbetrag der von ihm abzuführenden Lohnsteuer zu entnehmen. [2]Als Antrag auf Ersatz eines etwaigen Fehlbetrags reicht es aus, wenn in der Lohnsteueranmeldung der Erstattungsbetrag kenntlich gemacht wird. [3]Macht der Arbeitgeber von seiner Berechtigung zur Lohnsteuererstattung nach § 41c Abs. 1 und 2 EStG keinen Gebrauch, kann der Arbeitnehmer die Erstattung beim Finanzamt beantragen.

(6) [1]Nach Ablauf des Kalenderjahres ist eine Änderung des Lohnsteuerabzugs in der Weise vorzunehmen, dass die Jahreslohnsteuer festzustellen und durch Gegenüberstellung mit der insgesamt einbehaltenen Lohnsteuer der nachträg-

Rechte und Mitwirkungspflichten des Arbeitgebers. → BMF vom 24.10.2013 (BStBl. I S. 1264).

Zu § 42g EStG

H 42g

Allgemeines. → BMF vom 16.10.2014 (BStBl. I S. 1408).

Zu § 46 EStG

H 46

Antragsveranlagung.[1] → R 46.2 EStR, H 46.2 EStH.[2]

Härteausgleich. → H 46.3 EStH.[2]

Zu § 100 EStG[3]

H 100

Allgemeines. → *BMF vom 6.12.2017 (BStBl. 2018 I S. 147), Rz. 100ff.*[4]

Wahlweise Verwendung von vermögenswirksamen Leistungen zum Zwecke der betrieblichen Altersversorgung und in diesem Zusammenhang gewährte Erhöhungsbeträge des Arbeitgebers. → *BMF vom 8.8.2019 (BStBl. I S. 834).*[4]

Zusätzlichkeitsvoraussetzung. → BMF vom 5.2.2020 (BStBl. I S. 222).

---

[1] Zur Fortgeltung der Antragsveranlagung ungeachtet der Antragsfrist siehe BFH v. 12.11.2009 VI R 1/09, BStBl. II 2010, 406. – Keine Veranlagung nach bestandskräftiger Ablehnung, siehe BFH v. 9.2.2012 VI R 34/11, BStBl. II 2012, 750.

[2] Nr. **1**.

[3] § 100 EStG (Förderbetrag zur betrieblichen Altersversorgung) angef. durch BetriebsrentenstärkungsG v. 17.8.2017, BGBl. I 2017, 3214.

[4] Siehe jetzt BMF v. 12.8.2021, BStBl. I 2021, 1050, anzuwenden in allen offenen Fällen.

nen Rehabilitationseinrichtungen gegen Entgelt auch Mitglieder privater Versicherungen oder Privatpersonen behandelt. [4]Von der Prüfung dieser Frage kann abgesehen werden, wenn die Anzahl der Behandlungen von Mitgliedern privater Versicherungen oder von Privatpersonen 5% der insgesamt behandelten Fälle nicht übersteigt.

(2) Sind Schülerheime öffentlicher Schulen erforderlich, um den Unterrichts- oder Erziehungszweck zu erreichen, ist der Betrieb der Schülerheime als Erfüllung einer öffentlich-rechtlichen Aufgabe anzusehen.

(3) Gemeindeeigene Schlachtviehmärkte sind im Gegensatz zu gemeindeeigenen (Nutz- und Zucht-) → Viehmärkten Hoheitsbetriebe.

(4) [1]Der Betrieb von Parkuhren oder von Parkscheinautomaten ist als Ausübung öffentlicher Gewalt anzusehen, soweit er im Rahmen der Straßenverkehrsordnung durchgeführt wird. [2]Die Bereitstellung von öffentlichen Parkflächen in Parkhäusern, Tiefgaragen oder zusammenhängenden Parkflächen außerhalb öffentlicher Straßen ist dagegen als wirtschaftliche Tätigkeit anzusehen (Verkehrsbetrieb i. S. d. § 4 Abs. 3 KStG); dies gilt auch dann, wenn sich die jPöR aufgrund einer Benutzungssatzung oder einer Widmung zum öffentlichen Verkehr der Handlungsform des öffentlichen Rechts bedient. [3]Die Parkraumüberlassung durch eine jPöR an ihre Bediensteten bzw. durch eine öffentlich-rechtliche Hochschule an ihre Studenten ist als Vermögensverwaltung anzusehen, soweit sie ohne weitere Leistungen erfolgt.

(5)[1)] [1]Wird ein gemeindliches Schwimmbad sowohl für das Schulschwimmen als auch für den öffentlichen Badebetrieb genutzt, ist unabhängig davon, welche Nutzung überwiegt, die Nutzung für den öffentlichen Badebetrieb grundsätzlich als wirtschaftlich selbständige Tätigkeit i. S. d. R 4.1 Abs. 4 anzusehen. [2]Unter den Voraussetzungen des R 4.1 Abs. 5 ist ein BgA anzunehmen.

(6) [1]Die Verwertung und Beseitigung von in ihrem Gebiet anfallenden und überlassenen Abfällen aus privaten Haushaltungen durch öffentlich-rechtliche Entsorgungsträger nach § 20 Abs. 1 Kreislaufwirtschaftsgesetz (Abfallentsorgung) ist eine hoheitliche Tätigkeit. [2]Für Abfälle aus anderen Herkunftsbereichen als privaten Haushaltungen (sog. Gewerbemüll) gilt dies nur, soweit es sich um Abfälle zur Beseitigung handelt. [3]Deshalb ist auch die entgeltliche Abgabe dieser Abfälle selbst oder der aus diesen Abfällen gewonnenen Stoffe oder Energie steuerlich dem hoheitlichen Bereich zuzuordnen und als hoheitliches Hilfsgeschäft (→ R 4.4 Abs. 2) anzusehen. [4]Eine wirtschaftliche Tätigkeit, die unter den Voraussetzungen des R 4.1 Abs. 2 bis 5 zur Annahme eines BgA führt, liegt allerdings dann vor, wenn die veräußerten Stoffe oder die veräußerte Energie nicht überwiegend aus Abfällen gewonnen werden. [5]Bei der Abgrenzung ist vom Brennwert der eingesetzten Abfälle und sonstigen Brennstoffe auszugehen. [6]Das getrennte Einsammeln wiederverwertbarer Abfälle und die entgeltliche Veräußerung dieser Abfälle oder der aus den Abfällen gewonnenen Stoffe oder Energie durch die auf Grund von Vorgaben aus Abfallverordnungen entsorgungspflichtige Körperschaft ist steuerlich ebenfalls als hoheitliche Tätigkeit anzusehen. [7]Dagegen sind die entsorgungspflichtigen

[1)] Zum Schulschwimmen im Rahmen der Spartenrechnung kommunaler Eigengesellschaften siehe BFH v. 16.12.2020 I R 50/17, BStBl. I 2021, 443.

Körperschaften wirtschaftlich tätig, wenn sie aufgrund von privatrechtlichen Vereinbarungen Aufgaben im Rahmen des in § 6 Abs. 3 Satz 1 Verpackungsverordnung vom 21.8.1998 (BGBl. I S. 2379 – „Duales System") bezeichneten Systems durchführen. [8]Dies gilt auch für die folgenden Leistungen, die die entsorgungspflichtigen Körperschaften für das Duale System erbringen: Erfassung von Verkaufsverpackungen, Öffentlichkeitsarbeit, Wertstoffberatung, Zurverfügungstellung und Reinigung von Containerstellplätzen. [9]Soweit der öffentlich-rechtliche Entsorgungsträger sich gegenüber dem Gewerbetreibenden vertraglich dazu verpflichtet, den bei diesem anfallenden Gewerbemüll zu verwerten, liegt insoweit kein Abfall zur Beseitigung vor, so dass insoweit eine wirtschaftliche Tätigkeit anzunehmen ist.[1)]

(7) [1]→ Kurbetriebe einer Gemeinde stellen unter den Voraussetzungen der R 4.1 Abs. 2 bis 5 BgA dar. [2]Das gilt unabhängig davon, ob eine Kurtaxe z. B. als öffentlich-rechtliche Abgabe erhoben wird.

(8) [1]Die entgeltliche Übertragung des Rechts, Werbung an Fahrzeugen des Fuhrparks einer jPöR anzubringen, stellt grundsätzlich keine einen BgA begründende Tätigkeit dar. [2]Das Entgelt erhöht jedoch die Einnahmen eines BgA, wenn die Fahrzeuge diesem zugeordnet sind. [3]Ein eigenständiger BgA kann im Einzelfall vorliegen, wenn im Zusammenhang mit der Werbung Leistungen erbracht werden, die über die bloße Zurverfügungstellung der Werbeflächen hinausgehen.

(9) Bei der Tätigkeit der Gutachterausschüsse i. S. d. §§ 192 ff. BauGB für Privatpersonen (z. B. Wertermittlungstätigkeit) handelt es sich um eine wirtschaftliche Tätigkeit.[2)]

H 4.5

Arbeitsbetriebe von Straf- und Untersuchungshaftanstalten. Arbeitsbetriebe einer Strafvollzugsanstalt entfalten keine wirtschaftliche Tätigkeit, weil die Beschäftigung von Strafgefangenen zur hoheitlichen Tätigkeit gehört. Für Arbeitsbetriebe einer Untersuchungshaftvollzugsanstalt gilt entsprechendes, wenn die Gefangenen nur in derselben Weise wie Strafgefangene beschäftigt werden (→ BFH vom 14.10.1964, I 80/62 U, BStBl. 1965 III S. 95).

Auftragsforschung. → § 5 Abs. 1 Nr. 23 KStG.

Campingplatz. Die Unterhaltung eines Zeltplatzes oder Campingplatzes (→ H 4.3 Inventar) stellt eine wirtschaftliche Tätigkeit dar (→ BFH vom 20.5.1960, III 440/58 S, BStBl. III S. 368).

Friedhofsverwaltung, Grabpflegeleistungen u. ä. Die Friedhofsverwaltung ist ein Hoheitsbetrieb, soweit Aufgaben des Bestattungswesens wahrgenommen werden. Dazu gehören neben dem eigentlichen Vorgang der Bestattung die Grabfundamentierung, das Vorhalten aller erforderlichen Einrichtungen und Vorrichtungen sowie die notwendigerweise anfallenden Dienstleistungen wie Wächterdienste, Sargaufbewahrung, Sargtransportdienste im Friedhofsbereich, Totengeleit, Kranzannahme, Graben der Gruft

---

1) Zur steuerlichen Behandlung der Abfallentsorgung durch die öffentliche Hand siehe OFD Karlsruhe v. 3.7.2020 – S 270.6/256 – St 213.

2) Zur Abgrenzung siehe auch OFD Magdeburg v. 27.1.2012 – S 2706-39 – St 217, StEd 2012, 142.

Ausschüttungen aus dem steuerlichen Einlagekonto. Ausschüttungen aus dem steuerlichen Einlagekonto, die den Beteiligungsbuchwert übersteigen, fallen unter § 8b Abs. 2 KStG (→ BMF vom 28.4.2003, BStBl. I S. 292, Rn. 6 und → BFH vom 28.10.2009, I R 116/08, BStBl. 2011 II S. 898).

Beteiligung in einem eingebrachten Betriebsvermögen (§ 8b Abs. 4 KStG a. F.). → BMF vom 5.1.2004, BStBl. I S. 44.

Stillhalterprämien. Sog. Stillhalterprämien aus Optionsgeschäften im Zusammenhang mit dem Erwerb und der Veräußerung von Anteilen i. S. d. § 8b Abs. 2 KStG werden nicht von § 8b Abs. 2 KStG erfasst (→ BFH vom 6.3.2013, I R 18/12, BStBl. II S. 588).

Veräußerungskosten/nachträgliche Kaufpreisänderungen. → BMF vom 24.7.2015, BStBl. I S. 612.

„Vergebliche" Kosten für die sog. Due-Diligence-Prüfung aus Anlass des gescheiterten Erwerbs einer Kapitalbeteiligung unterfallen nicht dem Abzugsverbot des § 8b Abs. 3 KStG (→ BFH vom 9.1.2013, I R 72/11, BStBl. II S. 343).

Zu den Veräußerungskosten i. S. d. § 8b Abs. 2 Satz 2 KStG gehören alle Aufwendungen, welche durch die Veräußerung der Anteile veranlasst sind. Das können auch die Verluste aus der Veräußerung von Zertifikaten auf die entsprechenden Aktien aus Wertpapiertermingeschäften sein (→ BFH vom 9.4.2014, I R 52/12, BStBl. II S. 861).

Verfassungsmäßigkeit des § 8b Abs. 3 und 5 KStG.[1] Die Pauschalierung eines Betriebsausgabenabzugsverbots durch die Hinzurechnung von 5% des Veräußerungsgewinns und der Bezüge aus Beteiligungen nach § 8b Abs. 3 Satz 1 und Abs. 5 Satz 1 KStG ist verfassungsgemäß. Dies gilt auch dann, wenn die Körperschaft nachweisen kann, dass im Zusammenhang mit der Beteiligung keine oder nur sehr geringe Aufwendungen angefallen sind (→ BVerfG vom 12.10.2010, 1 BvL 12/07, BGBl. I S. 1766).

Das Abzugsverbot des § 8b Abs. 3 Satz 3 KStG für Veräußerungsverluste und Teilwertabschreibungen und das in § 8b Abs. 3 Satz 4 KStG enthaltene Abzugsverbot sind verfassungsgemäß (→ BFH vom 12.3.2014, I R 87/12, BStBl. II S. 859).

Wertaufholungen bei vorangegangenen Teilwertabschreibungen.[2] Wertaufholungen sind zuerst mit unmittelbar vorangegangenen Teilwertabschreibungen zu kompensieren (→ BFH vom 19.8.2009, I R 2/09, BStBl. 2010 II S. 760).

Zu § 8c KStG[3]

H 8c

Aussetzung der Vollziehung bei Mindestgewinnbesteuerung.[4] → BMF vom 19.10.2011, BStBl. I S. 974.

---

[1] Sog. Schachtelstrafe gem. § 8b Abs. 3 Satz 1 KStG setzt inländ. Betriebsstätte voraus; siehe BFH v. 31.5.2017 I R 37/15, BStBl. II 2018, 144; siehe auch BFH v. 17.11.2020 I R 72/16, BStBl. II 2021, 484.

[2] Siehe aber BFH v. 13.2.2019 I R 21/17, BStBl. II 2019, 567, und hierzu FM Schl-H v. 5.11.2020 VI 313 – S 2750a – 039.

[3] Zu § 8c Satz 2 a. F. (§ 8c Abs. 1 Satz 2 n. F.) siehe Vorlagebeschluss des FG Hamburg v. 29.8.2017 2 K 245/17, DStR 2017, 2377 (Az. BVerfG 2 BvL 19/17).

[4] **[Amtl. Anm.:]** Vgl. auch → H 7.1 Mindestgewinnbesteuerung.

Verlustnutzungsbeschränkung. → *BMF vom 4.7.2008, BStBl. I S. 736.*[1]

Zu § 9 KStG

R 9. Ausgaben i. S. d. § 9 Abs. 1 Nr. 1 und 2 KStG

(1) Für die Frage der Abziehbarkeit der Ausgaben i. S. d. § 9 Abs. 1 Nr. 2 KStG gelten § 50 EStDV sowie R 10b.1 und 10b.3 EStR[2] entsprechend.

(2) [1] Aufwendungen i. S. d. § 9 Abs. 1 Nr. 1 KStG sind bereits bei der Einkunftsermittlung zu berücksichtigen. [2] Die Ausgaben i. S. d. § 9 Abs. 1 Nr. 2 KStG sind vorbehaltlich des § 8 Abs. 3 KStG in der im Gesetz genannten Höhe bei der Ermittlung des Gesamtbetrags der Einkünfte abzuziehen.

(3) § 9 Abs. 1 Nr. 2 KStG bezieht sich auch im Fall eines vom Kj. abweichenden Wj. auf die Ausgaben im Wj.

(4) Für die Berechnung des Höchstbetrags der abziehbaren Zuwendungen ist das Einkommen des VZ oder die Summe der gesamten Umsätze und der im Kalenderjahr aufgewendeten Löhne und Gehälter maßgebend.

(5) [1] In Organschaftsfällen ist § 9 Abs. 1 Nr. 2 KStG bei der Ermittlung des dem Organträger zuzurechnenden Einkommens der Organgesellschaft eigenständig anzuwenden. [2] Dementsprechend bleibt beim Organträger das zugerechnete Einkommen der Organgesellschaft für die Ermittlung des Höchstbetrags der abziehbaren Zuwendungen außer Betracht. [3] Als Summe der gesamten Umsätze i. S. d. § 9 Abs. 1 Nr. 2 KStG gelten beim Organträger und bei der Organgesellschaft auch in den Fällen, in denen umsatzsteuerrechtlich ein Organschaftsverhältnis vorliegt (§ 2 Abs. 2 Nr. 2 UStG), jeweils nur die eigenen Umsätze. [4] Für die Ermittlung des Höchstbetrags der abziehbaren Zuwendungen beim Organträger sind die Umsätze der Organgesellschaft demnach dem Organträger nicht zuzurechnen. [5] Andererseits sind bei der Organgesellschaft für die Ermittlung des Höchstbetrags der abziehbaren Zuwendungen ihre eigenen Umsätze maßgebend, obwohl die Organgesellschaft nicht Unternehmer i. S. v. § 2 UStG ist und daher umsatzsteuerrechtlich keine steuerbaren Umsätze hat.

(6) [1] Zuwendungen einer Kapitalgesellschaft können vGA sein. [2] Die Entscheidung hängt von den Umständen des einzelnen Falles ab. [3] Dabei ist insbesondere Voraussetzung, dass die Zuwendung durch ein Näheverhältnis zwischen dem Empfänger und dem Gesellschafter der zuwendenden Kapitalgesellschaft veranlasst ist.

(7) Auch Zuwendungen eines BgA an seine Trägerkörperschaft können unter den Voraussetzungen des § 9 Abs. 1 Nr. 2 KStG abziehbar sein, soweit es sich nicht um eine vGA handelt.

(8) [1] Der wirtschaftliche Geschäftsbetrieb einer Körperschaft, Personenvereinigung oder Vermögensmasse, die im Übrigen wegen Gemeinnützigkeit steuerbegünstigt ist (§ 5 Abs. 1 Nr. 9 KStG), ist kein selbständiges Steuersubjekt. [2] Zuwendungen, die ein solcher wirtschaftlicher Geschäftsbetrieb an diese Körperschaft, Personenvereinigung oder Vermögensmasse zur Förderung deren gemeinnütziger Zwecke gibt, sind deshalb Gewinnverwendung. [3] Die Zu-

---

[1] Siehe jetzt BMF v. 28.11.2017, BStBl. I 2017, 1645.

[2] Nr. 1.

(3) [1]Der Gebäudesachwert stimmt im Regelfall mit dem Gebäudewert überein. [2]Ausnahmsweise kann der Gebäudesachwert wegen besonderer Umstände ermäßigt oder erhöht werden; vgl. im einzelnen Abschnitt 44.

37. Berechnung des umbauten Raumes

(1) [1]Der umbaute Raum ist nach DIN 277 (November 1950 ×) zu berechnen (vgl. auch Anlage 12). [2]Danach werden Vollgeschosse, Keller und ausgebaute Dachgeschosse mit dem vollen Rauminhalt angesetzt. [3]Nicht ausgebaute Dachräume werden mit einem Drittel ihres Rauminhalts berücksichtigt.[1)] [4]Das gilt auch dann, wenn die Decke über dem obersten Vollgeschoß nicht begehbar ist (z. B. unterhalb des Daches aufgehängte Staubdecken). [5]Im einzelnen vergleiche die Zeichnungen der Anlage 12.

(2) Bei der Anwendung der Abschnitte 1.1 bis 1.36 der DIN 277 muß insbesondere folgendes beachtet werden:

1. [1]Einzelne Stützen vor dem Außenmauerwerk eines Gebäudes sind als Wandpfeiler zu behandeln. [2]Ihr Rauminhalt ist nicht dem umbauten Raum des Gebäudes zuzurechnen (Abschnitt 1.343 der DIN 277). [3]Liegen dagegen bei einer Fassade die Fenster und Brüstungen oder das Außenmauerwerk gegenüber der Vorderfläche der Stützen vertieft und sind diese Stützen für die Bauart und Konstruktion des Gebäudes charakteristisch, wie z. B. bei modernen Gebäuden in Skelettbauart, so rechnet die Gebäudegrundfläche bis zu den Vorderflächen der Stützen. [4]Dieser Vorderflächen gelten als Außenflächen der Umfassungen (Abschnitt 1.11 der DIN 277). [5]Die Rücksprünge des Außenmauerwerks gegenüber der Vorderfläche der Stützen sind als Nischen zu behandeln, die bei der Ermittlung des umbauten Raumes nicht abgezogen werden (Abschnitt 1.331 der DIN 277).
2. [1]Für selbständige kleinere Gebäude im Innern von größeren Gebäuden (z. B. Materiallager, Meisterbüros, Kioske) sind die Gebäudenormalherstellungskosten getrennt zu ermitteln. [2]Der Rauminhalt des kleineren Gebäudes ist vom Rauminhalt des größeren Gebäudes nicht abzuziehen.
3. [1]Ist für einzelne Geschosse oder Räume eines Gebäudes ein von den übrigen Geschossen oder Räumen abweichender Raummeterpreis anzusetzen, so ist der umbaute Raum dieser Geschosse oder Räume getrennt zu berechnen (Abschnitt 1.36 der DIN 277). [2]Das wird beispielsweise bei Gebäuden erforderlich sein, die Räume verschiedener Zweckbestimmung (z. B. neben Fabrikationsräumen auch Büroräume) enthalten. [3]Eine getrennte Raumberechnung kommt ferner in Betracht, wenn bei Gebäuden mit Gebäudeteilen verschiedenen Alters die Wertminderung wegen Alters für jeden Gebäudeteil getrennt berechnet wird; vgl. Abschnitt 41 Abs. 4.

---

1) Zwischen Dach und abgehängten Decken des Obergeschosses existierender Raum ist „nicht ausgebauter Dachraum"; vgl. BFH v. 4.2.2010 II R 1/09, BFH/NV 2010, 1244. – Zur Ermittlung des Gebäudenormalherstellungswerts eines Flachdachgebäudes (Supermarkt) im Altbundesgebiet ist das von den Außenwänden des Gebäudes gänzlich umschlossene Raumvolumen voll anzurechnen; vgl. BFH v. 14.10.2020 II R 27/18, DStRE 2021, 798.

38. Raummeterpreise

(1)[1] [1]Die Raummeterpreise sind nach Erfahrungswerten anzusetzen. [2]Maßgebend sind Raummeterpreise, die erfahrungsgemäß im Durchschnitt für Gebäude bestimmter Nutzung, Bauart und Bauweise aufzuwenden sind. [3]Solche Erfahrungswerte sind für bestimmte Geschäftsgrundstücke und für bestimmte Fälle von sonstigen bebauten Grundstücken in den Anlagen 14 und 15 in Verbindung mit der Anlage 13 enthalten. [4]Die Gebäudeklasseneinteilung für Fabrikgrundstücke (Anlage 14) ist auch anzuwenden auf Zechen, Werkstätten des Handwerks, Lagerhausgrundstücke, Molkereigrundstücke, Schlachthäuser und Mühlengrundstücke. [5]Den angegebenen Raummeterpreisen liegt die DIN 277 (November 1950 ×) zugrunde. [6]In den Preisen, die bereits auf die Baupreisverhältnisse im Hauptfeststellungszeitpunkt (1. Januar 1964) umgerechnet worden sind, sind auch die Baunebenkosten enthalten. [7]Die Raummeterpreise können ermäßigt oder erhöht werden, wenn bestimmte Umstände vorliegen. [8]Diese Umstände sind in den Gebäudeklasseneinteilungen (Anlagen 14 und 15) aufgeführt.

(2) [1]In Teil B der Gebäudeklasseneinteilung für Fabrikgrundstücke (Anlage 14) werden die Gebäudeklassen u. a. nach Geschoßhöhen unterschieden. [2]Als Geschoßhöhe gilt der Abstand von Fußbodenoberfläche bis Deckenunterkante zuzüglich Deckenstärke. [3]Läßt sich im Einzelfall die Deckenstärke nicht ermitteln, so ist sie mit 25 cm anzunehmen. [4]Im einzelnen vergleiche die Zeichnungen in der Anlage 12. [5]Für Gebäude mit verschiedenen Geschoßhöhen kann ein durchschnittlicher Raummeterpreis für das ganze Gebäude angesetzt werden, wenn nicht die Geschosse für sich berechnet werden.

Beispiel:

Ein Fabrikgebäude der Gebäudeklasse 2.56 hat ein Geschoß von 5m Höhe (Raummeterpreis 56,00 DM) und zwei Geschosse von je 3,50m Höhe (Raummeterpreis 63,50 DM). Der durchschnittliche Raummeterpreis für das Gebäude beträgt

$$\frac{56,00 \times 1 + 63,50 \times 2}{3} = 61,00 \text{ DM}$$

(3) [1]Bei Gebäuden, deren Geschoßhöhe die in der Gebäudeklasseneinteilung vorgesehenen Grenzen von vier Metern oder sechs Metern bis zu 80 cm überschreiten, ist ein der Geschoßhöhe entsprechender Zwischenwert zu berechnen und anzusetzen. [2]Dabei sind zu den Raummeterpreisen, die nach der Geschoßhöhe in Betracht kommen, folgende Zuschläge oder Abschläge zu machen:

Bei einer Überschreitung der Höhe von 4,00m und 6,00m um

bis zu 20 cm	mehr als 20 cm bis zu 40 cm	mehr als 40 cm bis zu 60 cm	mehr als 60 cm bis zu 80 cm
9/10	8/10	7/10	6/10

des Preisunterschieds zwischen dem höheren und dem niedrigeren Raummeterpreis.[2]

[1] Lebensmittelmärkte sind der Gebäudeklasse 4 „Warenhäuser" der Anl. 15 BewRGr zuzurechnen; vgl. BFH v. 30.6.2010 II R 60/08, BStBl. II 2010, 897.

[2] Satz 2 i. d. F. des koord. Erlasses FM Schl-H v. 23.8.1967 – S 3208 – 17 VI 33.

Beispiel:
Ein Fabrikgebäude der Gebäudeklasse 2.56 hat eine Geschoßhöhe von 4,20 m. Der Raummeterpreis beträgt bis zu 4 m = 63,50 DM und bis zu 6 m = 56,00 DM. Der Zwischenwert für die Geschoßhöhe von 4,20 m beträgt dann

$$56,00 + \frac{7,50 \times 9}{10} = 62,75 \text{ DM}$$

(4) [1] Für Einfamilienhäuser und Zweifamilienhäuser ist der Raummeterpreis nach der Anlage 16 zu ermitteln. [2] Die angegebenen Preise sind

(Fortsetzung S. 55)

Zu § 5 ErbStG

R E 5.1 Erbrechtlicher Zugewinnausgleich

(1) [1]Kommt es mit Beendigung der Zugewinngemeinschaft zur erbrechtlichen Abwicklung, weil die Eheleute bis zum Tod eines Ehegatten im Güterstand der Zugewinngemeinschaft gelebt und der überlebende Ehegatte das Vermögen des verstorbenen Ehegatten ganz oder teilweise durch Erbanfall oder Vermächtnis erworben hat, ist nur für steuerliche Zwecke fiktiv eine steuerfrei zu stellende Ausgleichsforderung zu ermitteln und vom Erwerb des Ehegatten abzuziehen. [2]Ist abzusehen, dass der Erwerb des überlebenden Ehegatten einschließlich etwaiger Vorschenkungen (§ 14 ErbStG) die persönlichen Freibeträge (§§ 16, 17 ErbStG) nicht überschreiten wird, kann eine Berechnung der fiktiven Ausgleichsforderung unterbleiben.

(2)[1)] [1]Die fiktive Ausgleichsforderung ist für die tatsächliche Dauer der Zugewinngemeinschaft nach den Bestimmungen der §§ 1373 bis 1383 und 1390 BGB zu ermitteln; von diesen Vorschriften abweichende ehevertragliche Vereinbarungen bleiben hierbei unberücksichtigt. [2]Für jeden Ehegatten ist das Anfangs- und Endvermögen nach Verkehrswerten gegenüberzustellen. [3]Die Zu- und Abrechnungen nach §§ 1374 ff. BGB sind dabei zu beachten. [4]Bei Überschuldung ist das Vermögen mit seinem negativen Wert anzusetzen (§ 1374 Absatz 1, § 1375 Absatz 1 BGB). [5]Die infolge des Kaufkraftschwunds nur nominale Wertsteigerung des Anfangsvermögens eines Ehegatten während der Ehe stellt keinen Zugewinn dar; das gilt auch in Fällen eines negativen Anfangsvermögens. [6]Für die Wertsteigerung bei Hinzurechnungen zum Anfangsvermögen gilt dies entsprechend.

H E 5.1 (2)

Wertsteigerung infolge des Kaufkraftschwundes. Der auf allgemeiner Geldentwertung beruhende unechte Wertzuwachs des Anfangsvermögens ist aus der Berechnung der Ausgleichsforderung zu eliminieren, indem das Anfangsvermögen der Ehegatten mit dem Lebenshaltungskostenindex (→ Statistisches Jahrbuch für die Bundesrepublik Deutschland) zur Zeit der Beendigung des Güterstandes multipliziert und durch die für den Zeitpunkt des Beginns des Güterstandes geltende Indexzahl dividiert wird (→ BGH vom 14.11.1973 IV ZR 147/72, BGHZ 61 S. 385; BFH vom 27.6.2007 II R 39/05, BStBl. II S. 783).
Sind dem Anfangsvermögen Vermögensgegenstände nach § 1374 Absatz 2 BGB zuzurechnen, ist bei der Berechnung des Vermögenszuwachses der Kaufkraftschwund des Geldes seit dem Zeitpunkt des Erwerbs der Gegenstände zu berücksichtigen (→ BGH vom 20.5.1987 IVb ZR 62/86, BGHZ 101 S. 65). In Fällen einer Hinzurechnung von Vermögensgegenständen zum Endvermögen nach § 1375 Absatz 2 BGB ist bei der Berechnung des Vermögenszuwachses der Kaufkraftschwund des Geldes seit dem Zeitpunkt der Minderung des Vermögens um die Gegenstände zu berücksichtigen.

[1)] Zur Indizierung eines negativen Anfangsvermögens im Rahmen der Berechnung der Ermittlung des erbrechtlichen Zugewinnausgleichsanspruchs siehe BayLfSt v. 28.12.2020 – S 3804 – 2.1 – 2/5 St 34, ZEV 2021, 127. – Zum Pflichtteilsanspruch bei Berechnung der fiktiven Zugewinnausgleichsforderung siehe BFH v. 22.7.2020 II R 42/18, BStBl. II 2021, 617.

Preisindex für die Lebenshaltung aller privaten Haushalte[1)]

2015 = 100

1958 23,3	**1959** 23,4	**1960** 23,7	**1961** 24,4	**1962** 24,6	**1963** 25,4	**1964** 26,0	**1965** 26,8	**1966** 27,7	**1967** 28,3
1968 28,6	**1969** 29,2	**1970** 30,2	**1971** 31,8	**1972** 33,6	**1973** 35,9	**1974** 38,4	**1975** 40,7	**1976** 42,4	**1977** 44,0
1978 45,2	**1979** 47,1	**1980** 49,6	**1981** 52,7	**1982** 55,5	**1983** 57,2	**1984** 58,7	**1985** 59,9	**1986** 59,9	**1987** 59,9
1988 60,8	**1989** 62,4	**1990** 64,1	**1991** 65,5	**1992** 68,8	**1993** 71,9	**1994** 73,8	**1995** 75,1	**1996** 76,1	**1997** 77,6
1998 78,3	**1999** 78,8	**2000** 79,9	**2001** 81,5	**2002** 82,6	**2003** 83,5	**2004** 84,9	**2005** 86,2	**2006** 87,6	**2007** 89,6
2008 91,9	**2009** 92,2	**2010** 93,2	**2011** 95,2	**2012** 97,1	**2013** 98,5	**2014** 99,5	**2015** 100,0	**2016** 100,5	**2017** 102,0
2018 103,8									

Aktuelle Indexzahlen: Statistisches Bundesamt, Fachserie 17, Reihe 7, Eilbericht (erscheint monatlich, abrufbar unter https: //www.destatis.de)

Beispiel:

Bei Eheschließung 1970 hatte das Anfangsvermögen des Ende 2016 verstorbenen Ehegatten einen Wert von umgerechnet 180 000 EUR.

Der um die allgemeine Geldentwertung bereinigte Wert des Anfangsvermögens ist wie folgt zu berechnen:

$$\frac{180\,000 \text{ EUR} \times 100{,}5}{30{,}2} = 599\,007 \text{ EUR}$$

R E 5.1 (3)

(3) [1]Anfangsvermögen ist das Vermögen, das einem Ehegatten – nach Abzug von Verbindlichkeiten – beim Eintritt des Güterstandes gehörte (§ 1374 Absatz 1 BGB). [2]Im Fall des § 5 Absatz 1 ErbStG gilt als Tag des Eintritts des Güterstands

1. für alle Ehen, die nach dem 1.7.1958 geschlossen wurden oder werden und die nicht durch Ehevertrag einen anderen Güterstand vereinbart haben, der Tag der Eheschließung;
2. für vor dem 1.7.1958 geschlossene Ehen der 1.7.1958 (Art. 8 Abschn. I Nummer 3 und 4 Gleichberechtigungsgesetz);
3. für Ehen, bei denen die Eheleute (aus einem zunächst vertraglich vereinbarten anderen Güterstand) später durch ehevertragliche Vereinbarung in den Güterstand der Zugewinngemeinschaft wechseln, der Tag des Vertragsabschlusses;
4. für Ehen, für die im Beitrittsgebiet der gesetzliche Güterstand nach § 13 des Familiengesetzbuchs der DDR (Errungenschaftsgemeinschaft) galt und die

[1)] **Aktualisierte Werte** siehe Anlage 3 (Nr. **250 Anl. 3**).

H E 6

Festsetzung der Erbschaftsteuer für den Vorerbfall nach dem Tod des Vorerben. Die Erbschaftsteuer für den Vorerbfall ist nach dem Tod des Vorerben regelmäßig gegen den Nacherben und nur ausnahmsweise gegen den Erben des Vorerben festzusetzen (→ BFH vom 13.4.2016 II R 55/14, BStBl. II S. 746).

Zu § 7 ErbStG

R E 7.1[1)] Freigebige Zuwendungen

(1) [1]Der steuerliche Schenkungsbegriff unterscheidet sich vom zivilrechtlichen Schenkungsbegriff (§ 516 BGB) darin, dass eine Einigung zwischen Schenker und Beschenktem über die Unentgeltlichkeit der Zuwendung nicht erforderlich ist. [2]Eine freigebige Zuwendung setzt voraus, dass sie unentgeltlich erfolgt und der Empfänger objektiv auf Kosten des Zuwendenden bereichert ist. [3]Der Zuwendende muss diese Unentgeltlichkeit subjektiv gewollt haben.

(2) [1]Bereicherung kann jede Vermögensvermehrung und jede Minderung von Schulden oder Belastungen beim Bedachten sein. [2]Ob eine Bereicherung vorliegt, ist zunächst anhand der gemeinen Werte (Verkehrswerte) der Zuwendungsgegenstände und der gegebenenfalls vom Bedachten zu erfüllenden Gegenleistungen und Auflagen zu beurteilen. [3]Unentgeltlich ist ein Erwerb, soweit er nicht rechtlich abhängig ist von einer den Erwerb ausgleichenden Gegenleistung, die sowohl nach Art eines gegenseitigen Vertrags als auch durch Setzen einer Auflage oder Bedingung begründet sein kann. [4]Eine Bereicherung tritt nicht ein, soweit der Empfänger das Erhaltene rechtlich beanspruchen konnte, z.B. infolge einer entsprechenden Forderung oder als Entlohnung für vereinbarte Dienste.

(3) [1]Der Zuwendende muss in dem Bewusstsein handeln, dass er zu der Vermögenshingabe rechtlich nicht verpflichtet ist, er also seine Leistung ohne rechtlichen Zusammenhang mit einer Gegenleistung oder einem Gemeinschaftszweck erbringt. [2]Ein auf die Bereicherung des Bedachten gerichteter Wille im Sinne einer Bereicherungsabsicht ist nicht erforderlich. [3]Der Wille zur Unentgeltlichkeit ist auf der Grundlage der dem Zuwendenden bekannten Umstände nach den Maßstäben des allgemein Verkehrsüblichen festzustellen. [4]Es genügt, wenn der Zuwendende die Tatsachen und Umstände kennt, auf Grund derer eine Zuwendung als objektiv unentgeltlich qualifiziert werden kann.

[1)] Zur Würdigung einer Steuerklausel in einem deutsch-niederländischen Schenkungsteuerfall siehe BFH v. 23.5.2019 II B 97/18, ZEV 2019, 654. – Zur steuerlichen Einordnung von Zuwendungen einer Schweizer Stiftung siehe BFH v. 3.7.2019 II R 6/16, BStBl. II 2020, 61. – Zu den Voraussetzungen für einen inländischen Wohnsitz und damit für die unbeschränkte Steuerpflicht im Hinblick auf freigebige, schenkungsteuerpflichtige Zuwendungen siehe BFH v. 17.7.2019 II B 30, 32-34, 38/18, BStBl. II 2019, 620. – Zur Schenkungsteuer bei disquotaler Einlage in das Gesellschaftsvermögen einer KG siehe BFH v. 5.2.2020 II R 9/17, BStBl. II 2020, 658. – Zur steuerlichen Einordnung von Leistungen ausländischer Stiftungen an inländische Destinatäre siehe BayLfSt v. 5.3.2020 – S 3806.2.1-104/42 St 34, DStR 2020, 599. – Zum Erwerb eines Geschäftsanteils durch Pooltreuhänder im Rahmen eines Managermodells siehe BFH v. 6.5.2020 II R 34/17, BStBl. II 2020, 744. – Zum Zuwendungsgegenstand bei mehrmonatiger Reise mit zugebuchten Leistungen siehe BFH v. 16.9.2020 II R 24/18, BStBl. II 2021, 621.

(4) Liegt eine freigebige Zuwendung vor, richtet sich die Bewertung der zugewendeten Vermögensgegenstände und der gegebenenfalls vom Bedachten zu erfüllenden Gegenleistungen und Auflagen nach § 12 ErbStG.

H E 7.1

Abfindung für den Verzicht auf einen künftigen Pflichtteilsanspruch. → BFH vom 10.5.2017 II R 25/15, BStBl. 2018 II S. 201.

Beginn der Festsetzungsverjährung bei mittelbarer Schenkung. In der unentgeltlichen Übertragung eines Kommanditanteils durch den Schenker und der nachfolgenden Veräußerung des Anteils durch den Bedachten kann die mittelbare Schenkung des Veräußerungserlöses liegen (mittelbare Geldschenkung). Bei einer mittelbaren Schenkung hat die Finanzbehörde erst dann Kenntnis von der vollzogenen Schenkung, wenn sie alle Umstände kennt, die die mittelbare Schenkung begründen. Dazu gehört auch die Kenntnis von der Veräußerung des vom Schenker übertragenen Gegenstands (→ BFH vom 8.3.2017 II R 2/15, BStBl. II S. 751).

Bereicherung in den Fällen des Nießbrauchsverzichts, in denen der Nießbrauch bei früheren Erwerben teilweise einem Abzugsverbot unterlag. → H E 10.1.

Bestellung eines Erbbaurechts ohne oder gegen zu niedrigen Erbbauzins. In der Bestellung eines Erbbaurechts gegen einen unter dem angemessenen Erbbauzins liegenden vertraglichen Erbbauzins liegt eine freigebige Zuwendung nach § 7 Absatz 1 Nummer 1 ErbStG. Bemessungsgrundlage ist der für das eingeräumte Erbbaurecht auf die Laufzeit des Erbbaurechts kapitalisierte Unterschiedsbetrag zwischen dem angemessenen Erbbauzins und dem tatsächlich vereinbarten Erbbauzins.

Einräumung der Gesamtgläubigerstellung an Rentenrechten. → BFH vom 22.8.2007 II R 33/06, BStBl. 2008 II S. 28.

Einräumung einer typischen Unterbeteiligung noch keine Schenkung. → BFH vom 16.1.2008 II R 10/06, BStBl. II S. 631.

Frei verfügbarer Anspruch aus einem Vertrag zu Gunsten Dritter. → BFH vom 20.1.2005 II R 20/03, BStBl. II S. 408.

Gemischte Schenkung/Schenkungen unter einer Auflage. → R E 7.4.

Missverhältnis von Leistung und Gegenleistung. Stehen bei einer Vermögensübertragung Leistung und Gegenleistung in einem auffallenden Missverhältnis und liegt es nach den Umständen des Falles nahe, anzunehmen, den Vertragschließenden sei dieses Missverhältnis bekannt gewesen, muss derjenige, der behauptet, dass zumindest dem Zuwendenden das Missverhältnis nicht bekannt gewesen sei, dies durch konkreten Vortrag untermauern (→ BFH vom 10.9.1986 II R 81/84, BStBl. 1987 II S. 80).

Mittelbare Schenkung des Erlöses aus dem Verkauf übertragener Gesellschaftsanteile. → BFH vom 23.3.2012 II R 39/10, BStBl. II S. 712.

Nachträgliche entgeltliche Ablösung eines Nießbrauchsrechts. → BFH vom 19.12.2007 II R 34/06, BStBl. 2008 II S. 260.

Übernahme einer Bürgschaft. → BFH vom 12.7.2000 II R 26/98, BStBl. II S 596.

H E 10.6

Kapitalwert der Überlast.

Beispiel:

Von der Gesamtnutzungsfläche einer Burg entfallen 40 % auf die Wohnräume des Eigentümers. Die übrigen Räume der Burg werden museal genutzt. Der gesamte umbaute Raum der Burg beträgt 20 000 Kubikmeter. Als Jahreswert der Überlast ist anzusetzen:

für den museal genutzten Teil	
20 000 m³ × 60 % × 2,30 EUR/m³ =	27 600 EUR
für den anderweitig genutzten Teil	
20 000 m³ × 40 % × 1,15 EUR/m³ =	+ 9 200 EUR
Jahreswert gesamt	36 800 EUR
Der Kapitalwert beträgt 36 800 EUR × 18,6	684 480 EUR

R E 10.7[1] Nachlassverbindlichkeiten nach § 10 Absatz 5 ErbStG

[1] Die Übernahme einer Bürgschaft führt für sich allein nicht zum Ansatz einer Verbindlichkeit, da es an einer wirtschaftlichen Belastung fehlt. [2] Es ist insoweit auch keine Forderung des Bürgen gegenüber dem Begünstigten der Bürgschaft anzusetzen.

H E 10.7

Abgeltung Pflichtteilsansprüche durch Abfindung beim Tod des Erben. → BFH vom 27.6.2007 II R 30/05, BStBl. II S. 651.

Baumaßnahmen des Erben auf einem nachlasszugehörigen Grundstück. → BFH vom 1.7.2008 II R 38/07, BStBl. II S. 876.

Behandlung von Erwerbsnebenkosten und Steuerberatungskosten sowie Rechtsberatungskosten im Zusammenhang mit einer Schenkung. Bei Schenkungen unter Lebenden können im Zusammenhang mit der Ausführung der Zuwendung zwangsläufig folgende Kosten anfallen:
- allgemeine Erwerbsnebenkosten (Kosten der Rechtsänderung, z. B. Kosten für Notar- oder Handelsregister),
- Steuer- und Rechtsberatung im Vorfeld der Schenkung,
- Kosten zur Erstellung der Steuer- bzw. Feststellungserklärung,
- Kosten für Rechtsbehelfsverfahren oder Finanzgerichtsverfahren im Steuerfestsetzungs- bzw. Feststellungsverfahren,
- Kosten eines Gutachters für die Ermittlung des gemeinen Werts von Grundbesitz, Betriebsvermögen oder nicht notierten Anteilen an Kapitalgesellschaften,
- Grunderwerbsteuer.

Während für Erwerbe von Todes wegen die Abzugsfähigkeit der Kosten, die dem Erwerber im Zusammenhang mit der Erlangung des Erwerbs entstehen, in § 10 Absatz 5 Nummer 3 ErbStG gesetzlich geregelt ist, fehlt für Schenkungen eine entsprechende gesetzliche Regelung.

---

[1] Zur Verpflichtung der Weitergabe der Erbschaft als Nachlassverbindlichkeit siehe BFH v. 11.7.2019 II R 4/17, BStBl. II 2020, 319. – Zum Abzug vergeblicher Rechtsverfolgungskosten als Nachlassverbindlichkeit siehe BFH v. 6.11.2019 II R 29/16, BStBl. II 2020, 505. – Zur Geltendmachung eines Pflichtteilsanspruchs nach dem Tod des Pflichtteilsverpflichteten und der Frage des Abzugs als Nachlassverbindlichkeit siehe BFH v. 5.2.2020 II R 1/16, BStBl. II 2020, 581. – Zur Frage der Einordnung einer Vorfälligkeitsentschädigung als Nachlassverbindlichkeit siehe BFH v. 2.12.2020 II R 17/18, DStR 2021, 1354.

Die Kosten, die im Zusammenhang mit der Ausführung einer Schenkung entstehen, sind bei der Ermittlung des Werts des steuerpflichtigen Erwerbs wie folgt zu behandeln:

1. Allgemeine Erwerbsnebenkosten (Kosten der Rechtsänderung)
Die allgemeinen Erwerbsnebenkosten, wie z.B. für Notar, Grundbuch oder Handelsregister, entstehen erst durch die Schenkung. Hierzu zählen nicht die im Vorfeld einer Schenkung anfallenden Steuerberatungskosten und Rechtsberatungskosten (→ R E 7.4 Absatz 4 Satz 2).

1.1. Kostentragung durch den Beschenkten
Es handelt sich um Folgekosten der Schenkung, die keine Gegenleistung für das übertragene Vermögen darstellen.

1.1.1. Vollschenkung
Die Kosten sind in vollem Umfang vom Steuerwert der Zuwendung abzuziehen.

1.1.2. Gemischte Schenkung und Schenkung unter Leistungs-, Nutzungs- oder Duldungsauflage
Die Kosten sind in vollem Umfang als Minderung der Bereicherung zu berücksichtigen (→ H E 7.4 (4) „Erwerbsnebenkosten im Zusammenhang mit einer Schenkung").

Beispiel:

Der Schenker übereignet dem Beschenkten ein zu gewerblichen Zwecken vermietetes Grundstück mit einem Grundbesitzwert von 500 000 EUR. Die Nebenkosten betragen 8 000 EUR. Der Beschenkte zahlt eine Gegenleistung von 100 000 EUR.

Der Beschenkte hat (500 000 EUR – 100 000 EUR =) 400 000 EUR zu versteuern und kann die Nebenkosten in voller Höhe abziehen. Die Bereicherung des Beschenkten beträgt (400 000 EUR – 8 000 EUR =) 392 000 EUR.

1.1.3. Mittelbare Schenkung
Die Folgekosten einer Schenkung sind auch dann in vollem Umfang vom Steuerwert der Zuwendung abzuziehen, wenn bei einer mittelbaren Schenkung Geld zum Erwerb eines Gegenstandes zugewendet wird. Die Erwerbsnebenkosten bleiben bei der Prüfung, ob der Wert der Zuwendung den Anschaffungskosten des Gegenstandes entspricht, außer Betracht.

1.1.4. Anteilige mittelbare Schenkung
Wird dem Beschenkten bei einer mittelbaren Schenkung nur ein (nicht unwesentlicher) Teil des Kaufpreises zugewendet, der für den Erwerb eines Gegenstandes zu zahlen ist (→ R E 7.3), ist nur der Teil der allgemeinen Erwerbsnebenkosten abzuziehen, der dem Anteil des mittelbar zugewendeten Gegenstandes entspricht. Die Erwerbsnebenkosten bleiben bei der Prüfung, in welchem Verhältnis der Wert der Zuwendung zu den Anschaffungskosten des Gegenstandes steht, außer Betracht.

Beispiel:

Für den Kauf eines Grundstücks, dessen Kaufpreis und Grundbesitzwert 500 000 EUR beträgt, hat der Erwerber 100 000 EUR vom Schenker erhalten; die Nebenkosten in Höhe von 8 000 EUR trägt er selbst.

Die Zuwendung von 100 000 EUR entspricht 20 % der Anschaffungskosten des Grundstücks in Höhe von 500 000 EUR ohne die Nebenkosten. Der Beschenkte hat 20 % des Grundbesitzwertes von 500 000 EUR = 100 000 EUR zu versteuern und kann 20 % der

hinsichtlich der noch vom Erblasser abgegebenen Steuererklärungen, soweit er deren Unrichtigkeit erkennt. Beauftragt der Erbe zur Erfüllung seiner vom Erblasser herrührenden steuerlichen Pflichten einen Steuerberater, rühren die Beratungskosten, anders als die privaten Steuerschulden des Erblassers (→ BFH vom 4.7.2012 II R 15/11, BStBl. II S. 790), gerade nicht vom Erblasser her, sondern werden erst in der Person des Erben begründet. Sie sind nicht als Erblasserschulden i. S. d. § 10 Absatz 5 Nummer 1 ErbStG abzugsfähig.

Steuerberatungskosten und Rechtsberatungskosten im Rahmen des Besteuerungs- und Wertfeststellungsverfahrens bei der Erbschaftsteuer.[1] Steuerberatungsgebühren für die von den Erben in Auftrag gegebene Erstellung der Erbschaftsteuererklärung oder der Erklärung zur gesonderten Feststellung nach § 157 i. V. m. § 151 BewG sind unter Berücksichtigung der den Erben unmittelbar durch den Erbfall treffenden, von der späteren Verwaltung und Verwertung des Nachlasses unabhängigen öffentlich-rechtlichen Verpflichtung zur Abgabe einer Erbschaftsteuererklärung als Nachlassregelungskosten zum Abzug zugelassen. Gleiches gilt, wenn Kosten eines Gutachtens für die Ermittlung des gemeinen Wertes beim Grundbesitz, beim Betriebsvermögen und bei nicht notierten Anteilen an Kapitalgesellschaften anfallen und vom Erwerber getragen worden sind (→ BFH vom 19.6.2013 II R 20/12, BStBl. II S. 738). Der Abzug dieser Kosten ist nicht nach § 10 Absatz 6 ErbStG zu kürzen, soweit zum Erwerb steuerbefreites oder teilweise steuerbefreites Vermögen gehört.
Bei Feststellungen im Zusammenhang mit dem Wert des Anteils am Betriebsvermögen (§ 151 Absatz 1 Satz 1 Nummer 2 BewG) und dem Wert nicht notierter Anteile an einer Kapitalgesellschaft (§ 151 Absatz 1 Satz 1 Nummer 3 BewG) ist Folgendes zu beachten:
Ist eine gesonderte Feststellung nach § 151 Absatz 1 BewG durchzuführen, kann das Feststellungsfinanzamt von jedem, für dessen Besteuerung eine gesonderte Feststellung von Bedeutung ist, die Abgabe einer Feststellungserklärung verlangen (§ 153 Absatz 1 BewG).

Anteil am Betriebsvermögen
Bei Feststellungen des Werts von Beteiligungen an Personengesellschaften ist die Feststellungserklärung vorrangig von der Gesellschaft anzufordern (§ 153 Absatz 2 BewG i. V. m. R B 153 Absatz 3 Satz 1). Fordert das Feststellungsfinanzamt die Personengesellschaft zur Abgabe der Erklärung auf, ergibt sich eine unmittelbare gesetzliche Verpflichtung der Gesellschaft zur Abgabe der Feststellungserklärung. Die im Zusammenhang mit der Erstellung der Feststellungserklärung anfallenden Kosten (insbesondere Steuerberatungskosten und Kosten für Verkehrswertgutachten) stehen im Zusammenhang mit der Erbschaftsteuer des jeweiligen Gesellschafters und können somit nicht als Betriebsausgaben der Gesellschaft abgezogen werden (§ 12 EStG). Die Kosten sind als Nachlassregelungskosten bei der Erbschaftsteuer abziehbar, soweit sie dem Erwerber als Entnahmen zugerechnet werden.

---

[1] Zu Steuerberatungskosten und Räumungskosten als Nachlassregelungskosten siehe BFH v. 14.10.2020 II R 30/19, DStR 2021, 718.

Nicht notierte Anteile an einer Kapitalgesellschaft
Bei Feststellungen des Werts von nicht notierten Anteilen an Kapitalgesellschaften ist nur die Kapitalgesellschaft zur Abgabe der Feststellungserklärung aufzufordern (§ 153 Absatz 3 BewG). Mit der Aufforderung durch das Feststellungsfinanzamt entsteht für die Gesellschaft unmittelbar eine gesetzliche Verpflichtung zur Abgabe der Feststellungserklärung. Die im Zusammenhang mit der Erstellung der Feststellungserklärung entstehenden Kosten (insbesondere Steuerberatungskosten und Kosten für Verkehrswertgutachten) stellen daher für den Erwerber keine abzugsfähigen Nachlassregelungskosten dar, soweit die Gesellschaft diese nicht an ihn weitergibt.
Die Grundsätze gelten entsprechend auch für den Fall, dass im Rahmen des Feststellungsverfahrens weitere Feststellungen erforderlich sind, weil einzelne Vermögensgegenstände ihrerseits der gesonderten Feststellung nach § 151 Absatz 1 BewG unterliegen und die Gesellschaft auch für diese Feststellungserklärungen abgabeverpflichtet ist.
Keine Nachlassregelungskosten sind Steuerberatungs- und Rechtsberatungskosten, die in einem sich an die Steuerfestsetzung oder Wertfeststellung anschließenden Rechtsbehelfsverfahren oder einem finanzgerichtlichen Verfahren anfallen und vom Erwerber getragen worden sind; sie sind – wie auch die festgesetzte Erbschaftsteuer selbst – nicht zum Abzug zugelassen (→ BFH vom 20.6.2007 II R 29/06, BStBl. II S. 722). Das gilt auch für andere Verfahren, in denen Änderungen der Steuerfestsetzung oder Wertfeststellung beantragt werden. Abzugsfähig sind jedoch auch hier Kosten eines Gutachtens, die für die Ermittlung des gemeinen Wertes beim Grundbesitz, beim Betriebsvermögen und bei nicht notierten Anteilen an Kapitalgesellschaften anfallen (→ BFH vom 19.6.2013 II R 20/12, BStBl. II S. 738). Der Abzug dieser Kosten ist nicht nach § 10 Absatz 6 ErbStG zu kürzen, soweit zum Erwerb steuerbefreites oder teilweise steuerbefreites Vermögen gehört.

Zahlungen des Beschenkten zur Abwendung des Herausgabeanspruchs eines Pflichtteilsberechtigten. → BFH vom 8.10.2003 II R 46/01, BStBl. 2004 II S. 234.

Zugewinnausgleichsverbindlichkeit beim Tod des erstversterbenden Ehegatten. → BFH vom 1.7.2008 II R 71/06, BStBl. II S. 874.

R E 10.8[1] Private Steuerschulden des Erblassers

(1) Die Einkommensteuer entsteht mit Ablauf des Veranlagungszeitraums (§ 36 Absatz 1 in Verbindung mit § 25 Absatz 1 EStG).

(2) [1] Einkommensteuerschulden aus Veranlagungszeiträumen, die vor dem Todeszeitpunkt des Erblassers endeten, sind mit Ablauf des jeweiligen Kalenderjahrs entstanden. [2] Sie sind unabhängig davon, ob sie am Todeszeitpunkt des Erblassers bereits festgesetzt waren oder nicht, mit dem materiell-rechtlich zutreffenden Wert als Nachlassverbindlichkeiten nach § 10 Absatz 5 Nummer 1 ErbStG abzugsfähig. [3] Steuerschulden sind im Falle einer Steuerhinterziehung nur als Nachlassverbindlichkeiten nach § 10 Absatz 5 Nummer 1 ErbStG abzuziehen, soweit sie tatsächlich festgesetzt werden.

[1] Zur Berücksichtigung der vom Erblasser herrührenden Einkommensteuerschuld als Nachlassverbindlichkeit siehe BFH v. 11.7.2019 II R 36/16, BStBl. II 2020, 391.

II. LN verstirbt

Das Grundstück gehört aufgrund des Vorrangs des zivilrechtlichen Eigentums nicht zum Nachlass des LN. Zum Betriebsvermögen im Sinne der §§ 95 ff. BewG gehört ein aktivierter Sachleistungsanspruch für die Gebäudenutzung während der Leasingdauer sowie eine passivierte Zahlungsverpflichtung der Leasingraten in diesem Zeitraum. Beides stellt kein Verwaltungsvermögen nach § 13b Absatz 4 Nummer 1 ErbStG dar.

Betriebsgrundstücke. → R B 99.

R E 12.3 Berücksichtigung von Gewinnansprüchen aus GmbH-Geschäftsanteilen

(1) [1]Bei einem der Erbschaftsteuer unterliegenden Erwerb von GmbH-Geschäftsanteilen sind Ansprüche auf erwirtschaftete, aber noch nicht ausgeschüttete Gewinne der GmbH beim Erwerb der Beteiligung von Todes wegen gesondert als Kapitalforderung des Erben zu erfassen, wenn der Gewinnverwendungsbeschluss bereits vor dem Zeitpunkt der Steuerentstehung gefasst worden ist. [2]Das Vermögen der Gesellschaft ist bereits entsprechend gemindert. [3]Beim Erwerb durch Schenkung unter Lebenden erfolgt eine gesonderte Erfassung nur, wenn der Gewinnanspruch gesondert abgetreten wird, da er sonst weiterhin dem Schenker zusteht.

(2) Wird der Beschluss über die Gewinnverwendung erst nach dem Zeitpunkt der Steuerentstehung gefasst, kann der Anspruch auf den Gewinn nicht gesondert neben dem gemeinen Wert der Anteile auf den Stichtag erfasst werden, da der vor dem Stichtag erwirtschaftete Gewinn bereits bei der Bewertung der Anteile an der Kapitalgesellschaft berücksichtigt wurde.

(3) [1]Beim Erwerb von GmbH-Geschäftsanteilen durch Schenkung unter Lebenden sind die Gewinne des Wirtschaftsjahrs, in das die Schenkung fällt, nach § 101 Nummer 2 Halbsatz 2 BGB im Innenverhältnis zeitanteilig zwischen Schenker und Beschenktem aufzuteilen. [2]Erfüllt der Beschenkte den zivilrechtlichen Ausgleichsanspruch des Schenkers, ist der Ausgleichsbetrag vom Wert des zugewendeten GmbH-Geschäftsanteils abzuziehen. [3]Treffen die Beteiligten eine davon abweichende Vereinbarung, verzichtet etwa der Schenker ganz oder teilweise auf seinen Anspruch nach § 101 Nummer 2 Halbsatz 2 BGB, entfällt insoweit ein Abzug. [4]Der ersparte Ausgleichsbetrag ist nicht neben dem Wert der übertragenen Anteile zu erfassen.

(4) Noch nicht erfüllte Gewinnansprüche aus einem Nießbrauch an GmbH-Geschäftsanteilen stehen nach dem Tod des Berechtigten dessen Erben zu (→ § 101 BGB) und sind als Erwerb von Todes wegen auch dann zu erfassen, wenn am Besteuerungszeitpunkt die Bilanz der GmbH noch nicht erstellt oder der Gewinnverwendungsbeschluss noch nicht gefasst ist.

H E 12.3

Gewinnverteilung bei Schenkung.

Beispiel:

Der Schenker überträgt dem Beschenkten aufgrund eines notariell beurkundeten Schenkungsvertrags vom 22.8.02 seinen GmbH-Geschäftsanteil. Dem Beschenkten soll das Gewinnbezugsrecht ab 1.1.02 zustehen. Am 22.9.02 fassen die Gesellschafter den Beschluss über die Verwendung des Ergebnisses des Jahres 01. Dabei entfällt auf den Anteil des Beschenkten ein Gewinnanspruch von 120 000 EUR.

Der gemeine Wert des vom Beschenkten erworbenen GmbH-Anteils ist auf den Stichtag 22.8.02 zu ermitteln. Der Gewinnanspruch des Jahres 02 steht nach der Vereinbarung der

Beteiligten dem Beschenkten zu und ist nicht gesondert zu erfassen. Der Gewinnanspruch des Jahres 01 ist gegenüber dem Schenker zu erfüllen. Der Betrag von 120 000 EUR ist vom Wert des Anteils abzuziehen.

Zu § 13 ErbStG[1]

R E 13.1 Steuerbefreiungen; Allgemeines

(1) [1]Die Voraussetzungen für eine Steuerbefreiung müssen, soweit nichts anderes bestimmt ist, im Zeitpunkt der Steuerentstehung erfüllt sein. [2]Sind sie erst nach diesem Zeitpunkt eingetreten, kommt eine Steuerbefreiung grundsätzlich nicht in Betracht.

(2) [1]Jede einzelne Steuerbefreiung ist für sich anzuwenden. [2]Eine Befreiung schließt eine andere, eventuell weitergehende Befreiung grundsätzlich nicht aus. [3]Gehören zum begünstigungsfähigen Vermögen nach § 13b Absatz 1 Nummer 2 ErbStG, für das eine Begünstigung nach §§ 13a, 13c oder 28a ErbStG gewährt wird, Wirtschaftsgüter im Sinne des § 13b Absatz 4 ErbStG, ist eine Begünstigung dieser Wirtschaftsgüter nach § 13 ErbStG ausgeschlossen. [4]Handelt es sich bei diesen Wirtschaftsgütern um junges Verwaltungsvermögen, kommt hingegen eine Begünstigung nach § 13 ErbStG in Betracht.

R E 13.2 Gegenstände, deren Erhaltung im öffentlichen Interesse liegt[2]

(1) [1]Die Steuerbefreiungen nach § 13 Absatz 1 Nummer 2 und 3 ErbStG kommen für Gegenstände in Betracht, die sich im Inland oder in einem Mitgliedstaat der Europäischen Union oder in einem Staat des Europäischen Wirtschaftsraums befinden und für mindestens zehn Jahre dort verbleiben. [2]Sie gelten auch für Grundbesitz und Teile von Grundbesitz. [3]Zum Grundbesitz gehören alle wirtschaftlichen Einheiten des land- und forstwirtschaftlichen Vermögens, des Grundvermögens sowie grundsätzlich die Betriebsgrundstücke (→ R E 13.1 Absatz 2 Sätze 3 und 4). [4]Als Teile von Grundbesitz sind z. B. das Schloss oder die Burg anzusehen, die zu einem landwirtschaftlichen Betrieb gehören.

(2) [1]Die in ein Verzeichnis national wertvollen Kulturgutes eingetragenen Gegenstände sollen nach § 12 Absatz 1 des Kulturgutschutzgesetzes steuerlich begünstigt werden. [2]Demgemäß wird nach § 13 Absatz 1 Nummer 2 ErbStG in diesen Fällen nicht gefordert, dass die Gegenstände sich seit mindestens 20 Jahren im Besitz der Familie befunden haben. [3]Die übrigen Voraussetzungen des § 13 Absatz 1 Nummer 2 ErbStG müssen jedoch auch hier erfüllt sein. [4]Dabei kann unterstellt werden, dass die in § 13 Absatz 1 Nummer 2 ErbStG festgelegten Voraussetzungen stets gegeben sind.

(3) [1]Der Nachweis darüber, dass die Erhaltung bestimmter Grundstücke und beweglicher Gegenstände wegen ihrer Bedeutung für Kunst, Geschichte oder Wissenschaft im öffentlichen Interesse liegt und dass diese Grundstücke und beweglichen Gegenstände in einem den Verhältnissen entsprechenden Umfang den Zwecken der Forschung oder Volksbildung nutzbar gemacht

---

[1] Zur Erweiterung der Befreiungstatbestände in § 13 Abs. 1 ErbStG um eine neue Nummer 19 (Leistungen bestimmter Rechtsträger an Personen, die u. a. von Bediensteten dieser Rechtsträger sexuell missbraucht wurden) siehe Art. 6 des Grundsteuerreform-Umsetzungsgesetzes v. 16.7.2021 (BGBl. I 2021, 2931).

[2] Zur Frage der vollständigen Steuerbefreiung für den Erwerb von Kulturgütern nach § 13 Abs. 1 Nr. 2 Buchst. b ErbStG siehe gleich lautende Ländererlasse v. 19.8.2020, BStBl. I 2020, 924.

werden, ist in Zweifelsfällen durch ein Gutachten der landesrechtlich zuständigen Behörde zu erbringen. 2Der Nachweis, dass die Erhaltung eines Grundstücks oder eines beweglichen Gegenstandes im öffentlichen Interesse liegt, gilt bei Denkmälern als erbracht, die in die Denkmalliste oder ein entsprechendes Verzeichnis eingetragen sind.

(4) Die Gegenstände müssen in einem den Verhältnissen entsprechenden Umfang der Allgemeinheit, mindestens aber den interessierten Kreisen ohne weiteres zugänglich sein; dies muss allgemein erkennbar sein.

(5) [1]Die Voraussetzung, dass die jährlichen Kosten in der Regel die erzielten Einnahmen übersteigen, ist insbesondere dann erfüllt, wenn im Zusammenhang mit den genannten Gegenständen keinerlei Einnahmen erzielt werden. [2]Zu den Einnahmen rechnet unter anderem auch der Mietwert der eigenen Wohnung. [3]Zu den jährlichen Kosten gehören auch die Absetzungen für Abnutzung. [4]Bei den Kosten kann die Verzinsung des Eigenkapitals nicht berücksichtigt werden.

(6) [1]Auch wenn nur ein Teil einer wirtschaftlichen Einheit begünstigt ist, ist vom gesamten Grundbesitzwert auszugehen. [2]Die Aufteilung des Werts erfolgt im Verhältnis der auf die einzelnen Teile entfallenden Wohn-/Nutzfläche.

H E 13.2

Ausstellung in einem Land außerhalb der EU oder des EWR. Eine vorübergehende Ausstellung der Kunstgegenstände in einem Land außerhalb der EU oder des EWR ist für die Erhaltung der Befreiung unschädlich.

Europäischer Wirtschaftsraum. Dem Europäischen Wirtschaftsraum gehören Island, Liechtenstein und Norwegen sowie die Mitgliedstaaten der Europäischen Union an.

Kulturgutschutzgesetz. → Gesetz vom 31.7.2016 (BGBl. I S. 1914).

Kulturgüter, die nicht der Denkmalpflege unterstellt werden können. Soweit das Denkmalschutzgesetz eines Landes ein Unterschutzstellen von Gegenständen der Art nach nicht vorsieht (z. B. bewegliche Gegenstände), kann die Denkmaleigenschaft durch die Eintragung in das Verzeichnis national wertvollen Kulturguts oder national wertvoller Archive nach dem Kulturgutschutzgesetz (Gesetz vom 31.7.2016, BGBl. I S. 1914, mit späteren Änderungen) erreicht werden. Damit sind zugleich die Voraussetzungen des § 13 Absatz 1 Nummer 2 Buchstabe a Doppelbuchstabe aa und bb ErbStG erfüllt.

Zwanzigjähriger Familienbesitz. → BFH vom 14.11.1980 III R 9/79, BStBl. 1981 II S. 251.

R E 13.3 Lebzeitige Zuwendungen im Zusammenhang mit einem Familienheim

(1) Zuwendungen unter Lebenden im Sinne des Absatzes 4, die ein Ehegatte dem anderen Ehegatten im Zusammenhang mit einem Familienheim macht, sind von der Steuer befreit (§ 13 Absatz 1 Nummer 4a ErbStG).

(2) [1]Als Familienheim gilt ein bebautes Grundstück, soweit darin eine Wohnung gemeinsam zu eigenen Wohnzwecken genutzt wird. [2]Damit

kommt auch der Wohnteil des Betriebsinhabers eines Betriebs der Land- und Forstwirtschaft (§ 160 Absatz 1 Nummer 3, Absatz 9 BewG) als Familienheim in Betracht. [3]Der Wohnungsbegriff des Familienheims bestimmt sich nach der tatsächlichen Nutzung. [4]In der Wohnung muss sich der Mittelpunkt des familiären Lebens befinden. [5]Die Befreiung eines Erwerbs ist deshalb nicht möglich, wenn die Wohnung nur als Ferien- oder Wochenendwohnung genutzt wird oder für einen Berufspendler nur die Zweitwohnung darstellt. [6]Entscheidend ist die Nutzung zu eigenen Wohnzwecken der Eheleute und der zur Familie gehörenden Kinder; eine Mitbenutzung der Wohnung durch Enkelkinder, Eltern oder eine Hausgehilfin ist unschädlich. [7]Die Befreiung ist auf die selbst genutzte Wohnung begrenzt. [8]Sie schließt auch Garagen, Nebenräume und Nebengebäude ein, die sich auf dem Grundstück befinden und mit der Wohnung gemeinsam genutzt werden. [9]Die Nutzung auch zu anderen als Wohnzwecken ist unschädlich, wenn sie von untergeordneter Bedeutung ist (z.B. durch Nutzung eines Arbeitszimmers). [10]Die unentgeltliche gewerbliche oder freiberufliche Mitbenutzung der Wohnung ist grundsätzlich unschädlich, wenn die Wohnnutzung überwiegt. [11]Bei einer entgeltlichen gewerblichen oder freiberuflichen Mitbenutzung der Wohnung ist die Befreiung auf den eigenen Wohnzwecken dienenden Teil der Wohnung begrenzt. [12]Ein begünstigtes Familienheim kann in jeder Art von bebautem Grundstück im Sinne des § 181 Absatz 1 Nummer 1 bis 5 BewG vorhanden sein, mithin z.B. auch in einem Mietwohn- oder Geschäftsgrundstück oder in einem Gebäude, das im Erbbaurecht errichtet worden ist. [13]Eine gewerbliche oder freiberufliche Nutzung (z.B. durch eine Arztpraxis) außerhalb der eigenen Wohnung, eine Fremdvermietung oder die unentgeltliche Überlassung weiterer auf dem Grundstück vorhandener Wohnungen an Kinder oder Eltern ist nicht begünstigt. [14]Die Aufteilung des Werts eines Gebäudes, das neben der eigenen Wohnnutzung weitere Nutzungen aufweist, erfolgt nach der Wohn-/Nutzfläche; Garagen, Nebenräume und Nebengebäude sind hierbei nicht einzubeziehen. [15]Das Lagefinanzamt hat die gesamte Wohn-/Nutzfläche des Grundstücks und die Wohnfläche des Familienheims zu ermitteln und bei der Feststellung des Grundbesitzwerts nachrichtlich mitzuteilen.

(3) Ein begünstigtes Familienheim kann im Inland oder in einem Staat der Europäischen Union oder des Europäischen Wirtschaftsraums belegen sein.

(4) Die Zuwendung im Zusammenhang mit einem Familienheim ist bei folgenden Gestaltungen steuerfrei:

1. Übertragung des Alleineigentums oder Miteigentums an dem einem Ehegatten bereits gehörenden Grundstück,
2. Kauf oder Herstellung aus den Mitteln eines Ehegatten unter Einräumung einer Miteigentümerstellung des anderen Ehegatten,
3. Anschaffung oder Herstellung (ganz oder teilweise) durch einen Ehegatten aus Mitteln, die allein oder überwiegend vom anderen, zuwendenden Ehegatten stammen (mittelbare Grundstückszuwendung),
4. Tilgung eines im Zusammenhang mit dem Kauf oder der Herstellung des Familienheims von einem oder beiden Ehegatten aufgenommenen Darlehens aus Mitteln des zuwendenden Ehegatten,

5. Befreiung von einer Schuld des einen Ehegatten gegenüber dem anderen Ehegatten, die im Zusammenhang mit dem Kauf oder der Herstellung des Familienheims gegenüber dem anderen Ehegatten eingegangen wurde,
6. Begleichung nachträglicher Herstellungs- oder Erhaltungsaufwendungen am Familienheim aus Mitteln eines Ehegatten, wenn der andere Ehegatte Eigentümer oder Miteigentümer ist.

(5) [1]Der Güterstand der Ehegatten ist ohne Bedeutung. [2]Die Befreiung ist wertmäßig nicht begrenzt. [3]Eine Prüfung der Angemessenheit findet nicht statt. [4]Die Steuerbefreiung kann auch für Zuwendungen im Zusammenhang mit dem gegenwärtigen Familienheim in Anspruch genommen werden, auch wenn der Empfänger früher eine steuerbegünstigte Zuwendung im Zusammenhang mit dem damaligen, inzwischen als solches aufgegebenen Familienheim (§ 13 Absatz 1 Nummer 4a ErbStG) erhalten hatte. [5]Für das begünstigt erworbene Grundstück besteht keine Behaltenspflicht. [6]Die spätere Veräußerung oder eine Nutzungsänderung ist unbeachtlich, sofern kein Missbrauch von Gestaltungsmöglichkeiten nach § 42 AO vorliegt.

H E 13.3

Arbeitszimmer. Ein im Wohnbereich belegenes Arbeitszimmer stellt bewertungsrechtlich lediglich einen Raum dar, dem innerhalb der Nutzung zu Wohnzwecken eine dieser Nutzung nicht widersprechende Funktion zugewiesen ist (→ BFH vom 9.11.1988 II R 61/87, BStBl. 1989 II S. 135).
Ein von einem der Ehegatten genutztes häusliches Arbeitszimmer, das im Wohnbereich belegen ist, ist auch dann der Wohnnutzung der Ehegatten zuzurechnen, wenn es an den Arbeitgeber des Ehegatten vermietet ist (→ BFH vom 26.2.2009 II R 69/06, BStBl. II S. 480). Entsprechendes gilt für andere haushaltszugehörige Personen.

Befreiung von einer Schuld gegenüber dem anderen Ehegatten. → BFH vom 27.10.2010 II R 37/09, BStBl. 2011 II S. 134.

Europäischer Wirtschaftsraum. Dem Europäischen Wirtschaftsraum gehören Island, Liechtenstein und Norwegen sowie die Mitgliedstaaten der Europäischen Union an.

Keine Steuerbefreiung für Familienheim bei Zweit- oder Ferienwohnung. → BFH vom 18.7.2013 II R 35/11, BStBl. II S. 1051.

Wohnfläche. → Wohnflächenverordnung vom 25.11.2003 (BGBl. I S. 2346).

R E 13.4[1)] Erwerb eines Familienheims von Todes wegen

(1) Der Erwerb eines Familienheims von Todes wegen durch den überlebenden Ehegatten ist von der Steuer befreit (§ 13 Absatz 1 Nummer 4b ErbStG).

(2) [1]Ein begünstigtes Familienheim liegt unter den weiteren Voraussetzungen des R E 13.3 Absatz 2 vor, soweit der Erblasser bis zu seinem Tod in einem bebauten Grundstück eine Wohnung zu eigenen Wohnzwecken genutzt hat. [2]Es ist unschädlich, wenn der Erblasser aus objektiv zwingenden Grün-

---

1) Zur Steuerbefreiung des Erwerbs eines Familienheims bei Renovierung siehe BFH v. 28.5.2019 II R 37/16, BStBl. II 2019, 678. – Zum Wegfall der Steuerbefreiung für ein Familienheim bei Aufgabe des Eigentums siehe BFH v. 11.7.2019 II R 38/16, BStBl. II 2020, 314. – Zum Begriff des Grundstücks beim Erwerb eines Familienheims siehe BFH v. 23.2.2021 II R 29/19, DStR 2021, 1816.

den an einer Selbstnutzung gehindert war. [3]Objektiv zwingende Gründe liegen im Fall einer Pflegebedürftigkeit vor, die die Führung eines eigenen Haushalts nicht mehr zulässt, nicht dagegen z. B. bei einer beruflichen Versetzung. [4]Der überlebende Ehegatte muss in der erworbenen Wohnung unverzüglich, d. h. ohne schuldhaftes Zögern, die Nutzung zu eigenen Wohnzwecken aufnehmen. [5]Die Steuerbefreiung ist auch zu gewähren, wenn der überlebende Ehegatte aus objektiv zwingenden Gründen im Sinne des Satzes 3 bereits im Zeitpunkt des Erwerbs an der Nutzung des Objekts zu eigenen Wohnzwecken gehindert war. [6]Entfallen diese Hinderungsgründe innerhalb des Zehnjahreszeitraums nach dem Erwerb, ist die Nutzung zu eigenen Wohnzwecken unverzüglich aufzunehmen.

(3) Die Ausführungen in R E 13.3 Absatz 2 und 3 zum Wohnungsbegriff, zur Grundstücksart und zur Belegenheit des Familienheims gelten entsprechend.

(4)[1)] Wird das Familienheim steuerfrei erworben, sind die damit in wirtschaftlichem Zusammenhang stehenden Schulden und Lasten nicht abzugsfähig (§ 10 Absatz 6 ErbStG; → R E 10.10).

(5) [1]Der Erwerber kann die Befreiung nicht in Anspruch nehmen, soweit er verpflichtet ist, das begünstigte Familienheim auf Grund einer letztwilligen oder rechtsgeschäftlichen Verfügung des Erblassers auf einen Dritten zu übertragen (Weitergabeverpflichtung). [2]Letztwillige Verfügung ist das Testament, rechtsgeschäftliche Verfügung ist z. B. der Erbvertrag. [3]Anwendungsfälle sind insbesondere

1. Sachvermächtnisse, die auf begünstigtes Vermögen gerichtet sind,
2. Vorausvermächtnisse, die auf begünstigtes Vermögen gerichtet sind,
3. ein Schenkungsversprechen auf den Todesfall oder
4. Auflagen des Erblassers, die auf die Weitergabe begünstigten Vermögens gerichtet sind.

[4]Sind Miterben auf Grund einer Teilungsanordnung des Erblassers verpflichtet, das begünstigte Familienheim auf einen Miterben zu übertragen, können die übertragenden Miterben die Befreiung nicht in Anspruch nehmen; das gilt unabhängig davon, wann die Auseinandersetzungsvereinbarung geschlossen wird. [5]Den übernehmenden Erwerber oder Miterben, der die Begünstigung für das Familienheim oder den Teil des Familienheims in Anspruch nehmen kann, trifft die Pflicht zur Einhaltung der Befreiungsvoraussetzungen (zehnjährige Selbstnutzung); er hat die steuerlichen Folgen eines Verstoßes hiergegen zu tragen. [6]Gibt der nachfolgende Erwerber für den Erwerb des begünstigten Familienheims nicht begünstigtes Vermögen hin, das er vom Erblasser erworben hat, wird er so gestellt, als habe er von Anfang an begünstigtes Vermögen erworben. [7]Als hingegebenes Vermögen gilt nicht die Übernahme von Nachlassverbindlichkeiten, die mit dem begünstigten Vermögen oder Teilen davon in wirtschaftlichem Zusammenhang stehen. [8]Der Steuerwert des begünstigten Familienheims darf jedoch nicht überschritten werden. [9]Durch diese Regelung wird lediglich die Bemessungsgrundlage für die Steuerbefreiung verändert; sie führt nicht zu einer Veränderung der Zurechnung der Erwerbsgegenstände. [10]Der Grundsatz, dass die Erbauseinandersetzung unbeachtlich ist (→ R E 3.1), gilt unverändert fort. [11]Sätze 4 bis 10 gelten entsprechend auch

[1)] Teilweise überholt durch Änderung des § 10 Abs. 6 ErbStG durch JStG 2020.

H E 13a.2

Prüfung des Schwellenwerts.

Beispiel 1:

A verschenkt an seine Tochter T am 1.10.2016 einen Gewerbebetrieb mit einem gemeinen Wert von 15 000 000 EUR. Das begünstigte Vermögen beträgt 10 000 000 EUR.

Nach 3 Jahren verstirbt A. Zum Nachlass, der an seine Tochter als Alleinerbin übergeht, gehören 30 % der Anteile an der B-GmbH. Deren gemeiner Wert beträgt 22 000 000 EUR und das begünstigte Vermögen 17 000 000 EUR.

Prüfung Schwellenwert:

Erwerb vom 1.10.2016	10 000 000 EUR
Erwerb vom 1.10.2019	17 000 000 EUR
	27 000 000 EUR

Nach 4 Jahren (2.10.2020) verkauft T den Gewerbebetrieb.

Für den Erwerb vom 1.10.2016 ist eine Nachversteuerung nach § 13a Absatz 6 ErbStG durchzuführen. Trotz des Verstoßes gegen die Behaltensregelungen überschreitet der Gesamterwerb des begünstigten Vermögens weiterhin mit 27 000 000 EUR den Schwellenwert von 26 000 000 EUR. Für den Erwerb vom 1.10.2019 ist keine Änderung bei der Steuerverschonung vorzunehmen.

Beispiel 2:

C verschenkt an ihren Sohn S 100 % der Anteile an der D-GmbH. Deren gemeiner Wert beträgt 50 000 000 EUR und das begünstigte Vermögen 27 000 000 EUR. Die Voraussetzungen für die Gewährung des Vorwegabschlags sind gegeben. Er beträgt 20 %.

Das nach Abzug des Vorwegabschlags vorhandene begünstigte Vermögen beträgt 21 600 000 EUR (27 000 000 EUR – 5 400 000 EUR (20 % von 27 000 000 EUR)). Damit liegt kein Großerwerb vor, weil der Schwellenwert von 26 000 000 EUR nicht überschritten wird.

Nach 4 Jahren liegen die Voraussetzungen für die Gewährung des Vorwegabschlags nicht mehr vor. Das begünstigte Vermögen beträgt damit 27 000 000 EUR, so dass von einem Großerwerb auszugehen ist. Die Steuerverschonung ist unter Berücksichtigung der geänderten Verhältnisse anzupassen.

R E 13a.3 Gleitender Abzugsbetrag

(1) [1]Von dem Teil des auf einen Erwerber übergegangenen begünstigten Vermögens, der nach Anwendung des Verschonungsabschlags verbleibt, wird ein Betrag von 150 000 EUR abgezogen (Abzugsbetrag). [2]Der Abzugsbetrag von 150 000 EUR verringert sich, wenn der Wert des verbleibenden Vermögens insgesamt die Wertgrenze von 150 000 EUR übersteigt, um 50 Prozent des diese Wertgrenze übersteigenden Betrags. [3]Im Fall der Optionsverschonung nach § 13a Absatz 10 ErbStG ist der Abzugsbetrag ohne Bedeutung.

(2)[1)] [1]Der Abzugsbetrag steht für das von derselben Person innerhalb von zehn Jahren insgesamt zugewendete begünstigte Vermögen nur einmal zur Verfügung (§ 13a Absatz 2 Satz 3 ErbStG). [2]Die Zehnjahresfrist beginnt im Zeitpunkt der Steuerentstehung für den begünstigten Erwerb. [3]Der vollständige Verbrauch des Abzugsbetrags tritt für das übertragene Vermögen insgesamt ein, unabhängig davon, in welcher Höhe er sich bei der Steuerfestsetzung tatsächlich ausgewirkt hat; das gilt auch, wenn sich der Abzugsbetrag aufgrund der Abschmelzung nach § 13a Absatz 2 Satz 2 ErbStG auf null EUR verringert hat.

---

1) Zur Verschonung von Betriebsvermögen durch Abzugsbetrag nach § 13a Abs. 2 ErbStG siehe BFH v. 23.2.2021 II R 34/19, BStBl. II 2021, 619.

[4]Die Inanspruchnahme eines Abzugsbetrags nach § 13a Absatz 2 ErbStG in der bis 30. Juni 2016 anzuwendenden Fassung auf Grund der begünstigten Zuwendung von Betriebsvermögen, land- und forstwirtschaftlichem Vermögen oder Anteilen an Kapitalgesellschaften vor dem 1. Juli 2016 schließt innerhalb des Zehnjahreszeitraums die erneute Gewährung des Abzugsbetrags aus. [5]Die Inanspruchnahme eines Freibetrags nach § 13a Absatz 1 ErbStG in der bis zum 31. Dezember 2008 anzuwendenden Fassung auf Grund der begünstigten Zuwendung von Betriebsvermögen, land- und forstwirtschaftlichem Vermögen oder Anteilen an Kapitalgesellschaften vor dem 1. Januar 2009 schließt innerhalb des Zehnjahreszeitraums die Gewährung des Abzugsbetrags nicht aus.

H E 13a.3

Auswirkung des Abzugsbetrags. Begünstigtes Vermögen von bis zu 1 000 000 EUR wird im Fall der Regelverschonung durch den Verschonungsabschlag von 85 % und den Abzugsbetrag vollständig befreit. Der Abzugsbetrag verringert sich gleitend bei einem Wert des begünstigten Vermögens zwischen 1 000 001 EUR und 2 999 999 EUR.

Beispiel:

Erblasser E hinterlässt seinem Sohn S einen Gewerbebetrieb mit einem gemeinen Wert von 2 200 000 EUR. Das begünstigte Vermögen hat einen Wert von 2 000 000 EUR.

Für den Abzugsbetrag ergibt sich folgende Berechnung:

begünstigtes Betriebsvermögen			2 000 000 EUR	
Verschonungsabschlag (85 %)		./.	1 700 000 EUR	
Verbleibender Wert			300 000 EUR	
Abzugsbetrag		./.	75 000 EUR	
Steuerpflichtiges begünstigtes Betriebsvermögen				225 000 EUR
Abzugsbetrag			150 000 EUR	
Verbleibender Wert (15 %)	300 000 EUR			
Abzugsbetrag	./. 150 000 EUR			
Unterschiedsbetrag	150 000 EUR			
davon 50 %		./.	75 000 EUR	
Verbleibender Abzugsbetrag			75 000 EUR	

R E 13a.4 Lohnsummenregelung – Allgemeines

(1) Die Lohnsumme ist nach § 13a Absatz 3 Satz 6 bis 13 ErbStG zu ermitteln.

(2) [1]Die Lohnsummenregelung ist bei Betrieben mit nicht mehr als fünf Beschäftigten oder einer Ausgangslohnsumme von null EUR nicht anzuwenden (§ 13a Absatz 3 Satz 3 ErbStG). [2]Bei der Bestimmung der Mindestanzahl der Beschäftigten ist auf die Anzahl der Beschäftigten abzustellen, die im Besteuerungszeitpunkt im zugewendeten Betrieb oder in der Gesellschaft beschäftigt sind, an der die zugewendete Beteiligung oder der zugewendete Anteil besteht. [3]Dabei ist es unerheblich, zu welchem Anteil der Betrieb oder die Gesellschaft zugewendet wird. [4]Dies gilt jedoch nicht in Fällen, in denen kurz vor der Übertragung eine Reduzierung der Anzahl der Beschäftigten erfolgt (§ 42 AO). [5]Eine Umrechnung nach § 23 Absatz 1 Satz 4 Kündigungsschutz-

Erbanteil T		9 494 850 EUR
Steuerbefreiung § 13a ErbStG	./.	8 500 000 EUR
Nicht abzugsfähiger Teil der Schuld	+	500 000 EUR
Bereicherung der T		1 494 850 EUR
Erbanteil S		9 494 850 EUR
Steuerbefreiung § 13a ErbStG	./.	0 EUR
Nicht abzugsfähiger Teil der Schuld	+	0 EUR
Bereicherung des S		9 494 850 EUR

R E 13a.12 Behaltensregelungen – Allgemeines

(1) [1]Der Verschonungsabschlag und der Abzugsbetrag fallen mit Wirkung für die Vergangenheit weg, soweit innerhalb von fünf Jahren nach dem Zeitpunkt der Steuerentstehung (Behaltensfrist) gegen eine der Behaltensregelungen für das begünstigte Vermögen verstoßen wird (§ 13a Absatz 6 ErbStG). [2]Die Gründe für den Verstoß gegen die Behaltensregelungen sind unbeachtlich. [3]Die Behaltensfrist ist für jeden Erwerber gesondert zu prüfen. [4]Der Steuerbescheid ist in diesen Fällen nach § 175 Absatz 1 Satz 1 Nummer 2 AO zu ändern (Nachversteuerung). [5]Ein Verstoß gegen die Behaltensregelungen wirkt sich nicht auf den Vorwegabschlag nach § 13a Absatz 9 ErbStG aus. [6]Ein Verstoß gegen die Behaltensregelung führt nicht zu einer Änderung des Ansatzes des Werts des begünstigten Vermögens bei der Ermittlung des Schwellenwerts (§ 13a Absatz 1 Satz 1 ErbStG), da sich nicht der Wert des begünstigten Vermögens, sondern nur die Höhe der Steuerbefreiung für das begünstigte Vermögen ändert. [7]Der Steuerpflichtige ist im Steuerbescheid darauf hinzuweisen, dass Verstöße gegen die Behaltensregelungen innerhalb einer Frist von einem Monat, nachdem der jeweilige Tatbestand verwirklicht wurde, schriftlich anzuzeigen sind (§ 13a Absatz 7 Satz 2 ErbStG, § 153 Absatz 2 AO) und eine Anzeige auch dann zu erfolgen hat, wenn der Vorgang zu keiner Besteuerung führt. [8]Die Finanzämter haben die Einhaltung der Behaltensregelungen in geeigneter Form zu überwachen. [9]In Fällen von geringer Bedeutung, z.B. bei einem gemeinen Wert des erworbenen begünstigten Vermögens bis zu 150 000 EUR, ist die Überwachung auf eine Veräußerung/Aufgabe des begünstigt erworbenen Vermögens zu beschränken. [10]Zum Verstoß durch einen nachfolgenden Erwerber → R E 13a.19 Absatz 5.

(2) Ein Verstoß gegen die Behaltensregelungen liegt nicht vor, wenn begünstigtes Vermögen

1. im Wege des Übergangs von Todes wegen übergeht oder
2. durch Schenkung unter Lebenden weiter übertragen wird. [2]Erfolgt jedoch die Zuwendung teilentgeltlich, gilt dies nur hinsichtlich des unentgeltlichen Teils der Zuwendung (gemischte Schenkung oder Schenkung unter Auflage, → R E 7.4). [3]Der entgeltliche Teil der Zuwendung stellt ungeachtet der ertragsteuerlichen Behandlung einen Verstoß gegen die Behaltensregelungen dar. [4]Eine mit einer Weiterschenkung verbundene Duldungsauflage (z.B. Nießbrauchsvorbehalt) stellt schenkungsteuerrechtlich keine Gegenleistung dar und führt damit insoweit nicht zur Teilentgeltlichkeit der Übertragung. [5]Infolgedessen liegt insoweit auch kein Verstoß gegen die Behaltensregelungen vor.

(3) Ein Verstoß gegen die Behaltensregelungen liegt dagegen vor, wenn begünstigtes Vermögen

1. als Abfindung nach § 3 Absatz 2 Nummer 4 ErbStG übertragen wird oder
2. zur Erfüllung anderer schuldrechtlicher Ansprüche, z.B. auf Grund eines Geldvermächtnisses, Pflichtteils- oder Zugewinnausgleichsanspruchs, hingegeben wird.

H E 13a.12

Einräumung obligatorischer Nutzungsrechte an begünstigtem Vermögen. Das Einräumen eines Nutzungsrechts an begünstigtem Vermögen kann nicht nach § 13a Absatz 6 Satz 1 Nummer 1, 2 und 4, § 19a Absatz 5 ErbStG (Behaltensregelung) zum Wegfall der Entlastungen führen, weil kein begünstigtes Vermögen in seiner Substanz übertragen wird.

Gründe für Verstoß gegen die Behaltensregelungen unbeachtlich. → BFH vom 16.2.2005 II R 39/03, BStBl. II S. 571, und vom 26.2.2014 II R 36/12, BStBl. II S. 581.

Keine Bindung an ertragsteuerliche Beurteilung als unentgeltlicher Vorgang. → BFH vom 2.3.2005 II R 11/02, BStBl. II S. 532.

R E 13a.13 Behaltensregelungen für Betriebsvermögen

(1) [1]Die Veräußerung eines Gewerbebetriebs, eines Teilbetriebs oder eines Anteils an einer Gesellschaft im Sinne des § 15 Absatz 1 Satz 1 Nummer 2 und Absatz 3 oder § 18 Absatz 4 EStG, eines Anteils eines persönlich haftenden Gesellschafters einer KGaA oder eines Anteils daran innerhalb der Behaltensfrist ist ein Verstoß gegen die Behaltensregelungen. [2]Maßgebend ist dabei das obligatorische Rechtsgeschäft und nicht erst die zivilrechtliche Wirksamkeit der Veräußerung. [3]Als Veräußerung gilt auch die Aufgabe eines Gewerbebetriebs, Teilbetriebs oder Mitunternehmeranteils sowie die Eröffnung des Insolvenzverfahrens.[1)] [4]Wegen der bewertungsrechtlichen und erbschaftsteuerrechtlichen Gleichbehandlung des Vermögens, das der Ausübung eines freien Berufs dient, mit einem Gewerbebetrieb (→ § 96 BewG) unterliegt auch begünstigtes Betriebsvermögen in Form von freiberuflichen Praxen und Sozietätsanteilen den Behaltensregelungen. [5]War der Erwerber begünstigter Anteile an einer Gesellschaft im Sinne des § 15 Absatz 1 Satz 1 Nummer 2 und Absatz 3 oder § 18 Absatz 4 EStG vor dem maßgebenden Besteuerungszeitpunkt an dieser Gesellschaft beteiligt, kann bei einer teilweisen Veräußerung seines Anteils regelmäßig davon ausgegangen werden, dass er zunächst die ihm bereits früher gehörenden Anteile veräußert. [6]Zur Reinvestitionsklausel → R E 13a.18.

(2) [1]Ein Verstoß gegen die Behaltensregelungen liegt auch vor, wenn eine, mehrere oder alle im Besteuerungszeitpunkt wesentlichen Betriebsgrundlagen eines Gewerbebetriebs veräußert oder in das Privatvermögen überführt oder anderen betriebsfremden Zwecken zugeführt werden. [2]Absatz 1 Satz 2 gilt entsprechend. [3]Dies gilt nicht, soweit sie zum jungen Verwaltungsvermögen im Sinne des § 13b Absatz 7 Satz 2 ErbStG gehörten. [4]Der Begriff wesentli-

1) Kein Wegfall des Verschonungsabschlags bei Insolvenzeröffnung; vgl. BFH v. 1.7.2020 II R 19/18, DStR 2020, 2599.

che Betriebsgrundlage ist nach den Grundsätzen des Ertragsteuerrechts (funktionale Betriebsnotwendigkeit) zu beurteilen.[1] [5]Der Umfang der schädlichen Verfügung bemisst sich nach dem gemeinen Wert des Einzelwirtschaftsguts (z. B. Betriebsgrundstück) im – ursprünglichen – Besteuerungszeitpunkt. [6]Bei Bedarf ist für eine solche wirtschaftliche Untereinheit ein gemeiner Wert noch nach §§ 151 ff. BewG festzustellen. [7]Zur Reinvestitionsklausel → R E 13a.18.

(3) [1]Die Einbringung eines Betriebs, Teilbetriebs oder Mitunternehmeranteils in eine Kapital- oder eine Personengesellschaft (§§ 20, 24 UmwStG) gegen Gewährung von Gesellschaftsanteilen ist selbst kein Verstoß gegen die Behaltensregelungen. [2]Dies gilt auch für die formwechselnde Umwandlung, Verschmelzung oder Realteilung von Personengesellschaften, soweit der Realteiler nicht nur einzelne Wirtschaftsgüter erhält. [3]Aus der Systematik der Befreiungsregelung folgt, dass die übernehmende Gesellschaft ihren Sitz oder ihre Geschäftsleitung im Inland oder in einem Mitgliedstaat der Europäischen Union oder in einem Staat des Europäischen Wirtschaftsraums haben muss. [4]R E 13a.16 Absatz 4 und 5 gilt entsprechend. [5]Eine nachfolgende Veräußerung der dabei erworbenen Anteile an der Kapitalgesellschaft oder Personengesellschaft innerhalb der Behaltensfrist stellt einen Verstoß gegen die Behaltensregelung dar.

(4) Die Absätze 1 bis 3 gelten entsprechend, soweit zum Erwerb begünstigungsfähiges ausländisches Betriebsvermögen im Sinne des R E 13b.5 Absatz 4 gehört.

H E 13a.13

Erzwungene Betriebsaufgabe. → BFH vom 16.2.2005 II R 39/03, BStBl. II S. 571, vom 17.3.2010 II R 3/09, BStBl. II S. 749, und vom 26.2.2014 II R 36/12, BStBl. II S. 581.

Mehrere aufeinanderfolgende Umwandlungen. → BFH vom 16.2.2011 II R 60/09, BStBl. II S. 454.

Wesentliche Betriebsgrundlage. → Begriff: H 16 (5) EStH.

R E 13a.14 Behaltensregelungen für land- und forstwirtschaftliches Vermögen

(1) [1]Die Veräußerung von land- und forstwirtschaftlichem Vermögen im Sinne des § 168 Absatz 1 Nummer 1 BewG (Wirtschaftsteil im Sinne des § 160 Absatz 2 BewG) und selbst bewirtschafteter Grundstücke im Sinne des § 159 BewG innerhalb der Behaltensfrist ist ein Verstoß gegen die Behaltensregelungen (§ 13a Absatz 6 Satz 1 Nummer 2 Satz 1 ErbStG). [2]Maßgebend ist dabei das obligatorische Rechtsgeschäft und nicht erst die zivilrechtliche Wirksamkeit der Veräußerung. [3]Wird der Betrieb, Teilbetrieb oder Mitunternehmeranteil aufgegeben und führt dies dazu, dass der Betrieb als Stückländerei (§ 168 Absatz 2 in Verbindung mit § 160 Absatz 7 BewG) zu qualifizieren ist oder das Vermögen nicht mehr auf Dauer dem Betrieb zu dienen bestimmt ist (z. B. gewerbliche

---

[1] Zur Frage des Wegfalls des Verschonungsabschlags bei mehrstöckigen Personengesellschaften siehe BFH v. 16.3.2021 II R 10/18, DStR 2021, 1648.

Nutzung), liegt ein Verstoß gegen die Behaltensregelung vor (§ 13a Absatz 6 Satz 1 Nummer 2 Satz 2 ErbStG). [4]Zur Reinvestitionsklausel → R E 13a.18. [5]Wegen der Änderung der Feststellung des gemeinen Werts des Wirtschaftsteils des Betriebs → § 162 Absatz 3 und 4 BewG.

(2) [1]Das Ausscheiden im Besteuerungszeitpunkt wesentlicher Wirtschaftsgüter eines Betriebs der Land- und Forstwirtschaft im Sinne des § 162 Absatz 4 BewG stellt eine schädliche Verwendung dar. [2]Absatz 1 Satz 2 gilt entsprechend. [3]Dies gilt auch, wenn der Erlös aus der Veräußerung solcher Wirtschaftsgüter dazu verwendet wird, Abfindungen an weichende Erben zu zahlen, oder wenn der Hoferbe einzelne Flächen an seine Miterben überträgt, um deren Abfindungsansprüche zu befriedigen.

(3) Als schädliche Verwendung gilt auch der Wegfall der Selbstbewirtschaftung von Flächen im Sinne des § 159 BewG, z. B. auf Grund einer Einstellung der Selbstbewirtschaftung landwirtschaftlich genutzter Flächen, die als Bauland, Industrieland oder Land für Verkehrszwecke dienen werden.

(4) Wenn Pachtverträge über einzelne Flächen über eine Dauer von 15 Jahren und mehr abgeschlossen werden, gilt dies als schädliche Verwendung.

R E 13a.15 Entnahmebegrenzung

(1) [1]Wenn der Erwerber als Inhaber begünstigt erworbenen Betriebsvermögens oder land- und forstwirtschaftlichen Vermögens ab dem Tag nach der Steuerentstehung bis zum Ende des letzten in die Fünfjahresfrist fallenden Wirtschaftsjahrs Entnahmen tätigt, die die Summe seiner Einlagen und der ihm zuzurechnenden Gewinne oder Gewinnanteile seit dem Erwerb um mehr als 150 000 EUR übersteigen (Überentnahmen), stellt dies einen Verstoß gegen die Behaltensregelungen dar. [2]Dies gilt auch, wenn die Entnahmen zur Bezahlung der Erbschaftsteuer getätigt werden. [3]Verluste bleiben unberücksichtigt. [4]Die Begriffe Entnahme, Einlage, Gewinn und Verlust sind nach den Grundsätzen des Ertragsteuerrechts zu beurteilen; maßgebend hierfür ist der Gewinn nach § 4 Absatz 1 oder Absatz 3 EStG. [5]Die Sachentnahme eines Vermögensgegenstands, der im Besteuerungszeitpunkt zum begünstigten Vermögen gehört, ist mit dem ertragsteuerrechtlichen Entnahmewert im Entnahmezeitpunkt anzusetzen. [6]Entnahmen wesentlicher Betriebsgrundlagen, die als Verstoß gegen die Behaltensregelungen nach § 13a Absatz 6 Satz 1 Nummer 1 Satz 2 oder Nummer 2 Satz 2 ErbStG zu beurteilen sind (→ R E 13a.13 Absatz 2, R E 13a.14 Absatz 2), bleiben bei der Prüfung der Entnahmebegrenzung unberücksichtigt. [7]Ebenso bleiben Entnahmen bis zur Höhe des steuerpflichtigen Werts des Verwaltungsvermögens (nicht begünstigtes Vermögen im Sinne des R E 13b.9 Absatz 2 Satz 1 II.4.3) unberücksichtigt. [8]Die Entnahmebegrenzung ist für jeden Betrieb gesondert zu prüfen; bei Gewerbebetrieben mit Beteiligungen ist die Entnahmebegrenzung bei den Beteiligungen nicht gesondert zu prüfen, weil sich die Entnahmen insoweit beim Gewerbebetrieb niederschlagen und dort ggf. zu einem Verstoß gegen die Entnahmebegrenzung führen.

(2) [1]Die Entnahmebegrenzung bezieht sich bei land- und forstwirtschaftlichem Vermögen nur auf solches Vermögen, das ertragsteuerrechtlich zu einem

(3)[1] [1]Das Betriebsvermögen muss im Zusammenhang mit dem Erwerb eines ganzen Gewerbebetriebs, eines Teilbetriebs oder einer Beteiligung an einer Personengesellschaft auf den Erwerber übergehen. [2]Diese Begriffe sind nach ertragsteuerlichen Grundsätzen abzugrenzen. [3]Begünstigungsfähig ist nur der unmittelbare Übergang von Betriebsvermögen. [4]Als Erwerb einer Beteiligung gilt auch, wenn eine Person in ein bestehendes Einzelunternehmen aufgenommen wird oder ein Teil einer Beteiligung an einer Personengesellschaft übertragen wird. [5]Eine begünstigte Übertragung eines Anteils an einer Personengesellschaft oder am Sonderbetriebsvermögen des Gesellschafters ist nicht davon abhängig, dass die Gesellschaftsanteile und das Sonderbetriebsvermögen im gleichen quotalen Umfang auf den Erwerber übergehen. [6]Vielmehr gilt dies auch dann, wenn der Schenker sein Sonderbetriebsvermögen in geringerem Umfang überträgt oder es insgesamt zurückbehält und das zurückbehaltene Sonderbetriebsvermögen weiterhin zum Betriebsvermögen derselben Personengesellschaft gehört, sowie auch dann, wenn der Schenker sein Sonderbetriebsvermögen in größerem Umfang überträgt. [7]Andere Teilübertragungen eines Gewerbebetriebs oder die Übertragung einzelner Wirtschaftsgüter eines Betriebsvermögens sind nicht begünstigt. [8]Dies gilt insbesondere, wenn der Schenker wesentliche Betriebsgrundlagen zurückbehält oder auf andere Erwerber überträgt. [9]Der Erwerb einzelner Wirtschaftsgüter aus dem Sonderbetriebsvermögen des Gesellschafters einer Personengesellschaft ist nur begünstigungsfähig, wenn er unmittelbar mit dem Erwerb einer Gesellschaftsbeteiligung verbunden ist; zum Sonderbetriebsvermögen gehörende Anteile an einer Kapitalgesellschaft können selbstständig begünstigungsfähiges Vermögen im Sinne des § 13b Absatz 1 Nummer 3 ErbStG sein. [10]Das gilt auch, wenn eine Übertragung zwischen zwei Gesellschaftern einer Personengesellschaft erfolgt.

(4) [1]Neben inländischem Betriebsvermögen ist auch entsprechendes Betriebsvermögen begünstigungsfähig, das einer Betriebstätte in einem Mitgliedstaat der Europäischen Union oder in einem Staat des Europäischen Wirtschaftsraums dient. [2]Nicht begünstigungsfähig ist der Erwerb ausländischen Betriebsvermögens in Drittstaaten. [3]Hierzu gehört auch das Betriebsvermögen von Gewerbebetrieben, deren wirtschaftliche Einheit sich ausschließlich auf Drittstaaten erstreckt, und das Vermögen einer in einem Drittstaat belegenen Betriebstätte eines inländischen Gewerbebetriebs, eines Betriebs in einem Mitgliedstaat der Europäischen Union oder in einem Staat des Europäischen Wirtschaftsraums. [4]Begünstigungsfähig ist dagegen ausländisches Betriebsvermögen in Drittstaaten, wenn es als Beteiligung an einer Personengesellschaft oder Anteile an einer Kapitalgesellschaft Teil einer wirtschaftlichen Einheit des Betriebsvermögens im Inland oder in einem Mitgliedstaat der Europäischen Union oder in einem Staat des Europäischen Wirtschaftsraums ist.

H E **13b.5**

Begünstigungsfähiges Betriebsvermögen. Wird ein Einzelunternehmen mit Sitz/Geschäftsleitung im Inland, einem Mitgliedstaat der Europäischen

[1] Zur steuerbegünstigten Schenkung eines Kommanditanteils in Fällen, in denen vor Übertragung wesentliches Betriebsvermögen entnommen oder in ein anderes Betriebsvermögen überführt wurde, siehe BFH v. 17.6.2020 II R 33/17, BStBl. II 2021, 217.

Union oder einem Staat des Europäischen Wirtschaftsraums oder eine Beteiligung an einer Personengesellschaft im Sinne des § 15 Absatz 1 Satz 1 Nummer 2 und Absatz 3 EStG oder § 18 Absatz 4 EStG mit Sitz/Geschäftsleitung im Inland, einem Mitgliedstaat der Europäischen Union oder einem Staat des Europäischen Wirtschaftsraums übertragen, bestimmt sich der Umfang des begünstigungsfähigen Betriebsvermögen nach § 13b Absatz 1 Nummer 2 ErbStG wie folgt:

Zum Vermögen des Einzelunternehmens/der Personengesellschaft gehören	**begünstigungsfähiges/nicht begünstigungsfähiges Betriebsvermögen**
Betriebstätte im Inland	begünstigungsfähiges Betriebsvermögen (→ R E 13b.5 Absatz 4 Satz 1)
Betriebstätte in einem Mitgliedstaat der Europäischen Union oder einem Staat des Europäischen Wirtschaftsraums	begünstigungsfähiges Betriebsvermögen (→ R E 13b.5 Absatz 4 Satz 1)
Betriebstätte in einem Drittstaat	nicht begünstigungsfähiges Betriebsvermögen (→ R E 13b.5 Absatz 4 Satz 2 und 3)
Beteiligung an einer Personengesellschaft im Inland	begünstigungsfähiges Betriebsvermögen (→ R E 13b.5 Absatz 4 Satz 1), auch soweit die Personengesellschaft eine Betriebstätte in einem Drittstaat unterhält
Beteiligung an einer Personengesellschaft in einem Mitgliedstaat der Europäischen Union oder einem Staat des Europäischen Wirtschaftsraums	begünstigungsfähiges Betriebsvermögen (→ R E 13b.5 Absatz 4 Satz 1), auch soweit die Personengesellschaft eine Betriebstätte in einem Drittstaat unterhält
Beteiligung an einer Personengesellschaft in einem Drittstaat	begünstigungsfähiges Betriebsvermögen (→ R E 13b.5 Absatz 4 Satz 4), auch soweit die Personengesellschaft eine Betriebstätte in einem Drittstaat unterhält
Anteile an einer Kapitalgesellschaft im Inland	begünstigungsfähiges Betriebsvermögen (→ R E 13b.5 Absatz 4 Satz 1)
Anteile an einer Kapitalgesellschaft in einem Mitgliedstaat der Europäischen Union oder einem Staat des Europäischen Wirtschaftsraums	begünstigungsfähiges Betriebsvermögen (→ R E 13b.5 Absatz 4 Satz 1)
Anteile an einer Kapitalgesellschaft in einem Drittstaat	begünstigungsfähiges Betriebsvermögen (→ R E 13b.5 Absatz 4 Satz 4)

Verrechnung der Altersversorgungsverpflichtungen mit Verwaltungsvermögen.

	Altersversorgungsverpflichtungen (§ 13b Absatz 2 Satz 2 und Absatz 3 ErbStG)
–	Junges Verwaltungsvermögen, das den Altersversorgungsverpflichtungen dient (§ 13b Absatz 7 Satz 2 ErbStG), höchstens Wert der Altersversorgungsverpflichtungen
=	Saldo 1
–	sonstiges Verwaltungsvermögen, das den Altersversorgungsverpflichtungen dient (§ 13b Absatz 4 Nummer 1 bis 4 ErbStG), höchstens Saldo 1
=	Saldo 2
–	Finanzmittel, die den Altersversorgungsverpflichtungen dienen (§ 13b Absatz 4 Nummer 5 ErbStG), höchstens Saldo 2
=	Saldo 3

Bei einer Unterdotierung verbleiben zusätzliche verrechenbare Schulden.

R E **13b.12** Verwaltungsvermögen – Allgemeines

(1) [1]Die Zugehörigkeit eines Vermögensgegenstands zum Verwaltungsvermögen ist nicht dadurch ausgeschlossen, dass es sich ertragsteuerrechtlich um notwendiges Betriebsvermögen handelt [2]Das Verwaltungsvermögen ist für jede wirtschaftliche Einheit gesondert zu prüfen. [3]Das gilt auch dann, wenn der gemeine Wert des Betriebs, der Beteiligung an einer Personengesellschaft oder von Anteilen an einer Kapitalgesellschaft aus Verkäufen abgeleitet oder mit einem Gutachtenwert angesetzt worden ist.

(2) [1]Für die Entscheidung, ob Verwaltungsvermögen vorliegt, sind die Verhältnisse im Besteuerungszeitpunkt maßgebend. [2]Dabei ist ausschließlich auf die Verhältnisse beim Erblasser oder Schenker abzustellen. [3]Veränderungen hinsichtlich der Zuordnung zum Verwaltungsvermögen, die nach dem Besteuerungszeitpunkt beim Erwerber eintreten, sind vorbehaltlich der Investitionsklausel nach § 13b Absatz 5 ErbStG (→ R E 13b.24) unbeachtlich. [4]Davon unberührt bleibt das Erfordernis, dass das erworbene Vermögen beim Erwerber die weiteren Verschonungsvoraussetzungen erfüllt und der Erwerb in der Hand des Erwerbers begünstigtes Vermögen bleibt. [5]Vermögen einer im Besteuerungszeitpunkt zum Gewerbebetrieb gehörenden, in einem Drittstaat belegenen Betriebstätte (→ R E 13b.5 Absatz 4 Satz 3) gehört nicht zum Verwaltungsvermögen.

(3) Wirtschaftsgüter des Verwaltungsvermögens sind mit ihrem gemeinen Wert (§ 9 BewG) anzusetzen.

(4) [1]Bei Beteiligungen an Personengesellschaften ist das Verwaltungsvermögen aus dem Gesamthandsvermögen und dem mitübertragenen Sonderbetriebsvermögen zu berücksichtigen. [2]Das Verwaltungsvermögen aus dem Gesamthandsvermögen ist dem Gesellschafter nach dem Wert der Beteiligung des Gesellschafters am Gesamthandsvermögen zum gemeinen Wert des Gesamt-

handsvermögens (§ 97 Absatz 1a Nummer 1 BewG) der Gesellschaft zuzurechnen.[1)] [3]Ist der Wert der Beteiligung des Gesellschafters am Gesamthandsvermögen negativ, ist das auf den Anteil am Gesamthandsvermögen entfallende Verwaltungsvermögen mit Null anzusetzen. [4]Bei Anteilen an Kapitalgesellschaften ist das Verwaltungsvermögen nach dem Verhältnis aufzuteilen, das bei der Aufteilung des gemeinen Werts nach § 97 Absatz 1b BewG angewendet wurde.

H E 13b.12

Behandlung von Sachleistungsansprüchen. → R E 12.2, H E 12.2.

R E 13b.13[2)] Überlassung von Grundstücken – Allgemeines

[1]Dritten zur Nutzung überlassene Grundstücke, Grundstücksteile, grundstücksgleiche Rechte und Bauten gehören zum Verwaltungsvermögen (§ 13b Absatz 4 Nummer 1 ErbStG). [2]Dabei ist nicht entscheidend, ob die Überlassung entgeltlich oder ganz beziehungsweise teilweise unentgeltlich erfolgt. [3]Werden neben der Überlassung von Grundstücksteilen weitere gewerbliche Leistungen einheitlich angeboten und in Anspruch genommen, führt die Überlassung der Grundstücksteile nicht zu Verwaltungsvermögen, wenn die Tätigkeit nach ertragsteuerlichen Gesichtspunkten insgesamt als originär gewerbliche Tätigkeit einzustufen ist (z.B. bei Beherbergungsbetrieben wie Hotels, Pensionen oder Campingplätzen, vgl. R 15.7 (2) EStR, H 15.7 (2) EStH). [4]Gehört nur ein Grundstücksteil zum Verwaltungsvermögen, ist der gemeine Wert des Grundstücks regelmäßig nach der Wohn-/Nutzfläche aufzuteilen. [5]Zum Befreiungsabschlag nach § 13d ErbStG bei nach § 13b ErbStG begünstigungsfähigem Vermögen → R E 13d Absatz 4.

R E 13b.14 Grundstücksüberlassung im Rahmen einer Betriebsaufspaltung oder des Sonderbetriebsvermögens

(1)[3)] [1]Grundstücke im Sinne des R E 13b.13, die im Rahmen einer sog. Betriebsaufspaltung überlassen werden, gehören nicht zum Verwaltungsvermögen (§ 13b Absatz 4 Nummer 1 Buchstabe a ErbStG). [2]Dies gilt nur, soweit die Betriebsgesellschaft das Grundstück unmittelbar nutzt; eine Weiterüberlassung des Grundstücks durch die Betriebsgesellschaft an einen Dritten führt zum Verwaltungsvermögen. [3]§ 13b Absatz 4 Nummer 1 Buchstabe a ErbStG erfordert, dass der Erblasser oder Schenker sowohl im überlassenden Betrieb als auch im nutzenden Betrieb allein oder zusammen mit anderen Gesellschaftern einen einheitlichen geschäftlichen Betätigungswillen durchsetzen konnte. [4]Der Maßstab für das Vorliegen eines einheitlichen geschäftlichen Betätigungswillens richtet sich nach den ertragsteuerlichen Grundsätzen. [5]Die sachliche Verflechtung (Überlassung von zumindest einer funktional wesentlichen Betriebs-

1) Siehe hierzu gleich lautenden Ländererlass v. 11.2.2021, BStBl. I 2021, 355.

2) Zur Abgrenzung des Verwaltungsvermögens bei Dritten zur Nutzung überlassenen Grundstücken und der Auslegung des R E 13b.13 Satz 3 ErbStR 2019 siehe BayLfSt v. 2.3.2020 – S 3812b.1.1-31/4 St 34, DStR 2020, 556.

3) Zur Begünstigung von Grundstücken im Betriebsvermögen bei Nutzungsüberlassung an Dritte siehe BFH v. 23.2.2021 II R 26/18, DStR 2021, 1753, und v. 16.3.2021 II R 3/19, DStR 2021, 1924.

§ 13a ErbStG die Anwendung des § 13d ErbStG aus. Somit lässt selbst ein auf 1 % abgeschmolzener Verschonungsabschlag im Sinne des § 13c ErbStG i. V. m. § 13a ErbStG keinen Befreiungsabschlag nach § 13d ErbStG zu.

Weitergabeverpflichtung.

Beispiel 1:

Erblasser E hat seine Frau F zur Alleinerbin eingesetzt. Sein Neffe N soll das ausschließlich zu Wohnzwecken vermietete Grundstück mit einem gemeinen Wert von 2 000 000 EUR durch Vermächtnis erhalten. Neben dem Grundstück gehört zum Nachlass Kapitalvermögen von 1 500 000 EUR.

Besteuerung der Alleinerbin F

Nach § 13d Absatz 1 ErbStG würde ihr zunächst der Verschonungsabschlag von 10 % zustehen. Wegen der Weitergabeverpflichtung auf Grund des Vermächtnisses kann sie diesen jedoch nicht in Anspruch nehmen. Die sich aus ihrem Erwerb ergebende Bereicherung ist wie folgt zu ermitteln:

Zu Wohnzwecken vermietetes Grundstück (nicht begünstigt)	2 000 000 EUR
Übriges Vermögen	+ 1 500 000 EUR
Vermächtnislast	./. 2 000 000 EUR
Bereicherung	1 500 000 EUR

Besteuerung des Vermächtnisnehmers N

Nach § 13d Absatz 1 ErbStG steht ihm der Verschonungsabschlag von 10 % zu. Seine Bereicherung berechnet sich wie folgt:

Zu Wohnzwecken vermietetes Grundstück (begünstigt)	2 000 000 EUR
Befreiungsabschlag 10 % von 2 000 000 EUR	./. 200 000 EUR
Bereicherung	1 800 000 EUR

Beispiel 2:

Die Kinder K1 und K2 sind Erben zu je $^1/_2$. Der Nachlass besteht aus einem ausschließlich zu Wohnzwecken vermieteten Grundstück mit einem Grundbesitzwert von 1 000 000 EUR sowie Kapitalvermögen im Wert von 1 500 000 EUR. Im Rahmen der Erbauseinandersetzung übernimmt Kind K1 auch die andere Hälfte des Grundstücks gegen eine Ausgleichszahlung aus dem Nachlass von 500 000 EUR.

Berechnung des Reinnachlasses		
Steuerwert des Grundstücks		1 000 000 EUR
Bankguthaben		+ 1 500 000 EUR
Vermögensanfall		2 500 000 EUR
Davon Erbanteil je $^1/_2$		1 250 000 EUR
Berechnung des Erwerbs für K1		
Steuerbefreiung nach § 13d ErbStG		
Steuerwert des Grundstücks	1 000 000 EUR	
Davon $^1/_2$-Anteil		500 000 EUR
Werterhöhung gegen Ausgleichszahlung in Höhe von	+	500 000 EUR
Summe		1 000 000 EUR
Befreiungsabschlag 10 % von 1 000 000 EUR		100 000 EUR
Erbanteil K1		1 250 000 EUR
Verschonungsabschlag		./. 100 000 EUR
Bereicherung des K1		1 150 000 EUR
Berechnung des Erwerbs für K2		
Erbanteil K2		1 250 000 EUR
Befreiungsabschlag		./. 0 EUR
Bereicherung des K2		1 250 000 EUR

Wohnfläche. → Wohnflächenverordnung vom 25.11.2003 (BGBl. I S. 2346).

Zu § 14 ErbStG

R E 14.1 Berücksichtigung früherer Erwerbe; Grundsatz

(1)[1] [1]Mehrere innerhalb von zehn Jahren von derselben Person anfallende Erwerbe sind bei der Besteuerung des jeweils letzten Erwerbs im Zehnjahreszeitraum mit diesem letzten Erwerb zusammenzurechnen. [2]Dabei verlieren die einzelnen Erwerbe aber nicht ihre Selbstständigkeit. [3]Es geht lediglich darum, die Steuer für den letzten Erwerb zutreffend zu ermitteln. [4]Der für die Berücksichtigung von Vorerwerben maßgebliche Zehnjahreszeitraum ist rückwärts zu berechnen. [5]Dabei ist der Tag des letzten Erwerbs mitzuzählen. [6]Fällt bei der Berechnung das Ende des Zehnjahreszeitraums auf einen Sonntag, einen gesetzlichen Feiertag oder einen Sonnabend, erfolgt keine Verschiebung, § 108 Absatz 3 AO findet keine Anwendung. [7]In die Zusammenrechnung sind, sofern die Voraussetzungen dafür erfüllt sind, auch Erwerbe aus der Zeit vor dem 1.1.2009 einzubeziehen.

H E 14.1 (1)

Ansatz der Vorerwerbe. → BFH vom 17.4.1991 II R 121/88, BStBl. II S. 522.

Berechnung des Zehnjahreszeitraums. → BFH vom 28.3.2012 II R 43/11, BStBl. I S. 599.

Selbständigkeit der Vorerwerbe und des Letzterwerbs. → BFH vom 7.10.1998 II R 64/96, BStBl. 1999 II S. 25.

Zusammenrechnung bei mehreren Erwerben eines Nacherben vom Vorerben. → BFH vom 3.11.2010 II R 65/09, BStBl. 2011 II S. 123.

Beispiel:

Erblasser E hat seine Kinder A und B je zu $1/2$ als Vorerben eingesetzt. Beim Tod beider Vorerben soll sein Enkel C, der Sohn von A, Nacherbe werden. E verstirbt in 2012.

Im Januar 2017 überträgt B dem Neffen C seinen Anteil am Nachlass des E (Steuerwert 290 000 EUR). C stellt einen Antrag nach § 7 Absatz 2 ErbStG. Im August 2018 verstirbt B und wird von C beerbt. Der Wert des Nachlasses beträgt 70 000 EUR.

Erwerb 2017

Übertragenes Vermögen	290 000 EUR
Persönlicher Freibetrag aufgrund eines Antrags nach § 7 Absatz 2 i. V. m. § 6 Absatz 2 Satz 3 bis 5 ErbStG nach Steuerklasse I, da Erwerb vom Großvater	./. 200 000 EUR
Steuerpflichtiger Erwerb	90 000 EUR
Steuer: 11 %	9 900 EUR

Erwerb 2018

Erwerb von Todes wegen	70 000 EUR
Vorerwerb 2017	+ 290 000 EUR
	360 000 EUR
Steuerberechnung	
Vorerwerb (§ 7 Absatz 2 ErbStG)	290 000 EUR
Persönlicher Freibetrag	./. 200 000 EUR
	90 000 EUR

[1] Keine Steueranrechnung im Billigkeitswege wegen Aufgabe der Rechtsprechung zur „Überprogression", siehe BFH v. 22.7.2020 II R 42/17, BFH/NV 2021, 633.

Abzugsbetrag		150 000 EUR	
Verbleibender Wert (15 %)	240 000 EUR		
Abzugsbetrag	./. 150 000 EUR		
Unterschiedsbetrag	90 000 EUR		
davon 50 %		./. 45 000 EUR	
Verbleibender Abzugsbetrag		105 000 EUR	
Kapitalvermögen			+ 750 000 EUR
Gesamter Vermögensanfall			885 000 EUR
Erbfallkostenpauschale			./. 10 300 EUR
Persönlicher Freibetrag			./. 20 000 EUR
Steuerpflichtiger Erwerb			854 700 EUR
Anteil des tarifbegünstigten Vermögens: 135 000 EUR : 885 000 EUR = 15,26 %			
Steuer nach Stkl. III (30 %)			256 410 EUR
Auf begünstigtes Vermögen entfällt 256 410 EUR × 15,26 %		39 129 EUR	
Steuer nach Stkl. I (19 %) = 162 393 EUR			
Auf begünstigtes Vermögen entfällt 162 393 EUR × 15,26 %		./. 24 781 EUR	
Unterschiedsbetrag		14 348 EUR	./. 14 348 EUR
Festzusetzende Steuer			242 062 EUR
Im vierten Jahr verkauft G den GmbH-Anteil.			
Nachversteuerung			
Betriebsvermögen begünstigt		1 200 000 EUR	
Verschonungsabschlag (85 %)		./. 1 020 000 EUR	
verbleiben		180 000 EUR	180 000 EUR
GmbH-Anteil (nicht begünstigt)		400 000 EUR	
Verschonungsabschlag (85 %)		340 000 EUR	
zeitanteilig zu gewähren zu $^3/_5$		./. 204 000 EUR	
verbleiben		196 000 EUR	+ 196 000 EUR
			376 000 EUR
Abzugsbetrag			./. 135 000 EUR
steuerpflichtiges Unternehmensvermögen			241 000 EUR
Abzugsbetrag		150 000 EUR	
Verbleibender Wert (15 %)	180 000 EUR		
Abzugsbetrag	./. 150 000 EUR		
Unterschiedsbetrag	30 000 EUR		
davon 50 %		./. 15 000 EUR	
Verbleibender Abzugsbetrag		135 000 EUR	
Kapitalvermögen			+ 750 000 EUR
Gesamter Vermögensanfall			991 000 EUR
Erbfallkostenpauschale			./. 10 300 EUR
Persönlicher Freibetrag			./. 20 000 EUR
Steuerpflichtiger Erwerb			960 700 EUR
Anteil des tarifbegünstigten Vermögens (der GmbH-Anteil ist insgesamt nicht mehr als tarifbegünstigtes Vermögen anzusehen) (180 000 EUR – 135 000 EUR) : 991 000 EUR = 4,55 %			
Steuer nach Stkl. III (30 %)			288 210 EUR
Auf begünstigtes Vermögen entfällt 288 210 EUR × 4,55 %		13 114 EUR	
Steuer nach Stkl. I (19 %) = 182 533 EUR			

Auf begünstigtes Vermögen entfällt 182 533 EUR × 4,55 %	./. 8 305 EUR	
Unterschiedsbetrag	4 809 EUR	./. 4 809 EUR
Festzusetzende Steuer		283 401 EUR

Zu § 20 ErbStG

R E 20[1] Steuerschuldner – *unbesetzt* –

H E 20

Festsetzung der Erbschaftsteuer für den Vorerbfall nach dem Tod des Vorerben. → H E 6.

Steuerschuldner bei Verstoß gegen die Behaltensregelungen oder die Lohnsummenregelung für begünstigtes Vermögen. → R E 13a.1 Absatz 3.

Zu § 21 ErbStG

R E 21 Anrechnung ausländischer Erbschaftsteuer

(1) [1]Bei einer ausländischen Erbschaftsteuer, die als Nachlasssteuer erhoben wird, ist als die auf den Erwerber entfallende ausländische Steuer im Sinne des § 21 Absatz 1 ErbStG diejenige Steuer anzusehen, die anteilig auf die von ihm als Nachlassbegünstigten (Erbbegünstigten) erworbene Rechtsposition entfällt. [2]Dabei reicht es aus, dass diese Nachlasssteuer den Nachlass als solchen und damit alle Nachlassteile gleichmäßig belastet. [3]Eine unmittelbare wirtschaftliche Belastung des Erwerbers ist für eine Anrechnung nicht erforderlich. [4]Diese Grundsätze gelten auch, wenn ein Pflichtteil von dem um die ausländische Nachlasssteuer verminderten Nachlasswert berechnet worden ist oder ein Vermächtnis nach dem Testament des Erblassers nicht um die anteilige ausländische Nachlasssteuer gekürzt werden darf. [5]Die anteilige ausländische Nachlasssteuer ist dann allerdings nach § 10 Absatz 2 ErbStG dem Erwerb des Pflichtteilsberechtigten oder des Vermächtnisnehmers hinzuzurechnen.

(2) [1]In Fällen, in denen zunächst die deutsche Erbschaft- oder Schenkungsteuer und sodann erst die vergleichbare ausländische Steuer entsteht, ist § 21 ErbStG ebenfalls anzuwenden. [2]Voraussetzung ist, dass zwischen der Entstehung der deutschen Steuer und der ausländischen Steuer ein Zeitraum von nicht mehr als fünf Jahren liegt.

(3) Die auf die deutsche Steuer anzurechnende gezahlte ausländische Steuer ist – ebenso wie der Wert des steuerpflichtigen Erwerbs – nach dem auf den Zeitpunkt der Entstehung der deutschen Steuer ermittelten Devisenkurs (maßgeblich ist – sofern ermittelt – jeweils der Briefkurs) umzurechnen.

(4) Die nach Eintritt der Bestandskraft eines deutschen Schenkungsteuerbescheids erfolgte Zahlung einer nach § 21 Absatz 1 ErbStG anrechenbaren ausländischen Steuer stellt ein rückwirkendes Ereignis im Sinne des § 175 Absatz 1 Satz 1 Nummer 2 AO dar.

---

[1] Zur Haftung der Geldinstitute, wenn sie beim Vorhandensein ausländischer Erben Nachlasswerte an den inländischen Testamentsvollstrecker aushändigen, siehe BayLfSt v. 11.1.2021, DStR 2021, 422.

trags nach § 28a Absatz 1 ErbStG oder des Ergehens des Verwaltungsakts über einen Erlass nach § 28a Absatz 1 ErbStG. [4] Anzusetzen ist jeweils der Nettowert des einzubeziehenden Vermögens. [5] Bei der Berechnung des Nettowerts sind Schulden und Lasten einschließlich der Nachlassverbindlichkeiten nach § 10 Absatz 5 ErbStG sowie Gegenleistungen im Fall einer Schenkung abzuziehen. [6] Die auf den steuerpflichtigen Erwerb entfallende Steuer mindert den Wert des verfügbaren Vermögens nicht. [7] Bei der Ermittlung des Werts des verfügbaren Vermögens sind Steuerbefreiungen, z. B. für Hausrat, Kulturgüter oder ein Familienheim, unbeachtlich. [8] Wurden im Rahmen der Steuerberechnung aufgrund dieser Steuerbefreiungen Schulden nach § 10 Absatz 6 ErbStG nur eingeschränkt abgezogen, sind diese bei der Ermittlung des verfügbaren Vermögens ungekürzt abzuziehen. [9] Ebenfalls unbeachtlich ist, dass der Erwerber gegebenenfalls nicht frei über das Vermögen verfügen kann, weil es z. B. in einer wirtschaftlichen Einheit des begünstigungsfähigen Vermögens nach § 13b Absatz 1 ErbStG gebunden ist. [10] Die durch einen späteren Verkauf verfügbaren Vermögens anfallenden anderen Steuern, z. B. Einkommensteuer oder Grunderwerbsteuer, mindern das verfügbare Vermögen nicht. [11] Bei der Ermittlung des verfügbaren Vermögens sind keine persönlichen Freibeträge (§§ 16, 17 ErbStG) zu berücksichtigen.

(3) [1] Der Wert des zugleich übergegangenen Vermögens im Sinne des § 28a Absatz 2 Nummer 1 ErbStG ist jeweils mit den für die Steuerfestsetzung maßgeblichen – gegebenenfalls festgestellten – gemeinen Werten zu berücksichtigen. [2] Im Rahmen der Ermittlung des verfügbaren Vermögens sind zusätzlich zu ermitteln:

1. der Wert des zugleich übergegangenen Vermögens, das im Rahmen der Steuerfestsetzung auf Grund einer Steuerbefreiung nicht berücksichtigt wurde, oder nach einem DBA von der Besteuerung ausgenommen ist, und
2. der Wert des Vermögens, das dem Erwerber im Besteuerungszeitpunkt bereits gehört (§ 28a Absatz 2 Nummer 2 ErbStG).

[3] Die Werte dieser Vermögensgegenstände sind gegebenenfalls nach §§ 151 ff. BewG festzustellen. [4] Gehört zum vorhandenen Vermögen des Erwerbers eine wirtschaftliche Einheit des begünstigungsfähigen Vermögens nach § 13b Absatz 1 ErbStG, sind neben der Wertfeststellung auch die Feststellungen nach § 13b Absatz 10 ErbStG durchzuführen (→ R E 13b.30). [5] Feststellungen zur Lohnsummenregelung nach § 13a Absatz 4 ErbStG unterbleiben.

H E 28a.2

Verfügbares Vermögen.

Beispiel:

Fortsetzung des Beispiels in H E 28a.1.

miterworbenes Vermögen			
nicht begünstigtes Vermögen		5 000 000 EUR	
Kapitalvermögen	+	25 000 000 EUR	
Schulden auf nicht begünstigtes Vermögen	./.	150 000 EUR	
Erbfallkostenpauschbetrag	./.	10 300 EUR	
		29 839 700 EUR	
davon 50%			14 919 850 EUR

eigenes Vermögen		
Grundstück	2 000 000 EUR	
davon 50 %		+ 1 000 000 EUR
		15 919 850 EUR
Steuer auf das begünstigte Vermögen		26 173 598 EUR
verfügbares Vermögen		./. 15 919 850 EUR
zu erlassende Steuer		10 253 748 EUR

R E 28a.3 Stundung

[1] Eine Stundung nach § 28a Absatz 3 ErbStG bis zu sechs Monaten kommt nur in Betracht für die Steuer, die auf das erworbene begünstigte Vermögen entfällt und die nicht nach § 28a Absatz 1 ErbStG erlassen wurde. [2] § 28 Absatz 1 ErbStG und § 222 AO bleiben unberührt (→ R E 28). [3] Eine Stundung der Steuer, die auf das zugleich übergegangene nicht begünstigte Vermögen entfällt, ist nach § 28a Absatz 3 ErbStG nicht möglich.

R E 28a.4 Nachträglicher Wegfall der Erlassbedingungen

(1) [1] Verstößt der Erwerber innerhalb der für die Optionsverschonung maßgebenden Lohnsummen- oder Behaltensfrist von sieben Jahren gegen die Lohnsummen- oder Behaltensregelungen (→ R E 13a.9, 13a.19 und 13a.21), ist der unter dem Vorbehalt des Widerrufs stehende Verwaltungsakt über den Erlass mit Wirkung für die Vergangenheit ganz oder teilweise zu widerrufen (§ 28a Absatz 4 Satz 1 Nummer 1 und 2, Satz 2 und 3 ErbStG). [2] Die zunächst erloschene Steuer lebt ganz oder teilweise wieder auf. [3] Der Umfang des rückwirkenden Wegfalls des Erlasses richtet sich nach den Regelungen der Optionsverschonung (→ R E 13a.9 und 13a.19).

(2) [1] Erhält der Erwerber innerhalb von zehn Jahren nach dem Besteuerungszeitpunkt durch Schenkung oder von Todes wegen weiteres Vermögen, das verfügbares Vermögen im Sinne des § 28a Absatz 2 ErbStG darstellt, ist der unter dem Vorbehalt des Widerrufs stehende Verwaltungsakt über den Erlass mit Wirkung für die Vergangenheit zu widerrufen (§ 28a Absatz 4 Satz 1 Nummer 3, Satz 2 und 3 ErbStG). [2] Dies gilt unabhängig von der Person des Zuwendenden und davon, ob beziehungsweise in welchem Umfang der Erwerb dem ErbStG unterliegt. [3] Aus Vereinfachungsgründen sind übliche Gelegenheitsgeschenke im Sinne des § 13 Absatz 1 Nummer 14 ErbStG unbeachtlich. [4] Die zunächst erloschene Steuer lebt vollständig wieder auf. [5] Der Erwerber kann einen erneuten Antrag nach § 28a Absatz 1 ErbStG stellen. [6] Im Rahmen der erneuten Verschonungsbedarfsprüfung ist das zum Besteuerungszeitpunkt des Erwerbs, für den der Erlass gewährt wurde, ermittelte verfügbare Vermögen um 50 Prozent des gemeinen Werts des hinzuerworbenen Vermögens zu erhöhen. [7] Anzusetzen ist der Nettowert des hinzuerworbenen Vermögens. [8] Die auf den Hinzuerwerb entfallende Steuer mindert den Wert des verfügbaren Vermögens nicht. [9] Für das hinzuerworbene Vermögen sind die Verhältnisse im Zeitpunkt des Hinzuerwerbs maßgeblich. [10] Hinsichtlich dessen Ermittlung sind R E 28a.2 Absatz 2 und 3 entsprechend anzuwenden.

(3) [1]Der unter dem Vorbehalt des Widerrufs stehende Verwaltungsakt über den Erlass ist mit Wirkung für die Vergangenheit zu widerrufen, wenn nach dem Erlass des Verwaltungsakts

1. für das verfügbare Vermögen oder Teile davon Feststellungsbescheide nach § 151 Absatz 1 Satz 1 BewG oder § 13b Absatz 10 Satz 1 erstmals erlassen oder geändert werden und die festgestellten Werte von den beim Erlass zugrunde gelegten Werten abweichen. [2]Dies gilt auch für den Fall, in dem ein Feststellungsbescheid für das verfügbare Vermögen aufgehoben wird.
2. die dem Erlass zugrundeliegende Steuerfestsetzung geändert wird oder
3. begünstigtes Vermögen im Sinne des § 13b Absatz 2 ErbStG aufgrund einer Verpflichtung an Dritte weiterübertragen wird.

[2]Die zunächst erloschene Steuer lebt vollständig wieder auf. [3]Der Erwerber kann einen erneuten Antrag nach § 28a Absatz 1 ErbStG stellen.

R E 28a.5 Ergänzende Vorschriften bei der Verschonungsbedarfsprüfung

Folgende ergänzende Vorschriften sind zu beachten:

1. Zu den Folgen einer Weitergabeverpflichtung oder einer Nachlassteilung: § 28a Absatz 1 Satz 2 bis 5 ErbStG. [2]Zu Einzelheiten → R E 13a.11;
2. zu den Anzeigepflichten des Erwerbers in den Fällen eines Verstoßes gegen die Lohnsummen- oder Behaltensregelungen oder eines Hinzuerwerbs verfügbaren Vermögens: § 28a Absatz 5 ErbStG. [2]Zu Einzelheiten → R E 13a.9 und 13a.12;
3. zu dem Hinausschieben des Endes der Zahlungsverjährungsfrist bei Verstoß gegen die in Nummer 2 genannten Regelungen: § 28a Absatz 6 ErbStG.

R E 28a.6 Begünstigte Erwerbe bei Familienstiftungen

[1]Die Verschonungsbedarfsprüfung des § 28a ErbStG wird auf Antrag auch bei der Bemessung der Ersatzerbschaftsteuer einer Familienstiftung oder eines Familienvereins (§ 1 Absatz 1 Nummer 4 ErbStG) gewährt, soweit zum Vermögen der Stiftung oder des Vereins begünstigtes Vermögen (§ 13b Absatz 2 ErbStG) gehört. [2]Wegen der Definition der Familienstiftung → R E 1.2. [3]Beim Übergang von Vermögen auf Grund eines Stiftungsgeschäfts unter Lebenden (§ 7 Absatz 1 Nummer 8 ErbStG) kommt die Verschonungsbedarfsprüfung ebenfalls in Betracht.

Zu § 29 ErbStG

R E 29 Erlöschen der Steuer in besonderen Fällen

[1]Nach § 29 Absatz 1 Nummer 1 ErbStG erlischt die Steuer mit Wirkung für die Vergangenheit, soweit ein Geschenk wegen eines Rückforderungsrechts herausgegeben werden muss. [2]Gemäß § 29 Absatz 2 ErbStG ist der Erwerber für den Zeitraum, für den ihm die Nutzungen des zugewendeten Vermögens zugestanden haben, wie ein Nießbraucher zu behandeln. [3]Bei der vollständigen oder teilweisen Rückgängigmachung einer Schenkung steuerbe-

günstigten Vermögens ist die ursprünglich gewährte Steuerbegünstigung nicht anwendbar. [4]Der ursprüngliche Zuwendungsgegenstand wird durch einen neuen Zuwendungsgegenstand „fiktiver Nießbrauch" ausgetauscht, für den keine Steuerbegünstigung in Betracht kommt. [5]Gleiches gilt in den Fällen des § 29 Absatz 1 Nummer 2 und 4 ErbStG.

H E 29

Änderung der Steuerfestsetzung für frühere Schenkungen an den überlebenden Ehegatten beim güterrechtlichen Zugewinnausgleich. → R E 5.1 Absatz 6.

Zahlung des Beschenkten zur Abwendung des Herausgabeanspruchs des Pflichtteilsberechtigten. → BFH vom 8.10.2003 II R 46/01, BStBl. 2004 II S. 234.

Zu § 30 ErbStG

R E 30[1] Anzeigepflicht des Erwerbers

(1) [1]Jeder der Erbschaftsteuer unterliegende Erwerb von Todes wegen ist vom Erwerber innerhalb einer Frist von drei Monaten nach erlangter Kenntnis von dem Anfall des Erwerbs dem zuständigen Erbschaftsteuerfinanzamt anzuzeigen (§ 30 Absatz 1 ErbStG). [2]Einer Anzeige bedarf es grundsätzlich nicht, wenn der Erwerb auf einer Verfügung von Todes wegen beruht, die von einem deutschen Gericht, einem deutschen Notar oder einem deutschen Konsul eröffnet wurde, und sich aus dieser das Verhältnis des Erwerbers zum Erblasser unzweifelhaft ergibt (§ 30 Absatz 3 Satz 1 1. Halbsatz ErbStG). [3]Die Anzeigepflicht des Erwerbers besteht in diesen Fällen jedoch fort, wenn zu seinem Erwerb folgende Vermögensgegenstände gehören (§ 30 Absatz 3 Satz 1 2. Halbsatz ErbStG):

1. Grundbesitz,
2. Betriebsvermögen,
3. Anteile an einer Kapitalgesellschaft, für die keine Anzeigepflicht durch einen Vermögensverwahrer oder Vermögensverwalter nach § 33 ErbStG besteht, oder
4. Auslandsvermögen.

[4]Einer Anzeige bedarf es auch dann nicht, wenn eine Schenkung unter Lebenden oder Zweckzuwendung von einem deutschen Notar und einem deutschen Gericht beurkundet worden ist.

(2) Erwerbe von Todes wegen, die auf einer von einem ausländischen Gericht oder einem ausländischen Notar eröffneten Verfügung von Todes wegen beruhen und Schenkungen, die von einem ausländischen Notar beurkundet werden, sind stets durch den Erwerber, im Schenkungsfall auch durch den Schenker anzuzeigen, weil die ausländischen Gerichte und Notare nicht der Anzeigepflicht nach § 34 ErbStG unterliegen.

---

[1] Zum Beginn des Laufs von Hinterziehungszinsen bei einer durch Unterlassen der Anzeige begangenen Hinterziehung von Schenkungsteuer siehe BFH v. 28.8.2019 II R 7/17, BStBl. II 2020, 247. – Zur Erweiterung der Anzeigepflicht in Fällen der Ersatzerbschaftsteuer (§ 1 Abs. 1 Nr. 4 ErbStG) mWv 29.12.2020 siehe § 30 Abs. 5 ErbStG i. d. F. des JStG 2020.

Zu § 31 ErbStG

R E 31[1] **Steuererklärung** – *unbesetzt* –

H E 31

Gemeinsame Steuererklärung bei Vorhandensein mehrerer Erben und weiterer Erwerber. Eine gemeinsame Steuererklärung im Sinne des § 31 Absatz 4 ErbStG kann sowohl von der Gesamtheit der Miterben als auch von einem Teil der Miterben abgegeben werden. Im letzten Fall gilt sie allerdings auch nur für die zu dieser Gruppe gehörenden Miterben. Unter diesen Umständen können auch mehrere Gruppen von Miterben jeweils für sich eine gemeinsame Steuererklärung abgeben. Andere am Erbfall beteiligte Personen (Pflichtteilsberechtigte, Vermächtnisnehmer usw.) können dabei mit berücksichtigt werden.

§ 31 Absatz 4 ErbStG enthält für die Abgabe der gemeinsamen Steuererklärung – im Gegensatz zu § 31 Absatz 1 ErbStG für die Abgabe der Einzelsteuererklärung – keine Fristbestimmung. Fordert das Finanzamt zur Abgabe einer Steuererklärung innerhalb einer bestimmten Frist auf, sind die Erben (und ggf. die weiteren Personen) nach § 31 Absatz 4 ErbStG lediglich berechtigt, anstelle der Einzelsteuererklärungen nach Absatz 1 eine gemeinsame Steuererklärung abzugeben. Geben die Miterben und ggf. die weiteren Personen, die außer den Erben an dem Erbfall beteiligt sind, eine gemeinsame Steuererklärung ab, so kann das Finanzamt von ihnen keine Einzelsteuererklärungen verlangen. Geben sie keine gemeinsame Steuererklärung ab, so bleibt ihre Verpflichtung, innerhalb der vom Finanzamt nach Maßgabe des § 31 Absatz 1 ErbStG gesetzten Frist Einzelsteuererklärungen abzugeben, bestehen. Im Ergebnis muss also die gemeinsame Steuererklärung innerhalb der für die Abgabe der Einzelsteuererklärung gesetzten Frist abgegeben werden; anderenfalls kann sie die Abgabe von Einzelsteuererklärungen nicht ersetzen.

Erklärungspflicht des Testamentsvollstreckers. → BFH vom 9.6.1999 II B 101/98, BStBl. II S. 529, vom 7.12.1999 II B 79/99, BStBl. 2000 II S. 233 und vom 11.6.2013 II R 10/11, BStBl. II S. 924.

Zu § 32 ErbStG

R E 32 Bekanntgabe des Steuerbescheids an Vertreter – *unbesetzt* –

H E 32

Bekanntgabe des Steuerbescheids bei Testamentsvollstreckung, Nachlassverwaltung und Nachlasspflegschaft.[2] → AEAO in der jeweils anzuwendenden Fassung, zu § 122 AO.[3]

---

[1] Zur Erweiterung der Erklärungspflicht in Fällen der Ersatzerbschaftsteuer (§ 1 Abs. 1 Nr. 4 ErbStG) mWv 29.12.2020 siehe § 31 Abs. 1 Satz 3 ErbStG i. d. F. des JStG 2020.

[2] Zur Erbschaftsteuerfestsetzung gegen unbekannte Erben siehe BFH v. 17.6.2020 II R 40/17, BStBl. II 2020, 850.

[3] Nr. **800**.

Bekanntgabe einer Einspruchsentscheidung in Fällen der Testamentsvollstreckung. Inhaltsadressaten des Erbschaftsteuerbescheids bleiben die Erben (vgl. Nummer 2.13.4 des AEAO zu § 122).[1] Der Testamentsvollstrecker ist daher auch nicht befugt, den Erbschaftsteuerbescheid anzufechten, es sei denn, er soll persönlich in Anspruch genommen werden (→ BFH vom 4.11.1981 II R 144/78, BStBl. 1982 II S. 262). Eine Einspruchsentscheidung zu einem Erbschaftsteuerbescheid in Fällen der Testamentsvollstreckung ist nicht dem Testamentsvollstrecker, sondern den Erben bekannt zu geben, es sei denn, der Testamentsvollstrecker hat den Einspruch als Bevollmächtigter der Erben eingelegt.

Zu §§ 33 und 34 ErbStG

R E 33 Anzeigepflichten – *unbesetzt* –

H E 33

Anzeigepflicht bei Bestattungsvorsorge-Treuhandkonten. Schließt ein Erblasser mit einem Bestattungsinstitut o.Ä. einen sog. Bestattungsvorsorgevertrag ab und zahlt er die voraussichtlichen Bestattungskosten auf ein Treuhandkonto bei einer Bank ein, verwaltet das Bestattungsinstitut das Konto treuhänderisch. Nach dem Tod des Auftraggebers nimmt es die Bestattung vor und entnimmt dem Konto das Guthaben. Ein evtl. verbleibendes Guthaben ist grundsätzlich an die Erben auszuzahlen.

Das auf dem Konto befindliche Guthaben gehört beim Tod des Treugebers zu dessen Vermögen (§ 39 Absatz 2 Nummer 1 Satz 2 AO). Das Treuhandverhältnis und der Name des Treugebers sind der verwahrenden Bank bekannt. Damit ist sie gem. § 33 Absatz 1 ErbStG anzeigepflichtig.

Daneben ist bei Treuhandverhältnissen auch der Treuhänder anzeigepflichtig, wenn er sich geschäftsmäßig mit der Verwaltung fremden Vermögens befasst. Dies kann auch beim einzelnen Bestattungsinstitut der Fall sein, so dass es eigenständig gem. § 33 Absatz 1 ErbStG anzeigepflichtig ist. Sofern im Einzelfall dazu Anlass besteht, sollen die Finanzämter die Bestattungsinstitute auf ihre Anzeigepflicht hinweisen.

Anzeigepflicht berufsständischer Versorgungswerke. Zu den Versicherungsunternehmen im Sinne des § 33 Absatz 3 ErbStG gehören auch die berufsständischen Versorgungswerke, z.B. der Ärztekammern.

Für gesetzliche Leistungen der Versorgungswerke besteht keine Anzeigepflicht. War der Erblasser Zwangsmitglied der Kammer, ist hinsichtlich der Leistungen an seine Hinterbliebenen keine Anzeigepflicht gegeben. Demgegenüber stellen vertragliche Leistungen der Kammern anzeigepflichtige Vorgänge dar. War der Erblasser freiwilliges Mitglied der Kammer, besteht deshalb für die Leistungen an seine Hinterbliebenen Anzeigepflicht.

Anzeigepflicht der Versicherungsunternehmen bei verbundenen Lebensversicherungen. Nach § 33 Absatz 3 ErbStG besteht eine Anzeigepflicht auch bei einer verbundenen Lebensversicherung von Eheleuten und anderen Vertragspartnern.

---

[1] Nr. **800**.

Bei dieser Versicherung sind zwar beide Ehegatten zugleich versichert, so dass jeder Ehegatte Versicherungsnehmer, Versicherter und Bezugsberechtigter ist. Hieraus kann aber für eine Lebensversicherung, deren Versicherungsfall beim Ableben des zuerst versterbenden Ehegatten eintritt, nicht gefolgert werden, dass damit eine Anzeigepflicht nach § 33 Absatz 3 ErbStG entfällt, weil die Versicherungssumme an einen Versicherungsnehmer – nämlich an den überlebenden Ehegatten – ausgezahlt wird. Die Anzeigepflicht dient der Sicherung des Steueranspruchs für Versicherungsleistungen. Diese sind, wenn sie zu Lebzeiten des Versicherungsnehmers einem anderen ausgezahlt werden, nach § 7 Absatz 1 Nummer 1 ErbStG, bei Auszahlung aus Anlass des Todes des Versicherungsnehmers nach § 3 Absatz 1 Nummer 4 ErbStG steuerpflichtig.

Der Besteuerungstatbestand des § 3 Absatz 1 Nummer 4 ErbStG ist auch bei einer verbundenen Lebensversicherung von Ehegatten, deren Versicherungsfall mit dem Tode des zuerst verstorbenen Ehegatten eingetreten ist, erfüllt. Der überlebende Ehegatte erwirbt den Anspruch auf die Versicherungsleistung in seiner Eigenschaft als Bezugsberechtigter; ihm steht insoweit für den Besteuerungstatbestand des § 3 Absatz 1 Nummer 4 ErbStG und die Anzeigepflicht nach § 33 Absatz 3 ErbStG der verstorbene Ehegatte, dessen Tod den Versicherungsfall ausgelöst hat, als Versicherungsnehmer gegenüber. Die Auszahlung der Versicherungssumme an den überlebenden Ehegatten stellt daher ungeachtet der Tatsache, dass auch er – neben dem verstorbenen Ehegatten – Versicherungsnehmer war, einen anzeigepflichtigen Tatbestand dar.

Anzeigepflichten der Versicherungsunternehmen bei Vertragsfortführung. Eine Anzeigepflicht nach § 33 Absatz 3 ErbStG besteht auch, wenn beim Tode des Versicherungsnehmers, der nicht versicherte Person ist, der Versicherungsvertrag von einer anderen Person (z. B. einem Erben) fortgeführt wird. Durch die Übertragung des Versicherungsvertrages auf einen anderen Versicherungsnehmer wird diesem – unabhängig davon, ob sie mit dem Tod oder bereits zu Lebzeiten des übertragenden Versicherungsnehmers erfolgt – die Versicherungssumme zur Verfügung gestellt. Der neue Versicherungsnehmer kann z. B. den Versicherungsvertrag gem. § 165 VVG kündigen.

Anzeigepflicht eines inländischen Kreditinstituts mit Zweigniederlassung im Ausland. → BFH vom 16.11.2016 II R 29/13, BStBl. 2017 II S. 413.

Leistungen aus Rentenversicherungen. Die Billigkeitsregelung des § 3 Absatz 3 Satz 2 ErbStDV ist auch bei Leistungen aus Rentenversicherungen anzuwenden, wenn der Kapitalwert der voraussichtlichen Rentenleistungen oder die Kapitalleistung 5 000 Euro nicht übersteigt.

Übertragung oder Auszahlung von Treuhandvermögen im Rahmen eines CTAs. Bei der Übertragung oder Auszahlung von Treuhandvermögen im Rahmen eines CTAs ist eine Anzeige nach § 33 Absatz 3 ErbStG entbehrlich.

Übertragung oder Auszahlung von verpfändetem Vermögen bei Wertguthabenvereinbarungen (§ 7b SGB IV). Bei der Übertragung oder Auszahlung von verpfändetem Vermögen bei Wertguthabenvereinbarungen (§ 7b SGB IV) ist eine Anzeige nach § 33 Absatz 3 ErbStG entbehrlich.

Zu § 37 ErbStG

R E 37 Anwendung des Gesetzes – *unbesetzt* –

H E 37

Anwendung des Gesetzes.

– Bekanntmachung der Neufassung des ErbStG vom 27.2.1997 (BGBl. I S. 378, BStBl. I S. 298).

– **§ 13a Absatz 4 Nummer 2 und § 19a Absatz 2 Nummer 2 ErbStG** i. d. F. des Artikels 10 des Steuerentlastungsgesetzes 1999/2000/2002 vom 24.3.1999 (BGBl. I S. 402, BStBl. I S. 304):
Anwendung auf Erwerbe, für die die Steuer nach dem 31.12.1998 entstanden ist.

– **§ 3 Absatz 1 Nummer 2 und Absatz 2 Nummer 1, § 7 Absatz 1 Nummer 8 und 9 und Absatz 7, § 9 Absatz 1 Nummer 1 Buchstabe c, § 15 Absatz 2 Satz 2 sowie § 20 Absatz 1 ErbStG** i. d. F. des Artikels 10 des Steuerentlastungsgesetzes 1999/2000/2002 vom 24.3.1999 (BGBl. I S. 402, BStBl. I S. 304):
Anwendung auf Erwerbe, für die die Steuer nach dem 4.3.1999 entstanden ist.

– **§ 29 Absatz 1 Nummer 4 ErbStG** i. d. F. des Artikels 6 des Gesetzes zur weiteren steuerlichen Förderung von Stiftungen vom 14.7.2000 (BGBl. I S. 1034; BStBl. I S. 1192):
Anwendung auf Erwerbe, für die die Steuer nach dem 31.12.1999 entstanden ist.

– **§ 13a Absatz 1 Satz 1 Nummer 2 ErbStG** i. d. F. des Artikels 16 des Steueränderungsgesetzes 2001 vom 20.12.2001 (BGBl. I S. 3794, BStBl. I 2002 S. 4):
Anwendung auf Erwerbe, für die die Steuer nach dem 22.12.2001 entstanden ist; rückwirkend auch auf Erwerbe, für die die Steuer nach dem 31.12.1995 entstanden ist, wenn die Steuerfestsetzung am 23.12.2001 noch nicht bestandskräftig war.

– **§ 10 Absatz 1 Satz 5 und Absatz 5 Nummer 3 Satz 2, § 13 Absatz 1 Nummer 1, 6 und 9, § 13a Absatz 1 und Absatz 5 Nummer 3, § 16, § 17 Absatz 1 Satz 1 und Absatz 2 Satz 1, § 18, § 19 Absatz 1, § 19a Absatz 5 Nummer 3 Satz 1, § 20 Absatz 7 sowie § 22 ErbStG** i. d. F. des Artikels 19 des Steuer-Euroglättungsgesetzes vom 19.12.2000 (BGBl. I S. 1790; BStBl. I 2001 S. 3):
Anwendung auf Erwerbe, für die die Steuer nach dem 31.12.2001 entstanden ist.

– **§ 9 Absatz 1 Nummer 1 Buchstabe c ErbStG** i. d. F. des Artikels 2 des Gesetzes zur Modernisierung des Stiftungsrechts vom 15.7.2002 (BGBl. I S. 2634, BStBl. I S. 706):
Anwendung auf Erwerbe, für die die Steuer nach dem 31.8.2002 entstanden ist.

– **§ 30 Absatz 1, § 33 Absatz 1 Satz 1, Absatz 2 und 3 sowie § 34 Absatz 1 ErbStG** i. d. F. des Artikels 27 des Dritten Gesetzes zur Ände-

rung verfahrensrechtlicher Vorschriften vom 21.8.2002 (BGBl. I S. 3322, BStBl. I S. 820):
Anwendung auf Erwerbe, für die die Steuer nach dem 27.8.2002 entstanden ist.

– **§ 13a Absatz 1 Satz 1 und Absatz 2 sowie § 19a Absatz 4 Satz 3 ErbStG** i. d. F. des Artikels 13 des Haushaltsbegleitgesetzes 2004 vom 29.12.2003 (BGBl. I S. 3076, BStBl. I 2005 S. 120):
Anwendung auf Erwerbe, für die die Steuer nach dem 31.12.2003 entstanden ist.

– **§ 29 Absatz 1 Nummer 4 ErbStG** i. d. F. des Artikels 8 des Gesetzes zur weiteren Stärkung des bürgerschaftlichen Engagements vom 10.10.2007 (BGBl. I S. 2332, BStBl. I S. 815):
Anwendung auf Erwerbe, für die die Steuer nach dem 31.12.2006 entstanden ist.

– **§ 3 Absatz 1 Nummer 1, Absatz 2 Nummer 4 und 7, § 4 Absatz 1, § 5 Absatz 1 und 2, § 6 Absatz 4, § 7 Absatz 1 Nummer 4, 6 und 9 und Absatz 7, § 9 Absatz 1 Nummer 1 Buchstabe b, § 10 Absatz 1 und 5 Nummer 1, Absatz 6 und 10, § 12, § 13 Absatz 1 Nummer 1, 2, 4a, 4b, 4c, 7, 8, 9 und 18, § 13a, § 13b, § 13c, § 14, § 15 Absatz 2 und 3, § 16, § 17 Absatz 1, § 19 Absatz 1 und 3, § 19a, § 20 Absatz 2, § 24 Satz 2, § 25, § 26, § 27 Absatz 1 und 3, § 28 Absatz 3, § 29 Absatz 1 Nummer 3 und 4, § 30 Absatz 3, § 31 Absatz 3 sowie § 35 Absatz 3 ErbStG** i. d. F. des Artikels 1 des Erbschaftsteuerreformgesetzes vom 24.12.2008 (BGBl. I S. 3018, BStBl. I 2009 S. 140):
Anwendung auf Erwerbe, für die die Steuer nach dem 31.12.2008 entstanden ist.

– **§ 13a Absatz 1, 5 und 8, § 19a Absatz 5 ErbStG** i. d. F. des Artikels 6 des Wachstumsbeschleunigungsgesetzes vom 22.12.2009 (BGBl. I S. 3950, BStBl. 2010 I S. 2):
Anwendung auf Erwerbe, für die die Steuer nach dem 31.12.2008 entstanden ist.

– **§ 19 Absatz 1 und § 19a Absatz 3 ErbStG** i. d. F. des Artikels 6 des Wachstumsbeschleunigungsgesetzes vom 22.12.2009 (BGBl. I S. 3950, BStBl. 2010 I S. 2):
Anwendung auf Erwerbe, für die die Steuer nach dem 31.12.2009 entstanden ist.

– **§ 13 Absatz 1 Nummer 1, § 13b Absatz 2, § 15 Absatz 1, § 16 Absatz 1 und § 17 Absatz 1 ErbStG** i. d. F. des Artikels 14 des Jahressteuergesetzes 2010 vom 8.12.2010 (BGBl. I S. 1768, BStBl. I S. 1394):
Anwendung auf Erwerbe, für die die Steuer nach dem 13.12.2010 entstanden ist.

– **§ 15 Absatz 1, § 16 Absatz 1 und § 17 Absatz 1 ErbStG** i. d. F. des Artikels 14 des Jahressteuergesetzes 2010 vom 8.12.2010 (BGBl. I S. 1768, BStBl. I S. 1394):
Anwendung nach Maßgabe des § 37 Absatz 5 ErbStG i. d. F. des Jahressteuergesetz 2010 vom 8.12.2010 (BGBl. I S. 1768) auf Erwerbe von Lebenspartnern i. S. d. Lebenspartnerschaftsgesetzes, für die die Steuer nach dem 31.7.2001 bzw. nach dem 31.12.2001 entstanden ist.

- **§ 13a Absatz 1a und § 13b Absatz 2a ErbStG** i. d. F. des Artikels 8 des Steuervereinfachungsgesetzes 2011 vom 1.11.2011 (BGBl. I S. 2131, BStBl. I S. 986):
  Anwendung auf Erwerbe, für die die Steuer nach dem 30.6.2011 entstanden ist.
- **§ 2 Absatz 1 Nummer 1 und 3 und Absatz 3, § 7 Absatz 8, § 15 Absatz 4, § 16 Absatz 1 und 2, § 19 Absatz 2, § 21 Absatz 1 und § 35 Absatz 4 ErbStG** i. d. F. des Artikels 11 des Beitreibungsrichtlinie-Umsetzungsgesetzes vom 7.12.2011 (BGBl. I S. 2592, BStBl. I S. 1296):
  Anwendung auf Erwerbe, für die die Steuer nach dem 13.12.2011 entstanden ist.
- **§ 2 Absatz 1 Nummer 1 und 3 und Absatz 3, § 16 Absatz 1 und 2, § 19 Absatz 2, § 21 Absatz 1 und § 35 Absatz 4 ErbStG** i. d. F. des Artikels 11 des Beitreibungsrichtlinie-Umsetzungsgesetzes vom 7.12.2011 (BGBl. I S. 2592, BStBl. I S. 1296):
  Anwendung nach Maßgabe des § 37 Absatz 7 ErbStG i. d. F. des BeitreibungsrichtlinieUmsetzungsgesetzes vom 7.12.2011 (BGBl. I S. 2592, BStBl. I S. 1296) auf Antrag auch auf Erwerbe, für die die Steuer vor dem 14.12.2011 entstanden ist.
- **§ 5 Absatz 3 ErbStG** i. d. F. des Artikels 5 des Gesetzes zu dem Abkommen vom 4. Februar 2010 zwischen der Bundesrepublik Deutschland und der Französischen Republik über den Güterstand der Wahl-Zugewinngemeinschaft vom 15.3.2012 (BGBl. II S. 178), in Kraft getreten am 1.5.2013:
  Anwendung auf Erwerbe, für die die Steuer nach dem 30.4.2013 entstanden ist.
- **§ 13a Absatz 1 Satz 4, Absatz 4 Satz 5, § 13b Absatz 2 Satz 2 Nummer 4a, Satz 3 und Satz 7 ErbStG** i. d. F. des Artikels 30 des Amtshilferichtlinie-Umsetzungsgesetzes vom 26.6.2013 (BGBl. I S. 1809, BStBl. I S. 802):
  Anwendung nach Maßgabe des § 37 Absatz 8 ErbStG i. d. F. des AmtshilferichtlinieUmsetzungsgesetz vom 26.6.2013 (BGBl. I S. 1809, BStBl. I S. 802) auf Erwerbe, für die die Steuer nach dem 6.6.2013 entstanden ist.
- **§ 34 Absatz 2 Nummer 2 ErbStG** i. d. F. des Artikels 17 des Gesetzes zum Internationalen Erbrecht und zur Änderung von Vorschriften zum Erbschein sowie zur Änderung sonstiger Vorschriften vom 29.6.2015 (BGBl. I S. 1042):
  Anwendung nach Maßgabe des § 37 Absatz 9 ErbStG i. d. F. des Gesetzes zum Internationalen Erbrecht und zur Änderung von Vorschriften zum Erbschein sowie zur Änderung sonstiger Vorschriften vom 29.6.2015 (BGBl. I S. 1042) auf Erwerbe, für die die Steuer nach dem 16.8.2015 entstanden ist.
- **§ 13 Absatz 1 Nummer 16 Buchst. b und Buchst. c und § 30 Absatz 4 Nummer 1 ErbStG** i. d.F. des Artikels 10 des Steueränderungsgesetzes 2015 vom 2.11.2015 (BGBl. I S. 1834):
  Anwendung nach Maßgabe des § 37 Absatz 10 ErbStG i. d. F. des Steueränderungsgesetzes 2015 vom 2.11.2015 (BGBl. I S. 1834) auf Erwerbe,

für die die Steuer nach dem 5.11.2015 entstanden ist bzw. auf alle offenen Fälle.

- **§ 13 Absatz 1 Nummer 2 Buchst. b Doppelbuchst. bb ErbStG** i. d. F. des Artikels 8 des Gesetzes zur Neuregelung des Kulturgutschutzrechts vom 31.7.2016 (BGBl. I S. 1914):
  Anwendung nach Maßgabe des § 37 Absatz 11 ErbStG i. d. F. des Gesetzes zur Neuregelung des Kulturgutschutzrechts vom 31.7.2016 (BGBl. I S. 1914) auf Erwerbe, für die die Steuer nach dem 5.8.2016 entstanden ist.
- **§ 10 Absatz 1 Satz 1 und Absatz 6 Sätze 4 und 5, § 13a, § 13b, § 13c, § 13d, § 19a Absatz 2, 3 und 5, § 28 Absatz 1 und 3, § 28a ErbStG** i. d. F. des Artikels 1 des Gesetzes zur Anpassung des ErbStG an die Rechtsprechung des BVerfG vom 4.11.2016 (BGBl. I S. 2464):
  Anwendung nach Maßgabe des § 37 Absatz 12 ErbStG i. d. F. des Gesetzes zur Anpassung des ErbStG an die Rechtsprechung des BVerfG vom 4.11.2016 (BGBl. I S. 2464) auf Erwerbe, für die die Steuer nach dem 30.6.2016 entstanden ist.
- **§ 2 Absatz 1 Nummer 3, § 3 Absatz 2 Nummer 4, § 9 Absatz 1 Nummer 1 Buchst. f, § 13 Absatz 1 Nummer 16 Buchst. c Satz 2, § 16 Absatz 1 und 2, § 17 Absatz 1 Satz 1, Absatz 2 Satz 1 und Absatz 3, § 19 Absatz 2, § 21 Absatz 1 Satz 1, § 35 Absatz 4 ErbStG** i. d. F. des Artikels 4 des Steuerumgehungsbekämpfungsgesetzes vom 23.6.2017 (BGBl. I S. 1682):
  Anwendung nach Maßgabe des § 37 Absatz 14 ErbStG i. d. F. des Steuerumgehungsbekämpfungsgesetzes vom 23.6.2017 (BGBl. I S. 1682) auf Erwerbe, für die die Steuer nach dem 24.6.2017 entstanden ist, bzw. § 17 nach Maßgabe des § 37 Absatz 13 ErbStG i. d. F. des Steuerumgehungsbekämpfungsgesetzes vom 23.6.2017 (BGBl. I S. 1682) auf alle offenen Fälle.
- **§ 13 Absatz 1 Nummer 18 Buchst. a ErbStG** i. d. F. des Artikels 6 des Gesetzes zum Ausschluss verfassungsfeindlicher Parteien von der Parteienfinanzierung vom 18.7.2017 (BGBl. I S. 2730):
  Anwendung nach Maßgabe des § 37 Absatz 15 ErbStG i. d. F. des Gesetzes zum Ausschluss verfassungsfeindlicher Parteien von der Parteienfinanzierung vom 18.7.2017 (BGBl. I S. 2730) auf Erwerbe, für die die Steuer nach dem 29.7.2017 entstanden ist.
- **§§ 19a, 28, 28a ErbStG** i. d. F. des Artikels 18 des Gesetzes zur Vermeidung von Umsatzsteuerausfällen beim Handel mit Waren im Internet und zur Änderung weiterer steuerlicher Vorschriften vom 11.12.2018 (BGBl. I S. 2338):
  Anwendung nach Maßgabe des § 37 Absatz 16 ErbStG i. d. F. des Gesetzes zur Vermeidung von Umsatzsteuerausfällen beim Handel mit Waren im Internet und zur Änderung weiterer steuerlicher Vorschriften vom 11.12.2018 (BGBl. I S. 2338) auf Erwerbe, für die die Steuer nach dem 14.12.2018 entstanden ist bzw. auf Erwerbe, für die ein Erlass erstmals nach dem 14.12.2018 ausgesprochen wurde.
- **ErbStG in Bezug auf einen Mitgliedstaat der Europäischen Union:**

Anwendung nach Maßgabe des § 37 Absatz 17 ErbStG i. d. F. des Brexit-Steuerbegleitgesetzes vom 25.3.2019 (BGBl. I S. 357) auf Erwerbe, für die die Steuer vor dem Zeitpunkt entstanden ist, ab dem das Vereinigte Königreich Großbritannien und Nordirland nicht mehr Mitgliedstaat der Europäischen Union ist und auch nicht wie ein solcher zu behandeln ist.

Redaktionelle Ergänzung:

– **§ 3 Absatz 2 Nummer 5, § 5 Absatz 1 Satz 6, § 10 Absatz 1 Satz 3 sowie Absatz 6 und 8, § 13 Absatz 1 Nummer 9a, § 13a Absatz 9a, § 13b Absatz 10 Satz 1, § 14 Absatz 2, § 29 Absatz 1 Nummer 4 Satz 2, § 30 Absatz 5, § 31 Absatz 1, § 35 Absatz 1, 4 und 5** i. d. F. des Artikels 34 des Jahressteuergesetzes 2020 vom 21.12.2020 (BGBl. I S. 3096):
  Anwendung nach Maßgabe des § 37 Absatz 18 i. d. F. des Jahressteuergesetzes 2020 vom 21.12.2020 (BGBl. I S. 3096) auf Erwerbe, für die die Steuer nach dem 28.12.2020 entsteht.
– **§ 13 Absatz 1 Nummer 19** i. d. F. des Grundsteuerreform-Umsetzungsgesetzes vom 16.7.2021 (BGBl. I S. 2931):
  Anwendung nach Maßgabe des § 37 Abs. 19 i. d. F. des Artikels 6 des Grundsteuerreform-Umsetzungsgesetzes vom 16.7.2021 (BGBl. I S. 2931) auf alle offenen Fälle.

III. Bewertungsgesetz

A. Allgemeine Bewertungsvorschriften

Zu §§ 4 bis 8 BewG

R B 4 Bedingung und Befristung

(1) [1]Bei einer aufschiebenden Bedingung (§§ 158ff. BGB) tritt die Wirkung eines Rechtsgeschäfts erst mit dem Eintritt der Bedingung ein; solange die Bedingung noch nicht eingetreten ist, besteht hinsichtlich des beabsichtigten Rechtserfolgs ein Schwebezustand. [2]Bei einer auflösenden Bedingung tritt umgekehrt die Wirkung des Rechtsgeschäfts sofort ein, endigt jedoch mit dem Eintritt der Bedingung für die Zukunft. [3]Die einem Rechtsgeschäft beigefügte Zeitbestimmung ist nach § 163 BGB der Bedingung – der aufschiebenden wie der auflösenden – unter der Voraussetzung gleichgestellt, dass durch sie ebenfalls die Wirkung des Rechtsgeschäfts beeinflusst, also auch bei ihr der Beginn oder die Beendigung der Wirkung vom Eintritt eines Zeitpunkts abhängig gemacht wird. [4]Die Vorschriften der §§ 158ff. BGB über die Bedingungen finden auf die Zeitbestimmungen entsprechend Anwendung. [5]Ein vertraglich vereinbartes Rücktrittsrecht wirkt bewertungsrechtlich wie eine auflösende Bedingung, ein vertraglich vereinbartes Erwerbsrecht oder eine vertraglich eingeräumte Erwerbspflicht wie eine aufschiebende Bedingung.

(2) [1]Nach den §§ 4 bis 8 BewG, die sich an die bürgerlich-rechtliche Regelung anschließen, werden Wirtschaftsgüter, deren Erwerb vom Eintritt einer aufschiebenden Bedingung abhängt, steuerlich erst berücksichtigt, wenn die Bedingung eingetreten ist (§ 4 BewG). [2]Umgekehrt kann auch derjenige, der aufschiebend bedingt belastet ist, die Last nicht abziehen, mit der Maßgabe, dass bei Eintritt der Bedingung die Festsetzung der nicht laufend veranlagten Steuern, z.B. der Erbschaftsteuer oder Schenkungsteuer, auf Antrag zu berichtigen ist (§ 6 Absatz 2 BewG). [3]Diese Grundsätze sind auch anzuwenden, wenn die Entstehung oder der Wegfall einer Last von einem Ereignis abhängt, bei dem nur der Zeitpunkt ungewiss ist (§ 8 BewG). [4]Ob die Entstehung als aufschiebend oder auflösend bedingt anzusehen ist, hängt nicht davon ab, ob der Eintritt des maßgebenden Ereignisses wahrscheinlich oder unwahrscheinlich ist. [5]Auf das Maß der Aussichten für den Eintritt oder Nichteintritt einer Bedingung kommt es nicht an. [6]Insoweit wird durch § 6 BewG die wirtschaftliche Betrachtungsweise ausdrücklich ausgeschaltet.

H B 4

Keine wirtschaftliche Betrachtungsweise. Eine Last, deren Entstehung vom Eintritt einer aufschiebenden Bedingung abhängt, wird nicht dadurch zu einer auflösend bedingten Last, dass der Eintritt der Bedingung wahrscheinlich ist und der Verkehr mit der Schuld als ihrem Grunde nach gegenwärtig schon bestehend rechnet → BFH vom 30.4.1959 III 121/58 S, BStBl. III S. 315, und vom 14.7.1967 III R 74/66, BStBl. III S. 770.

Optionsrecht. → BFH vom 5.3.1971 III R 130/68, BStBl. II S. 481.

Rücktrittsrecht. → BFH vom 27.10.1967 III R 43/67, BStBl. 1968 II S. 116.

Zu § 9 BewG

R B 9.1 Gemeiner Wert

[1]Der gemeine Wert wird durch den Preis bestimmt, der im gewöhnlichen Geschäftsverkehr nach der Beschaffenheit des Wirtschaftsguts bei einer Veräußerung zu erzielen wäre. [2]Unter gewöhnlichem Geschäftsverkehr ist nach der Rechtsprechung der Handel zu verstehen, der sich nach den marktwirtschaftlichen Grundsätzen von Angebot und Nachfrage vollzieht und bei dem jeder Vertragspartner ohne Zwang und nicht aus Not oder besonderen Rücksichten, sondern freiwillig in Wahrung seiner eigenen Interessen zu handeln in der Lage ist.

H B 9.1

Gewöhnlicher Geschäftsverkehr. → BFH vom 14.10.1966 III 281/63, BStBl. 1967 III S. 82, vom 14.2.1969 III 88/65, BStBl. II S. 395, vom 6.5.1977 III R 17/75, BStBl. II S. 626, und vom 28.11.1980 III R 86/78, BStBl. II S. 353.

R B 9.2 Ungewöhnliche oder persönliche Verhältnisse

(1) [1]Zu den ungewöhnlichen Verhältnissen, die bei der Ermittlung des gemeinen Werts unberücksichtigt bleiben, zählen insbesondere Umstände, mit denen im Geschäftsverkehr bei der Schätzung des Werts eines Wirtschaftsguts üblicherweise nicht gerechnet werden muss. [2]Für die Ermittlung des gemeinen Werts können nur solche Verkaufspreise berücksichtigt werden, die unter üblichen Bedingungen im gewöhnlichen Geschäftsverkehr zustande gekommen sind. [3]Vertragliche Preisvorgaben für die Übertragung von Beteiligungen an Personengesellschaften oder Anteilen an Kapitalgesellschaften unterhalb des gemeinen Werts zählen zu den ungewöhnlichen Verhältnissen.

(2) [1]Zu den persönlichen Verhältnissen, die bei der Ermittlung des gemeinen Werts unberücksichtigt bleiben, zählen insbesondere Verfügungsbeschränkungen. [2]Verfügung in diesem Sinne ist die Übertragung des Eigentums an einem Vermögensgegenstand. [3]Zu den Verfügungsbeschränkungen zählen z.B. eine angeordnete Testamentsvollstreckung, die Anordnung einer Vor- oder Nacherbschaft oder einer Nachlassverwaltung. [4]Vertraglich vereinbarte Verfügungsbeschränkungen für Übertragungen von Beteiligungen an Personengesellschaften oder Anteilen an Kapitalgesellschaften durch Geschäfte unter Lebenden und im Todesfall gehören zu den persönlichen Verhältnissen, die bei der Wertermittlung nicht zu berücksichtigen sind. [5]Hierzu zählen insbesondere Regelungen, die eine Verfügung nur auf
– Mitgesellschafter,
– Angehörige,

– bestimmte Personengruppen, wie z. B. Familienstämme oder
– eine inländische Familienstiftung oder eine entsprechende ausländische Familienstiftung

zulassen.

(3) Der Steuerpflichtige kann nachweisen, dass die ungewöhnlichen oder persönlichen Verhältnisse tatsächlich nicht zu einem unter dem gemeinen Wert liegenden Wert geführt haben.

H B 9.2

Verfügungsbeschränkungen. → BFH vom 12.7.2005 II R 8/04, BStBl. II S. 845.

Verfügungsbeschränkungen bei Anteilen an Kapitalgesellschaften. → R B 11.3.

Vorwegabschlag bei Familienunternehmen. → R E 13a.20.

R B 9.3 Sachleistungsansprüche

(1) [1]Sachleistungsansprüche sind bei gegenseitigen Verträgen mit dem gemeinen Wert des Gegenstandes zu bewerten, auf dessen Leistung sie gerichtet sind. [2]Bei Ansprüchen auf Übertragung von Grundbesitz kommt deshalb eine Bewertung mit dem Grundbesitzwert nach §§ 158 ff. BewG nicht in Betracht. [3]Ein Sachleistungsanspruch ist wie die Verpflichtung zur Gegenleistung gesondert anzusetzen und zu bewerten, auch wenn im Besteuerungszeitpunkt noch keine Vertragspartei mit der Erfüllung des Vertrags begonnen hat. [4]Sachleistungsanspruch und Sachleistungsverpflichtung sind bereits ab dem Zeitpunkt des Vertragsabschlusses anzusetzen.

(2) [1]Sachvermächtnisse sind mit dem Steuerwert des Vermächtnisgegenstands anzusetzen. [2]Für andere auf einer einseitigen Sachleistungsverpflichtung beruhende Erwerbe, z. B. ein Erwerb auf Grund eines vom Erblasser geschlossenen Vertrags durch einen Dritten (→ § 3 Absatz 1 Nummer 4 ErbStG), gilt dies sinngemäß.

H B 9.3

Anspruch auf Übertragung von Grundbesitz aus gegenseitigen Verträgen. → BFH vom 10.4.1991 II R 118/86, BStBl. II S. 620, vom 26.6.1991 II R 117/87, BStBl. II S. 749, und vom 15.10.1997 II R 68/95, BStBl. II S. 820.

R B 9.4 Erfindungen und Urheberrechte

[1]Der gemeine Wert von Erfindungen oder Urheberrechten, die in Lizenz vergeben oder in sonstiger Weise gegen Entgelt einem Dritten zur Ausnutzung überlassen sind, wird in der Weise ermittelt, dass der Anspruch auf die in wiederkehrenden Zahlungen bestehende Gegenleistung kapitalisiert wird, soweit keine anderen geeigneten Bewertungsgrundlagen vorhanden sind. [2]Hierfür sind die vertraglichen Vereinbarungen mit dem Lizenznehmer maßgeblich. [3]Ist keine feste Lizenzgebühr vereinbart und die Vertragsdauer unbestimmt,

kann auf die letzte vor dem Besteuerungszeitpunkt gezahlte Lizenzgebühr und eine Laufzeit von acht Jahren abgestellt werden. [4]Der Kapitalisierung ist der marktübliche Zinssatz zugrunde zu legen. [5]Es ist nicht zu beanstanden, wenn auf den Zinssatz abgestellt wird, den die Deutsche Bundesbank anhand der Zinsstrukturdaten aus der langfristig erzielbaren Rendite öffentlicher Anleihen jeweils auf den ersten Börsentag des Jahres errechnet (Basiszins). [6]Der Basiszins ist um einen Zuschlag von 4,5 Prozent zu erhöhen. [7]Die Summe aus Basiszins und Zuschlag ergibt den Kapitalisierungszinssatz. [8]Dieser Zinssatz ist für alle Wertermittlungen auf Bewertungsstichtage in diesem Jahr anzuwenden.

H B 9.4

Ermittlung des Kapitalisierungszinssatzes. Für 2017 beträgt der Basiszins 0,59 Prozent; daraus ergibt sich ein Kapitalisierungszinssatz von 5,09 Prozent. Für Bewertungsstichtage ab 1. Januar 2018 kann auf den Basiszins abgestellt werden, den das Bundesministerium der Finanzen nach § 18 Absatz 4 InvStG 2018 jährlich im Bundessteuerblatt Teil I veröffentlicht.[1)]

R B 9.5 Übrige körperliche Vermögensgegenstände

[1]Übrige körperliche Gegenstände werden mit dem gemeinen Wert bewertet. [2]Der gemeine Wert von Kunstgegenständen und Sammlungen ist unter Berücksichtigung der schwierigen Verwertungsaussichten vorsichtig zu ermitteln.

H B 9.5

Auslandsvermögen. Befinden sich die übrigen körperlichen Gegenstände an einem Ort im Ausland, wird der gemeine Wert grundsätzlich durch den Preis bestimmt, der im gewöhnlichen Geschäftsverkehr an diesem Ort zu erzielen wäre.

Zu § 11 BewG

R B 11.1 Notierte Wertpapiere, Aktien und Anteile sowie Investmentzertifikate

(1) Für Wertpapiere und Schuldbuchforderungen, die am Bewertungsstichtag an einer deutschen Börse zum Handel im regulierten Markt oder in den Freiverkehr einbezogen sind, gelten die nach § 11 Absatz 1 BewG maßgebenden Kurse vom Bewertungsstichtag.

(2) Wertpapiere, für die ein Kurs nach § 11 Absatz 1 BewG nicht besteht, sind anzusetzen,

1. soweit sie Anteile an Kapitalgesellschaften verbriefen, mit dem gemeinen Wert nach § 11 Absatz 2 BewG, und
2. soweit sie Forderungsrechte verbriefen, mit dem sich nach § 12 Absatz 1 BewG ergebenden Wert. [2]Dabei sind vom Nennwert abweichende Kursnotierungen für vergleichbare oder ähnlich ausgestattete festverzinsliche

---

[1)] Kapitalisierungszinssatz für Erwerbe in 2018: 5,37 %, in 2019: 5,02 %, in 2020: 4,57 %, in 2021 4,05 % (BayLfSt v. 1.3.2021 – S 3101.1.1-9/16 St 34).

Wertpapiere als besonderer Umstand im Sinne des § 12 Absatz 1 BewG anzusehen, der auch hier einen vom Nennwert abweichenden Wertansatz rechtfertigt. [3]Pfandbriefe mit persönlicher Sonderausstattung ohne Kurswert sind in Anlehnung an die Kurse vergleichbarer Pfandbriefe zu bewerten.

(3) [1]Bei ausländischen Wertpapieren ist, wenn ein Telefonkurs im inländischen Bankverkehr vorliegt, dieser maßgebend. [2]Lässt sich der gemeine Wert nicht auf dieser Grundlage ermitteln, ist er möglichst aus den Kursen des Emissionslandes abzuleiten.

(4) [1]Bei jungen Aktien und Vorzugsaktien, die nicht an der Börse eingeführt sind, ist der gemeine Wert aus dem Börsenkurs der Stammaktien abzuleiten. [2]Entsprechend ist der gemeine Wert nicht notierter Stammaktien aus dem Börsenkurs der jungen Aktien oder Vorzugsaktien abzuleiten. [3]Dabei ist die unterschiedliche Ausstattung durch Zu- oder Abschläge zu berücksichtigen.

(5) Anteilsscheine, die von Kapitalanlagegesellschaften und anderen Investmentgesellschaften ausgegeben worden sind, sind wie folgt anzusetzen:
- An der Börse gehandelte Anteile mit dem Kurswert nach § 11 Absatz 1 BewG. [2]Der Kurswertansatz ist gegenüber dem Ansatz mit dem Rücknahmepreis (§ 11 Absatz 4 BewG) vorrangig.
- Nicht an der Börse notierte Anteile mit dem Rücknahmepreis nach § 11 Absatz 4 BewG. [2]Der Rücknahmepreis ist der Preis, für den ein Anteil von der Investmentgesellschaft bindend zurückgenommen wird. [3]Er ergibt sich aus dem Inventarwert pro Anteil (Gesamtwert der im Vermögen eines Investmentfonds befindlichen Wertpapiere und Barmittel einschließlich eventueller Kassenbestände und sonstiger Vermögensgegenstände abzüglich Verkaufsspesen und Rücknahmekosten).

H B 11.1

Maßgebende Kurse. → BFH vom 21.2.1990 II R 78/86, BStBl. II S. 490.

Wertpapiere im Freiverkehr. → BFH vom 6.5.1977 III R 17/75, BStBl. II S. 626.

Unterschiedliche Ausstattung. → BFH vom 9.3.1994 II R 39/90, BStBl. II S. 394.

R B 11.2 Nicht notierte Anteile an Kapitalgesellschaften[1)]

(1) [1]Der gemeine Wert nicht notierter Anteile an einer Kapitalgesellschaft ist in erster Linie aus Verkäufen unter fremden Dritten abzuleiten. [2]Dabei sind jedoch nur Verkäufe zu berücksichtigen, die zum Bewertungsstichtag weniger als 1 Jahr zurückliegen. [3]Der gemeine Wert nicht notierter Anteile an einer Kapitalgesellschaft kann auch aus einem einzigen Verkauf abgeleitet werden, wenn Gegenstand des Verkaufs nicht nur ein Zwerganteil ist oder der zu bewertende Anteil ebenfalls ein Zwerganteil ist. [4]Die Ausgabe neuer Geschäfts-

---

1) Zur Sachaufklärungspflicht des Finanzgerichts bei Ermittlung des Anteilswerts einer nicht börsennotierten Kapitalgesellschaft siehe BFH v. 2.12.2020 II R 5/19, ZEV 2021, 539: Allein der Steuerpflichtige hat die Wahl zwischen einem individuellen Ertragswertverfahren nach § 11 Abs. 2 Satz 2 BewG und der Anwendung des vereinfachten Ertragswertverfahrens nach §§ 199 ff. BewG.

anteile an einer GmbH im Rahmen einer Kapitalerhöhung zur Aufnahme eines neuen Gesellschafters kann als Verkauf im Sinne des § 11 Absatz 2 Satz 2 BewG zur Ableitung des gemeinen Werts der GmbH-Anteile herangezogen werden. [5] Telefonkurse im Bankverkehr, denen nicht lediglich geringfügige Verkäufe ohne echten Aussagewert zugrunde liegen, sind grundsätzlich für die Wertableitung geeignet. [6] Es können jedoch nur Kurse und Verkaufserlöse berücksichtigt werden, die im gewöhnlichen Geschäftsverkehr erzielt worden sind. [7] Bei Ableitung aus Verkäufen ist ein in dem Kaufpreis enthaltener Zuschlag für den Beteiligungscharakter herauszurechnen, wenn ein solcher Zuschlag für den zu bewertenden Anteil nicht anzusetzen ist. [8] Hinsichtlich der Auswirkungen von Verfügungsbeschränkungen → R B 11.3.

(2) [1] Kann der gemeine Wert nicht aus Verkäufen abgeleitet werden, ist er unter Berücksichtigung der Ertragsaussichten der Kapitalgesellschaft oder einer anderen anerkannten, auch im gewöhnlichen Geschäftsverkehr für nichtsteuerliche Zwecke üblichen Methode zu ermitteln. [2] Der Steuerpflichtige kann den gemeinen Wert durch Vorlage eines methodisch nicht zu beanstandenden Gutachtens erklären, das auf den für die Verwendung in einem solchen Verfahren üblichen Daten der betreffenden Kapitalgesellschaft aufbaut. [3] Anhaltspunkte dafür, dass ein Erwerber neben den ertragswert- oder zahlungsstromorientierten Verfahren bei der Bemessung des Kaufpreises eine andere übliche Methode zugrunde legen würde, können sich insbesondere auch aus branchenspezifischen Verlautbarungen ergeben, z. B. bei Kammerberufen aus Veröffentlichungen der Kammern. [4] Der Steuerpflichtige kann den gemeinen Wert auch im vereinfachten Ertragswertverfahren (→ R B 199.1 ff.) ermitteln. [5] Sofern zum Bewertungsstichtag feststeht, dass die Berechnungsgrößen des Verfahrens durch bekannte objektive Umstände, z. B. wegen des Todes des Unternehmers, sich nachhaltig verändern, muss dies bei der Ermittlung entsprechend berücksichtigt werden.

H B 11.2

Ausgabe neuer Geschäftsanteile. → BFH vom 5.2.1992 II R 185/87, BStBl. 1993 II S. 266.

Verkäufe nach dem Bewertungsstichtag. → BFH vom 2.11.1988 II R 52/85, BStBl. 1989 II S. 80.

Zwerganteile. → BFH vom 7.12.1979 III R 45/77, BStBl. 1980 II S. 234, und vom 5.3.1986 II R 232/82, BStBl. II S. 591.

R B 11.3 Verfügungsbeschränkungen

(1) [1] Als gemeiner Wert ist der Preis maßgebend, der im gewöhnlichen Geschäftsverkehr nach der Beschaffenheit des Wirtschaftsguts bei einer Veräußerung zu erzielen wäre (→ R B 9.1 und 9.2). [2] Der bei Veräußerung eines Anteils an einer Kapitalgesellschaft tatsächlich erzielte Preis ist im gewöhnlichen Geschäftsverkehr zustande gekommen, wenn er sich durch den Ausgleich widerstreitender Interessen von Verkäufer und Käufer gebildet hat. [3] Dürfen Anteile nach den vertraglichen Regelungen ausschließlich an bestimmte Personen (z. B. Mitglieder eines Familienstamms) veräußert werden, können hierin Verfügungsbeschränkungen bestehen, die nach §§ 9 Absatz 2 Satz 3, 9 Absatz 3 BewG nicht berücksichtigt werden.

(2) [1]Der Steuerpflichtige kann im Fall der Wertableitung aus Verkäufen nachweisen, dass die ungewöhnlichen oder persönlichen Verhältnisse tatsächlich nicht zu einem unter dem gemeinen Wert liegenden Wert geführt haben. [2]Dieser Nachweis muss entsprechend § 11 Absatz 2 Satz 2 und 3 BewG durch Vorlage eines Gutachtens unter Angabe des Substanzwerts geführt werden. [3]Bei der Ableitung des Werts aus Verkäufen unter fremden Dritten (§ 11 Absatz 2 Satz 2 1. Halbsatz BewG) ist der Substanzwert nicht als Untergrenze anzusetzen.

H B 11.3

Verfügungsbeschränkungen im Gesellschaftsvertrag. → BFH vom 12.7. 2005 II R 8/04, BStBl. II S. 845.

R B 11.4 Bewertung der Anteile an einer Kapitalgesellschaft in Sonderfällen

(1) [1]Besondere Umstände, die bei der Ermittlung des gemeinen Werts im vereinfachten Ertragswertverfahren und beim Ansatz mit dem Substanzwert nicht hinreichend zum Ausdruck gekommen sind, können nicht durch Zu- und Abschläge berücksichtigt werden. [2]Dazu zählen insbesondere
- die nachhaltig unverhältnismäßig geringen Erträge bei einem großen Vermögen des Unternehmens,
- die schwere Verkäuflichkeit der Anteile,
- eine Zusammenfassung aller oder mehrerer Anteile in einer Hand,
- die bei einem Verkauf der Anteile bzw. einer Liquidation der Gesellschaft anfallenden Ertragsteuern,
- eine Unterkapitalisierung,
- das Fehlen eigener Betriebsgrundstücke und -gebäude und
- die Vorteile, die eine Kapitalgesellschaft aus der Verbindung zu anderen Unternehmen der Anteilseigner zieht.

[3]Als besondere Umstände, die bei der Ermittlung des gemeinen Werts nach allen Bewertungsverfahren nicht zu berücksichtigen sind, sind auch ungewöhnliche oder persönliche Verhältnisse anzusehen (→ R B 9.2).

(2) [1]Liegt der besondere Umstand darin, dass die Anteile an der Gesellschaft keinen Einfluss auf die Geschäftsführung gewähren, kommt bei der Ermittlung des Werts im vereinfachten Ertragswertverfahren und beim Ansatz des Substanzwerts kein Abschlag in Betracht. [2]Entsprechendes gilt für den Paketzuschlag (→ R B 11.8 Absatz 2).

(3) [1]Wegen der Bewertung von Anteilen an Kapitalgesellschaften im vereinfachten Ertragswertverfahren bei Neugründungen (→ R B 199.1 Absatz 4 und 6 Satz 1 Nummer 2 und Satz 2). [2]Beim Ansatz des Substanzwerts bleibt der Umstand, dass es sich um eine Neugründung handelt, unberücksichtigt.

(4) [1]Das vereinfachte Ertragswertverfahren ist grundsätzlich auch bei der Ermittlung des gemeinen Werts von Anteilen an Gesellschaften anwendbar, zu deren Vermögen Anteile oder Beteiligungen an nachgeordneten Gesellschaften gehören. [2]Allerdings ist bei komplexen Strukturen von verbundenen Unternehmen dessen Anwendung grundsätzlich ausgeschlossen (→ R B 199.1

Absatz 4 und 6 Satz 1 Nummer 1). [3]Sofern das vereinfachte Ertragswertverfahren angewendet wird, sind Anteile und Beteiligungen an nachgeordneten Gesellschaften mit ihrem eigenständig ermittelten gemeinen Wert anzusetzen (§ 200 Absatz 2 und 3 BewG). [4]Entsprechendes gilt bei der Ermittlung des Substanzwerts, der jedoch nur anzusetzen ist, wenn die Prüfung ergibt, dass er höher ist als der im vereinfachten Ertragswertverfahren oder unter Berücksichtigung der Ertragsaussichten des Unternehmens oder einer anderen anerkannten, auch im gewöhnlichen Geschäftsverkehr für nichtsteuerliche Zwecke üblichen Methode ermittelte Wert (§ 11 Absatz 2 Satz 2 und 3 BewG).

(5) [1]Das vereinfachte Ertragswertverfahren ist grundsätzlich auch bei der Ermittlung des gemeinen Werts von Anteilen an Organgesellschaften oder Organträgergesellschaften anwendbar. [2]Allerdings ist bei komplexen Strukturen von verbundenen Unternehmen dessen Anwendung grundsätzlich ausgeschlossen (→ R B 199.1 Absatz 4 und 6 Satz 1 Nummer 1). [3]Sofern das vereinfachte Ertragswertverfahren bei der Organgesellschaft angewendet wird, sind dabei deren Betriebsergebnisse anzusetzen. [4]Bei der Ermittlung der Betriebsergebnisse sind der Aufwand aus Gewinnabführungen an den Organträger und der Ertrag aus Verlustübernahmen des Organträgers nicht zu berücksichtigen (§ 202 Absatz 1 Satz 2 Nummer 3 BewG). [5]Die Betriebsergebnisse sind um den darauf entfallenden pauschalen Ertragsteueraufwand zu kürzen (§ 202 Absatz 3 BewG). [6]Sofern das vereinfachte Ertragswertverfahren bei der Organträgergesellschaft angewendet wird, ist dabei die Beteiligung an der Organgesellschaft mit ihrem eigenständig ermittelten gemeinen Wert anzusetzen (§ 200 Absatz 2 und 3 BewG). [7]Die Betriebsergebnisse der Organträgergesellschaft sind um den Aufwand aus der Übernahme von Verlusten der Organgesellschaft zu erhöhen (§ 202 Absatz 1 Satz 2 Nummer 1 Buchstabe f BewG) und den Ertrag aus Gewinnabführungen der Organgesellschaft zu kürzen (§ 202 Absatz 1 Satz 2 Nummer 2 Buchstabe f BewG). [8]Die verbleibenden Betriebsergebnisse sind um den pauschalen Ertragsteueraufwand zu kürzen (§ 202 Absatz 3 BewG). [9]Ein zusätzlicher Abzug von Ertragsteueraufwand auf die Erträge der Organgesellschaft ist bei der Organträgergesellschaft ausgeschlossen. [10]Absatz 4 Sätze 3 und 4 gelten entsprechend.

(6) [1]Das vereinfachte Ertragswertverfahren ist auch bei der Ermittlung des gemeinen Werts von Anteilen an einer GmbH, die Komplementärin einer GmbH & Co. KG ist, anwendbar. [2]Bei Anteilen an einer Komplementär-GmbH liegt jedoch regelmäßig ein Fall von geringer Bedeutung vor, wenn sie zusammen mit der (anteiligen) Beteiligung an der GmbH & Co. KG übertragen werden und die Komplementär-GmbH neben der Kostenerstattung für die Geschäftsführung der KG nur ein Entgelt für die Übernahme des Haftungsrisikos erhält, aber keine Geschäfte im eigenen Namen betreibt. [3]Ist in der Feststellungserklärung der KG der Substanzwert der Anteile an der Komplementär-GmbH angegeben, kann dieser grundsätzlich übernommen werden.

(7) [1]Bei Anteilen an einer Gesellschaft in Liquidation ist als gemeiner Wert in der Regel der Substanzwert anzusetzen. [2]Es bestehen keine Bedenken, den Liquidationswert anzusetzen (→ R B 11.5 Absatz 9).

(8) [1]Sind Anteile an einer Gesellschaft mit ungleichen Rechten ausgestattet, ist deren Berücksichtigung weder im Rahmen des vereinfachten Ertragswert-

verfahrens noch beim Substanzwert möglich. [2]Bei der Aufteilung des Gesamtwerts der Gesellschaft auf die Anteile können diese jedoch berücksichtigt werden (→ R B 97.6).

(9) [1]Hält die Kapitalgesellschaft, deren Anteile zu bewerten sind, eigene Anteile, wirkt sich dies nicht auf die Bewertung der Gesellschaft aus. [2]Die eigenen Anteile sind erst im Rahmen der Aufteilung des Werts der Kapitalgesellschaft zu berücksichtigen. [3]Sie mindern den Wert des gesamten Nennkapitals um ihren Nennwert (→ R B 97.6 Absatz 1).

(10) [1]Der gemeine Wert nicht notierter Anteile an einer Kapitalgesellschaft kann aufgrund der Haftungsbeschränkung des Gesellschafters nicht negativ sein, auch wenn der Wert des Betriebsvermögens der Gesellschaft, der sich aus einem Gutachten, nach dem vereinfachten Ertragswertverfahren oder als Substanzwert ergibt, negativ ist. [2]Der Wert nicht notierter Anteile an Kapitalgesellschaften ist in diesem Fall mit 0 EUR festzustellen. [3]Soweit die Einlage des Gesellschafters noch nicht oder noch nicht vollständig erbracht wurde, hat dies keine Auswirkung auf den gemeinen Wert der Anteile. [4]In Erbfällen liegt bei unmittelbarer Beteiligung hinsichtlich der ausstehenden Einlage eine Nachlassverbindlichkeit i. S. d. § 10 Absatz 5 Nummer 1 ErbStG vor und bei Schenkungen eine Gegenleistung, unabhängig davon, ob diese bereits eingefordert wurde. [5]Bei mittelbaren Beteiligungen ist im mehrstufigen Feststellungsverfahren die ausstehende Einlage im Rahmen der Bewertung der übergeordneten Gesellschaft zu berücksichtigen.

H B 11.4

Anteile an einer gemeinnützigen Kapitalgesellschaft. → gleich lautende Ländererlasse vom 9.10.2013, BStBl. I S. 1362.

R B 11.5 Substanzwert

(1) [1]Der Substanzwert ist als Mindestwert nur anzusetzen, wenn der gemeine Wert nach dem vereinfachten Ertragswertverfahren (→ R B 199.1 ff.) oder mit einem Gutachtenwert (Ertragswertverfahren oder andere im gewöhnlichen Geschäftsverkehr für nichtsteuerliche Zwecke übliche Methode) ermittelt wird. [2]Wird der gemeine Wert aus tatsächlichen Verkäufen unter fremden Dritten im gewöhnlichen Geschäftsverkehr abgeleitet, ist der Ansatz des Substanzwerts als Mindestwert ausgeschlossen.

(2) Dem Grunde nach sind in die Ermittlung des Substanzwerts alle Wirtschaftsgüter einzubeziehen, die nach §§ 95 bis 97 BewG zum Betriebsvermögen gehören.

(3) [1]Bei Einzelunternehmen, Personengesellschaften und Kapitalgesellschaften im Sinne der §§ 95 bis 97 BewG richtet sich der Umfang des Betriebsvermögens somit nach der Zugehörigkeit der Wirtschaftsgüter zum ertragsteuerlichen Betriebsvermögen am Bewertungsstichtag (→ R B 95, 97.1 bis 97.3, 99, 103.1 bis 103.3). [2]Aktive und passive Wirtschaftsgüter gehören auch dann dem Grunde nach zum ertragsteuerlichen Betriebsvermögen, wenn für sie ein steuerliches Aktivierungs- oder Passivierungsverbot besteht. [3]Eine handels-

rechtlich gebotene Rückstellung (z.B. Drohverlustrückstellung), die steuerlich nicht passiviert werden darf (§ 5 Absatz 4a Satz 1 EStG), ist bei der Ermittlung des Substanzwerts gleichwohl anzusetzen. [4]Zum Betriebsvermögen gehören auch selbst geschaffene oder entgeltlich erworbene immaterielle Wirtschaftsgüter (z.B. Patente, Lizenzen, Warenzeichen, Markenrechte, Konzessionen, Bierlieferrechte). [5]Geschäftswert-, firmenwert- oder praxiswertbildende Faktoren, denen ein eigenständiger Wert zugewiesen werden kann (z.B. Kundenstamm, Know-how), sind mit einzubeziehen, unabhängig davon, ob sie selbst geschaffen oder entgeltlich erworben wurden. [6]Zum Betriebsvermögen gehörende Genossenschaftsanteile sind grundsätzlich im Rahmen der Ermittlung des Substanzwerts als Kapitalforderungen nach § 12 BewG mit dem Nennwert zu bewerten. [7]Eine zukünftige Ertragsteuerbelastung (latente Ertragsteuern) ist nicht wertmindernd zu berücksichtigen.

(4) Rücklagen und Ausgleichsposten mit Rücklagencharakter sind im Allgemeinen nicht abzugsfähig, weil sie Eigenkapitalcharakter haben (→ R B 103.1 Absatz 2).

(5) [1]Die zum Betriebsvermögen gehörenden Wirtschaftsgüter und sonstigen aktiven Ansätze sowie die zum Betriebsvermögen gehörenden Schulden und sonstigen Abzüge sind bei der Ermittlung des Substanzwerts mit dem gemeinen Wert anzusetzen (§ 11 Absatz 2 Satz 3 BewG). [2]Ist für Grundbesitz, Betriebsvermögen und Anteile an Kapitalgesellschaften ein Wert nach § 151 Absatz 1 Satz 1 Nummer 1 bis 3 BewG festzustellen, sind die auf den Bewertungsstichtag festgestellten Werte anzusetzen. [3]Die Basiswertregelung in § 151 Absatz 3 BewG ist hierbei zu beachten.

(6) [1]Der gemeine Wert von Erfindungen oder Urheberrechten, die in Lizenz vergeben oder in sonstiger Weise gegen Entgelt einem Dritten zur Ausnutzung überlassen sind, wird in der Weise ermittelt, dass der Anspruch auf die in wiederkehrenden Zahlungen bestehende Gegenleistung kapitalisiert wird, soweit keine anderen geeigneten Bewertungsgrundlagen vorhanden sind. [2]Hierfür sind die vertraglichen Vereinbarungen mit dem Lizenznehmer maßgeblich. [3]Ist keine feste Lizenzgebühr vereinbart und die Vertragsdauer unbestimmt, kann auf die letzte vor dem Besteuerungszeitpunkt gezahlte Lizenzgebühr und eine Laufzeit von acht Jahren abgestellt werden. [4]Der Kapitalisierung ist der marktübliche Zinssatz zugrunde zu legen. [5]Es ist nicht zu beanstanden, wenn auf den Zinssatz abgestellt wird, den die Deutsche Bundesbank anhand der Zinsstrukturdaten aus der langfristig erzielbaren Rendite öffentlicher Anleihen jeweils auf den ersten Börsentag des Jahres errechnet (Basiszins). [6]Der Basiszins ist um einen Zuschlag von 4,5 Prozent zu erhöhen. [7]Die Summe aus Basiszins und Zuschlag ergibt den Kapitalisierungszinssatz. [8]Dieser Zinssatz ist für alle Wertermittlungen auf Bewertungsstichtage in diesem Jahr anzuwenden.

(7) [1]Wirtschaftsgüter des beweglichen abnutzbaren Anlagevermögens sind mit dem gemeinen Wert anzusetzen. [2]Als gemeiner Wert kann aus Vereinfachungsgründen ein angemessener Restwert in Höhe von mindestens 30 Prozent der Anschaffungs- oder Herstellungskosten berücksichtigt werden, wenn dies nicht zu unzutreffenden Ergebnissen führt.

(8) [1]Wirtschaftsgüter des Umlaufvermögens sind mit ihren Wiederbeschaffungs- oder Wiederherstellungskosten zum Bewertungsstichtag anzusetzen. [2]Ihr Wert kann auch nach der retrograden Methode ermittelt werden. [3]Auf Grund der Verbrauchsfolgefiktion des Lifo-Verfahrens gebildete stille Reserven sind bei der Ermittlung des Substanzwertes anzusetzen.

(9) Bei Einzelunternehmen, Personengesellschaften oder Kapitalgesellschaften, die sich in Liquidation befinden, bestehen keine Bedenken, den Liquidationswert (einschließlich der Liquidationskosten, die beispielsweise für einen Sozialplan anfallen) anzusetzen.

H B 11.5

Berücksichtigung einer zukünftigen Steuerbelastung. → BFH vom 27.9.2017 II R 15/15, BStBl. 2018 II S. 281.

Ermittlung des Kapitalisierungszinssatzes. Für 2017 beträgt der Basiszins 0,59 Prozent; daraus ergibt sich ein Kapitalisierungszinssatz von 5,09 Prozent. Für Bewertungsstichtage ab 1. Januar 2018 kann auf den Basiszins abgestellt werden, den das Bundesministerium der Finanzen nach § 18 Absatz 4 InvStG 2018 jährlich im Bundessteuerblatt Teil I veröffentlicht.[1)]

R B 11.6 Ermittlung des Substanzwerts

(1) Bei der Ermittlung des Substanzwerts ist das Vermögen der Kapitalgesellschaft mit dem gemeinen Wert zum Bewertungsstichtag zugrunde zu legen.

(2) [1]Stimmt der Bewertungsstichtag nicht mit dem Schluss des Wirtschaftsjahrs überein, auf den die Kapitalgesellschaft einen regelmäßigen jährlichen Abschluss macht, und erstellt die Kapitalgesellschaft keinen Zwischenabschluss, der den Grundsätzen der Bilanzkontinuität entspricht, kann aus Vereinfachungsgründen der Wert des Vermögens der Kapitalgesellschaft zum Bewertungsstichtag aus der auf den Schluss des letzten vor dem Bewertungsstichtag endenden Wirtschaftsjahrs erstellten Vermögensaufstellung abgeleitet werden (Absatz 3), sofern dies im Einzelfall nicht zu unangemessenen Ergebnissen führt und deshalb eine besondere Ermittlung des Substanzwerts auf den Bewertungsstichtag vorzunehmen ist. [2]Dabei ist zunächst der Saldo der gemeinen Werte für die Wirtschaftsgüter, sonstigen aktiven Ansätze, Schulden und sonstigen Abzüge zum Abschlusszeitpunkt zu bilden, die bei der Ermittlung des Substanzwerts der Kapitalgesellschaft anzusetzen sind (Ausgangswert).

(3) [1]Aus dem Ausgangswert (Absatz 2) ist der Wert des Vermögens der Kapitalgesellschaft auf den Bewertungsstichtag unter vereinfachter Berücksichtigung der im Vermögen der Kapitalgesellschaft bis zum Bewertungsstichtag eingetretenen Veränderungen abzuleiten. [2]Als Korrekturen kommen insbesondere in Betracht:

1. Hinzurechnung des Gewinns bzw. Abrechnung des Verlustes, der auf den Zeitraum vom letzten Bilanzstichtag vor dem Bewertungsstichtag bis zum Bewertungsstichtag entfällt. [2]Auszugehen ist dabei vom Gewinn laut Steu-

---

1) Kapitalisierungszinssatz für Erwerbe in 2018: 5,37 %, in 2019: 5,02 %, in 2020: 4,57 %, in 2021 4,05 % (BayLfSt v. 1.3.2021 – S 3101.1.1-9/16 St 34).

erbilanz. [3]Der Gewinn oder Verlust ist zu korrigieren, soweit darin Abschreibungen (Normal-AfA, erhöhte AfA, Sonderabschreibungen, Teilwertabschreibungen) oder Aufwendungen auf betrieblichen Grundbesitz (Grund und Boden, Betriebsgebäude, Außenanlagen, sonstige wesentliche Bestandteile und Zubehör) enthalten sind, die das Ergebnis gemindert haben, mit dem Wertansatz der Betriebsgrundstücke aber abgegolten sind. [4]Dazu gehören auch Erhaltungsaufwendungen für betrieblichen Grundbesitz, die den Grundbesitzwert zwar wegen der für den Grundbesitz geltenden Bewertungsmethoden nicht erhöhen, aber mit dem Ansatz des Grundbesitzwerts abgegolten sind. [5]Gewinn oder Verlust und Abschreibungen oder andere Aufwendungen bis zum Bewertungsstichtag sind, soweit dies nicht im Einzelfall zu unangemessenen Ergebnissen führt, zeitanteilig aus den entsprechenden Jahresbeträgen zu berechnen;

2. Berücksichtigung von Vermögensänderungen infolge Veräußerung oder Erwerb von Anlagevermögen, insbesondere von Betriebsgrundstücken, Wertpapieren, Anteilen und Genussscheinen von Kapitalgesellschaften und Beteiligungen an Personengesellschaften, soweit sie sich nicht bereits nach Nummer 1 ausgewirkt haben;
3. Vermögensabfluss durch Gewinnausschüttungen;
4. Vermögenszuführungen oder -abflüsse infolge von Kapitalerhöhungen oder Kapitalherabsetzungen;
5. Vermögenszuführungen durch verdeckte Einlagen.

(4) Die Kapitalgesellschaft hat nach amtlichem Vordruck eine Vermögensaufstellung auf den Bewertungsstichtag als Anlage zur Feststellungserklärung abzugeben, aus der sich die für die Ermittlung des Substanzwerts erforderlichen Angaben ergeben (§ 153 Absatz 3 BewG).

H B 11.6

Aufwendungen auf betrieblichen Grundbesitz.

Beispiel 1:

In der Gewinnermittlung des zu bewertenden Betriebs sind Aufwendungen enthalten, die auf eine Erneuerung des Asphaltbelags des betrieblichen Kundenparkplatzes entfallen.
Die Aufwendungen sind dem Gewinn hinzuzurechnen, weil sie bereits mit dem Wertansatz des Parkplatzes abgegolten sind. Dies gilt auch dann, wenn sich, wie im vorliegenden Fall, die Aufwendungen im Rahmen der geltenden Bewertungsverfahren der Höhe nach nicht auf den Grundbesitzwert auswirken.

Beispiel 2:

Ein Unternehmen wendet Kosten für die erstmalige Herstellung eines Parkplatzes auf, die ertragsteuerrechtlich als Herstellungskosten zu qualifizieren sind und sich über die Absetzungen für Abnutzung in der Gewinnermittlung auswirken.
Obwohl die Herstellungskosten für den Parkplatz regelmäßig nicht den Grundbesitzwert erhöhen, ist der Wert des Parkplatzes mit dem Ansatz des Grundbesitzwertes abgegolten. Der Grundbesitzwert umfasst dem Grund nach auch die wesentlichen Bestandteile (Außenanlagen), obwohl bei der Grundbesitzbewertung der Höhe nach (regelmäßig) kein gesonderter Wertansatz für Außenanlagen vorgesehen ist.
Für die Ableitung des Werts des Vermögens der Kapitalgesellschaft vom Ausgangswert ist der Gewinn um diese Aufwendungen (Absetzungen für Abnutzung) zu korrigieren.

Beispiel 3:

Für ein Gebäude sind Erhaltungsaufwendungen angefallen, z. B. für den Anstrich von Fenstern oder Kosten für die Erneuerung von Türen oder einer Heizungsanlage.
Im Rahmen der geltenden Bewertungsverfahren führen solche Aufwendungen regelmäßig nicht zu einer Erhöhung des Grundbesitzwerts, es sei denn, es läge eine überwiegende oder umfassende Modernisierung vor, so dass ein fiktives Baujahr zu ermitteln wäre. Dennoch sind die Erhaltungsaufwendungen mit dem Ansatz des Grundbesitzwerts abgegolten.
Für die Ableitung des Werts des Vermögens der Kapitalgesellschaft vom Ausgangswert ist der Gewinn um diese Aufwendungen zu korrigieren.

R B 11.7 Gemeiner Wert nicht notierter Anteile an Kapitalgesellschaften

Der gemeine Wert eines nicht notierten Anteils an einer Kapitalgesellschaft bestimmt sich grundsätzlich nach dem Verhältnis des Anteils am Nennkapital (Grund- oder Stammkapital) der Gesellschaft zum gemeinen Wert des Betriebsvermögens der Kapitalgesellschaft zum Bewertungsstichtag (→ R B 97.6).

R B 11.8 Paketzuschlag

(1) Ein Paketzuschlag ist vorzunehmen, wenn der gemeine Wert der zu bewertenden Anteile höher ist als der Wert, der den Beteiligungscharakter der zu bewertenden Anteile nicht berücksichtigt.

(2) [1]Der Paketzuschlag kommt sowohl beim Ansatz von Kurswerten als auch bei der Ermittlung des gemeinen Werts durch Ableitung aus Verkäufen in Betracht. [2]Wird der gemeine Wert in einem Ertragswertverfahren oder nach einer anderen anerkannten, auch im gewöhnlichen Geschäftsverkehr für nichtsteuerliche Zwecke üblichen Methode ermittelt, ist – unter den Voraussetzungen des § 11 Absatz 3 BewG – der Paketzuschlag erforderlich, wenn die in § 11 Absatz 3 BewG genannten Umstände bei der Wertermittlung nicht berücksichtigt werden. [3]Im vereinfachten Ertragswertverfahren (→ R B 199.1) ist in der Regel kein Paketzuschlag vorzunehmen. [4]Ein Abschlag wegen fehlenden Einflusses auf die Geschäftsführung kommt in diesen Fällen nicht in Betracht. [5]Ein Paketzuschlag ist in den Fällen der Bewertung mit dem Substanzwert nicht vorzunehmen.

(3) Ein Paketzuschlag ist vorzunehmen, wenn ein Gesellschafter mehr als 25 Prozent der Anteile an einer Kapitalgesellschaft auf einen oder mehrere Erwerber überträgt (Absatz 4 bis 8).

(4) [1]Gehen Anteile an einer Kapitalgesellschaft von mehr als 25 Prozent von einem Erblasser auf mehrere Erben über, ist ein Paketzuschlag auch dann vorzunehmen, wenn die anschließende (quotale) Aufteilung unter den Erben dazu führt, dass jeder der Erben nur eine Beteiligung von weniger als 25 Prozent erhält. [2]Das Ergebnis einer frei unter den Miterben vereinbarten Auseinandersetzung oder die Auseinandersetzung nach Maßgabe einer Teilungsanordnung des Erblassers sind für die Bewertung der Beteiligung unbeachtlich.

(5) [1]Wenn neben den Erben ein Vermächtnisnehmer einen schuldrechtlichen Anspruch auf Anteile erlangt, bei dessen Erfüllung die den Erben verbleibende Beteiligung weniger als 25 Prozent beträgt, kann der Verlust dieses Einflusses – bezogen auf den Bewertungsstichtag – eine wirtschaftliche Ände-

rung sein, die einen Paketzuschlag für die von den Erben erworbene Beteiligung nicht mehr rechtfertigt. [2]Der Anspruch des Vermächtnisnehmers ist danach zu bewerten, ob die ihm vermachten Anteile mehr als 25 Prozent betragen. [3]Ein Vorausvermächtnis zugunsten eines Miterben ist dagegen nicht als wirtschaftliche Änderung anzusehen, die die Erbengemeinschaft in der Ausübung ihrer Mitgliedschaftsrechte – bezogen auf den Bewertungsstichtag – beschränkt, und berührt damit den Paketzuschlag für die von den Erben erworbene Beteiligung nicht.

(6) [1]Bei Schenkungen unter Lebenden sind die auf den Erwerber übergehenden Anteile Besteuerungsgrundlage. [2]Die Bewertung der zugewendeten Anteile richtet sich, vorbehaltlich Absatz 8, danach, ob diese mehr als 25 Prozent betragen.

(7) [1]Führt die Vereinigung von zugewendeten Anteilen mit bereits vorhandenen eigenen Anteilen des Erwerbers dazu, dass er mehr als 25 Prozent hält, ist dies, vorbehaltlich Absatz 8, für die Bewertung der zugewendeten Anteile grundsätzlich unbeachtlich. [2]Entsprechendes gilt auch, wenn einem Erwerber gleichzeitig von mehreren Personen Anteile zugewendet werden.

(8) Werden nacheinander von derselben Person mehrere Anteile zugewendet, die unter den Voraussetzungen des § 14 ErbStG zusammengerechnet dem Erwerber eine Beteiligung von mehr als 25 Prozent verschaffen, ist bei den zugewendeten Anteilen, die dem Erwerber erstmals eine Beteiligung von mehr als 25 Prozent verschaffen, und allen weiteren zugewendeten Anteilen ein Paketzuschlag vorzunehmen.

(9) [1]Als Paketzuschlag kann, je nach Umfang der zu bewertenden Beteiligung, im Allgemeinen ein Zuschlag bis zu 25 Prozent in Betracht kommen. [2]Höhere Zuschläge sind im Einzelfall möglich.

Zu § 12 BewG

R B 12.1 Kapitalforderungen und Schulden

(1) Besondere Umstände, die eine vom Nennwert abweichende Bewertung rechtfertigen, liegen vor,

1. wenn die Kapitalforderungen oder Schulden unverzinslich sind und ihre Laufzeit im Besteuerungszeitpunkt mehr als ein Jahr beträgt;
2. wenn die Kapitalforderungen oder Schulden niedrig verzinst oder hoch verzinst sind und die Kündbarkeit für längere Zeit ausgeschlossen ist;
3. wenn zweifelhaft ist, ob eine Kapitalforderung in vollem Umfang durchsetzbar ist.

(2) [1]Eine niedrig verzinsliche Kapitalforderung oder Schuld, die unter dem Nennwert anzusetzen ist, kann angenommen werden, wenn die Verzinsung unter 3 Prozent liegt und die Kündbarkeit am Veranlagungsstichtag für längere Zeit, d. h. für mindestens vier Jahre, eingeschränkt oder ausgeschlossen ist. [2]Stehen einer unverzinslichen oder niedrig verzinslichen Kapitalforderung an Stelle der Zinsen oder neben den Zinsen andere wirtschaftliche Vorteile gegenüber, kommt eine Bewertung unter dem Nennwert nicht in Betracht; dies

gilt entsprechend, wenn einer unverzinslichen oder niedrig verzinslichen Kapitalschuld an Stelle der Zinsen oder neben den Zinsen andere wirtschaftliche Nachteile gegenüberstehen. [3]Eine hoch verzinsliche Kapitalforderung oder Schuld, die über dem Nennwert anzusetzen ist, kann im Allgemeinen angenommen werden, wenn die Verzinsung über 9 Prozent liegt und die Rückzahlung am Besteuerungsstichtag noch für mindestens vier Jahre ausgeschlossen ist; Satz 2 gilt entsprechend.

(3) [1]Ist zweifelhaft, ob oder inwieweit eine Kapitalforderung durchsetzbar ist, kann sie dem Grad der Zweifelhaftigkeit entsprechend mit einem niedrigeren Schätzwert anzusetzen sein. [2]Das gilt insbesondere beim Ansatz verjährter Kapitalforderungen. [3]Schwierigkeiten in der Beurteilung der Rechtslage sind kein besonderer Umstand, der einen Abschlag rechtfertigt.

(4) Nicht zum Betriebsvermögen gehörende Steuererstattungsansprüche und Steuervergütungsansprüche sowie entsprechende Schulden (z. B. Einkommensteuerschulden) sind als Kapitalforderungen oder Schulden zu bewerten.

(5) Kapitalforderungen und Schulden, die auf ausländische Währungen lauten, sind mit dem am Besteuerungszeitpunkt maßgebenden Umrechnungskurs zu bewerten.

H B 12.1

Bewertung von Kapitalforderungen und -schulden. Wegen der Berechnung des Gegenwartswerts von nach § 12 Absatz 1 und 3 BewG zu bewertenden Kapitalforderungen und Schulden mit fehlender, niedriger oder hoher Verzinsung → gleich lautende Ländererlasse vom 10.10.2010, BStBl. I S. 810.

Maßgebender Umrechnungskurs. Die auf ausländische Währungen lautenden Kapitalforderungen und Schulden sind nach dem Briefkurs für den Tag der Entstehung der deutschen Erbschaftsteuer in Euro umzurechnen (→ BFH vom 19.3.1991 II R 134/88, BStBl. II S. 521).

Verjährte Kapitalforderungen. → BFH vom 2.3.1971 II 64/65, BStBl. II S. 533.

Vermögenslosigkeit des Schuldners. → BFH vom 26.2.2003 II R 19/01, BStBl. II S. 561.

R B 12.2 Bundesschatzbriefe, Finanzierungsschätze und Sparbriefe

(1) [1]Bundesschatzbriefe A sind mit ihrem Nennwert anzusetzen. [2]Bundesschatzbriefe B sind mit ihrem Rückzahlungswert anzusetzen.

(2) [1]Finanzierungsschätze des Bundes werden in der Weise verzinst, dass der Erwerber beim Kauf einen geringeren Betrag einzahlt als er später bei der Einlösung am festliegenden Fälligkeitstag zurückerhält. [2]Die Zinsen für die Zeit vom Tag der Zahlung des Kaufpreises bis zum Fälligkeitstag (ausschließlich) werden im Voraus vom Nennwert abgezogen. [3]Finanzierungsschätze werden monatlich in neu aufgelegten Ausgaben mit einer Laufzeit von etwa einem Jahr oder etwa zwei Jahren verkauft. [4]Die Laufzeit beginnt mit dem Tag der Zahlung des Kaufpreises. [5]Die Laufzeit endet am 20. des Fälligkeits-

monats, falls der 20. kein Geschäftstag ist, am nächstfolgenden Geschäftstag. [6]Bei Fälligkeit wird der Einlösungsbetrag gutgeschrieben oder bargeldlos überwiesen. [7]Vor Fälligkeit nimmt der Emittent Finanzierungsschätze nicht zurück. [8]Bei Finanzierungsschätzen wie bei anderen Diskontpapieren ist der Wert bis zum Fälligkeitszeitpunkt aus dem Ausgabebetrag zuzüglich der aufgelaufenen fiktiven Zinsen zu berechnen. [9]Dabei kann auf eine taggenaue Wertermittlung zum Besteuerungszeitpunkt nicht verzichtet werden. [10]Um dabei auch die auf einen unterjährigen Zeitraum entfallenden fiktiven Zinsen zu erfassen, ist der Stichtagswert wie folgt zu ermitteln:

$$\text{Stichtagswert} = \text{Ausgabewert} \times q^n \times \left(\frac{R \times T}{360 \times 100} + 1\right)$$

[11]Dabei ist

$$q^n: \text{Aufzinsungsfaktor für volle n Jahre} = \left(1 + \frac{R}{100}\right)^n$$

R: Emissionsrendite
T: Jahresbruchteile in Tagen.

[12]Diese Art der Wertermittlung ist in allen Besteuerungsfällen anzuwenden. [13]Da der Anspruch auf Verzinsung bis zum Besteuerungszeitpunkt bereits im Stichtagswert der Finanzierungsschätze und anderer Diskontpapiere berücksichtigt ist, ist ein besonderer Ansatz von Stückzinsen nicht mehr erforderlich.

(3) [1]Abgezinste Sparbriefe sind mit dem Rückzahlungswert anzusetzen. [2]Ist der Rückzahlungswert nicht bekannt, ist er entsprechend der Regelung in Absatz 2 zu ermitteln.

H B 12.2

Bewertung von Diskontpapieren.

Beispiel:

A hatte am 2.1.00 Diskontpapiere zum Ausgabewert von 14 381 EUR gekauft. Er ist am 20.10.01 verstorben.

Ausgabewert	14 381 EUR
Emissionsrendite	4%
Laufzeit	1 Jahr 9 Monate 18 Tage (n = 1; T = 288)

$$14\,381 \times \left(1 + \frac{4}{100}\right)^1 \times \left(\frac{4 \times 288}{100 \times 360} + 1\right)$$

= 14 381 × 1,0400 × 1,032
= 15 434 EUR.

R B 12.3 Zero-Bonds

(1) [1]Börsennotierte Zero-Bonds sind mit dem niedrigsten im Besteuerungszeitpunkt für sie im amtlichen Handel notierten Kurs anzusetzen (§ 11

Absatz 1 Satz 1 BewG). [2]Liegt am Besteuerungszeitpunkt keine Kursnotierung vor, ist der letzte innerhalb von 30 Tagen vor dem Besteuerungszeitpunkt im amtlichen Handel notierte Kurs maßgebend.

(2) [1]Nichtnotierte Zero-Bonds sind in Anlehnung an die Kursnotierungen von in Ausstattung und Laufzeit vergleichbaren Anleihen zu bewerten. [2]Können für nichtnotierte Zero-Bonds keine Vergleichskurse festgestellt werden, berechnet sich ihr Wert aus dem Ausgabebetrag zuzüglich der bis zum Besteuerungszeitpunkt aufgelaufenen Zinsen (Rückzahlungswert). [3]Der Rückzahlungswert ist entsprechend der Berechnung in R B 12.2 für Finanzierungsschätze zu ermitteln.

(3) Beträgt die Emissionsrendite mehr als 9 Prozent und ist die Einlösung des Zero-Bonds im Besteuerungszeitpunkt für mindestens 4 Jahre ausgeschlossen, ist bei der Berechnung des Rückzahlungswerts ein Renditekurs zugrunde zu legen, der sich nach dem im Besteuerungszeitpunkt bestehenden Kapitalmarktzinssatz für vergleichbare Anleihen bestimmt.

R B 12.4 Einlage des typischen stillen Gesellschafters

[1]Die Einlage eines typischen stillen Gesellschafters ist eine Kapitalforderung und grundsätzlich mit dem Nennwert anzusetzen. [2]Ist die Kündbarkeit der Einlage am Besteuerungszeitpunkt für längere Zeit ausgeschlossen und liegt der Durchschnittsertrag über 9 Prozent, ist der Nennwert der Vermögenseinlage um den fünffachen Unterschiedsbetrag zwischen dem Durchschnittsertrag und der Verzinsung um 9 Prozent zu erhöhen. [3]Bei einem Durchschnittsertrag unter 3 Prozent der Vermögenseinlage ist, soweit die Kündbarkeit der Einlage am Bewertungsstichtag für längere Zeit ausgeschlossen ist, der Nennwert um den fünffachen Unterschiedsbetrag zwischen 3 Prozent und dem Durchschnittsertrag zu mindern. [4]Der Durchschnittsertrag ist möglichst aus den Gewinnanteilen der letzten drei vor dem Besteuerungszeitpunkt endenden Wirtschaftsjahre herzuleiten. [5]Ein Abschlag wegen Unwägbarkeiten kommt dabei nicht in Betracht. [6]Die Kündbarkeit ist für längere Zeit ausgeschlossen, wenn das Gesellschaftsverhältnis im Besteuerungszeitpunkt noch mehr als 5 Jahre währen wird.

H B 12.4

Einlage des typischen stillen Gesellschafters.

Beispiel:

Nennwert der Einlage	40 000 EUR
Durchschnittsertrag	7 000 EUR

„Verzinsung der Einlage“ $\frac{7\,000\ \text{EUR}}{40\,000\ \text{EUR}} = 17{,}5\%$

Wert der stillen Beteiligung:	
100 % + 5 × (17,5 % – 9 %) =	142,5 %
Bezogen auf den Nennwert der Einlage von 40 000 EUR =	57 000 EUR.

Zu §§ 13 bis 16 BewG

R B 13 Renten-, Nießbrauchs- und Nutzungsrechte[1)]

[1]Der Kapitalwert von Renten oder anderen wiederkehrenden Nutzungen und Leistungen richtet sich nach der am Besteuerungsstichtag noch laufenden Bezugsberechtigung. [2]Bei der Ermittlung des Kapitalwerts können später eintretende Umstände nur dann berücksichtigt werden, wenn sie am Besteuerungszeitpunkt bereits voraussehbar waren. [3]Bei Nutzungen oder Leistungen, deren Jahreswert ungewiss ist oder schwankt, ist nach § 15 Absatz 3 BewG als Jahreswert der Betrag anzusetzen, der im Durchschnitt der Jahre voraussichtlich erzielt wird. [4]Bei der Schätzung des Durchschnittswerts können ausnahmsweise Ereignisse berücksichtigt werden, die in nicht allzu langer Zeit nach dem Besteuerungszeitpunkt eingetreten sind. [5]Die Bewertung von wiederkehrenden Nutzungen und Leistungen ist beim Verpflichteten entsprechend vorzunehmen.

H B 13

Bewertung von wiederkehrenden Nutzungen und Leistungen. Wegen der Berechnung des Kapitalwerts von wiederkehrenden Nutzungen und Leistungen → gleich lautende Ländererlasse vom 10.10.2010, BStBl. I S. 810.

Laufende Bezugsberechtigung. → BFH vom 31.10.1969 III R 45/66, BStBl. 1970 II S. 196.

Lebenslängliche Rente als Gegenleistung bei einer Grundstücksveräußerung. Eine lebenslängliche Rente, die bei einer Grundstücksveräußerung als Gegenleistung ausbedungen wird, stellt kein Nutzungsrecht am Grundstück dar. Die Rente ist ohne Anwendung des § 16 BewG zu bewerten (→ BFH vom 2.12.1971 II 82/65, BStBl. 1972 II S. 473).

Nießbrauch an einer Beteiligung an einer Personengesellschaft. → R B 97.3.

Umstände nach dem Besteuerungszeitpunkt. → BFH vom 9.9.1960 III 277/57 U, BStBl. 1961 III S. 18.

Wertsicherungsklausel. → BFH vom 14.11.1967 II 166/63, BStBl. 1968 II S. 43.

B. Betriebsvermögen

Zu §§ 95 und 96 BewG

R B 95 Begriff und Umfang des Betriebsvermögens

(1) [1]Das Betriebsvermögen umfasst alle Teile eines Gewerbebetriebs im Sinne des § 15 Absatz 1 und 2 EStG, das sind grundsätzlich alle Wirtschaftsgüter und sonstigen aktiven Ansätze sowie Schulden und sonstigen Abzüge, die bei der steuerlichen Gewinnermittlung zum Betriebsvermögen gehören, soweit das Erbschaftsteuer- und Schenkungsteuergesetz in Verbindung mit dem Be-

[1)] Zur Berechnung einer lebenslänglichen Nutzung oder Leistung und den Vervielfältigern für Bewertungsstichtage ab 1.1.2021 siehe BMF v. 28.10.2020, BStBl. I 2020, 1048. – Zum Jahreswert von Nießbrauchsrechten siehe BFH v. 28.5.2019 II R 4/16, BStBl. II 2020, 326. – Zum Höchstbetrag des Werts eines Nießbrauchsrechts siehe BFH v. 2.12.2020 II B 38/20, BFH/NV 2021, 636.

4. der Wert des Anteils am Betriebsvermögen von Personengesellschaften (§ 97 Absatz 1a BewG),
5. der Wert von Anteilen an Kapitalgesellschaften im Sinne des § 11 Absatz 2 BewG sowie
6. der Anteil am Wert von anderen (nicht in § 151 Absatz 1 Satz 1 Nummer 1 bis 3 BewG genannten) Vermögensgegenständen und von Schulden, die mehreren Personen zustehen.

2 Voraussetzung hierfür ist, dass die Werte für die Erbschaftsteuer oder eine andere Feststellung im Sinne dieser Vorschrift von Bedeutung sind. 3 Die Entscheidung über eine Bedeutung für die Besteuerung trifft das für die Festsetzung der Erbschaftsteuer zuständige Finanzamt. 4 Die Entscheidung über eine Bedeutung für eine andere Feststellung im Sinne dieser Vorschrift trifft das die Feststellung anfordernde Finanzamt (im mehrstufigen Feststellungsverfahren).

(3) 1 Ausländisches Vermögen, das nicht Teil einer inländischen wirtschaftlichen Einheit des Betriebsvermögens ist oder zum Vermögen einer Kapitalgesellschaft oder vermögensverwaltenden Gemeinschaft/Gesellschaft mit Sitz oder Geschäftsleitung im Inland gehört, unterliegt nicht der gesonderten Feststellung (§ 151 Absatz 4 BewG). 2 Der gemeine Wert ausländischen Vermögens, das zu einem inländischen Betriebsvermögen oder zum Vermögen einer Kapitalgesellschaft oder vermögensverwaltenden Gemeinschaft/Gesellschaft mit Sitz oder Geschäftsleitung im Inland gehört, ist im Rahmen der gesonderten Feststellung des gemeinen Werts dieser wirtschaftlichen Einheit nach § 151 Absatz 1 Satz 1 Nummer 2 bis 4 BewG zu berücksichtigen (→ R B 152). 3 Ausländischer Grundbesitz wird nach § 31 BewG bewertet (§ 12 Absatz 7 ErbStG).

(4) 1 Im Einvernehmen der Verfahrensbeteiligten kann darauf verzichtet werden, ein Feststellungsverfahren durchzuführen, wenn es sich um einen Fall von geringer Bedeutung handelt. 2 Ein Fall von geringer Bedeutung liegt insbesondere vor, wenn der Verwaltungsaufwand der Beteiligten außer Verhältnis zur steuerlichen Auswirkung steht und der festzustellende Wert unbestritten ist. 3 Zur Prüfung, ob ein Fall nur von geringer Bedeutung ist, hat das Finanzamt, das eine Feststellung anfordert, dabei auch stets die jeweilige Beteiligungsstufe anzugeben, damit das Feststellungsfinanzamt Rückschlüsse auf die steuerliche Auswirkung ziehen kann.

R B 151.2 Gesonderte Feststellung von Grundbesitzwerten nach § 151 BewG

(1) 1 Das Lagefinanzamt (§ 152 Nummer 1 BewG) hat nach § 151 Absatz 1 Satz 1 Nummer 1 BewG Grundbesitzwerte gesondert festzustellen. 2 Die Zugehörigkeit von Wirtschaftsgütern zum Betriebsvermögen oder Grundvermögen richtet sich nach ertragsteuerlichen Grundsätzen (§§ 95 bis 97 BewG).

(2) Hinsichtlich der Zurechnung der wirtschaftlichen Einheit gilt Folgendes:

1. War der Erblasser Alleineigentümer einer wirtschaftlichen Einheit des Grundbesitzes und geht das Eigentum daran im Weg des Erwerbs durch Erbanfall nur auf einen Erben als Gesamtrechtsnachfolger über, ist der gesamte Wert der wirtschaftlichen Einheit dem Erwerber allein zuzurechnen.

2. [1]War der Erblasser Alleineigentümer einer wirtschaftlichen Einheit des Grundbesitzes und geht das Eigentum daran im Weg des Erwerbs durch Erbanfall auf mehrere Erben als Gesamtrechtsnachfolger über, ist der Wert der wirtschaftlichen Einheit der Erbengemeinschaft in Vertretung der Miterben zuzurechnen (§ 151 Absatz 2 Nummer 2 Satz 1 Halbsatz 2 BewG). [2]Die Feststellung ist erforderlich, wenn sich bei mindestens einem Miterben eine „materielle" Steuerpflicht ergibt. [3]Die Ermittlung der Erbquote obliegt dem Erbschaftsteuerfinanzamt.
3. [1]War der Erblasser Miteigentümer einer wirtschaftlichen Einheit des Grundbesitzes und geht der Miteigentumsanteil daran im Weg des Erwerbs durch Erbanfall auf einen Erben oder auf mehrere Erben als Gesamtrechtsnachfolger über, ist der Wert des vererbten Miteigentumsanteils nach Nummer 1 oder 2 dem Erben oder der Erbengemeinschaft (in Vertretung der Miterben) zuzurechnen. [2]Die übrigen Miteigentümer sind nicht am Verfahren zu beteiligen.
4. [1]Wird eine wirtschaftliche Einheit des Grundbesitzes oder ein Miteigentumsanteil daran durch Vermächtnis zugewandt, ist der Wert der wirtschaftlichen Einheit oder des Miteigentumsanteils dem Erben oder der Erbengemeinschaft (in Vertretung der Miterben) zuzurechnen und festzustellen. [2]Da der Vermächtnisnehmer einen eigenen Erwerbstatbestand nach § 3 Absatz 1 Nummer 1 ErbStG erfüllt, ist der Wert der wirtschaftlichen Einheit zusätzlich dem Vermächtnisnehmer zuzurechnen. [3]Eine eigenständige gesonderte Feststellung erfolgt zusätzlich gegenüber dem Vermächtnisnehmer.[1)] [4]Das gilt auch im Fall eines Vorausvermächtnisses.
5. [1]Geht eine wirtschaftliche Einheit des Grundbesitzes oder ein Miteigentumsanteil daran im Wege der Schenkung unter Lebenden über, ist dem Erwerber der Wert des von ihm erworbenen (Mit-)Eigentumsanteils am Grundbesitz zuzurechnen. [2]Wird die wirtschaftliche Einheit oder ein Miteigentumsanteil daran an mehrere Erwerber verschenkt, liegen mehrere Schenkungen vor. [3]Für jeden Schenkungsfall ist dem Erwerber der Anteil an der wirtschaftlichen Einheit zuzurechnen, der dem erworbenen Miteigentumsanteil entspricht. [4]Entsprechendes gilt, wenn mehrere Schenker jeweils einen Miteigentumsanteil an einer wirtschaftlichen Einheit einem Erwerber zuwenden.

(3) Bei der gesonderten Feststellung von Grundbesitzwerten für das land- und forstwirtschaftliche Vermögen gilt Folgendes:

1. [1]Der nach den Vorschriften des § 168 BewG zu ermittelnde Grundbesitzwert für das land- und forstwirtschaftliche Vermögen ist nach § 151 Absatz 1 Satz 1 Nummer 1 BewG gesondert festzustellen. [2]Dabei sind die Werte für den Wirtschaftsteil, für die Betriebswohnungen und für den Wohnteil jeweils als Besteuerungsmerkmale im Feststellungsbescheid auszuweisen. [3]Das gilt auch bei der Aufteilung nach § 168 Absatz 3 BewG.
2. [1]Im Rahmen der gesonderten Feststellung werden keine Aussagen zum Liquidationswert im Sinne des § 166 BewG getroffen. [2]Im Fall der Nach-

---

[1)] Siehe aber BFH v. 6.5.2021 II R 34/18, DStR 2021, 1872: Keine gesonderte Feststellung des Grundbesitzwerts gegenüber einem Vermächtnisnehmer.

Zuordnung des Grund und Bodens, der Wirtschaftsgebäude und der Verbindlichkeiten nach den Eigentumsverhältnissen der Gesellschaft und der Gesellschafter. [3]Die Zuordnung der übrigen Wirtschaftsgüter erfolgt nach den Eigentumsverhältnissen der Gesellschaft und entsprechend dem vom Eigentümer zur Verfügung gestellten Umfang. [4]Hierfür sind die gesellschaftsvertraglichen Vereinbarungen maßgeblich, wobei es unerheblich ist, ob die Wirtschaftsgüter auf Grund gesellschaftsrechtlicher oder schuldrechtlicher Vereinbarungen überlassen werden.

(5) Aus Vereinfachungsgründen ist es abweichend von Absatz 4 nicht zu beanstanden, wenn der Wert des Besatzkapitals nach dem Verhältnis der Buchwerte der einzelnen Wirtschaftsgüter aufgeteilt wird, die dem Betrieb am Bewertungsstichtag zu dienen bestimmt sind.

(6) Sind für eine Aufteilung der Wirtschaftsgüter keine geeigneten Unterlagen vorhanden (z. B. in Fällen der Gewinnermittlung nach § 13a EStG), folgt die Verteilung des Grundbesitzwerts nach Köpfen.

(7) [1]Der für die Betriebswohnungen und den Wohnteil jeweils gesondert ermittelte Wert ist nach den Eigentumsverhältnissen zu berücksichtigen. [2]Befinden sich die Betriebswohnungen oder der Wohnteil im Eigentum der Gesellschaft, so ist der Wert den Gesellschaftern entsprechend ihrer Beteiligungshöhe anteilig zuzurechnen.

(8) Absatz 7 gilt auch für Verbindlichkeiten.

(9) Der Umfang des festzustellenden Grundbesitzwertes für den Anteil am land- und forstwirtschaftlichen Vermögen bestimmt sich nach R B 151.2 Absatz 2.

H B 168

Personengesellschaften/Gemeinschaften (Aufteilung des festzustellenden Grundbesitzwerts).

Beispiel Übergang eines Anteils im Erbfall:

V und X gründen eine Gesellschaft, die land- und forstwirtschaftlich tätig wird. V stellt 10 ha Fläche und die Wirtschaftsgebäude, X die Maschinen. Die V+X GbR erwirbt noch 10 ha Fläche dazu und pachtet zusätzlich 10 ha Fläche an. Beide sind zu je 1/2 am Gesamthandsvermögen beteiligt. Es tritt der Besteuerungsfall ein.

Die Flächen des V haben einen Buchwert von 280 000 EUR, das Wirtschaftsgebäude einen Buchwert von 20 000 EUR. Die Wirtschaftsgüter des X haben einen Buchwert von 180 000 EUR. Die Flächen der Gesellschaft haben einen Buchwert von 300 000 EUR. Die Verbindlichkeiten für den Kauf der Fläche betragen am Bewertungsstichtag noch 24 000 EUR und für die Anschaffung der Maschinen durch X noch 10 000 EUR.

Die wirtschaftliche Einheit Betrieb der Land- und Forstwirtschaft ist im Ganzen zu bewerten. Der für den Besteuerungsfall notwendige Anteil an der Gesellschaft ist nach § 168 Absatz 3 BewG durch Aufteilung zu ermitteln.

1. Ermittlung des Grundbesitzwerts

Bodenwert	20 ha × 250 EUR × 18,6		93 000 EUR
Besatzkapital	30 ha × 150 EUR × 18,6	+	83 700 EUR
Verbindlichkeiten		./.	34 000 EUR
Wert des Wirtschaftsteils			142 700 EUR

2. Aufteilung des Grundbesitzwerts

	Gesamt	V	X
Grundstücke nach Eigentumsverhältnissen:	93 000 EUR		
davon $^{10}/_{20}$ auf V und X zu je $^{1}/_{2}$	46 500 EUR	23 250 EUR	23 250 EUR
davon $^{10}/_{20}$ auf V	46 500 EUR	46 500 EUR	
Besatzkapital nach den zur Verfügung gestellten Wirtschaftsgütern von 200 000 EUR:	83 700 EUR		
davon V Wirtschaftsgebäude 20 000 = 10 %	8 370 EUR	8 370 EUR	
davon X Maschinen 180 000 = 90 %	75 330 EUR		75 330 EUR
Verbindlichkeiten nach Eigentumsverhältnissen:	34 000 EUR		
davon 24 000 EUR auf V und X zu je $^{1}/_{2}$	24 000 EUR	./. 12 000 EUR	./. 12 000 EUR
davon 10 000 EUR auf X	10 000 EUR		./. 10 000 EUR
Summe		66 120 EUR	76 580 EUR

Soweit der Besteuerungsfall für V eintritt ist ein Anteil von 66 120 EUR, bei Eintritt für X ist ein Anteil von 76 580 EUR als Grundbesitzwert festzustellen.

Beispiel Übergang eines Anteils und von Sonderbetriebsvermögen im Wege der Schenkung:

A und B bewirtschaften einen Betrieb der Land- und Forstwirtschaft in der Rechtsform einer GbR, an der sie jeweils zu 50 % beteiligt sind. Zum Sonderbetriebsvermögen des A gehört ein Mähdrescher und zum Sonderbetriebsvermögen des B ein Traktor.

B überträgt zum 1.7.2018 im Wege der Schenkung die Hälfte seines Anteils auf S. Den zu seinem Sonderbetriebsvermögen gehörenden Traktor überträgt er in vollem Umfang.

1. Ermittlung des Grundbesitzwerts

Wirtschaftsteil	1 000 000 EUR
davon Grund und Boden	750 000 EUR
davon Besatzkapital	250 000 EUR
Betriebswohnungen	600 000 EUR
Wohnteil	400 000 EUR

2. Ermittlung des zur Verfügung gestellten Besatzkapitals

Sonderbetriebsvermögen A – Mähdrescher	Buchwert	300 000 EUR
Sonderbetriebsvermögen B – Traktor	Buchwert +	200 000 EUR
Gesamthandsvermögen – Maschinen und Gebäude GbR	Buchwert +	650 000 EUR
Buchwerte insgesamt		1 150 000 EUR

	in EUR	A 50 % in EUR	B 50 % in EUR	davon übertragener Anteil		Erwerber S in EUR
Wirtschaftsteil						
Grund und Boden	750 000	375 000	375 000	50 %		187 500
Besatzkapital	250 000					
Aufteilungsverhältnis 650 000 EUR : 1 150 000 EUR	141 304	70 652	70 652	50 %	+	35 326

Sonderbetriebsvermögen A 300 000 EUR : 1 150 000 EUR	65 217	65 217				
Sonderbetriebsvermögen B 200 000 EUR : 1 150 000 EUR	43 478		43 478	100 %	+	43 478
Betriebswohnungen	600 000	300 000	300 000	50 %	+	150 000
Wohnteil	400 000	200 000	200 000	50 %	+	100 000
Wert des übertragenen Anteils am Grundbesitzwert						516 304

Nach R B 151.2 Absatz 2 Nummer 5 ist der Grundbesitzwert des übertragenen Anteils des B mit einem Betrag von 516 304 EUR festzustellen.

E. Grundvermögen

Zu § 176 BewG

R B 176.1 Begriff des Grundvermögens

(1) [1]§ 176 BewG bestimmt den Begriff des Grundvermögens. [2]Dazu gehören der Grund und Boden, die Gebäude, die sonstigen Bestandteile und das Zubehör (→ Abschnitt 1 BewRGr). [3]Zum Grundvermögen gehören ebenso das Erbbaurecht (→ R B 192.1) sowie das Wohnungs- und Teileigentum, Wohnungserbbaurecht und Teilerbbaurecht nach dem Wohnungseigentumsgesetz (→ R B 181.2).

(2) [1]Das Grundvermögen ist vom land- und forstwirtschaftlichen Vermögen abzugrenzen. [2]Zum land- und forstwirtschaftlichen Vermögen gehört, was einem Betrieb der Land- und Forstwirtschaft dauernd zu dienen bestimmt ist. [3]Nur wenn die in §§ 158 und 159 BewG genannten Voraussetzungen für die Zurechnung zum land- und forstwirtschaftlichen Vermögen nicht vorliegen, können die Wirtschaftsgüter, insbesondere Grund und Boden sowie Gebäude, zum Grundvermögen gehören.

(3) [1]Die Abgrenzung zwischen Grundvermögen und dem zum Betriebsvermögen gehörenden Grundbesitz (Betriebsgrundstücke) ergibt sich aus § 176 Absatz 1 in Verbindung mit §§ 95 und 99 BewG. [2]Nach § 95 Absatz 1 BewG umfasst das Betriebsvermögen alle Teile eines Gewerbebetriebs im Sinne des § 15 Absatz 1 und 2 EStG, die bei der steuerlichen Gewinnermittlung zum Betriebsvermögen gehören. [3]Grundbesitz der in § 97 Absatz 1 BewG bezeichneten inländischen Körperschaften, Personenvereinigungen und Vermögensmassen gehört grundsätzlich kraft Rechtsform zum Betriebsvermögen. [4]Ein zum Gesamthandsvermögen einer Personengesellschaft im Sinne von § 97 Absatz 1 Satz 1 Nummer 5 BewG gehörendes Grundstück kann nach § 99 BewG nicht Betriebsvermögen sein, wenn es ausschließlich oder fast ausschließlich der privaten Lebensführung eines, mehrerer oder aller Gesellschafter dient.

(4) Nicht in das Grundvermögen einzubeziehen sind nach § 176 Absatz 2 BewG Bodenschätze sowie Maschinen und sonstige Vorrichtungen aller Art einer Betriebsanlage (Betriebsvorrichtungen), auch wenn sie wesentliche Bestandteile eines Gebäudes oder, ohne Bestandteil eines Gebäudes zu sein, Bestandteile des Grundstücks sind.

H B 176.1

Abgrenzung des Grundvermögens von den Betriebsvorrichtungen. → Gleich lautende Ländererlasse vom 5.6.2013 (BStBl. I S. 734).

Aufteilung des Grundbesitzwerts bei nicht ausschließlich betrieblicher Nutzung. Gehört nur ein Teil des Grundstücks zum Betriebsvermögen, ist der Grundbesitzwert für das gesamte Grundstück nach § 151 Absatz 1 Satz 1 Nummer 1 BewG festzustellen. Dieser ist nach ertragsteuerrechtlichen Grundsätzen vom Betriebsfinanzamt (§ 152 Nummer 2 BewG) aufzuteilen (→ R B 151.2 Absatz 1).

R B 176.2 Grundstück

(1) [1]Die wirtschaftliche Einheit des Grundvermögens ist das Grundstück. [2]Der Begriff „Grundstück" ist dabei nicht gleichbedeutend mit dem Begriff des Grundstücks im Sinne des Bürgerlichen Rechts. [3]Maßgebend ist nach § 2 BewG allein, was als wirtschaftliche Einheit nach den Anschauungen des Verkehrs anzusehen ist. [4]Nach § 2 Absatz 2 BewG kann zu einer wirtschaftlichen Einheit nur Grundbesitz zusammengefasst werden, der demselben Eigentümer gehört. [5]Flächen, die im Eigentum eines Eigentümers stehen, und Flächen, die ihm und anderen Personen gemeinsam – gesamthänderisch oder nach Bruchteilen – gehören, können daher keine wirtschaftliche Einheit bilden.

(2) [1]Grenzt eine unbebaute Fläche an eine Grundstücksfläche, die z. B. mit einem Einfamilienhaus bebaut ist, können beide Flächen auch bei so genannter offener Bauweise selbstständige wirtschaftliche Einheiten bilden. [2]Wird von einem größeren Grundstück eine Teilfläche verpachtet und errichtet der Pächter auf dieser Fläche ein Gebäude, ist die Teilfläche als besondere wirtschaftliche Einheit zu bewerten.

(3) Der Anteil des Eigentümers an gemeinschaftlichen Hofflächen oder Garagen ist nach § 157 Absatz 3 Satz 2 BewG in das Grundstück einzubeziehen, wenn der Anteil zusammen mit diesem genutzt wird.

H B 176.2

Verpachtete Teilfläche. → BFH vom 6.10.1978 III R 23/75, BStBl. 1979 II S. 37.

Wirtschaftliche Einheit bei offener Bauweise. → BFH vom 16.2.1979 III R 67/76, BStBl. II S. 279.

Zu § 177 BewG

R B 177[1)] Bewertungsmaßstab

[1]Bei der Bewertung des Grundvermögens ist der gemeine Wert nach § 9 BewG zu Grunde zu legen. [2]Dieser entspricht inhaltlich dem Verkehrswert (Marktwert) nach § 194 BauGB.

H B 177

Abrundung/Aufrundung. Ergeben sich bei der Ermittlung des Grundbesitzwerts Euro-Beträge mit Nachkommastellen, sind diese grundsätzlich jeweils in der für den Steuerpflichtigen günstigsten Weise auf volle Euro-

---

1) Zur Änderung des § 177 BewG siehe Art. 1 des Grundsteuerreform-Umsetzungsgesetzes v. 16.7.2021, BGBl. I 2021, 2931.

Beträge auf- bzw. abzurunden. Hinsichtlich der Ermittlung und des Ansatzes des Bodenwerts → R B 179.3.

Gemeiner Wert = Verkehrswert. → BFH vom 2.2.1990 III R 173/86, BStBl. II S. 497.

Zu § 178 BewG

R B 178 Begriff des unbebauten Grundstücks

(1) Unbebaute Grundstücke sind Grundstücke, auf denen sich keine benutzbaren Gebäude befinden.

H B 178 (1)

Gebäudebegriff. → Gleich lautende Ländererlasse vom 5.6.2013 (BStBl. I S. 734).

R B 178 (2, 3)

(2) [1]Die Benutzbarkeit beginnt im Zeitpunkt der Bezugsfertigkeit des Gebäudes. [2]Es muss den zukünftigen Bewohnern oder sonstigen Benutzern nach objektiven Merkmalen zugemutet werden können, die Wohnungen oder Räume des gesamten Gebäudes zu benutzen. [3]Am Bewertungsstichtag müssen alle wesentlichen Bauarbeiten abgeschlossen sein. [4]Geringfügige Restarbeiten, die üblicherweise vor dem tatsächlichen Bezug durchgeführt werden (z. B. Malerarbeiten, Verlegen des Bodenbelags), schließen die Bezugsfertigkeit nicht aus. [5]Auf die Abnahme durch die Bauaufsichtsbehörde kommt es nicht an. [6]Ist das Gebäude am Bewertungsstichtag bezogen, begründet dies die widerlegbare Vermutung der Bezugsfertigkeit.

(3) [1]Bei der Entscheidung, ob ein Gebäude bezugsfertig ist, ist auf das ganze Gebäude und nicht auf einzelne Wohnungen oder Räume abzustellen. [2]Sind z. B. Wohnungen im Erdgeschoss vor dem Bewertungsstichtag, die übrigen Wohnungen jedoch erst danach bezugsfertig geworden, ist das Gebäude als nicht bezugsfertig anzusehen. [3]Die Bewertung eines Grundstücks im Zustand der Bebauung erfolgt nach § 196 BewG. [4]Dies ist z. B. der Fall, wenn bei einem Bürogebäude mehrere Geschosse bereits bezugsfertig sind und bei anderen noch der vollständige Innenausbau fehlt. [5]Wird ein Gebäude dagegen nur zum Teil fertig gestellt und der Innenausbau nach den Wünschen der künftigen Nutzer zurückgestellt, ist das Gebäude insgesamt als bezugsfertig anzusehen. [6]Bei abschnittsweise errichtetem Gebäude ist die Entscheidung, ob ein bezugsfertiges Gebäude anzunehmen ist, nach der Verkehrsanschauung zu treffen. [7]Eine Errichtung in Bauabschnitten ist gegeben, wenn ein Gebäude nicht in einem Zuge in planmäßig vorgesehenem Umfang bzw. im Rahmen der behördlichen Genehmigung bezugsfertig erstellt wird (z. B. wird anstelle des geplanten Mietwohngrundstücks zunächst nur eine Wohnung im Erdgeschoss fertig gestellt). [8]Die Verzögerung/Unterbrechung darf jedoch nicht auf bautechnischen Gründen beruhen (z. B. Überwindung einer Frostperiode) und muss von gewisser Dauer – mindestens zwei Jahre – sein.

H B 178 (3)

Errichtung in Bauabschnitten (Unterbrechung). → BFH vom 29.4.1987 II R 262/83, BStBl. II S. 594.

Bezugsfertigkeit eines zur Vermietung vorgesehenen Bürogebäudes. Ein neu errichtetes Bürogebäude, das nach seiner Funktion zur Vermietung einzelner, entsprechend den individuellen Bedürfnissen der Mieter gestalteter Räume dienen soll, ist bezugsfertig, wenn die für das Gebäude wesentlichen Bestandteile (z. B. Außenwände, Fenster, tragende Innenwände, Estrichböden, Dach, Treppenhaus) fertiggestellt sind und zumindest ein Teil nutzbar ist.

R B 178 (4)

(4) [1] Ein Gebäude ist nicht mehr benutzbar, wenn infolge des Verfalls des Gebäudes oder der Zerstörung keine auf Dauer benutzbaren Räume vorhanden sind (§ 178 Absatz 2 Satz 2 BewG). [2] Ein Gebäude ist dem Verfall preisgegeben, wenn der Verfall so weit fortgeschritten ist, dass das Gebäude nach objektiven Verhältnissen auf Dauer nicht mehr benutzt werden kann. [3] Die Verfallsmerkmale müssen an der Bausubstanz erkennbar sein und das gesamte Gebäude betreffen. [4] Von einem Verfall ist auszugehen, wenn erhebliche Schäden an konstruktiven Teilen des Gebäudes eingetreten sind und ein Zustand gegeben ist, der aus bauordnungsrechtlicher Sicht die sofortige Räumung nach sich ziehen würde. [5] Das ist stets der Fall, wenn eine Anordnung der Bauaufsichtsbehörde zur sofortigen Räumung des Grundstücks vorliegt; dabei ist gesondert zu prüfen, ob der Zustand von Dauer ist. [6] Hingegen wirken sich behebbare Baumängel und Bauschäden sowie aufgestauter Reparaturbedarf infolge von unterlassenen Instandsetzungs- und Reparaturarbeiten regelmäßig nur vorübergehend auf Art und Umfang der Gebäudenutzung aus und betreffen nicht unmittelbar die Konstruktion des Gebäudes. [7] Sie führen deshalb nicht dazu, ein Gebäude als dem Verfall preisgegeben anzusehen. [8] Befinden sich auf dem Grundstück Gebäude, die auf Grund von Umbauarbeiten vorübergehend nicht benutzbar sind, gilt das Grundstück als bebautes Grundstück. [9] Sofern bereits vorhandene Gebäude am Bewertungsstichtag wegen baulicher Mängel oder fehlender Ausstattungsmerkmale (z. B. Heizung, Wohnungstüren) vorübergehend nicht benutzbar sind, liegt kein unbebautes Grundstück vor. [10] Nicht zu erfassen sind jedoch Gebäude, die infolge Entkernung keine bestimmungsgemäß benutzbaren Räume mehr enthalten, auch wenn dies nur vorübergehend der Fall ist. [11] Ein Gebäude ist zerstört, wenn keine auf Dauer benutzbaren Räume vorhanden sind.

H B 178 (4)

Anordnung der Bauaufsichtsbehörde. → BFH vom 20.6.1975 III R 87/74, BStBl. II S. 803.

Entkernung. → BFH vom 24.10.1990 II R 9/88, BStBl. 1991 II S. 60.

Zu § 179 BewG

R B 179.1 Bewertung von unbebauten Grundstücken

(1) [1] Der Wert unbebauter Grundstücke umfasst den Wert des Grund und Bodens, mit dem die Außenanlagen abgegolten sind. [2] Bei der Bestimmung

des Werts eines unbebauten Grundstücks ist vom Bodenrichtwert auszugehen (§ 179 Satz 1 BewG). [3]Bei den Bodenrichtwerten handelt es sich um durchschnittliche Lagewerte, die von den Gutachterausschüssen nach § 196 BauGB auf Grund der Kaufpreissammlung flächendeckend unter Berücksichtigung des unterschiedlichen Entwicklungszustandes ermittelt und den Finanzämtern mitgeteilt werden.

(2) Als Entwicklungszustände kommen in Betracht (→ § 5 Immobilienwertermittlungsverordnung – ImmoWertV):

1. Flächen der Land- oder Forstwirtschaft,
2. Bauerwartungsland,
3. Rohbauland und
4. baureifes Land.

(3) [1]Bauerwartungsland sind Flächen, die nach ihren weiteren Grundstücksmerkmalen (→ § 6 ImmoWertV), insbesondere dem Stand der Bauleitplanung und der sonstigen städtebaulichen Entwicklung des Gebiets, eine bauliche Nutzung auf Grund konkreter Tatsachen mit hinreichender Sicherheit erwarten lassen. [2]Ist damit zu rechnen, dass die Flächen in absehbarer Zeit (→ Abschnitt 2 Absatz 7 BewRGr) anderen als land- und forstwirtschaftlichen Zwecken dienen werden und daher gemäß § 159 BewG als Grundvermögen anzusehen sind, werden diese Flächen regelmäßig als Bauerwartungsland angesetzt. [3]Rohbauland sind Flächen, die nach den §§ 30, 33 und 34 BauGB für eine bauliche Nutzung bestimmt sind, deren Erschließung aber noch nicht gesichert ist oder die nach Lage, Form oder Größe für eine bauliche Nutzung unzureichend gestaltet sind. [4]Im Regelfall handelt es sich hierbei um größere, unerschlossene Grundstücksflächen, die die Eigenschaft als land- und forstwirtschaftliches Vermögen verloren haben, selbst wenn sie noch land- und forstwirtschaftlich genutzt werden (§ 159 BewG). [5]Bruttorohbauland schließt im Gegensatz zum Nettorohbauland die für öffentliche Zwecke benötigten Flächen des Planungsgebiets ein. [6]Baureifes Land sind Flächen, die nach öffentlich-rechtlichen Vorschriften und den tatsächlichen Gegebenheiten baulich nutzbar sind (→ § 5 Absatz 4 ImmoWertV).

H B 179.1

ImmoWertV. → *Verordnung über die Grundsätze für die Ermittlung der Verkehrswerte von Grundstücken (Immobilienwertermittlungsverordnung – ImmoWertV) vom 19.5.2010 (BGBl. I S. 639).*[1)]

R B 179.2 Ansatz der Bodenrichtwerte

(1) [1]Bei der Wertermittlung ist der Bodenrichtwert anzusetzen, dessen turnusmäßige Ermittlung dem Bewertungsstichtag vorausging. [2]Es kommt somit nicht darauf an, wann der Gutachterausschuss den Bodenrichtwert tatsächlich ermittelt und dem Finanzamt mitgeteilt hat. [3]Vom Gutachterausschuss veröffentlichte Bodenpreisindexreihen, die aus Kauffällen des Grundstücksmarktes abgeleitet wurden, sind als Bestandteil der Bodenrichtwerte zu berücksichti-

---

1) Siehe **ab 1.1.2022** die ImmoWertV v. 14.7.2021, BGBl. I 2021, 2805.

gen. [4]Nach § 196 BauGB sind Bodenrichtwerte vom Gutachterausschuss flächendeckend zu ermitteln. [5]Dabei bildet der Gutachterausschuss Richtwertzonen, die jeweils Gebiete umfassen, die nach Art und Maß der Nutzung weitgehend übereinstimmen. [6]Die wertbeeinflussenden Grundstücksmerkmale des Bodenrichtwertgrundstücks sind vom Gutachterausschuss darzustellen. [7]Wertbeeinflussende Grundstücksmerkmale sind insbesondere die Art und das Maß der baulichen Nutzung, das sich in der Geschossflächenzahl und in der Anzahl der möglichen Geschosse ausdrücken kann, die Grundstückstiefe und die Grundstücksgröße sowie die Unterteilung in erschließungsbeitragspflichtiges oder erschließungsbeitragsfreies Bauland. [8]Für Grundstücke, die mit den wertbeeinflussenden Grundstücksmerkmalen des Bodenrichtwertgrundstücks in der jeweiligen Bodenrichtwertzone übereinstimmen, ist der Bodenrichtwert anzusetzen. [9]Der Wert von Grundstücken, die von den wertbeeinflussenden Grundstücksmerkmalen des Bodenrichtwertgrundstücks abweichen, ist grundsätzlich nach den Vorgaben des Gutachterausschusses (→ Absätze 2 bis 6) aus dem Bodenrichtwert der jeweiligen Richtwertzone abzuleiten.

(2) [1]Definiert der Gutachterausschuss den Bodenrichtwert in Abhängigkeit von einer Geschossflächenzahl, ist bei Grundstücken, deren planungsrechtlich zulässige Geschossflächenzahl von der des Bodenrichtwertgrundstücks abweicht, der Bodenwert nach folgender Formel abzuleiten:

$$\frac{\text{Umrechnungskoeffizient für die Geschossflächenzahl des zu bewertenden Grundstücks}}{\text{Umrechnungskoeffizient für die Geschossflächenzahl des Bodenrichtwertgrundstücks}} \times \text{Bodenrichtwert} = \text{Bodenwert/m}^2$$

[2]Die Umrechnungskoeffizienten sind den Bewertungsstellen der Finanzämter vom zuständigen Gutachterausschuss zusammen mit den Bodenrichtwerten mitzuteilen.

(3) Sofern die Gutachterausschüsse Umrechnungskoeffizienten in Abhängigkeit von der Grundstücksgröße vorgegeben haben, sind diese anzusetzen.

(4) [1]Sind die Bodenrichtwerte in Abhängigkeit von der Grundstückstiefe ermittelt worden, ist die Grundstücksfläche aufzuteilen. [2]Dabei ist die Grundstücksfläche nach ihrer Tiefe in Zonen zu gliedern, deren Abgrenzung sich nach den Vorgaben des Gutachterausschusses richtet.

(5) [1]Für Frei- und Verkehrsflächen, die als solche ausgewiesen sind, ist vom Bodenrichtwert ein angemessener Abschlag zu machen, soweit er nicht bereits in die Ermittlung des Bodenrichtwerts eingeflossen ist. [2]Die Höhe des Abschlags ist unter Berücksichtigung der Verhältnisse des Einzelfalls zu bemessen.

(6) [1]Zu den wesentlichen wertbeeinflussenden Grundstücksmerkmalen des Bodenrichtwertgrundstücks gehört bei baureifem Land stets der erschließungsbeitragsrechtliche Zustand (→ § 10 Absatz 2 Satz 2 Nummer 2 ImmoWertV). [2]Bodenrichtwerte für baureifes Land werden in der Regel von den Gutachterausschüssen für erschließungsbeitragsfreie und kostenerstattungsbeitragsfreie Grundstücke ermittelt. [3]Hat der Gutachterausschuss einen Bodenrichtwert für erschließungsbeitragspflichtiges Bauland festgelegt, ist dieser Richtwert maßgebend, solange die Erschließungsbeitragspflicht besteht. [4]Die Beitragspflicht kann auch dann noch bestehen, wenn die Erschließungsmaßnahmen bereits abgeschlossen wurden. [5]Auf den tatsächlichen Erschließungs-

zustand kommt es somit nicht an. 6Bei unterschiedlichen erschließungsbeitragsrechtlichen Zuständen zwischen Bodenrichtwertgrundstück und zu bewertendem Grundstück kommt eine Anpassung (Zu- oder Abschlag) nach Maßgabe vom Gutachterausschuss dokumentierter Erschließungsbeiträge in Betracht.

(7) 1Wertkorrekturen des Bodenrichtwerts nach den Absätzen 2 bis 6 können nebeneinander in Betracht kommen. 2Sind die vom Gutachterausschuss mitgeteilten Umrechnungskoeffizienten für die Geschossflächenzahl, Grundstücksgröße oder Grundstückstiefe (→ Absatz 2 bis 4) aus erschließungsbeitragsfreien Grundstücken abgeleitet worden, sind die erschließungsbeitragspflichtigen Grundstücke vor Anwendung der Umrechnungskoeffizienten zunächst auf einen erschließungsbeitragsfreien Zustand umzurechnen. 3Die Höhe der Erschließungsbeiträge, insbesondere für Kanalanlagen und Straßenausbau, sind nach den Vorgaben des Gutachterausschusses zu berücksichtigen. 4Der Bodenwert ist zunächst aus den Absätzen 2 bis 4 abzuleiten. 5Von dem abgeleiteten Bodenwert sind die Anpassungen nach den Absätzen 5 und 6 vorzunehmen. 6Zwischenwerte sind auf volle Cent abzurunden.

(8) Weitere wertbeeinflussende Grundstücksmerkmale, wie z.B. Ecklage, Zuschnitt, Oberflächenbeschaffenheit und Beschaffenheit des Baugrundes, Lärm-, Staub- oder Geruchsbelästigungen, Altlasten sowie Außenanlagen bleiben außer Ansatz.

H B 179.2

Abweichende planungsrechtlich zulässige Geschossflächenzahl. Definiert der Gutachterausschuss den Bodenrichtwert in Abhängigkeit von einer planungsrechtlich zulässigen Geschossflächenzahl (GFZ) und werden hierfür keine örtlichen Umrechnungskoeffizienten vorgegeben, gelten die Folgenden:

Geschossflächenzahl	Umrechnungskoeffizient	Geschossflächenzahl	Umrechnungskoeffizient
0,4	0,66	1,5	1,23
0,5	0,72	1,6	1,28
0,6	0,78	1,7	1,32
0,7	0,84	1,8	1,36
0,8	0,90	1,9	1,41
0,9	0,95	2,0	1,45
1,0	1,00	2,1	1,49
1,1	1,05	2,2	1,53
1,2	1,10	2,3	1,57
1,3	1,14	2,4	1,61
1,4	1,19		

Die in der Tabelle angegebenen Umrechnungskoeffizienten beziehen sich auf Wohnbauland im erschließungsbeitragsfreien Zustand.
Weichen die Geschossflächenzahlen des Bodenrichtwertgrundstücks oder des zu bewertenden Grundstücks von den in der Tabelle angegebenen Wer-

ten ab, sind die Umrechnungskoeffizienten nach folgender Formel zu berechnen (GFZ = Geschossflächenzahl):

$$\text{Umrechnungskoeffizient} = 0{,}6 \times \sqrt{\text{GFZ}} + 0{,}2 \times \text{GFZ} + 0{,}2$$

Beispiel 1:

Der zuletzt ermittelte Bodenrichtwert eines Grundstücks beträgt 150 EUR/m² bei einer Geschossflächenzahl von 0,8. Das zu bewertende Grundstück hat eine zulässige Geschossflächenzahl von 0,6. Der Bodenwert/m² beträgt:

$$\frac{0{,}78 \text{ (Umrechnungskoeffizient bei einer Geschossflächenzahl von 0,6)}}{0{,}90 \text{ (Umrechnungskoeffizient bei einer Geschossflächenzahl von 0,8)}} \times 150{,}00 \text{ EUR/m}^2 = 130{,}00 \text{ EUR/m}^2$$

Beispiel 2:

Der zuletzt ermittelte Bodenrichtwert eines Grundstücks beträgt 150,00 EUR/m² bei einer Geschossflächenzahl von 0,8. Das zu bewertende Grundstück hat eine zulässige Geschossflächenzahl von 1,2. Der Bodenwert/m² beträgt nach der oben angeführten Formel:

$$\frac{1{,}10 \text{ (Umrechnungskoeffizient bei einer Geschossflächenzahl von 1,2)}}{0{,}90 \text{ (Umrechnungskoeffizient bei einer Geschossflächenzahl von 0,8)}} \times 150{,}00 \text{ EUR/m}^2 = 183{,}33 \text{ EUR/m}^2$$

Beispiel 3:

Der zuletzt ermittelte Bodenrichtwert eines Grundstücks beträgt 215 EUR/m² (erschließungsbeitragspflichtig/noch zu leistende Erschließungsbeiträge: 40 EUR/m²; GFZ = 1,2). Das zu bewertende Grundstück ist 800 m² groß und erschließungsbeitragsfrei (GFZ 1,6).

Bodenrichtwert (erschließungsbeitragspflichtig)	215,00 EUR/m²
Erschließungsbeiträge	+ 40,00 EUR/m²
Bodenrichtwert (erschließungsbeitragsfrei)	255,00 EUR/m²

Anpassung wegen abweichender Geschossflächenzahl

Umrechnungsfaktor:

$$\frac{1{,}28 \text{ (Umrechnungskoeffizient bei einer Geschossflächenzahl von 1,6)}}{1{,}10 \text{ (Umrechnungskoeffizient bei einer Geschossflächenzahl von 1,2)}} \times 255{,}00 \text{ EUR/m}^2 = 296{,}72 \text{ EUR/m}^2$$

Wert des Grund und Bodens

800 m² × 296,72 EUR/m²	237 376,00 EUR

Abweichende Grundstücksgröße. Definiert der Gutachterausschuss den Bodenrichtwert in Abhängigkeit von der Grundstücksgröße, erfolgt innerhalb des typisierten Regelbewertungsverfahrens eine Umrechnung nach Maßgabe des Gutachterausschusses.

Stellt der Gutachterausschuss keine Umrechnungskoeffizienten zur Berücksichtigung abweichender Grundstücksgrößen beim Bodenwert von Ein- und Zweifamilienhausgrundstücken zur Verfügung, sind ersatzweise folgende Umrechnungskoeffizienten aus der Anlage 2 der Vergleichswertrichtlinie (VW-RL) vom 20.3.2014 (BAnz AT 11.4.2014 B3) heranzuziehen:

	Grundstücksfläche in m²							
	500	600	700	800	900	1 000	1 100	1 200
Umrechnungs-koeffizienten	1,03	1,02	1,00	0,99	0,98	0,97	0,96	0,96

Die Umrechnungskoeffizienten können nur innerhalb einer Bodenrichtwertspanne von 30 bis 300 EUR/m² verwendet werden. Für Grundstücksflächen zwischen den angegebenen Intervallen können die Umrechnungskoeffizienten durch lineare Interpolation ermittelt werden. Über den tabellarisch aufgeführten Gültigkeitsbereich hinaus ist eine Extrapolation der Umrechnungskoeffizienten nicht sachgerecht.

Hierzu folgendes Anwendungsbeispiel:

Gegeben	Bodenrichtwert: 150 EUR/m² bei einer Grundstücksgröße von 900 m² Grundstücksgröße des Bewertungsobjekts: 600 m²
Gesucht	an die Grundstücksgröße des Bewertungsobjekts angepasster Bodenwert
Lösung	UK für Grundstücksgröße 900 m² = 0,98 UK für Grundstücksgröße 600 m² = 1,02 150 EUR/m² × 1,02/0,98 = rd. 156 EUR/m²

Abweichende wertrelevante Geschossflächenzahl. Definiert der Gutachterausschuss den Bodenrichtwert in Abhängigkeit von einer wertrelevanten Geschossflächenzahl (WGFZ), erfolgt innerhalb des typisierten Regelbewertungsverfahrens eine Umrechnung nach Maßgabe des Gutachterausschusses. Stellt der Gutachterausschuss keine Umrechnungskoeffizienten zur Berücksichtigung abweichender wertrelevanter Geschossflächenzahlen beim Bodenwert von Mehrfamilienhausgrundstücken (Mietwohngrundstücken) zur Verfügung, sind ersatzweise folgende Umrechnungskoeffizienten aus der Anlage 1 der Vergleichswertrichtlinie (VW-RL) vom 20.3.2014 (BAnz AT 11.4.2014 B3) heranzuziehen:

Bodenrichtwert (EUR/m²)	wertrelevante Geschlossflächenzahl (WGFZ)													
	0,4	**0,6**	**0,8**	**1,0**	**1,2**	**1,4**	**1,6**	**1,8**	**2,0**	**2,2**	**2,4**	**2,6**	**2,8**	**3,0**
200	0,88	0,93	0,97	1,00	1,03	1,05	1,07	1,08	1,10	1,11				
250	0,79	0,88	0,94	1,00	1,05	1,09	1,13	1,17	1,20	1,23	1,26			
300	0,71	0,83	0,92	1,00	1,07	1,13	1,19	1,24	1,29	1,34	1,38	1,43		
350		0,80	0,91	1,00	1,08	1,16	1,23	1,30	1,36	1,42	1,47	1,52	1,58	
400		0,77	0,89	1,00	1,10	1,18	1,27	1,35	1,42	1,49	1,56	1,62	1,68	
450			0,88	1,00	1,11	1,21	1,31	1,40	1,48	1,57	1,64	1,72	1,79	1,86
500			0,87	1,00	1,12	1,24	1,34	1,45	1,55	1,64	1,73	1,82	1,90	1,98

Für Bodenrichtwerte zwischen den Bodenrichtwertintervallen können die Umrechnungskoeffizienten durch lineare Interpolation ermittelt werden. Über den tabellarisch aufgeführten Gültigkeitsbereich hinaus ist eine Extrapolation der Umrechnungskoeffizienten nicht sachgerecht.

Hierzu folgendes Anwendungsbeispiel:

Gegeben	Bodenrichtwert: 380 EUR/m² bei einer WGFZ von 1,2 WGFZ des Bewertungsobjekts: 1,6
Gesucht	an die WGFZ des Bewertungsobjekts angepasster Bodenwert
Lösung	UK für WGFZ 1,2 = 1,09 UK für WGFZ 1,6 = 1,25 380 EUR/m² × 1,25/1,09 = rd. 436 EUR/m²

Anzusetzender Bodenrichtwert. Zum 3.1.2018 wird ein unbebautes Grundstück verschenkt. Der Gutachterausschuss hat zuletzt zum 31.12.2015 einen Bodenrichtwert von 200 EUR/m² ermittelt. In seiner Sitzung im April 2018 ermittelt der Gutachterausschuss zum 31.12.2017 einen Bodenrichtwert von 230 EUR/m². Der Gutachterausschuss teilt den Bodenrichtwert dem Finanzamt erst im Mai 2018 mit. Bei der Bewertung des unbebauten Grundstücks muss das Finanzamt von einem Bodenrichtwert von 230 EUR/m² ausgehen. Dies ist der turnusmäßig zuletzt vor dem Bewertungsstichtag vom Gutachterausschuss zu ermittelnde Wert.

Bodenrichtwertrichtlinie – BRW-RL. → *Richtlinie zur Ermittlung von Bodenrichtwerten (Bodenrichtwertrichtlinie – BRW-RL) vom 11.1.2011 (BAnz. Nummer 24 S. 597).*[1]

Erschließungsbeitragsrechtlicher Zustand des Grundstücks. → BFH vom 18.8.2005 II R 62/03, BStBl. 2006 II S. 5.

Grundstücksmerkmale. → § 4 Absatz 2 ImmoWertV.

Lagetypische Bodenrichtwerte. Lagetypische Bodenrichtwerte können zugrunde gelegt werden, wenn der Gutachterausschuss keine zonalen Bodenrichtwerte gebildet hat.

Umrechnungskoeffizienten für Geschossflächenzahl. → BFH vom 12.7.2006 II R 1/04, BStBl. II S. 742.

Umrechnungskoeffizienten für Grundstücksgröße. → BFH vom 11.5.2005 II R 21/02, BStBl. II S. 686.

Vergleichswertrichtlinie – VW-RL. → *Richtlinie zur Ermittlung des Vergleichswerts und des Bodenwerts (Vergleichswertrichtlinie – VW-RL) vom 20.3.2014 (BAnz AT 11.4.2014 B3).*[1]

Wertrelevante Geschossflächenzahl. → Definition: Nummer 6 Absatz 6 Bodenrichtwertrichtlinie (BRW-RL) vom 11.1.2011 (BAnz. Nummer 24 S. 597).

Innerhalb des typisierten Regelbewertungsverfahrens erfolgt die Ermittlung der wertrelevanten Geschossflächenzahl (WGFZ) für das zu bewertende Grundstück nach den Modellparametern des örtlich zuständigen Gutachterausschusses.

---

[1] Siehe **ab 1.1.2022** ImmoWertV v. 14.7.2021, BGBl. I 2021, 2805.

R B 179.3 Ansatz des Bodenwerts

(1) [1]Der aus dem Bodenrichtwert nach R B 179.2 ermittelte Bodenwert pro m^2 ist auf volle Cent abzurunden und ergibt multipliziert mit der Grundstücksfläche den Wert des Grund und Bodens (Bodenwert). [2]Der Bodenwert ist auf volle Euro abzurunden.

(2)[1)] [1]Hat der Gutachterausschuss keinen Bodenrichtwert nach § 196 BauGB ermittelt, ist der Bodenwert pro m^2 aus den Bodenrichtwerten vergleichbarer Flächen abzuleiten. [2]R B 179.2 ist hierbei entsprechend zu berücksichtigen; bei Bedarf ist der Gutachterausschuss um Auskunft zu ersuchen (→ § 193 Absatz 1 Satz 1 Nummer 2 bzw. Satz 2 BauGB). [3]Durch Multiplikation von Grundstücksfläche und abgeleitetem Bodenwert pro m^2 sowie Abrundung des Produkts auf volle Euro ergibt sich der Bodenwert.

H B 179.3 (2)

Keine Bodenrichtwerte. Hat der Gutachterausschuss – gleich aus welchen Gründen – keinen Bodenrichtwert ermittelt, ist der Bodenwert aus den Bodenrichtwerten vergleichbarer Flächen abzuleiten (→ § 179 Satz 4 BewG). Für Bauerwartungsland und Rohbauland gelten in diesen Fällen aus Vereinfachungsgründen regelmäßig folgende Wertansätze:

1. Bauerwartungsland 25%,
2. Bruttorohbauland 50% und
3. Nettorohbauland 75%

des Bodenrichtwerts für vergleichbares erschließungsbeitragsfreies Bauland, sofern hierzu keine Angaben der Gutachterausschüsse vorliegen.

Zu § 180 BewG

R B 180 Begriff des bebauten Grundstücks

(1) [1]Bebaute Grundstücke sind Grundstücke, auf denen sich benutzbare Gebäude befinden. [2]Wegen der Tatbestandsmerkmale Benutzbarkeit und Bezugsfertigkeit → R B 178.

(2) Wird ein Gebäude in Bauabschnitten errichtet, ist der fertig gestellte Teil als benutzbares Gebäude anzusehen (→ R B 178 Absatz 3).

(3) [1]Zur wirtschaftlichen Einheit eines bebauten Grundstücks gehören der Grund und Boden, die Gebäude, die sonstigen Bestandteile und das Zubehör (→ R B 176.1 Absatz 1). [2]Nicht einzubeziehen sind Maschinen und Betriebsvorrichtungen (→ R B 176.1 Absatz 4).

(4)[1] Zum Grund und Boden gehören die bebaute Fläche und die mit dem Gebäude im Zusammenhang stehende unbebaute Fläche, insbesondere der Hofraum sowie Haus- und Vorgarten. [2]Bei einer hieran anschließenden größeren unbebauten Fläche ist für die Beurteilung, was als wirtschaftliche Einheit gilt, die Verkehrsanschauung maßgebend (→ R B 176.2 Absatz 1).

[1)] Zur Änderung des § 179 Satz 3 BewG siehe Art. 1 des Grundsteuerreform-Umsetzungsgesetzes v. 16.7.2021, BGBl. I 2021, 2931.

(5) [1] Wesentliche Bestandteile des Grundstücks sind auch die Gebäude und die mit Gebäuden verbundenen Anbauten (z. B. Wintergärten). [2] Im Grundbesitzwert zu erfassen sind die Nebengebäude, wenn sie auf dem mit dem Hauptgebäude bebauten Grundstück stehen (z. B. Garagen).

H B 180

Abgrenzung des Grundvermögens von den Betriebsvorrichtungen. → Gleich lautende Ländererlasse vom 5.6.2013 (BStBl. I S. 734).

Gebäudebegriff. → Gleich lautende Ländererlasse vom 5.6.2013 (BStBl. I S. 734).

Zu § 181 BewG

R B 181.1 Grundstücksarten

(1) [1] Bei bebauten Grundstücken wird nach § 181 BewG zwischen folgenden Grundstücksarten unterschieden.

Grundstücksart	Voraussetzungen
1. Ein- und Zweifamilienhäuser	• Wohngrundstücke mit bis zu zwei Wohnungen; • Mitbenutzung für betriebliche oder öffentliche Zwecke zu weniger als 50 Prozent – berechnet nach der Wohn- oder Nutzfläche – ist unschädlich, soweit dadurch nicht die Eigenart als Ein- oder Zweifamilienhaus wesentlich beeinträchtigt wird; • kein Wohnungseigentum nach Nummer 3.
2. Mietwohngrundstücke	• Grundstücke, die zu mehr als 80 Prozent – berechnet nach der Wohn- oder Nutzfläche – Wohnzwecken dienen und nicht Ein- und Zweifamilienhäuser im Sinne der Nummer 1 oder Wohnungseigentum nach Nummer 3 sind.
3. Wohnungs- und Teileigentum	• Wohnungseigentum ist das Sondereigentum an einer Wohnung in Verbindung mit dem Miteigentumsanteil an dem gemeinschaftlichen Eigentum, zu dem es gehört (§ 1 Absatz 2 WEG). • Teileigentum ist das Sondereigentum an nicht zu Wohnzwecken dienenden Räumen eines Gebäudes in Verbindung mit dem Miteigentum an dem gemeinschaftlichen Eigentum, zu dem es gehört (§ 1 Absatz 3 WEG).
4. Geschäftsgrundstücke	• Grundstücke, die zu mehr als 80 Prozent – berechnet nach der Wohn- oder Nutzfläche – eigenen oder fremden betrieblichen oder öffentlichen Zwecken dienen und nicht Teileigentum nach Nummer 3 sind.

Grundstücksart	Voraussetzungen
5. gemischt genutzte Grundstücke	• Grundstücke, die teils Wohnzwecken, teils eigenen oder fremden betrieblichen oder öffentlichen Zwecken dienen und keine Grundstücke im Sinne der Nummer 1 bis 4 sind.
6. sonstige bebaute Grundstücke	• Grundstücke, die nicht unter die Nummer 1 bis 5 fallen.

²Die Grundstücksart ist für die Zuordnung des Bewertungsverfahrens von entscheidender Bedeutung (§ 182 BewG, → R B 182). ³Die Abgrenzung der Grundstücksarten ist nach dem Verhältnis der Wohn- und Nutzfläche vorzunehmen. ⁴Dabei sind Nutzflächen, die in einem Nutzungszusammenhang mit Wohnflächen stehen (z.B. Garagen, Kellerräume), nicht einzubeziehen. ⁵Maßgeblich ist die Wohnfläche nach der Wohnflächenverordnung (WoFlV). ⁶Ist die Wohnfläche bis zum 31. Dezember 2003 nach der II. Berechnungsverordnung (II. BV) berechnet worden, bleibt es bei dieser Berechnung (→ § 5 WoFlV), soweit nach dem 31. Dezember 2003 keine baulichen Änderungen an dem Wohnraum vorgenommen worden sind, die eine Neuberechnung erforderlich machen. ⁷Abzustellen ist auf die tatsächliche Nutzung am Bewertungsstichtag.

(2) ¹Bei der Festlegung der Grundstücksart ist stets die gesamte wirtschaftliche Einheit zu betrachten. ²Dies gilt auch, wenn sich auf einem Grundstück mehrere Gebäude oder Gebäudeteile unterschiedlicher Bauart oder Nutzung befinden.

(3) ¹§ 181 Absatz 9 BewG definiert die Wohnung im bewertungsrechtlichen Sinne. ²Eine Wohnung ist hiernach die Zusammenfassung einer Mehrheit von Räumen, die in ihrer Gesamtheit so beschaffen sein müssen, dass die Führung eines selbstständigen Haushalts möglich ist. ³Die Zusammenfassung einer Mehrheit von Räumen muss eine von anderen Wohnungen oder Räumen, insbesondere Wohnräumen, baulich getrennte, in sich abgeschlossene Wohneinheit bilden, einen selbstständigen Zugang haben und mindestens eine Wohnfläche von 23 Quadratmeter aufweisen. ⁴Außerdem ist erforderlich, dass die für die Führung eines selbstständigen Haushalts notwendigen Nebenräume (Küche, Bad oder Dusche, Toilette) vorhanden sind.

H B 181.1

Abgrenzung der Grundstücksart nach dem Verhältnis von Wohn- und Nutzfläche.

Beispiel:

Auf einem Grundstück befindet sich ein mehrgeschossiges Gebäude, in dem sich insgesamt 400 m² Wohnfläche und 200 m² Nutzfläche befinden. Die Nutzfläche entfällt zu jeweils 50% auf die Kellerräume der Wohnungsmieter des Gebäudes sowie auf betrieblich genutzte Flächen. Das Grundstück ist der Grundstücksart gemischt genutztes Grundstück zuzuordnen, da nur 80% von insgesamt 500 m² Wohn- und Nutzfläche der Wohnungsnutzung dienen. Die im Nutzungszusammenhang mit den Wohnflächen stehenden Kellerräume der Mieter (Nutzfläche 100 m²) sind hierbei nicht zu berücksichtigen.

Wohn-/Nutzfläche nach WoFlV. → Verordnung zur Berechnung der Wohnfläche vom 25.11.2003 (BGBl. I S. 2346).

R B 181.2 Wohnungs- und Teileigentum

(1) [1]Jedes Wohnungseigentum und jedes Teileigentum gilt als ein Grundstück im Sinne des Bewertungsgesetzes (§ 176 Absatz 1 Nummer 3 BewG). [2]Wohnungseigentum und Teileigentum werden nach § 2 WEG entweder durch vertragliche Einräumung von Sondereigentum (§ 3 WEG) oder durch Teilung (§ 8 WEG) begründet. [3]Nach § 3 WEG kann Sondereigentum auch an Räumen in einem erst zu errichtenden Gebäude eingeräumt werden. [4]Ebenso ist die Teilung durch den Eigentümer auch bei einem erst noch zu errichtenden Gebäude möglich (§ 8 Absatz 1 WEG). [5]Die rechtliche Zusammenführung von Sondereigentum und Miteigentumsanteil bildet von Beginn an Wohnungseigentum oder Teileigentum im Sinne des § 1 Absatz 2 und 3 WEG.

(2) [1]Das Wohnungs-/Teileigentum entsteht zivilrechtlich mit der Anlegung des Wohnungs- oder Teileigentumsgrundbuchs. [2]Schenkungsteuerrechtlich gilt das Wohnungs-/Teileigentum bereits dann als entstanden, wenn die Teilungserklärung beurkundet ist und die Anlegung des Grundbuchs beantragt werden kann (→ R E 9.1 Absatz 1). [3]Dies gilt sowohl für am Bewertungsstichtag noch nicht bezugsfertige Gebäude als auch für bereits bestehende Gebäude.

(3) [1]Die wirtschaftliche Einheit des Wohnungs-/Teileigentums setzt sich aus dem Sondereigentum und dem Miteigentumsanteil an dem gemeinschaftlichen Eigentum zusammen, zu dem es gehört. [2]Sind bei einem Wohnungseigentum mehrere Wohnungen mit nur einem Miteigentumsanteil verbunden, sind sie grundsätzlich zu einer wirtschaftlichen Einheit zusammenzufassen. [3]Eine Ausnahme besteht jedoch dann, wenn die tatsächlichen Gegebenheiten der Verkehrsanschauung entgegenstehen. [4]Liegen die Wohnungen in demselben Haus unmittelbar übereinander oder nebeneinander und sind sie so miteinander verbunden, dass sie sich als ein Raumkörper darstellen, bilden sie eine wirtschaftliche Einheit. [5]Besteht keine derartige Verbindung, weil sich die Wohnungen getrennt von anderen im Sondereigentum stehenden Wohnungen im Gebäude befinden, sind nach der Verkehrsanschauung mehrere wirtschaftliche Einheiten anzunehmen.

(4) [1]Handelt es sich dagegen um mehrere Wohnungen, die jeweils mit einem Miteigentumsanteil am Grundstück verbunden sind, und liegen mithin zivilrechtlich mehrere selbstständige Wohnungseigentumsrechte vor, ist trotz des tatsächlichen Aneinandergrenzens und der Eintragung auf ein gemeinsames Wohnungsgrundbuchblatt eine Zusammenfassung zu einer einheitlichen wirtschaftlichen Einheit nicht möglich. [2]Werden mehrere Wohnungen durch größere bauliche Maßnahmen zu einer einzigen Wohnung umgestaltet und sind sie danach nicht mehr ohne größere bauliche Veränderungen getrennt veräußerbar, bilden sie nur eine wirtschaftliche Einheit. [3]Dies gilt entsprechend für die bauliche Zusammenfassung von Wohnung und Gewerberaum.

(5) [1]Zubehörräume, insbesondere Kellerräume und sonstige Abstellräume, die der Grundstückseigentümer gemeinsam mit seinem Miteigentumsanteil

nutzt, sind ohne Rücksicht auf die zivilrechtliche Gestaltung in die wirtschaftliche Einheit einzubeziehen. [2]Gehören zu der Wohnung auch Garagen, sind sie in die wirtschaftliche Einheit des Wohnungseigentums einzubeziehen (§ 157 Absatz 3 Satz 2 in Verbindung mit § 70 Absatz 1 und 2 BewG). [3]Es kommt nicht darauf an, ob sich die Garagen auf dem Grundstück der Eigentumswohnungsanlage oder auf einem Grundstück in der näheren Umgebung befinden. [4]An Abstellplätzen außerhalb von Sammelgaragen kann kein Sondereigentum begründet werden. [5]Derartige Abstellplätze sind Gemeinschaftseigentum, die jedoch mittels einer Nutzungsvereinbarung einem bestimmten Wohnungseigentums- oder Teileigentumsrecht zugeordnet werden können.

H B 181.2

Wohnungen als wirtschaftliche Einheit. → BFH vom 1.4.1987 II R 79/86, BStBl. II S. 840 und vom 1.8.1990 II R 46/88, BStBl. II S. 1016.

Zu § 182 BewG

R B 182 Zuordnung zu den Bewertungsverfahren

(1) [1]Der Wert eines Grundstücks ist entweder nach dem Vergleichswertverfahren, dem Ertragswertverfahren oder dem Sachwertverfahren zu bemessen. [2]Welches Verfahren für die zu bewertende wirtschaftliche Einheit anzuwenden ist, richtet sich nach der Grundstücksart der wirtschaftlichen Einheit (§ 181 BewG, → R B 181.1).

(2) [1]Das Vergleichswertverfahren (§ 183 BewG) ist für das Wohnungseigentum, das Teileigentum und für die Ein- und Zweifamilienhäuser anzuwenden, sofern der Gutachterausschuss entsprechende Vergleichspreise oder Vergleichsfaktoren ermittelt hat. [2]Nachrangig kann auf die in der Finanzverwaltung vorliegenden Unterlagen zu Vergleichspreisen zurückgegriffen werden

(3) [1]Das Ertragswertverfahren (§§ 184 bis 188 BewG) ist für Geschäftsgrundstücke und gemischt genutzte Grundstücke anzuwenden, für die sich auf dem örtlichen Grundstücksmarkt eine übliche Miete ermitteln lässt. [2]Die übliche Miete kann auch durch ein Mietgutachten nachgewiesen werden (→ R B 186.5 Absatz 5). [3]Das Verfahren ist nicht anzuwenden, wenn zwar eine tatsächliche Miete vereinbart ist, jedoch keine übliche Miete ermittelt werden kann, da in einem solchen Fall ein Vergleich nicht möglich ist. [4]Mietwohngrundstücke sind nach § 182 Absatz 3 Nummer 1 BewG stets im Ertragswertverfahren zu bewerten. [5]Ist in diesen Fällen weder eine tatsächliche Miete vorhanden noch eine ortsübliche Miete ermittelbar, ist die Miete marktbezogen, beispielsweise durch Abgleich mit den Mietverhältnissen in vergleichbaren überregionalen Lagen, zu schätzen.

(4) [1]Das Sachwertverfahren (§§ 189 bis 191 BewG) ist für die Bewertung der sonstigen bebauten Grundstücke heranzuziehen. [2]Darüber hinaus ist das Sachwertverfahren das Auffangverfahren für

– das Wohnungseigentum, das Teileigentum und für Ein- und Zweifamilienhäuser, wenn das Vergleichswertverfahren mangels Vergleichspreisen oder Vergleichsfaktoren nicht anwendbar ist;

– Geschäftsgrundstücke und gemischt genutzte Grundstücke, für die sich auf dem örtlichen Grundstücksmarkt keine übliche Miete ermitteln lässt.

H B 182 (4)

Betriebsaufspaltung/Konzernverbund.

Beispiel:

Im Rahmen einer Betriebsaufspaltung überlässt das Besitzunternehmen einem Betriebsunternehmen ein Geschäftsgrundstück. Eine ortsübliche Miete ist nicht ermittelbar. Das Grundstück ist daher nicht im Ertragswertverfahren, sondern im Sachwertverfahren zu bewerten.

R B 182 (5)

(5) Befinden sich auf einem Grundstück mehrere selbstständige Gebäude oder Gebäudeteile und lässt sich für mindestens eines dieser Gebäude oder Gebäudeteile keine übliche Miete ermitteln, erfolgt die Wertermittlung für die gesamte wirtschaftliche Einheit einheitlich nach dem Sachwertverfahren.

Zu § 183 BewG

R B 183 Vergleichswertverfahren

(1) [1]Bei der Anwendung des Vergleichswertverfahrens wird der Grundbesitzwert des zu bewertenden bebauten Grundstücks entweder aus Vergleichspreisen (Absatz 2) für vergleichbare Grundstücke oder aus Vergleichsfaktoren (Absatz 3) abgeleitet. [2]Vergleichspreis- und Vergleichsfaktorverfahren stehen gesetzessystematisch gleichrangig nebeneinander; es besteht ein Auswahlermessen. [3]Der Vergleichswert bebauter Grundstücke umfasst den Boden- und Gebäudewert.

(2) [1]Im Vergleichspreisverfahren wird der Vergleichswert aus einer ausreichenden Zahl von geeigneten Vergleichspreisen ermittelt. [2]Für die Ableitung der Vergleichspreise sind die Kaufpreise solcher Grundstücke heranzuziehen, die mit dem zu bewertenden Grundstück hinreichend übereinstimmende Grundstücksmerkmale aufweisen (Vergleichsgrundstücke, § 183 Absatz 1 BewG). [3]Eine hinreichende Übereinstimmung der Grundstücksmerkmale der Vergleichsgrundstücke liegt vor, wenn sie insbesondere hinsichtlich ihrer Lage, Art und Maß der baulichen Nutzung, Größe, Erschließungszustand, Gebäudeart und Alter des Gebäudes mit dem zu bewertenden Grundstück weitgehend übereinstimmen bzw. die Abweichungen in sachgerechter Weise (→ Absatz 4) berücksichtigt werden können. [4]Vorrangig ist auf die von den Gutachterausschüssen für Grundstückswerte mitgeteilten Vergleichspreise zurückzugreifen. [5]Liegen mehrere Vergleichspreise vor, soll der Durchschnittswert angesetzt werden. [6]Sofern der Gutachterausschuss nur Durchschnittskaufpreise (Kaufpreismittel) aus einer Vielzahl von Kauffällen einer Grundstücksart ohne Berücksichtigung unterschiedlicher wertbeeinflussender Grundstücksmerkmale abgeleitet hat, sind diese als Vergleichspreise nicht geeignet. [7]Soweit von den

Gutachterausschüssen keine Vergleichspreise vorliegen, kann das zuständige Finanzamt geeignete Vergleichspreise aus anderen Kaufpreissammlungen als nach § 195 BauGB berücksichtigen.

H B 183 (2)

Anzahl der Vergleichspreise. Voraussetzung für die Anwendung des Vergleichswertverfahrens ist eine ausreichende Anzahl geeigneter Vergleichspreise; ausnahmsweise kann auch ein Vergleichspreis genügen.

Auszüge aus der Kaufpreissammlung. Bloße Auszüge aus der Kaufpreissammlung und deren schematische Mittelwertbildung stellen keine geeigneten Vergleichspreise dar.

Kaufpreis für das zu bewertende Grundstück als Vergleichspreis. Als ein Vergleichspreis kann auch der für die zu bewertende wirtschaftliche Einheit tatsächlich innerhalb eines Jahres vor dem Bewertungsstichtag unter fremden Dritten erzielte Kaufpreis gelten, sofern zwischenzeitlich keine Änderungen der Wertverhältnisse eingetreten sind und dem Verkauf keine ungewöhnlichen oder persönlichen Verhältnisse zu Grunde gelegen haben.

R B 183 (3)

(3)[1] [1]Anstelle von Vergleichspreisen können zur Ermittlung des Vergleichswerts auch Vergleichsfaktoren herangezogen werden, die vom Gutachterausschuss für Grundstückswerte für geeignete Bezugseinheiten, z.B. die Wohnfläche (Gebäudefaktor) oder den erzielbaren jährlichen Ertrag (Ertragsfaktor), ermittelt und mitgeteilt werden (§ 183 Absatz 2 BewG). [2]Der Vergleichswert ergibt sich dann durch Vervielfachung der Bezugseinheit mit dem Vergleichsfaktor. [3]Vergleichsfaktoren sind geeignet, wenn die Grundstücksmerkmale der ihnen zugrunde liegenden Grundstücke hinreichend mit denen des zu bewertenden Grundstücks übereinstimmen bzw. die Abweichungen in sachgerechter Weise (Absatz 4) berücksichtigt werden können. [4]Beziehen sich die Vergleichsfaktoren nur auf den Gebäudewert, ist der Bodenwert zusätzlich nach Maßgabe des § 179 BewG zu ermitteln.

H B 183 (3)

Vergleichsfaktoren.

Anwendungsvoraussetzungen bei Wohnungseigentum:
Bei Vergleichsfaktoren für Wohnungseigentum sollten regelmäßig mindestens folgende Klassifizierungsmerkmale vorliegen: Baujahrsklasse, Wohnungsgröße der Vergleichswohnung oder eine Wohnungsgrößenspanne und die Wohnlage.

Beispiel (Einfamilienhäuser):

Hat der Gutachterausschuss nur einen Vergleichsfaktor für ein Reihenhaus ermittelt, kann dieser nur dann als Vergleichsfaktor für ein freistehendes Einfamilienhaus benutzt werden, wenn vom Gutachterausschuss zusätzlich entsprechende Korrekturfaktoren vorliegen.

---

[1] Zur Änderung des § 183 Abs. 2 BewG siehe Art. 1 des Grundsteuerreform-Umsetzungsgesetzes v. 16.7.2021, BGBl. I 2021, 2931.

Vergleichsfaktoren in Spannen:
Hat der örtliche Gutachterausschuss Vergleichsfaktoren in Spannen veröffentlicht und dabei Differenzierungsmerkmale ausgewiesen, ist der entsprechend differenzierte Wert aus der Spanne zugrunde zu legen. Andernfalls ist regelmäßig nicht der Mittelwert, sondern der unterste Wert der Spanne anzusetzen.
Kein Vergleichsfaktor in Spannen liegt vor, wenn der Gutachterausschuss den Vergleichsfaktor als festen Wert vorgibt und zusätzlich nach oben und nach unten eine Standardabweichung benennt. In diesem Fall ist als Vergleichsfaktor der vorgegebene Wert anzusetzen.

R B 183 (4)

(4) [1] Weichen die Grundstücksmerkmale der Vergleichsgrundstücke bzw. der den Vergleichsfaktoren zugrunde liegenden Grundstücke von den Grundstücksmerkmalen des zu bewertenden Grundstücks ab, so sind diese Abweichungen durch Zu- oder Abschläge nach Vorgabe des Gutachterausschusses für Grundstückswerte zu berücksichtigen. [2] Besonderheiten, insbesondere die den Wert beeinflussenden Rechte und Belastungen privatrechtlicher und öffentlich-rechtlicher Art, werden in dem typisierenden Vergleichswertverfahren nach § 183 Absatz 1 und 2 BewG nicht berücksichtigt (§ 183 Absatz 3 BewG).

H B 183 (4)

Vergleichsfaktoren (Abweichungen). Stehen vom örtlichen Gutachterausschuss zur Berücksichtigung der Abweichungen zwischen den Grundstücksmerkmalen der Vergleichsgrundstücke bzw. der den Vergleichsfaktoren zugrunde liegenden Grundstücke und den Grundstücksmerkmalen des zu bewertenden Grundstücks keine Anpassungsfaktoren (z. B. Indexreihen oder Umrechnungskoeffizienten) zur Verfügung, kann eine hinreichende Übereinstimmung noch unterstellt werden, wenn die Grundstücksmerkmale des zu bewertenden Grundstücks, wie z. B. die Wohn-/Nutzfläche des Gebäudes, die Grundstücksgröße oder das Alter des Gebäudes, um höchstens jeweils 20% vom Vergleichsgrundstück abweichen.

Beispiel:
Der Grundstücksmarktbericht des örtlichen Gutachterausschusses für Grundstückswerte enthält im Zusammenhang mit der Darstellung von Vergleichsfaktoren für Wohnungseigentum u. a. folgende Angaben:

1. Definition der Musterwohnung:

– Größe (Wohnfläche):	80 m^2
– Geschosslage:	1. OG
– Ausstattung:	durchschnittlich (mittel)
– Unterhaltungszustand:	baujahrtypisch
– Vermietung:	unvermietet
– Garage/Stellplatz:	nicht enthalten

Zu § 187 BewG

R B 187 Bewirtschaftungskosten

(1) [1] Die im Rahmen des Ertragswertverfahrens anzusetzenden Bewirtschaftungskosten sind die bei gewöhnlicher Bewirtschaftung nachhaltig entstehenden Verwaltungskosten, Betriebskosten, Instandhaltungskosten und das Mietausfallwagnis; durch Umlagen oder sonstige Kostenübernahmen gedeckte Kosten bleiben unberücksichtigt. [2] Zinsen für Hypothekendarlehen und Grundschulden oder sonstige Zahlungen für auf dem Grundstück lastende privatrechtliche Verpflichtungen bleiben ebenfalls außer Ansatz.

(2)[1)] [1] Die Bewirtschaftungskosten sind pauschal mit Erfahrungssätzen anzusetzen; die tatsächlich entstandenen Kosten sind nicht zu berücksichtigen. [2] Sofern vom Gutachterausschuss geeignete Erfahrungssätze vorliegen, sind diese zu Grunde zu legen. [3] Stehen diese nicht zur Verfügung, ist von den pauschalierten Bewirtschaftungskosten nach Anlage 23 zum BewG auszugehen. [4] Maßgebend für die Anwendung der Anlage 23 zum BewG sind die Grundstücksart und die Restnutzungsdauer des Gebäudes. [5] Die Mindest-Restnutzungsdauer nach § 185 Absatz 3 Satz 5 BewG ist hierbei zu berücksichtigen.

H B 187 (2)

Bewirtschaftungskosten nach der II. BV. Die Bewirtschaftungskosten nach der II. BV können als geeignete Erfahrungssätze angesehen werden, wenn deren Anwendung bei der Ableitung der Liegenschaftszinssätze durch den Gutachterausschuss im Grundstücksmarktbericht mit dem örtlichen Marktgeschehen begründet wird. Ein alleiniger Hinweis auf die Ansätze der II. BV im Modell zur Ableitung des Liegenschaftszinssatzes genügt nicht. Die Spannenangaben der II. BV müssen darüber hinaus nachvollziehbar konkretisiert sein (z.B. Ansatz der Höchstwerte nach der II. BV, Verzicht auf die Zu- und Abschläge zu den Instandhaltungskosten, Festwerte bzw. andere nachvollziehbare feste Modellannahmen).

Zu § 188 BewG

R B 188 Liegenschaftszinssatz

(1) [1] Die Liegenschaftszinssätze sind die Zinssätze, mit denen Verkehrswerte von Grundstücken je nach Grundstücksart im Durchschnitt marktüblich verzinst werden (→ § 14 Absatz 3 Satz 1 ImmoWertV). [2] Mit den Liegenschaftszinssätzen werden die allgemein vom Grundstücksmarkt erwarteten künftigen Entwicklungen, insbesondere der Ertrags- und Wertverhältnisse sowie der üblichen steuerlichen Rahmenbedingungen, berücksichtigt.

(2)[2)] [1] Der angemessene und nutzungstypische Liegenschaftszinssatz ist nach der Grundstücksart (§ 181 BewG, → R B 181.1) und der Lage auf dem

---

[1)] Zur Änderung des § 187 Abs. 2 BewG siehe Art. 1 des Grundsteuerreform-Umsetzungsgesetzes v. 16.7.2021, BGBl. I 2021, 2931.

[2)] Zur Eignung der durch den Gutachterausschuss ermittelten örtlichen Liegenschaftszinssätze für die erbschaftsteuerliche Grundbesitzbewertung siehe BFH v. 18.9.2019 II R 13/16, BStBl. II 2020, 760. – Zur Anwendung von durch den Gutachterausschuss ermittelten Liegenschaftszinssätzen bei der Grundbesitzbewertung iSd § 188 Abs. 2 BewG siehe gleich lautende Ländererlasse v. 23.9.2020, BStBl. I 2020, 1210. – Zur Änderung des § 188 Abs. 2 BewG siehe Art. 1 des Grundsteuerreform-Umsetzungsgesetzes v. 16.7.2021, BGBl. I 2021, 2931.

Grundstücksmarkt zu bestimmen. [2]Dabei ist vorrangig auf den für diese Grundstücksart vom Gutachterausschuss für Grundstückswerte ermittelten und veröffentlichten Liegenschaftszinssatz zurückzugreifen. [3]Werden durch den Gutachterausschuss keine geeigneten Liegenschaftszinssätze ermittelt, so sind die typisierten Liegenschaftszinssätze des § 188 Absatz 2 Satz 2 BewG anzuwenden.

H B **188** (2)

Liegenschaftszinssatz in Spannen. Sind von den Gutachterausschüssen Liegenschaftszinssätze ausschließlich in Wertspannen veröffentlicht worden, bestehen keine Bedenken, folgende Vereinfachungsregeln anzuwenden:

1. Liegt der gesetzliche Liegenschaftszinssatz nach § 188 Absatz 2 Satz 2 Nummer 1 bis 4 BewG innerhalb der vom Gutachterausschuss angegebenen Spanne, ist der gesetzliche Liegenschaftszinssatz der Grundbesitzbewertung zu Grunde zu legen.
2. Liegt der gesetzliche Zinssatz außerhalb der Spanne, ist der Liegenschaftszinssatz innerhalb der Spanne zu wählen, der dem gesetzlichen Liegenschaftszinssatz am nächsten liegt. Dies ist der obere oder untere Grenzwert der Spanne.

Kein Liegenschaftszinssatz in Spannen liegt beispielsweise vor, wenn der Gutachterausschuss den Liegenschaftszinssatz als festen Wert vorgibt und zusätzlich nach oben und nach unten eine Standardabweichung benennt. In diesem Fall ist als Liegenschaftszinssatz der vorgegebene Wert anzusetzen. Entsprechendes gilt, wenn der Liegenschaftszinssatz aus grafischen Darstellungen oder Tabellen im Grundstücksmarktbericht spezifiziert werden kann.

Liegenschaftszinssatz (maßgebende Grundstücksart). Bei der Bestimmung des zutreffenden Liegenschaftszinssatzes ist zunächst von der Grundstücksart auszugehen, die nach dem Bewertungsgesetz maßgebend ist. Sofern der Gutachterausschuss bei der Veröffentlichung der Liegenschaftszinssätze eine von den Grundstücksarten des Bewertungsgesetzes abweichende Unterteilung der Grundstückstypen vornimmt, ist zu prüfen, ob diese Abweichung beim Ansatz des maßgebenden Liegenschaftszinssatzes berücksichtigt werden kann. Können die vom Gutachterausschuss ermittelten Liegenschaftszinssätze den bewertungsrechtlich maßgebenden Grundstücksarten nicht zugeordnet werden, sind die Liegenschaftszinssätze des § 188 Absatz 2 Satz 2 BewG maßgebend.

Beispiel:

Ein bebautes Grundstück in Geschäftslage verfügt im Erdgeschoss über einen Laden (80 m², 32 000 EUR Rohertrag) und in den darüber liegenden fünf Etagen über Wohnungen (insgesamt 500 m², 36 000 EUR Rohertrag). Bewertungsrechtlich ist das Grundstück ein Mietwohngrundstück, weil nach § 181 Absatz 3 BewG das Flächenverhältnis maßgebend ist. Der Gutachterausschuss hat für derartige Grundstücke jedoch lediglich den Liegenschaftszinssatz für ein „gemischt genutztes Grundstück" ausgewiesen, weil er bei der Ermittlung der Liegenschaftszinssätze das Verhältnis der Roherträge zugrunde gelegt hat. Bei der Bewertung des Mietwohngrundstücks hat das Finanzamt den Liegenschaftszinssatz anzusetzen, der vom Gutachterausschuss für gemischt genutzte Grundstücke ausgewiesen wurde.

R B **188** (3)

(3) [1]Liegenschaftszinssätze sind als geeignet anzusehen, wenn die Ableitung der Liegenschaftszinssätze weitgehend in demselben Modell erfolgt ist wie die Bewertung. [2]Es sind jeweils die Liegenschaftszinssätze anzusetzen, die vom Gutachterausschuss zuletzt vor dem Bewertungsstichtag veröffentlicht wurden.

Beispiel:

Einfamilienhaus (Gebäudeart 1,01), Baujahr 1900, umfassend modernisiert (18 Punkte)	
Bewertungsstichtag	15. Januar 2018
Verschiebung Baujahr nach Tabelle 1 i. V. m. Tabelle 2 (Gebäudealter > 70 Jahre; Modernisierungsgrad: 18 Punkte)	49 Jahre
Übliche Gesamtnutzungsdauer nach Anlage 22 zum BewG	70 Jahre

2018 (Jahr des Bewertungsstichtags) + 49 Jahre (Verschiebung Baujahr) ./. 70 Jahre (übliche Gesamtnutzungsdauer) = 1997 (fiktiv späteres Baujahr)

R B 190.7 (4, 5)

(4) Bei bestehender Abbruchverpflichtung für das Gebäude ist bei der Ermittlung der Alterswertminderung von der tatsächlichen Gesamtnutzungsdauer des Gebäudes auszugehen (→ § 190 Absatz 4 Satz 4 BewG).

(5) [1]Der nach Abzug der Alterswertminderung verbleibende Gebäudewert ist regelmäßig mit mindestens 30 Prozent des Gebäuderegelherstellungswerts anzusetzen. [2]Diese Restwertregelung berücksichtigt, dass auch ein älteres Gebäude, das laufend instand gehalten wird, einen Wert hat. [3]Sie berücksichtigt einen durchschnittlichen Erhaltungszustand und macht in vielen Fällen die Prüfung entbehrlich, ob die restliche Lebensdauer des Gebäudes infolge baulicher Maßnahmen verlängert wurde. [4]Bei bestehender Abbruchverpflichtung für das Gebäude kann dieser Mindestansatz jedoch unterschritten werden (→ R B 190.7 Absatz 4).

R B 190.8 Grundstück mit mehreren Gebäuden bzw. Gebäudeteilen

(1) [1]Besteht eine wirtschaftliche Einheit aus mehreren Gebäuden oder Gebäudeteilen von einer gewissen Selbstständigkeit, die eine verschiedene Bauart aufweisen, unterschiedlich genutzt werden oder die in verschiedenen Jahren bezugsfertig geworden sind, ist jedes Gebäude und jeder Gebäudeteil für sich zu bewerten. [2]Ist z. B. ein Grundstück mit einem Einfamilienhaus und einer Garage bebaut, ergibt die Summe aus dem Gebäudesachwert des Einfamilienhauses und dem Gebäudesachwert der Garage den Gebäudewert. [3]Regelherstellungskosten, Brutto-Grundfläche und Alterswertminderung sind jeweils gesondert zu ermitteln. [4]Für selbstständige Gebäude bzw. Gebäudeteile, für das bzw. für die in den Anlagen zum BewG keine Gebäudeart ausgewiesen ist, sind die Gesamtnutzungsdauer aus der Gesamtnutzungsdauer vergleichbarer Gebäudearten und die Regelherstellungskosten aus den Regelherstellungskosten vergleichbarer Gebäudearten abzuleiten. [5]Zur Bestimmung der Gesamtnutzungsdauer gilt R B 185.4 Absatz 2 Nummer 2 entsprechend.

H B 190.8 (1)

Geschäftsgrundstück (mehrere selbständige Gebäude/unterschiedliche Gebäudearten).

Beispiel:

Befindet sich auf einem Geschäftsgrundstück neben industriellen Gebäuden ein Mehrfamilienhaus, welches als Wohnunterkunft für die Arbeitnehmer des Betriebs genutzt wird, ist es sachgerecht, für dieses Gebäude die Gesamtnutzungsdauer für Mietwohngrundstücke

(70 Jahre nach Anlage 22 zum BewG) und die Regelherstellungskosten für die Gebäudearten 4.1. bis 4.3. (Mehrfamilienhäuser) heranzuziehen.

R B 190.8 (2, 3)

(2) [1]Anbauten teilen im Allgemeinen auf Grund ihrer Bauart oder Nutzung das Schicksal des Hauptgebäudes. [2]Ist dagegen anzunehmen, dass ein Erweiterungsbau nach Größe, Bauart oder Nutzung eine andere Alterswertminderung als das Hauptgebäude haben wird, gilt Absatz 1 entsprechend. [3]Für Aufstockungen ist im Allgemeinen das Baujahr der unteren Geschosse zu Grunde zu legen. [4]Es ist jedoch zu prüfen, ob durch die baulichen Maßnahmen für das Gebäude ein fiktiv späteres Baujahr anzunehmen ist.

(3) [1]Bei einer wirtschaftlichen Einheit mit mehreren nichtselbstständigen Gebäuden bzw. Gebäudeteilen ist von einer einheitlichen Alterswertminderung auszugehen. [2]Zur Bestimmung der wirtschaftlichen Gesamtnutzungsdauer gelten in diesen Fällen R B 185.3 Abs. 2 Sätze 1 bis 4 entsprechend.

Zu § 191 BewG

R B 191 Wertzahlen

(1)[1)] [1]Als Wertzahlen sind vorrangig die vom Gutachterausschuss ermittelten Sachwertfaktoren (Marktanpassungsfaktoren) zur Angleichung an den gemeinen Wert anzuwenden. [2]Stehen keine geeigneten Sachwertfaktoren zur Verfügung, sind die in der Anlage 25 zum BewG dargestellten Wertzahlen zu verwenden.

(2) Sachwertfaktoren sind als geeignet anzusehen, wenn die Ableitung der Sachwertfaktoren weitgehend in demselben Modell erfolgt ist wie die Bewertung.

H B 191 (2)

Sachwertfaktoren.

Angabe in Wertspannen:
Sind von den Gutachterausschüssen Sachwertfaktoren ausschließlich in Wertspannen veröffentlicht worden, ist der Faktor anzusetzen, der der typisierten Wertzahl nach Anlage 25 zum BewG weitgehend entspricht.

R B 191 (3)

(3) [1]Bei Anwendung der Wertzahlen nach Anlage 25 zum BewG ist auf den Bodenrichtwert ohne Wertkorrekturen (→ R B 179.2 Abs. 2 bis 6) abzustellen. [2]In den Fällen des § 179 Satz 4 BewG ist auf den Bodenrichtwert der herangezogenen vergleichbaren Flächen abzustellen.

H B 191 (3)

Wertzahl (Anwendung der Anlage 25 zum BewG). Bei Anwendung der Wertzahlen nach Anlage 25 zum BewG ist auf den Bodenrichtwert ohne Wertkorrekturen (→ R B 179.2 Abs. 2 bis 6) abzustellen. So ist auch bei ei-

---

1) Zur Änderung des § 191 Abs. 1 BewG siehe Art. 1 des Grundsteuerreform-Umsetzungsgesetzes v. 16.7.2021, BGBl. I 2021, 2931.

ner Differenzierung zwischen einem Vorder- und Hinterlandpreis ausschließlich der Bodenrichtwert für das Vorderland anzusetzen.

Zu § 192 BewG

R B **192.1** Begriff des Erbbaurechts

(1) [1]Das Erbbaurecht ist das veräußerliche und vererbliche Recht an einem Grundstück, auf oder unter der Oberfläche des Grundstücks ein Bauwerk zu haben. [2]Bei Grundstücken, die mit einem Erbbaurecht belastet sind, bilden das Erbbaurecht und das belastete Grundstück je eine selbstständige wirtschaftliche Einheit (§ 176 Absatz 1 Nummer 2, § 192 BewG). [3]Das belastete Grundstück ist das Grundstück, an dem das Erbbaurecht bestellt ist. [4]Übernimmt der Eigentümer des belasteten Grundstücks das Erbbaurecht oder erwirbt der Erbbauberechtigte das belastete Grundstück („Eigentümererbbaurecht"), bleiben Erbbaurecht und belastetes Grundstück als selbstständige wirtschaftliche Einheiten bestehen.

(2) [1]Das Erbbaurecht entsteht zivilrechtlich mit der Eintragung in das Grundbuch (§ 11 ErbbauRG in Verbindung mit § 873 BGB). [2]Schenkungsteuerrechtlich gilt das Erbbaurecht bereits dann als entstanden, wenn die dingliche Einigung über die Bestellung eines Erbbaurechts erfolgt ist und die Vertragsparteien in der Lage sind, die Eintragung im Grundbuch zu bewirken (→ R E 9.1 Absatz 1).

(3) [1]Das Erbbaurecht erstreckt sich im Allgemeinen auf das ganze Grundstück. [2]Erstreckt es sich jedoch nur auf einen Teil des Grundstücks im Sinne des Zivilrechts, ist dieser Teil als selbstständige wirtschaftliche Einheit im Sinne der §§ 192ff. BewG zu bewerten. [3]Für den restlichen Teil des Grundstücks ist die Bewertung nach den allgemeinen Grundsätzen durchzuführen.

(4) [1]Errichtet der Erbbauberechtigte ein einheitliches Gebäude auf einem erbbaurechtsbelasteten und einem ihm gehörenden angrenzenden Grundstück, sind der Gebäudeteil auf dem erbbaurechtsbelasteten Grundstück als Erbbaurecht und das eigene Grundstück mit dem dort errichteten Gebäudeteil als bebautes Grundstück getrennt zu bewerten. [2]Entsprechend ist zu verfahren, wenn das angrenzende Grundstück auf Grund eines Pachtvertrags vom Erbbauberechtigten bebaut worden ist und für diesen Gebäudeteil eine Bewertung als Gebäude auf fremdem Grund und Boden nach § 195 BewG durchzuführen ist.

H B **192.1**

Gesetz über das Erbbaurecht (Erbbaurechtsgesetz – ErbbauRG). → Gesetz über das Erbbaurecht (Erbbaurechtsgesetz – ErbbauRG) vom 15.1.1919 (BGBl. III, Gliederungsnummer 403-6) in der jeweils geltenden Fassung.

R B **192.2** Bewertung in Erbbaurechtsfällen

[1]Die Werte für die wirtschaftliche Einheit des Erbbaurechts (§ 193 BewG) und für die wirtschaftliche Einheit des belasteten Grundstücks/Erbbaugrund-

stücks (§ 194 BewG) sind gesondert zu ermitteln. [2]Mit der Bewertung des Erbbaurechts (§ 193 BewG) ist die Verpflichtung zur Zahlung des Erbbauzinses und mit der Bewertung des Erbbaugrundstücks (§ 194 BewG) ist das Recht auf den Erbbauzins abgegolten. [3]Die Grundbesitzwerte für das Erbbaurecht und das Erbbaugrundstück dürfen jeweils nicht weniger als 0 Euro betragen.

Zu § 193 BewG

R B 193 Bewertung des Erbbaurechts

(1) [1]Der Wert des Erbbaurechts ist vorrangig im Vergleichswertverfahren (→ R B 183) zu ermitteln, wenn für das zu bewertende Erbbaurecht Vergleichspreise oder aus Kaufpreisen abgeleitete Vergleichsfaktoren für entsprechende Vergleichsgrundstücke vorliegen. [2]Vergleichspreise oder aus Kaufpreisen abgeleitete Vergleichsfaktoren liegen vor, wenn sie aus bebauten Erbbaurechten abgeleitet wurden, die mit der zu bewertenden wirtschaftlichen Einheit hinreichend übereinstimmen. [3]Dies ist der Fall, wenn die Grundstücksart übereinstimmt und die Bebauung, der Erbbauzinssatz, der Bodenrichtwert sowie die Restlaufzeit des Erbbaurechts nicht erheblich abweichen.

(2) [1]Kann das Vergleichswertverfahren nicht angewandt werden, setzt sich der Wert des Erbbaurechts aus dem Bodenwertanteil nach § 193 Absatz 3 BewG und dem Gebäudewertanteil nach § 193 Absatz 5 BewG zusammen (finanzmathematische Methode). [2]Ist das mit dem Erbbaurecht belastete Grundstück unbebaut, besteht der Grundbesitzwert des Erbbaurechts allein im Bodenwertanteil nach Absatz 3.

(3) Der Bodenwertanteil ergibt sich aus dem kapitalisierten Unterschiedsbetrag zwischen dem angemessenen Verzinsungsbetrag des Bodenwerts des unbelasteten Grundstücks und dem vertraglich vereinbarten jährlichen Erbbauzins am Bewertungsstichtag.

(4)[1)] [1]Der angemessene Verzinsungsbetrag ergibt sich aus der Multiplikation des Bodenwerts für das Grundstück nach § 179 BewG und des Liegenschaftszinssatzes. [2]Stehen Liegenschaftszinssätze der Gutachterausschüsse nicht zur Verfügung, sind die Zinssätze nach § 193 Absatz 4 Satz 2 BewG anzuwenden.

(5) [1]Maßgebender Erbbauzins ist nach § 193 Absatz 3 Satz 1 Nummer 2 BewG der am Bewertungsstichtag zu zahlende Erbbauzins, umgerechnet auf einen Jahresbetrag. [2]Dabei ist stets auf die vertraglichen Vereinbarungen abzustellen; auf den gezahlten Erbbauzins kommt es nicht an. [3]Sind Erbbauzinsen während der Laufzeit des Erbbaurechts in unterschiedlicher Höhe vereinbart (z.B. bei Sonderzahlungen oder gestaffeltem Erbbauzins), kann aus Vereinfachungsgründen ein durchschnittlicher Jahresbetrag aus den insgesamt nach dem Bewertungsstichtag zu leistenden Erbbauzinsen in Abhängigkeit von der Restlaufzeit gebildet werden. [4]Die künftigen Anpassungen auf Grund von Wertsicherungsklauseln (z.B. Anknüpfung der Erbbauzinsen an den Lebenshaltungskostenindex) sind nicht zu berücksichtigen. [5]Ist kein Erbbauzins zu zahlen, stellt der angemessene Verzinsungsbetrag des Bodenwerts gleichzeitig den Unterschiedsbetrag dar.

[1)] Zur Änderung des § 193 Abs. 4 BewG siehe Art. 1 des Grundsteuerreform-Umsetzungsgesetzes v. 16.7.2021, BGBl. I 2021, 2931.

freiung zu versagen, wenn die Gebäude, Gebäudeteile und Anlagen ständig anderen Zwecken dienen, z. B. als Lager-, Lehr-, oder Ausbildungsräume.

(2) Der Wert des Grund und Bodens ist regelmäßig mit dem gesamten Wert des unbebauten Grundstücks nach § 179 BewG anzusetzen.

Zu § 198 BewG

R B 198[1]) Nachweis des niedrigeren gemeinen Werts

(1) [1]Abweichend von der Wertermittlung nach den § 179 und §§ 182 bis 196 BewG ist der niedrigere gemeine Wert (Verkehrswert/Marktwert) am Bewertungsstichtag festzustellen, wenn der Steuerpflichtige diesen nachweist (§ 198 BewG). [2]Den Steuerpflichtigen trifft die Nachweislast für einen niedrigeren gemeinen Wert und nicht eine bloße Darlegungslast. [3]Die Vorlage von Auszügen aus der Kaufpreissammlung erfüllt diese Voraussetzungen nicht.

(2) [1]Der Nachweis des niedrigeren gemeinen Werts kann für die nach § 179, §§ 182 bis 196 BewG bewerteten wirtschaftlichen Einheiten geführt werden, wobei der Nachweis die jeweils gesamte wirtschaftliche Einheit umfassen muss. [2]Bei Grundstücken im Zustand der Bebauung ist der Verkehrswertnachweis für die gesamte wirtschaftliche Einheit unter Berücksichtigung der baulichen Gegebenheiten zulässig.

(3) [1]Als Nachweis ist regelmäßig ein Gutachten des zuständigen Gutachterausschusses oder eines Sachverständigen für die Bewertung von Grundstücken erforderlich. [2]Das Gutachten ist für die Feststellung des Grundbesitzwerts nicht bindend, sondern unterliegt der Beweiswürdigung durch das Finanzamt. [3]Enthält das Gutachten Mängel (z. B. methodische Mängel oder unzutreffende Wertansätze), ist es zurückzuweisen; ein Gegengutachten durch das Finanzamt ist nicht erforderlich. [4]Zur Ordnungsmäßigkeit eines Sachverständigengutachtens gehören methodische Qualität und eine zutreffende Erhebung und Dokumentation der Begutachtungsgrundlagen. [5]Für den Nachweis des niedrigeren gemeinen Werts gelten grundsätzlich die auf Grund des § 199 Absatz 1 BauGB erlassenen Vorschriften. [6]Nach Maßgabe dieser Vorschriften sind sämtliche wertbeeinflussenden Umstände zur Ermittlung des gemeinen Werts (Verkehrswerts) von Grundstücken zu berücksichtigen. [7]Hierzu gehören auch die den Wert beeinflussenden Rechte und Belastungen privatrechtlicher und öffentlich-rechtlicher Art, wie z. B. Grunddienstbarkeiten und persönliche Nutzungsrechte. [8]Mit Ausnahme des Nachweises der üblichen Miete (→ R B 186.5 Absatz 5) kommt ein Einzelnachweis zu Bewertungsgrundlagen nach § 179 und §§ 182 bis

---

[1]) Zum Nachweis des niedrigeren gemeinen Werts und dem Erfordernis der Gutachtenerstellung entweder durch den örtlich zuständigen Gutachterausschuss oder einen öffentlich bestellten und vereidigten Sachverständigen für die Bewertung von Grundstücken siehe BFH v. 5.12.2019 II R 9/18, BStBl. II 2021, 135; vgl. hierzu gleich lautende Ländererlasse v. 2.12. 2020, BStBl. I 2021, 146. – Zur Ermittlung des Bodenwerts durch Sachverständigengutachten siehe BFH v. 12.6.2020 II B 46/19, BFH/NV 2020, 1273. – Zur Frage der zeitlichen Anwendbarkeit von WertV und von ImmoWertV im Kontext eines Verkehrswertnachweises siehe BFH v. 16.9.2020 II R 1/18, DStR 2020, 2781. – Zum Immobilienwertnachweis durch Gutachten siehe BFH v. 14.10.2020 II R 7/18, DStR 2021, 413. – Zum Zeitpunkt des Bestehens ernstlicher Zweifel bei Nachweis eines niedrigeren gemeinen Werts durch ein Sachverständigengutachten siehe BFH v. 12.1.2021 II B 61/19, BFH/NV 2021, 529. – Zur umfassenden Änderung des § 198 BewG siehe Art. 1 des Grundsteuerreform-Umsetzungsgesetzes v. 16.7.2021, BGBl. I 2021, 2931.

196 BewG, z. B. hinsichtlich der Bewirtschaftungskosten, nicht in Betracht. [9] Auszüge aus der Kaufpreissammlung können ein Gutachten nicht ersetzen.

(4) [1] Ein im gewöhnlichen Geschäftsverkehr innerhalb eines Jahres vor oder nach dem Bewertungsstichtag zustande gekommener Kaufpreis über das zu bewertende Grundstück kann als Nachweis dienen. [2] Ist ein Kaufpreis außerhalb dieses Zeitraums im gewöhnlichen Geschäftsverkehr zustande gekommen und sind die maßgeblichen Verhältnisse hierfür gegenüber den Verhältnissen zum Bewertungsstichtag unverändert geblieben, so kann auch dieser als Nachweis des niedrigeren gemeinen Werts dienen. [3] Es bestehen keine Bedenken, diesen Wert regelmäßig ohne Wertkorrekturen als Grundbesitzwert festzustellen.

H B 198

Vorschriften auf der Grundlage des § 199 Absatz 1 BauGB.
→ *Verordnung über die Grundsätze für die Ermittlung der Verkehrswerte von Grundstücken (Immobilienwertermittlungsverordnung – ImmoWertV) vom 19.5.2010 (BGBl. I S. 639).*[1)]
→ *Richtlinie zur Ermittlung von Bodenrichtwerten (Bodenrichtwertrichtlinie – BRW-RL) vom 11.1.2011 (BAnz AT 11.2.2011 Nr. 24 S. 597).*[1)]
→ *Richtlinie zur Ermittlung des Sachwerts (Sachwertrichtlinie – SW-RL) vom 5.9.2012 (BAnz AT 18.10.2012 B1).*[1)]
→ *Richtlinie zur Ermittlung des Vergleichswerts und des Bodenwerts (Vergleichswertrichtlinie – VW-RL) vom 20.3.2014 (BAnz AT 11.4.2014 B3).*[1)]
→ *Richtlinie zur Ermittlung des Ertragswerts (Ertragswertrichtlinie – EW-RL) vom 12.11.2015 (BAnz AT 4.12.2015 B4).*[1)]

Fristsetzung zur Vorlage eines Sachverständigengutachtens. → § 364b AO (Fristsetzung).

Nachweis des niedrigeren gemeinen Werts durch Sachverständigengutachten. → BFH vom 10.11.2004 II R 69/01, BStBl. 2005 II S. 259, vom 3.12.2008 II R 19/08, BStBl. 2009 II S. 403 und vom 11.9.2013 II R 61/11, BStBl. 2014 II S. 363.
→ *Gleich lautende Ländererlasse vom 19.2.2014 (BStBl. I S. 808).*[2)]

Nachweis des niedrigeren gemeinen Werts durch zeitnahen Kaufpreis. → BFH vom 2.7.2004 II R 55/01, BStBl. II S. 703.
Liegen im Rahmen des Nachweises des niedrigeren gemeinen Werts gleichzeitig ein zeitnah zum Bewertungsstichtag im gewöhnlichen Geschäftsverkehr zustande gekommener Kaufpreis und ein Sachverständigengutachten vor, bestehen keine Bedenken, der Grundbesitzwertfeststellung den Kaufpreis zugrunde zu legen. Der im gewöhnlichen Geschäftsverkehr vereinbarte bzw. erzielte Kaufpreis liefert den sichersten Anhaltspunkt für den gemeinen Wert.

Nießbrauchs- und andere Nutzungsrechte, die sich auf den Grundbesitzwert ausgewirkt haben. Ist nach § 198 BewG ein nachgewiesener gemeiner Wert, der auf Grund von Grundstücksbelastungen durch Nutzungsrechte, wie z. B. Nießbrauch oder Wohnrecht, gemindert wurde, als Grundbesitzwert festgestellt worden, hat das Lagefinanzamt das für die Festsetzung der Erbschaft- und Schenkungsteuer zuständige Finanzamt hierauf hinzuweisen (vgl. § 10 Absatz 6 Satz 6 ErbStG).

---

1) Siehe **ab 1.1.2022** ImmowertV v. 14.7.2021, BGBl. I 2021, 2805.
2) Überholt durch gleich lautende Ländererlasse v. 2.12.2020, BStBl. I 2021, 146.

F. Vereinfachtes Ertragswertverfahren

Zu § 199 BewG

R B 199.1 Anwendung des vereinfachten Ertragswertverfahrens[1]

(1) [1]Die Bewertung von Anteilen an Kapitalgesellschaften, von Betriebsvermögen und von Anteilen am Betriebsvermögen unter Berücksichtigung der Ertragsaussichten (§ 11 Absatz 2 Satz 2, § 109 Absatz 1 und 2 BewG) kann nach dem vereinfachten Ertragswertverfahren erfolgen. [2]Sind branchentypisch ertragswertorientierte Verfahren ausgeschlossen (weil z. B. Multiplikatorenverfahren oder Substanzwertverfahren zur Anwendung kommen), ist das vereinfachte Ertragswertverfahren nicht anzuwenden. [3]Sind branchentypisch auch ertragswertorientierte Verfahren anzuwenden, ist eine Bewertung nach dem vereinfachten Ertragswertverfahren möglich; die Prüfung eines offensichtlich unzutreffenden Ergebnisses bleibt vorbehalten.

(2) Bei der Bewertung ausländischer Unternehmen sind die Regelungen des vereinfachten Ertragswertverfahrens entsprechend, insbesondere hinsichtlich der Ermittlung des nachhaltig erzielbaren Jahresertrags, anzuwenden, wenn dies nicht zu offensichtlich unzutreffenden Ergebnissen führt.

(3) [1]Die im vereinfachten Ertragswertverfahren vorgesehenen Typisierungen können dazu führen, dass der in diesem Verfahren ermittelte Wert höher oder niedriger ist als der gemeine Wert. [2]Das Finanzamt hat den im vereinfachten Ertragswertverfahren ermittelten Wert zugrunde zu legen, wenn das Ergebnis nicht offensichtlich unzutreffend ist.

(4)[2] [1]Nach § 199 Absatz 1 und 2 BewG hat der Steuerpflichtige ein Wahlrecht, das vereinfachte Ertragswertverfahren anzuwenden. [2]Gesetzliche Tatbestandsvoraussetzung hierfür ist, dass dies nicht zu offensichtlich unzutreffenden Ergebnissen führt. [3]Hat das Finanzamt an der Anwendbarkeit des vereinfachten Ertragswertverfahrens Zweifel, sind diese vom Finanzamt substantiiert darzulegen und dem Steuerpflichtigen ist Gelegenheit zu geben, die Bedenken des Finanzamts auszuräumen. [4]Das vereinfachte Ertragswertverfahren kann vor allem dann zu unzutreffenden Ergebnissen führen, wenn die Voraussetzungen nach Absatz 6 vorliegen. [5]In einem solchen Fall hat der Steuerpflichtige substantiiert darzulegen, warum das vereinfachte Ertragswertverfahren nicht zu einem offensichtlich unzutreffenden Ergebnis führt. [6]Kommt der Steuerpflichtige dieser Mitwirkungspflicht nicht nach, kann davon ausgegangen werden, dass die gesetzlichen Voraussetzungen für die Ausübung des Wahlrechts nicht vorliegen. [7]Die Bewertung ist nach allgemeinen Grundsätzen vorzunehmen.

(5) Erkenntnisse über eine offensichtlich unzutreffende Wertermittlung zum gemeinen Wert können beispielsweise in den nachstehenden Fällen hergeleitet werden:

---

[1] Überholt durch gleich lautende Ländererlasse v. 2.12.2020, BGBl. I 2021, 146.

[2] Zur Sachaufklärungspflicht des Finanzgerichts bei Ermittlung des Anteilswerts einer nicht börsennotierten Kapitalgesellschaft siehe BFH v. 2.12.2020 II R 5/19, DStRE 2021, 1058: Allein der Steuerpflichtige hat die Wahl zwischen einem individuellen Ertragswertverfahren nach § 11 Abs. 2 Satz 2 BewG und der Anwendung des vereinfachten Ertragswertverfahrens nach §§ 199 ff. BewG.

1. Vorliegen zeitnaher Verkäufe, wenn diese nach dem Bewertungsstichtag liegen;
2. Vorliegen von Verkäufen, die mehr als ein Jahr vor dem Bewertungsstichtag liegen;
3. Erbauseinandersetzungen, bei denen die Verteilung der Erbmasse Rückschlüsse auf den gemeinen Wert zulässt.

(6) [1] Vom Vorliegen begründeter Zweifel an der Anwendbarkeit des vereinfachten Ertragswertverfahrens ist insbesondere auszugehen:

1. bei komplexen Strukturen von verbundenen Unternehmen;
2. bei neu gegründeten Unternehmen, bei denen der künftige Jahresertrag noch nicht aus den Vergangenheitserträgen abgeleitet werden kann, insbesondere bei Gründungen innerhalb eines Jahres vor dem Bewertungsstichtag, weil das vereinfachte Ertragswertverfahren hier regelmäßig, z.B. wegen hoher Gründungs- und Ingangsetzungsaufwendungen, zu offensichtlich unzutreffenden Ergebnissen führt;
3. beim Branchenwechsel eines Unternehmens, bei dem deshalb der künftige Jahresertrag noch nicht aus den Vergangenheitserträgen abgeleitet werden kann;
4. in sonstigen Fällen, in denen auf Grund der besonderen Umstände der künftige Jahresertrag nicht aus den Vergangenheitserträgen abgeleitet werden kann. [2] Hierzu gehören z.B. Wachstumsunternehmen, branchenbezogene oder allgemeine Krisensituationen oder absehbare Änderungen des künftigen wirtschaftlichen Umfeldes;
5. bei grenzüberschreitenden Sachverhalten, z.B. nach § 1 AStG, § 4 Absatz 1 Satz 3 EStG oder § 12 Absatz 1 KStG, sofern der jeweils andere Staat nicht die Ergebnisse des vereinfachten Ertragswertverfahrens seiner Besteuerung zugrunde legt.

[2] Es bestehen grundsätzlich keine Bedenken, in den Fällen des Satzes 1 Nummer 2 und 3 den Substanzwert als Mindestwert (§ 11 Absatz 2 Satz 3 BewG) anzusetzen, sofern dies nicht zu offensichtlich unzutreffenden Ergebnissen führt.

R B 199.2 Ausländische Kapitalgesellschaften und ausländisches Betriebsvermögen

[1] Auch bei der Bewertung von Anteilen an ausländischen Kapitalgesellschaften oder ausländischem Betriebsvermögen kann das vereinfachte Ertragswertverfahren angewendet werden. [2] Die Ermittlung der Bewertungsgrundlagen hat in der jeweiligen Landeswährung zu erfolgen, der in dieser Währung ermittelte Ertragswert ist mit dem für den Bewertungsstichtag festgestellten Devisenkurs in Euro umzurechnen. [3] Der Gewinnermittlung können die im jeweiligen Land geltenden Gewinnermittlungsvorschriften zugrunde gelegt werden, wenn sie eine dem § 202 Absatz 1 Satz 2 BewG entsprechende Korrektur zulassen. [4] Der nach § 203 BewG maßgebende Kapitalisierungsfaktor ist anzuwenden, wenn dies nicht zu offensichtlich unzutreffenden Ergebnissen führt.

Zu § 200 BewG

R B 200 Wertermittlung im vereinfachten Ertragswertverfahren

(1) Der Wert nach dem vereinfachten Ertragswertverfahren setzt sich zusammen aus:

	Ertragswert des betriebsnotwendigen Vermögens (§ 200 Absatz 1 BewG) (Jahresertrag §§ 201 bis 202 BewG × Kapitalisierungsfaktor § 203 BewG)
+	Nettowert des nicht betriebsnotwendigen Vermögens (§ 200 Absatz 2 BewG)
+	Wert der Beteiligungen an anderen Gesellschaften (§ 200 Absatz 3 BewG)
+	Nettowert des jungen Betriebsvermögens (§ 200 Absatz 4 BewG)
=	Wert nach dem vereinfachten Ertragswertverfahren

(2) [1]Die Wirtschaftsgüter des nicht betriebsnotwendigen Vermögens und die mit diesen in wirtschaftlichem Zusammenhang stehenden Schulden sind neben dem Ertragswert mit ihrem gemeinen Wert anzusetzen (§ 200 Absatz 2 BewG). [2]Zum nicht betriebsnotwendigen Vermögen gehören diejenigen Wirtschaftsgüter, die sich ohne Beeinträchtigung der eigentlichen Unternehmenstätigkeit aus dem Unternehmen herauslösen lassen, ohne dass die operative Geschäftstätigkeit eingeschränkt wird. [3]Dies können – je nach Unternehmenszweck – z.B. Grundstücke, Gebäude, Kunstgegenstände, Beteiligungen, Wertpapiere oder auch Geldbestände sein. [4]Auf Grund der Betriebsbezogenheit besteht keine zwingende Deckungsgleichheit mit dem ertragsteuerlich gewillkürten Betriebsvermögen bzw. mit Verwaltungsvermögen im Sinne des § 13b Absatz 4 ErbStG. [5]Für die Ermittlung des gemeinen Werts gilt R B 11.5 Absatz 5 bis 8 entsprechend.

(3) [1]Sowohl Anteile an einer Kapitalgesellschaft als auch Beteiligungen an einer Personengesellschaft sind nach § 200 Absatz 3 BewG gesondert neben dem Ertragswert mit einem eigenständig zu ermittelnden gemeinen Wert anzusetzen. [2]Auf eine Mindestbeteiligungsquote kommt es nicht an. [3]Ist für Beteiligungen an einer Personengesellschaft und für Anteile an Kapitalgesellschaften ein Wert nach § 151 Absatz 1 Satz 1 Nummer 2 oder 3 BewG festzustellen, sind die auf den Bewertungsstichtag festgestellten Werte anzusetzen. [4]Die Basiswertregelung in § 151 Absatz 3 BewG ist hierbei zu beachten. [5]Die Wertermittlung bei den einzelnen Feststellungen kann sowohl im vereinfachten Ertragswertverfahren als auch in einem allgemein anerkannten Ertragswertverfahren als auch nach einer anderen anerkannten Methode erfolgen. [6]Die Anwendung des vereinfachten Ertragswertverfahrens für die Bewertung einer Obergesellschaft bedeutet nicht, dass auch die Beteiligungen im vereinfachten Ertragswertverfahren bewertet werden müssen. [7]Ob die Bewertung der Obergesellschaft im vereinfachten Ertragswertverfahren unter Berücksichtigung der Beteiligungen an Untergesellschaften zu einem offensichtlich unzutreffenden Ergebnis führt (§ 199 Absatz 1 BewG), ist im Einzelfall zu entscheiden. [8]Die mit den Anteilen an einer Kapitalgesellschaft in wirtschaftlichem Zusammenhang stehenden Schulden werden nicht gesondert berücksichtigt, da die mit diesen im Zusammenhang stehenden Aufwendungen beim nachhaltigen Jahresertrag mindernd erfasst sind. [9]Es erfolgt keine

Hinzurechnung der Aufwendungen nach § 202 Absatz 1 Satz 2 Nummer 1 Buchstabe f BewG. [10]Bei einer Beteiligung an einer Personengesellschaft sind die mit dieser in wirtschaftlichem Zusammenhang stehenden Schulden bereits über das Sonderbetriebsvermögen im Wert der Beteiligung enthalten (§ 97 Absatz 1a BewG), so dass insoweit keine Korrektur erfolgen muss. [11]Finanzierungsaufwendungen im Zusammenhang mit diesen Schulden sind zusammen mit anderen Aufwendungen und Erträgen im Zusammenhang mit dieser Beteiligung nach § 202 Absatz 1 Satz 2 BewG zu korrigieren (→ R B 202). [12]Bei Genossenschaftsanteilen handelt es sich grundsätzlich nicht um eine Beteiligung im Sinne des § 200 Absatz 3 BewG. [13]Die bei der steuerlichen Gewinnermittlung erfassten Erträge daraus sind grundsätzlich im Jahresertrag nach § 200 Absatz 1 BewG enthalten.

(4) [1]Im Einvernehmen mit den Verfahrensbeteiligten kann darauf verzichtet werden, eine gesonderte Ermittlung des gemeinen Werts von zum Vermögen gehörenden Anteilen an einer Kapitalgesellschaft und Beteiligungen an einer Personengesellschaft vorzunehmen, wenn es sich um einen Fall von geringer Bedeutung handelt. [2]Ein Fall von geringer Bedeutung liegt insbesondere vor, wenn der Verwaltungsaufwand der Beteiligten außer Verhältnis zur steuerlichen Auswirkung steht und der festzustellende Wert unbestritten ist. [3]In diesen Fällen kann aus Vereinfachungsgründen die durchschnittliche Bruttoausschüttung der Untergesellschaft der letzten drei Jahre als durchschnittlicher Jahresertrag multipliziert mit dem Kapitalisierungsfaktor nach § 203 BewG angesetzt werden; mindestens ist der Steuerbilanzwert der Beteiligung anzusetzen.

(5) [1]Innerhalb von zwei Jahren vor dem Bewertungsstichtag eingelegte Wirtschaftsgüter (sog. junges Betriebsvermögen), die nicht bereits nach § 200 Absatz 2 und 3 BewG neben dem Ertragswert mit ihrem gemeinen Wert anzusetzen sind, und mit diesen in wirtschaftlichen Zusammenhang stehende Schulden werden neben dem Ertragswert mit ihrem eigenständig zu ermittelnden gemeinen Wert angesetzt, wenn sie am Bewertungsstichtag ihrem Wert nach noch vorhanden sind und nicht wieder entnommen oder ausgeschüttet wurden (§ 200 Absatz 4 BewG). [2]Ist für Grundbesitz ein Wert nach § 151 Absatz 1 Satz 1 Nummer 1 BewG festzustellen, ist der auf den Bewertungsstichtag festgestellte Wert anzusetzen. [3]Die Basiswertregelung in § 151 Absatz 3 BewG ist hierbei zu beachten. [4]Unmittelbar mit diesen Wirtschaftsgütern im Zusammenhang stehende Aufwendungen und Erträge sind bei der Ermittlung der jeweiligen Betriebsergebnisse nach § 202 BewG zu korrigieren (→ R B 202). [5]Bei einem bloßen Aktiv- oder Aktiv-Passiv-Tausch handelt es sich nicht um einen Fall im Sinne des § 200 Absatz 4 BewG, weil dem Vorgang keine Einlage zugrunde liegt. [6]Befindet sich ein eingelegtes Wirtschaftsgut im Sinne des § 200 Absatz 4 BewG am Bewertungsstichtag nicht mehr im Betriebsvermögen, sondern ein Wirtschaftsgut, das an dessen Stelle getreten ist (Surrogat), muss das Surrogat mit dem Wert am Bewertungsstichtag angesetzt werden (ggf. mit einem niedrigeren oder höheren Wert als dem Wert des Wirtschaftsguts im Zeitpunkt der Einlage). [7]Wurde das eingelegte Wirtschaftsgut nach der Einlage bis zum Besteuerungszeitpunkt wieder entnommen oder hat es sich verbraucht, ist das Wirtschaftsgut nicht anzusetzen.

H B 200
Junges Betriebsvermögen.

Beispiel 1:

Bis zum Jahr 01 bestand eine Betriebsaufspaltung. Im Jahr 02 wird das Betriebsgrundstück der Besitzgesellschaft in die Betriebsgesellschaft eingelegt. Im Jahr 03 werden die Anteile an der ehemaligen Betriebsgesellschaft übertragen und die Anteile sind zu bewerten. Das Betriebsgrundstück ist als junges Betriebsvermögen zu behandeln.

Beispiel 2:

Im Jahr vor der Zuwendung des Betriebs wird ein Grundstück eingelegt, das als Parkplatz für den betrieblichen Fuhrpark genutzt wird. Das Betriebsgrundstück ist als junges Betriebsvermögen zu behandeln.

Zu § 201 BewG

R B 201 Ermittlung des Jahresertrags

(1) [1]Die Grundlage für die Bewertung bildet der zukünftig nachhaltig zu erzielende Jahresertrag. [2]Für die Ermittlung dieses Jahresertrags bietet der in der Vergangenheit tatsächlich erzielte Durchschnittsertrag eine Beurteilungsgrundlage.

(2) [1]Der Durchschnittsertrag ist regelmäßig aus den Betriebsergebnissen der letzten drei vor dem Bewertungsstichtag abgelaufenen Wirtschaftsjahre herzuleiten. [2]Wenn sich im Dreijahreszeitraum der Charakter des Unternehmens nach dem Gesamtbild der Verhältnisse nachhaltig geändert hat oder das Unternehmen neu entstanden ist, ist ein verkürzter Ermittlungszeitraum zugrunde zu legen (§ 201 Absatz 3 BewG). [3]Die Summe der Betriebsergebnisse ist in den Fällen eines verkürzten Ermittlungszeitraumes abweichend von § 201 Absatz 2 BewG durch zwei zu dividieren, weil der verkürzte Ermittlungszeitraum stets zwei volle Wirtschaftsjahre umfasst (→ Absatz 4 Satz 1). [4]R B 199.1 Absatz 6 Satz 1 Nummer 2 (kein vereinfachtes Ertragswertverfahren bei Neugründungen innerhalb eines Jahres vor dem Bewertungsstichtag) ist zu beachten. [5]Ist das Unternehmen durch Umwandlung, durch Einbringung von Betrieben oder Teilbetrieben oder durch Umstrukturierungen entstanden, ist bei der Ermittlung des Durchschnittsertrags von den früheren Betriebsergebnissen des Gewerbebetriebs oder der Gesellschaft auszugehen. [6]Soweit sich die Änderung der Rechtsform auf den Jahresertrag auswirkt, sind die früheren Betriebsergebnisse entsprechend zu korrigieren.

(3) [1]Soweit bei der Ermittlung des Durchschnittsertrags anstelle des drittletzten abgelaufenen Wirtschaftsjahrs ein noch nicht abgelaufenes Wirtschaftsjahr wegen der Bedeutung für die Herleitung des künftig zu erzielenden Jahresertrags einzubeziehen ist, erfolgt die Berücksichtigung dieses Wirtschaftsjahrs mit dem vollen Betriebsergebnis und nicht nur zeitanteilig. [2]Somit wird auch in diesen Fällen die Summe der Betriebsergebnisse durch drei dividiert (§ 201 Absatz 2 BewG).

(4) [1]Umfasst der dreijährige Ermittlungszeitraum bei einer Neugründung zu Beginn ein Rumpfwirtschaftsjahr, ist regelmäßig nicht das Betriebsergebnis des Rumpfwirtschaftsjahrs, sondern das volle Betriebsergebnis des letzten,

noch nicht abgelaufenen Wirtschaftsjahrs einzubeziehen. [2]Ein Verstoß gegen das Stichtagsprinzip liegt insoweit nicht vor, weil das (noch nicht abgelaufene) Wirtschaftsjahr einerseits bereits vor dem Bewertungsstichtag begonnen hat und andererseits für die Prognose des zukünftig nachhaltig erzielbaren Jahresertrags von Bedeutung ist. [3]Liegt außer zu Beginn des dreijährigen Ermittlungszeitraums ein Rumpfwirtschaftsjahr im Ermittlungszeitraum vor, so ist das Betriebsergebnis des Rumpfwirtschaftsjahres in die Ermittlung des Durchschnittsertrags zu übernehmen. [4]Der Durchschnittsertrag ist aus dem verkürzten Zeitraum zu ermitteln und in einen entsprechenden Jahresbetrag umzurechnen.

(5) Sofern zum Bewertungsstichtag feststeht, dass der künftige Jahresertrag durch bekannte objektive Umstände, z.B. wegen des Todes des Unternehmers, sich nachhaltig verändert, muss dies bei der Ermittlung des Durchschnittsertrags entsprechend berücksichtigt werden.

H B 201

Jahresertrag bei Rumpfwirtschaftsjahr.

Beispiel:

Bewertungsstichtag	1.9.03
Gründungsdatum	1.5.00
Wirtschaftsjahr = Kalenderjahr	

Der Ermittlungszeitraum umfasst die Wirtschaftsjahre 01, 02 und 03. Eine Berücksichtigung des Rumpfwirtschaftsjahrs (1.5.00 bis 31.12.00) erfolgt nicht.

Zu § 202 BewG

R B 202 Betriebsergebnis

(1) [1]Die einzelnen Betriebsergebnisse sind gesondert zu berechnen; Ausgangswert ist sowohl bei Personenunternehmen als auch bei Kapitalgesellschaften der Gewinn im Sinne des § 4 Absatz 1 Satz 1 EStG und nicht das zu versteuernde Einkommen. [2]Dabei bleiben bei einem Anteil am Betriebsvermögen (§ 97 Absatz 1a BewG) Ergebnisse aus den Sonderbilanzen und Ergänzungsbilanzen unberücksichtigt. [3]Maßgebend ist die zutreffende, nicht die tatsächliche ertragsteuerrechtliche Behandlung.

(2) [1]Da der Ermittlung des Betriebsergebnisses der Gewinn im Sinne des § 4 Absatz 1 Satz 1 EStG zu Grunde liegt, entfallen weitere Korrekturen bei nicht abziehbaren Betriebsausgaben. [2]Der Ausgangswert hat sich bereits um die betriebsgewöhnlichen Aufwendungen dieser Art zutreffend gemindert. [3]Entsprechendes gilt auch für andere außerhalb der Bilanz vorzunehmende Korrekturen. [4]Bei der Bildung eines Investitionsabzugsbetrags bzw. durch die entsprechende Auflösung wird der Gewinn im Sinne des § 4 Absatz 1 Satz 1 EStG nicht beeinflusst, so dass insofern keine Korrektur vorzunehmen ist.

(3) [1]Der Ausgangswert des einzelnen Betriebsergebnisses ist zu korrigieren hinsichtlich solcher Vermögensminderungen oder Vermögensmehrungen, die einmalig sind oder jedenfalls den künftig nachhaltig erzielbaren Jahresertrag nicht beeinflussen. [2]Als Korrekturen kommen in Betracht:

1. Hinzuzurechnen sind
   a) [1]Investitionsabzugsbeträge, soweit sie den Gewinn gemindert haben, Sonderabschreibungen oder erhöhte Absetzungen, Bewertungsabschläge, Zuführungen zu steuerfreien Rücklagen sowie Teilwertabschreibungen. [2]Es sind nur die normalen Absetzungen für Abnutzung, zu denen auch die Absetzung für Abnutzung nach § 7 Absatz 5 EStG gehört, zu berücksichtigen. [3]Die normalen Absetzungen für Abnutzung mit Ausnahme derjenigen nach § 7 Absatz 5 EStG sind nach den Anschaffungs- oder Herstellungskosten bei gleichmäßiger Verteilung über die gesamte betriebsgewöhnliche Nutzungsdauer zu bemessen. [4]Die normalen Absetzungen für Abnutzung sind auch dann anzusetzen, wenn für die Absetzungen in der Steuerbilanz vom Restwert auszugehen ist, der nach Inanspruchnahme der Sonderabschreibungen oder erhöhten Absetzungen verblieben ist;
   b) Absetzungen auf den Geschäfts- oder Firmenwert oder auf firmenwertähnliche Wirtschaftsgüter;
   c) einmalige Veräußerungsverluste sowie außerordentliche Aufwendungen;
   d) im Gewinn nicht enthaltene Investitionszulagen, soweit in Zukunft mit weiteren zulagebegünstigten Investitionen in gleichem Umfang gerechnet werden kann;
   e) der Ertragsteueraufwand (Körperschaftsteuer, Zuschlagsteuern und Gewerbesteuer);
   f) [1]Aufwendungen im Zusammenhang mit nicht betriebsnotwendigem Vermögen (§ 200 Absatz 2 BewG) sowie im Zusammenhang mit innerhalb von zwei Jahren vor dem Bewertungsstichtag eingelegten Wirtschaftsgütern (§ 200 Absatz 4 BewG), weil die entsprechenden Wirtschaftsgüter bereits mit dem gemeinen Wert angesetzt werden; es sind regelmäßig nur Hinzurechnungen erforderlich, die unmittelbar auf die entsprechenden Wirtschaftsgüter entfallen. [2]Hierzu gehören nicht Finanzierungsaufwendungen im Zusammenhang mit Anteilen an Kapitalgesellschaften im Sinne des § 200 Absatz 3 BewG, die den Wert des die Beteiligung haltenden Unternehmens zutreffend mindern; eine Korrektur des Betriebsergebnisses scheidet insoweit aus. [3]Bei Beteiligungen an Personengesellschaften im Sinne des § 200 Absatz 3 BewG werden wegen der Qualifizierung der Schulden als Sonderbetriebsvermögen bei der Personengesellschaft damit im Zusammenhang stehende Aufwendungen im Ergebnis der Personengesellschaft berücksichtigt und sind deshalb bei der Korrektur des Betriebsergebnisses nicht hinzuzurechnen. [4]Sie werden durch die Hinzurechnung des übernommenen Verlustes aus der Beteiligung nach § 202 Absatz 1 Satz 2 Nummer 1 Buchstabe f 2. Halbsatz BewG oder die Kürzung der Erträge aus der Beteiligung nach § 202 Absatz 1 Satz 2 Nummer 2 Buchstabe f BewG berücksichtigt.
2. Abzuziehen sind
   a) gewinnerhöhende Auflösungsbeträge steuerfreier Rücklagen sowie Gewinne aus der Anwendung des § 6 Absatz 1 Nummer 1 Satz 4 und Nummer 2 Satz 3 EStG;

b) einmalige Veräußerungsgewinne sowie außerordentliche Erträge;

c) im Gewinn enthaltene Investitionszulagen, soweit in Zukunft nicht mit weiteren zulagebegünstigten Investitionen in gleichem Umfang gerechnet werden kann;

d) [1] ein angemessener Unternehmerlohn, soweit in der bisherigen Ergebnisrechnung kein solcher berücksichtigt worden ist. [2] Die Höhe des Unternehmerlohns wird nach der Vergütung bestimmt, die eine nicht beteiligte Geschäftsführung erhalten würde. [3] Neben dem Unternehmerlohn kann auch fiktiver Lohnaufwand für bislang unentgeltlich tätige Familienangehörige des Eigentümers berücksichtigt werden. [4] Bei der Ermittlung eines angemessenen Unternehmerlohns sind die Grundsätze zu beachten, die bei der ertragsteuerlichen Behandlung der verdeckten Gewinnausschüttung angewandt werden. [5] Häufig wird der angemessene Unternehmerlohn aus an leitende Angestellte des Unternehmens gezahlten Bruttogehältern abgeleitet werden können. [6] Soweit branchenspezifische Datensammlungen zu Geschäftsführergehältern in einem Fremdvergleich vorliegen, können diese in geeigneter Weise berücksichtigt werden. [7] Erhalten geschäftsführende Gesellschafter von Personengesellschaften wirtschaftlich begründete Tätigkeitsvergütungen als Vorabanteile aus dem Gewinn, sind sie als Unternehmerlohn abzuziehen, soweit sie nach Art und Umfang angemessen sind;

e) Erträge aus der Erstattung von Ertragsteuern (Körperschaftsteuer, Zuschlagsteuern und Gewerbesteuer);

f) [1] Erträge, die im Zusammenhang stehen mit Vermögen im Sinne des § 200 Absatz 2 bis 4 BewG. [2] Es sind regelmäßig nur unmittelbar auf die Wirtschaftsgüter entfallende Erträge zu korrigieren.

3. [1] Hinzuzurechnen oder abzuziehen sind auch sonstige wirtschaftlich nicht begründete Vermögensminderungen oder -erhöhungen mit Einfluss auf den zukünftig nachhaltig zu erzielenden Jahresertrag und mit gesellschaftsrechtlichem Bezug (bei Kapitalgesellschaften insbesondere verdeckte Gewinnausschüttungen und verdeckte Einlagen), soweit sie nicht nach den Nummern 1 und 2 berücksichtigt wurden. [2] Hierzu zählen auch solche Vermögensminderungen oder -erhöhungen, die mit Angehörigen des Unternehmers oder Gesellschafters oder sonstigen diesem nahe stehenden Personen im Zusammenhang stehen. [3] Die in § 202 Absatz 1 Satz 2 Nummer 3 BewG genannten Vermögensminderungen oder -erhöhungen müssen nicht notwendig in einem bilanzierungsfähigen Wirtschaftsgut bestehen.

(4) [1] Ausgangswert ist bei nicht bilanzierenden Gewerbetreibenden und freiberuflich Tätigen der Überschuss der Betriebseinnahmen über die Betriebsausgaben. [2] Auch hierbei sind die in § 202 Absatz 1 BewG genannten Hinzurechnungen und Kürzungen vorzunehmen, z.B. Abschreibungen auf einen entgeltlich erworbenen Praxiswert, einmalige Veräußerungsverluste bzw. Veräußerungsgewinne, der Betriebsausgabenabzug bzw. Betriebseinnahmen nach § 6c EStG oder nach R 6.6 EStR, Absetzungen für außergewöhnliche technische oder wirtschaftliche Abnutzungen gemäß § 7 Absatz 1 Satz 7 EStG oder Sonderabschreibungen.

(5) [1]Zur Abgeltung des Ertragsteueraufwands ist ein positives Betriebsergebnis nach § 202 Absatz 1 oder 2 BewG um 30 Prozent zu mindern. [2]Auf Grund der typisierenden Vorgehensweise ist es in der Regel nicht zu beanstanden, wenn die aus dem Bereich der gewerblichen Unternehmen vorliegende Steuerbelastung in Höhe von 30 Prozent auch bei einem im vereinfachten Ertragswertverfahren ermittelten Wert für ein der Ausübung eines freien Berufs dienenden Vermögen abgezogen werden.

H B 202

Wirtschaftlich nicht begründete Vermögensminderung.

Beispiel 1:

Eine Gesellschaft zahlt an den Gesellschafter-Geschäftsführer einen überhöhten Unternehmerlohn.

Die wirtschaftlich nicht begründete Vermögensminderung der Gesellschaft ist in Höhe der Differenz zum angemessenen Unternehmerlohn zur Ermittlung des Betriebsergebnisses hinzuzurechnen (§ 202 Absatz 1 Satz 2 Nummer 3 BewG).

Beispiel 2:

Eine natürliche Person überlässt der Gesellschaft, an der sie oder eine ihr nahestehende Person beteiligt ist, ein Grundstück zu einer zu niedrigen Miete.

Die wirtschaftlich nicht begründete Vermögenserhöhung der Gesellschaft ist in Höhe der Differenz zur üblichen Miete zur Ermittlung des Betriebsergebnisses abzuziehen (§ 202 Absatz 1 Satz 2 Nummer 3 BewG).

Zu § 203 BewG

R B 203 Kapitalisierungsfaktor

[1]Der nur für das vereinfachte Ertragswertverfahren geltende Kapitalisierungsfaktor beträgt 13,75 (§ 203 Absatz 1 BewG). [2]Der Kapitalisierungsfaktor ist nur im vereinfachten Ertragswertverfahren anzuwenden. [3]Er gilt nicht, wenn der gemeine Wert unter Berücksichtigung der Ertragsaussichten in einer anderen anerkannten, auch im gewöhnlichen Geschäftsverkehr für nichtsteuerliche Zwecke üblichen Methode ermittelt wird.

Standarddeckungsbeiträge nach der EU-Typologie		Sachsen-Anhalt			Thüringen	Stadtstaaten
		Dessau	Halle	Magdeburg		
Code	Merkmal (folgende Angaben in €/ha)					
D/21	Schwarzbrache (einschl. Grünbrache), für die keine Beihilfe gewährt wird	50	50	50	50	50
D/22	Schwarzbrache (einschl. Grünbrache), die einer Beihilferegelung unterliegt und nicht wirtschaftlich genutzt wird	190	190	190	214	204
D/23	Tabak	6.448	6.448	6.448	6.448	6.448
D/24	Hopfen	4.003	4.003	4.003	4.003	4.003
D/26	Raps und Rübsen	613	676	643	629	610
D/27	Sonnenblumen	394	442	405	450	378
D/28	Soja	355	345	372	337	378
D/29	Leinsamen (Öllein)	555	555	555	555	555
D/30	Andere Ölfrüchte	614	678	647	639	652
D/31	Flachs	628	628	628	628	628
D/32	Hanf	632	632	632	632	632
D/33	Andere Textilpflanzen	628	628	628	628	628
D/35	Andere Handelsgewächse, die noch nicht aufgeführt wurden	613	676	643	629	610
F/01	Grünland und Weiden ohne ertragsarme Weiden	244	255	252	285	352
F/02	Ungepflegtes Weideland	99	99	99	99	99
	Durchschnittlicher Standarddeckungsbeitrag nach R B 164 Abs. 9 ErbStR	543	598	564	619	605
	Merkmal für die Regelung nach § 160 Abs. 2 Satz 2 BewG (folgende Angaben in €/ha)					
D/14a	Spargel	11.111	11.111	11.111	11.111	11.111
D/23	Tabak	6.448	6.448	6.448	6.448	6.448
D/24	Hopfen	4.003	4.003	4.003	4.003	4.003

Anlage 3. Schreiben betr. Wertsteigerungen infolge des Kaufkraftschwunds bei der Berechnung der Zugewinnausgleichsforderung nach § 5 Absatz 1 ErbStG

Vom 29. Januar 2021 (BStBl. I S. 247)

(BMF IV C 7 – S 3804/20/10001:002)

Hiermit übersende ich eine aktualisierte Zusammenstellung der Verbraucherpreisindizes für Deutschland, Stand 19. Januar 2021. Auf H E 5.1 (2) „Wertsteigerung infolge des Kaufkraftschwundes" ErbStH 2019 und das BMF-Schreiben vom 19. Februar 2020 (BStBl. I S. 214) nehme ich Bezug.

Verbraucherpreisindex für Deutschland

2015 = 100

Jahre 1958 bis 1990

1958	**1959**	**1960**	**1961**	**1962**	**1963**	**1964**	**1965**	**1966**	**1967**
23,3	23,4	23,7	24,4	24,6	25,4	26,0	26,8	27,7	28,3
1968	**1969**	**1970**	**1971**	**1972**	**1973**	**1974**	**1975**	**1976**	**1977**
28,6	29,2	30,2	31,8	33,6	35,9	38,4	40,7	42,4	44,0
1978	**1979**	**1980**	**1981**	**1982**	**1983**	**1984**	**1985**	**1986**	**1987**
45,2	47,1	49,6	52,7	55,5	57,2	58,7	59,9	59,9	59,9
1988	**1989**	**1990**							
60,8	62,4	64,1							

Jahre ab 1991

1991	**1992**	**1993**	**1994**	**1995**	**1996**	**1997**	**1998**	**1999**	**2000**
65,5	68,8	71,9	73,8	75,1	76,1	77,6	78,3	78,8	79,9
2001	**2002**	**2003**	**2004**	**2005**	**2006**	**2007**	**2008**	**2009**	**2010**
81,5	82,6	83,5	84,9	86,2	87,6	89,6	91,9	92,2	93,2
2011	**2012**	**2013**	**2014**	**2015**	**2016**	**2017**	**2018**	**2019**	**2020**
95,2	97,1	98,5	99,5	100,0	100,5	102,0	103,8	105,3	105,8

2021[1)]

Januar	**Februar**	**März**	**April**	**Mai**	**Juni**
106,3	107,0	107,5	108,2	108,7	109,1
Juli	**August**	**September**	**Oktober**	**November**	**Dezember**
110,1	110,1				

1) Redaktionell ergänzt; Quelle: Statistisches Bundesamt.

Zu §§ 1, 2 GrStG

1.[1)·2)·3)·4)] Steuerberechtigung

[1]Die Berechtigung zur Erhebung der Grundsteuer steht den Gemeinden zu (§ 1 GrStG). [2]In den Ländern Berlin und Hamburg, in denen keine Gemeinden bestehen, steht die Berechtigung dem Land zu. [3]In der Festsetzung des Hebesatzes durch die Gemeinde liegt die Entscheidung, daß Grundsteuer erhoben wird.

2.[5)] Verwaltung der Grundsteuer

[1]Die Verwaltung der Grundsteuer obliegt zum Teil den Finanzbehörden der Länder, zum Teil den Gemeinden. [2]In den Ländern Berlin und Hamburg wird die Grundsteuer nur von den Finanzbehörden verwaltet. [3]Für die Feststellung der Einheitswerte sowie für die Festsetzung und Zerlegung der Steuermeßbeträge sind die Finanzämter zuständig (§ 19 BewG, §§ 184, 185 ff. AO 1977). [4]Die Festsetzung und Erhebung der Grundsteuer einschließlich der Stundung, der Niederschlagung und des Erlasses obliegt dagegen der hebeberechtigten Gemeinde. [5]Hierfür gelten in erster Linie die §§ 25 bis 34 GrStG sowie die in § 1 Abs. 2 AO 1977 für anwendbar erklärten Vorschriften der Abgabenordnung. [6]Für die Aussetzung der Vollziehung der Grundsteuermeßbescheide sind die Finanzämter oder gegebenenfalls die Finanzgerichte zuständig, während die Aussetzung der Grundsteuerbescheide den Gemeinden obliegt. [7]Wird die Vollziehung eines Grundsteuermeßbescheids durch das Finanzamt ausgesetzt, so ist die Gemeinde verpflichtet, von Amts wegen auch die Vollziehung des hierauf beruhenden Grundsteuerbescheids auszusetzen, selbst wenn dieser unanfechtbar geworden ist (§ 361 Abs. 1 Satz 2 und Abs. 3 in Verbindung mit § 1 Abs. 2 Nr. 6 AO 1977).

[1)] Zur Verfassungsmäßigkeit des GrStG vgl. VGH Ba-Wü v. 27.6.2005, DStRE 2005, 1224; Vb. nicht zur Entscheidung angenommen, siehe BVerfG v. 21.6.2006 1 BvR 1644/05, BFH/NV 2006 Beil. 10/2006, 505; ebenso Vb. 1 BvR 2531/06 gegen BFH v. 12.10.2005 II B 36/05, BFH/NV 2006, 369; ebenso Vb. 1 BvR 311/06 gegen BVerwG v. 8.11.2005 10 B 45.05, ZKF 2006, 213. – Zur Erstreckung des Begriffs des dinglichen Rechts Dritter auf Grundsteuerforderungen im Rahmen des europäischen Insolvenzverfahrens siehe EuGH v. 26.10.2016 C-195/15, EuZW 2016, 944; BGH v. 8.12.2016 V ZB 41/14, NJW-RR 2017, 299.

[2)] Die Frage der Vereinbarkeit der Erhebung von Grundsteuern mit Art. 14 GG ist hinreichend geklärt; vgl. BFH v. 9.10.2006 II B 4/06, BFH/NV 2007, 103, sowie BVerfG v. 13.4.2010 1 BvR 3515/08, NVwZ 2010, 954.

[3)] Zur Verfassungswidrigkeit der Vorschriften zur Einheitsbewertung für die Bemessung der Grundsteuer für Stichtage ab 1.1.2002 siehe BVerfG v. 10.4.2018 1 BvL 11/14, 1 BvL 12/14, 1 BvL 1/15, 1 BvR 639/11, 1 BvR 889/12, DStR 2018, 791. – Zur vorläufigen Einheitswertfeststellung und vorläufigen Festsetzung des Grundsteuermessbetrags nach Ergehen des BVerfG-Urteils v. 10.4.2018 siehe gleich lautende Ländererlasse v. 17.1.2019, BStBl. I 2019, 28. Zur Zurückweisung der wegen Zweifeln an der Verfassungsmäßigkeit der Einheitsbewertung des Grundvermögens eingelegten Einsprüche siehe AllgVfg. der Obersten Finanzbehörden der Länder v. 18.1.2019, BStBl. I 2019, 26, und v. 3.6.2019, BStBl. I 2019, 470.

[4)] Kein Erlass von Säumnizuschlägen zur Grundsteuer wegen möglicher Verfassungswidrigkeit der Einheitsbewertung, siehe BFH v. 2.3.2017 II B 33/16, BStBl. II 2017, 646.

[5)] Zur Befugnis der Zahlung der Grundsteuer als Jahresbetrag siehe Sächsisches OVG v. 21.6.2018 3 A 459/18, BeckRS 2018, 13571.

3. Örtliche Zuständigkeit für die Festsetzung und Zerlegung des Steuermeßbetrags

[1] Für die Festsetzung und die Zerlegung des Steuermeßbetrags ist das Lagefinanzamt zuständig (§ 22 Abs. 1 in Verbindung mit § 18 Abs. 1 Nr. 1 AO 1977). [2] Das ist das Finanzamt, in dessen Bezirk der Betrieb der Land- und Forstwirtschaft, das Grundstück oder das Betriebsgrundstück liegt. [3] Erstreckt sich der Betrieb, das Grundstück oder das Betriebsgrundstück auf die Bezirke mehrerer Finanzämter, so ist das Finanzamt zuständig, in dessen Bezirk der wertvollste Teil liegt.

3a. Örtliche Zuständigkeit der Finanzämter für die Festsetzung und Erhebung der Grundsteuer

[1] Soweit die Festsetzung, Erhebung und Beitreibung der Grundsteuer den Finanzämtern obliegt, ist dafür das Finanzamt zuständig, zu dessen Bezirk die hebeberechtigte Gemeinde gehört (§ 22 Abs. 2 AO 1977). [2] Gehört eine hebeberechtigte Gemeinde zu den Bezirken mehrerer Finanzämter, so ist das Finanzamt zuständig, in dessen Bezirk der wertvollste Teil des Betriebs der Land- und Forstwirtschaft, des Grundstücks oder des Betriebsgrundstücks liegt (§ 22 Abs. 2 in Verbindung mit dessen Absatz 1 und § 18 Abs. 1 Nr. 1 AO 1977). [3] Dies gilt sinngemäß, soweit das Aufkommen der Realsteuern einem Land zusteht (§ 22 Abs. 3 AO 1977).

4.[1)] Bekanntgabe des Steuermeßbescheids an den Steuerpflichtigen und Mitteilung des Steuermeßbetrags an die hebeberechtigte Gemeinde

(1) [1] Der Einheitswert und der Steuermeßbetrag werden dem Steuerpflichtigen in der Regel in einem zusammengefaßten Bescheid bekanntgegeben. [2] Das Finanzamt kann auch getrennte Bescheide erteilen. [3] Das gilt insbesondere für die Steuermeßbeträge, die auf den 1. Januar 1974 (Hauptveranlagung 1974) festgesetzt werden.

(2) [1] Das Finanzamt teilt der hebeberechtigten Gemeinde den festgesetzten Steuermeßbetrag mit (§ 184 Abs. 3 AO 1977). [2] Diese wendet den für das Kalenderjahr gültigen Hebesatz auf den Steuermeßbetrag an und gibt den Jahresbetrag der Grundsteuer in einem Grundsteuerbescheid dem Steuerpflichtigen bekannt (§§ 25, 27 GrStG).

(3) [1] Ist der Steuermeßbetrag zu zerlegen, so sind neben dem Steuerpflichtigen auch die hebeberechtigten Gemeinden Beteiligte am Zerlegungsverfahren (§ 186 AO 1977). [2] Dies ist bei der Bekanntgabe des Zerlegungsbescheids zu berücksichtigen.

---

1) Zur Bekanntgabe und Adressierung des Grundsteuermessbescheids und des Einheitswertbescheids bei einer GbR siehe OFD'en Düsseldorf u. Münster v. 7.4.2004, DB 2005, 1019. – Zur Erbengemeinschaft siehe BFH v. 7.7.2004 II R 77/01, BFH/NV 2005, 73. – Zur Festsetzung von Grundsteuermessbeträgen und der Verfahrensweise bei Einsprüchen gegen Grundsteuermessbescheide siehe OFD Frankfurt/M. v. 17.8.2017 G 1130 A-030-St 116, BeckVerw 346307. – Zur Heranziehung des Mitglieds einer Erbengemeinschaft zur Zahlung der Grundsteuer siehe BayVGH v. 12.7.2018 4 C 18.1135, ZEV 2019, 172. – Zur Frage der dinglichen Wirkung eines Grundsteuermessbescheids siehe BFH v. 12.2.2020 II R 10/17, DStRE 2020, 864. – Zur Frage der Zurechnung eines Grundstücks für Zwecke der Grundsteuer unter dem Gesichtspunkt des wirtschaftlichen Eigentums siehe BFH v. 23.2.2021 II R 44/17, DStRE 2021, 991.

übersteigen. 2Für die Beurteilung der Frage, ob die jährlichen Kosten den Rohertrag übersteigen, gilt Abschnitt 35 Abs. 2 entsprechend.

(2) 1Erst durch die Widmung erlangt Grundbesitz den Status öffentlicher Grünanlagen, Spiel- und Sportplätze. 2Die Öffnung von Grundbesitz zu den begünstigten Zwecken reicht dagegen nicht aus.

(3) 1Sportplätze sind Anlagen, die zu sportlichen Zwecken von der Öffentlichkeit benutzt werden dürfen. 2Abschnitt 10 über den Gebrauch durch die Allgemeinheit gilt hier entsprechend. 3Für die Benutzung kann auch ein Eintrittsgeld verlangt werden. 4Bei einer Beschränkung der Benutzung auf bestimmte Personengruppen, z.B. auf Mitglieder bestimmter Vereine, fehlt es an einer Benutzung durch die Allgemeinheit.

(4) Spielplätze sind Anlagen, die von Kindern und Jugendlichen ungehindert für ihre Spiele benutzt werden dürfen.

37. Erlass für Grundbesitz, in dessen Gebäuden Gegenstände von wissenschaftlicher usw. Bedeutung untergebracht sind

(1) 1Ein Erlass kann für Grundbesitz in Betracht kommen, auf dem Gegenstände von wissenschaftlicher, künstlerischer oder geschichtlicher Bedeutung untergebracht sind. 2Bei diesen Gegenständen handelt es sich z.B. um Sammlungen, Bibliotheken oder um die Inneneinrichtung eines Gebäudes. 3Die wissenschaftliche, künstlerische oder geschichtliche Bedeutung der untergebrachten Gegenstände muss durch die Landesregierung oder durch die von ihr beauftragte Stelle anerkannt sein. 4Die Anerkennung ist für die Gemeinde verbindlich. 5Soweit bisher ein Erlass nach § 26a Ziff. 3 GrStG a.F. gewährt wurde, kann die Gemeinde unterstellen, dass eine Anerkennung bereits vorliegt.

(2) 1Aus der Anerkennung muss sich ergeben, dass die Gegenstände dem Zwecke der Forschung oder Volksbildung nutzbar gemacht sind. 2Sie müssen in einem den Verhältnissen entsprechenden Umfang der Öffentlichkeit, mindestens aber den interessierten Kreisen, ohne weiteres zugänglich sein. 3Dies muss auch allgemein erkennbar sein.

(3) 1Durch die Aufbewahrung der Gegenstände muss der Rohertrag des Grundbesitzes nachhaltig gemindert werden. 2Zum Begriff des Rohertrags vgl. Abschnitt 35 Abs. 2. 3Dabei ist jeweils auf den ganzen Steuergegenstand abzustellen, auch wenn die Gegenstände nur in einem Teil untergebracht sind. 4Ob der Rohertrag nachhaltig gemindert und in welchem Umfang dies der Fall ist, muss von der Gemeinde festgestellt werden. 5Wegen der Durchführung des Erlasses vgl. Abschnitt 35 Abs. 2.

(4) 1Ist der Rohertrag für ein Grundstück nur schwer festzustellen, z.B. für eigengenutzte Grundstücke, so kann wie folgt verfahren werden: 2Zunächst ist festzustellen, ob für die Räume, in denen die steuerbegünstigten Gegenstände untergebracht sind, noch ein Rohertrag verbleibt. 3Ist dies nicht der Fall, so ist unter Mitwirkung des Finanzamts der Hundertsatz zu ermitteln, mit dem dieser Grundstücksteil im Einheitswert für das gesamte Grundstück enthalten ist. 4Ein diesem Hundertsatz entsprechender Betrag ist dann von der Grundsteuer zu erlassen. 5Bei der Ermittlung des Hundertsatzes ist von dem bei der Einheitsbewertung angewendeten Verfahren auszugehen.

Zu § 33 GrStG[1)]

38.[2), 3)] Allgemeine Voraussetzungen für einen Erlass wegen wesentlicher Ertragsminderung

(1) [1]Der Erlass der Grundsteuer kommt bei Betrieben der Land- und Forstwirtschaft und bei bebauten Grundstücken, nicht aber bei unbebauten Grundstücken in Betracht. [2]Der Erlass setzt voraus, dass

1. die Minderung des normalen Rohertrags (vgl. Abschnitt 39 ff.) mehr als *20 v. H.*[4)] beträgt und
2. der Steuerschuldner die Minderung des Rohertrags nicht zu vertreten hat (vgl. Absätze 2 bis 4 a).

[3]Bei Betrieben der Land- und Forstwirtschaft und bei eigengewerblich genutzten bebauten Grundstücken muss außerdem die Einziehung der Grundsteuer nach den wirtschaftlichen Verhältnissen des Betriebs unbillig sein (vgl. Absatz 5).

(2)[5)] [1]Der Steuerschuldner hat die Minderung des normalen Rohertrags eines Betriebs der Land- und Forstwirtschaft oder eines bebauten Grundstücks nicht zu vertreten, wenn die Umstände, die zu einer Minderung des Rohertrags führen, zwingend von außen in die Ertragslage des Betriebs der Land- und Forstwirtschaft oder des bebauten Grundstücks eingegriffen haben und der Steuerschuldner auf ihren Eintritt oder Nichteintritt keinen Einfluss hat. [2]Der Steuerschuldner hat demnach Umstände nicht zu vertreten, die unabhängig von seinem Willen eintreten (vgl. hierzu das zur Vermögensteuer ergangene BFH-Urteil vom 7.5.1971, BStBl. II S. 696); dagegen hat er für Umstände einzustehen, die er selbst auf Grund freier Willensentschließung herbeigeführt hat (BFH-Urteil vom 7.5.1971 a. a. O.).

(3) [1]Bei Betrieben der Land- und Forstwirtschaft hat der Steuerschuldner eine Minderung des normalen Rohertrags insbesondere dann nicht zu vertreten, wenn sie auf Naturereignisse zurückzuführen ist. [2]Hierzu gehören

---

1) § 33 GrStG neugef. durch JStG 2009, BGBl. I 2008, 2794, mWv Kj. 2008. Zur Verfassungsmäßigkeit der Neuregelung des GrSt-Erlasses wegen wesentlicher Ertragsminderung durch das JStG 2009 vgl. BFH v. 18.4.2012 II R 36/10, BStBl. II 2012, 867; Vb. nicht zur Entscheidung angenommen, vgl. BVerfG v. 1.9.2014 1 BvR 1375/12. – Zur Frage einer Bindung an die Gründe eines Finanzamtsbescheids beim Grundsteuererlass vgl. BayVGH v. 4.4.2019 4 B 18.2511, NVwZ-RR 2019, 835. – Zur Frage eines Anspruchs auf Prozesszinsen nach § 236 Abs. 1 AO in Fällen des Grundsteuererlasses gem. § 33 Abs. 1 GrStG siehe BFH v. 20.4.2020 II B 22/19, BFH/NV 2020, 857.

2) Vgl. BVerwG v. 3.5.1991 8 C 13.89, BStBl. II 1992, 580, und v. 4.4.2001 11 C 12.00, BStBl. II 2002, 889. – Zu nicht lediglich vorübergehenden strukturell bedingten Ertragsminderungen vgl. BFH v. 26.2.2007 II R 5/05, BStBl. II 2007, 469, BVerwG v. 24.4.2007 GmS-OGB 1.07, ZKF 2007, 211, und BFH v. 24.10.2007 II R 5/05, BStBl. II 2008, 331 **(Rspr.-Änderung),** sowie BVerwG v. 25.6.2008 9 C 8.07, NVwZ-RR 2008, 814.

3) Zu steuerlichen Maßnahmen zur Berücksichtigung der Schäden im Zusammenhang mit den Unwetterereignissen im Juli 2021 siehe FM Rh-Pf v. 26.7.2015 – S 1915#2018/0001-0401 447; FM NRW v. 16.7.2021 – S 1915 – 6/48 – V A 3, DStR 2021, 1762; BayFM v. 26.7.2021 – 37 – S 1915 – 14; FM Sachsen v. 27.7.2021 – 31 – S 1915/1/303 – 2021/51320; FM Hessen v. 27.7.2021 – S 1915 A – 026 – II 1a7.

4) Ab Kj. 2008: 50%.

5) Zum GrSt-Erlass in Sanierungsgebieten siehe BFH v. 17.12.2014 II R 41/12, BStBl. II 2015, 663.

Hagel, Auswinterung, Dürre, Hochwasser, Viehseuchen, Eis, Schnee- und Windbruch, Windwurf, Erdbeben, Bergrutsch, Waldbrand und andere nicht abwendbare Ereignisse ähnlicher Art. [3]Die Nichtbewirtschaftung von Flächen hat der Steuerschuldner zu vertreten. [4]Sie ist daher kein Erlassgrund.

(4)[1)] [1]Bei Wohnungen und anderen Räumen, die leerstehen, hat der Vermieter die dadurch bedingte Minderung des normalen Rohertrags in der Regel nicht zu vertreten, wenn er sich in ortsüblicher Weise um deren Vermietung bemüht hat. [2]Dabei darf er keine höhere als die marktgerechte Miete verlangt haben. [3]Bei vermieteten Wohnungen und Räumen hat er einen Mietausfall nicht zu vertreten, wenn er eine marktgerechte Miete vereinbart hatte, diese jedoch aus Gründen nicht erhalten konnte, auf die er keinen Einfluß hat, z. B. bei Zahlungsunfähigkeit des Mieters. [4]Bei Wohnungen, die von vornherein z. B. als Ferienwohnungen nur zeitweise vermietet werden können, hat er dagegen die dadurch bedingte Minderung des normalen Rohertrags selbst zu vertreten.

(4 a) [1]Bei eigengewerblich genutzten bebauten Grundstücken hat der Unternehmer eine Minderung der Ausnutzung (§ 33 Abs. 2 GrStG) nicht zu vertreten, wenn für ihn keine Möglichkeit bestand, auf deren Ursachen in zumutbarer Weise Einfluß zu nehmen. [2]Zu diesen Ursachen können auch strukturelle und konjunkturelle Entwicklungen gehören, die ihn zwingen, den bisher auf dem Grundstück unterhaltenen Betrieb stillzulegen oder einzuschränken. [3]Dagegen fällt zum Beispiel eine Minderung der Ausnutzung bei Neugründungen oder Kapazitätsausweitungen in der Regel in den Bereich des Unternehmerrisikos. [4]Sie ist daher auch vom Unternehmer zu vertreten.

(5) [1]Für einen Erlaß kommt es auf die wirtschaftlichen und persönlichen Verhältnisse des Steuerschuldners nicht an. [2]Bei Betrieben der Land- und Forstwirtschaft und bei eigengewerblich genutzten bebauten Grundstücken ist jedoch weitere Voraussetzung für den Erlaß, daß die Einziehung der Steuer nach den wirtschaftlichen Verhältnissen des Betriebs unbillig wäre. [3]Dabei ist allein auf die wirtschaftlichen Verhältnisse während des Kalenderjahres abzustellen, für das der Erlaß beantragt wird (§ 34 Abs. 1 Satz 2 GrStG). [4]Wenn zum Betrieb mehrere Betriebsstätten gehören, kommt es auf die wirtschaftlichen Verhältnisse des Gesamtunternehmens an. [5]Dasselbe gilt bei Organgesellschaften.[2)] [6]Zu den wirtschaftlichen Verhältnissen gehört insbesondere das Betriebsergebnis. [7]Bei seiner Beurteilung ist von dem für die Einkommensteuer oder Körperschaftsteuer maßgebenden Gewinn oder Verlust auszugehen. [8]Ist danach das Betriebsergebnis negativ und ist auch die Entrichtung

---

[1)] Zum Grundsteuererlass bei bebauten Grundstücken mit mehreren getrennt vermietbaren Einheiten siehe BFH v. 27.9.2012 II R 8/12, BStBl. II 2014, 117. – Zum Grundsteuererlass bei strukturell bedingter Ertragsminderung und zu den Vermietungsbemühungen des Steuerschuldners siehe BVerwG v. 3.12.2014 9 B 73.14, NVwZ-RR 2015, 232. – Kein Grundsteuererlass bei Vertretenmüssen der Rohertragsminderung, auch beim Herrichten eines verwahrlosten Grundstücks (Mitwirkungsobliegenheit); siehe OVG NRW v. 25.11.2016 14 A 1636/15, ZKF 2017, 69. – Zur Darlegungs- und Substantiierungspflicht (Nachweis der Vermietungsbemühungen) des Antragstellers beim Grundsteuererlass siehe BayVGH v. 8.12.2016 4 ZB 16.1583, ZKF 2017, 118. – Zur Frage eines Grundsteuererlasses bei Leerstand von nicht im Internet zur Vermietung angebotenen Immobilien siehe BVerwG v. 13.2.2017 9 B 37/16, NVwZ-RR 2017, 429.

[2)] Siehe hierzu BFH v. 19.4.1989 II R 16/89, BStBl. II 1989, 804, und v. 17.1.1990 II R 97/85, BStBl. II 1990, 448.

der Grundsteuer aus dem Vermögen oder durch Kreditaufnahme nicht zumutbar, so wäre die Erhebung der Grundsteuer unbillig.[1)]

(6) [1] Ein Erlaßgrund liegt nicht vor, wenn die Ertragsminderung auf Umständen beruht, die für den Erlaßzeitraum durch eine Fortschreibung des Einheitswerts berücksichtigt werden können. [2] Das gilt auch, wenn der Steuerschuldner es versäumt hat, den Fortschreibungsantrag rechtzeitig zu stellen (§ 33 Abs. 5 GrStG).

Beispiel:

Im Juni 1978 wird das Nebengebäude eines Mietwohngrundstücks durch Brand zerstört. Die eingetretene Wertminderung des Grundstücks kann erst durch Fortschreibung des Einheitswerts auf den 1. Januar 1979 berücksichtigt werden. Für den Erlaßzeitraum 1978 kann demnach ein Erlaß der Grundsteuer in Betracht kommen, nicht jedoch für den Erlaßzeitraum 1979.

[3] Die Fortschreibung des Einheitswerts für ein stillgelegtes Fabrikgrundstück wegen Anwendung einer niedrigeren Wertzahl nach § 3 Nr. 1 oder 2 der Verordnung zur Durchführung des § 90 des Bewertungsgesetzes führt für sich allein noch nicht zum Ausschluß des Erlasses.

39. Erlaß wegen wesentlicher Ertragsminderung bei Betrieben der Land- und Forstwirtschaft[2)]

(1) [1] Normaler Rohertrag im Sinne des § 33 Abs. 1 Nr. 1 GrStG ist bei Betrieben der Land- und Forstwirtschaft der Rohertrag, der aus dem Wirtschaftsteil nach den Verhältnissen zu Beginn des Erlaßzeitraums bei ordnungsmäßiger Bewirtschaftung gemeinhin und nachhaltig erzielbar wäre. [2] Soweit Buchführungsergebnisse vorliegen, ist von diesen auszugehen. [3] Bei nichtbuchführenden Betrieben ist der normale Rohertrag durch von der Gemeinde zu bildende örtliche Kommissionen zu schätzen; dabei können Erfahrungssätze der Finanzämter verwendet werden.

(2) [1] Die Ertragsminderung ergibt sich – außer bei der forstwirtschaftlichen Nutzung (vgl. Absatz 4) – aus dem Unterschiedsbetrag zwischen dem normalen Rohertrag (§ 33 Abs. 1 Nr. 1 GrStG) und dem im Erlaßzeitraum (Kalenderjahr) tatsächlich erzielten Rohertrag. [2] Für die Ermittlung des tatsächlich erzielten Rohertrags sind die Grundsätze für die Feststellung des normalen Rohertrags entsprechend anzuwenden. [3] Ein Schadensausgleich, z.B. durch Versicherungsleistungen, ist dabei zu berücksichtigen.

(3) Bei Betrieben mit mehreren Nutzungen, z.B. Landwirtschaft, Weinbau und Gartenbau, ist dem normalen Rohertrag aller Nutzungen des Betriebs der tatsächlich erzielte Rohertrag aller Nutzungen gegenüberzustellen, auch wenn die Ertragsminderung nur bei einer Nutzung eingetreten ist.

(4) [1] Die Minderung des normalen Rohertrags ist für die forstwirtschaftliche Nutzung kein geeigneter Maßstab zur Ermittlung der Ertragsminderung. [2] Maßgebend ist vielmehr die Minderung des Reinertrags, die ihren Ausdruck in der Minderung des Ertragswerts im Sinne des § 36 Abs. 2 BewG findet

---

[1)] Siehe aber BVerwG v. 26.5.1989 8 C 20.87, BStBl. II 1989, 1042: Abschn. 38 Abs. 5 Satz 8 GrStR ist mit § 33 Abs. 1 *Satz 2* GrStG [jetzt Satz 3] unvereinbar.

[2)] Zu steuerlichen Maßnahmen zur Berücksichtigung der Schäden im Zusammenhang mit den Unwetterereignissen im Juli 2021 siehe FN zu A 38 GrStR.

(§ 33 Abs. 3 GrStG). [3]In welchem Ausmaß eingetretene Schäden den Ertragswert (Vergleichswert) der forstwirtschaftlichen Nutzung bei einer Wertfortschreibung mindern würden, sollen die Finanzbehörden unter Hinzuziehung der Forstsachverständigen der Oberfinanzdirektionen auf Antrag der Gemeinden ermitteln. [4]Die prozentuale Minderung des Vergleichswerts der forstwirtschaftlichen Nutzung ist als ihre Ertragsminderung anzusetzen.

(5) Bei Betrieben der Land- und Forstwirtschaft ist für alle Nutzungen (§ 34 Abs. 2 Nr. 1 BewG) – außer der forstwirtschaftlichen Nutzung – Erlaßmaßstab der Hundertsatz der Minderung des normalen Rohertrags.

Beispiel 1 (Ertragsminderung bei der landwirtschaftlichen Nutzung):
Zum Wirtschaftsteil des Betriebs gehören eine landwirtschaftliche und eine weinbauliche Nutzung. Die landwirtschaftliche Nutzung ist im Kalenderjahr 1978 von Schäden in Folge von Naturereignissen betroffen. Der normale Rohertrag des Wirtschaftsteils des Betriebs am 1.1.1978 wird festgestellt

für die landwirtschaftliche Nutzung	90 000 DM
für die weinbauliche Nutzung	30 000 DM
normaler Rohertrag insgesamt	120 000 DM

Die Rohertragsminderung bei der landwirtschaftlichen Nutzung soll 36 000 DM betragen. Die nach § 33 Abs. 1 GrStG zu ermittelnde Ertragsminderung beträgt dann für den Wirtschaftsteil des Betriebs

$$\frac{36\,000 \times 100}{120\,000} = \underline{\underline{30 \text{ v. H.}}}$$

Die Grundsteuer soll 900 DM betragen. Es sind somit nach § 33 Abs. 1 GrStG zu erlassen

$$\left[\frac{30 \times 4}{5} =\right] 24 \text{ v. H. vom } 900 \text{ DM} = 216 \text{ DM.}$$

(6) [1]Bei Betrieben der Land- und Forstwirtschaft ist für die forstwirtschaftliche Nutzung Erlaßmaßstab der Hundertsatz, um den der Ertragswert der forstwirtschaftlichen Nutzung bei einer Wertfortschreibung zu mindern wäre. [2]Sind neben der forstwirtschaftlichen Nutzung im gleichen Betrieb noch andere Nutzungen vorhanden, sind jedoch nur in der Forstwirtschaft Schäden eingetreten, so ist der in Satz 1 bezeichnete Hundertsatz entsprechend dem prozentualen Anteil der forstwirtschaftlichen Nutzung am Wirtschaftswert des Betriebs zu bemessen.

Beispiel 2 (Ertragsminderung bei der forstwirtschaftlichen Nutzung):
Zum Wirtschaftsteil des Betriebs gehören eine landwirtschaftliche und eine forstwirtschaftliche Nutzung.
Die forstwirtschaftliche Nutzung wurde im Kalenderjahr 1978 von einem Sturmschaden betroffen. Deshalb wurden der Einheitswert auf den 1. Januar 1979 fortgeschrieben und der Ertragswert der forstwirtschaftlichen Nutzung von 60 000 DM auf 40 000 DM herabgesetzt. Als Ertragsminderung im Sinne des § 33 Abs. 3 GrStG gilt der Betrag von 20 000 DM. Die nach § 33 Abs. 4 Sätze 2 und 3 GrStG in Verbindung mit § 33 Abs. 3 GrStG zu ermittelnde Ertragsminderung beträgt für die forstwirtschaftliche Nutzung

$$\frac{20\,000 \times 100}{60\,000} = \underline{\underline{33{,}33 \text{ v. H.}}}$$

Zum Wirtschaftsteil des Betriebs gehört neben der forstwirtschaftlichen Nutzung mit einem Vergleichswert von 60 000 DM auch eine landwirtschaftliche Nutzung mit einem Vergleichswert von 20 000 DM. Der Wirtschaftswert beträgt mithin 80 000 DM. Der Anteil der forstwirtschaftlichen Nutzung am Wirtschaftswert beträgt

$$\frac{60\,000 \times 100}{80\,000} = \underline{\underline{75 \text{ v. H.}}}$$

Als Ertragsminderung sind zu berücksichtigen:

$$\frac{75 \times 33{,}33}{100} = \underline{\underline{25 \text{ v. H.}}}$$

Die Grundsteuer soll 1 200 DM betragen. Somit sind nach § 33 Abs. 1 GrStG zu erlassen

$$\left[\frac{25 \times 4}{5} = \right] 20 \text{ v. H. von } 1\,200 \text{ DM} = 240 \text{ DM}.$$

(7) Bei Betrieben der Land- und Forstwirtschaft mit mehreren Nutzungen, bei denen im selben Jahr bei der landwirtschaftlichen oder einer anderen Nutzung (§ 34 Abs. 2 Nr. 1 Buchstaben c bis e BewG) und bei der forstwirtschaftlichen Nutzung Schäden eingetreten sind, ist auf der Grundlage der Beispiele 1 und 2 ein einheitlicher Hundertsatz der Ertragsminderung nach dem Anteil der einzelnen Teile am Wirtschaftswert des Betriebs zu ermitteln.

Beispiel 3 (Ertragsminderung bei landwirtschaftlicher und forstwirtschaftlicher Nutzung):
Einheitswert des Betriebs der Land- und Forstwirtschaft:

Wohnungswert		10 000 DM
Wirtschaftswert		
landwirtschaftliche Nutzung	60 000 DM	
forstwirtschaftliche Nutzung	20 000 DM	80 000 DM
Einheitswert		90 000 DM

Die Grundsteuer soll 1 080 DM betragen.
Im Kalenderjahr 1978 wurden die landwirtschaftliche Nutzung von einem Dürreschaden, die forstwirtschaftliche Nutzung von einem Sturmschaden betroffen.
Der normale Rohertrag der landwirtschaftlichen Nutzung soll 120 000 DM, die Rohertragsminderung 24 000 DM betragen. Die nach § 33 Abs. 4 GrStG in Verbindung mit § 33 Abs. 1 GrStG zu ermittelnde Ertragsminderung beträgt somit

$$\frac{24\,000 \times 100}{120\,000} = \underline{\underline{20 \text{ v. H.}}}$$

Der Anteil der landwirtschaftlichen Nutzung am Wirtschaftswert beträgt

$$\frac{60\,000 \times 100}{80\,000} = \underline{\underline{75 \text{ v. H.}}}$$

Als Ertragsminderung der landwirtschaftlichen Nutzung sind zu berücksichtigen

$$\frac{75 \times 20}{100} = \underline{\underline{15 \text{ v. H.}}}$$

Wegen des Sturmschadens bei der forstwirtschaftlichen Nutzung werden der Einheitswert auf den 1. Januar 1979 fortgeschrieben und der Ertragswert der forstwirtschaftlichen Nutzung von 20 000 DM auf 12 000 DM herabgesetzt. Als Ertragsminderung im Sinne des § 33 Abs. 3 GrStG gilt der Betrag von 8 000 DM. Die nach § 33 Abs. 4 Sätze 2 und 3 GrStG in Verbindung mit § 33 Abs. 3 GrStG zu ermittelnde Ertragsminderung beträgt für die forstwirtschaftliche Nutzung

$$\frac{8\,000 \times 100}{20\,000} = \underline{\underline{40 \text{ v. H.}}}$$

Der Anteil der forstwirtschaftlichen Nutzung am Wirtschaftswert beträgt

$$\frac{20\,000 \times 100}{80\,000} = \underline{\underline{25\text{ v. H.}}}$$

Als Ertragsminderung der forstwirtschaftlichen Nutzung sind zu berücksichtigen

$$\frac{25 \times 40}{100} = \underline{\underline{10\text{ v. H.}}}$$

Insgesamt sind zu berücksichtigen als Ertragsminderung

bei der landwirtschaftlichen Nutzung		15 v. H.,
bei der forstwirtschaftlichen Nutzung		10 v. H.
	zusammen	25 v. H.

Zu erlassen sind nach § 33 Abs. 1 GrStG somit

$$\left[\frac{25 \times 4}{5} =\right] \text{20 v. H. von 1 080 DM = 216 DM.}$$

40. Erlaß wegen wesentlicher Ertragsminderung bei bebauten Grundstücken

(1)[1] [1]Bei bebauten Grundstücken ergibt sich die Minderung des normalen Rohertrags (§ 33 Abs. 1 Nr. 2 und 3 GrStG) aus dem Unterschiedsbetrag zwischen dem normalen Rohertrag zu Beginn des Erlaßzeitraums und dem im Erlaßzeitraum tatsächlich erzielten Rohertrag. [2]Sie ist in einem Hundertsatz des normalen Rohertrags festzustellen.

Beispiel:

Normaler Rohertrag am 1. Januar 1978	= 20 000 DM
Tatsächlich erzielter Rohertrag im Kalenderjahr 1978	= 15 000 DM
Unterschied	= 5 000 DM

(Fortsetzung S. 31)

[1] Zur Versagung eines Grundsteuererlasses wegen Leerstands einer Gewerbeimmobilie siehe OVG Berlin-Brandenburg v. 9.10.2017 OVG 9 B 6.17, ZKF 2018, 70. – Zur Rohertragsminderung beim Grundsteuererlass in Fällen der Eigennutzung siehe OVG NRW v. 10.7.2018 14 A 1106/16, ZKF 2018, 239. – Zu steuerlichen Maßnahmen zur Berücksichtigung der Schäden im Zusammenhang mit den Unwetterereignissen im Juli 2021 siehe FN zu A 38 GrStR.

schließt die erhöhte Kürzung des Gewerbeertrags nach § 9 Nr. 1 Satz 2 GewStG für den Erhebungszeitraum aus (→ BFH vom 20.1.1982 – BStBl. II S. 478). Einem grundstücksverwaltenden Unternehmen ist die erweiterte Kürzung des Gewerbeertrages gemäß § 9 Nr. 1 Satz 2 GewStG unbeschadet des darin bestimmten Ausschließlichkeitsgebots jedoch zu gewähren, wenn das Unternehmen sein einziges Grundstück zum 31. Dezember, 23.59 Uhr, des Erhebungszeitraumes veräußert (→ BFH vom 11.8.2004 – BStBl. II S. 1080).

Veräußerung eines Mitunternehmeranteils. Der Gewinn aus der Veräußerung eines Mitunternehmeranteils i. S. des § 7 Satz 2 Nr. 2 GewStG ist nicht in die erweiterte Kürzung gemäß § 9 Nr. 1 Satz 2 GewStG einzubeziehen. Der ab EZ 2004 erstmals anzuwendende § 9 Nr. 1 Satz 6 GewStG hat diesbezüglich lediglich klarstellende Bedeutung (→ BFH vom 18.12.2014 – BStBl. 2015 II S. 606).

Zeitweise Ausübung einer steuerschädlichen Tätigkeit. Eine steuerschädliche Tätigkeit, die zum Ausschluss der erweiterten Kürzung für den gesamten Erhebungszeitraum führt, liegt auch dann vor, wenn sie nicht während des ganzen Erhebungszeitraumes ausgeübt wird. Die erweiterte Kürzung kommt danach z. B. nicht in Betracht, wenn das Unternehmen erst im Laufe des Erhebungszeitraums von der gewerblichen zur vermögensverwaltenden Tätigkeit übergegangen ist (→ BFH vom 29.3.1973 – BStBl. II S. 563).

R 9.2 (2)

Begünstigte Tätigkeiten

(2) [1]Die neben der Vermögensverwaltung des Grundbesitzes erlaubten Tätigkeiten sind in § 9 Nr. 1 Satz 2 und 3 GewStG abschließend aufgezählt. [2]Darüber hinaus ausgeübte Tätigkeiten verstoßen auch dann gegen das Ausschließlichkeitsgebot, wenn sie von untergeordneter Bedeutung sind.[1)] [3]Die erweiterte Kürzung wird jedoch durch solche vermögensverwaltenden Tätigkeiten ausnahmsweise nicht ausgeschlossen, die der Verwaltung und Nutzung des Grundbesitzes im engeren Sinne dienen und als zwingend notwendiger Teil einer wirtschaftlich sinnvoll gestalteten eigenen Grundstücksverwaltung und Grundstücksnutzung angesehen werden können (→ Nebentätigkeiten). [4]Unternehmen, die auf Grund von Leasingverträgen anderen Personen Grundbesitz zum Gebrauch überlassen, können die erweiterte Kürzung in Anspruch nehmen, wenn ihre Betätigung für sich betrachtet ihrer Natur nach keinen Gewerbebetrieb darstellt, sondern als Vermögensverwaltung anzusehen ist.

H 9.2 (2)

Beteiligungen.

– Eine grundstücksverwaltende GmbH, die als Komplementärin an einer ihrerseits vermögensverwaltenden KG beteiligt ist, kann nicht die erweiterte Kürzung nach § 9 Nr. 1 Satz 2 GewStG in Anspruch nehmen.

---

1) Das Halten einer Beteiligung an einer gewerblich geprägten, grundstücksverwaltenden Personengesellschaft verstößt gegen das Ausschließlichkeitsgebot des § 9 Nr. 1 Satz 2 GewStG. BFH v. 27.6.2019 IV R 44/16, BStBl. II 2020, 24 – Vb. eingelegt, Az. BVerfG 1 BvR 2331/19.

Das Halten der Komplementärbeteiligung zählt nicht zum abschließenden Katalog der prinzipiell kürzungsunschädlichen Tätigkeiten des § 9 Nr. 1 Satz 2 GewStG (→ BFH vom 19.10.2010 – BStBl. 2011 II S. 367).[1)]

– Das Halten einer Beteiligung an einer Mitunternehmerschaft schließt die erweiterte Kürzung des Gewerbeertrags nach § 9 Nr. 1 Satz 2 GewStG unabhängig vom Umfang der Beteiligung und der daraus erzielten Einkünfte aus. Das gilt auch bei einer Beteiligung an einer grundstücksverwaltenden Mitunternehmerschaft (→ BFH vom 17.10.2002 – BStBl. 2003 II S. 355).

Betreuung von Wohnungsbauten.[2)] Die Betreuung von Wohnungsbauten im Sinne des § 9 Nr. 1 Satz 2 GewStG umfasst sowohl die Baubetreuung bei der Errichtung von Wohngebäuden als auch die Bewirtschaftungsbetreuung bei bereits fertig gestellten Wohngebäuden. Die Verwaltung bereits fertig gestellter fremder Gebäude ist auch dann als Betreuung von Wohnungsbauten anzusehen, wenn diese Gebäude vom Grundstücksunternehmer nicht selbst errichtet worden sind (→ BFH vom 17.9.2003 – BStBl. 2004 II S. 243).

Betriebsaufspaltung. Im Falle der Betriebsaufspaltung kann die Besitzgesellschaft die nur für die bloße Vermögensverwaltung von Grundbesitz geltende erweiterte Kürzung des § 9 Nr. 1 Satz 2 GewStG nicht in Anspruch nehmen (→ BFH vom 28.6.1973 – BStBl. II S. 688).[3)]

Betriebsverpachtung. Bei einer gewerbesteuerpflichtigen Betriebsverpachtung, z.B. durch eine gewerblich geprägte Personengesellschaft, ist die erweiterte Kürzung des Gewerbeertrags nach § 9 Nr. 1 Satz 2 GewStG grundsätzlich nicht anzuwenden (→ BFH vom 14.6.2005 – BStBl. II S. 778).

Betriebsvorrichtungen. Auch eine geringfügige Mitvermietung von Betriebsvorrichtungen, die sich weder auf dem vermieteten Grundstück befinden noch einen funktionalen Zusammenhang mit diesem aufweisen, steht einer ausschließlichen Grundstücksverwaltung i.S. von § 9 Nr. 1 Satz 2 GewStG entgegen (→ BFH vom 17.5.2006 – BStBl. II S. 659).

Eigener Grundbesitz. Der Begriff des Grundbesitzes richtet sich nach den Vorschriften des Bewertungsgesetzes. Zum Grundbesitz im Sinne des § 9 Nr. 1 Satz 2 GewStG gehören grundsätzlich nicht Mineralgewinnungsrechte und Betriebsvorrichtungen, auch wenn sie wesentliche Bestandteile des Grundstücks sind (→ BFH vom 26.2.1992 – BStBl. II S. 738).[4)] Zum Grundbesitz gehören jedoch Grundstücksteile, die nur wegen der Eigenart ihrer Nutzung durch den Mieter Betriebsvorrichtungen sind (→ BFH vom 22.6.1977 – BStBl. II S. 778). Eigener Grundbesitz ist nur der zum Betriebsvermögen des Unternehmens gehörende Grundbesitz. Die erweiterte Kürzung nach § 9 Nr. 1 Satz 2 GewStG kann daher nicht in Anspruch genommen werden, wenn das Unternehmen neben der eigenen Grundstücksverwaltung

1) Siehe aber BFH v. 25.9.2018 GrS 2/16, BStBl. II 2019, 262.

2) Keine erweiterte Kürzung nach § 9 Nr. 1 Satz 2 GewStG bei der Betreuung gemischt genutzter Grundstücke, siehe BFH v. 15.4.2021 IV R 32/18, BStBl. II 2021, 624.

3) Ebenso für die kapitalistische Betriebsaufspaltung; siehe BFH v. 24.1.2012 I B 136/11, BFH/NV 2012, 1176. – Siehe auch BFH v. 22.6.2016 X R 54/14, BStBl. II 2017, 529, zur vermögensverwaltenden Betriebs-Kapitalgesellschaft.

4) Siehe hierzu BFH v. 11.4.2019 III R 36/15, BStBl. II 2019, 705, zur Mitvermietung von Betriebsvorrichtungen.

als Mitunternehmer an einer nur grundstücksverwaltenden, gewerblich geprägten Personengesellschaft beteiligt ist (→ BFH vom 22.1.1992 – BStBl. II S. 628).[1] Zum eigenen Grundbesitz im Sinne des § 9 Nr. 1 Satz 2 und 3 GewStG gehören auch das Erbbaurecht und die auf Grund eines solchen Rechts errichteten Gebäude (→ BFH vom 15.4.1999 – BStBl. II S. 532).

Gewerblicher Grundstückshandel. Die erweiterte Kürzung nach § 9 Nr. 1 Satz 2 GewStG kommt nicht in Betracht, wenn ein Grundstücksverwaltungsunternehmen in einem Umfang Grundstücke erwirbt und veräußert, der diesem Tätigkeitsbereich gewerblichen Charakter verleiht. Ob eine solche Tätigkeit vorliegt, ist nicht nach den Verhältnissen eines einzigen Erhebungszeitraums, sondern nach dem Gesamtbild der Verhältnisse eines mehrjährigen Zeitraums zu beurteilen (→ BFH vom 9.10.1974 – BStBl. 1975 II S. 44). Ein gelegentlicher Grundstücksverkauf stellt dagegen die ausschließliche Tätigkeit als Grundstücksverwaltungsgesellschaft nicht in Frage (→ BFH vom 24.2.1971 – BStBl. II S. 338).

Gewerbliche Grundstücksverwaltung. Die erweiterte Kürzung nach § 9 Nr. 1 Satz 2 GewStG ist nicht anzuwenden auf solche Unternehmen, bei denen die Grundstücksverwaltung über den Rahmen einer Vermögensverwaltung hinausgeht und gewerblichen Charakter annimmt (→ BFH vom 29.3.1973 – BStBl. II S. 686, vom 28.6.1973 – BStBl. II S. 688 und vom 31.7.1990 – BStBl. II S. 1075).

Gewerbliche Tätigkeit. Eine gewerbliche Betätigung, die nicht zu den in § 9 Nr. 1 Satz 2 GewStG genannten unschädlichen Nebentätigkeiten gehört, schließt grundsätzlich selbst dann die erweiterte Kürzung des Gewerbeertrags aus, wenn sie von untergeordneter Bedeutung ist (→ BFH vom 17.5.2006 – BStBl. II S. 659).[2]

Kapitalvermögen. Neben der Verwaltung eigenen Grundbesitzes kann eigenes Kapitalvermögen verwaltet und genutzt werden. Die Verwaltung und Nutzung eigenen Kapitalvermögens darf jedoch für sich betrachtet keine ihrer Natur nach gewerbliche Tätigkeit darstellen. Zum „eigenen" Kapitalvermögen können von dritter Seite beschaffte Gelder gehören (→ BFH vom 3.8.1972 – BStBl. II S. 799).

Nebentätigkeiten. Eine für die erweiterte Kürzung unschädliche Nebentätigkeit liegt z. B. vor, wenn sie erforderlich ist, um für die Grundstücksverwaltung und -nutzung benötigte Kredite zu beschaffen (→ BFH vom 23.7.1969 – BStBl. II S. 664). Entsprechendes gilt, wenn durch einen Brennstoffeinkauf im Großen zugleich für andere gleichartige Unternehmen die eigene Grundstücksverwaltung verbilligt werden soll, es sei denn, der Brennstoffhandel stellt für sich gesehen eine gewerbliche Tätigkeit dar (→ BFH vom 27.4.1977 – BStBl. II S. 776). Der Anwendung der erweiterten Kürzung steht nicht entgegen, dass die Gesellschaft sich an der gemeinschaftlichen Verwaltung eines Grundstücks beteiligt, dessen Miteigentümerin sie zu $^2/_3$ Anteilen ist (→ BFH vom 9.2.1966 – BStBl. III S. 253).

---

[1] Siehe aber BFH v. 25.9.2018 GrS 2/16, BStBl. II 2019, 262.

[2] Zu Auswirkungen des Betriebs von Blockheizkraftwerken durch Wohnungsunternehmen auf die Kürzung nach § 9 Nr. 1 Satz 2 ff. GewStG siehe BayLfSt v. 14.10.2015 – G 1425.1.1-6/5 St 31, StEd 2015, 766.

Organschaft.
- Im Falle der Organschaft sind die Voraussetzungen für die Anwendung der Kürzungsvorschrift des § 9 Nr. 1 Satz 2 und 3 GewStG mit Wirkung auf den im Organkreis erzielten und beim Organträger zusammenzurechnenden Gewerbeertrag für die zum Organkreis gehörenden Unternehmen gesondert zu prüfen. Ob die erweiterte Kürzung bei dem einzelnen Unternehmen des Organkreises zu berücksichtigen ist, richtet sich jeweils allein nach den bei diesem Unternehmen gegebenen Verhältnissen (→ BFH vom 30.7.1969 – BStBl. II S. 629).
- Die erweiterte Kürzung für Grundstücksunternehmen ist zu versagen, wenn es sich bei dem Grundstücksunternehmen um eine Organgesellschaft handelt, die alle ihre Grundstücke an eine andere Organgesellschaft desselben Organkreises vermietet (→ BFH vom 18.5.2011 – BStBl. II S. 887).

Sicherheitenbestellung. Die auf Grundstücke bezogene entgeltliche oder unentgeltliche Bestellung von Sicherheiten (z. B. Bestellung einer Grundschuld) für Kredite Dritter ist als Verwaltung und Nutzung eigenen Grundbesitzes i. S. des § 9 Nr. 1 Satz 2 GewStG zu beurteilen, sofern sie nicht den Umfang einer gewerblichen Tätigkeit annimmt (→ BFH vom 13.8.1997 – BStBl. 1998 II S. 270 und vom 17.1.2006 – BStBl. II S. 434).

Veräußerung von Grundbesitz. Die erweiterte Kürzung nach § 9 Nr. 1 Satz 2 GewStG ist nicht anzuwenden, wenn ein Unternehmen aufgrund der Veräußerung von Grundbesitz eine gewerbliche Tätigkeit ausübt, die nicht ausschließlich in der Errichtung und Veräußerung von Kaufeigenheimen, Kleinsiedlungen und Eigentumswohnungen im Sinne des § 9 Nr. 1 Satz 2 und 3 GewStG besteht (→ BFH vom 31.7.1990 – BStBl. II S. 1075).

R 9.2 (3)

Umfang der Kürzung

(3) Die Kürzung nach § 9 Nr. 1 Satz 2 GewStG umfasst nur den Teil des Gewerbeertrags des Grundstücksunternehmens, der auf die Verwaltung und Nutzung des eigenen Grundbesitzes, einschließlich der in R 9.2 Abs. 2 Satz 3 genannten ausnahmsweise zugelassenen Nebentätigkeiten, entfällt.

H 9.2 (3)

Kapitalerträge. Zinserträge werden auch dann nicht von der erweiterten Kürzung gemäß § 9 Nr. 1 Satz 2 GewStG umfasst, wenn sie aus der Anlage vereinnahmter Mietüberschüsse resultieren und wenn diese Anlage vorgenommen worden ist, um Grundstücksdarlehen tilgen zu können (→ BFH vom 15.3.2000 – BStBl. II S. 355).

Reinvestitionsrücklage § 6b EStG. Die erweiterte Kürzung gemäß § 9 Nr. 1 Satz 2 GewStG erfasst den Gewinn aus der Auflösung einer gemäß § 6b Abs. 3 EStG gebildeten Rücklage, wenn der ohne Bildung der Rücklage entstandene Veräußerungsgewinn nach § 9 Nr. 1 Satz 2 GewStG gewerbesteuerfrei gewesen wäre und wenn auch bei der Auflösung der Rücklage die Voraussetzungen des § 9 Nr. 1 Satz 2 GewStG vorliegen. Daran fehlt es nicht deshalb, weil der veräußerte Grundbesitz im Zeitpunkt der

Auflösung der Rücklage nicht mehr zum Betriebsvermögen gehört. Die erweiterte Kürzung erfasst jedoch nicht den Gewinnzuschlag gemäß § 6b Abs. 7 EStG (→ BFH vom 15.3.2000 – BStBl. 2001 II S. 251).

Veräußerungsgewinne. Veräußert ein Unternehmen, das die Voraussetzungen des § 9 Nr. 1 Satz 2 GewStG erfüllt, Grundbesitz, ist – vorbehaltlich des § 9 Nr. 1 Satz 5 Nr. 2 und Satz 6 GewStG – auch der bei der Veräußerung erzielte Gewinn gemäß § 9 Nr. 1 Satz 2 GewStG bei der Ermittlung des Gewerbeertrags zu kürzen (→ BFH vom 29.4.1987 – BStBl. II S. 603).

R 9.2 (4)

Ausschluss der erweiterten Kürzung nach § 9 Nr. 1 Satz 5 Nr. 1 GewStG

(4) *– unbesetzt –*

H 9.2 (4)

Beteiligungshöhe. Die erweiterte Kürzung des Gewerbeertrags ist gemäß § 9 Nr. 1 Satz 5 Nr. 1 GewStG auch dann ausgeschlossen, wenn der Gesellschafter an der überlassenden Grundstücksgesellschaft nur geringfügig beteiligt ist. Eine in diesen Fällen zum Ausschluss der erweiterten Kürzung des Gewerbeertrags führende Beteiligung liegt jedenfalls dann vor, wenn sie mindestens 1 Prozent beträgt (→ BFH vom 7.4.2005 – BStBl. II S. 576).

Geringfügigkeit des überlassenen Grundbesitzes. Die erweiterte Kürzung nach § 9 Nr. 1 Satz 2 und 3 GewStG ist nach § 9 Nr. 1 Satz 5 Nr. 1 GewStG auch dann nicht zulässig, wenn nur ein ganz unwesentlicher Teil des Grundbesitzes dem Gewerbebetrieb des Gesellschafters oder Genossen dient (→ BFH vom 26.6.2007 – BStBl. II S. 893).

Gewerbebetrieb eines Gesellschafters bei Beteiligung an einer Mitunternehmerschaft.[1] Unter Gewerbebetrieb eines Gesellschafters im Sinne des § 9 Nr. 1 Satz 5 Nr. 1 GewStG ist auch ein Gewerbebetrieb zu verstehen, an dem der Gesellschafter als Mitunternehmer beteiligt ist. Der Grundbesitz dient dem Gewerbebetrieb eines Gesellschafters oder Genossen somit auch dann, wenn der Grundbesitz von einer Personengesellschaft im Sinne des § 15 Abs. 3 EStG genutzt wird, an der Gesellschafter oder Genossen des Grundstücksunternehmens als Mitunternehmer beteiligt sind (→ BFH vom 24.9.1969 – BStBl. II S. 738, vom 18.12.1974 – BStBl. 1975 II S. 268 und vom 15.12.1998 – BStBl. 1999 II S. 168).

Gewerbesteuerbefreiung des Betriebs des Gesellschafters. § 9 Nr. 1 Satz 5 Nr. 1 GewStG ist im Wege der teleologischen Reduktion in der Weise einzuschränken, dass dem Grundstücksunternehmen die erweiterte Kürzung des Gewerbeertrags nach § 9 Nr. 1 Satz 2 GewStG auch dann zu gewähren ist, wenn das überlassene Grundstück zwar dem Gewerbebetrieb eines Gesellschafters oder Genossen dient, dieses den Grundbesitz nutzende Unterneh-

[1] Keine erweiterte Kürzung für grundstücksverwaltende Personengesellschaft bei Grundbesitzverpachtung an persönlich haftenden Gesellschafter; siehe BFH v. 7.8.2008 IV R 36/07, BStBl. II 2010, 988.

men jedoch mit allen seinen (positiven wie negativen) Einkünften von der Gewerbesteuer befreit ist (→ BFH vom 26.6.2007 – BStBl. II S. 893).

Kurzfristige Überlassung des Grundbesitzes. Die erweiterte Kürzung des Gewerbeertrags nach § 9 Nr. 1 Satz 2 GewStG tritt nach § 9 Nr. 1 Satz 5 Nr. 1 GewStG auch dann nicht ein, wenn der vermietete Grundbesitz des grundstücksverwaltenden Unternehmens nur für kurze Zeit (zwei bis drei Tage) dem Gewerbebetrieb eines Gesellschafters dient (→ BFH vom 8.6.1978 – BStBl. II S. 505).

Lebensversicherungsunternehmen. Grundbesitz (Miteigentumsanteile), der zum Deckungsstock eines die Lebensversicherung betreibenden Unternehmens gehört, dient dessen Gewerbebetrieb, wenn er im Rahmen einer gewerblich geprägten Personengesellschaft mit den Eigentumsanteilen anderer Versicherungsunternehmen verwaltet wird (→ BFH vom 26.10.1995 – BStBl. 1996 II S. 6). Grundbesitz einer gewerblich geprägten Personengesellschaft dient i. S. d. § 9 Nr. 1 Satz 5 Nr. 1 GewStG dem Gewerbebetrieb des an der Gesellschaft beteiligten Lebensversicherungsunternehmens, wenn er zugunsten des Deckungsstock-Treuhänders im Grundbuch gesperrt ist und die Anteile an der Personengesellschaft in das Deckungsstockverzeichnis aufgenommen worden sind (→ BFH vom 17.1.2002 – BStBl. II S. 873). Der Grundbesitz einer gewerblich geprägten Personengesellschaft dient dem Gewerbebetrieb des an der Gesellschaft beteiligten Lebensversicherungsunternehmen nach § 9 Nr. 1 Satz 5 GewStG, wenn die Anteile an der Personengesellschaft in einen Vermögensstock eingestellt sind, der die Bedeckung der noch nicht garantierten Rückstellungen für Beitragsrückerstattungen sicherstellen soll (→ BFH vom 18.12.2014 – BStBl. 2015 II S. 597).

Mittelbare Beteiligung. Der mittelbar über eine Personengesellschaft an einer vermögensverwaltenden Kapitalgesellschaft Beteiligte ist Gesellschafter im Sinne des § 9 Nr. 1 Satz 5 Nr. 1 GewStG (→ BFH vom 15.12.1998 – BStBl. 1999 II S. 168). Der mittelbar über eine Kapitalgesellschaft an einer vermögensverwaltenden Kapitalgesellschaft Beteiligte ist nicht Gesellschafter i. S. d. § 9 Nr. 1 Satz 5 Nr. 1 GewStG (→ BFH vom 15.4.1999 – BStBl. II S. 532).

Rechtsfolgen des Ausschlusses der erweiterten Kürzung nach § 9 Nr. 1 Satz 5 Nr. 1 GewStG. Dient der Grundbesitz ganz oder zum Teil dem Gewerbebetrieb eines Gesellschafters oder Genossen, so bleibt es bei der Kürzung nach § 9 Nr. 1 Satz 1 GewStG (→ BFH vom 8.6.1978 – BStBl. II S. 505).

Untervermietung. Grundbesitz dient dem Gewerbebetrieb eines Gesellschafters auch dann, wenn er von diesem oder von einer Mitunternehmerschaft, an der der Gesellschafter beteiligt ist, weitervermietet wird und der Grundbesitz ohne die Zwischenschaltung der Grundstücksgesellschaft zum Betriebsvermögen des Gesellschafters oder der Mitunternehmerschaft gehören würde (→ BFH vom 15.12.1998 – BStBl. 1999 II S. 168). Der Grundbesitz einer Wohnungs-GmbH dient danach z. B. dem Gewerbebetrieb einer anderen Gesellschaft, an der die Gesellschafter der Wohnungs-GmbH beteiligt sind, wenn die Wohnungen fast ausschließlich an aktive und ehemalige Arbeitnehmer dieser Gesellschaft vermietet werden (→ BFH vom 18.12.1974 – BStBl. 1975 II S. 268 und vom 28.7.1993 – BStBl. 1994 II S. 46).

R 9.3 Kürzung um Gewinne aus Anteilen an bestimmten Körperschaften

[1] Die Kürzung nach § 9 Nr. 2a GewStG kommt für unmittelbare und mittelbare Beteiligungen an einer nicht steuerbefreiten inländischen Kapitalgesellschaft im Sinne des § 2 Abs. 2 GewStG, einer Kredit- oder Versicherungsanstalt des öffentlichen Rechts, einer Erwerbs- und Wirtschaftsgenossenschaft oder an einer Unternehmensbeteiligungsgesellschaft im Sinne des § 3 Nr. 23 GewStG in Betracht. [2] Weitere Voraussetzung für die Kürzung nach § 9 Nr. 2a GewStG ist, dass die Beteiligung zu Beginn des Erhebungszeitraums mindestens 15 Prozent des Grund- oder Stammkapitals beträgt. [3] Ist ein Grund- oder Stammkapital nicht vorhanden, tritt an seine Stelle das Vermögen; bei Erwerbs- und Wirtschaftsgenossenschaften ist die Beteiligung an der Summe der Geschäftsguthaben maßgebend. [4] Für die Ermittlung der erforderlichen Beteiligungshöhe einer Personengesellschaft sind die im Gesamthands- und Sonderbetriebsvermögen gehaltenen Anteile zusammenzurechnen. [5] Beginnt die Steuerpflicht des beteiligten Unternehmens im Laufe eines Kalenderjahrs, kommt es für den ersten Erhebungszeitraum auf die Höhe der Beteiligung zu Beginn der Steuerpflicht (Beginn des abgekürzten Erhebungszeitraums) an. [6] Ist die ausschüttende Körperschaft teilweise von der Gewerbesteuer befreit und übt sie teilweise eine gewerbesteuerpflichtige Tätigkeit aus, z. B. in den Fällen des § 3 Nr. 5, 8, 9, 12, 13, 15, 17 und 20 GewStG, ist die Kürzung nach dem Verhältnis der steuerpflichtigen Gewinnanteile zum Gesamtgewinn der Körperschaft vorzunehmen. [7] Erforderlichenfalls kann der begünstigte Teil der Gewinnausschüttung im Schätzungswege ermittelt werden. [8] Der bei der Ermittlung des Gewerbeertrags anzusetzende Gewinn aus einer Wertaufholung nach § 6 Abs. 1 Nr. 2 Satz 3 EStG unterliegt auch dann nicht der Kürzung nach § 9 Nr. 2a GewStG, wenn sich die vorangegangene ausschüttungsbedingte Teilwertabschreibung aufgrund der Regelung in § 8 Nr. 10 GewStG gewerbesteuerlich nicht ausgewirkt hat.

H 9.3

Ausschüttungen, für die Beträge des steuerlichen Einlagekontos als verwendet gelten, gehören nicht zu den Gewinnen aus Anteilen i. S. d. § 9 Nr. 2a GewStG (→ BFH vom 15.9.2004 – BStBl. 2005 II S. 297).

Besitzzeitanrechnungen nach dem UmwStG. Die zeitraumbezogene Besitzzeitanrechnung nach § 4 Abs. 2 Satz 3 UmwStG (bei einem sog. qualifizierten Anteilstausch ist unter der Voraussetzung des Ansatzes des eingebrachten Betriebsvermögens mit einem unter dem gemeinen Wert liegenden Wert durch die übernehmende Gesellschaft der Zeitraum der Zugehörigkeit eines Wirtschaftsguts zum Betriebsvermögen der übertragenden Körperschaft dem übernehmenden Rechtsträger anzurechnen, wenn die Dauer der Zugehörigkeit des Wirtschaftsguts zum Betriebsvermögen für die Besteuerung bedeutsam ist) entfaltet für das zeitpunktbezogene Tatbestandsmerkmal des § 9 Nr. 2a GewStG keine Wirkung (→ BFH vom 16.4.2014 – BStBl. 2015 II S. 303).

Dividendeneinnahmen einer Organgesellschaft[1])

---

1) **[Amtl. Anm.:]** Für EZ ab 2017 → § 7a GewStG in der ab 2017 geltenden Fassung (G v. 20.12.2016, BGBl. I 2016, 3000).

Liquidation der Kapitalgesellschaft. Gewinne aus Anteilen i.S.d. § 9 Nr. 2a GewStG sind sowohl die während der Liquidation der Kapitalgesellschaft erzielten Gewinne als auch die Liquidationsrate, mit der das nach Abschluss der Liquidation verbliebene Reinvermögen an die Anteilseigner ausgekehrt wird, soweit nicht Beträge aus dem steuerlichen Einlagekonto i.S.d. § 27 KStG als verwendet gelten. Soweit im Rahmen der Gewinnermittlung die Anteile an der Untergesellschaft infolge des Untergangs des Wirtschaftsguts „Beteiligung“ aus der Bilanz eines Anteilseigners auszubuchen sind, mindert dies nicht den Kürzungsbetrag i.S.d. § 9 Nr. 2a GewStG (→ BFH vom 2.4.1997 – BStBl. 1998 II S. 25 und vom 8.5.2003 – BStBl. 2004 II S. 460).

Mittelbare Beteiligung. Die Kürzung nach § 9 Nr. 2a GewStG kommt auch bei mittelbarer Beteiligung in dem gesetzlich bestimmten Umfang in Betracht (→ BFH vom 17.5.2000 – BStBl. 2001 II S. 685).

Veräußerungsgewinne. Der Gewinn aus der Veräußerung einer Beteiligung an einer Kapitalgesellschaft ist kein von der Kapitalgesellschaft ausgeschütteter Gewinn i.S. von § 9 Nr. 2a GewStG (→ BFH vom 7.12.1971 – BStBl. 1972 II S. 468).

R 9.4 Kürzung um den auf eine ausländische Betriebsstätte entfallenden Teil des Gewerbeertrags[1] – *unbesetzt* –

H 9.4

Aufteilung des Gewerbeertrags. Der Teil des Gewerbeertrags, der auf die ausländische Betriebsstätte entfällt, ist grundsätzlich nach der sog. direkten Methode zu ermitteln. Wird der Betriebsstättengewinn nicht gesondert ermittelt, muss eine Aufteilung im Wege der Schätzung erfolgen. Die Zerlegungsvorschrift des § 29 GewStG kann ggf. sinngemäß angewendet werden, sofern die im In- und Ausland ausgeübten Tätigkeiten gleichwertig sind (→ BFH vom 28.3.1985 – BStBl. II S. 405).

Kürzung um Hinzurechnungsbetrag nach § 10 Absatz 1 Satz 1 AStG.[2] → *Gleich lautende Erlasse der obersten Finanzbehörden der Länder vom 14.12.2015 – BStBl. I S. 1090 zu den Folgen aus dem BFH-Urteil vom 11.3.2015 – BStBl. II S. 1049.*[3]

Tonnagebesteuerung. Soweit der Gewinn nach § 5a EStG ermittelt worden ist, kommen Hinzurechnungen und Kürzungen nicht in Betracht. Die Auflösung des Unterschiedsbetrages nach § 5a Abs. 4 EStG gehört zum Gewerbeertrag (→ BMF vom 12.6.2002 – BStBl. I S. 614 unter Berücksichtigung der Änderungen durch BMF vom 31.10.2008 – BStBl. I S. 956, Rdnr. 37 und 38 und BFH vom 26.6.2014 – BStBl. 2015 II S. 300).[4]

---

[1] Gewerbesteuerkürzung nach § 9 Nr. 3 GewStG nur für Seeschifffahrt, nicht für Binnenschifffahrt; siehe BFH v. 10.8.2016 I R 60/14, BStBl. II 2017, 534. – Zu einer grenzüberschreitenden Betriebsaufspaltung siehe BFH v. 17.11.2020 I R 72/16, BStBl. II 2021, 484.

[2] **[Amtl. Anm.:]** Hinweis auf § 7 Satz 7 und § 9 Nr. 3 Satz 1 GewStG i.d.F. des G v. 20.12.2016, BGBl. I 2016, 3000.

[3] Aufgeh. durch gleich lautenden Ländererlass v. 4.2.2021, BStBl. I 2021, 248.

[4] Siehe aber BFH v. 25.10.2018 IV R 35/16, DStRE 2019, 265 (Rspr.-Änderung); ebenso IV R 40/16, BFH/NV 2019, 291, u. IV R 41/16, BFH/NV 2019, 268.

H **10a.3** (1)

Unternehmerwechsel. Ein den Verlustabzug nach § 10a GewStG ausschließender Unternehmerwechsel liegt unabhängig davon vor, ob dieser auf entgeltlicher oder unentgeltlicher Übertragung, auf Gesamtrechtsnachfolge (z. B. Erbfolge) oder auf Einzelrechtsnachfolge (z. B. vorweggenommene Erbfolge) beruht (→ BFH vom 3.5.1993 – BStBl. II S. 616 und vom 7.12.1993 – BStBl. 1994 II S. 331).

R **10a.3** (2)

Einzelunternehmen

(2) – *unbesetzt* –

H **10a.3** (2)

Einzelunternehmen. Wird ein Einzelunternehmen nach Eintritt einer oder mehrerer Personen als Personengesellschaft fortgeführt, kann der in dem Einzelunternehmen entstandene Fehlbetrag auch weiterhin insgesamt, jedoch nur von dem Betrag abgezogen werden, der von dem gesamten Gewerbeertrag der Personengesellschaft entsprechend dem sich aus dem Gesellschaftsvertrag ergebenden Gewinnverteilungsschlüssel auf den früheren Einzelunternehmer entfällt. Entsprechendes gilt, wenn ein Einzelunternehmen gemäß § 24 UmwStG in eine Personengesellschaft eingebracht wird. Der Abzug eines in einem Einzelunternehmen entstandenen Gewerbeverlustes entfällt jedoch insgesamt, wenn das Unternehmen auf eine Kapitalgesellschaft oder auf eine Personengesellschaft, an der der bisherige Einzelunternehmer nicht beteiligt ist, übertragen wird (→ BFH vom 3.5.1993 – BStBl. II S. 616).

R **10a.3** (3)

Mitunternehmerschaften

(3) [1]Bei Personengesellschaften und anderen Mitunternehmerschaften sind Träger des Rechts auf den Verlustabzug die einzelnen Mitunternehmer. [2]Die Berücksichtigung eines Gewerbeverlustes bei Mitunternehmerschaften setzt voraus, dass bei der Gesellschaft im Entstehungsjahr ein negativer und im Abzugsjahr ein positiver Gewerbeertrag vorliegt; in die Ermittlung dieser Beträge sind Sonderbetriebsausgaben und Sonderbetriebseinnahmen einzubeziehen. [3]Ein sich für die Mitunternehmerschaft insgesamt ergebender Fehlbetrag ist den Mitunternehmern gemäß § 10a Satz 4 GewStG entsprechend dem allgemeinen Gewinnverteilungsschlüssel ohne Berücksichtigung von Vorabgewinnanteilen zuzurechnen. [4]Kommt es in einem folgenden Erhebungszeit-raum mit positivem Gewerbeertrag zu einer Minderung des Fehlbetrages, so vermindern sich die den einzelnen Mitunternehmern zuzurechnenden Anteile entsprechend ihrem nach dem allgemeinen Gewinnverteilungsschlüssel im Abzugsjahr (§ 10a Satz 5 GewStG) zu bemessenden Anteil am Gewerbeertrag. [5]Dabei ist der Höchstbetrag nach § 10a Satz 1 GewStG entsprechend dem allgemeinen Gewinnverteilungsschlüssel im Abzugsjahr anteilig bei den einzelnen Gesellschaftern zu berücksichtigen. [6]Bei gleichem Gesellschafterbe-

stand und gleicher Beteiligungsquote bleibt das Gesamtergebnis im Verlustentstehungsjahr und im Abzugsjahr maßgebend; eine gesellschafterbezogene Berechnung kann unterbleiben. [7]Aufgrund der Personenbezogenheit des Verlustabzugs nach § 10a GewStG können sich jedoch Auswirkungen in den Fällen des Wechsels im Gesellschafterbestand und bei Änderung der Beteiligungsquote ergeben. [8]Bei einer Änderung der Beteiligungsquote ist der den Mitunternehmern im Verlustentstehungsjahr nach § 10a Satz 4 GewStG zugerechnete Anteil am Fehlbetrag insgesamt, jedoch gemäß § 10a Satz 5 GewStG nur von dem jeweiligen Anteil am gesamten Gewerbeertrag abziehbar, der entsprechend dem sich aus dem Gesellschaftsvertrag ergebenden Gewinnverteilungsschlüssel des Abzugsjahres auf den jeweiligen Mitunternehmer entfällt. [9]Für den Wechsel im Gesellschafterbestand gilt z. B. Folgendes:

1. Beim Ausscheiden eines Gesellschafters aus einer Personengesellschaft entfällt der Verlustabzug gemäß § 10a GewStG anteilig in der Höhe, in der der Fehlbetrag dem ausscheidenden Gesellschafter nach § 10a Satz 4 und 5 GewStG zuzurechnen ist.[1)]
2. Tritt ein Gesellschafter in eine bestehende Personengesellschaft ein, ist der vor dem Eintritt des neuen Gesellschafters entstandene Fehlbetrag im Sinne des § 10a GewStG weiterhin insgesamt, jedoch nur von dem Betrag abziehbar, der von dem gesamten Gewerbeertrag entsprechend dem sich aus dem Gesellschaftsvertrag ergebenden Gewinnverteilungsschlüssel (→ § 10a Satz 5 GewStG) auf die bereits vorher beteiligten Gesellschafter entfällt.
3. Veräußert ein Gesellschafter seinen Mitunternehmeranteil an einen Dritten, sind die Grundsätze der Nummern 1 und 2 entsprechend anzuwenden.
4. [1]Wird nach dem Ausscheiden von Gesellschaftern aus einer Personengesellschaft der Gewerbebetrieb von dem einen Gesellschafter fortgeführt, kann dieser vom Gewerbeertrag des Einzelunternehmens einen verbleibenden Fehlbetrag der Gesellschaft insoweit abziehen, als dieser Betrag gemäß § 10a Satz 4 und 5 GewStG auf ihn entfällt. [2]Dies gilt auch, wenn der den Gewerbebetrieb fortführende Gesellschafter eine Kapitalgesellschaft ist, sowie in den Fällen der Verschmelzung einer Personengesellschaft auf einen Gesellschafter.
5. [1]Bei der Einbringung des Betriebes einer Personengesellschaft in eine andere Personengesellschaft besteht die für den Verlustabzug erforderliche Unternehmeridentität, soweit die Gesellschafter der eingebrachten Gesellschaft auch Gesellschafter der aufnehmenden Gesellschaft sind.[2)] [2]Entsprechendes gilt bei der Verschmelzung zweier Personengesellschaften. [3]Die Unternehmeridentität bleibt auch erhalten bei der formwechselnden Umwandlung

---

1) Zur Bindungswirkung eines Bescheids über die gesonderte Feststellung des vortragsfähigen Gewerbeverlusts i. S. v. § 10a GewStG bei Personengesellschaften siehe BFH v. 16.6.2011 IV R 11/08, BStBl. II 2011, 903. – Zum Wegfall des Verlustvortrags mit dem Ausscheiden des stillen Gesellschafters aus einer atypischen stillen Gesellschaft siehe BFH v. 22.1.2009 IV R 90/05, DStR 2009, 683; Vb. vom BVerfG (v. 22.3.2010 1 BvR 977/09) nicht zur Entscheidung angenommen.

2) Zur Nutzung des gewerbesteuerlichen Verlustvortrags im Rahmen einer doppelstöckigen Mitunternehmerschaft mit einer atypischen stillen Gesellschaft siehe BFH v. 24.4.2014 IV R 34/10, BStBl. II 2017, 233. Siehe hierzu gleich lautenden Ländererlass v. 11.8.2021, BStBl. I 2021, 1074, zur Nichtanwendung des BFH-Urteils IV R 34/10.

500. Umsatzsteuer-Anwendungserlass (UStAE)

Vom 1. Oktober 2010 (BStBl. I 2010, 846)[1)]

(BMF IV D 3 – S 7015/10/10002; DOK 2010/0815152)

Geändert durch BMF-Schreiben vom 21.10.2010 (BStBl. I 2010, 1192), vom 26.10.2010 (BStBl. I 2010, 1197) vom 27.10.2010 (BStBl. I 2010, 1273), vom 1.12.2010 (BStBl. I 2010, 1375), vom 8.12.2010 (BStBl. I 2010, 1501), vom 15.12.2010 (BStBl. I 2010, 1502), vom 17.12.2010 (BStBl. I 2010, 1512), vom 21.12.2010 (BStBl. I 2011, 46), vom 4.2.2011 (BStBl. I 2011, 156 und 162), vom 2.3.2011 (BStBl. I 2011, 232), vom 3.3.2011 (BStBl. I 2011, 233), vom 14.3.2011 (BStBl. I 2011, 254), vom 25.3.2011 (BStBl. I 2011, 304), vom 7.4.2011 (BStBl. I 2011, 306), vom 8.4.2011 (BStBl. I 2011, 307), vom 11.4.2011 (BStBl. I 2011, 459), vom 15.4.2011 (BStBl. I 2011, 489), vom 2.5.2011 (BStBl. I 2011, 490), vom 12.5.2011 (BStBl. I 2011, 535), vom 7.6.2011 (BStBl. I 2011, 581), vom 8.6.2011 (BStBl. I 2011, 582), 2 Schreiben vom 10.6.2011 (BStBl. I 2011, 583), vom 22.6.2011 (BStBl. I 2011, 597), vom 23.6.2011 (BStBl. I 2011, 677), vom 24.6.2011 (BStBl. I 2011, 687), vom 29.6.2011 (BStBl. I 2011, 702), vom 5.7.2011 (BStBl. I 2011, 703), vom 6.7.2011 (BStBl. I 2011, 738), vom 7.7.2011 (BStBl. I 2011, 739), vom 27.7.2011 (BStBl. I 2011, 752), vom 2.8.2011 (BStBl. I 2011, 754), vom 8.8.2011 (BStBl. I 2011, 755), vom 31.8.2011 (BStBl. I 2011, 825), vom 22.9.2011 (BStBl. I 2011, 910), vom 26.9.2011 (BStBl. I 2011, 980), vom 30.9.2011 (BStBl. I 2011, 981), vom 5.10.2011 (BStBl. I 2011, 982), vom 11.10.2011 (BStBl. I 2011, 983), vom 14.11.2011 (BStBl. I 2011, 1158), vom 9.12.2011 (BStBl. I 2011, 1272, 1273 und 1288), vom 12.12.2011 (BStBl. I 2011, 1289), vom 2.1.2012 (BStBl. I 2012, 59 und 60), vom 3.1.2012 (BStBl. I 2012, 76), vom 18.1.2012 (BStBl. I 2012, 139), vom 19.1.2012 (BStBl. I 2012, 209), vom 6.2.2012 (BStBl. I 2012, 212), vom 21.3.2012 (BStBl. I 2012, 343, 344), vom 28.3.2012 (BStBl. I 2012, 481, 482), vom 29.3.2012 (BStBl. I 2012, 483), vom 2.4.2012 (BStBl. I 2012, 484), vom 3.4.2012 (BStBl. I 2012, 486), vom 24.4.2012 (BStBl. I 2012, 533), vom 19.6.2012 (BStBl. I 2012, 682), vom 2.7.2012 (BStBl. I 2012, 726), vom 25.7.2012 (BStBl. I 2012, 876), vom 20.8.2012 (BStBl. I 2012, 877), vom 31.8.2012 (BStBl. I 2012, 932), vom 24.10.2012 (BStBl. I 2012, 1086), vom 13.11.2012 (BStBl. I 2012, 1169), vom 14.11.2012 (BStBl. I 2012, 1170), vom 21.11.2012 (BStBl. I 2012, 1229), vom 30.11.2012 (BStBl. I 2012, 1230), vom 12.12.2012 (BStBl. I 2012, 1259), vom 17.12.2012 (BStBl. I 2012, 1260), vom 18.12.2012 (BStBl. I 2012, 1272), vom 22.1.2013 (BStBl. I 2013, 178), vom 22.2.2013 (BStBl. I 2013, 268), vom 7.3.2013 (BStBl. I 2013, 333), vom 20.3.2013 (BStBl. I 2013, 335 und 444), vom 25.3.2013 (BStBl. I 2013, 449), vom 26.3.2013 (BStBl. I 2013, 450), vom 27.3.2013 (BStBl. I 2013, 452), vom 2.4.2013 (BStBl. I 2013, 454), vom 9.4.2013 (BStBl. I 2013, 517), vom 12.4.2013 (BStBl. I 2013, 518), vom 26.4.2013 (BStBl. I 2013, 714), vom 10.6.2013 (BStBl. I 2013, 780), vom 28.6.2013 (BStBl. I 2013, 852), vom 8.7.2013 (BStBl. I 2013, 860), vom 12.7.2013 (BStBl. I 2013, 923), vom 31.7.2013 (BStBl. I 2013, 964), vom 26.8.2013 (BStBl. I 2013, 1018), vom 12.9.2013 (BStBl. I 2013, 1176), vom 13.9.2013 (BStBl. I 2013, 1179), vom 16.9.2013 (BStBl. I 2013, 1192), vom 19.9.2013 (BStBl. I 2013, 1212), vom 24.9.2013 (BStBl. I 2013, 1219), vom 23.10.2013 (BStBl. I 2013, 1303 und 1304), vom 25.10.2013 (BStBl. I 2013, 1305), vom 28.10.2013 (BStBl. I 2013, 1382), vom 31.10.2013 (BStBl. I 2013, 1383 und 1384), vom 4.11.2013 (BStBl. I 2013, 1385), vom 5.11.2013 (BStBl. I 2013, 1386), vom 8.11.2013 (BStBl. I 2013, 1389), vom 15.11.2013 (BStBl. I 2013, 1475 und 1477), vom 20.11.2013 (BStBl. I 2013, 1581), vom 21.11.2013 (BStBl. I 2013, 1583 und 1584), vom 22.11.2013 (BStBl. I 2013, 1590), vom 28.11.2013 (BStBl. I 2013, 1594), vom 29.11.2013 (BStBl. I 2013, 1596), vom 9.12.2013 (BStBl. I 2013, 1620), vom 10.12.2013 (BStBl. I 2013, 1621 und 1623), vom 11.12.2013 (BStBl. I 2013, 1625), vom 12.12.2013 (BStBl. I 2013, 1627), vom 16.12.2013 (BStBl. I 2013, 1638), vom 2.1.2014 (BStBl. I 2014, 119), vom 6.1.2014 (BStBl. I 2014, 152), vom 20.1.2014

---

1) Auch Änderungen von Anwendungsregelungen sind in den Änderungsnachweis aufgenommen.

(BStBl. I 2014, 154), vom 31.1.2014 (BStBl. I 2014, 217), vom 4.2.2014 (BStBl. I 2014, 229), vom 5.2.2014 (BStBl. I 2014, 233), vom 6.2.2014 (BStBl. I 2014, 267 und 269), vom 7.2.2014 (BStBl. I 2014, 271), vom 28.2.2014 (BStBl. I 2014, 279), vom 20.3.2014 (BStBl. I 2014, 603), vom 4.4.2014 (BStBl. I 2014, 801), vom 10.4.2014 (BStBl. I 2014, 802), vom 29.4.2014 (BStBl. I 2014, 814), vom 30.4.2014 (BStBl. I 2014, 816), vom 5.5.2014 (BStBl. I 2014, 820), vom 8.5.2014 (BStBl. I 2014, 823), vom 5.6.2014 (BStBl. I 2014, 896), vom 12.6.2014 (BStBl. I 2014, 909), vom 1.7.2014 (BStBl. I 2014, 1111), vom 22.7.2014 (BStBl. I 2014, 1113), vom 25.7.2014 (BStBl. I 2014, 1114), vom 31.7.2014 (BStBl. I 2014, 1073), vom 26.8.2014 (BStBl. I 2014, 1216), vom 27.8.2014 (BStBl. I 2014, 1218), vom 19.9.2014 (BStBl. I 2014, 1287), vom 26.9.2014 (BStBl. I 2014, 1297), vom 1.10.2014 (BStBl. I 2014, 1322), vom 17.10.2014 (BStBl. I 2014, 1369), vom 20.10.2014 (BStBl. I 2014, 1372), vom 28.10.2014 (BStBl. I 2014, 1439), vom 4.12.2014 (BStBl. I 2014, 1617), vom 8.12.2014 (BStBl. I 2014, 1619), vom 9.12.2014 (BStBl. I 2014, 1620), vom 10.12.2014 (BStBl. I 2014, 1622), vom 11.12.2014 (BStBl. I 2014, 1631), vom 18.12.2014 (BStBl. I 2015, 44), vom 22.1.2015 (BStBl. I 2015, 123), vom 23.1.2015 (BStBl. I 2015, 144), vom 27.1.2015 (BStBl. I 2015, 164), vom 4.2.2015 (BStBl. I 2015, 166), vom 19.2.2015 (BStBl. I 2015, 217), vom 27.2.2015 (BStBl. I 2015, 232), vom 13.3.2015 (BStBl. I 2015, 234), vom 2.4.2015 (BStBl. I 2015, 272), vom 24.4.2015 (BStBl. I 2015, 456), vom 5.5.2015 (BStBl. I 2015, 458), vom 21.5.2015 (BStBl. I 2015, 491), vom 17.6.2015 (BStBl. I 2015, 513), vom 19.6.2015 (BStBl. I 2015, 559), vom 7.7.2015 (BStBl. I 2015, 562), vom 3.8.2015 (BStBl. I 2015, 624), vom 27.8.2015 (BStBl. I 2015, 656), vom 31.8.2015 (BStBl. I 2015, 737), vom 4.9.2015 (BStBl. I 2015, 738), vom 7.10.2015 (BStBl. I 2015, 782), vom 14.10.2015 (BStBl. I 2015, 832), vom 21.10.2015 (BStBl. I 2015, 835), vom 4.11.2015 (BStBl. I 2015, 886), vom 12.11.2015 (BStBl. I 2015, 887), vom 2.12.2015 (BStBl. I 2015, 1012), vom 7.12.2015 (BStBl. I 2015, 1014), vom 8.12.2015 (BStBl. I 2015, 1066), vom 15.12.2015 (BStBl. I 2015, 1067),[1)] vom 21.1.2016 (BStBl. I 2016, 150), vom 16.2.2016 (BStBl. I 2016, 239), vom 23.2.2016 (BStBl. I 2016, 240), vom 2.3.2016 (BStBl. I 2016, 287), vom 25.4.2016 (BStBl. I 2016, 484), vom 18.5.2016 (BStBl. I 2016, 506), vom 2.6.2016 (BStBl. I 2016, 531), vom 10.8.2016 (BStBl. I 2016, 820), vom 28.9.2016 BStBl. I 2016, 1043), 2 Schreiben v. 4.10.2016 (BStBl. I 2016, 1059 und 1074), vom 24.11.2016 (BStBl. I 2016, 1328), vom 2.12.2016 (BStBl. I 2016, 1450), vom 16.12.2016 (BStBl. I 2016, 1451), vom 19.12.2016 (BStBl. I 2016, 1459), vom 17.1.2017 (BStBl. I 2017, 104), vom 23.1.2017 (BStBl. I 2017, 108), vom 26.1.2017 (BStBl. I 2017, 175), vom 3.2.2017 (BStBl. I 2017, 180), vom 10.2.2017 (BStBl. I 2017, 350), vom 21.3.2017 (BStBl. I 2017, 482), vom 12.4.2017 (BStBl. I 2017, 710), vom 8.5.2017 (BStBl. I 2017, 745), vom 9.5.2017 (BStBl. I 2017, 780), vom 26.5.2017 (BStBl. I 2017, 790), vom 2.6.2017 (BStBl. I 2017, 850), vom 6.6.2017 (BStBl. I 2017, 853), vom 8.6.2017 (BStBl. I 2017, 858), vom 3.7.2017 (BStBl. I 2017, 885), vom 10.7.2017 (BStBl. I 2017, 888), vom 13.7.2017 (BStBl. I 2017, 992), vom 14.7.2017 (BStBl. I 2017, 997), vom 26.7.2017 (BStBl. I 2017, 1001), vom 2.8.2017 (BStBl. I 2017, 1240), vom 22.9.2017 (BStBl. I 2017, 1299), vom 6.10.2017 (BStBl. I 2017, 1349), vom 10.10.2017 (BStBl. I 2017, 1442), vom 8.11.2017 (BStBl. I 2017, 1517), vom 15.11.2017 (BStBl. I 2017, 1518), vom 30.11.2017 (BStBl. I 2017, 1599), vom 5.12.2017 (BStBl. I 2017, 1658), vom 6.12.2017 (BStBl. I 2017, 1660), vom 7.12.2017 (BStBl. I 2017, 1662), vom 8.12.2017 (BStBl. I 2017, 1664), vom 8.12.2017 (BStBl. I 2017, 1665), vom 13.12.2017 (BStBl. I 2017, 1667), vom 13.12.2017 (BStBl. I 2018, 72), vom 14.12.2017 (BStBl. I 2017, 1673), vom 7.2.2018 (BStBl. I 2018, 302), vom 27.2.2018 (BStBl. I 2018, 316), vom 23.4.2018 (BStBl. I 2018, 638), vom 18.5.2018 (BStBl. I 2018, 695), vom 17.7.2018 (BStBl. I 2018, 820), vom 5.9.2018 (BStBl. I 2018, 1012), vom 4.10.2018 (BStBl. I 2018, 1090), vom 31.10.2018 (BStBl. I 2018, 1203), vom 27.11.2018 (BStBl. I 2018, 1363), vom 3.12.2018 (BStBl. I 2018, 1365), vom 7.12.2018 (BStBl. I 2018, 1401), 2 Schreiben vom 14.12.2018 (BStBl. I 2018, 1402 und 1429), vom 2.1.2019 (BStBl. I 2019, 17), vom 23.5.2019 (BStBl. I 2019, 510), vom 23.5.2019 (BStBl. I 2019, 511), vom 27.5.2019 (BStBl. I 2019, 512), vom 18.6.2019 (BStBl. I 2019, 591), vom 17.7.2019 (BStBl. I 2019, 835), vom 18.12.2019 (BStBl. I 2019, 1396), vom 19.12.2019 (BStBl. I 2019, 1399), vom 10.1.2020 (BStBl. I 2020, 184), vom 14.1.2020 (BStBl. I 2020, 196), vom 6.2.2020 (BStBl. I

[1)] Die Änderungen des UStAE sind sämtlich eingearbeitet; die Ersetzung der Begriffe „Abgabe, abgeben" usw. durch „Übermittlung, übermitteln" usw. wurde durchgeführt, aber nicht einzeln durch Fußnoten nachgewiesen.

2020, 235), vom 18.3.2020 (BStBl. I 2020, 286), vom 23.3.2020 (BStBl. I 2020, 288), vom 24.3.2020 (BStBl. I 2020, 291), vom 7.5.2020 (BStBl. I 2020, 530), vom 2.6.2020 (BStBl. I 2020, 545), vom 3.6.2020 (BStBl. I 2020, 546), vom 15.6.2020 (BStBl. I 2020, 580), vom 17.6.2020 (BStBl. I 2020, 581), vom 25.6.2020 (BStBl. I 2020, 582), vom 2.7.2020 (BStBl. I 2020, 610), vom 7.7.2020 (BStBl. I 2020, 642), vom 9.7.2020 (BStBl. I 2020, 643), vom 13.7.2020 (BStBl. I 2020, 644), vom 16.7.2020 (BStBl. I 2020, 645), vom 3.8.2020 (BStBl. I 2020, 646), vom 5.8.2020 (BStBl. 2020, 669), vom 20.8.2020 (BStBl. I 2020, 671), vom 28.8.2020 (BStBl. I 2020, 928), vom 3.9.2020 (BStBl. I 2020, 940), vom 18.9.2020 (BStBl. I 2020, 976), vom 30.9.2020 (BStBl. I 2020, 982), vom 1.10.2020 (BStBl. I 2020, 983), vom 9.10.2020 (BStBl. I 2020, 1038), vom 14.10.2020 (BStBl. I 2020, 1043), vom 28.10.2020 (BStBl. I 2020, 1120), vom 2.11.2020 (BStBl. I 2020, 1121), vom 6.11.2020 (BStBl. I 2020, 1202), vom 12.11.2020 (BStBl. I 2020, 1265), vom 16.11.2020 (BStBl. I 2020, 1267), vom 23.11.2020 (BStBl. I 2020, 1335), vom 15.12.2020 (BStBl. I 2020, 1374), vom 16.12.2020 (BStBl. I 2020, 1379) vom 18.12.2020 (BStBl. I 2021, 64), vom 23.12.2020 (BStBl. I 2021, 92), vom 11.1.2021 (BStBl. I 2021, 120), vom 18.1.2021 (BStBl. I 2021, 121), vom 29.1.2021 (BStBl. I 2021, 250), vom 4.2.2021 (BStBl. I 2021, 312), vom 10.2.2021 (BStBl. I 2021, 314), vom 4.3.2021 (BStBl. I 2021, 316), vom 11.3.2021 (BStBl. I 2021, 380), vom 12.3.2021 (BStBl. I 2021, 380), vom 15.3.2021 (BStBl. I 2021, 381), vom 18.3.2021 (BStBl. I 2021, 384), vom 26.3.2021 (BStBl. I 2021, 385), vom 29.3.2021 (BStBl. I 2021, 386), vom 1.4.2021 (BStBl. I 2021, 629), vom 20.4.2021 (BStBl. I 2021, 705), vom 22.4.2021 (BStBl. I 2021, 712), vom 3.5.2021 (BStBl. I 2021, 713), vom 11.5.2021 (BStBl. I 2021, 781), vom 3.6.2021 (BStBl. I 2021, 777), vom 9.6.2021 (BStBl. I 2021, 778 und 780), vom 18.6.2021 (BStBl. I 2021, 871), vom 22.6.2021 (BStBl. I 2021, 856), vom 24.6.2021 (BStBl. 2021, 857), vom 28.6.2021 (BStBl. I 2021, 868), vom 2.7.2021 (BStBl. I 2021, 918), vom 8.7.2021 (BStBl. I 2021, 919), vom 22.7.2021 (BStBl. I 2021, 1023), vom 19.8.2021 (BStBl. I 2021, 1088), vom 7.9.2021 (BStBl. I 2021, 1591), vom 9.9.2021 (BStBl. I 2021, 1593)

Inhaltsübersicht

Zu § 3b UStG (§§ 2 bis 7 UStDV) Seite

Zu § 22 UStG
(§§ 63 bis 68 UStDV)

Zu § 22f UStG

Zu § 23 UStG
(§§ 69, 70 UStDV, Anlage der UStDV)

Zu § 24 UStG
(§ 71 UStDV)

Zu § 25 UStG
(§ 72 UStDV)

Zu § 25a UStG

Zu § 25b UStG

Zu § 25c UStG

(Fortsetzung S. 15)

Insolvenzverwalter, Testamentsvollstrecker

(7)[1] [1]Wird ein Unternehmen von einem Zwangsverwalter im Rahmen seiner Verwaltungstätigkeit nach § 152 Abs. 1 ZVG,[2] einem vorläufigen Insolvenzverwalter oder einem Insolvenzverwalter geführt, ist nicht dieser der Unternehmer, sondern der Inhaber der Vermögensmasse, für die er tätig wird (vgl. BFH-Urteil vom 23.6.1988, V R 203/83, BStBl. II S. 920, für den Zwangsverwalter und BFH-Urteile vom 20.2.1986, V R 16/81, BStBl. II S. 579, und vom 16.7.1987, V R 80/82, BStBl. II S. 691, für den Konkursverwalter nach der KO). [2]Dieselben Grundsätze gelten auch dann, wenn ein zum Nachlass gehörendes Unternehmen vom Testamentsvollstrecker als solchem für den Erben fortgeführt wird. [3]Führt ein Testamentsvollstrecker jedoch ein Handelsgeschäft als Treuhänder der Erben im eigenen Namen weiter, ist er der Unternehmer und Steuerschuldner (vgl. BFH-Urteil vom 11.10.1990, V R 75/85, BStBl. 1991 II S. 191). [4]Zur verfahrensrechtlichen Besonderheit bei der Zwangsverwaltung von mehreren Grundstücken vgl. Abschnitt 18.6 Abs. 4.

2.2 Selbständigkeit

Allgemeines

(1) [1]Eine selbständige Tätigkeit liegt vor, wenn sie auf eigene Rechnung und auf eigene Verantwortung ausgeübt wird. [2]Ob Selbständigkeit oder Unselbständigkeit anzunehmen ist, richtet sich grundsätzlich nach dem Innenverhältnis zum Auftraggeber. [3]Aus dem Außenverhältnis zur Kundschaft lassen sich im Allgemeinen nur Beweisanzeichen herleiten (vgl. BFH-Urteil vom 6.12.1956, V 137/55 U, BStBl. 1957 III S. 42). [4]Dabei kommt es nicht allein auf die vertragliche Bezeichnung, die Art der Tätigkeit oder die Form der Entlohnung an. [5]Entscheidend ist das Gesamtbild der Verhältnisse. [6]Es müssen die für und gegen die Selbständigkeit sprechenden Umstände gegeneinander abgewogen werden; die gewichtigeren Merkmale sind dann für die Gesamtbeurteilung maßgebend (vgl. BFH-Urteile vom 24.11.1961, VI 208/61 U, BStBl. 1962 III S. 125, und vom 30.5.1996, V R 2/95, BStBl. II S. 493). [7]Arbeitnehmer und damit nicht selbständig tätig kann auch sein, wer nach außen wie ein Kaufmann auftritt (vgl. BFH-Urteil vom 15.7.1987, X R 19/80, BStBl. II S. 746). [8]Unternehmerstellung und Beitragspflicht zur gesetzlichen Sozialversicherung schließen sich im Regelfall aus (vgl. BFH-Urteil vom 25.6.2009, V R 37/08, BStBl. II S. 873).

Natürliche Personen

(2)[3] [1]Die Frage der Selbständigkeit natürlicher Personen ist für die Umsatzsteuer, Einkommensteuer und Gewerbesteuer nach denselben Grundsätzen zu beurteilen (vgl. BFH-Urteile vom 2.12.1998, X R 83/96, BStBl. 1999 II

[1] Zur Zwangsverwaltung von Grundstücken vgl. A 16.1 Abs. 1 Satz 2 UStAE und BMF v. 8.6.1992, BStBl. I 1992, 397.

[2] **Schönfelder** Nr. **108**.

[3] A 2.2 UStAE Abs. 2 Satz 2 neugef., Satz 7 aufgeh. durch BMF v. 8.7.2021, BStBl. I 2021, 919, mit Übergangsregelung für alle **bis einschl. 31.12.2021** ausgeführten Leistungen; siehe Anlage 8.

S. 534, und vom 11.10.2007, V R 77/05, BStBl. 2008 II S. 443, sowie H 19.0 (Allgemeines) LStH).[1] [2]Dies gilt jedoch nicht, wenn Vergütungen für die Ausübung einer bei Anwendung dieser Grundsätze nicht selbständig ausgeübten Tätigkeit ertragsteuerrechtlich auf Grund der Sonderregelung des § 15 Abs. 1 Satz 1 Nr. 2 EStG zu Gewinneinkünften umqualifiziert werden, sowie bei der Beurteilung der Selbständigkeit von Aufsichtsratsmitgliedern, deren Tätigkeit nach § 18 Abs. 1 Nr. 3 EStG als selbständig qualifiziert wird. [3]Zur Nichtselbständigkeit des Gesellschafters einer Personengesellschaft bei der Wahrnehmung von Geschäftsführungs- und Vertretungsleistungen vgl. BFH-Urteil vom 14.4.2010, XI R 14/09, BStBl. 2011 II S. 433. [4]Geschäftsführungsleistungen eines GmbH-Geschäftsführers können als selbständig im Sinne des § 2 Abs. 2 Nr. 1 UStG zu beurteilen sein. [5]Die Organstellung des GmbH-Geschäftsführers steht dem nicht entgegen (BFH-Urteil vom 10.3.2005, V R 29/03, BStBl. II S. 730). [6]Auch ein Mitglied eines Vereinsvorstands kann im Rahmen seiner Geschäftsführungstätigkeit gegenüber dem Verein selbständig tätig werden (vgl. BFH-Urteil vom 14.5.2008, XI R 70/07, BStBl. II S. 912).

Beispiel 1:

[1]Der Aktionär einer AG erhält von dieser eine Tätigkeitsvergütung für seine Geschäftsführungsleistung gegenüber der AG. [2]Zwischen den Parteien ist ein Arbeitsvertrag geschlossen, der u. a. Urlaubsanspruch, feste Arbeitszeiten, Lohnfortzahlung im Krankheitsfall und Weisungsgebundenheit regelt und bei Anwendung der für das Ertrag- und Umsatzsteuerrecht einheitlichen Abgrenzungskriterien zu Einkünften aus nichtselbständiger Arbeit führt.
[3]Der Aktionär ist auch umsatzsteuerrechtlich nicht selbständig tätig.

Beispiel 2:

[1]Der Kommanditist einer KG erhält von dieser eine Tätigkeitsvergütung für seine Geschäftsführungsleistung gegenüber der KG. [2]Zwischen den Parteien ist ein Arbeitsvertrag geschlossen, der u. a. Urlaubsanspruch, feste Arbeitszeiten, Lohnfortzahlung im Krankheitsfall und Weisungsgebundenheit regelt und bei Anwendung der für das Ertrag- und Umsatzsteuerrecht einheitlichen Abgrenzungskriterien zu Einkünften aus nichtselbständiger Arbeit führen würde.
[3]Einkommensteuerrechtlich erzielt der Kommanditist aus der Tätigkeit Einkünfte aus Gewerbebetrieb nach § 15 Abs. 1 Satz 1 Nr. 2 EStG; umsatzsteuerrechtlich ist er dagegen nicht selbständig tätig.

Beispiel 3:

[1]Ein bei einer Komplementär-GmbH angestellter Geschäftsführer, der gleichzeitig Kommanditist der GmbH & Co. KG ist, erbringt Geschäftsführungs- und Vertretungsleistungen gegenüber der GmbH.
[2]Aus ertragsteuerrechtlicher Sicht wird unterstellt, dass die Tätigkeit selbständig ausgeübt wird; die Vergütung für die Geschäftsführungs- und Vertretungsleistung gegenüber der Komplementär-GmbH gehört zu den Einkünften als (selbständiger) Mitunternehmer der KG und wird zu gewerblichen Einkünften im Sinne des § 15 Abs. 1 Satz 1 Nr. 2 EStG umqualifiziert.
[3]In umsatzsteuerrechtlicher Hinsicht ist die Frage der Selbständigkeit jedoch weiterhin unter Anwendung der allgemeinen Grundsätze zu klären.

(3)[2] [1]Fahrlehrer, denen keine Fahrschulerlaubnis erteilt ist, können im Verhältnis zu dem Inhaber der Fahrschule selbständig sein (vgl. BFH-Urteil vom 17.10.1996, V R 63/94, BStBl. 1997 II S. 188). [2]Ein Rundfunksprecher, der einer Rundfunkanstalt auf Dauer zur Verfügung steht, kann auch dann

---

[1] Nr. **20**.

[2] A 2.2 UStAE Abs. 3 Satz 1 aufgeh., bish. Sätze 2 bis 7 werden Sätze 1 bis 6 durch BMF v. 8.7.2021, BStBl. I 2021, 919, mit Übergangsregelung für alle **bis einschl. 31.12.2021** ausgeführten Leistungen; siehe Anlage 8.

nicht als Unternehmer beurteilt werden, wenn er von der Rundfunkanstalt für jeden Einzelfall seiner Mitwirkung durch besonderen Vertrag verpflichtet wird (BFH-Urteil vom 14.10.1976, V R 137/73, BStBl. 1977 II S. 50). [3]Wegen der Behandlung der Versicherungsvertreter, Hausgewerbetreibenden und Heimarbeiter vgl. R 15.1 Abs. 1 und 2 EStR.[1)] [4]Eine natürliche Person ist mit ihrer Tätigkeit im Rahmen eines Arbeitnehmer-Überlassungsvertrages Arbeitnehmer und nicht Unternehmer im Rahmen eines Werk- oder Dienstvertrages (vgl. BFH-Urteil vom 20.4.1988, X R 40/81, BStBl. II S. 804). [5]Ein Rechtsanwalt, der für eine Rechtsanwaltskanzlei als Insolvenzverwalter tätig wird, ist insoweit nicht als Unternehmer zu beurteilen. [6]Dies gilt sowohl für einen angestellten als auch für einen an der Kanzlei als Gesellschafter beteiligten Rechtsanwalt, selbst wenn dieser ausschließlich als Insolvenzverwalter tätig ist und im eigenen Namen handelt.

(3a)[2)] [1]Trägt das Mitglied eines Aufsichtsrats aufgrund einer nicht variablen Festvergütung kein Vergütungsrisiko, ist es nicht selbständig tätig. [2]Die Vergütung kann sowohl in Geldzahlungen als auch in Sachzuwendungen bestehen. [3]Eine Festvergütung im Sinne des Satzes 1 liegt insbesondere im Fall einer pauschalen Aufwandsentschädigung vor, die für die Dauer der Mitgliedschaft im Aufsichtsrat gezahlt wird. [4]Sitzungsgelder, die das Mitglied des Aufsichtsrats nur erhält, wenn es tatsächlich an der Sitzung teilnimmt, sowie nach dem tatsächlichen Aufwand bemessene Aufwandsentschädigungen sind keine Festvergütung im Sinne des Satzes 1. [5]Besteht die Vergütung des Aufsichtsratsmitglieds sowohl aus festen als auch variablen Bestandteilen, ist es grundsätzlich selbständig tätig, wenn die variablen Bestandteile im Kalenderjahr mindestens 10 % der gesamten Vergütung, einschließlich erhaltener Aufwandsentschädigungen, betragen. [6]Reisekostenerstattungen sind keine Vergütungsbestandteile und demzufolge bei der Ermittlung der 10 %-Grenze nicht zu berücksichtigen. [7]Die Sätze 1 bis 6 sind für jedes Mandat eines Aufsichtsrates separat zu prüfen. [8]Ausnahmen von der Festlegung in Satz 5 sind in begründeten Fällen möglich. [9]Das Mitglied eines Aufsichtsrats trägt nicht schon deshalb ein Vergütungsrisiko, weil seine Vergütung nachträglich für mehrere Jahre ausgezahlt wird. [10]Trägt das Mitglied des Aufsichtsrats kein Vergütungsrisiko, ist es nicht deshalb selbständig tätig, weil es unter den Voraussetzungen des § 116 AktG für pflichtwidriges Verhalten haftet. [11]Bei Beamten und anderen Bediensteten einer Gebietskörperschaft, die die Tätigkeit als Aufsichtsratsmitglied auf Verlangen, Vorschlag oder Veranlassung ihres Arbeitgebers oder Dienstherren übernommen haben und nach beamten- oder dienstrechtlichen Vorschriften verpflichtet sind, die Vergütung bis auf einen festgelegten Betrag an den Arbeitgeber bzw. Dienstherren abzuführen, ist es bei einem bestehenden Vergütungsrisiko nicht zu beanstanden, wenn diese allein auf Grund dieser Tätigkeit ebenfalls als nicht selbständig tätig behandelt werden. [12]Für Mitglieder der Bundes- oder einer Landesregierung gilt Satz 11 entsprechend, soweit sie im Zusammenhang mit ihrer Zugehörigkeit zur Regierung einem Aufsichtsrat angehören und einer zumindest teilweisen öffentlich-rechtlichen Abführungspflicht unterliegen. [13]Die Sätze 1 bis 12 gelten auch für

---

1) Nr. **1**.

2) A 2.2 UStAE Abs. 3a eingef. durch BMF v. 8.7.2021, BStBl. I 2021, 919, mit Übergangsregelung für alle **bis einschl. 31.12.2021** ausgeführten Leistungen; siehe Anlage 8.

Mitglieder von Ausschüssen, die der Aufsichtsrat nach § 107 Abs. 3 AktG bestellt hat und für Mitglieder von anderen Gremien, die nicht der Ausübung, sondern der Kontrolle der Geschäftsführung einer juristischen Person oder Personenvereinigung dienen.

(4) [1]Natürliche Personen können zum Teil selbständig, zum Teil unselbständig sein. [2]In Krankenhäusern angestellte Ärzte sind nur insoweit selbständig tätig, als ihnen für die Behandlung von Patienten ein von dem Krankenhaus unabhängiges Liquidationsrecht zusteht (vgl. BFH-Urteil vom 5.10.2005, VI R 152/01, BStBl. 2006 II S. 94). [3]Auch die Tätigkeit der Honorarprofessoren ohne Lehrauftrag wird selbständig ausgeübt. [4]Ein Arbeitnehmer kann mit der Vermietung seines Pkw an den Arbeitgeber selbständig tätig werden (vgl. BFH-Urteil vom 11.10.2007, V R 77/05, BStBl. 2008 II S. 443). [5]Zur Frage, ob eine Neben- und Aushilfstätigkeit selbständig oder unselbständig ausgeübt wird, vgl. H 19.2 LStH.[1)]

Personengesellschaften

(5) [1]Eine Personengesellschaft ist selbständig, wenn sie nicht ausnahmsweise nach § 2 Abs. 2 UStG in das Unternehmen eines Organträgers eingegliedert ist (vgl. Abschnitt 2.8 Abs. 2 Satz 5). [2]Nicht rechtsfähige Personenvereinigungen können als kollektive Zusammenschlüsse von Arbeitnehmern zwecks Anbietung der Arbeitskraft gegenüber einem gemeinsamen Arbeitgeber unselbständig sein (vgl. BFH-Urteil vom 8.2.1979, V R 101/78, BStBl. II S. 362).

Juristische Personen

(6) [1]Eine Kapitalgesellschaft ist stets selbständig, wenn sie nicht nach § 2 Abs. 2 UStG in das Unternehmen eines Organträgers eingegliedert ist; dies gilt insbesondere hinsichtlich ihrer gegen Entgelt ausgeübten Geschäftsführungs- und Vertretungsleistungen gegenüber einer Personengesellschaft (BFH-Urteil vom 6.6.2002, V R 43/01, BStBl. 2003 II S. 36). [2]Auch das Weisungsrecht der Gesellschafterversammlung gegenüber der juristischen Person als Geschäftsführerin führt nicht zur Unselbständigkeit. [3]Ist eine KG mehrheitlich an ihrer Komplementär-GmbH beteiligt, kann die Komplementär-GmbH ihre Tätigkeit jedoch nicht selbständig ausüben, vgl. Abschnitt 2.8 Abs. 2 Satz 8.

Beispiel 1:

[1]Die Komplementär-GmbH erbringt Geschäftsführungs- und Vertretungsleistungen gegen Sonderentgelt an die KG. [2]Der Kommanditist dieser KG ist gleichzeitig Geschäftsführer der Komplementär-GmbH.

[3]Die Komplementär-GmbH ist mit ihren Geschäftsführungs- und Vertretungsleistungen selbständig tätig.[4]Diese werden von der Komplementär-GmbH an die KG im Rahmen eines umsatzsteuerbaren Leistungsaustausches erbracht, auch wenn z. B. die Vergütung unmittelbar an den Geschäftsführer der Komplementär-GmbH gezahlt wird.

Beispiel 2:

[1]Die Komplementär-GmbH einer GmbH & Co. KG erbringt Geschäftsführungs- und Vertretungsleistungen gegen Sonderentgelt an die KG, die gleichzeitig Alleingesellschafterin ihrer Komplementär-GmbH ist, wodurch die Mehrheit der Stimmrechte in der Gesellschafterversammlung der Komplementär-GmbH gewährleistet ist. [2]Die Komplementär-GmbH ist finanziell in das Unternehmen der KG eingegliedert.

---

1) Nr. **20**.

[3]Bei Vorliegen der übrigen Eingliederungsvoraussetzungen übt sie ihre Geschäftsführungs- und Vertretungsleistungen gegenüber der KG nicht selbständig (§ 2 Abs. 2 Nr. 2 UStG) aus.

(7) [1]Regionale Untergliederungen (Landes-, Bezirks-, Ortsverbände) von Großvereinen sind neben dem Hauptverein selbständige Unternehmer, wenn sie über eigene satzungsgemäße Organe (Vorstand, Mitgliederversammlung) verfügen und über diese auf Dauer nach außen im eigenen Namen auftreten sowie eine eigene Kassenführung haben. [2]Es ist nicht erforderlich, dass die regionalen Untergliederungen – neben der Satzung des Hauptvereins – noch eine eigene Satzung haben. [3]Zweck, Aufgabe und Organisation der Untergliederungen können sich aus der Satzung des Hauptvereins ergeben.

2.3 Gewerbliche oder berufliche Tätigkeit

(1) [1]Der Begriff der gewerblichen oder beruflichen Tätigkeit im Sinne des UStG geht über den Begriff des Gewerbebetriebes nach dem EStG und dem GewStG hinaus (vgl. BFH-Urteil vom 5.9.1963, V 117/60 U, BStBl. III S. 520). [2]Eine gewerbliche oder berufliche Tätigkeit setzt voraus, dass Leistungen im wirtschaftlichen Sinn ausgeführt werden. [3]Betätigungen, die sich nur als Leistungen im Rechtssinn, nicht aber zugleich auch als Leistungen im wirtschaftlichen Sinne darstellen, werden von der Umsatzsteuer nicht erfasst. [4]Leistungen, bei denen ein über die reine Entgeltentrichtung hinausgehendes eigenes wirtschaftliches Interesse des Entrichtenden nicht verfolgt wird, sind zwar Leistungen im Rechtssinn, aber keine Leistungen im wirtschaftlichen Sinn (vgl. BFH-Urteil vom 31.7.1969, V 94/65, BStBl. II S. 637). [5]Die Unterhaltung von Giro-, Bauspar- und Sparkonten sowie das Eigentum an Wertpapieren begründen für sich allein noch nicht die Unternehmereigenschaft einer natürlichen Person (vgl. BFH-Urteile vom 1.2.1973, V R 2/70, BStBl. II S. 172, und vom 11.10.1973, V R 14/73, BStBl. 1974 II S. 47).

(1a) [1]Von der gewerblichen oder beruflichen Tätigkeit sind die nichtunternehmerischen Tätigkeiten zu unterscheiden. [2]Diese Tätigkeiten umfassen die nichtwirtschaftlichen Tätigkeiten im engeren Sinne (nichtwirtschaftliche Tä-

(Fortsetzung S. 71)

Bei Vorliegen der übrigen Eingliederungsvoraussetzungen ist sie ihre Gesellschafterinnen und Versammlungen gegenüber der KG nicht selbständig (§ 2 Abs. 2 Nr. 2 UStG).

(7) Regionale Untergliederungen (Landes-, Bezirks-, Ortsverbände) von Großvereinen sind neben dem Hauptverein selbständige Unternehmer, wenn sie über eigene satzungsgemäße Organe (Vorstand, Mitgliederversammlung) verfügen und über diese auf Dauer nach außen im eigenen Namen auftreten sowie eine eigene Kassenführung haben. Es ist nicht erforderlich, dass die regionalen Untergliederungen – neben der Satzung des Hauptvereins – noch eine eigene Satzung haben. Zweck, Aufgabe und Organisation der Untergliederungen können sich aus der Satzung des Hauptvereins ergeben.

2.3 Gewerbliche oder berufliche Tätigkeit

(1) Der Begriff der gewerblichen oder beruflichen Tätigkeit im Sinne des UStG geht über den Begriff des Gewerbebetriebes nach dem EStG und dem GewStG hinaus (vgl. BFH-Urteil vom 5.9.1963, V 117/60 U, BStBl III S. 520). Eine gewerbliche oder berufliche Tätigkeit setzt voraus, dass Leistungen im wirtschaftlichen Sinne ausgeführt werden. Betätigungen, die sich nur als Leistungen im Rechtssinne, nicht aber zugleich auch als Leistungen im wirtschaftlichen Sinne darstellen, werden von der Umsatzsteuer nicht erfasst. Leistungen, bei denen ein über die reine Entgeltentrichtung hinausgehendes eigenes wirtschaftliches Interesse des Entrichtenden nicht verfolgt wird, sind zwar Leistungen im Rechtssinne, aber keine Leistungen im wirtschaftlichen Sinne (vgl. BFH-Urteil vom 31.7.1969, V 94/65, BStBl II S. 637). Die Unterhaltung von Giro-, Bauspar- und Sparkonten sowie das Eigentum an Wertpapieren begründen für sich allein noch nicht die Unternehmereigenschaft einer natürlichen Person (vgl. BFH-Urteile vom 1.2.1973, V R 2/70, BStBl II S. 172, und vom 11.10.1973, V R 14/73, BStBl. 1974 II S. 47).

(2) Von der gewerblichen oder beruflichen Tätigkeit sind die nichtunternehmerischen Tätigkeiten zu unterscheiden. Diese Tätigkeiten umfassen die nichtwirtschaftlichen Tätigkeiten im engeren Sinne (nichtwirtschaftliche Tä-

(Fortsetzung S. 71)

Beispiel 3:

[1] Der Organträger O ist zu 100% an den Tochtergesellschaften T 1 und T 2 beteiligt. [2] Die Geschäftsführungen von O und T 1 sind personenidentisch. [3] Einziger Geschäftsführer der T 2 ist ein bei der Tochtergesellschaft T 1 angestellter Mitarbeiter.

[4] Die Tochtergesellschaft T 1 ist aufgrund der personenidentischen Geschäftsführungen organisatorisch in das Unternehmen des Organträgers O eingegliedert. [5] Dies gilt auch für die Tochtergesellschaft T 2, da durch das Anstellungsverhältnis des Geschäftsführers bei T 1 sichergestellt ist, dass der Organträger O die Tochtergesellschaft T 2 beherrscht.

Beispiel 4:

[1] Der im Ausland ansässige Organträger O unterhält im Inland eine Zweigniederlassung. [2] Daneben ist er zu 100% an der im Inland ansässigen Tochtergesellschaft T 1 beteiligt. [3] Einziger Geschäftsführer der T 1 ist der bei O angestellte Leiter der inländischen Zweigniederlassung.

[4] Die Tochtergesellschaft T 1 ist organisatorisch in das Unternehmen des Organträgers O eingegliedert. [5] Durch das Anstellungsverhältnis des Geschäftsführers bei O ist sichergestellt, dass der Organträger O die Tochtergesellschaft T 1 beherrscht. [6] Die Wirkungen der Organschaft sind jedoch auf Innenleistungen zwischen den im Inland gelegenen Unternehmensteilen beschränkt.

(11) [1] Weder das mit der finanziellen Eingliederung einhergehende Weisungsrecht durch Gesellschafterbeschluss noch eine vertragliche Pflicht zur regelmäßigen Berichterstattung über die Geschäftsführung stellen eine institutionell abgesicherte unmittelbare Eingriffsmöglichkeit in den Kernbereich der laufenden Geschäftsführung der Organgesellschaft im Sinne des Absatzes 10 dar und reichen daher nicht zur Begründung einer organisatorischen Eingliederung aus (vgl. BFH-Urteil vom 2.12.2015, V R 15/14, BStBl. 2017 II S. 553). [2] Auch Zustimmungsvorbehalte zugunsten der Gesellschafterversammlung z. B. aufgrund einer Geschäftsführungsordnung können für sich betrachtet keine organisatorische Eingliederung begründen (vgl. BFH-Urteil vom 7.7.2011, V R 53/10, BStBl. 2013 II S. 218). [3] Dasselbe gilt für Zustimmungserfordernisse bei außergewöhnlichen Geschäften (vgl. BFH-Urteil vom 3.4.2008, V R 76/05, BStBl. II S. 905) oder das bloße Recht zur Bestellung oder Abberufung von Geschäftsführern ohne weiter gehende personelle Verflechtungen über das Geschäftsführungsorgan (vgl. BFH-Urteil vom 7.7.2011, V R 53/10, a. a. O.). [4] Ebenso kann sich eine organisatorische Eingliederung nicht allein daraus ergeben, dass eine nicht geschäftsführende Gesellschafterversammlung und ein gleichfalls nicht geschäftsführender Beirat ausschließlich mit Mitgliedern des Mehrheitsgesellschafters besetzt sind, vertragliche Bedingungen dem Mehrheitsgesellschafter „umfangreiche Beherrschungsmöglichkeiten" sichern und darüber hinaus dieselben Büroräume benutzt und das komplette Rechnungswesen durch gemeinsames Personal erledigt werden (vgl. BFH-Urteil vom 28.10.2010, V R 7/10, BStBl. 2011 II S. 391).

Insolvenzverfahren

(12)[1)] [1] Mit der Insolvenzeröffnung über das Vermögen des Organträgers oder der Organgesellschaft endet die Organschaft (vgl. BFH-Urteil vom 15.12.2016, V R 14/16, BStBl. 2017 II S. 600). [2] Dies gilt jeweils auch bei Bestellung eines

[1)] A 2.8 UStAE Abs. 12 Satz 6 angef. durch BMF v. 4.3.2021, BStBl. I 2021, 316, anzuwenden in allen offenen Fällen; Satz 7 angef. durch BMF v. 22.6.2021, BStBl. I 2021, 856, anzuwenden in allen offenen Fällen.

Sachwalters im Rahmen der Eigenverwaltung nach §§ 270 ff. InsO. [3]Wird im Rahmen der Anordnung von Sicherungsmaßnahmen über das Vermögen des Organträgers oder der Organgesellschaft ein vorläufiger Insolvenzverwalter bestellt, endet die Organschaft mit dessen Bestellung bereits vor Eröffnung des Insolvenzverfahrens, wenn der vorläufige Insolvenzverwalter den maßgeblichen Einfluss auf den Schuldner erhält und eine Beherrschung der Organgesellschaft durch den Organträger nicht mehr möglich ist. [4]Dies ist insbesondere der Fall, wenn der vorläufige Insolvenzverwalter wirksame rechtsgeschäftliche Verfügungen des Schuldners aufgrund eines Zustimmungsvorbehalts nach § 21 Abs. 2 Nr. 2 Alt. 2 InsO verhindern kann (vgl. BFH-Urteile vom 8.8.2013, V R 18/13, BStBl. 2017 II S. 543, vom 3.7.2014, V R 32/13, BStBl. 2017 II S. 666, und vom 24.8.2016, V R 36/15, BStBl. 2017 II S. 595). [5]Die Sätze 1 bis 4 gelten auch in den Fällen, in denen für den Organträger und die Organgesellschaft ein personenidentischer Sachwalter, vorläufiger Insolvenzverwalter oder Insolvenzverwalter bestellt wird. [6]Hingegen beenden weder die Anordnung der vorläufigen Eigenverwaltung beim Organträger noch die Anordnung der vorläufigen Eigenverwaltung bei der Organgesellschaft eine Organschaft, wenn das Insolvenzgericht lediglich bestimmt, dass ein vorläufiger Sachwalter bestellt wird sowie eine Anordnung gemäß § 21 Abs. 2 Satz 1 Nr. 3 InsO erlässt (vgl. BFH-Urteil vom 27.11.2019, XI R 35/17, BStBl. 2021 II S. 252). [7]Satz 6 gilt nicht für vorläufige Eigenverwaltungsverfahren, die nach dem 31.12.2020 angeordnet wurden, es sei denn, diese fallen unter die Anwendung des § 5 Abs. 1 COVID-19-Insolvenzaussetzungsgesetz (COVInsAG).[1)]

2.9 Beschränkung der Organschaft auf das Inland[2)]

Allgemeines

(1) [1]Die Wirkungen der Organschaft sind nach § 2 Abs. 2 Nr. 2 Satz 2 UStG auf Innenleistungen zwischen den im Inland gelegenen Unternehmensteilen beschränkt. [2]Sie bestehen nicht im Verhältnis zu den im Ausland gelegenen Unternehmensteilen sowie zwischen diesen Unternehmensteilen. [3]Die im Inland gelegenen Unternehmensteile sind nach § 2 Abs. 2 Nr. 2 Satz 3 UStG als ein Unternehmen zu behandeln.

(2) [1]Der Begriff des Unternehmens in § 2 Abs. 1 Satz 2 UStG bleibt von der Beschränkung der Organschaft auf das Inland unberührt. [2]Daher sind grenzüberschreitende Leistungen innerhalb des Unternehmens, insbesondere zwischen dem Unternehmer, z. B. Organträger oder Organgesellschaft, und seinen Betriebsstätten (Abschnitt 3a.1 Abs. 3) oder umgekehrt – mit Ausnahme von Warenbewegungen auf Grund eines innergemeinschaftlichen Verbringens (vgl. Abschnitt 1a.2) – nicht steuerbare Innenumsätze.

Im Inland gelegene Unternehmensteile

(3) Im Inland gelegene Unternehmensteile im Sinne der Vorschrift sind

1. der Organträger, sofern er im Inland ansässig ist,

---

1) G v. 27.3.2020, BGBl. I 2020, 569, geänd. durch G v. 15.2.2021, BGBl. I 2021, 237.

2) Hinweis auf A 1a.2 Abs. 8 UStAE.

2. die im Inland ansässigen Organgesellschaften des in Nummer 1 bezeichneten Organträgers,
3. die im Inland gelegenen Betriebsstätten, z. B. Zweigniederlassungen, des in Nummer 1 bezeichneten Organträgers und seiner im Inland und Ausland ansässigen Organgesellschaften,
4. die im Inland ansässigen Organgesellschaften eines Organträgers, der im Ausland ansässig ist,
5. die im Inland gelegenen Betriebsstätten, z. B. Zweigniederlassungen, des im Ausland ansässigen Organträgers und seiner im Inland und Ausland ansässigen Organgesellschaften.

(Fortsetzung S. 99)

steuerabzug in Anspruch. [4]Am 1.3.03 entnimmt der Unternehmer den Pkw in sein Privatvermögen (Aufschlag nach „Schwacke-Liste“ auf den Marktwert des Pkw im Zeitpunkt der Entnahme für die Klimaanlage 1500 €, für die Windschutzscheibe 50 €).
[5]Das aufgewendete Entgelt für den nachträglichen Einbau der Windschutzscheibe beträgt 500 €, also weniger als 20 % der ursprünglichen Anschaffungskosten des Pkw, und übersteigt auch nicht den Betrag von 1000 €. [6]Aus Vereinfachungsgründen wird für den Einbau der Windschutzscheibe keine dauerhafte Werterhöhung des Gegenstands angenommen.
[7]Das aufgewendete Entgelt für den nachträglichen Einbau der Klimaanlage beträgt 2500 €, also mehr als 20 % der ursprünglichen Anschaffungskosten des Pkw. [8]Mit dem Einbau der Klimaanlage in den Pkw hat diese ihre körperliche und wirtschaftliche Eigenart endgültig verloren und zu einer dauerhaften, im Zeitpunkt der Entnahme nicht vollständig verbrauchten Werterhöhung des Gegenstands geführt. [9]Die Entnahme der Klimaanlage unterliegt daher nach § 3 Abs. 1b Satz 1 Nr. 1 i. V. m. Satz 2 UStG mit einer Bemessungsgrundlage nach § 10 Abs. 4 Satz 1 Nr. 1 UStG i. H. v. 1500 € der Umsatzsteuer.

[5]Die vorstehende Bagatellgrenze gilt auch für entsprechende unentgeltliche Zuwendungen eines Gegenstands im Sinne des § 3 Abs. 1b Satz 1 Nr. 2 und 3 UStG.

Entnahme von Gegenständen (§ 3 Abs. 1b Satz 1 Nr. 1 UStG)[1)]

(5) [1]Eine Entnahme eines Gegenstands aus dem Unternehmen im Sinne des § 3 Abs. 1b Satz 1 Nr. 1 UStG liegt nur dann vor, wenn der Vorgang bei entsprechender Ausführung an einen Dritten als Lieferung – einschließlich Werklieferung – anzusehen wäre. [2]Ein Vorgang, der Dritten gegenüber als sonstige Leistung – einschließlich Werkleistung – zu beurteilen wäre, erfüllt zwar die Voraussetzungen des § 3 Abs. 1b Satz 1 Nr. 1 UStG nicht, kann aber nach § 3 Abs. 9a Nr. 2 UStG steuerbar sein (vgl. Abschnitt 3.4). [3]Das gilt auch insoweit, als dabei Gegenstände, z. B. Materialien, verbraucht werden (vgl. BFH-Urteil vom 13.2.1964, V 99/63 U, BStBl. III S. 174). [4]Der Grundsatz der Einheitlichkeit der Leistung (vgl. Abschnitt 3.10) gilt auch für die unentgeltlichen Wertabgaben (vgl. BFH-Urteil vom 3.11.1983, V R 4/73, BStBl. 1984 II S. 169).

(6) [1]Wird ein dem Unternehmen dienender Gegenstand während der Dauer einer nichtunternehmerischen Verwendung auf Grund äußerer Einwirkung zerstört, z. B. Totalschaden eines Personenkraftwagens infolge eines Unfalls auf einer Privatfahrt, liegt keine Entnahme eines Gegenstands aus dem Unternehmen vor. [2]Das Schadensereignis fällt in den Vorgang der nichtunternehmerischen Verwendung und beendet sie wegen Untergangs der Sache. [3]Eine Entnahmehandlung ist in Bezug auf den unzerstörten Gegenstand nicht mehr möglich (vgl. BFH-Urteile vom 28.2.1980, V R 138/72, BStBl. II S. 309, und vom 28.6.1995, XI R 66/94, BStBl. II S. 850).

(7) [1]Bei einem Rohbauunternehmer, der für eigene Wohnzwecke ein schlüsselfertiges Haus mit Mitteln des Unternehmens errichtet, ist Gegenstand der Entnahme das schlüsselfertige Haus, nicht lediglich der Rohbau (vgl. BFH-Urteil vom 3.11.1983, V R 4/73, BStBl. 1984 II S. 169). [2]Entscheidend ist nicht, was der Unternehmer in der Regel im Rahmen seines Unternehmens herstellt, sondern was im konkreten Fall Gegenstand der Wertabgabe des Unternehmens ist (vgl. BFH-Urteil vom 21.4.1988, V R 135/83, BStBl. II S. 746). [3]Wird ein Einfamilienhaus für unternehmensfremde Zwecke auf einem zum

---

1) Hinweis auf A 4.28.1 Abs. 5 i. V. m. Abs. 4 UStAE.

Betriebsvermögen gehörenden Grundstück errichtet, überführt der Bauunternehmer das Grundstück in aller Regel spätestens im Zeitpunkt des Baubeginns in sein Privatvermögen. [4]Dieser Vorgang ist unter den Voraussetzungen des § 3 Abs. 1b Satz 2 UStG eine nach § 4 Nr. 9 Buchstabe a UStG steuerfreie Lieferung im Sinne des § 3 Abs. 1b Satz 1 Nr. 1 UStG.

(8) [1]Die unentgeltliche Übertragung eines Betriebsgrundstücks durch einen Unternehmer auf seine Kinder unter Anrechnung auf deren Erb- und Pflichtteil ist – wenn nicht die Voraussetzungen des § 1 Abs. 1a UStG vorliegen (vgl. Abschnitt 1.5) – eine steuerfreie Lieferung im Sinne des § 3 Abs. 1b Satz 1 Nr. 1 UStG, auch wenn das Grundstück auf Grund eines mit den Kindern geschlossenen Pachtvertrages weiterhin für die Zwecke des Unternehmens verwendet wird und die Kinder als Nachfolger des Unternehmers nach dessen Tod vorgesehen sind (vgl. BFH-Urteil vom 2.10.1986, V R 91/78, BStBl. 1987 II S. 44). [2]Die unentgeltliche Übertragung des Miteigentums an einem Betriebsgrundstück durch einen Unternehmer auf seinen Ehegatten ist eine nach § 4 Nr. 9 Buchstabe a UStG steuerfreie Wertabgabe des Unternehmers, auch wenn das Grundstück weiterhin für die Zwecke des Unternehmens verwendet wird. [3]Hinsichtlich des dem Unternehmer verbleibenden Miteigentumsanteils liegt keine unentgeltliche Wertabgabe im Sinne des § 3 Abs. 1b oder Abs. 9a UStG vor (vgl. BFH-Urteile vom 6.9.2007, V R 41/05, BStBl. 2008 II S. 65, und vom 22.11.2007, V R 5/06, BStBl. 2008 II S. 448). [4]Zur Vorsteuerberichtigung nach § 15a UStG vgl. Abschnitt 15a.2 Abs. 6 Nr. 3 und zur Bestellung eines lebenslänglichen unentgeltlichen Nießbrauchs an einem unternehmerisch genutzten bebauten Grundstück vgl. BFH-Urteil vom 16.9.1987, X R 51/81, BStBl. 1988 II S. 205.

Sachzuwendungen an das Personal (§ 3 Abs. 1b Satz 1 Nr. 2 UStG)

(9) [1]Zuwendungen von Gegenständen (Sachzuwendungen) an das Personal für dessen privaten Bedarf sind auch dann steuerbar, wenn sie unentgeltlich sind, d. h. wenn sie keine Vergütungen für die Dienstleistung des Arbeitnehmers darstellen (vgl. hierzu Abschnitt 1.8). [2]Abs. 1 Sätze 7 und 8 bleiben unberührt.

Andere unentgeltliche Zuwendungen (§ 3 Abs. 1b Satz 1 Nr. 3 UStG)[1)]

(10) [1]Unentgeltliche Zuwendungen von Gegenständen, die nicht bereits in der Entnahme von Gegenständen oder in Sachzuwendungen an das Personal bestehen, werden Lieferungen gegen Entgelt gleichgestellt. [2]Ausgenommen sind Geschenke von geringem Wert und Warenmuster für Zwecke des Unternehmens. [3]Der Begriff „unentgeltliche Zuwendung" im Sinne von § 3 Abs. 1b Satz 1 Nr. 3 UStG setzt nicht lediglich die Unentgeltlichkeit einer Lieferung voraus, sondern verlangt darüber hinaus, dass der Zuwendende dem Empfänger zielgerichtet einen Vermögensvorteil verschafft (vgl. BFH-Urteile vom 14.5.2008, XI R 60/07, BStBl. II S. 721,[2)] und vom 10.8.2017,

---

1) Zum Vorsteuerabzug bei Repräsentationsaufwendungen vgl. A 15.6 UStAE.

2) Zum Vorsteuerabzug aus Dritten zugutekommenden Leistungen siehe aber BFH v. 16.12.2020 XI R 26/20 (XI R 28/17) als Nachfolgeentscheidung zu EuGH v. 16.9.2020 C-528/19, MwStR 2020, 927 (Rspr.-Änderung).

– Bereitstellung von Abfalleimern an Kiosken, Verkaufsständen, Würstchenbuden usw.;
– Bereitstellung von Einrichtungen und Vorrichtungen, die in erster Linie dem Verkauf von Waren dienen (z.B. Verkaufstheken und -tresen sowie Ablagebretter an Kiosken, Verkaufsständen, Würstchenbuden usw.);
– bloße Erstellung von Leistungsbeschreibungen (z.B. Speisekarten oder -pläne);
– allgemeine Erläuterung des Leistungsangebots;
– Einzug des Entgelts für Schulverpflegung von den Konten der Erziehungsberechtigten.

2 Die Abgabe von zubereiteten oder nicht zubereiteten Speisen mit oder ohne Beförderung, jedoch ohne andere unterstützende Dienstleistungen, stellt stets eine Lieferung dar (Artikel 6 Abs. 2 MwStVO).[1)] 3 Die Sicherstellung der Verzehrfertigkeit während des Transports (z.B. durch Warmhalten in besonderen Behältnissen) sowie die Vereinbarung eines festen Zeitpunkts für die Übergabe der Speisen an den Kunden sind unselbständiger Teil der Beförderung und daher nicht gesondert zu berücksichtigen. 4 Die Abgabe von Waren aus Verkaufsautomaten ist stets eine Lieferung.

(3) 1 Nicht notwendig mit der Vermarktung von Speisen verbundene und damit für die Annahme einer Lieferung schädliche Dienstleistungselemente liegen vor, soweit sich der leistende Unternehmer nicht auf die Ausübung der Handels- und Verteilerfunktion des Lebensmitteleinzelhandels und des Lebensmittelhandwerks beschränkt (vgl. BFH-Urteil vom 24.11.1988, V R 30/83, BStBl. 1989 II S. 210). 2 Insbesondere die folgenden Elemente sind nicht notwendig mit der Vermarktung von Speisen verbunden und daher im Rahmen der Gesamtbetrachtung zu berücksichtigen:
– Bereitstellung einer die Bewirtung fördernden Infrastruktur (vgl. Absatz 4);
– Servieren der Speisen und Getränke;
– Gestellung von Bedienungs-, Koch- oder Reinigungspersonal;
– Durchführung von Service-, Bedien- oder Spülleistungen im Rahmen einer die Bewirtung fördernden Infrastruktur oder in den Räumlichkeiten des Kunden;
– Nutzungsüberlassung von Geschirr oder Besteck;
– Überlassung von Mobiliar (z.B. Tischen und Stühlen) zur Nutzung außerhalb der Geschäftsräume des Unternehmers;
– Reinigung bzw. Entsorgung von Gegenständen, wenn die Überlassung dieser Gegenstände ein berücksichtigungsfähiges Dienstleistungselement darstellt (vgl. BFH-Urteil vom 10.8.2006, V R 55/04, BStBl. 2007 II S. 480);
– individuelle Beratung bei der Auswahl der Speisen und Getränke;
– Beratung der Kunden hinsichtlich der Zusammenstellung und Menge von Mahlzeiten für einen bestimmten Anlass.

3 Erfüllen die überlassenen Gegenstände (Geschirr, Platten etc.) vornehmlich Verpackungsfunktion, stellt deren Überlassung kein berücksichtigungsfähiges Dienstleistungselement dar. 4 In diesem Fall ist auch die anschließende Reini-

---

[1)] **Steuergesetze** Nr. **550a**.

gung bzw. Entsorgung der überlassenen Gegenstände bei der Gesamtbetrachtung nicht zu berücksichtigen.

Bereitstellung einer die Bewirtung fördernden Infrastruktur

(4) [1] Die Bereitstellung einer die Bewirtung fördernden Infrastruktur stellt ein im Rahmen der Gesamtbetrachtung zu berücksichtigendes Dienstleistungselement dar. [2] Zu berücksichtigen ist dabei insbesondere die Bereitstellung von Vorrichtungen, die den bestimmungsgemäßen Verzehr der Speisen und Getränke an Ort und Stelle fördern sollen (z. B. Räumlichkeiten, Tische und Stühle oder Bänke, Bierzeltgarnituren). [3] Auf die Qualität der zur Verfügung gestellten Infrastruktur kommt es nicht an. [4] Daher genügt eine Abstellmöglichkeit für Speisen und Getränke mit Sitzgelegenheit für die Annahme einer sonstigen Leistung (vgl. BFH-Urteil vom 30.6.2011, V R 18/10, BStBl. 2013 II S. 246). [5] Daneben sind beispielsweise die Bereitstellung von Garderoben und Toiletten in die Gesamtbetrachtung einzubeziehen. [6] Eine in erster Linie zur Förderung der Bewirtung bestimmte Infrastruktur muss nicht einer ausschließlichen Nutzung durch die verzehrenden Kunden vorbehalten sein. [7] Duldet der Unternehmer daneben eine Nutzung durch andere Personen, steht dies einer Berücksichtigung nicht entgegen. [8] Vorrichtungen, die nach ihrer Zweckbestimmung im Einzelfall nicht in erster Linie dazu dienen, den Verzehr von Speisen und Getränken zu erleichtern (z. B. Stehtische und Sitzgelegenheiten in den Wartebereichen von Kinofoyers sowie die Bestuhlung in Kinos, Theatern und Stadien, Parkbänke im öffentlichen Raum, Nachttische in Kranken- und Pflegezimmern), sind nicht zu berücksichtigen (vgl. BFH-Urteil vom 30.6.2011, V R 3/07, BStBl. 2013 II S. 241). [9] Dies gilt auch dann, wenn sich an diesen Gegenständen einfache, behelfsmäßige Vorrichtungen befinden, die den Verzehr fördern sollen (z. B. Getränkehalter, Ablagebretter). [10] Nicht zu berücksichtigen sind außerdem behelfsmäßige Verzehrvorrichtungen, wie z. B. Verzehrtheken ohne Sitzgelegenheit oder Stehtische. [11] Sofern die Abgabe der Speisen und Getränke zum Verzehr vor Ort erfolgt, kommt es jedoch nicht darauf an, dass sämtliche bereitgestellte Einrichtungen tatsächlich genutzt werden. [12] Vielmehr ist das bloße Zur-Verfügung-Stellen ausreichend. [13] In diesem Fall ist auf sämtliche Vor-Ort-Umsätze der allgemeine Steuersatz anzuwenden. [14] Für die Berücksichtigung einer die Bewirtung fördernden Infrastruktur ist die Zweckabrede zum Zeitpunkt des Vertragsabschlusses maßgeblich. [15] Bringt der Kunde zum Ausdruck, dass er eine Speise vor Ort verzehren will, nimmt diese anschließend jedoch mit, bleibt es bei der Anwendung des allgemeinen Umsatzsteuersatzes. [16] Werden Speisen sowohl unter Einsatz von nicht zu berücksichtigenden Infrastrukturelementen (z. B. in Wartebereichen von Kinos) als auch hiervon getrennt in Gastronomiebereichen abgegeben, ist eine gesonderte Betrachtung der einzelnen Bereiche vorzunehmen.

(5)[1)] [1] Die in Absatz 3 genannten Elemente sind nur dann zu berücksichtigen, wenn sie dem Kunden vom speiseabgebenden Unternehmer im Rahmen einer einheitlichen Leistung zur Verfügung gestellt werden und vom Leistenden ausschließlich dazu bestimmt wurden, den Verzehr von Lebensmitteln zu erleichtern (vgl. BFH-Urteil vom 30.6.2011, V R 18/10, BStBl. 2013 II

[1)] A 3.6 UStAE Abs. 5 neue Sätze 4 und 5 eingef., bish. Sätze 4 und 5 werden 6 und 7, neuer Satz 6 geänd. durch BMF v. 22.4.2021, BStBl. I 2021, 712, anzuwenden in allen offenen Fällen.

S. 246). [2]Von Dritten erbrachte Dienstleistungselemente sind grundsätzlich nicht zu berücksichtigen. [3]Voraussetzung für eine Nichtberücksichtigung ist, dass der Dritte unmittelbar gegenüber dem verzehrenden Kunden tätig wird. [4]Etwas anderes gilt aber, wenn dem Leistenden durch den Dritten der Art nach ein Mitbenutzungsrecht in Form von Verfügungs- und Dispositionsmöglichkeiten an dessen Dienstleistungselementen (z. B. Verzehrvorrichtungen) zugestanden worden ist (vgl. BFH-Urteil vom 3.8.2017, V R 15/17, BStBl. 2021 II S. 403). [5]Maßgebend sind immer die Umstände des jeweiligen Einzelfalls. [6]Dabei ist – ggf. unter Berücksichtigung der getroffenen Vereinbarungen – zu prüfen, inwieweit augenscheinlich von einem Dritten erbrachte Dienstleistungselemente dem speiseabgebenden Unternehmer zuzurechnen sind. [7]Leistet der Dritte an diesen Unternehmer und dieser wiederum an den Kunden, handelt es sich um ein Dienstleistungselement des speiseabgebenden Unternehmers, das im Rahmen der Gesamtbetrachtung zu berücksichtigen ist.

(6) [1]Die in den Absätzen 1 bis 5 dargestellten Grundsätze gelten gleichermaßen für Imbissstände wie für Verpflegungsleistungen in Kindertagesstätten, Schulen und Kantinen, Krankenhäusern, Pflegeheimen oder ähnlichen Einrichtungen, bei Leistungen von Catering-Unternehmen (Partyservice) und Mahlzeitendiensten („Essen auf Rädern"). [2]Sie gelten ebenso für unentgeltliche Wertabgaben. [3]Ist der Verzehr durch den Unternehmer selbst als sonstige Leistung anzusehen, liegt eine unentgeltliche Wertabgabe nach § 3 Abs. 9a Nr. 2 UStG vor, die dem allgemeinen Steuersatz unterliegt. [4]Für unentgeltliche Wertabgaben nach § 3 Abs. 1b UStG – z. B. Entnahme von Nahrungsmitteln durch einen Gastwirt zum Verzehr in einer von der Gaststätte getrennten Wohnung – kommt der ermäßigte Steuersatz in Betracht. [5]Auf die jährlich im BStBl. Teil I veröffentlichten Pauschbeträge für unentgeltliche Wertabgaben (Sachentnahmen)[1)] wird hingewiesen (vgl. Abschnitt 10.6 Abs. 1 Satz 8).

Beispiel 1:

[1]Der Betreiber eines Imbissstandes gibt verzehrfertige Würstchen, Pommes frites usw. an seine Kunden in Pappbehältern oder auf Mehrweggeschirr ab. [2]Der Kunde erhält dazu eine Serviette, Einweg- oder Mehrwegbesteck und auf Wunsch Ketchup, Mayonnaise oder Senf. [3]Der Imbissstand verfügt über eine Theke, an der Speisen im Stehen eingenommen werden können. [4]Der Betreiber hat vor dem Stand drei Stehtische aufgestellt. [5]80 % der Speisen werden zum sofortigen Verzehr abgegeben. [6]20 % der Speisen werden zum Mitnehmen abgegeben.
[7]Unabhängig davon, ob die Kunden die Speisen zum Mitnehmen oder zum Verzehr an Ort und Stelle erwerben, liegen insgesamt begünstigte Lieferungen im Sinne des § 12 Abs. 2 Nr. 1 UStG vor. [8]Die erbrachten Dienstleistungselemente (Bereitstellung einfachster Verzehrvorrichtungen wie einer Theke und Stehtischen sowie von Mehrweggeschirr) führen bei einer wertenden Gesamtbetrachtung des Vorgangs auch hinsichtlich der vor Ort verzehrten Speisen nicht zur Annahme einer sonstigen Leistung (vgl. BFH-Urteil vom 8.6.2011, XI R 37/08, BStBl. 2013 II S. 238, und vom 30.6.2011, V R 35/08, BStBl. 2013 II S. 244). [9]Die Qualität der Speisen und die Komplexität der Zubereitung haben auf die Beurteilung des Sachverhalts keinen Einfluss.

Beispiel 2:

[1]Wie Beispiel 1, jedoch verfügt der Imbissstand neben den Stehtischen über aus Bänken und Tischen bestehende Bierzeltgarnituren, an denen die Kunden die Speisen einnehmen können. [2]Soweit die Speisen zum Mitnehmen abgegeben werden, liegen begünstigte Lieferungen im Sinne des § 12 Abs. 2 Nr. 1 UStG vor. [3]Soweit die Speisen zum Verzehr vor Ort abgegeben

---

1) Für **2020** siehe BMF v. 27.8.2020, BStBl. I 2020, 867, für **2021** siehe BMF v. 15.6.2021, BStBl. I 2021, 811.

werden, liegen nicht begünstigte sonstige Leistungen im Sinne des § 3 Abs. 9 UStG vor. [4] Mit der Bereitstellung der Tische und der Sitzgelegenheiten wird die Schwelle zum Restaurationsumsatz überschritten (vgl. BFH-Urteil vom 30.6.2011, V R 18/10, BStBl. 2013 II S. 246). [5] Auf die tatsächliche Inanspruchnahme der Sitzgelegenheiten kommt es nicht an. [6] Maßgeblich ist die Absichtserklärung des Kunden, die Speisen vor Ort verzehren zu wollen.

Beispiel 3:

[1] Der Catering-Unternehmer A verabreicht in einer Schule auf Grund eines mit dem Schulträger geschlossenen Vertrags verzehrfertig angeliefertes Mittagessen. [2] A übernimmt mit eigenem Personal die Ausgabe des Essens, die Reinigung der Räume sowie der Tische, des Geschirrs und des Bestecks.

[3] Es liegen nicht begünstigte sonstige Leistungen im Sinne des § 3 Abs. 9 UStG vor. [4] Neben den Speisenlieferungen werden Dienstleistungen erbracht, die nicht notwendig mit der Vermarktung von Speisen verbunden sind (Bereitstellung von Verzehrvorrichtungen, Reinigung der Räume sowie der Tische, des Geschirrs und des Bestecks) und die bei Gesamtbetrachtung des Vorgangs das Lieferelement qualitativ überwiegen.

Beispiel 4:

[1] Ein Schulverein bietet in der Schule für die Schüler ein Mittagessen an. [2] Das verzehrfertige Essen wird von dem Catering-Unternehmer A dem Schulverein in Warmhaltebehältern zu festgelegten Zeitpunkten angeliefert und anschließend durch die Mitglieder des Schulvereins an die Schüler ausgegeben. [3] Das Essen wird von den Schülern in einem Mehrzweckraum, der über Tische und Stühle verfügt, eingenommen. [4] Der Schulverein übernimmt auch die Reinigung der Räume sowie der Tische, des Geschirrs und des Bestecks.

[5] Der Catering-Unternehmer A erbringt begünstigte Lieferungen im Sinne des § 12 Abs. 2 Nr. 1 UStG, da sich seine Leistung auf die Abgabe von zubereiteten Speisen und deren Beförderung ohne andere unterstützende Dienstleistungen beschränkt.

[6] Der Schulverein erbringt sonstige Leistungen im Sinne des § 3 Abs. 9 UStG. [7] Neben den Speisenlieferungen werden Dienstleistungen erbracht, die nicht notwendig mit der Vermarktung von Speisen verbunden sind (Bereitstellung von Verzehrvorrichtungen, Reinigung der Räume sowie der Tische, des Geschirrs und des Bestecks) und die bei Gesamtbetrachtung des Vorgangs das Lieferelement qualitativ überwiegen. [8] Bei Vorliegen der weiteren Voraussetzungen können die Umsätze dem ermäßigten Steuersatz nach § 12 Abs. 2 Nr. 8 UStG unterliegen.

Beispiel 5:

[1] Wie Beispiel 4, jedoch beliefert der Catering-Unternehmer A den Schulverein mit Tiefkühlgerichten. [2] Er stellt hierfür einen Tiefkühlschrank und ein Auftaugerät (Regeneriertechnik) zur Verfügung. [3] Die Endbereitung der Speisen (Auftauen und Erhitzen) sowie die Ausgabe erfolgt durch den Schulverein.

[4] Der Catering-Unternehmer A erbringt begünstigte Lieferungen im Sinne des § 12 Abs. 2 Nr. 1 UStG. [5] Die Bereitstellung der Regeneriertechnik stellt eine Nebenleistung zur Speisenlieferung dar.

Beispiel 6:

[1] Ein Unternehmer beliefert ein Krankenhaus mit Mittag- und Abendessen für die Patienten. [2] Er bereitet die Speisen nach Maßgabe eines mit dem Leistungsempfänger vereinbarten Speiseplans in der Küche des auftraggebenden Krankenhauses fertig zu. [3] Die Speisen werden zu festgelegten Zeitpunkten in Großgebinden an das Krankenhauspersonal übergeben, das den Transport auf die Stationen, die Portionierung und Ausgabe der Speisen an die Patienten sowie die anschließende Reinigung des Geschirrs und Bestecks übernimmt.

[4] Es liegen begünstigte Lieferungen im Sinne des § 12 Abs. 2 Nr. 1 UStG vor, da sich die Leistung des Unternehmers auf die Abgabe von zubereiteten Speisen ohne andere unterstützende Dienstleistungen beschränkt. [5] Die durch das Krankenhauspersonal erbrachten Dienstleistungselemente sind bei der Beurteilung des Gesamtvorgangs nicht zu berücksichtigen.

Beispiel 7:

[1] Sachverhalt wie im Beispiel 6. [2] Ein Dritter ist jedoch verpflichtet, das Geschirr und Besteck in der Küche des Krankenhauses zu reinigen.

steuerrechtlich insbesondere Bedeutung für die Bestimmung des Orts und des Zeitpunkts der Leistung sowie für die Anwendung von Befreiungsvorschriften und des Steuersatzes. [2]Es ist das Wesen des fraglichen Umsatzes zu ermitteln, um festzustellen, ob der Unternehmer dem Abnehmer mehrere selbständige Hauptleistungen oder eine einheitliche Leistung erbringt (vgl. EuGH-Urteil vom 4.9.2019, C-71/18, KPC Herning).[1)] [3]Dabei ist auf die Sicht des Durchschnittsverbrauchers abzustellen (vgl. BFH-Urteile vom 31.5.2001, V R 97/98, BStBl. II S. 658, und vom 14.2.2019, V R 22/17, BStBl. II S. 350).

(2) [1]In der Regel ist jede Lieferung und jede sonstige Leistung als eigene selbständige Leistung zu betrachten (vgl. EuGH-Urteil vom 25.2.1999, C-349/96, CPP,[2)] und BFH-Urteil vom 14.2.2019, V R 22/17, BStBl. II S. 350). [2]Deshalb können zusammengehörige Vorgänge nicht bereits als einheitliche Leistung angesehen werden, weil sie einem einheitlichen wirtschaftlichen Ziel dienen. [3]Wenn mehrere, untereinander gleichzuwertende Faktoren zur Erreichung dieses Ziels beitragen und aus diesem Grund zusammengehören, ist die Annahme einer einheitlichen Leistung nur gerechtfertigt, wenn die einzelnen Faktoren so ineinandergreifen, dass sie bei natürlicher Betrachtung hinter dem Ganzen zurücktreten. [4]Dass die einzelnen Leistungen auf einem einheitlichen Vertrag beruhen und für sie ein Gesamtentgelt entrichtet wird, reicht ebenfalls noch nicht aus, sie umsatzsteuerrechtlich als Einheit zu behandeln. [5]Entscheidend ist der wirtschaftliche Gehalt der erbrachten Leistungen (vgl. BFH-Urteil vom 24.11. 1994, V R 30/92, BStBl. 1995 II S. 151). [6]Die dem Leistungsempfänger aufgezwungene Koppelung mehrerer Leistungen allein führt nicht zu einer einheitlichen Leistung (vgl. BFH-Urteil vom 13.7.2006, V R 24/02, BStBl. II S. 935).

(3) [1]Allerdings darf ein einheitlicher wirtschaftlicher Vorgang umsatzsteuerrechtlich nicht in mehrere Leistungen aufgeteilt werden (vgl. BFH-Urteil vom 14.2.2019, V R 22/17, BStBl. II S. 350). [2]Dies gilt auch dann, wenn sich die Abnehmer dem leistenden Unternehmer gegenüber mit einer solchen Aufspaltung einverstanden erklären (vgl. BFH-Urteile vom 20.10.1966, V 169/63, BStBl. 1967 III S. 159, und vom 12.12.1969, V R 105/69, BStBl. 1970 II S. 362). [3]Auch der Umstand, dass beide Bestandteile im Wirtschaftsleben auch getrennt erbracht werden, rechtfertigt allein keine Aufspaltung des Vorgangs, wenn es dem durchschnittlichen Verbraucher gerade um die Verbindung beider Elemente geht (vgl. BFH-Urteil vom 10.1.2013, V R 31/10, BStBl. II S. 352). [4]Zur Qualifizierung einer einheitlichen Leistung, die sowohl Lieferungselemente als auch Elemente sonstiger Leistungen aufweist, vgl. Abschnitt 3.5.

(4) [1]Voraussetzung für das Vorliegen einer einheitlichen Leistung anstelle mehrerer selbständiger Leistungen ist stets, dass es sich um Tätigkeiten desselben Unternehmers handelt. [2]Entgeltliche Leistungen verschiedener Unternehmer sind auch dann jeweils für sich zu beurteilen, wenn sie gegenüber demselben Leistungsempfänger erbracht werden und die weiteren Voraussetzungen für das Vorliegen einer einheitlichen Leistung erfüllt sind. [3]Eine einheitliche Leistung kann, im Gegensatz zur Beurteilung bei Leistungen mehrerer Unternehmer, allerdings im Verhältnis von Organträger und Or-

---

1) DStRE 2019, 1399.
2) DStRE 1999, 271.

gangesellschaft vorliegen (vgl. BFH-Urteil vom 29.10.2008, XI R 74/07, BStBl. 2009 II S. 256).

Abgrenzung von Haupt- und Nebenleistung

(5) [1] Nebenleistungen teilen umsatzsteuerrechtlich das Schicksal der Hauptleistung (vgl. jedoch Abschnitt 4.12.10 Satz 1 zum Aufteilungsgebot bei der Vermietung und Verpachtung von Grundstücken mit Betriebsvorrichtungen und Abschnitt 12.16 Abs. 8 zum Aufteilungsgebot bei Beherbergungsumsätzen). [2] Das gilt auch dann, wenn für die Nebenleistung ein besonderes Entgelt verlangt und entrichtet wird (vgl. BFH-Urteil vom 28.4.1966, V 158/63, BStBl. III S. 476). [3] Eine Leistung ist grundsätzlich dann als Nebenleistung zu einer Hauptleistung anzusehen, wenn sie im Vergleich zu der Hauptleistung nebensächlich ist, mit ihr eng – im Sinne einer wirtschaftlich gerechtfertigten Abrundung und Ergänzung – zusammenhängt und üblicherweise in ihrem Gefolge vorkommt (vgl. BFH-Urteil vom 10.9.1992, V R 99/88, BStBl. 1993 II S. 316). [4] Davon ist insbesondere auszugehen, wenn die Leistung für den Leistungsempfänger keinen eigenen Zweck, sondern das Mittel darstellt, um die Hauptleistung des Leistenden unter optimalen Bedingungen in Anspruch zu nehmen (vgl. BFH-Urteil vom 14.2.2019, V R 22/17, BStBl. II S. 350). [5] Gegenstand einer Nebenleistung kann sowohl eine unselbständige Lieferung von Gegenständen als auch eine unselbständige sonstige Leistung sein.

Hin- und Rückgabe von Transporthilfsmitteln und Warenumschließungen gegen Pfandgeld

(5a) [1] Die Hingabe des Transporthilfsmittels gegen Pfandgeld ist als eigenständige Lieferung zu beurteilen. [2] Warenumschließungen teilen im Gegensatz hierzu stets das Schicksal der Hauptleistung. [3] Bei Rückgabe und Rückzahlung des Pfandgeldes liegen sowohl bei Transporthilfsmitteln als auch bei Warenumschließungen Entgeltminderungen vor. [4] Zur Anwendung der Vereinfachungsregelung bei Rückgabe von Transporthilfsmitteln bzw. Warenumschließungen vgl. Abschnitt 10.1 Abs. 8. [5] Zur Abgrenzung zwischen Transporthilfsmitteln und Warenumschließungen vgl. BMF-Schreiben vom 20.10.2014, BStBl. I S. 1372, und zur Überlassung des Transporthilfsmittels im Rahmen reiner Tauschsysteme vgl. Abschnitt 3.5 Abs. 3 Nr. 18.

Einzelfälle

(6)[1)] Einzelfälle zur Abgrenzung einer einheitlichen Leistung von mehreren Hauptleistungen und zur Abgrenzung von Haupt- und Nebenleistung:

1. zur Einheitlichkeit der Leistung bei Erbringung der üblichen Baubetreuung im Rahmen von Bauherrenmodellen vgl. BMF-Schreiben vom 27.6.1986, BStBl. I S. 352, und BFH-Urteil vom 10.9.1992, V R 99/88, BStBl. 1993 II S. 316;
2. zur Einheitlichkeit der Leistung bei der Nutzungsüberlassung von Sportanlagen und anderen Anlagen, vgl. Abschnitt 4.12.11 und BMF-Schreiben vom 17.4.2003, BStBl. I S. 279;

---

1) A 3.10 UStAE Abs. 6 Nr. 3 neugef. durch BMF v. 11.5.2021, BStBl. I 2021, 781, anzuwenden auf nach dem 31.12.2021 abgegebene Garantiezusagen, die Anwendung auf vor dem 1.1.2022 abgegebene Garantiezusagen wird nicht beanstandet; gilt branchenunabhängig (BMF v. 18.6.2021, BStBl. I 2021, 871).

3. die Verschaffung von Versicherungsschutz oder die entgeltliche Garantiezusage durch einen Kraftfahrzeughändler im Zusammenhang mit einer Fahrzeuglieferung ist keine unselbständige Nebenleistung zur Fahrzeuglieferung, sondern eine eigenständige Leistung, vgl. BFH-Urteile vom 9.10.2002, V R 67/01, BStBl. 2003 II S. 378, und vom 14.11.2018, XI R 16/17, BStBl. 2021 II S. 461;
4. zur Qualifizierung der Lieferung von Saatgut und dessen Einsaat bzw. der Lieferung von Pflanzen und deren Einpflanzen durch denselben Unternehmer als jeweils selbständige Hauptleistungen vgl. BFH-Urteile vom 9.10.2002, V R 5/02, BStBl. 2004 II S. 470, und vom 25.6.2009, V R 25/07, BStBl. 2010 II S. 239;[1)]
5. [1]bei der Überlassung von Grundstücksteilen zur Errichtung von Strommasten für eine Überlandleitung, der Einräumung des Rechts zur Überspannung der Grundstücke und der Bewilligung einer beschränkten persönlichen Dienstbarkeit zur dinglichen Sicherung dieser Rechte handelt es sich um eine nach § 4 Nr. 12 Satz 1 Buchstabe a UStG steuerbefreite einheitliche sonstige Leistung. [2]Eine damit im Zusammenhang stehende Duldung der Verursachung baubedingter Flur- und Aufwuchsschäden stellt im Verhältnis hierzu eine Nebenleistung dar. [3]Das gilt auch dann, wenn Zahlungen sowohl an den Grundstückseigentümer, z. B. für die Rechtseinräumung, als auch an den Pächter, z. B. für die Flur- und Aufwuchsschäden, erfolgen (vgl. BFH-Urteil vom 11.11.2004, V R 30/04, BStBl. 2005 II S. 802);
6. die unentgeltliche Abgabe von Hardwarekomponenten im Zusammenhang mit dem Abschluss eines längerfristigen Netzbenutzungsvertrags ist eine unselbständige Nebenleistung zu der (einheitlichen) Telekommunikationsleistung (vgl. Abschnitt 3.3 Abs. 20) oder der auf elektronischem Weg erbrachten sonstigen Leistung; bei der Entrichtung einer Zuzahlung ist diese regelmäßig Entgelt für die Lieferung des Wirtschaftsguts;
7. die Übertragung und spätere Rückübertragung von Wertpapieren oder Emissionszertifikaten nach dem TEHG im Rahmen von Pensionsgeschäften (§ 340b HGB) ist jeweils gesondert als sonstige Leistung zu beurteilen;
8. bei der Verwaltung fremden Vermögens, die zwar entsprechend hierzu vereinbarter allgemeiner Anlagerichtlinien oder -strategien, jedoch im eigenen Ermessen und ohne vorherige Einholung von Einzelfallweisungen des Kunden erfolgt (Portfolioverwaltung), beinhaltet die einheitliche sonstige Leistung der Vermögensverwaltung auch die in diesem Rahmen erforderlichen Transaktionsleistungen bei Wertpapieren, vgl. EuGH-Urteil vom 19.7.2012, C-44/11, Deutsche Bank, BStBl. II S. 945,[2)] und BFH-Urteil vom 11.10.2012, V R 9/10, BStBl. 2014 II S. 279;

[1)] Zu Pflanzenlieferungen für eine Gartenanlage als Teil einer einheitlichen komplexen Leistung siehe aber BFH v. 14.2.2019 V R 22/17, BStBl. II 2019, 350.

[2)] DStR 2012, 1061.

9. zur Einheitlichkeit der Leistung bei betriebsärztlichen Leistungen nach § 3 ASiG vgl. BMF-Schreiben vom 4.5.2007, BStBl. I S. 481;
10. zur Frage der Einheitlichkeit der Leistung bei Leistungen, die sowohl den Charakter bzw. Elemente einer Grundstücksüberlassung als auch anderer Leistungen aufweisen, vgl. Abschnitt 4.12.5;
11. zu Gegenstand und Umfang der Werklieferung eines Gebäudes vgl. BFH-Urteil vom 24.1.2008, V R 42/05, BStBl. II S. 697;
12. zum Vorliegen einer einheitlichen Leistung bei der Lieferung eines noch zu bebauenden Grundstücks vgl. BFH-Urteil vom 19.3.2009, V R 50/07, BStBl. II S. 78;
13. zu Verpflegungsleistungen als Nebenleistungen zu Übernachtungsleistungen, vgl. BFH-Urteil vom 15.1.2009, V R 9/06, BStBl. 2010 II S. 433, zum Aufteilungsgebot bei Beherbergungsumsätzen vgl. jedoch Abschnitt 12.16 Abs. 8;
14. Zahlungen der Hersteller/Händler an Finanzierungsinstitute zum Ausgleich von vergünstigten Kredit- bzw. Leasinggeschäften können Entgeltzahlungen für eine Leistung eigener Art des Finanzierungsinstituts an den Hersteller/Händler oder Entgelt von dritter Seite für die Finanzierungsleistung des Instituts an den Abnehmer darstellen, vgl. BMF-Schreiben vom 28.9.2011, BStBl. I S. 935, und vom 24.9.2013, BStBl. I S. 1219;
15. dient ein Insolvenzverfahren der Befriedigung sowohl von Verbindlichkeiten des zum Vorsteuerabzug berechtigten Unternehmers wie auch von dessen Privatverbindlichkeiten, erbringt der Insolvenzverwalter eine einheitliche Leistung, aus der der Unternehmer nur zum anteiligen Vorsteuerabzug berechtigt ist (vgl. BFH-Urteil vom 15.4.2015, V R 44/14, BStBl. II S. 679; vgl. auch Abschnitt 15.2b Abs. 3 Sätze 11 und 12);
16. zur Aufteilung eines Gesamtentgelts für die Nutzung von Saunaleistungen in Schwimmbädern vgl. BMF-Schreiben vom 18.12.2019, BStBl. I S. 1396;
17.[1] zur Abgrenzung von Nebenleistung und selbstständiger Lieferung für Fälle, in denen Formen, Modelle oder Werkzeuge zur Herstellung steuerfrei ausgeführter Gegenstände benötigt wurden, vgl. BMF-Schreiben vom 27.11.1975, BStBl. I S. 1126.

3.11 Kreditgewährung im Zusammenhang mit anderen Umsätzen

Inhalt des Leistungsaustauschs

(1) [1]Im Falle der Kreditgewährung im Zusammenhang mit einer Lieferung oder sonstigen Leistung erbringt der leistende Unternehmer grundsätzlich jeweils eigene selbständige Leistungen. [2]Die naturgemäße Verbindung des Kreditgeschäfts zu der Lieferung oder sonstigen Leistungen reicht für sich genommen für die Annahme einer einheitlichen Leistung nicht aus. [3]Ob mehrere, voneinander unabhängige Leistungen oder eine einheitliche Ge-

[1] A 3.10 UStAE Abs. 6 Nr. 17 angef. durch BMF v. 15.12.2020, BStBl. I 2020, 1374.

sichtigung der Leistungsbeziehung gesondert für sich nach den allgemeinen Regeln des UStG zu beurteilen. [4]Dies gilt z. B. in den Fällen des Verzichts auf die Steuerbefreiung nach § 9 UStG (Option). [5]Fungiert ein Unternehmer bei der Erbringung einer steuerfreien sonstigen Leistung als Strohmann für einen Dritten („Hintermann"), liegt ein Kommissionsgeschäft nach § 3 Abs. 11 UStG vor mit der Folge, dass auch die Besorgungsleistung des Hintermanns steuerfrei zu behandeln ist (vgl. BFH-Urteil vom 22.9.2005, V R 52/01, BStBl. II S. 278).

(3)[1)] [1]Personenbezogene Merkmale der an der Leistungskette Beteiligten sind weiterhin für jede Leistung innerhalb einer Dienstleistungskommission gesondert in die umsatzsteuerrechtliche Beurteilung einzubeziehen. [2]Dies kann z. B. für die Anwendung von Steuerbefreiungsvorschriften von Bedeutung sein (vgl. z. B. § 4 Nr. 19 Buchstabe a UStG) oder für die Bestimmung des Orts der sonstigen Leistung, wenn er davon abhängig ist, ob die Leistung an einen Unternehmer oder einen Nichtunternehmer erbracht wird. [3]Besorgt ein Unternehmer für Dritte Leistungen, für die die Befreiungsvorschrift des § 4 Nr. 20 Buchstabe a UStG zur Anwendung kommt, ist auch die Besorgungsleistung an die Abnehmer nach § 4 Nr. 20 Buchstabe a UStG steuerbefreit, vgl. BFH-Urteil vom 25.4.2018, XI R 16/16, BStBl. 2021 II S. 457. [4]Die Steuer kann nach § 13 UStG für die jeweilige Leistung zu unterschiedlichen Zeitpunkten entstehen; z. B. wenn der Auftraggeber der Leistung die Steuer nach vereinbarten und der Auftragnehmer die Steuer nach vereinnahmten Entgelten berechnet. [5]Außerdem ist z. B. zu berücksichtigen, ob die an der Leistungskette Beteiligten Nichtunternehmer, Kleinunternehmer (§ 19 UStG), Land- und Forstwirte, die für ihren Betrieb die Durchschnittssatzbesteuerung nach § 24 UStG anwenden, sind.

Beispiel:

[1]Der Bauunternehmer G besorgt für den Bauherrn B die sonstige Leistung des Handwerkers C, für dessen Umsätze die Umsatzsteuer nach § 19 Abs. 1 UStG nicht erhoben wird.
[2]Das personenbezogene Merkmal – Kleinunternehmer – des C ist nicht auf den Bauunternehmer G übertragbar. [3]Die Leistung des G unterliegt dem allgemeinen Steuersatz.

(4) [1]Die zivilrechtlich vom Auftragnehmer an den Auftraggeber erbrachte Besorgungsleistung bleibt umsatzsteuerrechtlich ebenso wie beim Kommissionsgeschäft nach § 3 Abs. 3 UStG unberücksichtigt. [2]Der Auftragnehmer erbringt im Rahmen einer Dienstleistungskommission nicht noch eine (andere) Leistung (Vermittlungsleistung). [3]Der Auftragnehmer darf für die vereinbarte Geschäftsbesorgung keine Rechnung erstellen. [4]Eine solche Rechnung, in der die Umsatzsteuer offen ausgewiesen ist, führt zu einer Steuer nach § 14c Abs. 2 UStG.

(5) [1]Erbringen Sanierungsträger, die ihre Aufgaben nach § 159 Abs. 1 BauGB[2)] im eigenen Namen und für Rechnung der auftraggebenden Körperschaften des öffentlichen Rechts (Gemeinden) als deren Treuhänder erfüllen, Leistungen nach § 157 BauGB und beauftragen sie zur Erbringung dieser Leistungen andere Unternehmer, gelten die von den beauftragten Unternehmern erbrachten Leistungen als an den Sanierungsträger und von diesem an die treugebende Gemeinde erbracht. [2]Satz 1 gilt entsprechend für vergleichbare Leistungen der Entwicklungsträger nach § 167 BauGB.

---

1) A 3.15 UStAE Abs. 3 neugef. durch BMF v. 9.6.2021, BStBl. I 2021, 780, anzuwenden in allen offenen Fällen.

2) **Sartorius** Nr. **300**.

(6) Beispiele zur sog. Leistungseinkaufskommission:

Beispiel 1:

[1] Der im Inland ansässige Spediteur G besorgt für den im Inland ansässigen Unternehmer B im eigenen Namen und für Rechnung des B die inländische Beförderung eines Gegenstands von München nach Berlin. [2] Die Beförderungsleistung bewirkt der im Inland ansässige Unternehmer C.

[3] Da G in die Erbringung einer Beförderungsleistung eingeschaltet wird und dabei im eigenen Namen, jedoch für fremde Rechnung handelt, gilt diese Leistung als an ihn und von ihm erbracht.

B ◄——— G ◄——— C

Beförderungsleistung   Beförderungsleistung

[4] Die Leistungskette wird fingiert. [5] Die zivilrechtlich vereinbarte Geschäftsbesorgungsleistung ist umsatzsteuerrechtlich unbeachtlich.

[6] C erbringt an G eine im Inland steuerpflichtige Beförderungsleistung (§ 3a Abs. 2 UStG). [7] G hat gegenüber B ebenfalls eine im Inland steuerpflichtige Beförderungsleistung (§ 3a Abs. 2 UStG) abzurechnen.

Beispiel 2:

[1] Der im Inland ansässige Spediteur G besorgt für den in Frankreich ansässigen Unternehmer F im eigenen Namen und für Rechnung des F die Beförderung eines Gegenstands von Paris nach München. [2] Die Beförderungsleistung bewirkt der im Inland ansässige Unternehmer C. [3] G und C verwenden jeweils ihre deutsche, F seine französische USt-IdNr.

F ◄——— G ◄——— C

Beförderungsleistung   Beförderungsleistung

[4] Die Leistungskette wird fingiert. [5] Die zivilrechtlich vereinbarte Geschäftsbesorgungsleistung ist umsatzsteuerrechtlich unbeachtlich.

[6] C erbringt an G eine in Deutschland steuerbare Beförderungsleistung (§ 3a Abs. 2 UStG). [7] G hat gegenüber F eine nach § 3a Abs. 2 UStG in Frankreich steuerbare Beförderungsleistung abzurechnen. [8] Die Verwendung der französischen USt-IdNr. durch F hat auf die Ortsbestimmung keine Auswirkung.

Beispiel 3:

[1] Der private Endverbraucher E beauftragt das im Inland ansässige Reisebüro R mit der Beschaffung der für die Reise notwendigen Betreuungsleistungen durch das Referenzunternehmen D mit Sitz im Drittland. [2] R besorgt diese sonstige Leistung im eigenen Namen, für Rechnung des E.

[3] Da R in die Erbringung einer sonstigen Leistung eingeschaltet wird und dabei im eigenen Namen, jedoch für fremde Rechnung handelt, gilt diese Leistung als an ihn und von ihm erbracht.

E ◄——— R ◄——— D

[4] Die Leistungskette wird fingiert. [5] Die zivilrechtlich vereinbarte Geschäftsbesorgungsleistung ist umsatzsteuerrechtlich unbeachtlich. [6] Die Leistungen der Leistungskette, d. h. die an R erbrachte und die von R ausgeführte Leistung, werden bezüglich des Leistungsinhalts gleich behandelt. [7] Im Übrigen ist jede der beiden Leistungen unter Berücksichtigung der Leistungsbeziehungen gesondert für sich nach den allgemeinen Regeln des UStG zu beurteilen (vgl. Absatz 2).

[8] Die von D an R erbrachte Betreuungsleistung wird grundsätzlich an dem Ort ausgeführt, von dem aus der Leistungsempfänger sein Unternehmen betreibt (§ 3a Abs. 2 UStG). [9] Sie stellt aber eine Reisevorleistung im Sinne des § 25 Abs. 1 Satz 5 UStG dar, da sie dem Reisenden unmittelbar zugute kommt. [10] Die Leistung wird nach § 3a Abs. 8 Satz 1 UStG als im Drittland ausgeführt behandelt. [11] R erbringt nach § 3 Abs. 11 UStG ebenfalls eine Betreuungsleistung. [12] Es handelt sich nach § 25 Abs. 1 Satz 1 UStG um eine Reiseleistung. [13] Diese Leistung wird nach § 25 Abs. 1 Satz 4 in Verbindung mit § 3a Abs. 1 UStG an dem Ort ausgeführt, von dem aus R sein Unternehmen betreibt. [14] Sie ist steuerbar, aber nach § 25 Abs. 2

Satz 1 Buchstabe a UStG), auch wenn bei dieser Beförderung das Inland nicht berührt wird.

(19)[1] Nicht unter die Ortsregelung des § 3a Abs. 2 UStG fallen folgende sonstigen Leistungen:
– Sonstige Leistungen im Zusammenhang mit einem Grundstück (§ 3a Abs. 3 Nr. 1 UStG, vgl. Abschnitt 3a.3),
– die kurzfristige Vermietung von Beförderungsmitteln (§ 3a Abs. 3 Nr. 2 und Abs. 7 UStG; vgl. Abschnitte 3a.5 Abs. 1 bis 6 und 3a.14 Abs. 4),
– die Einräumung der Eintrittsberechtigung zu kulturellen, künstlerischen, wissenschaftlichen, unterrichtenden, sportlichen, unterhaltenden oder ähnlichen Veranstaltungen, wie Messen und Ausstellungen, sowie die damit zusammenhängenden sonstigen Leistungen (§ 3a Abs. 3 Nr. 5 UStG; vgl. Abschnitt 3a.7a),
– die Abgabe von Speisen und Getränken zum Verzehr an Ort und Stelle (Restaurationsleistungen) nach § 3a Abs. 3 Nr. 3 Buchstabe b UStG (vgl. Abschnitt 3a.6 Abs. 8 und 9) und nach § 3e UStG (vgl. Abschnitt 3e.1),
– Personenbeförderungen (§ 3b Abs. 1 Sätze 1 und 2 UStG; vgl. Abschnitt 3b.1).

3a.3 Ort der sonstigen Leistung im Zusammenhang mit einem Grundstück

(1) § 3a Abs. 3 Nr. 1 UStG gilt sowohl für sonstige Leistungen an Nichtunternehmer (siehe Abschnitt 3a.1 Abs. 1) als auch an Leistungsempfänger im Sinne des § 3a Abs. 2 UStG (siehe Abschnitt 3a.2 Abs. 1).

(2) [1]Für den Ort einer sonstigen Leistung – einschließlich Werkleistung – im Zusammenhang mit einem Grundstück ist die Lage des Grundstücks entscheidend. [2]Der Grundstücksbegriff im Sinne des Umsatzsteuerrechts ist ein eigenständiger Begriff des Unionsrechts; er richtet sich nicht nach dem zivilrechtlichen Begriff eines Grundstücks. [3]Unter einem Grundstück im Sinne des § 3a Abs. 3 Nr. 1 UStG ist zu verstehen:
– ein bestimmter über- oder unterirdischer Teil der Erdoberfläche, an dem Eigentum und Besitz begründet werden kann,
– jedes mit oder in dem Boden über oder unter dem Meeresspiegel befestigte Gebäude oder jedes derartige Bauwerk, das nicht leicht abgebaut oder bewegt werden kann,
– jede Sache, die einen wesentlichen Bestandteil eines Gebäudes oder eines Bauwerks bildet, ohne die das Gebäude oder das Bauwerk unvollständig ist, wie zum Beispiel Türen, Fenster, Dächer, Treppenhäuser und Aufzüge,
– [1]Sachen, Ausstattungsgegenstände oder Maschinen, die auf Dauer in einem Gebäude oder einem Bauwerk installiert sind, und die nicht bewegt werden können, ohne das Gebäude oder das Bauwerk zu zerstören oder erheblich zu verändern. [2]Die Veränderung ist immer dann unerheblich, wenn die betreffenden Sachen einfach an der Wand hängen und wenn sie mit Nägeln oder Schrauben so am Boden oder an der Wand befestigt sind, dass nach

[1] A 3a.2 UStAE Abs. 19 geänd. durch BMF v. 9.6.2021, BStBl. I 2021, 778, anzuwenden in allen offenen Fällen.

ihrer Entfernung lediglich Spuren oder Markierungen zurück bleiben (z.B. Dübellöcher), die leicht überdeckt oder ausgebessert werden können.

(3) [1]Die sonstige Leistung muss nach Sinn und Zweck der Vorschrift in engem Zusammenhang mit einem ausdrücklich bestimmten Grundstück stehen. [2]Ein enger Zusammenhang ist beispielsweise gegeben, wenn sich die sonstige Leistung nach den tatsächlichen Umständen überwiegend auf die Bebauung, Verwertung, Nutzung oder Unterhaltung des Grundstücks selbst bezieht. [3]Hierzu gehört auch die Eigenverwaltung, die sich auf den Betrieb von Geschäfts-, Industrie- oder Wohnimmobilien durch oder für den Eigentümer des Grundstücks bezieht, mit Ausnahme von Portfolio-Management in Zusammenhang mit Eigentumsanteilen an Grundstücken.

(3a) [1]Das Grundstück selbst muss zudem Gegenstand der sonstigen Leistung sein. [2]Dies ist u.a. dann der Fall, wenn ein ausdrücklich bestimmtes Grundstück insoweit als wesentlicher Bestandteil einer sonstigen Leistung anzusehen ist, als es einen zentralen und unverzichtbaren Bestandteil dieser sonstigen Leistung darstellt (vgl. EuGH-Urteil vom 27.6.2013, C-155/12, RR Donnelley Global Turnkey Solutions Poland).[1)]

(4) [1]Zu den in § 4 Nr. 12 UStG der Art nach bezeichneten sonstigen Leistungen (§ 3a Abs. 3 Nr. 1 Satz 2 Buchstabe a UStG), gehört die Vermietung und die Verpachtung von Grundstücken. [2]Zum Begriff der Vermietung und Verpachtung von Grundstücken vgl. Abschnitt 4.12.1. [3]Es kommt nicht darauf an, ob die Vermietungs- oder Verpachtungsleistung nach § 4 Nr. 12 UStG steuerfrei ist. [4]Unter § 3a Abs. 3 Nr. 1 Satz 2 Buchstabe a UStG fallen auch:

1. die Vermietung von Wohn- und Schlafräumen, die ein Unternehmer bereithält, um kurzfristig Fremde zu beherbergen,
2. die Vermietung von Plätzen, um Fahrzeuge abzustellen,
3. die Überlassung von Wasser- und Bootsliegeplätze für Sportboote (vgl. BFH-Urteil vom 8.10.1991, V R 46/88, BStBl. 1992 II S. 368),
4. die kurzfristige Vermietung auf Campingplätzen,
5. die entgeltliche Unterbringung auf einem Schiff, das für längere Zeit auf einem Liegeplatz befestigt ist (vgl. BFH-Urteil vom 7.3.1996, V R 29/95, BStBl. II S. 341),
6. die Überlassung von Wochenmarkt-Standplätzen an Markthändler (vgl. BFH-Urteil vom 24.1.2008, V R 12/05, BStBl. 2009 II S. 60),
7. die Einräumung des Nutzungsrechts an einem Grundstück oder einem Grundstücksteil einschließlich der Gewährung von Fischereirechten und Jagdrechten, der Benutzung einer Straße, einer Brücke oder eines Tunnels gegen eine Mautgebühr und der selbständigen Zugangsberechtigung zu Warteräumen auf Flugplätzen gegen Entgelt,
8. die Umwandlung von Teilnutzungsrechten – sog. Timesharing – von Grundstücken oder Grundstücksteilen (vgl. EuGH-Urteil vom 3.9.2009, C-37/08, RCI Europe)[2)] und

---

1) MwStR 2013, 405.
2) DStR 2009, 2003.

Unternehmer, z.B. Künstler, im Rahmen seiner Gesamttätigkeit überwiegend tätig wird; vielmehr ist der jeweilige Umsatz zu betrachten. [5]Es ist nicht erforderlich, dass der Unternehmer im Rahmen einer Veranstaltung tätig wird.

Leistungen nach § 3a Abs. 3 Nr. 3 Buchstabe a UStG

(2)[1)] [1]§ 3a Abs. 3 Nr. 3 Buchstabe a UStG gilt nur für sonstige Leistungen an Nichtunternehmer (siehe Abschnitt 3a.1 Abs. 1). [2]Die Regelung ist auch anzuwenden beim Verkauf von Eintrittskarten für kulturelle, künstlerische, wissenschaftliche, unterrichtende, sportliche, unterhaltende oder ähnliche Veranstaltungen durch einen anderen Unternehmer als den Veranstalter. [3]Durch den Verkauf von Eintrittskarten wird dem Erwerber das Recht auf Zugang zu der jeweiligen Veranstaltung verschafft. [4]Die Vermittlung von Eintrittskarten fällt nicht unter § 3a Abs. 3 Nr. 3 Buchstabe a UStG (siehe Abschnitt 3a.7a Abs. 3 Satz 2).

(2a) [1]Zu den unter § 3a Abs. 3 Nr. 3 Buchstabe a UStG fallenden sonstigen Leistungen eines auftretenden Künstlers gehören auch die Leistungen von Gastspielagenturen, die den auftretenden Künstler im eigenen Namen und als eigene Leistung am Markt anbieten. [2]Es ist nicht erforderlich, dass eine Leistung nach § 3a Abs. 3 Nr. 3 Buchstabe a UStG höchstpersönlich erbracht wird (vgl. BFH-Urteil vom 1.3.2018, V R 25/17, BStBl. II S. 555). [3]Der Leistungsort für die Vermittlung von Künstlern richtet sich bei Leistungsempfängern im Sinne des § 3a Abs. 2 UStG (siehe Abschnitt 3a.2 Abs. 1) nach § 3a Abs. 2 UStG und bei Leistungen an Nichtunternehmer (siehe Abschnitt 3a.1 Abs. 1) nach § 3a Abs. 3 Nr. 4 in Verbindung mit Nr. 3 Buchstabe a UStG.

(3) [1]Leistungen, die im Zusammenhang mit Leistungen im Sinne des § 3a Abs. 3 Nr. 3 Buchstabe a UStG unerlässlich sind, werden an dem Ort erbracht, an dem diese Leistungen tatsächlich bewirkt werden. [2]Hierzu können auch tontechnische Leistungen im Zusammenhang mit künstlerischen oder unterhaltenden Leistungen gehören (EuGH-Urteil vom 26.9.1996, C-327/94, Dudda, BStBl. 1998 II S. 313).[2)]

(4) [1]Insbesondere bei künstlerischen und wissenschaftlichen Leistungen ist zu beachten, dass sich im Falle der reinen Übertragung von Nutzungsrechten an Urheberrechten und ähnlichen Rechten (vgl. Abschnitt 3a.9 Abs. 1 und 2 sowie Abschnitt 12.7) der Leistungsort nicht nach § 3a Abs. 3 Nr. 3 Buchstabe a UStG richtet. [2]Der Leistungsort bestimmt sich nach § 3a Abs. 1 UStG (vgl. Abschnitt 3a.1) oder nach § 3a Abs. 4 Sätze 1 und 2 Nr. 1 UStG (vgl. Abschnitt 3a.9 Abs. 1 und 2).

(5) [1]Die Frage, ob bei einem wissenschaftlichen Gutachten eine wissenschaftliche Leistung nach § 3a Abs. 3 Nr. 3 Buchstabe a UStG oder eine Beratungsleistung vorliegt, ist nach dem Zweck zu beurteilen, den der Auftraggeber mit dem von ihm bestellten Gutachten verfolgt. [2]Eine wissenschaftliche Leistung im Sinne des § 3a Abs. 3 Nr. 3 Buchstabe a UStG setzt voraus, dass das erstellte Gutachten nicht auf Beratung des Auftraggebers gerichtet

---

1) A 3a.6 UStAE Abs. 2 Satz 4 geänd. durch BMF v. 9.6.2021, BStBl. I 2021, 778, anzuwenden in allen offenen Fällen.

2) DStR 1996, 1688.

ist; dies ist der Fall, wenn das Gutachten nach seinem Zweck keine konkrete Entscheidungshilfe für den Auftraggeber darstellt. [3]Soll das Gutachten dem Auftraggeber dagegen als Entscheidungshilfe für die Lösung konkreter technischer, wirtschaftlicher oder rechtlicher Fragen dienen, liegt eine Beratungsleistung vor. [4]Der Leistungsort bestimmt sich bei Leistungen an Nichtunternehmer (siehe Abschnitt 3a.1 Abs. 1) nach § 3a Abs. 1 oder 4 Satz 1 UStG.

Beispiel 1:

[1]Ein Hochschullehrer hält im Auftrag eines ausschließlich nicht unternehmerisch tätigen Verbandes, dem für Umsatzsteuerzwecke keine USt-IdNr. erteilt worden ist, auf einem Fachkongress einen Vortrag. [2]Inhalt des Vortrags ist die Mitteilung und Erläuterung der von ihm auf seinem Forschungsgebiet, z. B. Maschinenbau, gefundenen Ergebnisse. [3]Zugleich händigt der Hochschullehrer allen Teilnehmern ein Manuskript seines Vortrags aus. [4]Vortrag und Manuskript haben nach Inhalt und Form den Charakter eines wissenschaftlichen Gutachtens. [5]Sie sollen allen Teilnehmern des Fachkongresses zur Erweiterung ihrer beruflichen Kenntnisse dienen.
[6]Der Leistungsort bestimmt sich nach § 3a Abs. 3 Nr. 3 Buchstabe a UStG.

Beispiel 2:

[1]Ein Wirtschaftsforschungsunternehmen erhält von einer inländischen juristischen Person des öffentlichen Rechts, die nicht unternehmerisch tätig und der keine USt-IdNr. erteilt worden ist, den Auftrag, in Form eines Gutachtens Struktur- und Standortanalysen für die Errichtung von Gewerbebetrieben zu erstellen.
[2]Auch wenn das Gutachten nach wissenschaftlichen Grundsätzen erstellt worden ist, handelt es sich um eine Beratung, da das Gutachten zur Lösung konkreter wirtschaftlicher Fragen verwendet werden soll. [3]Der Leistungsort bestimmt sich nach § 3a Abs. 1 UStG.

(5a) Die Einräumung der Berechtigung, auf einem Golfplatz Golf zu spielen, ist als sportliche Leistung nach § 3a Abs. 3 Nr. 3 Buchstabe a UStG anzusehen (vgl. BFH-Urteil vom 12.10.2016, XI R 5/14, BStBl. 2017 II S. 500).

(6) [1]Eine sonstige Leistung, die darin besteht, der Allgemeinheit gegen Entgelt die Benutzung von Geldspielautomaten zu ermöglichen, die in Spielhallen aufgestellt sind, ist als unterhaltende oder ähnliche Tätigkeit nach § 3a Abs. 3 Nr. 3 Buchstabe a UStG anzusehen (vgl. EuGH-Urteil vom 12.5.2005, C-452/03, RAL (Channel Islands) u. a.).[1)] [2]Für die Benutzung von Geldspielautomaten außerhalb von Spielhallen richtet sich der Leistungsort nach § 3a Abs. 1 UStG (vgl. EuGH-Urteil vom 4.7.1985, 168/84, Berkholz).

(7) [1]Eine Leistung im Sinne des § 3a Abs. 3 Nr. 3 Buchstabe a UStG liegt – unbeschadet Abschnitt 3a.9 Abs. 8a – auch bei der Planung, Gestaltung sowie dem Aufbau, Umbau und Abbau von Ständen im Zusammenhang mit Messen und Ausstellungen vor, wenn dieser Stand für eine bestimmte Messe oder Ausstellung im Bereich der Kultur, der Künste, des Sports, der Wissenschaften, des Unterrichts, der Unterhaltung oder einem ähnlichen Gebiet bestimmt ist (vgl. EuGH-Urteil vom 27.10.2011, C-530/09, Inter-Mark Group, BStBl. 2012 II S. 160).[2)] [2]Zum Ort der sonstigen Leistung bei Messen und Ausstellungen vgl. im Übrigen Abschnitt 3a.4.

---

1) IStR 2005, 415.
2) DStR 2011, 2145.

Leistungen nach § 3a Abs. 3 Nr. 3 Buchstabe b UStG

(8) § 3a Abs. 3 Nr. 3 Buchstabe b UStG gilt sowohl für sonstige Leistungen an Nichtunternehmer (siehe Abschnitt 3a.1 Abs. 1) als auch an Leistungsempfänger im Sinne des § 3a Abs. 2 UStG (siehe Abschnitt 3a.2 Abs. 1).

(9) [1]Bei der Abgabe von Speisen und Getränken zum Verzehr an Ort und Stelle (Restaurationsleistung) richtet sich der Leistungsort nach dem Ort, an dem diese Leistung tatsächlich erbracht wird (§ 3a Abs. 3 Nr. 3 Buchstabe b UStG). [2]Die Restaurationsleistung muss aber als sonstige Leistung anzusehen sein; zur Abgrenzung zwischen Lieferung und sonstiger Leistung bei der Abgabe von Speisen und Getränken wird auf die BMF-Schreiben vom 16.10. 2008, BStBl. I S. 949, und vom 29.3.2010, BStBl. I S. 330, verwiesen. [3]Die Ortsregelung gilt nicht für Restaurationsleistungen an Bord eines Schiffs, in einem Luftfahrzeug oder in einer Eisenbahn während einer Beförderung im Inland oder im übrigen Gemeinschaftsgebiet. [4]In diesen Fällen bestimmt sich der Leistungsort nach § 3e UStG (vgl. Abschnitt 3e.1).

Leistungen nach § 3a Abs. 3 Nr. 3 Buchstabe c UStG

(10) [1]Bei Arbeiten an beweglichen körperlichen Gegenständen und bei der Begutachtung dieser Gegenstände für Nichtunternehmer (siehe Abschnitt 3a.1 Abs. 1) bestimmt sich der Leistungsort nach dem Ort, an dem der Unternehmer tatsächlich die Leistung ausführt (§ 3a Abs. 3 Nr. 3 Buchstabe c UStG). [2]Ist der Leistungsempfänger ein Leistungsempfänger im Sinne des § 3a Abs. 2 UStG (siehe Abschnitt 3a.2 Abs. 1), richtet sich der Leistungsort nach § 3a Abs. 2 UStG (vgl. Abschnitt 3a.2). [3]Zum Leistungsort bei Arbeiten an beweglichen körperlichen Gegenständen und bei der Begutachtung dieser Gegenstände, wenn diese Leistungen im Drittlandsgebiet genutzt oder ausgewertet werden, vgl. § 3a Abs. 8 Satz 1 UStG und Abschnitt 3a.14 Abs. 5.

(11) [1]Als Arbeiten an beweglichen körperlichen Gegenständen sind insbesondere Werkleistungen in Gestalt der Bearbeitung oder Verarbeitung von beweglichen körperlichen Gegenständen anzusehen. [2]Hierzu ist grundsätzlich eine Veränderung des beweglichen Gegenstands erforderlich. [3]Wartungsleistungen an Anlagen, Maschinen und Kraftfahrzeugen können als Werkleistungen angesehen werden. [4]Verwendet der Unternehmer bei der Be- oder Verarbeitung eines Gegenstands selbstbeschaffte Stoffe, die nicht nur Zutaten oder sonstige Nebensachen sind, ist keine Werkleistung, sondern eine Werklieferung gegeben (§ 3 Abs. 4 UStG). [5]Baut der leistende Unternehmer die ihm vom Leistungsempfänger sämtlich zur Verfügung gestellten Teile einer Maschine nur zusammen und wird die zusammengebaute Maschine nicht Bestandteil eines Grundstücks, bestimmt sich der Ort der sonstigen Leistung nach § 3a Abs. 3 Nr. 3 Buchstabe c UStG (vgl. Artikel 8 und 34 der MwSt-VO),[1] wenn der Leistungsempfänger ein Nichtunternehmer ist.

(12) [1]Bei der Begutachtung beweglicher körperlicher Gegenstände durch Sachverständige hat § 3a Abs. 3 Nr. 3 Buchstabe c UStG Vorrang vor § 3a Abs. 4 Satz 1 und 2 Nr. 3 UStG. [2]Wegen der Leistungen von Handelschemikern vgl. Abschnitt 3a.9 Abs. 12 Satz 3.

---

[1] **Steuergesetze** Nr. **550a**.

(13)[1] *(aufgehoben)*

3a.7 Ort der Vermittlungsleistung

(1) [1]Unter den Begriff Vermittlungsleistung fallen sowohl Vermittlungsleistungen, die im Namen und für Rechnung des Empfängers der vermittelten Leistung erbracht werden, als auch Vermittlungsleistungen, die im Namen und für Rechnung des Unternehmers erbracht werden, der die vermittelte Leistung ausführt (vgl. Artikel 30 der MwStVO).[2] [2]Der Leistungsort einer Vermittlungsleistung bestimmt sich nur bei Leistungen an Nichtunternehmer (siehe Abschnitt 3a.1 Abs. 1) nach § 3a Abs. 3 Nr. 4 UStG. [3]Hierunter fällt auch die Vermittlung der kurzfristigen Vermietung von Zimmern in Hotels, Gaststätten oder Pensionen, von Fremdenzimmern, Ferienwohnungen, Ferienhäusern und vergleichbaren Einrichtungen an Nichtunternehmer (vgl. Artikel 31 Buchst. b der MwStVO). [4]Bei Leistungen an einen Unternehmer oder an eine gleichgestellte juristische Person (siehe Abschnitt 3a.2 Abs. 1) richtet sich der Leistungsort nach § 3a Abs. 2 UStG (vgl. Artikel 31 Buchst. a der MwStVO), bei der Vermittlung von Vermietungen von Grundstücken nach § 3a Abs. 3 Nr. 1 UStG. [5]Zur Abgrenzung der Vermittlungsleistung vom Eigenhandel vgl. Abschnitt 3.7.

(2) [1]Die Vermittlung einer nicht steuerbaren Leistung zwischen Nichtunternehmern wird an dem Ort erbracht, an dem die vermittelte Leistung ausgeführt wird (vgl. EuGH-Urteil vom 27.5.2004, C-68/03, Lipies).[3] [2]Bei der Werbung von Mitgliedschaften liegt keine Vermittlung eines Umsatzes vor, weil die Begründung der Mitgliedschaft in einem Verein keinen Leistungsaustausch darstellt; der Leistungsort dieser Leistung richtet sich bei Leistungen an Nichtunternehmer (siehe Abschnitt 3a.1 Abs. 1) nicht nach § 3a Abs. 3 Nr. 4 UStG, sondern nach § 3a Abs. 1 UStG (vgl. BFH-Urteil vom 12.12.2012, XI R 30/10, BStBl. 2013 II S. 348), bei Leistungen an einen Leistungsempfänger im Sinne des § 3a Abs. 2 UStG (siehe Abschnitt 3a.2 Abs. 1) nach § 3a Abs. 2 UStG.

3a.7a[4] Ort der Veranstaltung

(1) [1]§ 3a Abs. 3 Nr. 5 UStG gilt nur für Leistungen an einen Leistungsempfänger im Sinne des § 3a Abs. 2 UStG (siehe Abschnitt 3a.2 Abs. 1). [2]Die Regelung ist auch anzuwenden, wenn ein anderer Unternehmer als der Veranstalter auf eigene oder auf Rechnung des Veranstalters Eintrittsberechtigungen an einen Unternehmer für dessen unternehmerischen Bereich oder an eine einem Unternehmer gleichgestellte juristische Person einräumt.

---

[1] A 3a.6 UStAE Zwischenüberschrift und Abs. 13 aufgeh. durch BMF v. 9.6.2021, BStBl. I 2021, 778, anzuwenden in allen offenen Fällen (siehe FN zu A 3a.7a UStAE).

[2] **Steuergesetze** Nr. **550a**.

[3] DStRE 2004, 987.

[4] A 3a.7a UStAE eingef. durch BMF v. 9.6.2021, BStBl. I 2021, 778, anzuwenden in allen offenen Fällen mit Nichtbeanstandungsregelung (BMF v. 19.8.2021, BStBl. I 2021, 1088): Für vor dem 1.1.2022 ausgeführte, für die Öffentlichkeit nicht allgemein zugängliche Leistungen kann A 3a.6 UStAE Abs. 13 Satz 3 Nr. 3 u. Beispiel 2 a. F. angewendet werden (gilt nicht für A 3a.7a Abs. 1 Satz 4 UStAE).

[3]Werden die in der Vorschrift genannten sonstigen Leistungen an Nichtunternehmer (siehe Abschnitt 3a.1 Abs. 1) erbracht, richtet sich der Leistungsort nach § 3a Abs. 3 Nr. 3 Buchstabe a UStG (siehe Abschnitt 3a.6 Abs. 2 Satz 2). [4]Eine Veranstaltung im Sinne des § 3a Abs. 3 Nr. 5 UStG erfordert die physische Anwesenheit des Leistungsempfängers bei dieser; die Vorschrift gilt daher nicht in Fällen der Online-Teilnahme des Leistungsempfängers.

(2) [1]Zu den Eintrittsberechtigungen gehören insbesondere (vgl. Artikel 32 Abs. 1 und 2 der MwStVO)[1)]

1. das Recht auf Zugang zu Darbietungen, Theateraufführungen, Zirkusvorstellungen, Freizeitparks, Konzerten, Ausstellungen sowie zu anderen ähnlichen kulturellen Veranstaltungen, auch wenn das Entgelt in Form eines Abonnements oder eines Jahresbeitrags entrichtet wird;
2. das Recht auf Zugang zu Sportveranstaltungen, wie Spiele und Wettkämpfe gegen Entgelt, auch wenn das Entgelt in Form einer Zahlung für einen bestimmten Zeitraum oder eine festgelegte Anzahl von Veranstaltungen in einem Betrag erfolgt;
3. [1]das Recht auf Zugang zu Veranstaltungen auf dem Gebiet des Unterrichts und der Wissenschaft, wie beispielsweise Konferenzen und Seminare. [2]Dies gilt unabhängig davon, ob der Unternehmer selbst oder ein Arbeitnehmer an der Veranstaltung teilnimmt und das Entgelt vom Unternehmer (Arbeitgeber) entrichtet wird.

[2]Zu den Eintrittsberechtigungen für Messen, Ausstellungen und Kongresse gehören insbesondere Leistungen, für die der Leistungsempfänger Kongress-, Teilnehmer- oder Seminarentgelte entrichtet, sowie damit im Zusammenhang stehende Nebenleistungen, wie z. B. Beförderungsleistungen, Vermietung von Fahrzeugen oder Unterbringung, wenn diese Leistungen vom Veranstalter der Messe, der Ausstellung oder des Kongresses zusammen mit der Einräumung der Eintrittsberechtigung als einheitliche Leistung (vgl. Abschnitt 3.10) angeboten werden. [3]Zu den mit den in § 3a Abs. 3 Nr. 5 UStG genannten Veranstaltungen zusammenhängenden sonstigen Leistungen gehören auch die Nutzung von Garderoben und von sanitären Einrichtungen gegen gesondertes Entgelt (vgl. Artikel 33 der MwStVO).

(3) [1]Nicht unter § 3a Abs. 3 Nr. 5 UStG fällt die Berechtigung zur Nutzung von Räumlichkeiten, wie beispielsweise Turnhallen oder anderen Räumen, gegen Entgelt (vgl. Artikel 32 Abs. 3 der MwStVO).[1)] [2]Auch die Vermittlung von Eintrittsberechtigungen fällt nicht unter § 3a Abs. 3 Nr. 5 UStG; der Leistungsort dieser Umsätze richtet sich bei Leistungen an einen Leistungsempfänger im Sinne des § 3a Abs. 2 UStG (siehe Abschnitt 3a.2 Abs. 1) nach § 3a Abs. 2 UStG, bei Leistungen an einen Nichtunternehmer (siehe Abschnitt 3a.1 Abs. 1) nach § 3a Abs. 3 Nr. 4 UStG.

[1)] **Steuergesetze** Nr. **550a**.

3a.8 Ort der in § 3a Abs. 4 Satz 2 UStG bezeichneten sonstigen Leistungen

Bei der Bestimmung des Leistungsorts für die in § 3a Abs. 4 Satz 2 UStG bezeichneten Leistungen sind folgende Fälle zu unterscheiden:

1. Ist der Empfänger der sonstigen Leistung ein Nichtunternehmer (siehe Abschnitt 3a.1 Abs. 1) und hat er seinen Wohnsitz oder Sitz außerhalb des Gemeinschaftsgebiets (vgl. Abschnitt 1.10 Abs. 1), wird die sonstige Leistung dort ausgeführt, wo der Empfänger seinen Wohnsitz oder Sitz hat (§ 3a Abs. 4 Satz 1 UStG).
2. [1] Ist der Empfänger der sonstigen Leistung ein Nichtunternehmer (siehe Abschnitt 3a.1 Abs. 1) und hat er seinen Wohnsitz oder Sitz innerhalb des Gemeinschaftsgebiets (vgl. Abschnitt 1.10 Abs. 1), wird die sonstige Leistung dort ausgeführt, wo der leistende Unternehmer sein Unternehmen betreibt. [2] Insoweit verbleibt es bei der Regelung des § 3a Abs. 1 UStG (vgl. jedoch § 3a Abs. 6 Satz 1 Nr. 2 UStG und Abschnitt 3a.14 Abs. 1 und 3).

2a. Wird die sonstige Leistung an einen Nichtunternehmer (siehe Abschnitt 3a.1 Abs. 1) erbracht, der in verschiedenen Ländern ansässig ist oder seinen Wohnsitz in einem Land und seinen gewöhnlichen Aufenthaltsort in einem anderen Land hat, ist
   a) bei Leistungen an eine nicht unternehmerisch tätige juristische Person, der keine USt-IdNr. erteilt worden ist, der Leistungsort vorrangig an dem Ort, an dem die Handlungen zur zentralen Verwaltung der juristischen Person vorgenommen werden, soweit keine Anhaltspunkte dafür vorliegen, dass die Leistung an deren Betriebsstätte genutzt oder ausgewertet wird (vgl. Artikel 24 Buchstabe a MwStVO),[1)]
   b) bei Leistungen an eine natürliche Person der Leistungsort vorrangig an deren gewöhnlichem Aufenthaltsort (siehe Abschnitt 3a.1 Abs. 1 Sätze 10 bis 14), soweit keine Anhaltspunkte dafür vorliegen, dass die Leistung an deren Wohnsitz genutzt oder ausgewertet wird (vgl. Artikel 24 Buchstabe b MwStVO).

3. Ist der Empfänger der sonstigen Leistung ein Leistungsempfänger im Sinne des § 3a Abs. 2 UStG (siehe Abschnitt 3a.2 Abs. 1), wird die sonstige Leistung dort ausgeführt, wo der Empfänger sein Unternehmen betreibt bzw. die juristische Person ihren Sitz hat (§ 3a Abs. 2 UStG; vgl. Abschnitt 3a.2).

3a.9 Leistungskatalog des § 3a Abs. 4 Satz 2 Nr. 1 bis 10 UStG

Patente, Urheberrechte, Markenrechte

(1) Sonstige Leistungen im Sinne des § 3a Abs. 4 Satz 2 Nr. 1 UStG ergeben sich u. a. auf Grund folgender Gesetze:[2)]

---

1) **Steuergesetze** Nr. **550a**.

2) **Schönfelder** bzw. **Schönfelder Ergänzungsband** (E) Nr. **65** (UrhG), Nr. **65a** (UrhWG – E), Nr. **70** (PatG – E), Nr. **72** (MarkenG), Nr. **66** (VerlG – E) und Nr. **71** (GebrMG – E).

4.8.12 Übernahme von Bürgschaften und anderen Sicherheiten

(1)[1] [1]Als andere Sicherheiten, deren Übernahme nach § 4 Nr. 8 Buchstabe g UStG steuerfrei ist, sind z. B. Garantieverpflichtungen (vgl. BFH-Urteile vom 14.12.1989, V R 125/84, BStBl. 1990 II S. 401, vom 24.1.1991, V R 19/87, BStBl. II S. 539 – Zinshöchstbetragsgarantie und Liquiditätsgarantie –, und vom 22.10.1992, V R 53/89, BStBl. 1993 II S. 318 – Ausbietungsgarantie und Vermietungsgarantie –) und Kautionsversicherungen (vgl. Abschnitt 4.10.1 Abs. 2 Satz 3) anzusehen. [2]Der umsatzsteuerbare Verzicht auf eine Garantie ist steuerfrei, wenn die Einräumung dieser Garantie nach § 4 Nr. 8 Buchstabe g UStG steuerfrei ist oder – bei Entgeltlichkeit – steuerfrei wäre (vgl. BFH-Urteil vom 15.4.2015, V R 46/13, BStBl. II S. 947). [3]Umsätze, die keine Finanzdienstleistungen sind, sind vom Anwendungsbereich des § 4 Nr. 8 Buchstabe g UStG ausgeschlossen (vgl. Abschnitt 4.8.11 Sätze 1 und 2). [4]Zur Garantiezusage eines Kraftfahrzeughändlers vgl. Abschnitt 4.10.1 Abs. 4 Satz 3.

(2) [1]Ein Garantieversprechen ist nach § 4 Nr. 8 Buchstabe g UStG steuerfrei, wenn es ein vom Eigenverhalten des Garantiegebers unabhängiges Risiko abdeckt; diese Voraussetzung liegt nicht vor, wenn lediglich garantiert wird, eine aus einem anderen Grund geschuldete Leistung vertragsgemäß auszuführen (vgl. BFH-Urteil vom 14.12.1989, V R 125/84, BStBl. 1990 II S. 401). [2]Leistungen persönlich haftender Gesellschafter, für die eine unabhängig vom Gewinn bemessene Haftungsvergütung gezahlt wird, sind nicht nach § 4 Nr. 8 Buchstabe g UStG steuerfrei, weil ein ggf. haftender Gesellschafter über seine Geschäftsführungstätigkeit unmittelbaren Einfluss auf das Gesellschaftsergebnis – und damit auf die Frage, ob es zu einem Haftungsfall kommt – hat.

(3) Bei den im Rahmen der Einlagensicherung von den jeweiligen Sicherungseinrichtungen an ihre Mitglieder erbrachten Präventiv- und Sicherungsmaßnahmen handelt es sich unter den weiteren Voraussetzungen des § 4 Nr. 8 Buchstabe a (Kreditgewährung) und Buchstabe g (Bürgschaften, Garantiezusagen und -verpflichtungen) UStG um steuerfreie Leistungen.

4.8.13 Verwaltung von Investmentvermögen und von Versorgungseinrichtungen

Allgemeines und Begriffsbestimmungen

(1) [1]Die Steuerbefreiung nach § 4 Nr. 8 Buchstabe h UStG erstreckt sich auf die Verwaltung von OGAW im Sinne des § 1 Abs. 2 KAGB, die Verwaltung von AIF im Sinne des § 1 Abs. 3 KAGB, die mit OGAW vergleichbar sind, und die Verwaltung von Versorgungseinrichtungen im Sinne des Versicherungsaufsichtsgesetzes (siehe Absatz 22). [2]Nicht unter die Steuerbefreiung fallen Leistungen der Vermögensverwaltung mit Wertpapieren, bei der die mit

[1] A 4.8.12 UStAE Abs. 1 Satz 4 neugef. durch BMF v. 11.5.2021, BStBl. I 2021, 781, zur Anwendung siehe FN zu A 4.10.1 Abs. 4 UStAE.

den Leistungen beauftragte Bank auf Grund eigenen Ermessens über den Kauf und Verkauf von Wertpapieren entscheidet und diese Entscheidung durch den Kauf und Verkauf der Wertpapiere vollzieht (vgl. EuGH-Urteil vom 19.7.2012, C-44/11, Deutsche Bank, BStBl. II S. 945,[1] und BFH-Urteil vom 11.10.2012, V R 9/10, BStBl. 2014 II S. 279).

(2) [1]OGAW sind Investmentvermögen, die die Anforderungen der sog. OGAW-Richtlinie (Richtlinie 2009/65/EG des Europäischen Parlaments und des Rates vom 13. Juli 2009 zur Koordinierung der Rechts- und Verwaltungsvorschriften betreffend bestimmte OGAW, ABl. EU 2009 Nr. L 302/32) erfüllen (§ 1 Abs. 2 KAGB).[2] [2]AIF sind alle Investmentvermögen, die keine OGAW sind (§ 1 Abs. 3 KAGB). [3]Unter AIF fallen somit alle geschlossenen Investmentvermögen und alle offenen Investmentvermögen, die nicht als OGAW gelten. [4]Ein Investmentvermögen ist nach § 1 Abs. 1 Satz 1 KAGB jeder Organismus für gemeinsame Anlagen, der von einer Anzahl von Anlegern Kapital einsammelt, um es nach einer festgelegten Anlagestrategie zum Nutzen dieser Anleger zu investieren und der kein operativ tätiges Unternehmen außerhalb des Finanzsektors ist. [5]Eine Anzahl von Anlegern ist gegeben, wenn die Anlagebedingungen, die Satzung oder der Gesellschaftsvertrag des Organismus für gemeinsame Anlagen die Anzahl möglicher Anleger nicht auf einen Anleger begrenzen (§ 1 Abs. 1 Satz 2 KAGB). [6]Inländische Investmentvermögen sind Investmentvermögen, die dem inländischen Recht unterliegen (§ 1 Abs. 7 KAGB). [7]EU-Investmentvermögen sind Investmentvermögen, die dem Recht eines anderen Mitgliedstaates des Abkommens über den Europäischen Wirtschaftsraum unterliegen (§ 1 Abs. 8 KAGB). [8]Ausländische AIF sind AIF, die dem Recht eines Drittstaates unterliegen (§ 1 Abs. 9 KAGB).

(3) [1]Offene inländische Investmentvermögen dürfen unter den Voraussetzungen des § 91 KAGB[3] in Form eines Sondervermögens, einer Investmentaktiengesellschaft mit veränderlichem Kapital oder einer offenen Investmentkommanditgesellschaft gebildet werden. [2]Geschlossene inländische Investmentvermögen dürfen nach § 139 KAGB als Investmentaktiengesellschaft mit fixem Kapital oder als geschlossene Investmentkommanditgesellschaft aufgelegt werden. [3]Sondervermögen sind inländische offene Investmentvermögen in Vertragsform, die von einer Verwaltungsgesellschaft, z.B. der Kapitalverwaltungsgesellschaft im Sinne des § 17 Abs. 2 Nr. 1 KAGB, für Rechnung der Anleger nach Maßgabe des KAGB und den Anlagebedingungen, nach denen sich das Rechtsverhältnis der Verwaltungsgesellschaft zu den Anlegern bestimmt, verwaltet werden (§ 1 Abs. 10 KAGB).

(4) [1]Kapitalverwaltungsgesellschaften sind Unternehmen mit satzungsmäßigem Sitz und Hauptverwaltung im Inland, deren Geschäftsbetrieb darauf gerichtet ist, inländische Investmentvermögen, EU-Investmentvermögen oder ausländische AIF zu verwalten (§ 17 Abs. 1 Satz 1 KAGB).[3] [2]Je nach Art des

---

[1] DStR 2012, 1601.

[2] Kapitalanlagegesetzbuch v. 4.7.2013, BGBl. I 2013, 1981, zuletzt geänd. durch G v. 9.7.2021, BGBl. I 2021, 2570 (**Wirtschaftsgesetze** Nr. **142**).

[3] **Wirtschaftsgesetze** Nr. **142.**

5. die Umsätze von Grundstücken und von Gebäuden nach dem Sachenrechtsbereinigungsgesetz, und
6. die Entnahme von Grundstücken, unabhängig davon, ob damit ein Rechtsträgerwechsel verbunden ist.

4.9.2 Umsätze, die unter das Rennwett- und Lotteriegesetz[1] fallen

(1) [1] Die Leistungen der Buchmacher im Wettgeschäft sind nach § 4 Nr. 9 Buchstabe b UStG umsatzsteuerfrei, weil sie der Rennwettsteuer unterliegen. [2] Zum Entgelt für diese Leistungen zählt alles, was der Wettende hierfür aufwendet. [3] Dazu gehören auch der von den Buchmachern zum Wetteinsatz erhobene Zuschlag und die Wettscheingebühr, weil ihnen keine besonderen selbständig zu beurteilenden Leistungen des Buchmachers gegenüberstehen. [4] Auch wenn die Rennwettsteuer lediglich nach dem Wetteinsatz bemessen wird, erstreckt sich daher die Umsatzsteuerbefreiung auf die gesamte Leistung des Buchmachers.

(2) [1] Buchmacher, die nicht selbst Wetten abschließen, sondern nur vermitteln, sind mit ihrer Vermittlungsleistung, für die sie eine Provision erhalten, nicht nach § 4 Nr. 9 Buchstabe b UStG von der Umsatzsteuer befreit. [2] Die Tätigkeit von Vertretern, die die Wetten für einen Buchmacher entgegennehmen, fällt nicht unter § 4 Nr. 9 Buchstabe b UStG (vgl. EuGH-Beschluss vom 14.5.2008, C-231/07 und C-232/07, Tiercé Ladbrocke).

(3) [1] Im Inland veranstaltete öffentliche Lotterien unterliegen der Lotteriesteuer. [2] Schuldner der Lotteriesteuer ist der Veranstalter der Lotterie. [3] Lässt ein Wohlfahrtsverband eine ihm genehmigte Lotterie von einem gewerblichen Lotterieunternehmen durchführen, ist Veranstalter der Verband. [4] Der Lotterieunternehmer kann die Steuerbefreiung nach § 4 Nr. 9 Buchstabe b UStG nicht in Anspruch nehmen (BFH-Urteil vom 10.12.1970, V R 50/67, BStBl. 1971 II S. 193).

(4) [1] Spiele, die dem Spieler lediglich die Möglichkeit einräumen, seinen Geldeinsatz wiederzuerlangen (sog. Fun-Games), fallen nicht unter die Steuerbefreiung des § 4 Nr. 9 Buchstabe b UStG (BFH-Urteil vom 29.5.2008, V R 7/06, BStBl. 2009 II S. 64). [2] Das gilt auch für den Betrieb von Geldspielautomaten (BFH-Urteil vom 10.11.2010, XI R 79/07, BStBl. 2011 II S. 311).[2]

Zu § 4 Nr. 10 UStG

4.10.1 Versicherungsleistungen[3]

(1) Die Befreiungsvorschrift betrifft auch Leistungen aus Versicherungs- und Rückversicherungsverträgen, die wegen Fehlens der in § 1 Abs. 1 bis 4 VersStG[4] genannten Voraussetzungen nicht der Versicherungsteuer unterliegen.

(2) [1] Nicht befreit sind Versicherungsleistungen, die aus anderen Gründen nicht unter das VersStG fallen. [2] Hierbei handelt es sich um Leistungen aus einem

---

[1] **Steuergesetze** Nr. **630**.

[2] Vgl. auch EuGH v. 10.6.2010 C-58/09, Leo-Libera, DStR 2010, 943, BFH v. 22.4.2010 V R 26/08, BStBl. II 2010, 883, und v. 11.12.2019 XI R 13/18, BStBl. II 2020, 296.

[3] Übertragung von Versicherungsverträgen ist eine nicht steuerbefreite sonstige Leistung; vgl. EuGH v. 22.10.2009 C-242/08, Swiss Re Germany, BStBl. II 2011, 559, auf Vorlage des BFH v. 16.4.2008 XI R 54/06, BStBl. II 2008, 772.

[4] **Steuergesetze** Nr. **620**.

Vertrag, durch den der Versicherer sich verpflichtet, für den Versicherungsnehmer Bürgschaft oder sonstige Sicherheit zu leisten (§ 2 Abs. 2 VersStG). [3]Hierunter sind insbesondere die Kautionsversicherungen (Bürgschafts- und Personenkautionsversicherungen) zu verstehen (vgl. BFH-Urteil vom 13.7. 1972, V R 33/68, HFR 1973 S. 33). [4]Es kann jedoch die Steuerbefreiung nach § 4 Nr. 8 Buchstabe g UStG in Betracht kommen (vgl. Abschnitt 4.8.12).

(3) [1]Übernimmt bei der durch eine Beteiligungsklausel im Versicherungsvertrag offengelegten Mitversicherung eines Risikos durch mehrere Versicherer (sog. offene Mitversicherung) der führende Versicherer die bei Begründung und Abwicklung der Mitversicherungsverträge anfallenden Verwaltungsaufgaben (sog. Führungsleistungen) gegen einen erhöhten Anteil aus dem Versicherungsentgelt (sog. Führungsprovision), liegt darin eine steuerbare und steuerpflichtige sonstige Leistung an den/die Mitversicherer. [2]Hierbei handelt es sich nicht um Leistungen auf Grund eines Versicherungsverhältnisses im Sinne des VersStG (BFH-Urteil vom 24.4.2013, XI R 7/11, BStBl. II S. 648).

(4)[1)] [1]Die Dienstleistung eines von einem Kraftfahrzeughändler unabhängigen Wirtschaftsteilnehmers, die darin besteht, gegen Zahlung eines Pauschalbetrags mechanische Ausfälle bestimmter Teile eines Gebrauchtfahrzeugs zu versichern, stellt einen nach § 4 Nr. 10 Buchstabe a UStG steuerfreien Versicherungsumsatz dar (vgl. EuGH-Urteil vom 16.7.2015, C-584/13, Mapfre asistencia und Mapfre warranty).[2)] [2]Zur Verschaffung von Versicherungsschutz durch einen Kraftfahrzeughändler vgl. Abschnitt 3.10 Abs. 6 Nr. 3 und Abschnitt 4.10.2 Abs. 1 Satz 1. [3]Die entgeltliche Garantiezusage eines Kraftfahrzeughändlers, mit der dieser als Garantiegeber im Garantiefall eine Geldleistung verspricht, ist eine Leistung auf Grund eines Versicherungsverhältnisses im Sinne des VersStG, die nach § 4 Nr. 10 Buchstabe a UStG steuerfrei ist (vgl. BFH-Urteil vom 14.11.2018, XI R 16/17, BStBl. 2021 II S. 461); Gleiches gilt für das Versprechen einer Reparaturleistung durch den Garantiegeber (vgl. BMF-Schreiben vom 11.5.2021, BStBl. 2021 I S. 781).

4.10.2 Verschaffung von Versicherungsschutz

(1) [1]Die Verschaffung eines Versicherungsschutzes liegt vor, wenn der Unternehmer mit einem Versicherungsunternehmen einen Versicherungsvertrag zugunsten eines Dritten abschließt (vgl. BFH-Urteil vom 9.10.2002, V R 67/01, BStBl. 2003 II S. 378). [2]Der Begriff Versicherungsschutz umfasst alle Versicherungsarten. [3]Hierzu gehören z. B. Lebens-, Kranken-, Unfall-, Haftpflicht-, Rechtsschutz-, Diebstahl-, Feuer- und Hausratversicherungen. [4]Unter die Steuerbefreiung fällt auch die Besorgung einer Transportversicherung durch den Unternehmer, der die Beförderung der versicherten Gegenstände durchführt; das gilt nicht für die Haftungsversicherung des Spediteurs, auch wenn diese dem Kunden in Rechnung gestellt wird.

[1)] A 4.10.1 UStAE Abs. 4 Satz 3 neugef. durch BMF v. 11.5.2021, BStBl. I 2021, 781, anzuwenden auf nach dem 31.12.2021 abgegebene Garantiezusagen, die Anwendung auf vor dem 1.1.2022 abgegebene Garantiezusagen wird nicht beanstandet; gilt branchenunabhängig (BMF v. 18.6.2021, BStBl. I 2021, 871).

[2)] MwStR 2017, 762.

(WBVG)[1] fällt, Wohnraum, Pflege- und Betreuungsleistungen und ggf. Verpflegung als Teil der Betreuungsleistung zur Verfügung. [2]Die nach § 4 Nr. 12 Satz 1 Buchstabe a UStG steuerfreie Vermietung von Grundstücken tritt hinter diese Leistungen zurück. [3]Für die Umsätze aus diesen Wohn- und Betreuungsverträgen kommt insgesamt die Steuerbefreiung nach § 4 Nr. 16 Satz 1 Buchstabe h UStG in Betracht.

4.12.7 Kaufanwartschaftsverhältnisse

[1]Nach § 4 Nr. 12 Satz 1 Buchstabe b UStG ist die Überlassung von Grundstücken und Grundstücksteilen zur Nutzung auf Grund von Kaufanwartschaftsverhältnissen steuerfrei. [2]Der hierbei zu Grunde liegende Kaufanwartschaftsvertrag und der gleichzeitig abgeschlossene Nutzungsvertrag sehen in der Regel vor, dass dem Kaufanwärter das Grundstück bis zur Auflassung zur Nutzung überlassen wird. [3]Vielfach liegt zwischen der Auflassung und der Eintragung des neuen Eigentümers in das Grundbuch eine längere Zeitspanne, in der das bestehende Nutzungsverhältnis zwischen den Beteiligten auch nach der Auflassung fortgesetzt wird und in der der Kaufanwärter bis zur Eintragung in das Grundbuch die im Nutzungsvertrag vereinbarte Nutzungsgebühr weiter zahlt. [4]In diesen Fällen ist davon auszugehen, dass die Nutzungsgebühren auch in der Zeit zwischen Auflassung und Grundbucheintragung auf Grund des – stillschweigend verlängerten – Nutzungsvertrags entrichtet werden und damit nach § 4 Nr. 12 Satz 1 Buchstabe b UStG steuerfrei sind.

4.12.8 Dingliche Nutzungsrechte

(1) [1]Unter die Steuerbefreiung nach § 4 Nr. 12 Satz 1 Buchstabe c UStG fallen insbesondere der Nießbrauch (§ 1030 BGB), die Grunddienstbarkeit (§ 1018 BGB), die beschränkte persönliche Dienstbarkeit (§ 1090 BGB) sowie das Dauerwohnrecht und das Dauernutzungsrecht (§ 31 WoEigG),[2] wenn die Bestellung solcher dinglicher Nutzungsrechte vom Begriff der Vermietung und Verpachtung nach Abschnitt 4.12.1 umfasst wird. [2]Danach ist z.B. die entgeltliche Bestellung eines unwiderruflich eingeräumten dinglichen Nutzungsrechts zur Durchführung von Ausgleichsmaßnahmen nach den Naturschutzgesetzen nicht nach § 4 Nr. 12 UStG befreit (vgl. BFH-Urteile vom 8.11.2012, V R 15/12, BStBl. 2013 II S. 455, und vom 28.5.2013, XI R 32/11, BStBl. 2014 II S. 411). [3]Es fallen nur jene dinglichen Nutzungsrechte unter die Steuerbefreiung, die – wie z.B. die Einräumung des Wegerechts – dem Inhaber ein Nutzungsrecht an dem Grundstück geben (vgl. BFH-Urteil vom 24.2.2005, V R 45/02, BStBl. 2007 II S. 61).

(2) [1]Bei der Überlassung von Grundstücksteilen zur Errichtung von Strommasten für eine Überlandleitung, der Einräumung des Rechts zur Überspannung der Grundstücke und der Bewilligung einer beschränkten persönlichen Dienstbarkeit zur dinglichen Sicherung dieser Rechte handelt es sich um eine einheitliche sonstige Leistung, die nach § 1 Abs. 1 Nr. 1 UStG steuerbar und

---

[1]) WBVG v. 29.7.2009, BGBl. I 2009, 2319, zuletzt geänd. durch G v. 30.11.2019, BGBl. I 2019, 1948 (**Schönfelder Ergänzungsband** Nr. **30a**).
[2]) **Schönfelder** Nr. **37**.

nach § 4 Nr. 12 Satz 1 Buchstabe a UStG steuerfrei ist. [2] Der Bewilligung der Grunddienstbarkeit kommt neben der Vermietung und Verpachtung der Grundstücke in diesem Fall kein eigenständiger umsatzsteuerlicher Gehalt zu, da sie nur der Absicherung der Rechte aus dem Miet- bzw. Pachtvertrag dient. [3] Die vorstehenden Grundsätze gelten z. B. auch bei der Überlassung von Grundstücken zum Verlegen von Erdleitungen (z. B. Erdgas- oder Elektrizitätsleitungen) oder bei der Überlassung von Grundstücken für Autobahn- oder Eisenbahntrassen (vgl. BFH-Urteil vom 11.11.2004, V R 30/04, BStBl. 2005 II S. 802).

4.12.9 Beherbergungsumsätze

(1) [1] Die nach § 4 Nr. 12 Satz 2 UStG steuerpflichtige Vermietung von Wohn- und Schlafräumen, die ein Unternehmer zur kurzfristigen Beherbergung von Fremden bereithält, setzt kein gaststättenähnliches Verhältnis voraus. [2] Entscheidend ist vielmehr die Absicht des Unternehmers, die Räume nicht auf Dauer und damit nicht für einen dauernden Aufenthalt im Sinne der §§ 8 und 9 AO zur Verfügung zu stellen (BFH-Beschluss vom 18.1.1973, V B 47/72, BStBl. II S. 426). [3] Die halbstündige oder stundenweise Überlassung von Zimmern in einem „Stundenhotel" ist keine Beherbergung im Sinne von § 4 Nr. 12 Satz 2 UStG und daher steuerfrei (vgl. BFH-Urteil vom 24.9.2015, V R 30/14, BStBl. 2017 II S. 132).

(2) [1] Hat ein Unternehmer den einen Teil der in einem Gebäude befindlichen Räume längerfristig, den anderen Teil nur kurzfristig vermietet, ist die Vermietung nur insoweit steuerfrei, als er die Räume eindeutig und leicht nachprüfbar zur nicht nur vorübergehenden Beherbergung von Fremden bereitgehalten hat (vgl. BFH-Urteil vom 9.12.1993, V R 38/91, BStBl. 1994 II S. 585). [2] Bietet der Unternehmer dieselben Räume wahlweise zur lang- oder kurzfristigen Beherbergung von Fremden an, sind sämtliche Umsätze steuerpflichtig (vgl. BFH-Urteil vom 20.4.1988, X R 5/82, BStBl. II S. 795). [3] Steuerpflichtig ist auch die Überlassung von Räumen einer Pension an Saison-Arbeitnehmer (Kost und Logis), wenn diese Räume wahlweise zur kurzfristigen Beherbergung von Gästen oder des Saison-Personals bereitgehalten werden (BFH-Urteil vom 13.9.1988, V R 46/83, BStBl. II S. 1021). [4] Zur Anwendung des ermäßigten Steuersatzes auf Umsätze aus der kurzfristigen Vermietung von Wohn- und Schlafräumen siehe Abschnitt 12.16.

4.12.10 Vermietung und Verpachtung von Betriebsvorrichtungen[1)]

[1] Die Vermietung und Verpachtung von Betriebsvorrichtungen ist selbst dann nach § 4 Nr. 12 Satz 2 UStG steuerpflichtig, wenn diese wesentliche Bestandteile des Grundstücks sind (vgl. BFH-Urteil vom 28.5.1998, V R 19/96, BStBl. 2010 II S. 307). [2] Der Begriff der „Maschinen und sonstigen Vorrichtungen aller Art, die zu einer Betriebsanlage gehören (Betriebsvorrichtungen)", ist in § 4 Nr. 12 Satz 2 UStG in gleicher Weise auszulegen wie für das Bewertungsrecht (BFH-Urteil vom 16.10.1980, V R 51/76, BStBl. 1981 II S. 228). [3] Im Bewertungsrecht sind die Betriebsvorrichtungen von den

---

1) Siehe hierzu auch BFH v. 26.5.2021 V R 22/20, DStR 2021, 2010, zur Vorlage an den EuGH.

– Träger von Einrichtungen, die eine besondere ambulante Versorgung nach § 73c Abs. 1 SGB V durch vertragsärztliche Leistungserbringer anbieten;
– Kassenärztliche Vereinigungen.

(5) Zu den Einrichtungen nach § 140b Abs. 1 SGB V[1] zählen:
– einzelne, zur vertragsärztlichen Versorgung zugelassene Ärzte und Zahnärzte und einzelne sonstige, nach dem Vierten Kapitel des SGB V zur Versorgung der Versicherten berechtigte Leistungserbringer;
– Träger zugelassener Krankenhäuser, soweit sie zur Versorgung berechtigt sind, Träger von stationären Vorsorge- und Rehabilitationseinrichtungen, soweit mit ihnen ein Versorgungsvertrag nach § 111 SGB V besteht, Träger von ambulanten Rehabilitationseinrichtungen;
– Träger von Einrichtungen nach § 95 Abs. 1 Satz 2 SGB V (medizinische Versorgungszentren);
– Träger von Einrichtungen, die eine integrierte Versorgung nach § 140a SGB V durch zur Versorgung der Versicherten nach dem Vierten Kapitel des SGB V berechtigte Leistungserbringer anbieten (sog. Managementgesellschaften);
– Pflegekassen und zugelassene Pflegeeinrichtungen auf der Grundlage des § 92b SGB XI;[2]
– Gemeinschaften der vorgenannten Leistungserbringer und deren Gemeinschaften;
– Praxiskliniken nach § 115 Abs. 2 Satz 1 Nr. 1 SGB V.

(6) [1] Gemeinschaften der in Absatz 3 bis 5 genannten Einrichtungen sind z.B. Managementgesellschaften, die als Träger dieser Einrichtungen nicht selbst Versorger sind, sondern eine Versorgung durch dazu berechtigte Leistungserbringer anbieten. [2] Sie erbringen mit der Übernahme der Versorgung von Patienten und dem „Einkauf" von Behandlungsleistungen Dritter sowie der Einhaltung vereinbarter Ziele und Qualitätsstandards steuerfreie Leistungen, wenn die beteiligten Leistungserbringer die jeweiligen Heilbehandlungsleistungen unmittelbar mit dem Träger abrechnen. [3] In diesen Fällen ist die Wahrnehmung von Managementaufgaben als unselbständiger Teil der Heilbehandlungsleistung der Managementgesellschaften gegenüber der jeweiligen Krankenkasse anzusehen. [4] Sofern in einem Vertrag zur vollständigen bzw. teilweisen ambulanten und/oder stationären Versorgung der Mitglieder der Krankenkasse jedoch lediglich Steuerungs-, Koordinierungs- und/oder Managementaufgaben von der Krankenkasse auf die Managementgesellschaft übertragen werden, handelt es sich hierbei um eine Auslagerung von Verwaltungsaufgaben. [5] Diese Leistungen gegenüber der jeweiligen Krankenkasse stellen keine begünstigten Heilbehandlungen dar und sind steuerpflichtig.

[1] **Aichberger SGB** Nr. **5**.
[2] **Aichberger SGB** Nr. **11**.

Zu § 4 Nr. 15 UStG

4.15.1[1] *(aufgehoben)*

Zu § 4 Nr. 16 UStG

4.16.1 Anwendungsbereich und Umfang der Steuerbefreiung

Anwendungsbereich

(1) [1] § 4 Nr. 16 UStG selbst enthält nur eine allgemeine Definition der Betreuungs- und Pflegeleistungen. [2] Welche Leistungen letztlich im Einzelnen in den Anwendungsbereich der Steuerbefreiung fallen, ergibt sich aus der Definition der nach § 4 Nr. 16 Satz 1 Buchstaben a bis l UStG begünstigten Einrichtungen. [3] Soweit diese im Rahmen ihrer sozialrechtlichen Anerkennung Betreuungs- und Pflegeleistungen ausführen (vgl. auch Absatz 8 und 9), fallen ihre Leistungen in den Anwendungsbereich der Steuerbefreiung.

(2) Die mit dem Betrieb von Einrichtungen zur Betreuung oder Pflege körperlich, geistig oder seelisch hilfsbedürftiger Personen eng verbundenen Leistungen sind nach § 4 Nr. 16 Satz 1 Buchstabe a UStG steuerfrei, wenn sie von Einrichtungen des öffentlichen Rechts erbracht werden.

(3)[2] [1] Ferner sind die Betreuungs- oder Pflegeleistungen nach § 4 Nr. 16 Satz 1 Buchstaben b bis l UStG steuerfrei, wenn sie von anderen anerkannten Einrichtungen mit sozialem Charakter im Sinne des Artikels 132 Abs. 1 Buchstabe g MwStSystRL[3] erbracht werden. [2] Dabei umfasst der Begriff „Einrichtungen" unabhängig von der Rechts- oder Organisationsform des Leistungserbringers sowohl natürliche als auch juristische Personen. [3] Als andere Einrichtungen sind auch Einrichtungen anzusehen, die in der Form privatrechtlicher Gesellschaften betrieben werden, deren Anteile nur von juristischen Personen des öffentlichen Rechts gehalten werden. [4] Für die Anerkennung eines Unternehmers als eine Einrichtung mit sozialem Charakter reicht es für sich allein nicht schon aus, dass der Unternehmer lediglich als Subunternehmer für eine anerkannte Einrichtung tätig ist. [5] Ein Zeitarbeitsunternehmen, das anerkannten Pflegeeinrichtungen staatlich geprüfte Pflegekräfte zur Verfügung stellt, ist selbst keine Einrichtung mit sozialem Charakter (vgl. EuGH-Urteil vom 12.3.2015, C-594/13, „go fair" Zeitarbeit, BStBl. II S. 980).

Umfang der Steuerbefreiung an hilfsbedürftige Personen

(4) [1] Die Steuerbefreiung erfasst sowohl Betreuungs- als auch Pflegeleistungen für hilfsbedürftige Personen. [2] Hilfsbedürftig sind alle Personen, die auf

---

[1] A 4.15.1 UStAE aufgeh. durch BMF v. 15.12.2020, BStBl. I 2020, 1374.

[2] Zur umsatzsteuerrechtlichen Behandlung von Gutachtertätigkeiten im Auftrag des MDK siehe BFH v. 24.2.2021 XI R 30/20 (XI R 11/17), DStR 2021, 1534, als Nachfolgeentscheidung zu EuGH v. 8.10.2020 C-657/19, MwStR 2020, 1059 (Rspr.-Änderung).

[3] **Steuergesetze** Nr. **550**.

Grund ihres körperlichen, geistigen oder seelischen Zustands der Betreuung oder Pflege bedürfen. [3]Der Betreuung oder Pflege bedürfen Personen, die krank, behindert oder von einer Behinderung bedroht sind. [4]Dies schließt auch Personen mit ein, bei denen ein Grundpflegebedarf oder eine erhebliche Einschränkung der Alltagskompetenz (§ 45a SGB XI),[1)] besteht. [5]Hilfsbedürftig sind darüber hinaus auch Personen, denen Haushaltshilfe nach dem KVLG 1989, dem ALG oder dem SGB VII[2)] gewährt wird, etwa im Fall der Arbeitsunfähigkeit nach § 10 Abs. 1 KVLG 1989.

Umfang der Steuerbefreiung bei Leistungen auch an nicht hilfsbedürftige Personen

(5) [1]Soweit Pflege- oder Betreuungsleistungen in stationären Einrichtungen in geringem Umfang auch an nicht hilfsbedürftige Personen erbracht werden, ist die Inanspruchnahme der Steuerbefreiung nicht zu beanstanden. [2]Von einem geringen Umfang ist auszugehen, wenn die Leistungen in nicht mehr als 10% der Fälle an nicht hilfsbedürftige Personen erbracht werden. [3]Die Steuerbefreiung gilt dann insgesamt für die mit dem Betrieb eines Altenheims oder Pflegeheims eng verbundenen Umsätze, auch wenn hier in geringem Umfang bereits Personen aufgenommen werden, die nicht betreuungs- oder pflegebedürftig sind.

Umfang der Steuerbefreiung bei Betreuungs- und Pflegeleistungen

(6) [1]Die Steuerbefreiung umfasst die mit dem Betrieb von Einrichtungen zur Betreuung oder Pflege körperlich, geistig oder seelisch hilfsbedürftiger Personen eng verbundenen Umsätze, unabhängig davon, ob diese Leistungen ambulant oder stationär erbracht werden. [2]Werden die Leistungen stationär erbracht, kommt es zudem nicht darauf an, ob die Personen vorübergehend oder dauerhaft aufgenommen werden.

(7) [1]Unter den Begriff der Betreuung oder Pflege fallen z.B. die in § 36 Abs. 1 SGB XI[1)] bzw. § 64b SGB XII[3)] aufgeführten körperbezogenen Pflegemaßnahmen und pflegerischen Betreuungsmaßnahmen sowie Hilfen bei der Haushaltsführung; bei teilstationärer oder stationärer Aufnahme gilt dies auch für die Unterbringung und Verpflegung. [2]Auch in den Fällen, in denen eine Einrichtung im Sinne von § 4 Nr. 16 UStG für eine hilfsbedürftige Person ausschließlich Leistungen der hauswirtschaftlichen Versorgung erbringt, handelt es sich um mit dem Betrieb von Einrichtungen zur Betreuung oder Pflege eng verbundene und somit steuerfreie Leistungen.

Beschränkung der Steuerbefreiung

(8) [1]Leistungen nach § 4 Nr. 16 UStG sind sowohl im Bereich gesetzlicher Versicherungen steuerfrei als auch bei Vorliegen eines privaten Versicherungsschutzes. [2]Nach § 4 Nr. 16 Satz 2 UStG sind Betreuungs- oder Pflegeleistungen, die von den in § 4 Nr. 16 Satz 1 UStG genannten Einrichtungen erbracht werden, befreit, soweit es sich ihrer Art nach um Leistungen handelt,

---

1) **Aichberger SGB** Nr. **11**.
2) **Aichberger SGB** Nr. **30/20** (KVLG), Nr. **30/10** (ALG), Nr. **7** (SGB VII).
3) **Aichberger SGB** Nr. **12**.

auf die sich die Anerkennung, der Vertrag oder die Vereinbarung nach Sozialrecht oder die Vergütung jeweils bezieht.

Beispiel 1:

[1] Ein Unternehmer erbringt Haushaltshilfeleistungen im Rahmen eines Vertrages nach § 132 SGB V mit der Krankenkasse A an eine hilfsbedürftige Person. [2] Daneben erbringt er die identischen Haushaltshilfeleistungen an hilfsbedürftige Privatpersonen, an hilfsbedürftige Privatversicherte sowie an die Krankenkasse B. [3] Ein Vertrag nach § 132 SGB V besteht mit der Krankenkasse B nicht. [4] Der Unternehmer stellt eine begünstigte Einrichtung nach § 4 Nr. 16 Satz 1 Buchstabe b UStG dar. [5] Somit sind die gesamten Haushaltshilfeleistungen im Sinne des § 132 SGB V steuerfrei.

Beispiel 2:

Ein Unternehmer, der Leistungen in verschiedenen Bereichen erbringt, z. B. neben einem nach § 72 SGB XI zugelassenen Pflegeheim auch einen Integrationsfachdienst betreibt, hat die Voraussetzung für die Steuerbefreiung für beide Bereiche gesondert nachzuweisen (Vereinbarung nach § 194 SGB IX).

(9) [1] Die Steuerbefreiung beschränkt sich allerdings nicht auf den „Umfang" z. B. des im Rahmen der Zulassung vereinbarten Leistungspakets. [2] Sofern z. B. eine nach § 72 SGB XI[1)] zugelassene Pflegeeinrichtung Leistungen erbringt, die über den Leistungskatalog der gesetzlichen Krankenversicherung hinausgehen (z. B. tägliche Hilfe beim Baden anstatt nur einmal wöchentlich), fallen auch diese unter die Steuerbefreiung nach § 4 Nr. 16 Satz 1 Buchstabe c UStG.

4.16.2 Nachweis der Voraussetzungen

(1) [1] Die Voraussetzungen für die Steuerbefreiung, dass die Leistungen an hilfsbedürftige Personen erbracht wurden, müssen für jede betreute oder gepflegte Person beleg- und buchmäßig nachgewiesen werden. [2] Hierzu gehören insbesondere

- der Nachweis der Pflegebedürftigkeit und ihrer voraussichtlichen Dauer durch eine Bestätigung der Krankenkasse, der Pflegekasse, des Sozialhilfeträgers, des Gesundheitsamts oder durch ärztliche Verordnung;
- der Nachweis der Kosten des Falls durch Rechnungen und der Höhe der Kostenerstattung der gesetzlichen Träger der Sozialversicherung oder Sozialhilfe durch entsprechende Abrechnungsunterlagen;
- die Aufzeichnung des Namens und der Anschrift der hilfsbedürftigen Person;
- die Aufzeichnung des Entgelts für die gesamte Betreuungs- oder Pflegeleistung und der Höhe des Kostenersatzes durch den Träger der Sozialversicherung oder Sozialhilfe für den einzelnen Fall;
- die Summe der gesamten Fälle eines Kalenderjahres;
- die Summe der Fälle dieses Jahres mit überwiegender Kostentragung durch die Träger der Sozialversicherung oder Sozialhilfe.

[3] Übernimmt eine anerkannte und zugelassene Pflegeeinrichtung als Kooperationspartner einer anderen Einrichtung einen Teil des Pflegeauftrags für eine zu pflegende Person, kann für beide Einrichtungen die Steuerbefreiung nach § 4 Nr. 16 UStG in Betracht kommen.

---

1) **Aichberger SGB** Nr. **11**.

(2) [1] Als Nachweis über die Hilfsbedürftigkeit der gepflegten oder betreuten Personen kommen ferner andere Belege/Aufzeichnungen, die als Nachweis eines Betreuungs- und Pflegebedarfs geeignet sind und oftmals bereits auf Grund sozialrechtlicher Vorgaben vorhanden sind, z. B. Betreuungstagebücher und Pflegeleistungsaufzeichnungen der Pflegekräfte, in Betracht. [2] Ferner kann sich der Pflegebedarf insbesondere aus der Anerkennung eines Pflegegrads nach den §§ 14 oder 15 SGB XI[1)] oder aus einem diesbezüglichen Ablehnungsbescheid ergeben.

4.16.3 Einrichtungen nach § 4 Nr. 16 Satz 1 Buchstabe l UStG

(1)[2)] Sofern Betreuungs- oder Pflegeleistungen an hilfsbedürftige Personen von Einrichtungen erbracht werden, die nicht nach Sozialrecht anerkannt sind und mit denen weder ein Vertrag noch eine Vereinbarung nach Sozialrecht besteht, sind diese nach § 4 Nr. 16 Satz 1 Buchstabe l UStG steuerfrei, wenn im vorangegangenen Kalenderjahr die Betreuungs- oder Pflegekosten in mindestens 25 % der Fälle dieser Einrichtung von den gesetzlichen Trägern der Sozialversicherung, den Trägern der Sozialhilfe, den Trägern der Eingliederungshilfe nach § 94 SGB IX[3)] oder der für die Durchführung der Kriegsopferversorgung zuständigen Versorgungsverwaltung einschließlich der Träger der Kriegsopferfürsorge ganz oder zum überwiegenden Teil vergütet worden sind.

(2) [1] Eine Vergütung der Betreuungs- oder Pflegeleistungen aus Geldern des Persönlichen Budgets (§ 29 SGB IX)[3)] durch die hilfsbedürftige Person als mittelbare Vergütung ist nicht in die Ermittlung der Sozialgrenze bei der erbringenden Einrichtung mit einzubeziehen. [2] Auch Betreuungs- und Pflegeleistungen von Einrichtungen (Subunternehmer), die diese gegenüber begünstigten Einrichtungen erbringen, sind nicht begünstigt, sofern diese nicht selbst eine begünstigte Einrichtung nach § 4 Nr. 16 UStG sind.

(3)[4)] [1] Für die Ermittlung der 25 %-Grenze nach § 4 Nr. 16 Satz 1 Buchstabe l UStG müssen die Betreuungs- und Pflegekosten im vorangegangenen Kalenderjahr in mindestens 25 % der Fälle von den gesetzlichen Trägern der Sozialversicherung, den Trägern der Sozialhilfe, den Trägern der Eingliederungshilfe nach § 94 SGB IX[3)] oder der für die Durchführung der Kriegsopferversorgung zuständigen Versorgungsverwaltung einschließlich der Träger der Kriegsopferfürsorge ganz oder zum überwiegenden Teil vergütet worden sein. [2] Für die Auslegung des Begriffs „Fälle" ist von der Anzahl der hilfsbedürftigen Personen im Laufe eines Kalendermonats auszugehen. [3] Bei der stationären oder teilstationären Unterbringung in einer Einrichtung gilt daher die Aufnahme einer Person innerhalb eines Kalendermonats als ein „Fall". [4] Bei der Erbringung ambulanter Betreuungs- oder Pflegeleistungen gelten alle Leistungen für eine Person in einem Kalendermonat als ein „Fall". [5] Werden

---

1) **Aichberger SGB** Nr. **11**.

2) A 4.16.3 UStAE Abs. 1 neugef. durch BMF v. 24.3.2020, BStBl. I 2020, 291, anzuwenden auf **ab dem 1.1.2020** erbrachte Umsätze; zur Übergangsregelung siehe Anlage 8.

3) **Aichberger SGB** Nr. **9**.

4) A 4.16.3 UStAE Abs. 3 Satz 1, Abs. 4 Satz 1 und Abs. 6 Satz 3 neugef. durch BMF v. 24.3.2020, BStBl. I 2020, 291, anzuwenden auf **ab dem 1.1.2020** erbrachte Umsätze; zur Übergangsregelung siehe Anlage 8.

von einem Unternehmer mehrere verschiedenartige Einrichtungen im Sinne des § 4 Nr. 16 Satz 1 UStG betrieben, sind die im Laufe eines Kalendermonats betreuten oder gepflegten Personen zur Ermittlung der Gesamtzahl der Fälle jeder Einrichtung gesondert zuzuordnen.

(4)[1] [1]Die Kosten eines „Falls" werden von den gesetzlichen Trägern der Sozialversicherung, Sozialhilfe, Eingliederungshilfe nach § 94 SGB IX[2], Kriegsopferfürsorge oder der für die Durchführung der Kriegsopferversorgung zuständigen Versorgungsverwaltung zum überwiegenden Teil getragen, wenn sie die Kosten des Falls allein oder gemeinsam zu mehr als 50% übernehmen. [2]Der Zeitpunkt der Kostenerstattung ist dabei ohne Bedeutung. [3]Kostenzuschüsse oder Kostenerstattungen anderer Einrichtungen (z. B. private Krankenkassen, Beihilfestellen für Beamte, Wohlfahrtsverbände) sind den eigenen Aufwendungen der hilfsbedürftigen Person zuzurechnen.

(5) [1]Für die Ermittlung der 25%-Grenze sind die Verhältnisse des Vorjahres maßgebend. [2]Nimmt der Unternehmer seine Tätigkeit im Laufe eines Kalenderjahres neu auf, ist auf die voraussichtlichen Verhältnisse des laufenden Jahres abzustellen.

(6)[1] [1]Schulungskurse und Beratungen, die Pflegeeinrichtungen im Auftrag der Pflegekassen durchführen, sind eng mit den Pflegeleistungen verbundene Umsätze. [2]Sie werden grundsätzlich nicht als „Fall" angesehen und bei der Berechnung der 25%-Grenze außen vor gelassen. [3]Diese Umsätze sind danach steuerfrei, wenn im vorangegangenen Kalenderjahr mindestens 25% der Fälle der Einrichtung ganz oder zum überwiegenden Teil von der Sozialversicherung, Sozialhilfe, Eingliederungshilfe (SGB IX Teil 2),[2] Kriegsopferfürsorge oder der für die Durchführung der Kriegopferversorgung zuständigen Versorgungsverwaltung getragen worden sind.

4.16.4 Leistungen der Altenheime, Pflegeheime und Altenwohnheime

Altenheime (§ 4 Nr. 16 Satz 1 Buchstabe l UStG)

(1) Altenheime sind Einrichtungen, in denen ältere Menschen, die grundsätzlich nicht pflegebedürftig, aber zur Führung eines eigenen Hausstands außerstande sind, Unterkunft, Verpflegung und Betreuung erhalten.

(2) Die Inanspruchnahme der Steuerbefreiung nach § 4 Nr. 16 Satz 1 Buchstabe l UStG für Betreuungs- oder Pflegeleistungen an hilfsbedürftige Personen durch private Altenheime setzt grundsätzlich voraus, dass die Leistungen im vorangegangenen Kalenderjahr in 25% der Fälle von den gesetzlichen Trägern der Sozialversicherung oder der Sozialhilfe oder der für die Durchführung der Kriegsopferversorgung zuständigen Versorgungsverwaltung einschließlich der Träger der Kriegsopferfürsorge ganz oder zum überwiegenden Teil vergütet worden sind.

---

[1] A 4.16.3 UStAE Abs. 3 Satz 1, Abs. 4 Satz 1 und Abs. 6 Satz 3 neugef. durch BMF v. 24.3.2020, BStBl. I 2020, 291, anzuwenden auf **ab dem 1.1.2020** erbrachte Umsätze; zur Übergangsregelung siehe Anlage 8.

[2] **Aichberger SGB** Nr. **9**.

(3)[1] [1]Befreit sind die eigentlichen Theaterleistungen einschließlich der damit üblicherweise verbundenen Nebenleistungen. [2]Als Theaterleistungen sind auch solche Leistungen anzusehen, die gegenüber einem gastgebenden Theater ausgeführt werden, z.B. zur Verfügung stellen eines Ensembles. [3]Zu den Nebenleistungen gehören insbesondere die Aufbewahrung der Garderobe, der Verkauf von Programmen und die Vermietung von Operngläsern. [4]Die Abgabe von Speisen und Getränken bei Theatervorstellungen ist keine nach § 4 Nr. 20 Buchstabe a UStG steuerfreie Nebenleistung (BFH-Urteile vom 14.5.1998, V R 85/97, BStBl. 1999 II S. 145, vom 21.4.2005, V R 6/03, BStBl. II S. 899, und vom 18.8.2005, V R 20/03, BStBl. II S. 910). [5]Bei einer Veranstaltung, bei der kulinarische und künstlerische Elemente untrennbar gleichwertig nebeneinander angeboten werden und aus Sicht des Durchschnittsverbrauchers gerade dieses Kombinationserlebnis im Vordergrund steht, liegt eine einheitliche sonstige Leistung eigener Art vor; diese unterliegt dem allgemeinen Steuersatz nach § 12 Abs. 1 UStG (vgl. BFH-Urteil vom 13.6.2018, XI R 2/16, BStBl. II S. 678, sowie Abschnitt 12.5 Abs. 2 Satz 10). [6]Der Betrieb einer Theatergaststätte und die Vermietung oder Verpachtung eines Theaters oder eines Nebenbetriebs, z.B. Gaststätte, Kleiderablage, sind steuerpflichtig, sofern nicht besondere Befreiungsvorschriften, z.B. § 4 Nr. 12 UStG, anzuwenden sind.

(4) [1]Veranstalter ist derjenige, der im eigenen Namen die organisatorischen Maßnahmen dafür trifft, dass die Theatervorführung abgehalten werden kann, wobei er die Umstände, den Ort und die Zeit der Darbietung selbst bestimmt. [2]Werden bei Theatervorführungen mehrere Veranstalter tätig, kann jeder Veranstalter die Steuerbefreiung des § 4 Nr. 20 Buchstabe b UStG unter den Voraussetzungen dieser Vorschrift in Anspruch nehmen. [3]Bei Tournee-Veranstaltungen kann deshalb die Steuerbefreiung sowohl dem Tournee-Veranstalter als auch dem örtlichen Veranstalter zustehen.

4.20.2 Orchester, Kammermusikensembles und Chöre

(1) [1]Zu den Orchestern, Kammermusikensembles und Chören gehören alle Musiker- und Gesangsgruppen, die aus zwei oder mehr Mitwirkenden bestehen. [2]Artikel 132 Abs. 1 Buchstabe n MwStSystRL[2] ist dahin auszulegen, dass der Begriff der „anderen … anerkannten Einrichtungen" als Einzelkünstler auftretende Solisten und Dirigenten nicht ausschließt (vgl. auch EuGH-Urteil vom 3.4.2003, C-144/00, BStBl. II S. 679).[3] [3]Demnach ist auch die Leistung eines einzelnen Orchestermusikers gegenüber dem Orchester, in dem er tätig ist, als kulturelle Dienstleistung eines Solisten anzusehen (vgl. BFH-Urteile vom 18.2.2010, V R 28/08, BStBl. II S. 876, und vom 22.8.2019, V R 14/17, BStBl. 2020 II S. 720). [4]Auf die Art der Musik kommt es nicht an; auch Unterhaltungsmusik kann unter die Vorschrift fallen. [5]Unter Konzerten sind Aufführungen von Musikstücken zu verstehen, bei

[1] Zur Steuerfreiheit von Besorgungsleistungen i. Z. m. Opern-Eintrittskarten siehe BFH v. 25.4.2018 XI R 16/16, BStBl. II 2021, 457, und A 3.15 Abs. 3 UStAE.

[2] **Steuergesetze** Nr. **550**.

[3] IStR 2003, 309.

denen Instrumente und/oder die menschliche Stimme eingesetzt werden (BFH-Urteil vom 26.4.1995, XI R 20/94, BStBl. II S. 519).

(2) Zur umsatzsteuerlichen Behandlung von Konzerten, bei denen mehrere Veranstalter tätig werden, wird auf Abschnitt 4.20.1 Abs. 4 hingewiesen.

4.20.3 Museen und Denkmäler der Bau- und Gartenbaukunst

(1)[1] [1]Museen im Sinne des § 4 Nr. 20 Buchstabe a UStG sind wissenschaftliche Sammlungen und Kunstsammlungen. [2]Deren Umsätze sind steuerfrei, wenn die Einrichtungen die Voraussetzungen des § 4 Nr. 20 Buchstabe a Sätze 1 und 2 UStG erfüllen. [3]Ob eine Sammlung wissenschaftlich ist, richtet sich nach dem Gesamtbild der Umstände, z. B. danach, ob die Sammlung nach wissenschaftlichen Gesichtspunkten zusammengestellt oder geordnet ist und ob sie entsprechend durch Beschriftungen und/oder Kataloge erläutert wird. [4]Als Gegenstände derartiger Sammlungen kommen auch technische Gegenstände wie Luftfahrzeuge in Betracht (vgl. BFH-Urteil vom 19.5.1993, V R 110/88, BStBl. 1993 II S 779).

(2)[1] [1]Als Museen können auch Kunstausstellungen in Betracht kommen. [2]Hierbei muss es sich um Kunstsammlungen handeln, die ausgestellt und dadurch der Öffentlichkeit zum Betrachten und zu den damit verbundenen kulturellen und bildenden Zwecken zugänglich gemacht werden. [3]Es kann sich dabei auch um die Kunstsammlung einer anderen Person handeln. [4]Die Sammlungen können auch eigens für die Ausstellung zusammengestellt sein. [5]Es kommt nicht darauf an, ob Sonderausstellungen entweder komplett aus den Sammlungsbeständen anderer Einrichtungen oder privater Leihgeber zusammengestellt sind oder aber nur zu einem geringen Anteil aus der eigenen Sammlung bestückt werden. [6]Aus dem Begriff der Sammlung folgt ferner kein Erfordernis der Dauerhaftigkeit (vgl. BFH-Urteil vom 22.11.2018, V R 29/17, BStBl. 2021 II S. 495). [7]Daher können auch Ausstellungen, welche nur für eine begrenzte Zeit besichtigt werden können (sog. Wanderausstellungen), sowie Sammlungen vergänglicher Gegenstände (wie beispielsweise Eis- oder Sandskulpturen) grundsätzlich hierunter fallen, sofern es sich bei den ausgestellten Objekten um Kunstwerke handelt. [8]Kunstausstellungen, die Verkaufszwecken dienen und damit gewerbliche Ziele verfolgen, können demgegenüber nicht als Museen angesehen werden. [9]Verkäufe von sehr untergeordneter Bedeutung beeinträchtigen die Eigenschaft der Kunstausstellung als Kunstsammlung dagegen nicht.

(3) [1]Steuerfrei sind insbesondere die Leistungen der Museen, für die als Entgelte Eintrittsgelder erhoben werden, und zwar auch insoweit, als es sich um Sonderausstellungen, Führungen und Vorträge handelt. [2]Die Steuerbefreiung erfasst auch die bei diesen Leistungen üblichen Nebenleistungen, z. B. den Verkauf von Katalogen und Museumsführern und die Aufbewahrung der Garderobe. [3]Weitere typische Museumsleistungen sind das Dulden der Anfer-

---

[1] A 4.20.3 UStAE Abs. 1 Satz 2 eingef., bish. Sätze 2 und 3 werden Sätze 3 und 4, Abs. 2 Sätze 3 bis 7 eingef., bish. Sätze 3 und 4 werden Sätze 8 und 9 durch BMF v. 28.6.2021, BStBl. I 2021, 868, anzuwenden in allen offenen Fällen.

tigung von Reproduktionen, Abgüssen und Nachbildungen sowie die Restaurierung und Pflege von Kunstwerken in Privatbesitz, die von den Museen im Interesse der Erhaltung dieser Werke für die Allgemeinheit vorgenommen werden. [4]Der Verkauf von Kunstpostkarten, Fotografien, Dias, Plakaten, Klischees, Reproduktionen, Abgüssen, Nachbildungen, Farbdrucken und Bildbänden ist nur dann als typische Museumsleistung steuerfrei, wenn

1. es sich um Darstellungen von Objekten des betreffenden Museums handelt,
2. das Museum die genannten Gegenstände selbst herstellt oder herstellen lässt und
3. diese Gegenstände ausschließlich in diesem Museum vertrieben werden.

[5]Der Verkauf von Literatur, die in Beziehung zu der Sammlung des betreffenden Museums steht, ist bei Vorliegen der Voraussetzungen zu Satz 4 Nummern 2 und 3 ebenfalls steuerfrei. [6]Die Veräußerung von Museumsobjekten sowie von Altmaterial ist dagegen von der Steuerbefreiung nach § 4 Nr. 20 UStG ausgeschlossen. [7]Es kann jedoch die Steuerbefreiung nach § 4 Nr. 28 UStG in Betracht kommen (vgl. Abschnitt 4.28.1).

(Fortsetzung S. 369)

lassung von Reproduktionen, Abgüssen und Nachbildungen sowie die Restaurierung und Pflege von Kunstwerken in Privatbesitz, die von den Museen im Interesse der Erhaltung dieser Werke für die Allgemeinheit vorgenommen werden. [5] Der Verkauf von Kunstpostkarten, Fotografien, Dias, Plakaten, Klischees, Reproduktionen, Abgüssen, Nachbildungen, Farbdrucken und Bildbänden ist nur dann als typische Museumsleistung steuerfrei, wenn

1. es sich um Darstellungen von Objekten des betreffenden Museums handelt,

2. das Museum die genannten Gegenstände selbst herstellt oder herstellen lässt und

3. diese Gegenstände ausschließlich in diesem Museum vertrieben werden.

[6] Der Verkauf von Literatur, die in Beziehung zu der Sammlung des betreffenden Museums steht, ist bei Vorliegen der Voraussetzungen zu Satz 5 Nummern 2 und 3 ebenfalls steuerfrei. [7] Die Veräußerung von Museumsobjekten sowie von Altmaterial ist dagegen von der Steuerbefreiung nach § 4 Nr. 20 UStG ausgeschlossen. [8] Es kann jedoch die Steuerbefreiung nach § 4 Nr. 28 UStG in Betracht kommen (vgl. Abschnitt 4.28.1).

(Fortsetzung S. 369)

können Be- und Entladedienstleistungen steuerfrei sein, die an den Verfügungsberechtigten der Schiffsladung, etwa deren Ausführer oder Einführer, erbracht werden (vgl. EuGH-Urteil vom 4.5.2017, C-33/16, A, BStBl. II S. 1027).[1] 6 Unter den Begriff „Betreiber" fallen unter Berücksichtigung des unionsrechtlichen Umfangs der Befreiung von Umsätzen für die Seeschifffahrt sowohl Reeder als auch Bereederer von Seeschiffen, sofern die Leistungen unmittelbar dem Erwerb durch die Seeschifffahrt dienen. 7 Die Eigentumsverhältnisse sind für die Steuerbefreiung insoweit unerheblich. 8 Eine Zwischenlagerung von Lieferungsgegenständen im Sinne des § 8 Abs. 1 UStG ist ebenfalls unschädlich. 9 Chartervergütungen, die von Linienreedereien geleistet werden, die wiederum Bereederungsverträge mit Reedereien abschließen, sind als Gegenleistung für steuerbefreite Umsätze für die Seeschifffahrt anzusehen.

(2)[2] 1 Bei den begünstigten Schiffen (§ 8 Abs. 1 Nr. 1 UStG) muss es sich um bereits vorhandene Wasserfahrzeuge handeln, die nach ihrer Bauart dem Erwerb durch die Seeschifffahrt oder der Rettung Schiffbrüchiger dienen; maßgebend ist die zolltarifliche Einordnung. 2 Ein Wasserfahrzeug ist ab dem Zeitpunkt seiner Abnahme durch den Besteller als „vorhanden" anzusehen. 3 Zu den vorbezeichneten Schiffen gehören insbesondere Seeschiffe der Handelsschifffahrt, seegehende Fahrgast- und Fährschiffe, Fischereifahrzeuge und Schiffe des Seeschifffahrtshilfsgewerbes, z. B. Seeschlepper und Bugsierschiffe. 4 Nicht dazu gehören Wassersportfahrzeuge (vgl. BFH-Urteil vom 13.2.1992, V R 141/90, BStBl. II S. 576) und Behördenfahrzeuge. 5 Weitere Voraussetzung für die Steuerbefreiung ist, dass die nach ihrer Bauart begünstigten Wasserfahrzeuge auch tatsächlich ausschließlich oder überwiegend in der Erwerbsseeschifffahrt oder zur Rettung Schiffbrüchiger eingesetzt werden.[3] 6 Als Erwerbsseeschifffahrt ist die Schifffahrt seewärts des Küstenmeeres im Sinne des Seerechtsübereinkommens der Vereinten Nationen vom 10.12.1982 (BGBl. 1994 II S. 1798) und die Küstenfischerei nach Absatz 5 anzusehen. 7 Zur seewärtigen Abgrenzung veröffentlicht jeder Küstenstaat Seekarten oder Verzeichnisse geographischer Koordinaten (vgl. Art. 16 des Seerechtsübereinkommens der Vereinten Nationen, Bekanntmachung der Proklamation der Bundesregierung über die Ausweitung des deutschen Küstenmeeres vom 11.11.1994, BGBl. 1994 I S. 3428). 8 Die seewärtige Begrenzung des Küstenmeeres der Bundesrepublik Deutschland verläuft im Wesentlichen in einem Abstand von 12 Seemeilen, gemessen von der Niedrigwasserlinie und den geraden Basislinien und ergibt sich aus den Seegrenzkarten 2920 und 2921 (Bundesamt für Seeschifffahrt und Hydrographie). 9 In den Fällen der Reise-, Zeit-, Slot- und Bareboat-Vercharterung handelt es sich jeweils um eine steuerfreie Vercharterung eines Wasserfahrzeuges für die Seeschifffahrt nach

---

[1] MwStR 2017, 578.

[2] A 8.1 UStAE Abs. 2 Satz 1 und Sätze 5–7 neugef., neuer Satz 8 eingef., bish. Sätze 8–10 werden Sätze 9–11 durch BMF v. 15.6.2020, BStBl. I 2020, 580, anzuwenden in allen offenen Fällen, mit Übergangsregelung für **vor dem 1.1.2021** ausgeführte Umsätze: Anwendung der bish. Fassungen von Abs. 2 und 5, Anwendung bish. Abs. 4: **bis 31.3.2021** (BMF v. 18.12.2020, BStBl. I 2021, 64).

[3] Lieferung selbsthebender Offshore-Bohreinheiten ist kein steuerbefreiter Umsatz für die Seeschifffahrt, siehe EuGH v. 20.6.2019 C-291/18, MwStR 2019, 695.

§ 4 Nr. 2, § 8 Abs. 1 Nr. 1 UStG. [10]Wesentliches Merkmal dieser Verträge ist das Zurverfügungstellen eines Schiffes bzw. von Schiffsraum. [11]Lediglich die Beförderung im Rahmen von Stückgutverträgen wird als Güterbeförderung angesehen, deren Behandlung sich nach §§ 3a, 3b, 4 Nr. 3 UStG (vgl. Abschnitte 3b.3, 4.3.2 bis 4.3.4) richtet.

(3) Zu den Gegenständen der Schiffsausrüstung (§ 8 Abs. 1 Nr. 2 UStG) gehören:

1. die an Bord eines Schiffes zum Gebrauch mitgeführten in der Regel beweglichen Gegenstände, z. B. optische und nautische Geräte, Drahtseile und Tauwerk, Persenninge, Werkzeug und Ankerketten, nicht aber Transportbehälter, z. B. Container,
2. das Schiffszubehör, z. B. Rettungsboote und andere Rettungsvorrichtungen, Möbel, Wäsche und anderes Schiffsinventar, Seekarten und Handbücher, sowie
3. Teile von Schiffen und andere Gegenstände, die in ein bestimmtes nach § 8 Abs. 1 Nr. 1 UStG begünstigtes Wasserfahrzeug eingebaut werden sollen oder die zum Ersatz von Teilen oder zur Reparatur eines begünstigten Wasserfahrzeugs bestimmt sind; Absatz 2 Sätze 1 und 2 gilt entsprechend.

(4)[1)] Gegenstände zur Versorgung von Schiffen (§ 8 Abs. 1 Nr. 3 Satz 1 UStG) sind die technischen Verbrauchsgegenstände – z. B. Treibstoffe, Schmierstoffe, Farbe oder Putzwolle –, die sonstigen zum Verbrauch durch die Besatzungsmitglieder und die Fahrgäste bestimmten Gegenstände – z. B. Proviant, Genussmittel, Toilettenartikel, Zeitungen und Zeitschriften – und die Waren für Schiffsapotheken, Bordkantinen sowie Bordläden, wenn diese üblicherweise für den Gebrauch oder Verbrauch durch die Besatzungsmitglieder oder die Fahrgäste an Bord bestimmt sind.

(5)[2)] [1]Küstenfischerei (§ 8 Abs. 1 Nr. 3 Satz 2 UStG) ist die Fischerei, die in dem Gebiet des Küstenmeeres (vgl. Absatz 2 Satz 6) durchgeführt wird. [2]Unter Bordproviant sind die ausschließlich zum Verbrauch an Bord durch Besatzung und Passagiere bestimmten Waren (Mundvorrat) zu verstehen.

(6) [1]Bei der Versorgung ausländischer Kriegsschiffe (§ 8 Abs. 1 Nr. 4 UStG) kann davon ausgegangen werden, dass die Voraussetzung für die Steuerbefreiung stets erfüllt ist. [2]Bei der Versorgung von Kriegsschiffen der Bundeswehr ist die Voraussetzung durch einen Bestellschein, der die erforderlichen Angaben enthält, nachzuweisen. [3]Zu dem Begriff „Gegenstände zur Versorgung von Schiffen" gelten die Ausführungen in Absatz 4 entsprechend.

(7)[3)] [1]Zu den in § 8 Abs. 1 Nr. 5 UStG bezeichneten sonstigen Leistungen gehören, wenn die Voraussetzungen des Absatzes 1 erfüllt sind, insbesondere:

[1)] A 8.1 UStAE Abs. 4 neugef. durch BMF v. 26.3.2021, BStBl. I 2021, 385, anzuwenden auf nach dem 31.3.2021 ausgeführte Umsätze.

[2)] A 8.1 UStAE Abs. 5 Satz 1 neugef. durch BMF v. 15.6.2020, BStBl. I 2020, 580, anzuwenden in allen offenen Fällen, mit Übergangsregelung für **vor dem 1.1.2021** ausgeführte Umsätze (s. FN zu Abs. 2).

[3)] A 8.1 UStAE Abs. 7 Satz 2 geänd. durch BMF v. 22.7.2021, BStBl. I 2021, 1023, anzuwenden auf nach dem 31.12.2020 ausgeführte Umsätze, mit Übergangsregelung für **vor dem 1.10.2021** ausgeführte Umsätze, siehe Anlage 8.

1. [1] die Leistungen des **Schiffsmaklers,** soweit es sich hierbei nicht um Vermittlungsleistungen handelt. [2] Der Schiffsmakler vermittelt im Allgemeinen den Abschluss von Seefrachtverträgen. [3] Sein Aufgabenbereich bestimmt sich jedoch nicht allein nach den Vorschriften über den Handelsmakler (§§ 93ff. HGB). [4] Nach der Verkehrsauffassung und Verwaltungsübung ist vielmehr davon auszugehen, dass er, im Gegensatz zum Handelsmakler, nicht nur von Fall zu Fall tätig wird, sondern auch ständig mit der Betreuung eines Schiffs betraut sein kann;
2. [1] die Leistungen des **Havariekommissars.** [2] Dieser ist in der Regel als Schadensagent für Versicherer, Versicherungsnehmer, Versicherte oder Beförderungsunternehmer tätig. [3] Er hat hauptsächlich die Aufgabe, die Interessen seines Auftraggebers wahrzunehmen, wenn bei Beförderungen Schäden an den Beförderungsmitteln oder ihren Ladungen eintreten;
3. [1] die Leistungen des **Schiffsbesichtigers.** [2] Dieser ist ein Sachverständiger, der Schiffe und Ladungen besichtigt oder der auf Wunsch der Beteiligten bei Schiffshavarien oder Ladungsschäden Gutachten über Ursache, Art und Umfang der Schäden anfertigt;
4. [1] die Leistungen des **Güterbesichtigers.** [2] Dieser ist ein Sachverständiger, der zu einer Güterbesichtigung im Falle von Transportschäden aus Anlass einer Güterbeförderung berufen ist. [3] Eine amtliche Bestellung ist nicht zu fordern;
5. [1] die Leistungen des **Dispacheurs.** [2] Seine Tätigkeit besteht in der Feststellung und Verteilung von Schäden in den Fällen der großen Havarie (§ 595 HGB);
6. [1] die Leistungen der **Hafenbetriebe.** [2] Hierzu gehören alle Unternehmen, die Leistungen erbringen, die in unmittelbarem Zusammenhang mit der Zweckbestimmung eines Hafens stehen;
7. [1] das **Schleppen.** [2] Diese Leistung wird auf Grund eines Dienst- oder Werkvertrags, z.B. Assistieren beim Ein- und Auslaufen, Einschleppen eines Schiffes in den Hafen, Verholen eines Schiffes innerhalb des Hafens, oder auf Grund eines Frachtvertrags im Sinne des § 527 HGB (Fortbewegung eines unbemannten Schiffes) bewirkt;
8. [1] das **Lotsen.** [2] Diese Leistung liegt vor, wenn ein Schiff auf See oder Wasserstraßen von einem orts- und schifffahrtskundigen Berater geleitet wird, der dieser Tätigkeit berufsmäßig auf Grund behördlicher Zulassung oder eines Lotsenpatents nachgeht;
9. [1] das **Bergen.** [2] Hierunter fallen alle Leistungen für ein Schiff, seine Besatzung oder Ladung, die den Anspruch auf Berge- oder Hilfslohn begründen (vgl. § 574 HGB);
10. [1] die **selbständigen Nebenleistungen** zu den in den Nummern 1 bis 8 bezeichneten Leistungen. [2] Haupt- und Nebenleistungen können von verschiedenen Unternehmern bewirkt werden;
11. [1] die Personalgestellung im Rahmen des sog. **Crew-Management.** [2] Dagegen fallen die Personalbewirtschaftungsleistungen schon deshalb nicht unter die Steuerbefreiung, weil sie nicht unmittelbar an Unternehmer der

Seeschifffahrt erbracht werden. [3]Die Personalvermittlung ist nach § 4 Nr. 5 UStG steuerfrei (vgl. Absatz 8);

12. die Vermietung (Leasing), das Be- und Entladen, das Lagern und die Reparatur von Seetransport-Containern, wenn sie für den unmittelbaren Bedarf der Schiffsladung bestimmt sind;

13. die **bewaffnete Sicherheitsbegleitung.**

[2]Im Übrigen ist Abschnitt 8.2 Abs. 7 und Abs. 8 auf die Umsätze für die Seeschifffahrt entsprechend anzuwenden.

(8) [1]Vermittlungsleistungen sind keine Leistungen für den unmittelbaren Bedarf der begünstigten Schiffe. [2]Das gilt auch dann, wenn sie von im Absatz 7 genannten Unternehmern erbracht werden. [3]Die Vermittlung der in § 8 UStG bezeichneten Umsätze ist jedoch unter den Voraussetzungen des § 4 Nr. 5 UStG steuerfrei.

(9) Sonstige Leistungen, die sich unmittelbar auf Gegenstände beziehen, die in das Drittlandsgebiet verbracht werden, oder die sich auf Gegenstände der Einfuhr in das Gebiet eines Mitgliedstaates der Europäischen Gemeinschaft beziehen, aber keine Leistungen für den unmittelbaren Bedarf der in § 8 Abs. 1 Nr. 1 und 2 UStG bezeichneten Wasserfahrzeuge darstellen, können nach § 4 Nr. 3 UStG unter den dort genannten Voraussetzungen steuerfrei sein.

8.2 Umsätze für die Luftfahrt

(1) Abschnitt 8.1 Abs. 1 bis 3 ist auf Umsätze für die Luftfahrt entsprechend anzuwenden.

(2) [1]Die Steuerbefreiung nach § 8 Abs. 2 Nr. 1 UStG ist davon abhängig, dass der Unternehmer nur in unbedeutendem Umfang nach § 4 Nr. 17 Buchstabe b UStG steuerfreie, auf das Inland beschränkte Beförderungen mit Luftfahrzeugen durchführt (vgl. Abschnitt 4.17.2). [2]Der Unternehmer führt dann steuerfreie, auf das Inland beschränkte Beförderungen mit Luftfahrzeugen in unbedeutendem Umfang durch, wenn die Entgelte für diese Umsätze im vorangegangenen Kalenderjahr nicht mehr als 1% der Entgelte seiner im jeweiligen Zeitraum ausgeführten Personenbeförderungen im Binnenluftverkehr und im internationalen Luftverkehr betragen oder die Anzahl der Flüge, bei denen nach § 4 Nr. 17 Buchstabe b UStG steuerfreie, auf das Inland beschränkte Beförderungen ausgeführt werden, im vorangegangenen Kalenderjahr nicht mehr als 1% der Gesamtzahl der ausgeführten Flüge des Unternehmers im Personenverkehr beträgt.

(3) [1]Von den Beförderungen im internationalen Luftverkehr im Sinne des § 8 Abs. 2 Nr. 1 UStG sind die Beförderungen zu unterscheiden, die sich ausschließlich auf das Inland erstrecken (Binnenluftverkehr). [2]Die Frage, welcher der beiden Verkehre überwiegt, bestimmt sich nach der Höhe der Entgelte für die Personen- und Güterbeförderungen im Luftverkehr. [3]Übersteigen bei einem Unternehmer, der ausschließlich – oder mit einem Unternehmensteil oder auch nur im Rahmen von Hilfsumsätzen – entgeltlichen Luftverkehr betreibt, die Entgelte für die Beförderungen im internationalen

Luftverkehr die Entgelte für die Beförderungen im Binnenluftverkehr, kommt für die Lieferungen usw. von Luftfahrzeugen, die zum Einsatz bei diesem Unternehmer bestimmt sind, die Steuerbefreiung in Betracht. [4]Auf den Zweck, für den das einzelne Flugzeug bestimmt ist oder verwendet wird – Einsatz im internationalen Luftverkehr oder im Binnenluftverkehr –, kommt es nicht an. [5]Bei den Luftverkehrsunternehmern mit Sitz im Ausland ist davon auszugehen, dass sie im Rahmen ihres entgeltlichen Luftverkehrs überwiegend internationalen Luftverkehr betreiben und nur in unbedeutendem Umfang nach § 4 Nr. 17 Buchstabe b UStG steuerfreie, auf das Inland beschränkte Beförderungen durchführen. [6]Bei den Luftverkehrsunternehmern mit Sitz im Inland kann diese Voraussetzung als erfüllt angesehen werden, wenn sie in der für den Besteuerungszeitraum maßgeblichen im Bundessteuerblatt veröffentlichten Liste aufgeführt sind.[1)] [7]Die Liste wird jeweils zu Beginn eines Kalenderjahres neu herausgegeben, soweit bis zu diesem Zeitpunkt Änderungen eingetreten sind. [8]Das Vorliegen einer aktiven Betriebsgenehmigung durch das Luftfahrtbundesamt kann ein Indiz dafür sein, dass das betreffende Unternehmen in die Liste aufgenommen werden kann, ist aber keine materiell-rechtliche Voraussetzung für die Anwendung der Steuerbefreiung nach § 8 Abs. 2 UStG.

(4)[2)] [1]Bis zur Aufnahme eines Unternehmers in die in Absatz 3 bezeichnete Liste gilt Folgendes: Haben die zuständigen Landesfinanzbehörden bei einem Unternehmer festgestellt, dass er im entgeltlichen Luftverkehr überwiegend internationalen Luftverkehr betreibt und nur in unbedeutendem Umfang nach § 4 Nr. 17 Buchstabe b UStG steuerfreie, auf das Inland beschränkte Beförderungsleistungen erbringt, erteilt das zuständige Finanzamt dem Unternehmer hierüber einen schriftlichen bis zum Ablauf des Kalenderjahres befristeten Bescheid. [2]Der Unternehmer kann anderen Unternehmern Ablichtungen oder Abschriften des Bescheids des Finanzamts übersenden und sie auf diese Weise unterrichten. [3]Die anderen Unternehmer sind berechtigt, diese Ablichtungen oder Abschriften bis zum Beginn des neuen Kalenderjahres für die Führung des buchmäßigen Nachweises zu verwenden.

(5) [1]Das Finanzamt prüft einmal jährlich, ob der in die Liste aufgenommene Unternehmer die Voraussetzungen hierfür noch erfüllt. [2]Ist der Unternehmer danach in die nächste Liste nicht mehr aufzunehmen, können andere Unternehmer aus Vereinfachungsgründen bei Umsätzen, die sie bis zum Beginn des neuen Kalenderjahres bewirken, noch davon ausgehen, dass der Unternehmer im entgeltlichen Luftverkehr überwiegend internationalen Luftverkehr betreibt und nur in unbedeutendem Umfang nach § 4 Nr. 17 Buchstabe b UStG steuerfreie, auf das Inland beschränkte Beförderungen durchführt.

(6)[3)] [1]Bezüglich der Begriffe „Ausrüstungsgegenstände“ und „Versorgungsgegenstände“ gelten die Ausführungen in Abschnitt 8.1 Abs. 3 und 4 entspre-

---

1) Ab **1.1.2020** siehe BMF v. 16.12.2019, BStBl. I 2020, 90, ab **1.1.2021** siehe BMF v. 4.12.2020, BStBl. I 2020, 1340.

2) So die amtliche Satzzählung in Abs. 4.

3) A 8.2 UStAE Abs. 6 Satz 4 aufgeh. durch BMF v. 22.7.2021, BStBl. I 2021, 1023, anzuwenden auf nach dem 31.12.2020 ausgeführte Umsätze, mit Übergangsregelung für **vor dem 1.10.2021** ausgeführte Umsätze, siehe Anlage 8.

chend. [2]Jedoch ist es nicht erforderlich, dass der Unternehmer die Gegenstände zur Ausrüstung oder Versorgung eines bestimmten Luftfahrzeuges liefert. [3]Bei speziell nur für die Luftfahrt zu verwendenden Containern (z. B. für einen bestimmten Flugzeugtyp angefertigte Container) handelt es sich um Ausrüstungsgegenstände im Sinne von § 8 Abs. 2 Nr. 2 UStG.

(7)[1)] Zu den sonstigen Leistungen im Sinne des § 8 Abs. 2 Nr. 4 UStG gehören insbesondere:

1. die Duldung der Benutzung des Flughafens und seiner Anlagen einschließlich der Erteilung der Start- und Landeerlaubnis;
2. die Reinigung von Luftfahrzeugen;
3. die Umschlagsleistungen auf Flughäfen;
4. die Leistungen der Havariekommissare, soweit sie bei Beförderungen im Luftverkehr anlässlich von Schäden an den Beförderungsmitteln oder ihren Ladungen tätig werden (vgl. Abschnitt 8.1 Abs. 7 Satz 1 Nr. 2);
5. die mit dem Flugbetrieb zusammenhängenden sonstigen Leistungen auf Flughäfen, z. B. das Schleppen von Flugzeugen;
6. die sog. Standby-Leistungen selbständiger Piloten bei Vorliegen der sonstigen Voraussetzungen des § 8 Abs. 2 Nr. 4 UStG und
7. [1]die Leistungen für Zwecke der Luftsicherheitskontrollen zur Überprüfung von Fluggästen und deren Gepäck an eine Luftsicherheitsbehörde (§ 5 LuftSiG in Verbindung mit § 29 LuftVG)[2)] oder an einen zur Wahrnehmung der Luftsicherheitskontrollen Beliehenen (§ 16a LuftSiG). [2]Dies gilt auch für die Anschaffung von Sicherheitseinrichtungen zur Fluggast- und Gepäckkontrolle (z. B. Körper- oder Gepäckscanner) und den Einkauf von Security-Leistungen.

(8)[1)] [1]Nicht befreit nach § 4 Nr. 2, § 8 Abs. 2 Nr. 4 UStG sind insbesondere die folgenden sonstigen Leistungen:

1. [1]die Vermittlung von befreiten Umsätzen. [2]Es kann jedoch die Steuerbefreiung nach § 4 Nr. 5 UStG in Betracht kommen (vgl. Abschnitt 4.5.1 Abs. 3);
2. die Vermietung von Hallen für Werftbetriebe auf Flughäfen;
3. die Leistungen zu Kontrollzwecken des Flughafen- und Bodenpersonals sowie sonstige Bodendienstleistungen (z. B. die Reinigung des Flughafens), soweit sie nicht nach Absatz 7 Nr. 7 begünstigt sind;
4. die Beherbergung und Beköstigung von Besatzungsmitgliedern eines Luftfahrzeuges;
5. die Beförderung von Besatzungsmitgliedern, z. B. mit einem Taxi, vom Flughafen zum Hotel und zurück;

[1)] A 8.2 UStAE neuer Abs. 7 eingef., bish. Abs. 7 wird Abs. 8 und neugef. durch BMF v. 22.7.2021, BStBl. I 2021, 1023, anzuwenden auf nach dem 31.12.2020 ausgeführte Umsätze, mit Übergangsregelung für **vor dem 1.10.2021** ausgeführte Umsätze, siehe Anlage 8.

[2)] Luftverkehrsgesetz i. d. F. v. 10.5.2007, BGBl. I 2007, 698, zuletzt geänd. durch G v. 10.7.2020, BGBl. I 2020, 1655 (**Sartorius Ergänzungsband** Nr. **975**).

6. die Beherbergung und Beköstigung von Passagieren bei Flugunregelmäßigkeiten und
7. die Beförderung von Passagieren und des Fluggepäcks, z. B. mit einem Kraftfahrzeug, zu einem Ausweichflughafen.

8.3 Buchmäßiger Nachweis

(1) [1]Der Unternehmer hat die Voraussetzungen der Steuerbefreiung buchmäßig nachzuweisen. [2]Hierzu gelten die Ausführungen zu den Ausfuhrlieferungen entsprechend (vgl. Abschnitt 6.10 Abs. 1 bis 4).

(2) [1]Der Unternehmer soll nach § 18 UStDV neben den in § 13 Abs. 2 Nr. 1 bis 4 UStDV bezeichneten Angaben auch aufzeichnen, für welchen

(Fortsetzung S. 467)

6. die Beherbergung und Beköstigung von Passagieren bei Flugunregelmäßigkeiten und
7. die Beförderung von Passagieren und des Fluggepäcks, z. B. mit einem Kraftfahrzeug, zu einem Ausweichflughafen.

8.3 Buchmäßiger Nachweis

(1) [1]Der Unternehmer hat die Voraussetzungen der Steuerbefreiung buchmäßig nachzuweisen. [2]Hierzu gelten die Ausführungen zu den Ausfuhrlieferungen entsprechend (vgl. Abschnitt 6.10 Abs. 1 bis 4).

(2) [1]Der Unternehmer soll nach § 18 UStDV neben den in § 13 Abs. 2 Nr. 1 bis 4 UStDV bezeichneten Angaben auch aufzeichnen, für welchen

(Fortsetzung S. 467)

(10) [1]Zur Bemessungsgrundlage in den Fällen der Steuerschuldnerschaft des Leistungsempfängers nach § 13b UStG vgl. Abschnitt 13b.13. [2]Zur Bemessungsgrundlage bei Leistungen im Rahmen sog. Public-Private-Partnerships (PPP) im Bundesfernstraßenbau vgl. BMF-Schreiben vom 3.2.2005, BStBl. I S. 414. [3]Zur Bemessungsgrundlage im Fall des Direktverbrauchs nach § 33 Abs. 2 EEG[1)] vgl. Abschnitt 2.5.

(11) [1]Erbringt ein Unternehmer im Rahmen eines Gesamtverkaufspreises zwei oder mehrere unterschiedlich zu besteuernde Lieferungen oder sonstige Leistungen, ist der einheitliche Preis sachgerecht auf die einzelnen Leistungen aufzuteilen. [2]Dabei hat der Unternehmer grundsätzlich die einfachstmögliche sachgerechte Aufteilungsmethode zu wählen (vgl. BFH-Beschluss vom 3.4.2013, V B 125/12, BStBl. 2013 II S. 973 und BFH-Urteil vom 30.6. 2011, V R 44/10, BStBl. II S. 1003). [3]Bestehen mehrere sachgerechte, gleich einfache Aufteilungsmethoden, kann der Unternehmer zwischen diesen Methoden frei wählen. [4]Bietet der Unternehmer die im Rahmen des Gesamtverkaufspreises erbrachten Leistungen auch einzeln an, ist der Gesamtverkaufspreis grundsätzlich nach dem Verhältnis der Einzelverkaufspreise aufzuteilen. [5]Daneben sind auch andere Aufteilungsmethoden wie das Verhältnis des Wareneinsatzes zulässig, sofern diese gleich einfach sind und zu sachgerechten Ergebnissen führen. [6]Die Aufteilung nach den betrieblichen Kosten ist keine gleich einfache Aufteilungsmethode und danach nicht zulässig. [7]Nach den vorstehenden Grundsätzen ist auch zu verfahren, wenn das Entgelt für eine einheitliche Leistung für Zwecke der Umsatzsteuer auf unterschiedlich besteuerte Leistungsbestandteile aufzuteilen ist, z. B. bei grenzüberschreitenden Personenbeförderungen i. S. von § 3b Abs. 1 Satz 2 UStG oder bei der Vermietung von Grundstücken mit aufstehenden Betriebsvorrichtungen nach § 4 Nr. 12 Satz 2 UStG. [8]Zur Aufteilung eines pauschalen Gesamtpreises/Gesamtentgelts

- für unterschiedlich besteuerte Dienstleistungen auf dem Gebiet der Telekommunikation siehe Abschnitt 3a.10 Abs. 7 und 8,
- für grenzüberschreitende Personenbeförderungen siehe Abschnitt 3b.1 Abs. 6,
- für die Vermietung von Sportanlagen zusammen mit den darauf befindlichen Betriebsvorrichtungen siehe Abschnitt 4.12.11 Abs. 3,
- für die Vermittlung von grenzüberschreitenden Personenbeförderungsleistungen im Luftverkehr durch Reisebüros siehe Abschnitt 10.1 Abs. 9,
- für Beherbergungsleistungen zusammen mit nicht von der Steuerermäßigung nach § 12 Abs. 2 Nr. 11 Satz 1 UStG erfassten Leistungen siehe Abschnitt 12.16 Abs. 11 und 12.

[9]Zu den Aufzeichnungspflichten vgl. Abschnitt 22.2 Abs. 6.

(12)[2)] Für die befristete Anwendung des ermäßigten Umsatzsteuersatzes für Restaurations- und Verpflegungsdienstleistungen mit Ausnahme der Abgabe von Getränken ist es nicht zu beanstanden, wenn zur Aufteilung des Gesamt-

---

1) **Sartorius Ergänzungsband** Nr. **833**.

2) A 10.1 UStAE Abs. 12 angef. durch BMF v. 2.7.2020, BStBl. I 2020, 610, anzuwenden in allen Fällen **ab 1.7.2020 bis 31.12.2022** (BMF v. 3.6.2021, BStBl. I 2021, 777).

kaufpreises von sogenannten Kombiangeboten aus Speisen inklusive Getränken (z.B. Buffet, All-Inclusive-Angeboten) der auf die Getränke entfallende Entgeltanteil mit 30% des Pauschalpreises angesetzt wird.

10.2 Zuschüsse

Allgemeines

(1) [1]Zahlungen unter den Bezeichnungen „Zuschuss, Zuwendung, Beihilfe, Prämie, Ausgleichsbetrag u.ä." (Zuschüsse) können entweder

1. Entgelt für eine Leistung an den Zuschussgeber (Zahlenden);
2. (zusätzliches) Entgelt eines Dritten oder
3. echter Zuschuss

sein. [2]Der Zahlende ist Leistungsempfänger, wenn er für seine Zahlung eine Leistung vom Zahlungsempfänger erhält. [3]Der Zahlende kann ein Dritter sein (§ 10 Abs. 1 Satz 2 UStG), der selbst nicht Leistungsempfänger ist.

Zuschüsse als Entgelt für Leistungen an den Zahlenden

(2) [1]Zuschüsse sind Entgelt für eine Leistung an den Zahlenden,

1. wenn ein Leistungsaustauschverhältnis zwischen dem leistenden Unternehmer (Zahlungsempfänger) und dem Zahlenden besteht (vgl. dazu Abschnitte 1.1 bis 1.6);
2. wenn ein unmittelbarer Zusammenhang zwischen der erbrachten Leistung und dem Zuschuss besteht, d.h. wenn der Zahlungsempfänger seine Leistung – insbesondere bei gegenseitigen Verträgen – erkennbar um der Gegenleistung willen erbringt;
3. wenn der Zahlende einen Gegenstand oder einen sonstigen Vorteil erhält, auf Grund dessen er als Empfänger einer Lieferung oder sonstigen Leistung angesehen werden kann;
4. wenn (beim Zahlenden oder am Ende der Verbraucherkette) ein Verbrauch im Sinne des gemeinsamen Mehrwertsteuerrechts vorliegt.

[2]Ob die Leistung des Zahlungsempfängers derart mit der Zahlung verknüpft ist, dass sie sich auf den Erhalt einer Gegenleistung (Zahlung) richtet, ergibt sich aus den Vereinbarungen des Zahlungsempfängers mit dem Zahlenden, z.B. den zu Grunde liegenden Verträgen oder den Vergaberichtlinien (vgl. BFH-Urteil vom 13.11.1997, V R 11/97, BStBl. 1998 II S. 169). [3]Die Zwecke, die der Zahlende mit den Zahlungen verfolgt, können allenfalls Aufschlüsse darüber geben, ob der erforderliche unmittelbare Zusammenhang zwischen Leistung und Zahlung vorliegt. [4]Die Annahme eines Leistungsaustauschs setzt weder auf der Seite des Zahlenden noch auf der Seite des Zahlungsempfängers rechtlich durchsetzbare Ansprüche voraus (vgl. BFH-Urteile vom 23.2.1989, V R 141/84, BStBl. II S. 638, und vom 9.10.2003, V R 51/02, BStBl. 2004 II S. 322). [5]Zuwendungen im Rahmen von Vertragsnaturschutzmaßnahmen, die für die Bearbeitung von Flächen des Zuwendungsgebers erfolgen, werden im Rahmen eines Leistungsaustauschs gezahlt; erfolgt die Zuwendung dagegen für eigene Flächen des Land- und Forstwirts, liegt im Allgemeinen ein nicht der Umsatzsteuer unterliegender echter Zu-

werden, mindern die bei der Weitergabe der Wechsel berechneten Wechselvorzinsen nicht das Entgelt für die Lieferung oder sonstige Leistung.

(7) [1]Der vom Hersteller eines Arzneimittels den gesetzlichen Krankenkassen zu gewährende gesetzliche Rabatt führt beim Hersteller zu einer Minderung des Entgelts für seine Lieferung an den Zwischenhändler oder die Apotheke. [2]Gleiches gilt bei der verbilligten Abgabe des Arzneimittels durch die in der Lieferkette beteiligten Unternehmer. [3]Die Erstattung des Abschlags durch den Hersteller ist in diesem Fall Entgelt von dritter Seite für die Lieferung des Arzneimittels.[1)] [4]Verzichtet eine Apotheke, die nicht nach § 43b SGB V[2)] zum Einzug der Zuzahlung nach § 31 Abs. 3 SGB V verpflichtet ist, auf diese Zuzahlung, mindert sich insoweit die Bemessungsgrundlage für die Lieferung an die jeweilige Krankenkasse. [5]Gleiches gilt bei der Gewährung von Boni auf erhobene Zuzahlungen. [6]Wegen der Änderung des für die ursprüngliche Lieferung geschuldeten Umsatzsteuerbetrags sowie des in Anspruch genommenen Vorsteuerabzugs vgl. Abschnitt 17.1. [7]Zahlungen des Herstellers auf Grundlage des § 1 des Gesetzes über Rabatte für Arzneimittel (AMRabG)[3)] an die Unternehmen der privaten Krankenversicherung und an die Träger der Kosten in Krankheits-, Pflege- und Geburtsfällen nach beamtenrechtlichen Vorschriften mindern ebenfalls die Bemessungsgrundlage für die gelieferten Arzneimittel (vgl. BFH-Urteil vom 8.2.2018, V R 42/15, BStBl. II S. 676).

10.4 Durchlaufende Posten

(1) [1]Durchlaufende Posten gehören nicht zum Entgelt (§ 10 Abs. 1 letzter Satz UStG). [2]Sie liegen vor, wenn der Unternehmer, der die Beträge vereinnahmt und verauslagt, im Zahlungsverkehr lediglich die Funktion einer Mittelsperson ausübt, ohne selbst einen Anspruch auf den Betrag gegen den Leistenden zu haben und auch nicht zur Zahlung an den Empfänger verpflichtet zu sein. [3]Ob der Unternehmer Beträge im Namen und für Rechnung eines anderen vereinnahmt und verauslagt, kann nicht nach der wirtschaftlichen Betrachtungsweise entschieden werden. [4]Es ist vielmehr erforderlich, dass zwischen dem Zahlungsverpflichteten und dem, der Anspruch auf die Zahlung hat (Zahlungsempfänger), unmittelbare Rechtsbeziehungen bestehen (vgl. BFH-Urteil vom 24.2.1966, V 135/63, BStBl. III S. 263). [5]Liegen solche unmittelbaren Rechtsbeziehungen mit dem Unternehmer vor, sind Rechtsbeziehungen ohne Bedeutung, die zwischen dem Zahlungsempfänger und der Person bestehen, die an den Unternehmer leistet oder zu leisten verpflichtet ist (vgl. BFH-Urteil vom 2.3.1967, V 54/64, BStBl. III S. 377).

(2) [1]Unmittelbare Rechtsbeziehungen setzen voraus, dass der Zahlungsverpflichtete und der Zahlungsempfänger jeweils den Namen des anderen und die Höhe des gezahlten Betrags erfahren (vgl. BFH-Urteil vom 4.12.1969, V R 104/66, BStBl. 1970 II S. 191). [2]Dieser Grundsatz findet jedoch regelmäßig auf Abgaben und Beiträge keine Anwendung. [3]Solche Beträge können auch

[1)] Zum Herstellerrabatt als Entgeltbestandteil des innergemeinschaftlichen Erwerbs von Arzneimitteln siehe BFH v. 10.12.2020 V R 34/18, BStBl. II 2021, 576.

[2)] **Aichberger SGB** Nr. 5.

[3)] G v. 22.12.2010, BGBl. I 2010, 2262, zuletzt geänd. durch G v. 9.12.2020, BGBl. I 2020, 2870.

dann durchlaufende Posten sein, wenn die Mittelsperson dem Zahlungsempfänger die Namen der Zahlungsverpflichteten und die jeweilige Höhe der Beträge nicht mitteilt (vgl. BFH-Urteil vom 11.8.1966, V 13/64, BStBl. III S. 647). 4 Kosten (Gebühren und Auslagen), die Rechtsanwälte, Notare und Angehörige verwandter Berufe bei Behörden und ähnlichen Stellen für ihre Auftraggeber auslegen, können als durchlaufende Posten auch dann anerkannt werden, wenn dem Zahlungsempfänger Namen und Anschriften der Auftraggeber nicht mitgeteilt werden. 5 Voraussetzung ist, dass die Kosten nach Kosten(Gebühren-)ordnungen berechnet werden, die den Auftraggeber als Kosten(Gebühren-)schuldner bestimmen (vgl. BFH-Urteil vom 24.8.1967, V 239/64, BStBl. III S. 719). 6 Zur umsatzsteuerrechtlichen Behandlung von Deponiegebühren vgl. BMF-Schreiben vom 11.2.2000, BStBl. I S. 360. 7 Zu durchlaufenden Posten im Rahmen von postvorbereitenden sonstigen Leistungen von Konsolidierern an die Deutsche Post AG vgl. BMF-Schreiben vom 13.12.2006, BStBl. 2007 I S. 119. 8 Die von den gesetzlichen Trägern der Grundsicherung für Arbeitssuchende gezahlte Mehraufwandsentschädigung ist bei der Auszahlung durch die Arbeitsgelegenheit bei dieser als durchlaufender Posten zu beurteilen.

(3) 1 Steuern, öffentliche Gebühren und Abgaben, die vom Unternehmer geschuldet werden, sind bei ihm keine durchlaufenden Posten, auch wenn sie dem Leistungsempfänger gesondert berechnet werden (vgl. BFH-Urteil vom 4.6.1970, V R 10/67, BStBl. II S. 648, und Abschnitt 10.1 Abs. 6). 2 Dementsprechend sind z.B. Gebühren, die im Rahmen eines Grundbuchabrufverfahrens vom Notar geschuldet werden, bei diesem keine durchlaufenden Posten, auch wenn sie als verauslagte Gerichtskosten in Rechnung gestellt werden dürfen.

(4) 1 Die Annahme eines durchlaufenden Postens scheidet auch aus, wenn der Unternehmer die Beträge gesamtschuldnerisch mit dem Empfänger seiner Leistung schuldet.[1] 2 Die Weiterberechnung der nach *§ 2 ABMG*[2] geschuldeten Mautbeträge kann daher weder zwischen verschiedenen Gesamtschuldnern der Maut noch durch einen Mautschuldner gegenüber einem anderen Leistungsempfänger als durchlaufender Posten erfolgen.

10.5 Bemessungsgrundlage beim Tausch und bei tauschähnlichen Umsätzen

Allgemeines

(1)[3] 1 Beim Tausch und bei tauschähnlichen Umsätzen gilt der Wert jedes Umsatzes als Entgelt für den anderen Umsatz. 2 Der Wert des anderen Umsatzes wird durch den subjektiven Wert für die tatsächlich erhaltene und in Geld ausdrückbare Gegenleistung bestimmt. 3 Subjektiver Wert ist derjenige,

---

1) Siehe aber BFH v. 3.7.2014 V R 1/14, DStR 2014, 2126, zu Gebühren für eine zweite Leichenschau als durchlaufende Posten.

2) Siehe jetzt § 2 Bundesfernstraßenmautgesetz (BFStrMG) v. 12.7.2011, BGBl. I 2011, 1378, zuletzt geänd. durch G v. 29.6.2020, BGBl. I 2020, 1528.

3) A 10.5 UStAE Abs. 1 Satz 6 neugef., Satz 7 aufgeh., bish. Sätze 8 bis 11 werden Sätze 7 bis 10 durch BMF v. 28.8.2020, BStBl. I 2020, 928, anzuwenden in allen offenen Fällen; zur **bis 1.1.2022** begrenzten Anwendung der bisherigen Regelungen siehe Anlage 8. – Vgl. BFH v. 30.9.2008 XI B 74/08, BFH/NV 2008, 2066 (tauschähnlicher Umsatz beim Reinigen von Toilettenanlagen gegen Entgelt).

[2]Zuchttiere im Sinne dieser Vorschrift sind Tiere der in der Nummer 1 der Anlage 2 des UStG aufgeführten Nutztierarten sowie Pferde, die in Beständen stehen, die zur Vermehrung bestimmt sind und deren Identität gesichert ist. [3]Aus Vereinfachungsgründen kommt es nicht darauf an, ob das Einzeltier tatsächlich zur Zucht verwendet wird. [4]Es genügt, dass das Tier einem zur Vermehrung bestimmten Bestand angehört. [5]Zuchttiere sind auch Reit- und Rennpferde sowie die ihrer Nachzucht dienenden Pferde. [6]Wallache sind Zuchttiere, wenn sie die Voraussetzungen des § 2 Nr. 11 TierZG erfüllen (vgl. BFH-Urteil vom 18.12.1996, XI R 19/96, a.a.O.). [7]Die Steuerermäßigung ist auf Eintrittsgelder, die bei Pferderennen, Pferdeleistungsschauen (Turnieren) und ähnlichen Veranstaltungen erhoben werden, nicht anzuwenden. [8]Bei gemeinnützigen Vereinen, z.B. Rennvereinen oder Reit- und Fahrvereinen, kann hierfür jedoch der ermäßigte Steuersatz unter den Voraussetzungen des § 12 Abs. 2 Nr. 8 Buchstabe a UStG in Betracht kommen.

(4) Unmittelbar der künstlichen Tierbesamung dienen nur

1. die Besamungsleistung, z.B. durch Besamungsgenossenschaften, Tierärzte oder Besamungstechniker, und
2. die Tiersamenlieferung an Tierhalter zur Besamung ihrer Tiere.

(5) Entgelte für Leistungen, die unmittelbar der Leistungs- und Qualitätsprüfung in der Tierzucht und in der Milchwirtschaft dienen, sind insbesondere:

1. Entgelte für Milchleistungsprüfungen bei Kühen, Ziegen oder Schafen einschließlich der Untersuchungen der Milchbestandteile;
2. Entgelte für Mastleistungsprüfungen bei Rindern, Schweinen, Schafen und Geflügel;
3. Entgelte für Eierleistungsprüfungen bei Geflügel;
4. Entgelte für die Prüfung der Aufzuchtleistung bei Schweinen;
5. Entgelte für Leistungsprüfungen bei Pferden, z.B. Nenn- und Startgelder bei Pferdeleistungsschauen (Turnieren) oder Rennen;
6. Entgelte für Leistungsprüfungen bei Brieftauben, z.B. Korb- und Satzgelder;
7. Entgelte für Milch-Qualitätsprüfungen, insbesondere für die Anlieferungskontrolle bei den Molkereien;
8. unechte Mitgliederbeiträge, die von Kontrollverbänden oder sonstigen Vereinigungen für Leistungen der vorstehenden Art erhoben werden.

(6) [1]Nebenleistungen teilen umsatzsteuerrechtlich das Schicksal der Hauptleistung. [2]Zu Nebenleistungen vgl. Abschnitt 3.10 Abs. 5. [3]Begünstigte Nebenleistungen liegen z.B. vor, wenn bei einer tierseuchen-prophylaktischen Impfung von Zuchttieren Impfstoffe eingesetzt werden, oder wenn im Rahmen einer Besamungsleistung Tiersamen und Arzneimittel abgegeben werden, die bei der künstlichen Tierbesamung erforderlich sind. [4]Die Kontrolle des Erfolgs einer künstlichen Besamung (z.B. mittels Ultraschall-Scannertechnik) kann eine Nebenleistung zur Besamungsleistung sein.

Zu § 12 Abs. 2 Nr. 6 UStG

12.4 Umsätze der Zahntechniker und Zahnärzte (§ 12 Abs. 2 Nr. 6 UStG)

(1) [1]Der ermäßigte Steuersatz nach § 12 Abs. 2 Nr. 6 UStG ist auf alle sonstigen Leistungen aus der Tätigkeit als Zahntechniker und auf die Lieferungen von Zahnersatz einschließlich der unentgeltlichen Wertabgaben anzuwenden (vgl. BFH-Urteil vom 24.10.2013, V R 14/12, BStBl. 2014 II S. 286). [2]Begünstigt sind auch Lieferungen von halbfertigen Teilen von Zahnprothesen. [3]Die Steuerermäßigung setzt nicht voraus, dass der Zahntechniker als Einzelunternehmer tätig wird. [4]Begünstigt sind auch Leistungen der zahntechnischen Labors, die in der Rechtsform einer Gesellschaft – z. B. OHG, KG oder GmbH – betrieben werden.

(2) [1]Bei den Zahnärzten umfasst die Steuerermäßigung die Leistungen, die nach § 4 Nr. 14 Buchstabe a Satz 2 UStG von der Steuerbefreiung ausgeschlossen sind. [2]Es handelt sich um die Lieferung oder Wiederherstellung von Zahnprothesen (aus Unterpositionen 9021 21 und 9021 29 00 des Zolltarifs) und kieferorthopädischen Apparaten (aus Unterposition 9021 10 des Zolltarifs), soweit sie der Zahnarzt in seinem Unternehmen hergestellt oder wiederhergestellt hat. [3]Dabei ist es unerheblich, ob die Arbeiten vom Zahnarzt selbst oder von angestellten Personen ausgeführt werden. [4]Zur Abgrenzung der steuerfreien Umsätze von den dem ermäßigten Steuersatz unterliegenden Prothetikumsätzen vgl. Abschnitt 4.14.3.

(3) [1]Dentisten stehen den Zahnärzten gleich. [2]Sie werden deshalb in § 12 Abs. 2 Nr. 6 UStG nicht besonders genannt.

(4) Hilfsgeschäfte, wie z. B. der Verkauf von Anlagegegenständen, Bohrern, Gips und sonstigem Material, unterliegen nicht dem ermäßigten Steuersatz (vgl. auch BFH-Urteil vom 28.10.1971, V R 101/71, BStBl. 1972 II S. 102).

Zu § 12 Abs. 2 Nr. 7 UStG
(§ 30 UStDV)

12.5 Eintrittsberechtigung für Theater, Konzerte, Museen usw. (§ 12 Abs. 2 Nr. 7 Buchstabe a UStG)

(1)[1)] [1]Begünstigt sind die in § 12 Abs. 2 Nr. 7 Buchstabe a UStG bezeichneten Leistungen, wenn sie nicht unter die Befreiungsvorschrift des § 4 Nr. 20 Buchstabe a UStG fallen. [2]Die Begriffe Theater und Konzert sowie auch der Umfang der ermäßigt zu besteuernden Leistungen ausübender Künstler sind nach den Merkmalen abzugrenzen, die für die Steuerbefreiung maßgebend sind. [3]Zum Museumsbegriff wird auf Absatz 6 verwiesen. [4]Artikel 98 Abs. 1 und 2 in Verbindung mit Anhang III Nr. 7 und 9

---

1) A 12.5 UStAE Abs. 1 neugef. durch BMF v. 12.11.2020, BStBl. I 2020, 1265, anzuwenden in allen offenen Fällen, zur Übergangsregelung für **vor dem 1.1.2021** ausgeführte Umsätze siehe Anlage 8; Satz 2 neugef., Satz 3 eingef., bish. Sätze 3 bis 8 werden Sätze 4 bis 9 durch BMF v. 28.6.2021, BStBl. I 2021, 868, anzuwenden in allen offenen Fällen.

MwStSystRL[1] erfasst sowohl die Leistungen einzelner ausübender Künstler als auch die Leistungen der zu einer Gruppe zusammengeschlossenen Künstler (vgl. EuGH-Urteil vom 23.10.2003, C-109/02, Kommission/Deutschland, BStBl. 2004 II S. 337, 482).[2] 5 Die Leistungen von Dirigenten können dem ermäßigten Steuersatz nach § 12 Abs. 2 Nr. 7 Buchstabe a UStG unterliegen; nicht dagegen die Leistungen von Regisseuren (soweit nicht umsatzsteuerfrei), Bühnen- und Kostümbildnern (vgl. aber Abschnitt 12.7 Abs. 19), Tontechnikern, Beleuchtern, Maskenbildnern, Souffleusen, Cuttern oder Kameraleuten. 6 Die Tätigkeit eines Hochzeits- oder Trauerredners stellt grundsätzlich keine künstlerische Tätigkeit dar. 7 Ist die Tätigkeit jedoch als die eines ausübenden Künstlers anzusehen, kann der ermäßigte Steuersatz anzuwenden sein. 8 Dies ist dann der Fall, wenn die künstlerische Leistung von einer eigenschöpferischen Leistung des Künstlers geprägt wird, in der seine besondere Gestaltungskraft zum Ausdruck kommt. 9 Gegen eine künstlerische Tätigkeit spricht bei einer Redetätigkeit die Beschränkung auf eine schablonenartige Wiederholung anhand eines Redegerüstes (vgl. BFH-Urteil vom 3.12.2015, V R 61/14, BStBl. 2020 II S. 797).

(2)[3] 1 Die Steuerermäßigung erstreckt sich auch auf die Veranstaltung von Theatervorführungen und Konzerten. 2 Eine Veranstaltung setzt nicht voraus, dass der Veranstalter und der Darbietende verschiedene Personen sind. 3 Die Theatervorführung bzw. das Konzert müssen den eigentlichen Zweck der Veranstaltung ausmachen (vgl. BFH-Urteil vom 26.4.1995, XI R 20/94, BStBl. II S. 519). 4 Zum Begriff Theater/Theatervorführungen gilt Abschnitt 4.20.1 entsprechend. 5 Als Konzerte sind musikalische und gesangliche Aufführungen durch einzelne oder mehrere Personen anzusehen. 6 Das bloße Abspielen eines Tonträgers durch einen Diskjockey ist kein Konzert. 7 Jedoch kann eine „Techno"-Veranstaltung ein Konzert im Sinne des § 12 Abs. 2 Nr. 7 Buchstabe a UStG sein (BFH-Urteil vom 18.8.2005, V R 50/04, BStBl. 2006 II S. 101). 8 Pop- und Rockkonzerte, die den Besuchern die Möglichkeit bieten, zu der im Rahmen des Konzerts dargebotenen Musik zu tanzen, können Konzerte sein (vgl. BFH-Urteil vom 26.4.1995, XI R 20/94, a. a. O.). 9 Begünstigt ist auch die Veranstaltung von Mischformen zwischen Theatervorführung und Konzert (vgl. BFH-Urteil vom 26.4.1995, XI R 20/94, a.a.O.). 10 Leistungen anderer Art, die in Verbindung mit diesen Veranstaltungen erbracht werden, müssen von so untergeordneter Bedeutung sein, dass dadurch der Charakter der Veranstaltungen als Theatervorführung oder Konzert nicht beeinträchtigt wird (für eine sog. Dinner-Show siehe BFH-Urteile vom 10.1.2013, V R 31/10, a.a.O., und vom 13.6.2018, XI R 2/16, BStBl. II S. 678). 11 Nicht begünstigt sind nach dieser Vorschrift z. B. gesangliche, kabarettistische oder tänzerische Darbietungen im Rahmen einer Tanzbelustigung, einer sportlichen Veranstaltung oder zur Unterhaltung der Besucher von Gaststätten.

(3) 1 Der ausübende Künstler hat nicht zu unterscheiden, ob seine Leistung im Rahmen einer nicht begünstigten Tanzveranstaltung oder eines begünstigten Konzertes dargeboten wird, es sei denn, er selbst wird als Veranstalter tätig. 2 Seine Leistung an einen Veranstalter kann unabhängig von dem für die Veranstaltung selbst anzuwendenden Steuersatz ermäßigt zu besteuern sein.

---

[1] **Steuergesetze** Nr. **550**.

[2] DStRE 2003, 1411.

[3] A 12.5 UStAE Abs. 2 neugef. durch BMF v. 12.11.2020, BStBl. I 2020, 1265, anzuwenden in allen offenen Fällen, zur Übergangsregelung für **vor dem 1.1.2021** ausgeführte Umsätze siehe Anlage 8.

(4) [1]Werden bei Theatervorführungen und Konzerten mehrere Veranstalter tätig, kann nur der Veranstalter die Steuerermäßigung in Anspruch nehmen, der die Eintrittsberechtigung verschafft. [2]Bei Tournee-Veranstaltungen steht deshalb die Steuerermäßigung regelmäßig nur dem örtlichen Veranstalter zu. [3]Dem ermäßigten Steuersatz unterliegen ebenfalls die Umsätze von Ticket-Eigenhändlern aus dem Verkauf von Eintrittsberechtigungen. [4]Auf Vermittlungsleistungen ist die Steuerermäßigung hingegen nicht anzuwenden (vgl. BFH-Urteil vom 3.11.2011, V R 16/09, BStBl. 2012 II S. 378).

(5) Nicht begünstigt nach § 12 Abs. 2 Nr. 7 Buchst. a UStG sind die Leistungen der Gastspieldirektionen, welche im eigenen Namen Künstler verpflichten und im Anschluss daran das von diesen dargebotene Programm an einen Veranstalter in einem gesonderten Vertrag verkaufen.

(6)[1)] [1]Bei der Bestimmung des Museumsbegriffs in § 12 Abs. 2 Nr. 7 Buchstabe a UStG ist die grundlegende Begriffsdefinition in § 4 Nr. 20 Buchstabe a Satz 4 UStG zu beachten (vgl. Abschnitt 4.20.3 Abs. 1 und 2). [2]Die Steuersatzermäßigung in § 12 Abs. 2 Nr. 7 Buchstabe a UStG erfasst nur die Eintrittsberechtigung für die in § 4 Nr. 20 Buchstabe a Satz 4 UStG genannten wissenschaftlichen Sammlungen und Kunstsammlungen, sofern das Museum die Voraussetzungen des § 4 Nr. 20 Buchstabe a Sätze 1 und 2 UStG nicht erfüllt (vgl. BFH-Urteil vom 22.11.2018, V R 29/17, BStBl. 2021 II S. 495).

12.6 Überlassung von Filmen und Filmvorführungen (§ 12 Abs. 2 Nr. 7 Buchstabe b UStG)

(1) [1]Nach § 12 Abs. 2 Nr. 7 Buchstabe b UStG sind die Überlassung von Filmen zur Auswertung und Vorführung sowie die Filmvorführungen begünstigt, wenn die Filme vor dem 1.1.1970 erstaufgeführt wurden. [2]Sind die Filme nach dem 31.12.1969 erstaufgeführt worden, kommt die Begünstigung nur in Betracht, wenn die Filme nach § 6 Abs. 3 Nr. 1 bis 5 JÖSchG oder nach § 14 Abs. 2 Nr. 1 bis 5 JuSchG vom 23.7.2002 (BGBl. I S. 2730, 2003 I S. 476)[2)] in der jeweils geltenden Fassung gekennzeichnet sind. [3]Begünstigt sind danach auch die mit „Nicht freigegeben unter achtzehn Jahren" gekennzeichneten Filme.

(2) [1]Die Überlassung von Filmen zur Auswertung und Vorführung fällt zugleich unter § 12 Abs. 2 Nr. 7 Buchstabe c UStG (vgl. Abschnitt 12.7). [2]Das Senden von Spielfilmen durch private Fernsehunternehmen oder Hotelbesitzer, z. B. im Rahmen des Pay-TV (Abruf-Fernsehen), ist weder nach Buchstabe b noch nach Buchstabe c des § 12 Abs. 2 Nr. 7 UStG begünstigt (vgl. BFH-Urteil vom 26.1.2006, V R 70/03, BStBl. II S. 387). [3]Ebenso fällt die Vorführung eines oder mehrerer Filme oder Filmausschnitte in einem zur alleinigen Nutzung durch den Leistungsempfänger überlassenen Raum (z. B. Einzelkabinen in Erotikläden) nicht unter die Steuerermäßigung nach § 12 Abs. 2 Nr. 7 Buchstabe b UStG (vgl. EuGH-Urteil vom 18.3.2010, C-3/09, Erotic Center).[3)]

(3) [1]Bei begünstigten Filmvorführungen ist der ermäßigte Steuersatz auf die Eintrittsgelder anzuwenden. [2]Die Aufbewahrung der Garderobe und der

---

[1)] A 12.5 UStAE Abs. 6 angef. durch BMF v. 28.6.2021, BStBl. I 2021, 868, anzuwenden in allen offenen Fällen.
[2)] **Sartorius** Nr. **400**.
[3)] HFR 2010, 679.

(4) [1]Die Verabreichung von Heilbädern setzt eine Abgabe des Heilbades unmittelbar an den Kurgast voraus. [2]An dieser Voraussetzung fehlt es, wenn Kurbetriebe Heilwasser nicht an Kurgäste, sondern an Dritte – z.B. an Sozialversicherungsträger – liefern, die das Wasser zur Verabreichung von Heilbädern in ihren eigenen Sanatorien verwenden. [3]Das Gleiche gilt, wenn Heilwässer nicht unmittelbar zur Anwendung durch den Kurgast abgegeben werden. [4]Für die Abgrenzung gegenüber den nicht begünstigten Leistungen der Heilbäder gelten im Übrigen die Absätze 1 und 2 entsprechend.

(5) [1]Bei der Bereitstellung von Kureinrichtungen handelt es sich um eine einheitliche Gesamtleistung, die sich aus verschiedenartigen Einzelleistungen (z.B. die Veranstaltung von Kurkonzerten, das Gewähren von Trinkkuren sowie das Überlassen von Kurbädern, Kurständen, Kurparks und anderen Kuranlagen oder -einrichtungen zur Benutzung) zusammensetzt. [2]Eine aufgrund der Kommunalabgabengesetze der Länder oder vergleichbarer Regelungen erhobene Kurtaxe kann aus Vereinfachungsgründen als Gegenleistung für eine in jedem Fall nach § 12 Abs. 2 Nr. 9 UStG ermäßigt zu besteuernde Leistung angesehen werden. [3]Eine andere Bezeichnung als „Kurtaxe" (z.B. Kurbeitrag oder -abgabe) ist unschädlich. [4]Voraussetzung für die Anwendung der Steuerermäßigung ist, dass die Gemeinde als Kur-, Erholungs- oder Küstenbadeort anerkannt ist. [5]Nicht begünstigt sind Einzelleistungen, wie z.B. die Gebrauchsüberlassung einzelner Kureinrichtungen oder -anlagen und die Veranstaltung von Konzerten, Theatervorführungen oder Festen, für die neben der Kurtaxe ein besonderes Entgelt zu zahlen ist.

Zu § 12 Abs. 2 Nr. 10 UStG

12.12 *(aufgehoben)*

12.13 Begünstigte Verkehrsarten

(1) Die einzelnen nach § 12 Abs. 2 Nr. 10 UStG begünstigten Verkehrsarten sind grundsätzlich nach dem Verkehrsrecht abzugrenzen.

Verkehr mit Schienenbahnen

(2)[1)] [1]Schienenbahnen sind die Vollbahnen – Haupt- und Nebenbahnen – und die Kleinbahnen sowie die sonstigen Eisenbahnen, z.B. Anschlussbahnen und Straßenbahnen. [2]Als Straßenbahnen gelten auch Hoch- und Untergrundbahnen, Schwebebahnen und ähnliche Bahnen besonderer Bauart (§ 4 Abs. 2 PBefG).[2)] [3]Zu den Schienenbahnen gehören auch Kleinbahnen in Tierparks und Ausstellungen (BFH-Urteil vom 14.12.1951, II 176/51 U, BStBl. 1952 III S. 22) sowie Bergbahnen.

---

1) Zur Absenkung des Steuersatzes für die Personenbeförderung im Schienenbahnfernverkehr ab 1.1.2020 siehe BMF v. 21.1.2020, BStBl. I 2020, 197.

2) Personenbeförderungsgesetz i. d. F. v. 8.8.1990, BGBl. I 1990, 1690, zuletzt geänd. durch G v. 16.4.2021, BGBl. I 2021, 822 (**Sartorius** Nr. **950**).

Verkehr mit Oberleitungsomnibussen

(3) Oberleitungsomnibusse sind nach § 4 Abs. 3 PBefG[1] elektrisch angetriebene, nicht an Schienen gebundene Straßenfahrzeuge, die ihre Antriebsenergie einer Fahrleitung entnehmen.

Genehmigter Linienverkehr mit Kraftfahrzeugen

(4) [1] Linienverkehr mit Kraftfahrzeugen ist eine zwischen bestimmten Ausgangs- und Endpunkten eingerichtete regelmäßige Verkehrsverbindung, auf der Fahrgäste an bestimmten Haltestellen ein- und aussteigen können. [2] Er setzt nicht voraus, dass ein Fahrplan mit bestimmten Abfahrts- und Ankunftszeiten besteht oder Zwischenhaltestellen eingerichtet sind (§ 42 PBefG).[1] [3] Als Linienverkehr gilt auch die Beförderung von

1. Berufstätigen zwischen Wohnung und Arbeitsstelle (Berufsverkehr);
2. Schülern zwischen Wohnung und Lehranstalt (Schülerfahrten; hierzu gehören z. B. Fahrten zum Schwimmunterricht, nicht jedoch Klassenfahrten);
3. Kindern zwischen Wohnung und Kindergarten (Kindergartenfahrten);
4. Personen zum Besuch von Märkten (Marktfahrten);
5. Theaterbesuchern.

[4] Linienverkehr kann mit Kraftomnibussen und mit Personenkraftwagen sowie in besonderen Ausnahmefällen auch mit Lastkraftwagen betrieben werden.

(5)[2] [1] Beförderungen im Linienverkehr mit Kraftfahrzeugen sind jedoch nur dann begünstigt, wenn der Linienverkehr genehmigt ist oder unter die Freistellungsverordnung zum PBefG[1] fällt oder eine genehmigungsfreie Sonderform des Linienverkehrs im Sinne der Verordnung (EWG) Nr. 684/92 vom 16.3.1992 (ABl. EG Nr. L 74 S. 1) darstellt. [2] Über die Genehmigung muss eine entsprechende Genehmigungsurkunde oder eine einstweilige Erlaubnis der zuständigen Genehmigungsstelle vorliegen. [3] Eine begünstigte Personenbeförderungsleistung setzt nicht voraus, dass sie durch den Genehmigungsinhaber (§ 2 Abs. 1 PBefG) mit eigenbetrieblichen Kraftomnibussen erbracht wird. [4] Hinsichtlich des Leistungsverhältnisses zwischen Auftraggeber und Subunternehmer ist im Einzelfall zu prüfen, ob es sich um eine nicht begünstigte Gestellungsleistung, wie z. B. die Anmietung eines Busses, oder um eine begünstigungsfähige Beförderungsleistung, z. B. auf Grund eines Betriebsführungsübertragungsvertrages, handelt. [5] Nur der Genehmigungsinhaber kann auf die von ihm erbrachten Beförderungsleistungen den ermäßigten Umsatzsteuersatz anwenden. [6] Eine Genehmigung für den Mietomnibusverkehr ist nicht ausreichend. [7] Im Falle der Betriebsübertragung nach § 2 Abs. 2 PBefG gelten die vom Betriebsführungsberechtigten ausgeführten Beförderungsleistungen als solche im genehmigten Linienverkehr, sofern die Betriebsübertragung von der zuständigen Behörde (§ 11 PBefG) genehmigt worden ist. [8] Für bestimmte Beförderungen im Linienverkehr sieht die Freistellungs-

---

[1] Personenbeförderungsgesetz i. d. F. v. 8.8.1990, BGBl. I 1990, 1690, zuletzt geänd. durch G v. 16.4.2021, BGBl. I 2021, 822 (**Sartorius** Nr. **950**).

[2] A 12.13 UStAE Abs. 5 neue Sätze 3 bis 6 eingef., bish. Sätze 3 bis 10 werden Sätze 7 bis 14 durch BMF v. 14.1.2020, BStBl. I 2020, 196, anzuwenden in allen offenen Fällen.

verordnung zum PBefG von dem Erfordernis einer Genehmigung für den Linienverkehr ab. [9]Hierbei handelt es sich um Beförderungen durch die Streitkräfte oder durch die Polizei mit eigenen Kraftfahrzeugen sowie um die folgenden Beförderungen, wenn von den beförderten Personen selbst ein Entgelt nicht zu entrichten ist:

1. Beförderungen von Berufstätigen mit Kraftfahrzeugen zu und von ihrer Eigenart nach wechselnden Arbeitsstellen, insbesondere Baustellen, sofern nicht ein solcher Verkehr zwischen gleichbleibenden Ausgangs- und Endpunkten länger als ein Jahr betrieben wird;
2. Beförderungen von Berufstätigen mit Kraftfahrzeugen zu und von Arbeitsstellen in der Land- und Forstwirtschaft;
3. Beförderungen mit Kraftfahrzeugen durch oder für Kirchen oder sonstigen Religionsgesellschaften zu und von Gottesdiensten;
4. Beförderungen mit Kraftfahrzeugen durch oder für Schulträger zum und vom Unterricht;
5. Beförderungen von Kranken wegen einer Beschäftigungstherapie oder zu sonstigen Behandlungszwecken durch Krankenhäuser oder Heilanstalten mit eigenen Kraftfahrzeugen;
6. Beförderungen von Berufstätigen mit Personenkraftwagen von und zu ihren Arbeitsstellen;
7. Beförderungen von körperlich, geistig oder seelisch behinderten Personen mit Kraftfahrzeugen zu und von Einrichtungen, die der Betreuung dieser Personenkreise dienen;
8. Beförderungen von Arbeitnehmern durch den Arbeitgeber zu betrieblichen Zwecken zwischen Arbeitsstätten desselben Betriebes;
9. Beförderungen mit Kraftfahrzeugen durch oder für Kindergartenträger zwischen Wohnung und Kindergarten.

[10]Diese Beförderungen sind wie genehmigter Linienverkehr zu behandeln. [11]Ebenso zu behandeln sind die nach der Verordnung (EWG) Nr. 684/92 genehmigungsfreien Sonderformen des grenzüberschreitenden Linienverkehrs, der der regelmäßigen ausschließlichen Beförderung bestimmter Gruppen von Fahrgästen dient, wenn der besondere Linienverkehr zwischen dem Veranstalter und dem Verkehrsunternehmer vertraglich geregelt ist. [12]Zu den Sonderformen des Linienverkehrs zählen insbesondere:

1. die Beförderung von Arbeitnehmern zwischen Wohnort und Arbeitsstätte;
2. die Beförderung von Schülern und Studenten zwischen Wohnort und Lehranstalt;
3. die Beförderung von Angehörigen der Streitkräfte und ihren Familien zwischen Herkunftsland und Stationierungsort.

[13]Der Verkehrsunternehmer muss neben der in Satz 7 genannten vertraglichen Regelung die Genehmigung für Personenbeförderungen im Linien-, Pendel- oder Gelegenheitsverkehr mit Kraftomnibussen durch den Niederlassungsstaat erhalten haben, die Voraussetzungen der gemeinschaftlichen Rechtsvorschriften über den Zugang zum Beruf des Personenkraftverkehrsunternehmers im innerstaatlichen und grenzüberschreitenden Verkehr sowie die Rechtsvor-

schriften über die Sicherheit im Straßenverkehr für Fahrer und Fahrzeuge erfüllen. [14]Der Nachweis über das Vorliegen einer genehmigungsfreien Sonderform des Linienverkehrs nach der Verordnung (EWG) Nr. 684/92 kann durch die Vorlage des zwischen dem Veranstalter und dem Verkehrsunternehmer abgeschlossenen Beförderungsvertrags erbracht werden.

(6) [1]Keine Beförderungsleistung liegt vor, wenn ein Kraftfahrzeug unbemannt – auf Grund eines Miet- oder Leihvertrags – zur Durchführung von Beförderungen im genehmigten Linienverkehr zur Verfügung gestellt wird. [2]Diese Leistung ist deshalb nicht begünstigt.

Verkehr mit Taxen

(7)[1)] [1]Verkehr mit Taxen ist nach § 47 Abs. 1 PBefG[2)] die Beförderung von Personen mit Personenkraftwagen, die der Unternehmer an behördlich zugelassenen Stellen bereithält und mit denen er Fahrten zu einem vom Fahrgast bestimmten Ziel ausführt. [2]Der Unternehmer kann Beförderungsaufträge auch während einer Fahrt oder am Betriebssitz entgegennehmen. [3]Das der Abgrenzung zum Linien- und Ausflugsfahrtenverkehr dienende Merkmal der Bestimmung des Fahrtziels durch den Fahrgast ist auch dann erfüllt, wenn nicht die zu befördernde Person persönlich, sondern eine andere, ihrer Sphäre (der „Fahrgastseite“) zuzurechnende Person das Fahrtziel vorgibt oder mitteilt und dabei Auftraggeber und/oder Rechnungsadressat des Taxiunternehmers ist (z. B. bei Transferleistungen für Reisebüros). [4]Personenkraftwagen sind Kraftfahrzeuge, die nach ihrer Bauart und Ausstattung zur Beförderung von nicht mehr als 9 Personen – einschließlich Führer – geeignet und bestimmt sind (§ 4 Abs. 4 Nr. 1 PBefG). [5]Der Verkehr mit Taxen bedarf der Genehmigung. [6]Über die Genehmigung wird eine besondere Urkunde erteilt. [7]Eine begünstigte Personenbeförderungsleistung setzt nicht voraus, dass sie durch den Genehmigungsinhaber mit eigenbetriebenen Taxen erbracht wird (vgl. BFH-Urteil vom 23.9.2015, V R 4/15, BStBl. 2016 II S. 494). [8]Deshalb kann die Steuerermäßigung auch dann anzuwenden sein, wenn der leistende Unternehmer über keine eigene Genehmigung nach dem PBefG verfügt und die Personenbeförderung durch einen Subunternehmer durchführen lässt, der eine entsprechende Genehmigung besitzt. [9]Ist im Gebiet einer Gemeinde der Verkehr mit Pkw allgemein unzulässig, kann ein umsatzsteuerrechtlich begünstigter Verkehr mit Taxen auch ohne Personenkraftwagen (z. B. mit Pferdefuhrwerken) vorliegen, wenn die übrigen Merkmale des Taxenverkehrs in vergleichbarer Form gegeben sind. [10]Maßgeblich ist, ob die durchgeführten Beförderungen dem Leitbild des Verkehrs mit Taxen im Sinne von § 47 PBefG als Beförderung von Personen mit Wagen entsprechen, die der Unternehmer an öffentlich zugänglichen Stellen bereithält und mit denen er Fahrten zu einem vom Fahrgast bestimmten Ziel ausführt. [11]Zu prüfen ist auch, ob allgemeine Beförderungsentgelte (Tarife) oder jeweils speziell ausgehandelte Beförderungspreise vorliegen (vgl. BFH-Urteil vom 13.11.2019, V R 9/18, BStBl. 2021 II S. 540).

---

1) A 12.13 UStAE Abs. 7 Sätze 9 bis 11 angef. durch BMF v. 2.7.2021, BStBl. I 2021, 918, anzuwenden in allen offenen Fällen.

2) Personenbeförderungsgesetz i. d. F. v. 8.8.1990, BGBl. I 1990, 1690, zuletzt geänd. durch G v. 16.4.2021, BGBl. I 2021, 822 (**Sartorius** Nr. **950**).

(8) [1]Grundsätzlich nicht begünstigt ist der Verkehr mit Mietwagen (BFH-Urteile vom 30.10.1969, V R 99/69, BStBl. 1970 II S. 78, vom 2.7.2014, XI R 22/10, BStBl. 2015 II S. 416 und XI R 39/10, BStBl. 2015 II S. 421, und BVerfG-Beschluss vom 11.2.1992, 1 BvL 29/87, BVerfGE 85, 238). [2]Der Mietwagenverkehr unterscheidet sich im Wesentlichen vom Taxenverkehr dadurch, dass nur Beförderungsaufträge ausgeführt werden dürfen, die am Betriebssitz oder in der Wohnung des Unternehmers eingegangen sind (§ 49 Abs. 4 PBefG).[1)] [3]Führt ein Mietwagenunternehmer hingegen Krankenfahrten mit hierfür nicht besonders eingerichteten Fahrzeugen durch (vgl. Abschnitt 4.17.2) und beruhen diese steuerpflichtigen Leistungen auf mit Krankenkassen geschlossenen Sondervereinbarungen, die ebenfalls für Taxiunternehmer gelten, ist die Steuerermäßigung bei Vorliegen der weiteren Voraussetzungen anwendbar (vgl. BFH-Urteil vom 2.7.2014, XI R 39/10, a. a. O.). [4]Liegt in diesem Fall der Beförderungsleistung eines Mietwagenunternehmers eine nur für Mietwagenunternehmen geltende Sondervereinbarung zu Grunde, kann die Steuerermäßigung zur Anwendung kommen, wenn der Unternehmer nachweist, dass im selben räumlichen Geltungsbereich eine hinsichtlich Beförderungsentgelt und Transportpflicht inhaltsgleiche Sondervereinbarung für Taxiunternehmer gilt. [5]Die Gleichartigkeit dieser für Mietwagen- bzw. Taxiunternehmer geltenden Sondervereinbarungen kann für den Bereich der Krankenfahrten aus Vereinfachungsgründen in solchen Fällen regelmäßig unterstellt werden, in denen dem Mietwagenunternehmer ein Nachweis gleichartiger Sondervereinbarungen (z. B. über den Verband) praktisch nicht möglich ist oder in denen keine Vergleichsmöglichkeit besteht. [6]Die entgeltliche Überlassung von Kfz durch einen Carsharing-Verein an seine Mitglieder ist nicht begünstigt (BFH-Urteil vom 12.6.2008, V R 33/05, BStBl. 2009 II S. 221).

Verkehr mit Drahtseilbahnen und sonstigen mechanischen Aufstiegshilfen

(9) [1]Zu den Drahtseilbahnen gehören Standseilbahnen und andere Anlagen, deren Fahrzeuge von Rädern oder anderen Einrichtungen getragen und durch ein oder mehrere Seile bewegt werden, Seilschwebebahnen, deren Fahrzeuge von einem oder mehreren Seilen getragen und/oder bewegt werden (einschließlich Kabinenbahnen und Sesselbahnen) und Schleppaufzüge, bei denen mit geeigneten Geräten ausgerüstete Benutzer durch ein Seil fortbewegt werden (vgl. Artikel 1 Abs. 3 der Richtlinie 2000/9/EG vom 20.3. 2000, ABl. EG 2000 Nr. L 106, S. 21). [2]Zu den sonstigen mechanischen Aufstiegshilfen gehören auch Seilschwebebahnen, Sessellifte und Skilifte.

(10) [1]Nicht begünstigt ist grundsätzlich der Betrieb einer Sommer- oder Winterrodelbahn. [2]Ebenso unterliegen die mit einer sog. „Coaster-Bahn" erbrachten Umsätze, bei denen die Fahrtkunden auf schienengebundenen Schlitten zu Tal fahren, nicht dem ermäßigten Steuersatz, da es sich umsatzsteuerrechtlich insoweit nicht um Beförderungsleistungen handelt (vgl. BFH-Urteil vom 20.2.2013, XI R 12/11, BStBl. II S. 645).

[1)] Personenbeförderungsgesetz i. d. F. v. 8.8.1990, BGBl. I 1990, 1690, zuletzt geänd. durch G v. 16.4.2021, BGBl. I 2021, 822 (**Sartorius** Nr. **950**).

Genehmigter Linienverkehr mit Schiffen

(10a) [1]Hinsichtlich des Linienverkehrs mit Schiffen gelten die Regelungen in Absatz 4 sinngemäß. [2]Die Steuerermäßigung gilt damit insbesondere nicht für Floßfahrten, Wildwasserrafting-Touren oder für andere Leistungen zur Ausübung des Wassersports. [3]Ebenso sind organisierte Schiffsfahrten mit angeschlossener Tanz-, Verkaufs- oder einer ähnlichen Veranstaltung, Sonderfahrten wie z. B. Sommernachts- oder Feiertagsfahrten, die Vercharterung von Schiffen inklusive Besatzung zum Transport geschlossener Gesellschaften (z. B. anlässlich von Betriebsausflügen oder von privaten Feiern) sowie Rundfahrten, bei denen Anfangs- und Endpunkt identisch sind und kein Zwischenhalt angeboten wird, nicht begünstigt. [4]Personenbeförderungen im Linienverkehr mit Schiffen sind nur dann begünstigt, wenn der Linienverkehr genehmigt ist. [5]Soweit die verkehrsrechtlichen Bestimmungen des Bundes und der Länder kein Genehmigungsverfahren vorsehen, ist von einer stillschweigenden Genehmigung des Linienverkehrs auszugehen. [6]Erbringt der Unternehmer neben der Beförderung im Linienverkehr mit Schiffen weitere selbständige Einzelleistungen wie z. B. Restaurationsleistungen (vgl. Abschnitt 3.6), sind die Einzelleistungen umsatzsteuerlich jeweils für sich zu beurteilen. [7]Bezieht der Unternehmer Reisevorleistungen im Sinne des § 25 Abs. 1 Satz 5 UStG, ist die Sonderregelung über die Besteuerung von Reiseleistungen nach § 25 UStG zu beachten.

Fährverkehr

(10b) [1]Fährverkehr ist der Übersetzverkehr mit Schiffen zwischen zwei festen Anlegestellen (z. B. bei Flussquerungen oder im Verkehr zwischen dem Festland und Inseln). [2]Die Anwendung der Steuerermäßigung ist nicht vom Vorliegen einer Genehmigung abhängig.

Nebenleistungen

(11)[1)] [1]Der ermäßigte Steuersatz erstreckt sich auch auf die Nebenleistungen zu einer begünstigten Hauptleistung. [2]Als Nebenleistung zur Personenbeförderung ist insbesondere die Beförderung des Reisegepäcks des Reisenden anzusehen. [3]Zum Reisegepäck gehören z. B. die Gegenstände, die nach der EVO und nach den Einheitlichen Rechtsvorschriften für den Vertrag über die internationale Eisenbahnbeförderung von Personen (CIV), Anhang A zum Übereinkommen über den internationalen Eisenbahnverkehr (COTIF) vom 9.5.1980 in der Fassung vom 3.6.1999 (BGBl. 2002 II S. 2140), als Reisegepäck befördert werden. [4]Nebenleistung zur Personenbeförderung ist auch der Transport von Personenkraftwagen, Krafträdern und anderen Fahrzeugen. [5]Dies gilt nicht, wenn Schwerpunkt der Fährleistung, wie z. B. beim Transport von Lkw, die Güterbeförderung ist.

12.14 Begünstigte Beförderungsstrecken

(1) Unter Gemeinde im Sinne des § 12 Abs. 2 Nr. 10 Buchstabe a UStG ist die politische Gemeinde zu verstehen.

---

1) A 12.13 UStAE Abs. 11 Sätze 4 und 5 angef. durch BMF v. 30.9.2020, BStBl. I 2020, 982, anzuwenden in allen offenen Fällen, mit Übergangsregelung für **bis zum 31.12.2020** als ermäßigt besteuert behandelte Fährleistungen.

(2) [1]Beförderungsstrecke (§ 12 Abs. 2 Nr. 10 Buchstabe b UStG) ist die Strecke, auf der der Beförderungsunternehmer einen Fahrgast oder eine Mehrzahl von Fahrgästen auf Grund eines Beförderungsvertrags oder mehrerer Beförderungsverträge befördert oder, z. B. durch einen Subunternehmer, befördern lässt. [2]Werden mehrere Beförderungsverträge abgeschlossen, erbringt der Beförderungsunternehmer eine entsprechende Zahl von Beförderungsleistungen, von denen jede für sich zu beurteilen ist. [3]Nur eine Beförderungsleistung liegt vor, wenn der Beförderungsunternehmer mit einer Mehrzahl von Personen bzw. zur Beförderung einer Mehrzahl von Personen einen Beförderungsvertrag abgeschlossen hat. [4]Maßgebliche Beförderungsstrecke ist in diesem Fall die vom Beförderungsunternehmer aufgrund des Beförderungsvertrages zurückgelegte Strecke. [5]Sie beginnt mit dem Einstieg der ersten und endet mit dem Ausstieg der letzten beförderten Person innerhalb einer Fahrtrichtung. [6]Bei grenzüberschreitenden Beförderungen ist nur die Länge des auf das Inland entfallenden Teils der Beförderungsstrecke maßgebend. [7]Bei der Bemessung dieses Streckenanteils sind die §§ 2 bis 7 UStDV zu beachten.

(3) [1]Maßgebliche Beförderungsstrecke ist bei Ausgabe von Fahrausweisen grundsätzlich die im Fahrausweis ausgewiesene Tarifentfernung, sofern die Beförderungsleistung nur auf Beförderungsstrecken im Inland durchgeführt wird. [2]Bei Fahrausweisen für grenzüberschreitende Beförderungen ist die Tarifentfernung der auf das Inland entfallenden Beförderungsstrecke unter Berücksichtigung der §§ 2 bis 7 UStDV maßgebend. [3]Vorstehende Grundsätze gelten auch für die Fälle, in denen der Fahrgast die Fahrt unterbricht oder auf ein anderes Verkehrsmittel desselben Beförderers umsteigt. [4]Wird eine Umwegkarte gelöst, ist der gefahrene Umweg bei Ermittlung der Länge der Beförderungsstrecke zu berücksichtigen. [5]Bei Bezirkskarten, Netzkarten, Streifenkarten usw. ist als maßgebliche Beförderungsstrecke die längste Strecke anzusehen, die der Fahrgast mit dem Fahrausweis zurücklegen kann. [6]Zwei getrennte Beförderungsstrecken liegen vor, wenn ein Fahrausweis ausgegeben wird, der zur Hin- und Rückfahrt berechtigt.

(4) [1]Verkehrsunternehmer haben sich vielfach zu einem Verkehrsverbund zusammengeschlossen. [2]Ein solcher Verbund bezweckt die Ausgabe von durchgehenden Fahrausweisen, die den Fahrgast zur Inanspruchnahme von Beförderungsleistungen verschiedener, im Verkehrsverbund zusammengeschlossener Beförderungsunternehmer berechtigen (Wechselverkehr). [3]In diesen Fällen bewirkt jeder Beförderungsunternehmer mit seinem Verkehrsmittel eine eigene Beförderungsleistung unmittelbar an den Fahrgast, wenn folgende Voraussetzungen vorliegen:

1. In den Tarifen der beteiligten Beförderungsunternehmer bzw. des Verkehrsverbundes muss festgelegt sein, dass der Fahrgast den Beförderungsvertrag jeweils mit dem Beförderungsunternehmer abschließt, mit dessen Verkehrsmittel er befördert wird; ferner muss sich aus ihnen ergeben, dass die Fahrausweise im Namen und für Rechnung des jeweiligen Beförderungsunternehmers verkauft werden und dass für die von ihm durchfahrene Beförderungsstrecke seine Beförderungsbedingungen gelten.
2. Die praktische Durchführung der Beförderungen muss den Tarifbedingungen entsprechen.

(5) [1]Bei Taxifahrten sind Hin- und Rückfahrt eine einheitliche Beförderungsleistung, wenn vereinbarungsgemäß die Fahrt unterbrochen wird und der Fahrer auf den Fahrgast wartet (Wartefahrt). [2]Keine einheitliche Beförderungsleistung liegt jedoch vor, wenn das Taxi nicht auf den Fahrgast wartet, sondern später – sei es aufgrund vorheriger Vereinbarung über den Abholzeitpunkt oder aufgrund erneuter Bestellung – wieder abholt und zum Ausgangspunkt zurückbefördert (Doppelfahrt). [3]In diesem Fall ist die Gesamtfahrtstrecke nicht zusammenzurechnen und die beiden Fahrten sind als Nahverkehrsleistungen mit dem begünstigten Steuersatz abzurechnen, wenn die als einheitliche Nahverkehrsleistung zu wertende Hinfahrt 50 km nicht überschreitet. [4]Bemessungsgrundlage für diese Taxifahrten ist das für die jeweilige Fahrt vereinbarte Entgelt; dabei ist ohne Bedeutung, ob der Fahrpreis unter Berücksichtigung unterschiedlicher Tarife für die „Leerfahrt" berechnet wird (vgl. BFH-Urteil vom 19.7.2007, V R 68/05, BStBl. 2008 II S. 208).

12.15 Beförderung von Arbeitnehmern zwischen Wohnung und Arbeitsstelle

(1) [1]Für die Beförderung von Arbeitnehmern zwischen Wohnung und Arbeitsstelle kann der ermäßigte Steuersatz nach § 12 Abs. 2 Nr. 10 UStG nur dann in Betracht kommen, wenn es sich bei den Beförderungen verkehrsrechtlich um Beförderungen im genehmigten Linienverkehr handelt (vgl. Abschnitt 12.13 Abs. 4 bis 6). [2]Bei den in Abschnitt 12.13 Abs. 5 Satz 5 bezeichneten Beförderungen ist auf Grund der Freistellung keine personenbeförderungsrechtliche Genehmigung erforderlich. [3]Gleichwohl sind diese Beförderungen umsatzsteuerrechtlich wie Beförderungen im genehmigten Linienverkehr zu behandeln (vgl. BFH-Urteil vom 11.3.1988, V R 114/83, BStBl. II S. 651). [4]Im Zweifel ist eine Stellungnahme der für die Erteilung der Genehmigung zuständigen Verkehrsbehörde einzuholen. [5]Zur genehmigungsfreien Sonderform des Linienverkehrs im Sinne der Verordnung (EWG) Nr. 684/92 vom 16.3.1992 vgl. Abschnitt 12.13 Abs. 5 Satz 7 ff.

(2) In den Fällen, in denen der Arbeitgeber selbst seine Arbeitnehmer zwischen Wohnung und Arbeitsstelle befördert, muss er in eigener Person die in Absatz 1 bezeichneten Voraussetzungen erfüllen, wenn er für die Beförderung den ermäßigten Steuersatz nach § 12 Abs. 2 Nr. 10 UStG in Anspruch nehmen will.

(3) [1]Hat der Arbeitgeber einen Beförderungsunternehmer mit der Beförderung beauftragt, liegen umsatzsteuerrechtlich einerseits eine Leistung des Beförderungsunternehmers an den Arbeitgeber, andererseits Leistungen des Arbeitgebers an jeden Arbeitnehmer vor. [2]Erfüllt der Beförderungsunternehmer die in Absatz 1 bezeichneten Voraussetzungen, ist seine Leistung als Beförderungsleistung im Sinne des § 12 Abs. 2 Nr. 10 UStG anzusehen. [3]Dabei ist davon auszugehen, dass der Beförderungsunternehmer als Genehmigungsinhaber den Verkehr auch dann im eigenen Namen, unter eigener Verantwortung und für eigene Rechnung betreibt, wenn der Arbeitgeber den Einsatz allgemein regelt, insbesondere Zweck, Ziel und Ablauf der Fahrt bestimmt. [4]Die Steuerermäßigung nach § 12 Abs. 2 Nr. 10 UStG kommt für die Beförderungsleistung des Arbeitgebers, der den Linienverkehr nicht selbst betreibt,

dagegen nicht in Betracht (BFH-Urteil vom 11.3.1988, V R 30/84, BStBl. II S. 643).[1]

Zu § 12 Abs. 2 Nr. 11 UStG

12.16 Umsätze aus der kurzfristigen Vermietung von Wohn- und Schlafräumen sowie aus der kurzfristigen Vermietung von Campingflächen (§ 12 Abs. 2 Nr. 11 UStG)

(1) [1]Die in § 12 Abs. 2 Nr. 11 Satz 1 UStG bezeichneten Umsätze gehören zu den nach § 4 Nr. 12 Satz 2 UStG von der Steuerbefreiung ausgenommenen Umsätzen. [2]Hinsichtlich des Merkmals der Kurzfristigkeit gelten daher die in den Abschnitten 4.12.3 Abs. 2 und 4.12.9 Abs. 1 dargestellten Grundsätze. [3]Die Anwendung des ermäßigten Steuersatzes setzt neben der Kurzfristigkeit voraus, dass die Umsätze unmittelbar der Beherbergung dienen.

(2) Sonstige Leistungen eigener Art, bei denen die Überlassung von Räumen nicht charakterbestimmend ist (z. B. Leistungen des Prostitutionsgewerbes), unterliegen auch hinsichtlich dieses Leistungsaspekts nicht der Steuerermäßigung nach § 12 Abs. 2 Nr. 11 UStG.

Vermietung von Wohn- und Schlafräumen, die ein Unternehmer zur kurzfristigen Beherbergung von Fremden bereithält

(3) [1]Die Steuerermäßigung nach § 12 Abs. 2 Nr. 11 Satz 1 UStG setzt ebenso wie § 4 Nr. 12 Satz 2 UStG eine Vermietung von Wohn- und Schlafräumen zur kurzfristigen Beherbergung voraus. [2]Hieran fehlt es bei einer Vermietung z. B. in einem „Bordell" (vgl. BFH-Urteil vom 22.8.2013, V R 18/12, BStBl. II S. 1058). [3]Auch das halbstündige oder stundenweise Überlassen von Zimmern in einem „Stundenhotel" ist keine Beherbergung im Sinne des § 12 Abs. 2 Nr. 11 Satz 1 UStG (vgl. BFH-Urteil vom 24.9.2015, V R 30/14, BStBl. 2017 II S. 132). [4]Die Steuerermäßigung für Beherbergungsleistungen umfasst sowohl die Umsätze des klassischen Hotelgewerbes als auch kurzfristige Beherbergungen in Pensionen, Fremdenzimmern, Ferienwohnungen und vergleichbaren Einrichtungen.[2] [5]Für die Inanspruchnahme der Steuerermäßigung ist es jedoch nicht Voraussetzung, dass der Unternehmer einen hotelartigen Betrieb führt oder Eigentümer der überlassenen Räumlichkeiten ist. [6]Begünstigt ist daher beispielsweise auch die Unterbringung von Begleitpersonen in Krankenhäusern, sofern diese Leistung nicht nach § 4 Nr. 14 Buchstabe b UStG (z. B. bei Aufnahme einer Begleitperson zu therapeutischen Zwecken) steuerfrei ist. [7]Die Weiterveräußerung von eingekauften Zimmerkontingenten im eigenen Namen und für eigene Rechnung an andere Unternehmer (z. B. Reiseveranstalter), unterliegt ebenfalls der Steuerermäßigung.

(4) [1]Die erbrachte Leistung muss unmittelbar der Beherbergung dienen. [2]Diese Voraussetzung ist insbesondere hinsichtlich der folgenden Leistungen erfüllt, auch wenn die Leistungen gegen gesondertes Entgelt erbracht werden:

---

[1] Hinweis auf A 12.13 Abs. 7 UStAE.

[2] Die Vermietung von Ferienwohnungen, die der Unternehmer von anderen Unternehmern angemietet hat, unterliegt der Margenbesteuerung nach § 25 UStG unter Anwendung des Regelsteuersatzes; siehe BFH v. 27.3.2019 V R 10/19 (V R 60/16), BStBl. II 2021, 497. Siehe auch A 25 UStAE.

- Überlassung von möblierten und mit anderen Einrichtungsgegenständen (z. B. Fernsehgerät, Radio, Telefon, Zimmersafe) ausgestatteten Räumen;
- Stromanschluss;
- Überlassung von Bettwäsche, Handtüchern und Bademänteln;
- Reinigung der gemieteten Räume;
- Bereitstellung von Körperpflegeutensilien, Schuhputz- und Nähzeug;
- Weckdienst;
- Bereitstellung eines Schuhputzautomaten;
- Mitunterbringung von Tieren in den überlassenen Wohn- und Schlafräumen.

(5) Insbesondere folgende Leistungen sind keine Beherbergungsleistungen im Sinne von § 12 Abs. 2 Nr. 11 UStG und daher nicht begünstigt:

- Überlassung von Tagungsräumen;
- Überlassung von Räumen zur Ausübung einer beruflichen oder gewerblichen Tätigkeit (vgl. BFH-Urteil vom 22.8.2013, V R 18/12, BStBl. II S. 1058);
- Gesondert vereinbarte Überlassung von Plätzen zum Abstellen von Fahrzeugen;
- Überlassung von nicht ortsfesten Wohnmobilen, Caravans, Wohnanhängern, Hausbooten und Yachten;
- Beförderungen in Schlafwagen der Eisenbahnen;
- Überlassung von Kabinen auf der Beförderung dienenden Schiffen;
- Vermittlung von Beherbergungsleistungen;
- Umsätze von Tierpensionen;
- Unentgeltliche Wertabgaben (z. B. Selbstnutzung von Ferienwohnungen).

(6) Stornokosten stellen grundsätzlich nichtsteuerbaren Schadensersatz dar (vgl. EuGH-Urteil vom 18.7.2007, C-277/05, Société thermale d'Eugénie-Les-Bains).[1]

Kurzfristige Vermietung von Campingflächen

(7)[2] [1]Die kurzfristige Vermietung von Campingflächen betrifft Flächen zum Aufstellen von Zelten und Flächen zum Abstellen von Wohnmobilen und Wohnwagen. [2]Ebenso ist die kurzfristige Vermietung von ortsfesten Wohnmobilen, Wohncaravans und Wohnanhängern begünstigt. [3]Für die Steuerermäßigung ist es unschädlich, wenn auf der überlassenen Fläche auch das zum Transport des Zelts bzw. zum Ziehen des Wohnwagens verwendete Fahrzeug abgestellt werden kann. [4]Zur begünstigten Vermietung gehört auch die Lieferung von Strom (vgl. Abschnitt 4.12.1 Abs. 5 Satz 3). [5]Nicht unter die Steuerermäßigung fällt die entgeltliche Überlassung von Bootsliegeplätzen (vgl. EuGH-Urteil vom 19.12.2019, C-715/18, Segler-Vereinigung Cuxhaven,[3] und BFH-Urteil vom 24.6.2020, V R 47/19, BStBl. II S. 853).

Leistungen, die nicht unmittelbar der Vermietung dienen

(8) [1]Nach § 12 Abs. 2 Nr. 11 Satz 2 UStG gilt die Steuerermäßigung nicht für Leistungen, die nicht unmittelbar der Vermietung dienen, auch wenn es sich um Nebenleistungen zur Beherbergung handelt und diese Leistungen mit

---

[1] EuZW 2007, 706.
[2] A 12.16 UStAE Abs. 7 Satz 5 angef. durch BMF v. 15.12.2020, BStBl. I 2020, 1374.
[3] DStR 2019, 2696.

dem Entgelt für die Vermietung abgegolten sind (Aufteilungsgebot). [2]Der Grundsatz, dass eine (unselbständige) Nebenleistung das Schicksal der Hauptleistung teilt, wird von diesem Aufteilungsgebot verdrängt. [3]Das in § 12 Abs. 2 Nr. 11 Satz 2 UStG gesetzlich normierte Aufteilungsgebot für einheitliche Leistungen geht den allgemeinen Grundsätzen zur Abgrenzung von Haupt- und Nebenleistung vor (BFH-Urteil vom 24.4.2013, XI R 3/11, BStBl. 2014 II S. 86). [4]Unter dieses Aufteilungsgebot fallen insbesondere:

- Verpflegungsleistungen (z.B. Frühstück, Halb- oder Vollpension, „All inclusive“);
- Getränkeversorgung aus der Minibar;
- Nutzung von Kommunikationsnetzen (insbesondere Telefon und Internet);
- Nutzung von Fernsehprogrammen außerhalb des allgemein und ohne gesondertes Entgelt zugänglichen Programms („pay per view“);
- [1]Leistungen, die das körperliche, geistige und seelische Wohlbefinden steigern („Wellnessangebote“). [2]Die Überlassung von Schwimmbädern oder die Verabreichung von Heilbädern im Zusammenhang mit einer begünstigten Beherbergungsleistung kann dagegen nach § 12 Abs. 2 Nr. 9 Satz 1 UStG dem ermäßigten Steuersatz unterliegen;
- Überlassung von Fahrberechtigungen für den Nahverkehr, die jedoch nach § 12 Abs. 2 Nr. 10 UStG dem ermäßigten Steuersatz unterliegen können;
- Überlassung von Eintrittsberechtigungen für Veranstaltungen, die jedoch nach § 4 Nr. 20 UStG steuerfrei sein oder nach § 12 Abs. 2 Nr. 7 Buchstabe a oder d UStG dem ermäßigten Steuersatz unterliegen können;
- Transport von Gepäck außerhalb des Beherbergungsbetriebs;
- Überlassung von Sportgeräten und -anlagen;
- Ausflüge;
- Reinigung und Bügeln von Kleidung, Schuhputzservice;
- Transport zwischen Bahnhof/Flughafen und Unterkunft;
- Einräumung von Parkmöglichkeiten, auch wenn diese nicht gesondert vereinbart und vergütet werden (vgl. BFH-Urteil vom 1.3.2016, XI R 11/14, BStBl. II S. 753).

Anwendung der Steuerermäßigung in den Fällen des § 25 UStG

(9) [1]Soweit Reiseleistungen der Margenbesteuerung nach § 25 UStG unterliegen, gelten sie nach § 25 Abs. 1 Satz 3 UStG als eine einheitliche sonstige Leistung. [2]Eine Reiseleistung unterliegt als sonstige Leistung eigener Art auch hinsichtlich ihres Beherbergungsanteils nicht der Steuerermäßigung nach § 12 Abs. 2 Nr. 11 UStG. [3]Das gilt auch, wenn die Reiseleistung nur aus einer Übernachtungsleistung besteht.

Angaben in der Rechnung

(10) [1]Der Unternehmer ist nach § 14 Abs. 2 Satz 1 Nr. 1 UStG grundsätzlich verpflichtet, innerhalb von 6 Monaten nach Ausführung der Leistung eine Rechnung mit den in § 14 Abs. 4 UStG genannten Angaben auszustellen. [2]Für Umsätze aus der Vermietung von Wohn- und Schlafräumen zur kurzfristigen Beherbergung von Fremden sowie die kurzfristige Vermietung von Campingflächen besteht eine Rechnungserteilungspflicht jedoch nicht, wenn die Leistung weder an einen anderen Unternehmer für dessen Unternehmen noch an eine juristische Person erbracht wird (vgl. Abschnitt 14.1 Abs. 3 Satz 5).

(11) [1]Wird für Leistungen, die nicht von der Steuerermäßigung nach § 12 Abs. 2 Nr. 11 Satz 1 UStG erfasst werden, kein gesondertes Entgelt berech-

net, ist deren Entgeltanteil zu schätzen. [2]Schätzungsmaßstab kann hierbei beispielsweise der kalkulatorische Kostenanteil zuzüglich eines angemessenen Gewinnaufschlags sein.

(12)[1)] [1]Aus Vereinfachungsgründen wird es – auch für Zwecke des Vorsteuerabzugs des Leistungsempfängers – nicht beanstandet, wenn folgende in einem Pauschalangebot enthaltene nicht begünstigte Leistungen in der Rechnung zu einem Sammelposten (z.B. „Business-Package", „Servicepauschale") zusammengefasst und der darauf entfallende Entgeltanteil in einem Betrag ausgewiesen werden:
- Abgabe eines Frühstücks;
- Nutzung von Kommunikationsnetzen;
- Reinigung und Bügeln von Kleidung, Schuhputzservice;
- Transport zwischen Bahnhof/Flughafen und Unterkunft;
- Transport von Gepäck außerhalb des Beherbergungsbetriebs;
- Nutzung von Saunaeinrichtungen;
- Überlassung von Fitnessgeräten;
- Überlassung von Plätzen zum Abstellen von Fahrzeugen.[2)]

[2]Es wird ebenfalls nicht beanstandet, wenn der auf diese Leistungen entfallende Entgeltanteil mit 15% des Pauschalpreises angesetzt wird. [3]Für Kleinbetragsrechnungen (§ 33 UStDV) gilt dies für den in der Rechnung anzugebenden Steuerbetrag entsprechend. [4]Die Vereinfachungsregelung gilt nicht für Leistungen, für die ein gesondertes Entgelt vereinbart wird.

Zu § 13 UStG

13.1 Entstehung der Steuer bei der Besteuerung nach vereinbarten Entgelten

(1) [1]Bei der Besteuerung nach vereinbarten Entgelten (Sollversteuerung) entsteht die Steuer grundsätzlich mit Ablauf des Voranmeldungszeitraums, in dem die Lieferung oder sonstige Leistung ausgeführt worden ist. [2]Das gilt auch für unentgeltliche Wertabgaben im Sinne des § 3 Abs. 1b und 9a UStG. [3]Die Steuer entsteht in der gesetzlichen Höhe unabhängig davon, ob die am Leistungsaustausch beteiligten Unternehmer von den ihnen vom Gesetz gebotenen Möglichkeiten der Rechnungserteilung mit gesondertem Steuerausweis und des Vorsteuerabzugs Gebrauch machen oder nicht. [4]Für Umsätze, die ein Unternehmer in seinen Voranmeldungen nicht angibt (auch bei Rechtsirrtum über deren Steuerbarkeit), entsteht die Umsatzsteuer ebenso wie bei ordnungsgemäß erklärten Umsätzen (vgl. BFH-Urteil vom 20.1.1997, V R 28/95, BStBl. II S. 716). [5]Der Zeitpunkt der Leistung ist entscheidend, für welchen Voranmeldungszeitraum ein Umsatz zu berücksichtigen ist (vgl. BFH-Urteil vom 13.10.1960, V 294/58 U, BStBl. III S. 478). [6]Dies gilt nicht für die Istversteuerung von Anzahlungen im Sinne des § 13 Abs. 1 Nr. 1 Buchstabe a Satz 4 UStG (vgl. Abschnitt 13.5).

(2) [1]Lieferungen – einschließlich Werklieferungen – sind grundsätzlich dann ausgeführt, wenn der Leistungsempfänger die Verfügungsmacht über den zu liefernden Gegenstand erlangt. [2]Lieferungen, bei denen der Lieferort nach § 3

---

1) A 12.16 Abs. 12 Satz 2 Prozentsatz geändert durch BMF v. 2.7.2020, BStBl. I 2020, 610, anzuwenden in allen Fällen **ab 1.7.2020 bis 31.12.2022** (BMF v. 3.6.2021, BStBl. I 2021, 777).

2) Siehe hierzu auch BFH v. 1.3.2016 XI R 11/14, BStBl. II 2016, 753.

– Planerische Leistungen (z.B. von Statikern, Architekten, Garten- und Innenarchitekten, Vermessungs-, Prüf- und Bauingenieuren);
– Labordienstleistungen (z.B. die chemische Analyse von Baustoffen oder Bodenproben);
– reine Leistungen der Bauüberwachung;
– Leistungen zur Prüfung von Bauabrechnungen;
– Leistungen zur Durchführung von Ausschreibungen und Vergaben;
– Abbruch- oder Erdarbeiten.

(3) [1]Die steuerpflichtige Werklieferung oder sonstige Leistung muss in engem Zusammenhang mit einem Grundstück stehen. [2]Ein enger Zusammenhang ist gegeben, wenn sich die Werklieferung oder sonstige Leistung nach den tatsächlichen Umständen überwiegend auf die Bebauung, Verwertung, Nutzung oder Unterhaltung, aber auch Veräußerung oder den Erwerb des Grundstücks selbst bezieht. [3]Es besteht bei der Erbringung u.a. folgender Leistungen eine Verpflichtung zur Erteilung einer Rechnung:
– Zurverfügungstellen von Betonpumpen oder von anderem Baugerät;
– Aufstellen von Material- oder Bürocontainern;
– Aufstellen von mobilen Toilettenhäusern;
– Entsorgung von Baumaterial (z.B. Schuttabfuhr durch ein Abfuhrunternehmen);
– Gerüstbau;
– bloße Reinigung von Räumlichkeiten oder Flächen (z.B. Fensterreinigung);
– Instandhaltungs-, Reparatur-, Wartungs- oder Renovierungsarbeiten an Bauwerken oder Teilen von Bauwerken (z.B. Klempner- oder Malerarbeiten);
– Anlegen von Grünanlagen und Bepflanzungen und deren Pflege (z.B. Bäume, Gehölze, Blumen, Rasen);
– Beurkundung von Grundstückskaufverträgen durch Notare;
– Vermittlungsleistungen der Makler bei Grundstücksveräußerungen oder Vermietungen.

(4) Sofern selbständige Leistungen vorliegen, sind folgende Leistungen keine Leistungen im Zusammenhang mit einem Grundstück, bei denen nach § 14 Abs. 2 Satz 1 Nr. 1 UStG die Verpflichtung zur Erteilung einer Rechnung besteht:
– Veröffentlichung von Immobilienanzeigen, z.B. durch Zeitungen;
– Rechts- und Steuerberatung in Grundstückssachen.

(5) [1]Alltägliche Geschäfte, die mit einem Kaufvertrag abgeschlossen werden (z.B. der Erwerb von Gegenständen durch einen Nichtunternehmer in einem Baumarkt), unterliegen nicht der Verpflichtung zur Rechnungserteilung. [2]Auch die Lieferung von Baumaterial auf eine Baustelle eines Nichtunternehmers oder eines Unternehmers, der das Baumaterial für seinen nichtunternehmerischen Bereich bezieht, wird nicht von der Verpflichtung zur Erteilung einer Rechnung umfasst.

14.3 Rechnung in Form der Gutschrift[1)]

(1) [1]Eine Gutschrift ist eine Rechnung, die vom Leistungsempfänger ausgestellt wird (§ 14 Abs. 2 Satz 2 UStG). [2]Eine Gutschrift kann auch durch

---

[1)] Zur Abrechnung über nicht ausgeführte sonstige Leistung mittels Gutschrift und zu BFH v. 27.11.2019 V R 23/19 (V R 62/17), BStBl. II 2021, 542, siehe BMF v. 19.8.2021, BStBl. I 2021, 1087.

juristische Personen, die nicht Unternehmer sind, ausgestellt werden. [3]Der Leistungsempfänger kann mit der Ausstellung einer Gutschrift auch einen Dritten beauftragen, der im Namen und für Rechnung des Leistungsempfängers abrechnet (§ 14 Abs. 2 Satz 4 UStG). [4]Eine Gutschrift kann auch ausgestellt werden, wenn über steuerfreie Umsätze abgerechnet wird oder wenn beim leistenden Unternehmer nach § 19 Abs. 1 UStG die Steuer nicht erhoben wird. [5]Dies kann dazu führen, dass der Empfänger der Gutschrift unrichtig oder unberechtigt ausgewiesene Steuer nach § 14c UStG schuldet. [6]Keine Gutschrift ist die im allgemeinen Sprachgebrauch ebenso bezeichnete Korrektur einer zuvor ergangenen Rechnung.

(2) [1]Die am Leistungsaustausch Beteiligten können frei vereinbaren, ob der leistende Unternehmer oder der in § 14 Abs. 2 Satz 1 Nr. 2 UStG bezeichnete Leistungsempfänger abrechnet. [2]Die Vereinbarung hierüber muss vor der Abrechnung getroffen sein und kann sich aus Verträgen oder sonstigen Geschäftsunterlagen ergeben. [3]Sie ist an keine besondere Form gebunden und kann auch mündlich getroffen werden. [4]Die Gutschrift ist, vorbehaltlich der Regelungen des § 14a UStG, innerhalb von sechs Monaten zu erteilen (vgl. Abschnitt 14.1 Abs. 3) und hat die Angabe „Gutschrift" zu enthalten (§ 14 Abs. 4 Satz 1 Nr. 10 UStG, vgl. Abschnitt 14.5 Abs. 24). [5]Keine Gutschrift ist die im allgemeinen Sprachgebrauch ebenso bezeichnete Stornierung oder Korrektur der ursprünglichen Rechnung (vgl. Abschnitt 14c.1 Abs. 3 Satz 3). [6]Wird in einem Dokument sowohl über empfangene Leistungen (Gutschrift) als auch über ausgeführte Leistungen (Rechnung) zusammen abgerechnet, muss das Dokument die Rechnungsangabe „Gutschrift" enthalten. [7]Zudem muss aus dem Dokument zweifelsfrei hervorgehen, über welche Leistung als Leistungsempfänger bzw. leistender Unternehmer abgerechnet wird. [8]In dem Dokument sind Saldierung und Verrechnung der gegenseitigen Leistungen unzulässig.

(3) [1]Voraussetzung für die Wirksamkeit einer Gutschrift ist, dass die Gutschrift dem leistenden Unternehmer übermittelt worden ist und dieser dem ihm zugeleiteten Dokument nicht widerspricht (§ 14 Abs. 2 Satz 3 UStG). [2]Die Gutschrift ist übermittelt, wenn sie dem leistenden Unternehmer so zugänglich gemacht worden ist, dass er von ihrem Inhalt Kenntnis nehmen kann (vgl. BFH-Urteil vom 15.9.1994, XI R 56/93, BStBl. 1995 II S. 275).

(4) [1]Der leistende Unternehmer kann der Gutschrift widersprechen. [2]Mit dem Widerspruch verliert die Gutschrift die Wirkung als Rechnung. [3]Dies gilt auch dann, wenn die Gutschrift den zivilrechtlichen Vereinbarungen entspricht und die Umsatzsteuer zutreffend ausweist. [4]Es genügt, dass der Widerspruch eine wirksame Willenserklärung darstellt (vgl. BFH-Urteil vom 23.1.2013, XI R 25/11, BStBl. II S. 417). [5]Der Widerspruch wirkt – auch für den Vorsteuerabzug des Leistungsempfängers – erst in dem Besteuerungszeitraum, in dem er erklärt wird (vgl. BFH-Urteil vom 19.5.1993, V R 110/88, BStBl. II S. 779, und Abschnitt 15.2a Abs. 11). [6]Die Wirksamkeit des Widerspruchs setzt den Zugang beim Gutschriftsaussteller voraus.

14.4 Echtheit und Unversehrtheit von Rechnungen

(1) [1]Rechnungen sind auf Papier oder vorbehaltlich der Zustimmung des Rechnungsempfängers elektronisch zu übermitteln (§ 14 Abs. 1 Satz 7 UStG). [2]Die Zustimmung des Empfängers der elektronisch übermittelten Rechnung

bedarf dabei keiner besonderen Form; es muss lediglich Einvernehmen zwischen Rechnungsaussteller und Rechnungsempfänger darüber bestehen, dass die Rechnung elektronisch übermittelt werden soll. [3]Die Zustimmung kann z.B. in Form einer Rahmenvereinbarung (z.B. in den Allgemeinen Geschäftsbedingungen) erklärt werden. [4]Sie kann auch nachträglich erklärt werden. [5]Es genügt aber auch, dass die Beteiligten diese Verfahrensweise tatsächlich praktizieren und damit stillschweigend billigen.

(2) [1]Eine elektronische Rechnung im Sinne des § 14 Abs. 1 Satz 8 UStG ist eine Rechnung, die in einem elektronischen Format ausgestellt und empfangen wird. [2]Der Rechnungsaussteller ist – vorbehaltlich der Zustimmung des Rechnungsempfängers – frei in seiner Entscheidung, in welcher Weise er elektronische Rechnungen übermittelt. [3]Elektronische Rechnungen können z.B. per E-Mail (ggf. mit Bilddatei- oder Textdokumentanhang) oder De-Mail (vgl. De-Mail-Gesetz vom 28.4.2011, BGBl. I S. 666), per Computer-Fax oder Fax-Server, per Web-Download oder per EDI übermittelt werden. [4]Eine von Standard-Telefax an Standard-Telefax oder von Computer-Telefax/Fax-Server an Standard-Telefax übermittelte Rechnung gilt als Papierrechnung.

(3) [1]Papier- und elektronische Rechnungen werden ordnungsgemäß übermittelt, wenn die Echtheit der Herkunft, die Unversehrtheit des Inhalts und die Lesbarkeit der Rechnung gewährleistet sind; sie sind auch inhaltlich ordnungsgemäß, wenn alle erforderlichen Angaben nach § 14 Abs. 4 und § 14a UStG enthalten sind. [2]Die Echtheit der Herkunft einer Rechnung ist gewährleistet, wenn die Identität des Rechnungsausstellers sichergestellt ist. [3]Die Unversehrtheit des Inhalts einer Rechnung ist gewährleistet, wenn die nach dem UStG erforderlichen Angaben während der Übermittlung der Rechnung nicht geändert worden sind. [4]Eine Rechnung gilt als lesbar, wenn sie für das menschliche Auge lesbar ist; Rechnungsdaten, die per EDI-Nachrichten, XML-Nachrichten oder anderen strukturierten elektronischen Nachrichtenformen übermittelt werden, sind in ihrem Originalformat nicht lesbar, sondern erst nach einer Konvertierung.

Innerbetriebliche Kontrollverfahren

(4) Die Echtheit der Herkunft, die Unversehrtheit des Inhalts und die Lesbarkeit der Rechnung müssen, sofern keine qualifizierte elektronische Signatur verwendet oder die Rechnung per elektronischen Datenaustausch (EDI) übermittelt wird (vgl. Absätze 7 bis 10), durch ein innerbetriebliches Kontrollverfahren, das einen verlässlichen Prüfpfad zwischen Rechnung und Leistung schaffen kann, gewährleistet werden (§ 14 Abs. 1 Satz 5 und 6 UStG).

(5) [1]Als innerbetriebliches Kontrollverfahren im Sinne des § 14 Abs. 1 UStG ist ein Verfahren ausreichend, das der Unternehmer zum Abgleich der Rechnung mit seiner Zahlungsverpflichtung einsetzt, um zu gewährleisten, dass nur die Rechnungen beglichen werden, zu deren Begleichung eine Verpflichtung besteht. [2]Der Unternehmer kann hierbei auf bereits bestehende Rechnungsprüfungssysteme zurückgreifen. [3]Es werden keine technischen Verfahren vorgegeben, die der Unternehmer verwenden muss. [4]Es kann daher ein EDV-unterstütztes, aber auch ein manuelles Verfahren sein.

(6) [1]Ein innerbetriebliches Kontrollverfahren erfüllt die Anforderungen des § 14 Abs. 1 UStG, wenn es einen verlässlichen Prüfpfad beinhaltet, durch den ein Zusammenhang zwischen der Rechnung und der zu Grunde liegenden Leistung hergestellt werden kann. [2]Dieser Prüfpfad kann z. B. durch (manuellen) Abgleich der Rechnung mit vorhandenen geschäftlichen Unterlagen (z. B. Kopie der Bestellung, Auftrag, Kaufvertrag, Lieferschein oder Überweisung bzw. Zahlungsbeleg) gewährleistet werden. [3]Das innerbetriebliche Kontrollverfahren und der verlässliche Prüfpfad unterliegen keiner gesonderten Dokumentationspflicht. [4]Eine inhaltlich zutreffende Rechnung – insbesondere Leistung, Entgelt, leistender Unternehmer und Zahlungsempfänger sind zutreffend angegeben – rechtfertigt die Annahme, dass bei der Übermittlung keine die Echtheit der Herkunft oder die Unversehrtheit des Inhalts beeinträchtigenden Fehler vorgekommen sind.

Qualifizierte elektronische Signatur und elektronischer Datenaustausch (EDI)

(7) Beispiele für Technologien, die die Echtheit der Herkunft und die Unversehrtheit des Inhalts bei einer elektronischen Rechnung gewährleisten, sind zum einen die qualifizierte elektronische Signatur (§ 2 Nr. 3 SigG)[1)] oder die qualifizierte elektronische Signatur mit Anbieter-Akkreditierung (§ 2 Nr. 15 SigG) und zum anderen der elektronische Datenaustausch (EDI) nach Art. 2 der Empfehlung 94/820/EG der Kommission vom 19.10.1994 über die rechtlichen Aspekte des elektronischen Datenaustauschs (ABl. EG 1994, L 338 S. 98), wenn in der Vereinbarung über diesen Datenaustausch der Einsatz von Verfahren vorgesehen ist, die die Echtheit der Herkunft und die Unversehrtheit der Daten gewährleisten (§ 14 Abs. 3 Nr. 1 und 2 UStG).

(8) [1]Zur Erstellung einer qualifizierten elektronischen Signatur nach § 2 Nr. 3 oder Nr. 15 SigG[1)] wird ein qualifiziertes Zertifikat benötigt, das von einem Zertifizierungsdienstanbieter ausgestellt wird und mit dem die Identität des Zertifikatsinhabers bestätigt wird (§ 2 Nr. 7 SigG). [2]Dieses Zertifikat kann nach § 2 Nr. 7 SigG nur auf natürliche Personen ausgestellt werden. [3]Es ist zulässig, dass eine oder mehrere natürliche Personen im Unternehmen bevollmächtigt werden, für den Unternehmer zu signieren. [4]Eine Verlagerung der dem leistenden Unternehmer oder dem von diesem beauftragten Dritten obliegenden steuerlichen Verpflichtungen ist damit jedoch nicht verbunden. [5]Der Zertifikatsinhaber kann zusätzliche Attribute einsetzen (vgl. § 7 SigG). [6]Ein Attribut kann z. B. lauten „Frau Musterfrau ist Handlungsbevollmächtigte des Unternehmers A und berechtigt, für Unternehmer A Rechnungen bis zu einer Höhe von 100 000 € Gesamtbetrag zu unterzeichnen". [7]Auch Vertreterregelungen und ggf. erforderliche Zeichnungsberechtigungen, die an die Unterzeichnung durch mehrere Berechtigte gekoppelt sind, können durch Attribute abgebildet werden. [8]Nach § 5 Abs. 3 SigG kann in einem qualifizierten Zertifikat auf Verlangen des Zertifikatsinhabers anstelle seines Namens ein Pseudonym aufgeführt werden. [9]Das Finanzamt hat nach § 14 Abs. 2 SigG einen Anspruch auf Auskunft gegenüber dem Zertifizierungsdienstanbieter,

[1)] **Sartorius Ergänzungsband** Nr. **924**.

soweit dies zur Erfüllung der gesetzlichen Aufgaben erforderlich ist. [10] Für die Erstellung qualifizierter elektronischer Signaturen sind alle technischen Verfahren (z.B. Smart-Card, „Kryptobox") zulässig, die den Vorgaben des SigG entsprechen. [11] Der Rechnungsaussteller kann die Rechnungen auch in einem automatisierten Massenverfahren signieren. [12] Es ist zulässig, mehrere Rechnungen an einen Rechnungsempfänger in einer Datei zusammenzufassen und diese Datei mit nur einer qualifizierten elektronischen Signatur an den Empfänger zu übermitteln.

(9) Voraussetzung für die Anerkennung von im EDI-Verfahren übermittelten Rechnungen ist, dass über den elektronischen Datenaustausch eine Vereinbarung nach Artikel 2 der Empfehlung 94/820/EG der Kommission vom 19.10.1994 über die rechtlichen Aspekte des elektronischen Datenaustausches (ABl. EG 1994, L 338 S. 98) besteht, in der der Einsatz von Verfahren vorgesehen ist, die die Echtheit der Herkunft und die Unversehrtheit der Daten gewährleisten.

Echtheit und Unversehrtheit bei besonderen Formen der Rechnungsstellung

(10) [1] Die Absätze 1 bis 9 gelten entsprechend für Gutschriften (§ 14 Abs. 2 Satz 2 UStG), Rechnungen, die im Namen und für Rechnung des Unternehmers oder eines in § 14 Abs. 2 Satz 1 Nr. 2 UStG bezeichneten Leistungsempfängers von einem Dritten ausgestellt werden (§ 14 Abs. 2 Satz 4 UStG) sowie für Anzahlungsrechnungen (§ 14 Abs. 5 UStG). [2] Wird eine Gutschrift ausgestellt, ist der leistende Unternehmer als Gutschriftsempfänger zur Durchführung des innerbetrieblichen Kontrollverfahrens entsprechend den Absätzen 4 bis 6 verpflichtet. [3] Der Dritte ist nach §§ 93 ff. AO verpflichtet, dem Finanzamt die Prüfung des Verfahrens durch Erteilung von Auskünften und Vorlage von Unterlagen in seinen Räumen zu gestatten. [4] Der Empfänger einer elektronischen Rechnung, die mit einer qualifizierten elektronischen Signatur versehen wurde, kann die ihm nach den GoBD[1)] vorgeschriebenen Prüfungsschritte auch auf einen Dritten übertragen. [5] Dies gilt insbesondere für die entsprechende Prüfung einer elektronischen Rechnung in Form einer Gutschrift mit einer qualifizierten elektronischen Signatur.

(11) Bei Fahrausweisen (§ 34 UStDV) ist es für Zwecke des Vorsteuerabzugs nicht zu beanstanden, wenn der Fahrausweis im Online-Verfahren abgerufen wird und durch das Verfahren sichergestellt ist, dass eine Belastung auf einem Konto erfolgt.

14.5 Pflichtangaben in der Rechnung[2)]

(1) [1] § 14 Abs. 4 und § 14a UStG gelten nur für Rechnungen an andere Unternehmer oder an juristische Personen, soweit sie nicht Unternehmer sind, sowie an andere Leistungsempfänger, die in § 14a UStG bezeichnet sind. [2] Dabei ist es unerheblich, ob es sich um steuerpflichtige oder steuerfreie Leistungen oder um Teilleistungen handelt oder ob die Sonderregelungen nach den

---

[1)] BMF v. 28.11.2019, BStBl. I 2019, 1269, betr. Neufassung der GoBD.

[2)] Zu Anforderungen an die Rechnung und zur Feststellungslast vgl. BFH v. 6.12.2007 V R 61/05, BStBl. II 2008, 695.

§§ 23 bis 25c UStG angewendet werden. [3]Sofern eine Verpflichtung zur Erteilung einer Rechnung besteht, muss die Rechnung alle Pflichtangaben, die sich aus § 14 Abs. 4, § 14a UStG sowie aus den §§ 33 und 34 UStDV ergeben, enthalten und die übrigen formalen Voraussetzungen des § 14 UStG erfüllen. [4]Die Gesamtheit aller Dokumente, die die nach § 14 Abs. 4 und § 14a UStG geforderten Angaben insgesamt enthalten, bildet die Rechnung. [5]In einem Dokument fehlende Angaben müssen in anderen Dokumenten enthalten sein. [6]In einem dieser Dokumente müssen mindestens das Entgelt und der Steuerbetrag angegeben werden. [7]Außerdem sind in diesem Dokument alle anderen Dokumente zu bezeichnen, aus denen sich die nach § 14 Abs. 4 und § 14a UStG erforderlichen Angaben insgesamt ergeben (§ 31 Abs. 1 UStDV). [8]Alle Dokumente müssen vom Rechnungsaussteller erstellt werden. [9]Im Fall der Gutschrift muss deshalb der Gutschriftsaussteller alle Dokumente erstellen. [10]Ist ein Dritter mit der Rechnungserstellung beauftragt (§ 14 Abs. 2 Satz 4 UStG), ist auch derjenige, der den Dritten mit der Rechnungserstellung beauftragt hat, zur Erstellung der fehlenden Dokumente berechtigt. [11]Hinsichtlich der Leistungsbeschreibung ist es zulässig, auf den vom leistenden Unternehmer erstellten Lieferschein Bezug zu nehmen. [12]Die Erteilung einer Rechnung, die nicht alle in § 14 Abs. 4 Satz 1 UStG aufgeführten Pflichtangaben enthält, gilt nicht als Ordnungswidrigkeit im Sinne des § 26a Abs. 1 Nr. 1 UStG.

Name und Anschrift des leistenden Unternehmers und des Leistungsempfängers

(2)[1)] [1]Nach § 14 Abs. 4 Satz 1 Nr. 1 UStG sind in der Rechnung der Name und die Anschrift des leistenden Unternehmers und des Leistungsempfängers jeweils vollständig anzugeben. [2]Dabei ist es nach § 31 Abs. 2 UStDV ausreichend, wenn sich auf Grund der in die Rechnung aufgenommenen Bezeichnungen der Name und die Anschrift sowohl des leistenden Unternehmers als auch des Leistungsempfängers eindeutig feststellen lassen. [3]Unter diesen Voraussetzungen kann auch die Verwendung eines Aliasnamens nach dem ProstSchG eine ausreichende Rechnungsangabe sein (siehe BMF-Schreiben vom 7.9.2021, BStBl. I S. 1591). [4]Es reicht jede Art von Anschrift, sofern der leistende Unternehmer bzw. der Leistungsempfänger unter dieser Anschrift erreichbar ist. [5]Dabei ist es unerheblich, ob die wirtschaftlichen Tätigkeiten des leistenden Unternehmers unter der Anschrift ausgeübt werden, die in der von ihm ausgestellten Rechnung angegeben ist (vgl. BFH-Urteile vom 13.6.2018, XI R 20/14, BStBl. II S. 800, und vom 21.6.2018, V R 25/15, BStBl. II S. 809, und V R 28/16, BStBl. II S. 806). [6]Maßgeblich für eine Erreichbarkeit ist der Zeitpunkt der Rechnungsausstellung (vgl. BFH-Urteil vom 5.12.2018, XI R 22/14, BStBl. 2020 II S. 418). [7]Verfügt der leistende Unternehmer bzw. der Leistungsempfänger über ein Postfach, über eine Großkundenadresse oder über eine c/o-Adresse, genügt die jeweilige Angabe in der Rechnung den Anforderungen des § 14 Abs. 4 Satz 1 Nr. 1 UStG an eine vollständige Anschrift.

(3) *(aufgehoben)*

---

1) A 14.5 UStAE Abs. 2 neuer Satz 3 eingef., bish. Sätze 3 bis 6 werden Sätze 4 bis 7 durch BMF v. 7.9.2021, BStBl. 2021, 1591, anzuwenden in allen offenen Fällen.

(4) [1]Im Fall der umsatzsteuerlichen Organschaft kann der Name und die Anschrift der Organgesellschaft angegeben werden, wenn der leistende Unternehmer oder der Leistungsempfänger unter dem Namen und der Anschrift der Organgesellschaft die Leistung erbracht bzw. bezogen hat. [2]Entsprechendes gilt für die Angabe der Anschrift einer Zweigniederlassung, einer Betriebsstätte oder eines Betriebsteils des Unternehmers.

Steuernummer oder USt-IdNr. des leistenden Unternehmers

(5) [1]Nach § 14 Abs. 4 Satz 1 Nr. 2 UStG muss der leistende Unternehmer in der Rechnung entweder die ihm vom inländischen Finanzamt erteilte Steuernummer oder die vom BZSt erteilte USt-IdNr. angeben (vgl. BFH-Urteil vom 2.9.2010, V R 55/09, BStBl. 2011 II S. 235). [2]Wurde dem leistenden Unternehmer keine USt-IdNr. erteilt, ist zwingend die erteilte Steuernummer anzugeben. [3]Wenn das Finanzamt eine gesonderte Steuernummer für Zwecke der Umsatzbesteuerung erteilt hat (z. B. bei von der Zuständigkeit nach dem Betriebssitz abweichender Zuständigkeit nach § 21 AO), ist diese anzugeben. [4]Erteilt das Finanzamt dem leistenden Unternehmer eine neue Steuernummer (z. B. bei Verlagerung des Unternehmenssitzes), ist nur noch diese zu verwenden. [5]Es ist nicht erforderlich, dass der Unternehmer die vom Finanzamt erteilte Steuernummer um zusätzliche Angaben (z. B. Name oder Anschrift des Finanzamts, Finanzamtsnummer oder Länderschlüssel) ergänzt. [6]Im Fall der Gutschrift ist die Steuernummer bzw. die USt-IdNr. des leistenden Unternehmers und nicht die des die Gutschrift erteilenden Leistungsempfängers anzugeben. [7]Zu diesem Zweck hat der leistende Unternehmer (Gutschriftsempfänger) dem Aussteller der Gutschrift seine Steuernummer oder USt-IdNr. mitzuteilen. [8]Dies gilt auch für einen ausländischen Unternehmer, dem von einem inländischen Finanzamt eine Steuernummer oder vom BZSt eine USt-IdNr. erteilt wurde. [9]Hinsichtlich des Anspruchs natürlicher Personen auf Erteilung einer Steuernummer für Umsatzsteuerzwecke vgl. BFH-Urteil vom 23.9.2009, II R 66/07, BStBl. 2010 II S. 712, und BMF-Schreiben vom 1.7.2010, BStBl. I S. 625.

(6) [1]Leistet ein Unternehmer im eigenen Namen (Eigengeschäft) und vermittelt er einen Umsatz in fremdem Namen und für fremde Rechnung (vermittelter Umsatz), gilt für die Angabe der Steuernummer oder der USt-IdNr. Folgendes:

– [2]Für das Eigengeschäft gibt der leistende Unternehmer seine Steuernummer oder USt-IdNr. an.
– [3]Rechnet der Unternehmer über einen vermittelten Umsatz ab (z. B. Tankstellenbetreiber, Reisebüro), hat er die Steuernummer oder USt-IdNr. des leistenden Unternehmers (z. B. Mineralölgesellschaft, Reiseunternehmen) anzugeben.
– [4]Werden das Eigengeschäft und der vermittelte Umsatz in einer Rechnung aufgeführt (vgl. Abschnitt 14.10 Abs. 3), kann aus Vereinfachungsgründen der jeweilige Umsatz durch Kennziffern oder durch Symbole der jeweiligen Steuernummer oder USt-IdNr. zugeordnet werden. [5]Diese sind in der Rechnung oder in anderen Dokumenten (§ 31 UStDV) zu erläutern.

(7) Im Fall der umsatzsteuerlichen Organschaft muss die Organgesellschaft die ihr oder dem Organträger erteilte USt-IdNr. oder die Steuernummer des Organträgers angeben.

(8) Die Angabe der Steuernummer oder der USt-IdNr. ist vorbehaltlich der §§ 33 und 34 UStDV auch erforderlich, wenn

– beim leistenden Unternehmer die Umsatzsteuer nach § 19 Abs. 1 UStG nicht erhoben wird,
– ausschließlich über steuerfreie Umsätze abgerechnet wird,
– der Leistungsempfänger nach § 13b Abs. 1 Satz 1 Nr. 2 bis 4 UStG Steuerschuldner ist (vgl. auch § 14a Abs. 5 UStG).

(9) [1] Ein Vertrag erfüllt die Anforderung des § 14 Abs. 4 Satz 1 Nr. 2 UStG, wenn er die Steuernummer oder die USt-IdNr. des leistenden Unternehmers enthält. [2] Ist in dem Vertrag die Steuernummer angegeben und erteilt das Finanzamt dem leistenden Unternehmer eine neue Steuernummer (z.B. bei Verlagerung des Unternehmenssitzes), ist der Vertragspartner in geeigneter Weise darüber zu informieren. [3] Die leichte Nachprüfbarkeit dieser Angabe muss beim Leistungsempfänger gewährleistet sein. [4] Es ist nicht erforderlich, dass auf den Zahlungsbelegen die Steuernummer oder die USt-IdNr. des leistenden Unternehmers angegeben ist.

Fortlaufende Nummer (Rechnungsnummer)

(10) [1] Durch die fortlaufende Nummer (Rechnungsnummer) soll sichergestellt werden, dass die vom Unternehmer erstellte Rechnung einmalig ist. [2] Bei der Erstellung der Rechnungsnummer ist es zulässig, eine oder mehrere Zahlen- oder Buchstabenreihen zu verwenden. [3] Auch eine Kombination von Ziffern mit Buchstaben ist möglich. [4] Eine lückenlose Abfolge der ausgestellten Rechnungsnummern ist nicht zwingend. [5] Es ist auch zulässig, im Rahmen eines weltweiten Abrechnungssystems verschiedener, in unterschiedlichen Ländern angesiedelter Konzerngesellschaften nur einen fortlaufenden Nummernkreis zu verwenden.

(11) [1] Bei der Erstellung der Rechnungsnummer bleibt es dem Rechnungsaussteller überlassen, wie viele und welche separaten Nummernkreise geschaffen werden, in denen eine Rechnungsnummer jeweils einmalig vergeben wird. [2] Dabei sind Nummernkreise für zeitlich, geographisch oder organisatorisch abgegrenzte Bereiche zulässig, z.B. für Zeiträume (Monate, Wochen, Tage), verschiedene Filialen, Betriebsstätten einschließlich Organgesellschaften oder Bestandsobjekte. [3] Die einzelnen Nummernkreise müssen dabei nicht zwingend lückenlos sein. [4] Es muss jedoch gewährleistet sein (z.B. durch Vergabe einer bestimmten Klassifizierung für einen Nummernkreis), dass die jeweilige Rechnung leicht und eindeutig dem jeweiligen Nummernkreis zugeordnet werden kann und die Rechnungsnummer einmalig ist.

(12) [1] Bei Verträgen über Dauerleistungen ist es ausreichend, wenn diese Verträge eine einmalige Nummer enthalten (z.B. Wohnungs- oder Objektnummer, Mieternummer). [2] Es ist nicht erforderlich, dass Zahlungsbelege eine gesonderte fortlaufende Nummer erhalten.

(13) [1] Im Fall der Gutschrift ist die fortlaufende Nummer durch den Gutschriftsaussteller zu vergeben. [2] Wird die Rechnung nach § 14 Abs. 2 Satz 4 UStG von einem Dritten ausgestellt, kann dieser die fortlaufende Nummer vergeben.

(14) Kleinbetragsrechnungen nach § 33 UStDV und Fahrausweise nach § 34 UStDV müssen keine fortlaufende Nummer enthalten.

Menge und Art der gelieferten Gegenstände oder Umfang und Art der sonstigen Leistung

(15)[1) · 2)] [1]Die Bezeichnung der Leistung muss eine eindeutige und leicht nachprüfbare Feststellung der Leistung ermöglichen, über die abgerechnet worden ist (vgl. BFH-Urteile vom 10.11.1994, V R 45/93, BStBl. 1995 II S. 395, vom 8.10.2008, V R 59/07, BStBl. 2009 II S. 218, vom 16.1.2014, V R 28/13, BStBl. II S. 867, und vom 12.3.2020, V R 48/17, DStR S. 1846). [2]Unrichtige oder ungenaue Angaben, die eventuell auch keinen Rückschluss auf den Ort der Leistungserbringung und eine mögliche Steuerpflicht ermöglichen, genügen diesen Anforderungen nicht (vgl. BFH-Urteil vom 1.3.2018, V R 18/17, BStBl. 2021 II S. 644). [3]Handelsüblich (§ 14 Abs. 4 Satz 1 Nr. 5 UStG) ist jede im Geschäftsverkehr für einen Gegenstand allgemein verwendete Bezeichnung, z.B. auch Markenartikelbezeichnungen. [4]Handelsübliche Sammelbezeichnungen sind ausreichend, wenn sie die Bestimmung des anzuwendenden Steuersatzes eindeutig ermöglichen, z.B. Baubeschläge, Büromöbel, Kurzwaren, Schnittblumen, Spirituosen, Tabakwaren, Waschmittel. [5]Bezeichnungen allgemeiner Art, die Gruppen verschiedenartiger Gegenstände umfassen, z.B. Geschenkartikel, reichen grundsätzlich nicht aus. [6]In Rechnungen über die Lieferung von Präsentkörben reicht es aus, als handelsübliche Bezeichnung des Liefergegenstandes lediglich „Präsentkorb" anzugeben. [7]Die Mengen und die handelsüblichen Bezeichnungen der im Präsentkorb enthaltenen einzelnen Gegenstände brauchen in der Rechnung nicht genannt zu werden. [8]In einer Rechnung über die Übertragung bzw. Ausgabe eines Einzweck-Gutscheins nach § 3 Abs. 14 UStG ist die Bezeichnung der Gutscheinart (Einzweck-Gutschein) sowie eine kurze Beschreibung der Lieferung oder der sonstigen Leistung, zu deren Bezug der Gutschein berechtigt, ausreichend (vgl. hierzu Abschnitt 3.17 Abs. 2). [9]Bei einem Mehrzweck-Gutschein nach § 3 Abs. 15 UStG unterliegt erst bei dessen Einlösung die tatsächliche Lieferung oder die tatsächliche Erbringung der sonstigen Leistung der Umsatzsteuer (vgl. hierzu Abschnitt 3.17 Abs. 9); über diese Leistung ist dann nach den allgemeinen Regelungen abzurechnen. [10]Zur Verwendung der Geräteidentifikationsnummer als Bestandteil der handelsüblichen Bezeichnung des gelieferten Gegenstands vgl. BMF-Schreiben vom 1.4.2009, BStBl. I S. 525.

Zeitpunkt der Leistung und Vereinnahmung des Entgelts

(16) [1]Nach § 14 Abs. 4 Satz 1 Nr. 6 UStG ist in der Rechnung der Zeitpunkt der Lieferung oder sonstigen Leistung anzugeben. [2]Dies gilt auch dann,

---

1) A 14.5 UStAE Abs. 15 Satz 1 Klammerzusatz neugef. durch BMF v. 18.9.2020, BStBl. I 2020, 976, anzuwenden in allen offenen Fällen; zur **Übergangsregelung** siehe Anlage 8.

2) A 14.5 UStAE Abs. 15 Sätze 5 und 6 eingef., bish. Satz 5 wird Satz 7 durch BMF v. 2.11.2020, BStBl. I 2020, 1121, anzuwenden auf **nach dem 31.12.2018** ausgestellte Gutscheine. Es wird – auch für Zwecke des Vorsteuerabzugs – nicht beanstandet, wenn **ab dem 1.1.2019 und vor dem 2.2.2021** ausgestellte Gutscheine von den Beteiligten nicht entsprechend den Vorgaben dieses BMF-Schreibens behandelt worden sind. Abs. 15 Satz 4 neugef., Sätze 5 und 6 eingef., bish. Sätze 5 bis 7 werden Sätze 7 bis 9 durch BMF v. 15.12.2020, BStBl. I 2020, 1374; neuer Satz 2 eingef., bish. Sätze 2 bis 9 werden Sätze 3 bis 10 durch BMF v. 9.9.2021, BStBl. I 2021, 1593, anzuwenden in allen offenen Fällen.

wenn das Ausstellungsdatum der Rechnung (§ 14 Abs. 4 Satz 1 Nr. 3 UStG) mit dem Zeitpunkt der Lieferung oder der sonstigen Leistung übereinstimmt; in diesen Fällen genügt eine Angabe wie z. B. „Leistungsdatum entspricht Rechnungsdatum" (vgl. BFH-Urteil vom 17.12.2008, XI R 62/07, BStBl. 2009 II S. 432). [3]Nach § 31 Abs. 4 UStDV kann als Zeitpunkt der Lieferung oder der sonstigen Leistung der Kalendermonat angegeben werden, in dem die Leistung ausgeführt wird. [4]Die Verpflichtung zur Angabe des Zeitpunkts der Lieferung oder der sonstigen Leistung besteht auch in den Fällen, in denen die Ausführung der Leistung gegen Barzahlung erfolgt. [5]Im Einzelnen gilt hierbei Folgendes:

1. Angabe des Zeitpunkts der Lieferung in einem Lieferschein:
   [1]Nach § 31 Abs. 1 UStDV kann eine Rechnung aus mehreren Dokumenten bestehen, aus denen sich die nach § 14 Abs. 4 Satz 1 UStG erforderlichen Angaben insgesamt ergeben. [2]Demzufolge können sich Rechnungsangaben auch aus einem in dem Dokument, in dem Entgelt und Steuerbetrag angegeben sind, zu bezeichnenden Lieferschein ergeben. [3]Sofern sich der nach § 14 Abs. 4 Satz 1 Nr. 6 UStG erforderliche Leistungszeitpunkt aus dem Lieferschein ergeben soll, ist es erforderlich, dass der Lieferschein neben dem Lieferscheindatum eine gesonderte Angabe des Leistungsdatums enthält. [4]Sofern das Leistungsdatum dem Lieferscheindatum entspricht, kann an Stelle der gesonderten Angabe des Leistungsdatums ein Hinweis in die Rechnung aufgenommen werden, dass das Lieferscheindatum dem Leistungsdatum entspricht.
2. Angabe des Zeitpunkts der Lieferung in den Fällen, in denen der Ort der Lieferung nach § 3 Abs. 6 UStG bestimmt wird:
   [1]In den Fällen, in denen der Gegenstand der Lieferung durch den Lieferer, den Abnehmer oder einen vom Lieferer oder vom Abnehmer beauftragten Dritten befördert oder versendet wird, gilt die Lieferung nach § 3 Abs. 6 Satz 1 UStG dort als ausgeführt, wo die Beförderung oder Versendung an den Abnehmer oder in dessen Auftrag an einen Dritten beginnt (vgl. Abschnitt 3.12). [2]Soweit es sich um eine Lieferung handelt, für die der Ort der Lieferung nach § 3 Abs. 6 UStG bestimmt wird, ist in der Rechnung als Tag der Lieferung der Tag des Beginns der Beförderung oder Versendung des Gegenstands der Lieferung anzugeben. [3]Dieser Tag ist auch maßgeblich für die Entstehung der Steuer nach § 13 Abs. 1 Nr. 1 Buchstabe a Satz 1 UStG (vgl. Abschnitt 13.1 Abs. 1 und 2 Satz 2).
3. Angabe des Zeitpunkts der Lieferung in anderen Fällen:
   [1]In allen Fällen, in denen sich der Ort der Lieferung nicht nach § 3 Abs. 6 UStG bestimmt, ist als Tag der Lieferung in der Rechnung der Tag der Verschaffung der Verfügungsmacht anzugeben. [2]Zum Begriff der Verschaffung der Verfügungsmacht vgl. Abschnitt 3.1 Abs. 2.
4. Angabe des Zeitpunkts der sonstigen Leistung:
   [1]Nach § 14 Abs. 4 Satz 1 Nr. 6 UStG ist in der Rechnung der Zeitpunkt der sonstigen Leistung anzugeben. [2]Dies ist der Zeitpunkt, zu dem die sonstige Leistung ausgeführt ist. [3]Sonstige Leistungen sind grundsätzlich im Zeitpunkt ihrer Vollendung ausgeführt. [4]Bei zeitlich begrenzten Dauerleistungen ist die Leistung mit Beendigung des entsprechenden Rechtsver-

Abs. 5 und 6 sowie Abschnitte 23.1 und 23.3). [2]Dasselbe gilt für die Berechnung nach den Durchschnittssätzen des § 23a UStG (§ 23a Abs. 1 UStG; vgl. Abschnitt 15.1 Abs. 3 Satz 1 Nr. 2, Abs. 5 und 6).

5. Werden die Vorsteuerbeträge, die den im Rahmen eines land- und forstwirtschaftlichen Betriebs ausgeführten Umsätzen zuzurechnen sind, nach Durchschnittssätzen ermittelt, entfällt ein weiterer Vorsteuerabzug (§ 24 Abs. 1 Satz 3 und 4 UStG; vgl. Abschnitt 15.1 Abs. 3 Satz 1 Nr. 3, Abs. 5 und 6 sowie Abschnitt 24.7 Abs. 2 und 3).
6. Bewirkt der Unternehmer Reiseleistungen im Sinne des § 25 Abs. 1 UStG, ist er nicht berechtigt, die ihm in diesen Fällen für die Reisevorleistungen gesondert in Rechnung gestellten Steuerbeträge als Vorsteuern abzuziehen (§ 25 Abs. 4 UStG, vgl. Abschnitt 25.4).
7. Ein Wiederverkäufer, der für die Lieferung beweglicher körperlicher Gegenstände die Differenzbesteuerung des § 25a Abs. 2 UStG anwendet, kann die entstandene Einfuhrumsatzsteuer sowie die Steuer für die an ihn ausgeführte Lieferung nicht als Vorsteuer abziehen (§ 25a Abs. 5 UStG; vgl. Abschnitt 25a.1 Abs. 7).

15.2a Ordnungsmäßige Rechnung als Voraussetzung für den Vorsteuerabzug

Rechnung im Sinne der §§ 14, 14a UStG

(1) [1]Nach § 15 Abs. 1 Satz 1 Nr. 1 Satz 2 in Verbindung mit § 14 Abs. 4 Satz 1 Nr. 8 UStG muss die Steuer in einer nach den §§ 14, 14a UStG ausgestellten Rechnung gesondert ausgewiesen sein. [2]Der Begriff der Rechnung ergibt sich aus § 14 Abs. 1 UStG (vgl. auch Abschnitt 14.1). [3]Für den Vorsteuerabzug muss eine Rechnung das Entgelt und den Steuerbetrag getrennt ausweisen; die Angabe des Entgelts als Grundlage des gesondert ausgewiesenen Steuerbetrags ist damit zwingend erforderlich (vgl. Abschnitt 15.11 Abs. 4). [4]Ein gesonderter Steuerausweis liegt nicht vor, wenn die in einem Vertrag enthaltene Abrechnung offen lässt, ob der leistende Unternehmer den Umsatz steuerfrei oder steuerpflichtig (§ 9 UStG) behandeln will (vgl. Abschnitt 14.1 Abs. 2 Satz 5), oder in dem Dokument nicht durch Angaben tatsächlicher Art zum Ausdruck kommt, dass die gesondert ausgewiesene Steuer auf Lieferungen oder sonstigen Leistungen des Rechnungsausstellers an den Leistungsempfänger beruht (BFH-Urteil vom 12.6.1986, V R 75/78, BStBl. II S. 721). [5]Eine nach den §§ 14, 14a UStG ausgestellte Rechnung ist auch bei der Abrechnung der Leistung des Insolvenzverwalters an den Gemeinschuldner erforderlich. [6]Der Beschluss des Insolvenzgerichts über die Festsetzung der Vergütung ist für den Vorsteuerabzug nicht ausreichend (vgl. BFH-Urteile vom 20.2.1986, V R 16/81, BStBl. II S. 579 und vom 26.9.2012, V R 9/11, BStBl. II 2013 S. 346).

(1a)[1)] [1]Das Recht auf Vorsteuerabzug kann ausnahmsweise auch geltend gemacht werden, wenn der Unternehmer im Besitz einer Rechnung ist, die nicht alle formellen Voraussetzungen erfüllt und die auch nicht berichtigt wurde (vgl.

---

1) A 15.2a UStAE Abs. 1a eingef. durch BMF v. 18.9.2020, BStBl. I 2020, 976, anzuwenden in allen offenen Fällen, zur **Übergangsregelung** siehe Anlage 8; neuer Satz 8 eingef., bish. Sätze 8 und 9 werden Sätze 9 und 10 durch BMF v. 9.9.2021, BStBl. I 2021, 1593, anzuwenden in allen offenen Fällen.

Absatz 7). [2]Der Vorsteuerabzug ist unter Anwendung eines strengen Maßstabes auch zu gewähren, wenn die Finanzverwaltung über sämtliche Angaben verfügt, um die materiellen Voraussetzungen zu überprüfen (vgl. EuGH-Urteil vom 15.9.2016, C-516/14, Barlis 06). [3]Der Unternehmer kann daher durch objektive Nachweise belegen, dass ihm andere Unternehmer auf einer vorausgehenden Umsatzstufe tatsächlich Gegenstände oder Dienstleistungen geliefert bzw. erbracht haben, die seinen der Mehrwertsteuer unterliegenden Umsätzen dienten und für die er die Umsatzsteuer tatsächlich entrichtet hat. [4]Aus dieser Rechtsprechung folgt aber insbesondere nicht, dass ein Vorsteuerabzug gänzlich ohne Rechnung geltend gemacht werden kann (vgl. Rz. 39 ff. des BFH-Urteils vom 15.10.2019, V R 14/18, BStBl. 2020 II S. 596). [5]Der Nachweis über die tatsächliche Entrichtung der Steuer kann nämlich nur über eine Rechnung oder deren Kopie (vgl. Abschnitt 15.11. Abs. 1 Satz 4) mit offen ausgewiesener Umsatzsteuer erfolgen. [6]Ohne diesen Ausweis verbleiben Zweifel, ob und in welcher Höhe die Steuer in dem Zahlbetrag enthalten ist und damit, ob die Steuer tatsächlich entrichtet worden ist. [7]Entscheidend ist, dass die vorgelegten Beweismittel eine leichte und zweifelsfreie Feststellung der Voraussetzungen durch die Finanzbehörden ermöglichen (vgl. BFH-Urteil vom 12.3.2020, V R 48/17, BStBl. II S. 604), anderenfalls ist die Kontrollfunktion nicht erfüllt. [8]Der Leistungszeitpunkt kann sich im Einzelfall aus dem Rechnungsdatum ergeben, wenn keine Zweifel bestehen, dass die Leistung in dem Monat der Rechnungsstellung ausgeführt wurde (vgl. BFH-Urteile vom 1.3.2018, V R 18/17, BStBl. 2021 II S. 644, und vom 15.10.2019, V R 29/19 (V R 44/16), BStBl. 2021 II S. 646). [9]Solche Zweifel bestehen insbesondere, wenn das Zusammenfallen von Rechnungs- und Leistungsdatum nicht branchenüblich ist, der Rechnungsaussteller eine zeitnahe Abrechnung nicht regelmäßig durchführt oder bei der konkreten Leistung sonstige Zweifel am Zusammenfallen der Daten bestehen. [10]Es besteht keine Pflicht der Finanzbehörden, fehlende Informationen selbst von Amts wegen zu ermitteln. [11]Zweifel und Unklarheiten wirken zu Lasten des Unternehmers (vgl. Abschnitt 15.11. Abs. 3 Satz 1).

Rechnungsaussteller

(2) [1]Die Rechnung muss grundsätzlich vom leistenden Unternehmer oder vom Leistungsempfänger (Gutschrift) ausgestellt sein. [2]Ein Vorsteuerabzug ist deshalb nicht zulässig, wenn ein anderer im Namen des Leistenden oder des Leistungsempfängers eine Rechnung mit gesondertem Steuerausweis erteilt, ohne vom Leistenden oder vom Leistungsempfänger dazu beauftragt zu sein. [3]Der Rechnungsaussteller (Gutschriftsempfänger) muss mit dem leistenden Unternehmer grundsätzlich identisch sein, um eine Verbindung zwischen einer bestimmten wirtschaftlichen Transaktion und dem Rechnungsaussteller (Gutschriftsempfänger) herzustellen (vgl. BFH-Urteil vom 14.2.2019, V R 47/16, BStBl. II 2020 S. 424). [4]Zur Abrechnung durch den Vermittler vgl. BFH-Urteil vom 4.3.1982, V R 59/81, BStBl. II S. 315. [5]Der Vorsteuerabzug ist nur möglich, wenn die Rechnung die Angabe des vollständigen Namens und der vollständigen Anschrift des leistenden Unternehmers enthält, wobei es nicht erforderlich ist, dass die wirtschaftlichen Tätigkeiten des leistenden Unternehmers unter der Anschrift ausgeübt werden, die in der von ihm ausgestellten Rechnung angegeben ist; es reicht vielmehr jede Art von Anschrift und damit auch eine Briefkastenanschrift, sofern der Unternehmer unter die-

ser Anschrift erreichbar ist (vgl. BFH-Urteile vom 13.6.2018, XI R 20/14, BStBl. II S. 800, und vom 21.6.2018, V R 25/15, BStBl. II S. 809, und V R 28/16, BStBl. II S. 806). [6]Maßgeblich für eine Erreichbarkeit ist der Zeitpunkt der Rechnungsausstellung. [7]Die Feststellungslast für die postalische Erreichbarkeit zu diesem Zeitpunkt trifft den den Vorsteuerabzug begehrenden Leistungsempfänger (vgl. BFH-Urteil vom 5.12.2018, XI R 22/14, BStBl. 2020 II S. 418). [8]Der Unternehmer, der die Lieferung oder sonstige Leistung ausgeführt hat, muss in der Rechnung (Abrechnungspapier) grundsätzlich mit seinem wirklichen Namen bzw. mit der wirklichen Firma angegeben sein (vgl. auch § 31 Abs. 2 UStDV). [9]Bei der Verwendung eines unzutreffenden und ungenauen Namens (z. B. Scheinname oder Scheinfirma) kann der Vorsteuerabzug ausnahmsweise zugelassen werden, wenn der tatsächlich leistende Unternehmer eindeutig und leicht nachprüfbar aus dem Abrechnungspapier ersichtlich ist (vgl. BFH-Urteil vom 7.10.1987, X R 60/82, BStBl. 1988 II S. 34). [10]Diese Ausnahmekriterien sind eng auszulegen, so dass z. B. der Vorsteuerabzug unter folgenden Umständen unzulässig ist:

1.[1)] [1]Bei Verwendung einer Scheinfirma oder eines Scheinnamens ergibt sich aus dem Abrechnungspapier kein Hinweis auf den tatsächlich leistenden Unternehmer (vgl. BFH-Urteil vom 19.10.1978, V R 39/75, BStBl. 1979 II S. 345). [2]Hinweise auf den tatsächlich leistenden Unternehmer fehlen in der Regel in Rechnungen mit willkürlich ausgesuchten Firmenbezeichnungen und/oder unzutreffenden Anschriften sowie bei Rechnungen von zwar existierenden Firmen, die aber die Leistung nicht ausgeführt haben (z. B. bei Verwendung von echten Rechnungsformularen dieser Firmen ohne ihr Wissen oder bei gefälschten Rechnungsformularen). [3]Das gilt auch, wenn der Abrechnende bereits bei der Leistungsbewirkung unter dem fremden Namen aufgetreten ist (BFH-Urteil vom 17.9.1992, V R 41/89, BStBl. 1993 II S. 205) oder wenn die als Rechnungsaussteller bezeichnete Person einen auf ihren Namen lautenden Gewerbebetrieb vortäuscht, ohne tatsächlich selber direkt oder über einen rechtsgeschäftlichen Vertreter zivilrechtliche Vertragsbeziehungen mit dem Leistungsempfänger zu unterhalten (vgl. BFH-Urteil vom 15.10.2019, V R 29/19 (V R 44/16), BStBl. 2021 II S. 646).

2. [1]Aus dem Abrechnungspapier geht der tatsächlich leistende Unternehmer nicht eindeutig hervor. [2]Dies ist beispielsweise anzunehmen, wenn nach der Abrechnung mehrere leistende Unternehmer in Betracht kommen und sich der tatsächlich leistende Unternehmer nicht zweifelsfrei ergibt. [3]Die Feststellung, welcher Leistungsbeziehung die Verschaffung der Verfügungsmacht zuzurechnen ist, ist im Wesentlichen tatsächliche Würdigung (vgl. BFH-Urteil vom 4.9.2003, V R 9, 10/02, BStBl. 2004 II S. 627). [4]Im Fall eines Strohmannverhältnisses sind die von dem (weisungsabhängigen) Strohmann bewirkten Leistungen trotz selbständigen Auftretens im Außenverhältnis dem Hintermann als Leistendem zuzurechnen (vgl. BFH-Urteil vom 15.9.1994, XI R 56/93, BStBl. 1995 II S. 275). [5]Ein Strohmann, der im eigenen Namen

[1)] A 15.2a UStAE Abs. 2 Satz 10 Nr. 1 Satz 3 neugef. durch BMF v. 9.9.2021, BStBl. I 2021, 1593, anzuwenden in allen offenen Fällen.

Gegenstände verkauft und bewirkt, dass dem Abnehmer die Verfügungsmacht daran eingeräumt wird, kann aber umsatzsteuerrechtlich Leistender sein (vgl. BFH-Urteil vom 28.1.1999, V R 4/98, BStBl. II S. 628, und BFH-Beschluss vom 31.1.2002, V B 108/01, BStBl. 2004 II S. 622). [6]Ein Unternehmer, der unter fremdem Namen auftritt, liefert dagegen selbst, wenn nach den erkennbaren Umständen durch sein Handeln unter fremdem Namen lediglich verdeckt wird, dass er und nicht der „Vertretene" die Lieferung erbringt (vgl. BFH-Urteil vom 4.9.2003, V R 9, 10/02, a. a. O.). [7]Im Übrigen vgl. zum Begriff des Leistenden Abschnitt 2.1 Abs. 3.

3. Aus dem Abrechnungspapier ist der tatsächlich leistende Unternehmer nur schwer zu ermitteln, also nicht leicht nachprüfbar festzustellen.
4. Der tatsächlich leistende Unternehmer ist zwar bekannt, seine Identität ergibt sich jedoch nicht aus dem Abrechnungspapier oder aus solchen Unterlagen, auf die in dem Abrechnungspapier verwiesen wird (vgl. hierzu die zur zutreffenden Leistungsbezeichnung in Rechnungen ergangenen BFH-Beschlüsse vom 4.12.1987, V S 9/85, BStBl. 1988 II S. 702, und vom 9.12.1987, V B 54/85, BStBl. 1988 II S. 700).

[11]Steuern, die dem Unternehmer von einem Lieferer oder Leistenden in Rechnung gestellt werden, der nicht Unternehmer ist, sind – obwohl sie von diesem nach § 14c Abs. 2 UStG geschuldet werden – nicht abziehbar (vgl. BFH-Urteile vom 8.12.1988, V R 28/84, BStBl. 1989 II S. 250, und vom 2.4.1998, V R 34/97, BStBl. II S. 695).

Rechnungsadressat

(3) [1]Der Vorsteuerabzug setzt grundsätzlich eine auf den Namen des umsatzsteuerlichen Leistungsempfängers lautende Rechnung mit gesondert ausgewiesener Steuer voraus. [2]Es ist jede Bezeichnung des Leistungsempfängers ausreichend, die eine eindeutige und leicht nachprüfbare Feststellung seines Namens und seiner Anschrift ermöglicht (vgl. BFH-Urteil vom 2.4.1997, V B 26/96, BStBl. II S. 443). [3]Eine andere Rechnungsadresse ist nicht zu beanstanden, wenn aus dem übrigen Inhalt der Rechnung oder aus anderen Unterlagen, auf die in der Rechnung hingewiesen wird (§ 31 Abs. 1 UStDV), Name und Anschrift des umsatzsteuerlichen Leistungsempfängers eindeutig hervorgehen (z. B. bei einer Rechnungsausstellung auf den Namen eines Gesellschafters für Leistungen an die Gesellschaft). [4]Eine Gesellschaft kann jedoch aus einer Rechnung, die nur auf einen Gesellschafter ausgestellt ist, keinen Vorsteuerabzug vornehmen, wenn die Rechnung keinen Hinweis auf die Gesellschaft als Leistungsempfänger enthält (vgl. BFH-Urteile vom 5.10.1995, V R 113/92, BStBl. 1996 II S. 111). [5]Entsprechendes gilt für Gemeinschaften (vgl. BFH-Urteil vom 23.9.2009, XI R 14/08, BStBl. 2010 II S. 243). [6]Der in einer Rechnung an die Bauherren eines Gesamtobjekts (z. B. Wohnanlage mit Eigentumswohnungen) gesondert ausgewiesene Steuerbetrag kann nach § 1 Abs. 2 der Verordnung über die gesonderte Feststellung von Besteuerungsgrundlagen nach § 180 Abs. 2 AO auf die Beteiligten verteilt und ihnen zugerechnet werden. [7]Die Bezeichnung der einzelnen Leistungsempfänger und der für sie abziehbare Steuerbetrag kann aus einer Abrechnung über das bezeichnete Gesamtobjekt abgeleitet werden (BFH-Urteil vom 27.1.1994, V R 31/91,

BStBl. II S. 488). [8] Liegt bei gemeinschaftlicher Auftragserteilung durch mehrere Personen eine einheitliche Leistung an die Gemeinschaft vor, kann für Zwecke des Vorsteuerabzugs eines unternehmerischen Gemeinschafters in der Rechnung über die Leistung an die Gemeinschaft nach § 14 Abs. 4 Satz 1 Nr. 1 UStG nur die Angabe des vollständigen Namens und der vollständigen Anschrift der Gemeinschaft als Leistungsempfänger verlangt werden. [9] Aus den durch die den Vorsteuerabzug begehrenden Gemeinschafter nach § 22 UStG zu führenden Aufzeichnungen müssen sich die Namen und die Anschriften der übrigen Gemeinschafter sowie die auf die Gemeinschafter entfallenden Anteile am Gemeinschaftsvermögen ergeben. [10] In den Fällen eines Entgelts von dritter Seite (§ 10 Abs. 1 Satz 2 UStG) ist nicht der Dritte, sondern nur der Leistungsempfänger zum Vorsteuerabzug berechtigt (vgl. auch Abschnitt 14.10 Abs. 1).

Leistungsbeschreibung

(4) [1] In der Rechnung sind als Nachweis dafür, dass die Leistung für das Unternehmen bezogen wurde, zutreffende Angaben des leistenden Unternehmers über Art und Umfang der von ihm ausgeführten Leistung erforderlich (vgl. Abschnitt 14.5). [2] Bei Lieferungen bestehen die erforderlichen Angaben tatsächlicher Art grundsätzlich in der zutreffenden handelsüblichen Bezeichnung der einzelnen Liefergegenstände. [3] In besonderen Einzelfällen (z. B. wenn bei der Lieferung von ausschließlich gewerblich nutzbaren Erzeugnissen hinsichtlich des Bezugs für das Unternehmen keine Zweifel bestehen) können die gelieferten Gegenstände in Warengruppen zusammengefasst werden (vgl. BFH-Urteil vom 24.4.1986, V R 138/78, BStBl. II S. 581). [4] Bei den übrigen Leistungen hat der leistende Unternehmer in der Rechnung grundsätzlich tatsächliche Angaben über seine Leistungshandlung zu machen. [5] Es bestehen jedoch insbesondere bei der Ausführung sonstiger Leistungen keine Bedenken, wenn der Rechnungsaussteller statt seiner Leistungshandlung den beim Leistungsempfänger eintretenden Erfolg seiner Leistungshandlung bezeichnet. [6] Danach genügt bei der Inrechnungstellung von Arbeitnehmerüberlassungen regelmäßig die Angabe der Gewerke, die mit Hilfe der überlassenen Arbeitskräfte erstellt werden (vgl. BFH-Urteil vom 21.1.1993, V R 30/88, BStBl. II S. 384). [7] Durch die Angaben in der Rechnung muss zum Ausdruck kommen, dass die gesondert ausgewiesene Steuer auf Lieferungen oder sonstigen Leistungen des Rechnungsausstellers an den Leistungsempfänger beruht. [8] Dafür genügt eine bloße Auflistung von Umsätzen – aufgeteilt in Entgelt und Umsatzsteuer – nicht (vgl. BFH-Urteil vom 12.6.1986, V R 75/78, BStBl. II S. 721).

(5)[1)] [1] Der Vorsteuerabzug kann nur auf Grund einer Rechnung geltend gemacht werden, die eine eindeutige und leicht nachprüfbare Feststellung der Leistung ermöglicht, über die abgerechnet worden ist (BFH-Urteile vom 10.11.1994, V R 45/93, BStBl. 1995 II S. 395, vom 16.1.2014, V R 28/13, BStBl. II S. 867, vom 1.3.2018, V R 18/17, BStBl. 2021 II S. 644 und vom 15.10.2019, V R 29/19 (V R 44/16), BStBl. 2021 II S. 646). [2] Eine für die Gewährung des Vorsteuerabzugs ausreichende Leistungsbezeichnung ist dann

[1)] A 15.2a UStAE Abs. 5 Satz 3 Nr. 2 Sätze 3 und 4 neugef. durch BMF v. 15.12.2020, BStBl. I 2021, 1374; Satz 1 Klammerzusatz neugef. durch BMF v. 9.9.2021, BStBl. I 2021, 1593, anzuwenden in allen offenen Fällen.

nicht gegeben, wenn die Angaben tatsächlicher Art im Abrechnungspapier unrichtig oder so ungenau sind, dass sie eine Identifizierung des Leistungsgegenstands nicht ermöglichen. [3]Den Vorsteuerabzug ausschließende

1. unrichtige Angaben liegen vor, wenn eine in der Rechnung aufgeführte Leistung tatsächlich nicht erbracht ist und auch nicht erbracht werden soll (z.B. bei Gefälligkeitsrechnungen), oder zwar eine Leistung ausgeführt ist oder ausgeführt werden soll, jedoch in der Rechnung nicht auf die tatsächliche Leistung, sondern auf eine andere hingewiesen wird (vgl. Beispielsfälle in Abschnitt 14c.2 Abs. 2 Nr. 3);
2. [1]ungenaue Angaben liegen vor, wenn die Rechnungsangaben zwar nicht unrichtig, aber nicht so eingehend und präzise sind, dass sie ohne weiteres völlige Gewissheit über Art und Umfang des Leistungsgegenstands verschaffen. [2]Dies ist regelmäßig der Fall, wenn sich anhand der Rechnung nachträglich nicht genau feststellen lässt, auf welchen gelieferten Gegenstand bzw. auf welchen beim Leistungsempfänger eingetretenen Erfolg einer sonstigen Leistung sich die gesondert ausgewiesene Steuer beziehen soll (vgl. Beispielsfälle in Abschnitt 14c.2 Abs. 2 Nr. 3). [3]Die erforderlichen Angaben müssen aus der vom leistenden Unternehmer erstellten Rechnung oder aus weiteren, ergänzenden Unterlagen hervorgehen (vgl. Absätze 1a und 7). [4]Rechnungsergänzungen durch den Leistungsempfänger können nicht berücksichtigt werden (vgl. BFH-Beschluss vom 4.12.1987, V S 9/85, BStBl. 1988 II S. 702).

Überprüfung der Rechnungsangaben

(6)[1)] [1]Der Leistungsempfänger hat die in der Rechnung enthaltenen Angaben auf ihre Vollständigkeit und Richtigkeit zu überprüfen (vgl. BFH-Urteil vom 6.12.2007, V R 61/05, BStBl. 2008 II S. 695). [2]Dabei ist allerdings der Grundsatz der Verhältnismäßigkeit zu wahren. [3]Enthält die Rechnung entgegen § 14 Abs. 4 Satz 1 Nr. 2 UStG nur eine Zahlen- und Buchstabenkombination, bei der es sich nicht um die dem leistenden Unternehmer erteilte Steuernummer handelt, ist der Leistungsempfänger nach § 15 Abs. 1 Satz 1 Nr. 1 Satz 2 UStG – vorbehaltlich einer Rechnungsberichtigung – nicht zum Vorsteuerabzug berechtigt (BFH-Urteil vom 2.9.2010, V R 55/09, BStBl. 2011 II S. 235). [4]Die Überprüfung der Richtigkeit der Steuernummer oder der inländischen USt-IdNr. und der Rechnungsnummer ist dem Rechnungsempfänger regelmäßig nicht möglich (vgl. BFH-Urteil vom 2.9.2010, V R 55/09, a.a.O.). [5]Ist eine dieser Angaben unrichtig und konnte der Unternehmer dies nicht erkennen, bleibt der Vorsteuerabzug erhalten, wenn im Übrigen die Voraussetzungen für den Vorsteuerabzug gegeben sind. [6]Unberührt davon bleibt, dass der Unternehmer nach § 15 Abs. 1 Satz 1 Nr. 1 UStG nur die gesetzlich geschuldete Steuer für Lieferungen und sonstige Leistungen eines anderen Unternehmers für sein Unternehmen als Vorsteuer abziehen kann. [7]Deshalb ist z.B. der Vorsteuerabzug zu versagen, wenn die Identität des leistenden Unternehmers mit den Rechnungsangaben nicht übereinstimmt

---

1) A 15.2a UStAE Abs. 6 Satz 4 geänd., Sätze 8 und 10 bis 12 neugef. durch BMF v. 15.12.2020, BStBl. I 2020, 1374.

oder über eine nicht ausgeführte Lieferung oder sonstige Leistung abgerechnet wird. [8]Hinsichtlich der übrigen nach den §§ 14, 14a UStG erforderlichen Angaben hat der Rechnungsempfänger die inhaltliche Richtigkeit der Angaben zu überprüfen. [9]Dazu gehört insbesondere, ob es sich bei der ausgewiesenen Steuer um gesetzlich geschuldete Steuer für eine Lieferung oder sonstige Leistung handelt. [10]Bei unrichtigen Angaben entfällt grundsätzlich der Vorsteuerabzug. [11]Enthält eine Rechnung Rechenfehler oder die unrichtige Angabe des Entgelts, des Steuersatzes oder des Steuerbetrags, kann ggf. der zu niedrig ausgewiesene Steuerbetrag abgezogen werden (vgl. Abschnitt 14c.1 Abs. 9). [12]Im Fall des § 14c Abs. 1 UStG kann der Vorsteuerabzug unter den übrigen Voraussetzungen in Höhe der für die bezogene Leistung geschuldeten Steuer vorgenommen werden. [13]Ungenauigkeiten führen unter den übrigen Voraussetzungen nicht zu einer Versagung des Vorsteuerabzugs, wenn z. B. bei Schreibfehlern im Namen oder der Anschrift des leistenden Unternehmers oder des Leistungsempfängers oder in der Leistungsbeschreibung ungeachtet

(Fortsetzung S. 647)

[4]Eine Berichtigung nach § 15a UStG ist nicht möglich, da das Gebäude nur zu 72,22% als dem Unternehmen zugeordnet gilt und er damit bereits 100% des berichtigungsfähigen Vorsteuervolumens ausgeschöpft hat.

Beispiel 11:

[1]Sachverhalt wie Beispiel 9. [2]U führt ab dem 1.1.05 zu 50% steuerfreie Umsätze aus, die nicht zum Vorsteuerabzug berechtigen.

[3]Es liegt eine Änderung der Verhältnisse im Sinne des § 15a Abs. 1 UStG vor, da U bisher zu 100% steuerpflichtige Ausgangsumsätze ausgeführt hat. [4]Der dem Unternehmen zugeordnete Gebäudeteil wurde bisher zu 96,92% für steuerpflichtige Tätigkeiten und zu 3,08% unternehmensfremd genutzt.

§ 15a-UStG-fähige Vorsteuerbeträge: 65 000 €
Ursprünglicher Vorsteuerabzug: 65 000 € (100% von 65 000 €)
Zeitpunkt der erstmaligen Verwendung: 1.1.04
Dauer des Berichtigungszeitraums: 1.1.04 bis 31.12.13
Zum Vorsteuerabzug berechtigende Verwendung: 48,46% (neue Nutzung: 48,46% steuerpflichtig, 48,46% steuerfrei, 3,08% unternehmensfremd)
Änderung der Verhältnisse: 51,54 Prozentpunkte (48,46% statt bisher 100%)
Vorsteuerberichtigung ab Jahr 05: 51,54 Prozentpunkte von $^1/_{10}$ von 65 000 € = 3350,10 € sind zuungunsten des U zu korrigieren.

Beispiel 12:

[1]Sachverhalt wie Beispiel 9. [2]U nutzt das Gesamtgebäude ab dem 1.1.06 zu 50% für unternehmensfremde (private) Zwecke und führt zu 50% steuerfreie Umsätze aus, die nicht zum Vorsteuerabzug berechtigen.

[3]Es liegen zwei Änderungen der Verhältnisse im Sinne des § 15a Abs. 1 in Verbindung mit Abs. 6a UStG vor, da U das Berichtigungsobjekt im Sinne des § 15a UStG bisher nur zu 3,08% unternehmensfremd genutzt hat. [4]Die unternehmerische Nutzung des ursprünglich zugeordneten Gebäudeteils beträgt nur 69,24%, da 22,22% bezogen auf den zugeordneten Gebäudeteil von 72,22% (= 30,76%) nunmehr unternehmensfremd genutzt werden. [5]Außerdem ist U auf Grund der steuerfreien Umsätze in Bezug auf den unternehmerisch verwendeten Gebäudeteil nur noch zu 50% zum Vorsteuerabzug berechtigt.

§ 15a-UStG-fähige Vorsteuerbeträge: 65 000 €
Ursprünglicher Vorsteuerabzug: 65 000 € (100% von 65 000 €)
Zeitpunkt der erstmaligen Verwendung: 1.1.04
Dauer des Berichtigungszeitraums: 1.1.04 bis 31.12.13
Zum Vorsteuerabzug berechtigende Verwendung: 34,62% (neue Nutzung: 34,62% steuerpflichtig, 34,62% steuerfrei, 30,76% unternehmensfremd – 27,78% des zu 50% unternehmensfremd verwendeten Gebäudes sind nicht dem Unternehmen zugeordnet worden –)
Änderung der Verhältnisse: 65,38 Prozentpunkte (34,62% statt bisher 100%)
Vorsteuerberichtigung ab Jahr 06: 65,38 Prozentpunkte von $^1/_{10}$ von 65 000 € = 4249,70 € sind zuungunsten des U zu korrigieren.

Beispiel 13:

[1]Die Gemeinde G beginnt im Jahr 01 mit der Errichtung eines Gebäudes, das sie im Jahr 01 zu 100% für hoheitliche Zwecke zu nutzen beabsichtigt. [2]Im Jahr 02 beschließt der Gemeinderat jedoch, das Gebäude zu 50% für vorsteuerunschädliche unternehmerische Zwecke zu nutzen. [3]Die Fertigstellung des Gebäudes erfolgt im Jahr 03. [4]Die erstmalige Verwendung erfolgt am 1.1.04 wie im Jahr 02 beschlossen zu 50% hoheitlich und zu 50% unternehmerisch. [5]Vorsteuerbeträge wurden entsprechend der zum jeweiligen Leistungsbezug bestehenden Verwendungsabsicht wie folgt erklärt:

	ausgewiesene Umsatzsteuer	geltend gemachte Vorsteuer
01	40 000 €	0 €
02	20 000 €	10 000 €
03	30 000 €	15 000 €
Σ	90 000 €	25 000 €

[6] Soweit G beabsichtigt, das Gebäude für nichtwirtschaftliche Tätigkeiten i. e. S. zu verwenden, ist der Vorsteuerabzug nach § 15 Abs. 1 UStG ausgeschlossen. [7] G hat deshalb kein Zuordnungswahlrecht und muss zum 31.7. des Folgejahres keine Zuordnung dokumentieren. [8] Da G im Jahr 01 beabsichtigt hat, das Gebäude zu 100 % für nichtwirtschaftliche Tätigkeiten i. e. S. zu verwenden, können die Vorsteuerbeträge aus dem Jahr 01 nachträglich nicht geltend gemacht werden. [9] Eine Berichtigung nach § 15a UStG aus Billigkeitsgründen (vgl. Abschnitt 15a.1 Abs. 7) ist insoweit ebenfalls ausgeschlossen, weil es sich vorliegend nicht um eine Erhöhung des wirtschaftlich verwendeten Teils eines bereits zugeordneten Gebäudes handelt, sondern um die erstmalige unternehmerische Zuordnung. [10] Das Gebäude wird für Zwecke des § 15a UStG wie zu 50 % (25 000 € von 50 000 €) dem Unternehmen zugeordnet behandelt, weil für die Jahre 02 und 03 ein Aufteilungsgebot gilt (vgl. Absatz 2 Satz 1 Nr. 2 Buchstabe a). [11] Das Volumen für eine Berichtigung nach den Grundsätzen des § 15a UStG beträgt 50 000 € (25 000 € auf Basis der Zuordnung und 25 000 € aus Billigkeitsgründen, vgl. Abschnitt 15a.1 Abs. 7).

Beispiel 14:

[1] Sachverhalt wie Beispiel 13. [2] G verwendet das Gebäude ab dem 1. 1. 05 zu 70 % für unternehmerische Tätigkeiten.
§ 15a-UStG-fähige Vorsteuerbeträge: 50 000 € (Vorsteuerbeträge aus den Jahren 02 und 03)
Ursprünglicher Vorsteuerabzug: 25 000 € (50 % von 50 000 €)
Zeitpunkt der erstmaligen Verwendung: 1.1.04
Dauer des Berichtigungszeitraums: 1.1.04 bis 31.12.13
Zum Vorsteuerabzug berechtigende Verwendung: 70 %
Änderung der Verhältnisse: 20 Prozentpunkte (70 % statt bisher 50 %)
Vorsteuerberichtigung ab dem Jahr 05 aus Billigkeitsgründen nach Abschnitt 15a.1 Abs. 7: 20 Prozentpunkte von $^1/_{10}$ von 50 000 € = 1000 € sind zugunsten des G zu korrigieren.
[3] Der Gegenstand gilt durch die Berichtigung aus Billigkeitsgründen zu 70 % als dem Unternehmen zugeordnet.

Beispiel 15:

[1] Die Gemeinde G beginnt im Jahr 01 mit der Errichtung eines Gebäudes, das sie in 01 zu 75 % für hoheitliche und zu 25 % für vorsteuerunschädliche unternehmerische Zwecke zu nutzen beabsichtigt. [2] Im Jahr 02 beschließt der Gemeinderat jedoch, das Gebäude zu 50 % für vorsteuerunschädliche unternehmerische Zwecke zu nutzen. [3] Die Fertigstellung des Gebäudes erfolgt im Jahr 03. [4] Die erstmalige Verwendung erfolgt am 1.1.04 wie im Jahr 02 beschlossen zu 50 % hoheitlich und zu 50 % unternehmerisch. [5] Vorsteuerbeträge wurden entsprechend der zum jeweiligen Leistungsbezug bestehenden Verwendungsabsicht wie folgt erklärt:

	ausgewiesene Umsatzsteuer	geltend gemachte Vorsteuer
01	40 000 €	10 000 € (25 %)
02	20 000 €	10 000 € (50 %)
03	30 000 €	15 000 € (50 %)
Σ	90 000 €	35 000 € (38,88 %)

[6] Soweit G beabsichtigt, das Gebäude für nichtwirtschaftliche Tätigkeiten i. e. S. zu verwenden, ist der Vorsteuerabzug nach § 15 Abs. 1 UStG ausgeschlossen. [7] G hat deshalb kein Zuordnungswahlrecht und muss bis zum 31.7. des Folgejahres keine Zuordnung dokumentieren. [8] Das Gebäude gilt aus Vereinfachungsgründen zu 38,88 % als dem Unternehmen zugeordnet. [9] Für das Jahr 04 kann aus Billigkeitsgründen wegen der Änderung der Verhältnisse um 11,12 % (50 % statt 38,88 %) eine Korrektur nach den Grundsätzen des § 15a UStG erfolgen (vgl. Abschnitt 15a.1 Abs. 7).

15.2d Regelungen zum Vorsteuerabzug in Einzelfällen

(1)[1)] Zum Vorsteuerabzug in besonderen Fällen wird auf folgende Regelungen hingewiesen:

---

1) A 15.2d UStAE Abs. 1 Nr. 14 angef. durch BMF v. 15.12.2020, BStBl. I 2020, 1374; Nr. 15 angef. durch BMF v. 7.9.2021, BStBl. 2021, 1591, anzuwenden in allen offenen Fällen.

1. Errichtung von Gebäuden auf fremdem Boden, vgl. BMF-Schreiben vom 23.7.1986, BStBl. I S. 432;
2. Einrichtungen, bei denen neben dem unternehmerischen auch ein nichtunternehmerischer Bereich besteht (z. B. bei juristischen Personen des öffentlichen Rechts, Vereinen), vgl. Abschnitte 2.10 und 15.19;
3. Garantieleistungen in der Reifenindustrie, vgl. BMF-Schreiben vom 21.11.1974, BStBl. I S. 1021;
4. Garantieleistungen und Freiinspektionen in der Kraftfahrzeugwirtschaft, vgl. BMF-Schreiben vom 3.12.1975, BStBl. I S. 1132;
5. Austauschverfahren in der Kraftfahrzeugwirtschaft, vgl. Abschnitt 10.5 Abs. 3;
6. Einschaltung von Personengesellschaften beim Erwerb oder der Errichtung von Betriebsgebäuden der Kreditinstitute, vgl. BMF-Schreiben vom 29.5.1992, BStBl. I S. 378;
7. Einschaltung von Unternehmern in die Erfüllung hoheitlicher Aufgaben, vgl. BMF-Schreiben vom 27.12.1990, BStBl. 1991 I S. 81;
8. Essensabgabe an das Personal durch eine vom Arbeitgeber nicht selbst betriebene Kantine oder Gaststätte, vgl. Abschnitt 1.8 Abs. 12;
9. Vorsteuerabzug und Umsatzbesteuerung bei zwischen dem 1.4.1999 und dem 31.12.2003 angeschafften teilunternehmerisch genutzten Fahrzeugen, vgl. Tz. 6 des BMF-Schreibens vom 27.8.2004, BStBl. I S. 864;
10. Public-Private-Partnerships (PPP) im Bundesfernstraßenbau, vgl. BMF-Schreiben vom 3.2.2005, BStBl. I S. 414;
11. Vorsteuerabzug bei gemeinschaftlicher Auftragserteilung durch mehrere Personen, vgl. BMF-Schreiben vom 1.12.2006, BStBl. 2007 I S. 90, und vom 9.5.2008, BStBl. I S. 675;
12. Vorsteuerabzug beim Betrieb von Anlagen zur Energieerzeugung, vgl. Abschnitt 2.5;
13. Vorsteuerabzug bei Errichtung von Erschließungsanlagen, vgl. BMF-Schreiben vom 7.6.2012, BStBl. I S. 621;
14. [1] Vorsteuerabzug eines Insolvenzverwalters; ein Insolvenzverwalter kann eine Leistung im Zusammenhang mit seiner Tätigkeit entweder kraft Amtes für die Masse oder persönlich beziehen. [2] Das Recht auf Vorsteuerabzug steht der Insolvenzmasse zu, wenn der Insolvenzverwalter die Masse wirksam verpflichtet hat (vgl. BFH-Urteil vom 18.9.2019, XI R 19/17, BStBl. 2020 II S. 172);
15. Vorsteuerabzug bei der Verwendung eines Aliasnamens nach dem ProstSchG, vgl. BMF-Schreiben vom 7.9.2021, BStBl. I S. 1591.

(2) [1] Erwachsen dem Unternehmer Aufwendungen durch Beköstigung des im Unternehmen beschäftigten Personals in seinem Haushalt, gilt folgende Vereinfachungsregelung: Für die auf diese Aufwendungen entfallenden Vor-

steuern kann ohne Einzelnachweis ein Betrag abgezogen werden, der sich unter Anwendung eines durchschnittlichen Steuersatzes von 7,9% auf den Wert errechnet, der bei der Einkommensteuer für die außerbetrieblichen Zukäufe als Betriebsausgabe anerkannt wird. [2]Dementsprechend kann in diesen Fällen die abziehbare Vorsteuer von 7,32% dieses Werts (Bruttobetrag) errechnet werden.

(3) Zur Minderung des Vorsteuerabzugs beim Leistungsempfänger im Zusammenhang mit Preisnachlässen und Preiserstattungen sowie der Einlösung von Gutscheinen vgl. Abschnitt 17.2 Abs. 3 und 4.

15.3 Vorsteuerabzug bei Zahlungen vor Empfang der Leistung

(1) [1]Der vorgezogene Vorsteuerabzug setzt in den Fällen des § 15 Abs. 1 Satz 1 Nr. 1 UStG bei Zahlungen vor Empfang der Leistung (§ 15 Abs. 1 Satz 1 Nr. 1 Satz 3 UStG) voraus, dass

1. eine nach §§ 14, 14a UStG ausgestellte Rechnung vorliegt und
2. die Zahlung geleistet worden ist.

[2]Der Vorsteuerabzug kommt für den Voranmeldungs- bzw. Besteuerungszeitraum in Betracht, in dem erstmalig beide Voraussetzungen erfüllt sind. [3]Voraussetzung für den Vorsteuerabzug aus Rechnungen über Lieferungen, auf die eine Anzahlung geleistet wurde, ist, dass alle maßgeblichen Elemente des Steuertatbestands, d. h. der künftigen Lieferung, bereits bekannt und somit insbesondere die Gegenstände der Lieferung zum Zeitpunkt der Anzahlung genau bestimmt sind (vgl. BFH-Urteil vom 24.8.2006, V R 16/05, BStBl. 2007 II S. 340, vgl. Abschnitt 14.8 Abs. 4 Satz 2).

(2) Hat ein Kleinunternehmer, der von der Sonderregelung des § 19 Abs. 1 UStG zur allgemeinen Besteuerung übergegangen ist, bereits vor dem Übergang Zahlungen für einen nach dem Übergang an ihn bewirkten Umsatz geleistet, kann er den vorgezogenen Vorsteuerabzug in der Voranmeldung für den ersten Voranmeldungszeitraum nach dem Übergang zur allgemeinen Besteuerung geltend machen.

(3) Für den vorgezogenen Vorsteuerabzug ist es ohne Bedeutung, ob die vor Ausführung des Umsatzes geleistete Zahlung das volle Entgelt oder nur einen Teil des Entgelts einschließt.

(4) [1]Ist der gesondert ausgewiesene Steuerbetrag höher als die Steuer, die auf die Zahlung vor der Umsatzausführung entfällt, kann vorweg nur der Steuerbetrag abgezogen werden, der in der im Voraus geleisteten Zahlung enthalten ist. [2]Das gilt auch, wenn vor der Ausführung des Umsatzes über die gesamte Leistung abgerechnet wird, die Gegenleistung aber in Teilbeträgen gezahlt wird. [3]In diesen Fällen hat daher der Unternehmer den insgesamt ausgewiesenen Steuerbetrag auf die einzelnen Teilbeträge aufzuteilen.

Beispiel:

[1]Der Unternehmer hat bereits im Januar eine Gesamtrechnung für einen im Juli zu liefernden Gegenstand über 100 000 € zuzüglich gesondert ausgewiesener Umsatzsteuer i. H. v. 19 000 €, insgesamt 119 000 €, erhalten. [2]Er leistet in den Monaten März, April und Mai Anzahlungen von jeweils 23 800 €. [3]Die Restzahlung i. H. v. 47 600 € überweist er einen Monat nach Empfang der Leistung.

(2) Der Umfang der Aufzeichnungspflichten, die für den Unternehmer zum Vorsteuerabzug und zur Aufteilung der Vorsteuerbeträge bestehen, ergibt sich aus § 22 UStG und den §§ 63 bis 67 UStDV.

Mängel

(3)[1] [1]Mängel im Nachweis über das Vorliegen der Voraussetzungen für den Vorsteuerabzug hat grundsätzlich der Unternehmer zu vertreten. [2]Rechnungen, die die in § 14 Abs. 4 Satz 1 Nr. 1 bis 8 und 10 UStG bezeichneten Angaben nicht vollständig enthalten, berechtigen den Unternehmer nicht zum Vorsteuerabzug, es sei denn, die Rechnungen werden vom Rechnungsaussteller nachträglich vervollständigt. [3]Enthält die Rechnung ungenaue oder unzutreffende Angaben über den leistenden Unternehmer (vgl. § 14 Abs. 4 Satz 1 Nr. 1 UStG), ist nach Abschnitt 15.2a Abs. 2 zu verfahren. [4]Bei fehlerhafter Rechnungsadresse (vgl. § 14 Abs. 4 Satz 1 Nr. 1 UStG) gelten die Ausführungen in Abschnitt 15.2a Abs. 3. [5]Sind die Angaben über den Liefergegenstand oder über Art und Umfang der ausgeführten sonstigen Leistung in einer Rechnung (§ 14 Abs. 4 Satz 1 Nr. 5 UStG) unrichtig oder ungenau, ist der Vorsteuerabzug grundsätzlich ausgeschlossen (vgl. wegen der Einzelheiten Abschnitt 15.2a Abs. 4 und 5). [6]Beim Fehlen der in § 14 Abs. 4 Satz 1 Nr. 5 und 6 UStG bezeichneten Angaben über die Menge der gelieferten Gegenstände oder den Zeitpunkt des Umsatzes bestehen keine Bedenken, wenn der Unternehmer diese Merkmale anhand der sonstigen Geschäftsunterlagen (z. B. des Lieferscheins) ergänzt oder zweifelsfrei nachweist. [7]Die Erleichterungen nach §§ 31 bis 34 UStDV bleiben unberührt. [8]Zum Vorsteuerabzug aus einer berichtigten Rechnung siehe Abschnitt 15.2a Abs. 7. [9]Zum Vorsteuerabzug ohne Rechnung, die jedenfalls alle formellen Voraussetzungen erfüllt, siehe Abschnitt 15.2a Abs. 1a und BMF-Schreiben vom 18.9.2020, DStR S. 2131).

(4) [1]Eine Rechnung, in der zwar der Bruttopreis, der Steuersatz und der Umsatzsteuerbetrag, nicht aber das Entgelt ausgewiesen sind, berechtigt grundsätzlich nicht zum Vorsteuerabzug (BFH-Urteil vom 27.7.2000, V R 55/99, BStBl. 2001 II S. 426). [2]Aus Rechnungen über Kleinbeträge (§ 33 UStDV) kann der Vorsteuerabzug vorgenommen werden, wenn der Rechnungsempfänger den Rechnungsbetrag unter Berücksichtigung des in der Rechnung angegebenen Steuersatzes selbst in Entgelt und Steuerbetrag aufteilt (§ 35 UStDV).

Schätzung und Billigkeitsmaßnahmen

(5)[1] [1]§ 15 UStG schützt nicht den guten Glauben an die Erfüllung der Voraussetzungen für den Vorsteuerabzug (BFH-Urteil vom 30.4.2009, V R 15/07, BStBl. II S. 744). [2]Sind die Unterlagen für den Vorsteuerabzug (Rechnungen, EUSt-Belege) unvollständig oder nicht vorhanden, kann zwar der Unternehmer den Vorsteuerabzug regelmäßig nicht vornehmen (zu den Ausnahmen siehe Abschnitt 15.2a Abs. 1a). [3]Gleichwohl kann das Finanzamt den Vorsteuerabzug unter bestimmten Voraussetzungen schätzen (vgl. Ab-

[1] A 15.11 UStAE Abs. 3 Sätze 8 und 9 angef., Abs. 5 Satz 2 neugef. durch BMF v. 18.9.2020, BStBl. I 2020, 976, anzuwenden in allen offenen Fällen, zur **Übergangsregelung** siehe Anlage 8; Abs. 3 Satz 6 neugef. durch BMF v. 9.9.2021, BStBl. I 2021, 1593, anzuwenden in allen offenen Fällen.

satz 6) oder aus Billigkeitsgründen anerkennen (vgl. Absatz 7), sofern im Übrigen die Voraussetzungen für den Vorsteuerabzug vorliegen. [4]Ist jedoch zu vermuten, dass der maßgebliche Umsatz an den Unternehmer nicht steuerpflichtig gewesen oder von einem unter § 19 Abs. 1 UStG fallenden Unternehmer ausgeführt worden ist, ist ein Vorsteuerabzug zu versagen.

(6) [1]Der Vorsteuerabzug ist materiell-rechtlich eine Steuervergütung. [2]Auf ihn sind daher die für die Steuerfestsetzung geltenden Vorschriften sinngemäß anzuwenden. [3]Die abziehbaren Vorsteuern sind eine Besteuerungsgrundlage im Sinne von § 199 Abs. 1, § 157 Abs. 2 und § 162 Abs. 1 AO. [4]Dem Grunde nach bestehen somit gegen eine Schätzung keine Bedenken (vgl. auch BFH-Urteil vom 12.6.1986, V R 75/78, BStBl. II S. 721). [5]Sie ist jedoch nur insoweit zulässig, als davon ausgegangen werden kann, dass vollständige Unterlagen für den Vorsteuerabzug vorhanden waren.

(7)[1)] [1]Soweit Unterlagen für den Vorsteuerabzug nicht vorhanden sind und auch nicht vorhanden waren oder soweit die Unterlagen unvollständig sind, kommt eine Anerkennung des Vorsteuerabzugs regelmäßig nur aus Billigkeitsgründen in Betracht (§ 163 AO; vgl. BFH-Urteil vom 30.4.2009, V R 15/07, BStBl. II S. 744). [2]Dabei sind folgende Grundsätze zu beachten:

1. [1]Die Gewährung von Billigkeitsmaßnahmen wegen sachlicher Härte setzt voraus, dass die Versagung des Vorsteuerabzugs im Einzelfall mit dem Sinn und Zweck des UStG nicht vereinbar wäre. [2]Eine Billigkeitsmaßnahme ist daher zu gewähren, wenn die Versagung des Vorsteuerabzugs in diesen Fällen einen Überhang des gesetzlichen Tatbestandes über die Wertungen des Gesetzgebers bei der Festlegung der Voraussetzungen für den Vorsteuerabzug darstellen würde (vgl. auch BFH-Urteile vom 25.7.1972, VIII R 59/68, BStBl. II S. 918, vom 26.10.1972, I R 125/70, BStBl. 1973 II S. 271, vom 15.2.1973, V R 152/69, BStBl. II S. 466, und vom 19.10.1978, V R 39/75, BStBl. 1979 II S. 345). [3]Die Nichtgewährung eines Vorsteuerabzugs kann auch sachlich unbillig sein, wenn dies den Geboten der Gleichheit und des Vertrauensschutzes, den Grundsätzen von Treu und Glauben oder dem Erfordernis der Zumutbarkeit widerspricht (vgl. BFH-Urteil vom 26.4.1995, XI R 81/93, BStBl. II S. 754). [4]Dem Unternehmer ist grundsätzlich zuzumuten, von sich aus alles zu tun, um die Mangelhaftigkeit der Unterlagen zu beseitigen. [5]An die Zumutbarkeit ist ein strenger Maßstab anzulegen. [6]Eine Billigkeitsmaßnahme ist daher erst in Betracht zu ziehen, wenn eine Vervollständigung oder nachträgliche Beschaffung der Unterlagen nicht möglich ist oder für den Unternehmer mit unzumutbaren Schwierigkeiten verbunden wäre. [7]Aber auch in einem solchen Fall ist der Unternehmer verpflichtet, an einer möglichst vollständigen Sachaufklärung mitzuwirken. [8]Unsicherheiten bei der Feststellung des Sachverhalts gehen zu seinen Lasten. [9]Die Voraussetzungen für eine Billigkeitsmaßnahme liegen nicht vor, wenn der Unternehmer über die empfangene Leistung keine ordnungsgemäße Rechnung erhalten hat (vgl. BFH-Urteil vom 12.6.1986, V R 75/78, BStBl. II S. 721).

---

1) A 15.11 UStAE Abs. 7 Satz 1 neugef. durch BMF v. 18.9.2020, BStBl. I 2020, 976, anzuwenden in allen offenen Fällen; zur **Übergangsregelung** siehe Anlage 8.

lung des Antrags auf Dauerfristverlängerung für den Unternehmer wirtschaftlich oder persönlich unzumutbar ist (vgl. Abschnitt 18.1 Abs. 1). [4]In diesem Fall hat der Unternehmer den Antrag auf Dauerfristverlängerung nach amtlich vorgeschriebenem Vordruck in herkömmlicher Form – auf Papier oder per Telefax – zu stellen.

(3) [1]Der Antrag auf Dauerfristverlängerung muss nicht jährlich wiederholt werden, da die Dauerfristverlängerung solange als gewährt gilt, bis der Unternehmer seinen Antrag zurücknimmt oder das Finanzamt die Fristverlängerung widerruft. [2]Die Sondervorauszahlung muss dagegen von den Unternehmern, die ihre Voranmeldungen monatlich zu übermitteln haben, für jedes Kalenderjahr, für das die Dauerfristverlängerung gilt, bis zum 10. Februar berechnet, angemeldet und entrichtet werden. [3]Auf die Sondervorauszahlung finden die für die Steuern geltenden Vorschriften der AO Anwendung, z. B. die Vorschriften über die Festsetzung von Verspätungszuschlägen nach § 152 AO (vgl. BFH-Urteil vom 7.7.2005, V R 63/03, BStBl. II S. 813) und über die Verwirkung von Säumniszuschlägen nach § 240 AO.

(4) Das Finanzamt kann die Sondervorauszahlung im Einzelfall abweichend von § 47 UStDV niedriger festsetzen, wenn

1. infolge von Rechtsänderungen die vorgeschriebene Berechnung zu einem offensichtlich unzutreffenden Ergebnis führt oder
2. die Vorauszahlungen des Vorjahres durch außergewöhnliche Umsätze beeinflusst worden sind, mit deren Wiederholung nicht zu rechnen ist.

(5) [1]Die festgesetzte Sondervorauszahlung ist bei der Festsetzung der Vorauszahlung für den letzten Voranmeldungszeitraum zu berücksichtigen, für den die Fristverlängerung im jeweiligen Besteuerungszeitraum in Anspruch genommen werden konnte (vgl. § 48 Abs. 4 UStDV). [2]Die Sondervorauszahlung wird daher grundsätzlich bei der Berechnung der Vorauszahlung für den Monat Dezember abgezogen. [3]Ein nach dem Abzug der Sondervorauszahlung verbleibender Erstattungsanspruch ist mit Ansprüchen aus dem Steuerschuldverhältnis aufzurechnen (§ 226 AO), im Übrigen zu erstatten. [4]Hat der Unternehmer seine gewerbliche oder berufliche Tätigkeit im Laufe eines Kalenderjahres eingestellt, hat er den Abzug der Sondervorauszahlung bereits in der Voranmeldung für den Voranmeldungszeitraum vorzunehmen, in dem der Betrieb eingestellt oder der Beruf aufgegeben worden ist. [5]Bei einem Verzicht des Unternehmers auf die Dauerfristverlängerung und bei einem Widerruf durch das Finanzamt im Laufe des Kalenderjahres gilt Satz 1 entsprechend (vgl. BFH-Urteil vom 16.12.2008, VII R 17/08, BStBl. 2010 II S. 91).

18.5 Vereinfachte Steuerberechnung bei Kreditverkäufen

(1) Es ist nicht zu beanstanden, wenn Einzelhändler und Handwerker, die § 20 UStG nicht in Anspruch nehmen können und von der vereinfachten Verbuchung ihrer Kreditverkäufe nach R 5.2 Abs. 1 Satz 7 Buchstabe b EStR[1] zulässigerweise Gebrauch machen, bei der Erfassung der Außenstände wie folgt verfahren:

---

[1] Nr. 1.

1. [1]Bei der Berechnung der Umsatzsteuer für einen Voranmeldungszeitraum bleiben die ausstehenden Entgelte für ausgeführte steuerpflichtige Lieferungen und sonstige Leistungen unberücksichtigt. [2]Die Zahlungseingänge aus diesen Kreditgeschäften sind wie Zahlungseingänge aus Bargeschäften in dem Voranmeldungszeitraum zu versteuern, in dem sie vereinnahmt worden sind.
2. [1]Zum 31. Dezember eines jeden Jahres hat der Unternehmer anhand der nach R 5.2 Abs. 1 Satz 7 Buchstabe b EStR geführten Kladde die ausstehenden Entgelte festzustellen und in der Voranmeldung für den Monat Dezember den Entgelten zuzurechnen. [2]Der Forderungsbestand am 31. Dezember des Vorjahres ist in dieser Voranmeldung von den Entgelten abzusetzen.

(2) [1]Ändern sich die Steuersätze im Laufe eines Kalenderjahres, sind die Außenstände am Tage vor dem Inkrafttreten der geänderten Steuersätze zu ermitteln und in der nächsten Voranmeldung den Entgelten zuzurechnen, auf die die bisherigen Steuersätze Anwendung finden. [2]In dieser Voranmeldung sind die ausstehenden Entgelte am 31. Dezember des Vorjahres von den Entgelten abzusetzen. [3]Die Entgelte, die am Tage vor dem Inkrafttreten einer Änderung des Steuersatzes ausstehen, sind in der letzten Voranmeldung des Besteuerungszeitraums von den Entgelten abzusetzen, die den geänderten Steuersätzen unterliegen.

18.6 Abgabe der Voranmeldungen in Sonderfällen

(1)[1)] [1]Unabhängig von der Regelung des § 18 Abs. 2 Satz 3 UStG kann das Finanzamt den Unternehmer von der Abgabe der Voranmeldungen befreien, z.B. wenn und soweit in bestimmten Voranmeldungszeiträumen regelmäßig keine Umsatzsteuer entsteht.

Beispiel:

[1]Ein Aufsichtsratsmitglied erhält im Monat Mai eines jeden Jahres vertragsgemäß eine leistungsabhängige Vergütung (vgl. Abschnitt 2.2 Abs. 3a).
[2]Das Finanzamt kann das Aufsichtsratsmitglied für die Monate, in denen es keine Entgelte erhält, von der Abgabe der Voranmeldungen befreien. [3]Die Befreiung ist davon abhängig zu machen, dass in den betreffenden Voranmeldungszeiträumen tatsächlich keine Umsatzsteuer entstanden ist.

[2]Eine Befreiung von der Verpflichtung zur Abgabe von Voranmeldungen kommt in Neugründungsfällen (§ 18 Abs. 2 Satz 4 UStG) nicht in Betracht.

(2) Unternehmer, die die Durchschnittssätze nach § 24 UStG anwenden, haben über die Verpflichtung nach § 18 Abs. 4a UStG hinaus – sofern sie vom Finanzamt nicht besonders aufgefordert werden – insbesondere dann Voranmeldungen abzugeben und Vorauszahlungen zu entrichten, wenn

1. Umsätze von Sägewerkserzeugnissen bewirkt werden, für die der Durchschnittssatz nach § 24 Abs. 1 Satz 1 Nr. 2 UStG gilt, oder
2. Umsätze ausgeführt werden, die unter Berücksichtigung der Vereinfachungsregelung des Abschnittes 24.6 zu einer Vorauszahlung oder einem

---

1) A 18.6 UStAE Abs. 1 Satz 1 Beispiel Satz 1 neugef. durch BMF v. 8.7.2021, BStBl. I 2021, 919, mit Übergangsregelung für alle **bis einschl. 31.12.2021** ausgeführten Leistungen; siehe Anlage 8.

18e.2 Aufbau der Umsatzsteuer-Identifikationsnummern in den EU-Mitgliedstaaten

Informationen zum Aufbau der USt-IdNrn. in den EU-Mitgliedstaaten sind unter der Internet-Adresse www.bzst.de abrufbar.

18e.3[1] Bestätigungsverfahren für Betreiber elektronischer Schnittstellen im Sinne von § 25e Abs. 1 UStG

(1) [1]Betreiber elektronischer Schnittstellen im Sinne von § 25e Abs. 1 UStG (Betreiber) haften grundsätzlich nicht für die nicht entrichtete Steuer aus einer Lieferung, die mittels ihrer elektronischen Schnittstelle unterstützt wurde, wenn der liefernde Unternehmer im Zeitpunkt der Lieferung über eine nach § 27a UStG erteilte, gültige USt-IdNr. verfügt. [2]§ 18e Nr. 3 UStG sieht für diese Zwecke vor, dass das BZSt Betreibern die Gültigkeit der ihnen vom liefernden Unternehmer nach § 25e Abs. 2 Satz 1 UStG mitgeteilten deutschen USt-IdNr. sowie den Namen und die Anschrift auf Anfrage bestätigt (qualifizierte Bestätigungsanfrage). [3]Voraussetzung für die Durchführung einer Bestätigungsanfrage nach § 18e Nr. 3 UStG ist, dass der Betreiber im Zeitpunkt der Anfrage im Inland steuerlich erfasst ist und über eine nach § 27a UStG erteilte, gültige USt-IdNr. verfügt. [4]Für die Durchführung von Anfragen zur Bestätigung von deutschen USt-IdNrn. durch Betreiber gilt Abschnitt 18e.1 – außer Absatz 1 Sätze 2 und 3 und Absatz 3 – entsprechend.

(2) [1]Voraussetzung für die Teilnahme am Bestätigungsverfahren nach Absatz 1 ist eine entsprechende Zulassung des Betreibers durch das nach § 21 Abs. 1 Satz 1 oder Satz 2 AO in Verbindung mit der UStZustV zuständige Finanzamt sowie eine ihm vom BZSt nach § 27a UStG erteilte, gültige USt-IdNr. [2]Der Antrag auf Zulassung ist schriftlich oder elektronisch beim zuständigen Finanzamt zu stellen. [3]Der Antrag muss folgende Angaben enthalten:
- den Namen, Vornamen des Unternehmers bzw. den Namen des Unternehmens,
- die vollständige Anschrift,
- das Geburtsdatum – nur bei natürlichen Personen –,
- die Steuernummer,
- die USt-IdNr. – soweit bereits erteilt –,
- die Bezeichnung der betriebenen elektronischen Schnittstelle(n).

[4]Darüber hinaus muss glaubhaft dargelegt werden, dass der Antragsteller die Voraussetzungen des § 25e Abs. 5 und 6 UStG erfüllt. [5]Das heißt, dass der Antragsteller die Lieferung von Gegenständen mittels einer elektronischen Schnittstelle unterstützt (vgl. § 25e Abs. 6 UStG). [6]Das Ergebnis der Prüfung des Antrags wird dem Antragsteller schriftlich mitgeteilt. [7]Soweit die Voraussetzungen für die Teilnahme am Verfahren nach § 18e Nr. 3 UStG zu einem späteren Zeitpunkt nicht mehr vorliegen, ist dies dem zuständigen Finanzamt mitzuteilen.

(3) [1]Soweit eine Organgesellschaft als Betreiber tätig ist, ist der Antrag nach Absatz 2 Sätze 1 und 2 vom Organträger für die Organgesellschaft bei dem für

---

[1] A 18e.3 UStAE angef. durch BMF v. 20.4.2021, BStBl. I 2021, 705, anzuwenden mWv 1.7.2021.

den Organträger zuständigen Finanzamt zu stellen; Abschnitt 2.9 Abs. 6 und 7 gilt entsprechend. [2]Der Antrag des Organträgers muss folgende Angaben enthalten:

– die Steuernummer, unter der der Organkreis im Inland für Zwecke der Umsatzsteuer geführt wird,
– den Namen und die Anschrift des Organträgers; im Falle der Ansässigkeit des Organträgers im Ausland zusätzlich Name und Anschrift des im Inland gelegenen wirtschaftlich bedeutendsten Unternehmensteils,
– den Namen und die Anschrift der betreffenden Organgesellschaft bzw. im Inland gelegenen Betriebsstätte,
– die der Organgesellschaft vom BZSt nach § 27a Abs. 1 Satz 3 UStG erteilte USt-IdNr. (vgl. Abschnitt 27a.1 Abs. 3) – soweit bereits erteilt –,
– die Steuernummer, unter der die betreffende Organgesellschaft bzw. die im Inland gelegene Betriebsstätte ertragsteuerlich geführt wird,
– das zuständige Finanzamt, bei dem die betreffende Organgesellschaft bzw. die im Inland gelegene Betriebsstätte ertragsteuerlich geführt wird sowie
– die Bezeichnung der betriebenen elektronischen Schnittstelle(n).

[3]Absatz 2 Sätze 4 bis 7 gelten entsprechend.

(4) Anträge nach den Absätzen 2 und 3 können ab dem 1. Mai 2021 gestellt werden.

Zu § 18f UStG

18f.1 Sicherheitsleistung

(1) [1]Das Finanzamt kann im Einvernehmen mit dem Unternehmer die nach § 168 Satz 2 AO erforderliche Zustimmung von einer Sicherheitsleistung abhängig machen, wenn Zweifel an der Richtigkeit der eingereichten Steueranmeldung bestehen. [2]Die Regelung gibt dem Finanzamt die Möglichkeit, trotz Prüfungsbedürftigkeit des geltend gemachten Erstattungsanspruchs die Zustimmung nach § 168 Satz 2 AO zu erteilen, wenn der Unternehmer eine Sicherheit leistet.

(2) [1]Die Regelung kann angewendet werden für Voranmeldungen (§ 18 Abs. 1 UStG) und Umsatzsteuererklärungen für das Kalenderjahr (§ 18 Abs. 3 UStG), wenn sie zu einer Erstattung angemeldeter Vorsteuerbeträge oder zu einer Herabsetzung der bisher zu entrichtenden Umsatzsteuer (§ 168 Satz 2 AO) führen, und auf Fälle, in denen die Finanzverwaltung von der Voranmeldung oder der Umsatzsteuererklärung für das Kalenderjahr des Unternehmers abweicht und dies zu einer Erstattung führt (§ 167 Abs. 1 Satz 1 AO). [2]Die Zustimmung wird erst mit der Stellung der Sicherheitsleistung wirksam (aufschiebende Bedingung).

(3) [1]Die Entscheidung des Finanzamtes, die Zustimmung nach § 168 Satz 2 AO gegen Stellung einer Sicherheitsleistung zu erteilen, ist eine Ermessensentscheidung, die dem Grundsatz der Verhältnismäßigkeit unterliegt. [2]In Fällen, in denen die bestehenden Zweifel mit einer Umsatzsteuer-Nachschau oder einer Umsatzsteuer-Sonderprüfung kurzfristig ausgeräumt werden können, ist eine Sicherheitsleistung grundsätzlich nicht angezeigt. [3]Die Vorschrift ist daher regelmäßig nur in Fällen anzuwenden, in denen die erforderliche

gerhaltern und Umschlagunternehmern –, kann auf Antrag gestattet werden, folgendes Verfahren anzuwenden:
[2]In den Aufzeichnungen brauchen grundsätzlich nur die Entgelte für steuerpflichtige Umsätze von den gesamten übrigen in Rechnung gestellten Beträgen getrennt zu werden. [3]Eine getrennte Aufzeichnung der durchlaufenden Posten sowie der Entgelte für nicht steuerbare Umsätze, die den Vorsteuerabzug nicht ausschließen, und für steuerfreie Umsätze nach § 4 Nr. 3 UStG ist grundsätzlich nicht erforderlich. [4]Gesondert aufgezeichnet werden müssen aber die Entgelte

1. für steuerermäßigte Umsätze im Sinne des § 12 Abs. 2 UStG;
2. für die nach § 4 Nr. 1 und 2 UStG steuerfreien Umsätze;
3. für die nach § 4 Nr. 8 ff. UStG steuerfreien Umsätze und für die nicht steuerbaren Umsätze, die den Vorsteuerabzug ausschließen sowie
4. für nach § 3a Abs. 2 UStG im übrigen Gemeinschaftsgebiet ausgeführte steuerpflichtige sonstige Leistungen, für die der in einem anderen Mitgliedstaat ansässige Leistungsempfänger die Steuer dort schuldet.

[5]Unberührt bleibt die Verpflichtung des Unternehmers zur Führung des Ausfuhr- und Buchnachweises für die nach § 4 Nr. 1 bis 3 und 5 UStG steuerfreien Umsätze.

(19) Die Genehmigung dieses Verfahrens ist mit der Auflage zu verbinden, dass der Unternehmer, soweit er Umsätze bewirkt, die nach § 15 Abs. 2 und 3 UStG den Vorsteuerabzug ausschließen, die Vorsteuerbeträge nach § 15 Abs. 4 UStG diesen und den übrigen Umsätzen genau zurechnet.

Nachträgliche Entgeltminderungen

(20) [1]Unternehmer, für die eine erleichterte Trennung der Bemessungsgrundlagen zugelassen worden ist, sind berechtigt, nachträgliche Minderungen der Entgelte z. B. durch Skonti, Rabatte und sonstige Preisnachlässe nach dem Verhältnis zwischen den Umsätzen, die verschiedenen Steuersätzen unterliegen, sowie den steuerfreien und nicht steuerbaren Umsätzen eines Voranmeldungszeitraums aufzuteilen. [2]Einer besonderen Genehmigung bedarf es hierzu nicht.

(21) [1]Die Finanzämter können auch anderen Unternehmern, die in großem Umfang Umsätze ausführen, die verschiedenen Steuersätzen unterliegen, auf Antrag widerruflich Erleichterungen für die Trennung nachträglicher Entgeltminderungen gewähren. [2]Diesen Unternehmern kann ebenfalls gestattet werden, die Entgeltminderungen eines Voranmeldungszeitraums in dem gleichen Verhältnis aufzuteilen, in dem die nicht steuerbaren, steuerfreien und den verschiedenen Steuersätzen unterliegenden Umsätze des gleichen Zeitraums zueinander stehen. [3]Voraussetzung für die Zulassung dieses Verfahrens ist, dass die Verhältnisse zwischen den Umsatzgruppen innerhalb der einzelnen Voranmeldungszeiträume keine nennenswerten Schwankungen aufweisen. [4]Bei der Anwendung dieses Verfahrens kann aus Vereinfachungsgründen grundsätzlich außer Betracht bleiben, ob bei einzelnen Umsätzen tatsächlich keine Entgeltminderungen eintreten oder ob die Höhe der Entgeltminderungen bei den einzelnen Umsätzen unterschiedlich ist. [5]Soweit jedoch für be-

stimmte Gruppen von Umsätzen Minderungen der Entgelte in jedem Falle ausscheiden, sind diese Umsätze bei der Aufteilung der Entgeltminderungen nicht zu berücksichtigen.

Beispiel:

[1] Landwirtschaftliche Bezugs- und Absatzgenossenschaften gewähren für ihre Umsätze im Bezugsgeschäft (Verkauf von Gegenständen des landwirtschaftlichen Bedarfs), nicht jedoch für ihre Umsätze im Absatzgeschäft (Verkauf der von Landwirten angelieferten Erzeugnisse) Warenrückvergütungen. [2] Sie haben bei einer vereinfachten Aufteilung dieser Rückvergütungen nur von den Umsätzen im Bezugsgeschäft auszugehen.

Merkblatt

(22) Weitere Hinweise enthält das Merkblatt zur erleichterten Trennung der Bemessungsgrundlagen (§ 63 Abs. 4 UStDV), Stand Mai 2009 (BMF-Schreiben vom 6.5.2009, BStBl. I S. 681).

Zu § 22f UStG[1)]

22f.1[2)] Aufzeichnungspflichten für Betreiber elektronischer Schnittstellen im Sinne von § 25e Abs. 1 UStG beim Handel mit Waren

(1) [1] Für Lieferungen eines Unternehmers, die mittels einer elektronischen Schnittstelle (vgl. Abschnitt 25e.1 Abs. 1 Satz 2) unterstützt werden und bei denen die Beförderung oder Versendung im Inland beginnt oder endet, muss der Betreiber der elektronischen Schnittstelle im Sinne von § 25e Abs. 1 UStG (Betreiber) die in § 22f Abs. 1 Satz 1 UStG aufgeführten Angaben aufzeichnen. [2] Für Lieferungen, bei denen der Betreiber einer elektronischen Schnittstelle in die fiktive Lieferkette nach § 3 Abs. 3a Sätze 1 und 2 UStG einbezogen ist, vgl. Abschnitt 22f.3 Abs. 2.

(2) [1] Für Lieferungen nach Absatz 1 Satz 1 muss der Betreiber ab dem 1. Juli 2021 neben den bisher in § 22f Abs. 1 Satz 1 UStG vorgesehenen Angaben zusätzlich die elektronische Adresse oder Website des liefernden Unternehmers, die Bankverbindung oder die Nummer des virtuellen Kontos des Lieferers – soweit diese bekannt ist –, eine Beschreibung des gelieferten Gegenstandes und die Bestellnummer oder die eindeutige Transaktionsnummer – soweit bekannt – aufzeichnen. [2] Als Nachweis über die steuerliche Erfassung des liefernden Unternehmers muss der Betreiber ab dem 1. Juli 2021 die diesem nach § 27a UStG erteilte USt-IdNr. aufzeichnen (§ 22f Abs. 1 Satz 1 Nr. 3 UStG). [3] In Fällen, in denen der liefernde Unternehmer im Inland keine steuerbaren Umsätze im allgemeinen Besteuerungsverfahren (§ 18 Abs. 1 bis 4 UStG) zu erklären hat, es daher keiner steuerlichen Erfassung im Inland bedarf und somit die Voraussetzungen für die Vergabe einer USt-IdNr. nach § 27a UStG nicht vorliegen, wird auf Abschnitt 25e.2 verwiesen. [4] Die nach § 22f Abs. 1 Sätze 2 und 3 UStG in der bis zum 30. Juni 2021 geltenden Fassung

---

1) Zu Vordruckmustern in diesem Zusammenhang siehe zwei BMF-Schreiben v. 28.7.2021: USt 1 TK, BStBl. I 2021, 1081; USt 1 TL, BStBl. I 2021, 1084.

2) A 22f.1 UStAE eingef. durch BMF v. 20.4.2021, BStBl. I 2021, 705, anzuwenden mWv 1.7.2021.

erteilte Bescheinigung als Nachweis über die steuerliche Erfassung des liefernden Unternehmers wird für Lieferungen, die nach dem 30. Juni 2021 ausgeführt werden, als Nachweis über die steuerliche Erfassung nicht mehr anerkannt. [5]Bis zum 15. August 2021 wird es jedoch nicht beanstandet, wenn der Betreiber anstelle der dem Unternehmer nach § 27a UStG erteilten USt-IdNr. die diesem nach § 22f Abs. 1 Satz 2 UStG in der bis zum 30. Juni 2021 geltenden Fassung erteilte Bescheinigung über die Erfassung als Steuerpflichtiger (Unternehmer) vorhält.

(3) [1]Für die nach § 22f Abs. 1 Satz 1 Nr. 6 UStG aufzuzeichnenden Angaben zum Ort des Beginns der Beförderung oder der Versendung sowie zum Bestimmungsort gelten zur Ortbestimmung die allgemeinen Regelungen des UStG (vgl. § 3 Abs. 5a bis 8 UStG). [2]Die Ortsangabe des Bestimmungsortes ist als vollständige Anschrift aufzuzeichnen. [3]Für die Bestimmung des nach § 22f Abs. 1 Satz 1 Nr. 7 UStG aufzuzeichnenden Zeitpunkts des Umsatzes sind die Regelungen des § 3 Abs. 5a bis 8 UStG entsprechend anzuwenden. [4]Die Höhe des Umsatzes (nach § 22f Abs. 1 Satz 1 Nr. 7 UStG) bemisst sich nach dem Wert der Leistung, d. h. dem Preis, zu dem der Leistungsaustausch auf der elektronischen Schnittstelle zustande gekommen ist. [5]Entgeltminderungen sind nicht gesondert aufzuzeichnen. [6]Eine Lieferung im umsatzsteuerlichen Sinne (vgl. § 3 Abs. 1 UStG) liegt nicht vor, wenn der Empfänger der Lieferung die Ware nicht annimmt bzw. wenn der Empfänger der Lieferung die Ware in der vom Lieferer vorgegebenen Frist zurücksendet (Rückgabe).

(4) [1]Erfolgte die Registrierung beim Betreiber nicht als Unternehmer im Sinne von § 2 UStG, gelten die in § 22f Abs. 1 Satz 1 Nr. 1 und 6 bis 9 UStG enthaltenen Aufzeichnungspflichten entsprechend. [2]Als Anschrift ist die Wohn- bzw. Meldeadresse des Lieferers aufzuzeichnen. [3]Zudem ist für Zwecke der eindeutigen Identifizierung des Lieferers bei natürlichen Personen zusätzlich zu den Angaben in Sätzen 1 und 2 das Geburtsdatum aufzuzeichnen (§ 22f Abs. 2 Satz 2 UStG).

(5) [1]Die nach den Absätzen 1 bis 4 aufzuzeichnenden Angaben sind gemäß § 22f Abs. 4 Satz 1 UStG vom Ende des Jahres an, in dem der Umsatz bewirkt wurde, zehn Jahre lang aufzubewahren. [2]Auf Anforderung des Finanzamtes sind die Daten diesem elektronisch zu übermitteln. [3]Einzelheiten zur Übermittlung der Daten nach § 27 Abs. 25 Satz 1 UStG wird das Bundesministerium der Finanzen durch eine mit Zustimmung des Bundesrates zu erlassende Rechtsverordnung regeln (vgl. § 22f Abs. 5 UStG). [4]Eine Finanzbehörde kann auch dann ein Sammelauskunftsersuchen nach § 93 Abs. 1a Satz 1 AO zur Übermittlung von Daten an einen Betreiber einer elektronischen Schnittstelle stellen, wenn kein hinreichender Anlass für die Ermittlungen besteht oder andere zumutbare Maßnahmen zur Sachverhaltsaufklärung einen Erfolg versprechen würden. [5]Insoweit findet § 93 Abs. 1a Satz 2 AO keine Anwendung (vgl. § 22f Abs. 4 Satz 2 UStG). [6]Die Vorschriften der AO zu den Aufzeichnungs- und Aufbewahrungspflichten gelten entsprechend. [7]Dies gilt insbesondere für § 146 AO und GOBD (vgl. BMF-Schreiben vom 28.11.2019, BStBl. I S. 1269). [8]Verstöße gegen die bestehenden gesetzlichen Aufzeichnungs- und Aufbewahrungspflichten können nach Maßgabe der AO als Ordnungswidrigkeit (§ 379 AO) geahndet werden.

22f.2[1)] Benennung eines Empfangsbevollmächtigten im Inland in besonderen Fällen

[1]Nach § 22f Abs. 1 Satz 2 UStG müssen Unternehmer ohne Wohnsitz oder gewöhnlichen Aufenthalt, Sitz oder Geschäftsleitung im Inland, in einem anderen Mitgliedstaat der Europäischen Union oder in einem Staat, auf den das Abkommen über den Europäischen Wirtschaftsraum anwendbar ist, die beabsichtigen, Lieferungen über eine elektronische Schnittstelle auszuführen, die im Inland steuerpflichtig sind, dem für die Umsatzbesteuerung nach § 1 UStZustV zuständigen Finanzamt mit der Antragstellung auf steuerliche Erfassung einen Empfangsbevollmächtigten im Inland benennen. [2]Der zu benennende Empfangsbevollmächtigte muss nicht zur unbeschränkten Hilfe in Steuersachen nach § 3 StBerG befugt sein. [3]Treten die Voraussetzungen für die Benennung eines Empfangsbevollmächtigten erst zu einem späteren Zeitpunkt ein, hat die Benennung unaufgefordert und unmittelbar gegenüber dem zuständigen Finanzamt nach Satz 1 zu erfolgen. [4]§ 123 Sätze 2 und 3 AO gelten entsprechend (vgl. § 22f Abs. 1 Satz 2 UStG).

22f.3[2)] Weitere Aufzeichnungspflichten für Betreiber elektronischer Schnittstellen

(1) Unterstützt der Betreiber einer elektronischen Schnittstelle (vgl. Abschnitt 3.18 Abs. 3) die Erbringung einer sonstigen Leistung an einen Empfänger nach § 3a Abs. 5 Satz 1 UStG, ohne Teil einer fiktiven Leistungskette zu werden, muss er hierzu insbesondere folgende Angaben aufzeichnen (vgl. § 22f Abs. 3 Satz 1 UStG):
- den vollständigen Namen und die vollständige Anschrift des Leistungserbringers,
- die elektronische Adresse oder Website des Leistungserbringers,
- die Steuernummer oder USt-IdNr. des Leistungserbringers – soweit bekannt –,
- die Bankverbindung oder Nummer des virtuellen Kontos des Leistungserbringers – soweit bekannt –,
- eine Beschreibung der erbrachten Leistung,
- den Wert der erbrachten Leistung, d. h. den Preis, zu dem der Leistungsaustausch auf der elektronischen Schnittstelle zustande gekommen ist,
- den Ort und den Zeitpunkt der Erbringung der Leistung,
- die Bestellnummer oder die eindeutige Transaktionsnummer – soweit bekannt –.

(2) Unterstützt der Betreiber einer elektronischen Schnittstelle (vgl. Abschnitt 3.18 Abs. 3) die Erbringung einer Lieferung innerhalb der Gemeinschaft im Rahmen einer fiktiven Lieferkette nach § 3 Abs. 3a UStG oder wird ein Unternehmer in die Erbringung einer sonstigen Leistung, die über ein Telekommunikationsnetzwerk, eine Schnittstelle oder ein Portal erbracht wird, einge-

1) A 22f.2 UStAE eingef. durch BMF v. 20.4.2021, BStBl. I 2021, 705, anzuwenden mWv 1.7.2021.

2) A 22f.3 UStAE eingef. durch BMF v. 20.4.2021, BStBl. I 2021, 705, anzuwenden mWv 1.7.2021.

samtumsatzes die land- und forstwirtschaftlichen Umsätze und die anderen Umsätze zu berücksichtigen. [2]Soweit der Unternehmer die im land- und forstwirtschaftlichen Betrieb bewirkten Umsätze nicht aufgezeichnet hat (§ 67 UStDV), sind sie nach den Betriebsmerkmalen und unter Berücksichtigung der besonderen Verhältnisse zu schätzen. [3]Die Anwendung des § 19 Abs. 1 UStG beschränkt sich auf die Umsätze außerhalb der Durchschnittssatzbesteuerung des § 24 Abs. 1 bis 3 UStG. [4]Für die Umsätze des land- und forstwirtschaftlichen Betriebs verbleibt es bei der Durchschnittssatzbesteuerung.

24.8 Verzicht auf die Durchschnittssatzbesteuerung

(1) [1]Die Erklärung des Unternehmers, dass er auf die Durchschnittssatzbesteuerung verzichtet (§ 24 Abs. 4 Satz 1 UStG), ist nicht an eine bestimmte Form gebunden. [2]Berechnet der Unternehmer in der ersten Voranmeldung des Kalenderjahres die Vorauszahlung unter Zugrundelegung der allgemeinen Vorschriften des Gesetzes, kann darin eine solche Erklärung gesehen werden. [3]Hat ein Unternehmer mehrere land- und forstwirtschaftliche Betriebe, kann er die Erklärung nur einheitlich für alle Betriebe vornehmen, unabhängig davon, wie viele Teilbetriebe im Sinne des Ertragsteuerrechts der Unternehmer hat (vgl. BFH-Urteil vom 23.4.1998, V R 64/96, BStBl. II S. 494). [4]Entsprechendes gilt für den Widerruf (§ 24 Abs. 4 Satz 3 UStG).

(2) [1]Für Umsätze im Rahmen eines land- und forstwirtschaftlichen Betriebs im Sinne des § 24 Abs. 2 UStG geht die Durchschnittssatzbesteuerung des § 24 Abs. 1 bis 3 UStG der Besteuerung nach den anderen Vorschriften des Gesetzes vor. [2]Das gilt auch in Bezug auf die Anwendung des § 19 Abs. 1 UStG. [3]Land- und Forstwirte können daher für ihre im Rahmen des land- und forstwirtschaftlichen Betriebs ausgeführten Umsätze die Regelung des § 19 Abs. 1 UStG nur in Anspruch nehmen, wenn sie nach § 24 Abs. 4 Satz 1 UStG auf die Durchschnittssatzbesteuerung des § 24 Abs. 1 bis 3 UStG verzichten. [4]Will ein Land- und Forstwirt nach dem Ausscheiden aus der Durchschnittssatzbesteuerung des § 24 Abs. 1 bis 3 UStG von § 19 Abs. 1 UStG keinen Gebrauch machen, muss er eine weitere Erklärung nach § 19 Abs. 2 Satz 1 UStG abgeben.

(3) [1]Die Erklärung nach § 24 Abs. 4 Satz 1 UStG bindet den Unternehmer grundsätzlich mindestens für fünf Kalenderjahre. [2]Bei der Veräußerung eines land- und forstwirtschaftlichen Betriebs (Geschäftsveräußerung nach § 1 Abs. 1a UStG, vgl. Abschnitt 1.5) ist der Betriebserwerber als Rechtsnachfolger des Veräußerers anzusehen und demnach an die Optionsfrist gebunden. [3]In den Fällen, in denen der Unternehmer nach dem Ausscheiden aus der Durchschnittssatzbesteuerung des § 24 Abs. 1 bis 3 UStG die Vorschrift des § 19 Abs. 1 UStG anwendet, kann er jedoch die Erklärung mit Wirkung vom Beginn eines jeden folgenden Kalenderjahres an widerrufen (§ 71 UStDV). [4]Das gilt nicht, wenn der Unternehmer nach dem Ausscheiden aus der Durchschnittssatzbesteuerung des § 24 Abs. 1 bis 3 UStG eine weitere Erklärung nach § 19 Abs. 2 Satz 1 UStG abgegeben hat. [5]In diesem Fall gilt für ihn die Bindungsfrist des § 19 Abs. 2 Satz 2 UStG.

(4)[1] [1]Zum Vorsteuerabzug beim Wechsel der Besteuerungsform wird auf Abschnitt 15.1 Abs. 5 und 6 hingewiesen. [2]Zur Berichtigung des Vorsteuerabzugs beim Wechsel der Besteuerungsform vgl. Abschnitt 15a.9.

24.9 Ausstellung von Rechnungen bei land- und forstwirtschaftlichen Betrieben

[1]Die Regelungen der §§ 14 und 14a UStG zur Rechnungserteilung gelten auch für die im Rahmen des land- und forstwirtschaftlichen Betriebs ausgeführten Lieferungen und sonstigen Leistungen. [2]Als anzuwendender Steuersatz (§ 14 Abs. 4 Satz 1 Nr. 8 UStG) ist der für den Umsatz maßgebliche Durchschnittssatz anzugeben (§ 24 Abs. 1 Satz 5 UStG); dies gilt auch für Gutschriften. [3]Weist der Unternehmer einen höheren Steuerbetrag aus, als er im Rahmen der Durchschnittssatzbesteuerung gesondert in Rechnung stellen darf, schuldet er nach § 14c Abs. 1 UStG diesen Mehrbetrag; er hat diesen Betrag an das Finanzamt abzuführen. [4]Das Gleiche gilt, wenn in einer Gutschrift im Sinne des § 14 Abs. 2 Sätze 2 und 3 UStG ein höherer Steuerbetrag ausgewiesen worden ist. [5]Im Rahmen des § 24 UStG kann auch § 14c Abs. 2 UStG zur Anwendung kommen (vgl. Abschnitt 14c.2).

Zu § 25 UStG
(§ 72 UStDV)

25.1[2] Besteuerung von Reiseleistungen[3]

(1) [1]§ 25 UStG findet nur Anwendung, wenn der Unternehmer für die Durchführung der Reise Gegenstände und Dienstleistungen Dritter in Anspruch nimmt und diese dem Reisenden unmittelbar zugutekommen. [2]Der Zweck der Reise ist grundsätzlich unerheblich. [3]Die Besteuerung nach § 25 UStG kann für Sprach- und Studienreisen (z.B. Auslandsaufenthalte von Schülern während der Schulferien) sowie für Studienaufenthalte im Ausland, die mit einer Reise kombiniert sind (sog. High-School-Programme), in Betracht kommen (vgl. BFH-Urteil vom 1.6.2006, V R 104/01, BStBl. 2007 II S. 142). [4]Die Vorschrift gilt für alle Unternehmer, die Reiseleistungen erbringen, ohne Rücksicht darauf, ob dies allein Gegenstand des Unternehmens ist. [5]§ 25 UStG ist bei Reiseleistungen von Unternehmern mit Sitz im Drittland und ohne feste Niederlassung im Gemeinschaftsgebiet nicht anwendbar. [6]Es sind nur Niederlassungen zu berücksichtigen, die unmittelbar am Verkauf beteiligt sind. [7]§ 25 UStG hat besondere Bedeutung für Veranstalter von Pauschalreisen (§ 651a Abs. 2 BGB). [8]Die Regelung ist jedoch unabhängig davon anzuwenden, ob die Reisebestandteile bereits als Teil eines Pauschalangebots vermarktet oder erst nach den konkreten Vorgaben des Leistungsempfängers

---

[1] Vgl. auch A 19.5 UStAE.

[2] A 25.1 UStAE neugef. durch BMF v. 24.6.2021, BStBl. I 2021, 857, anzuwenden in allen offenen Fällen; zur **Übergangsregelung** siehe Anlage 8.

[3] Siehe BMF v. 29.1.2021, BStBl. I 2021, 250: Für **bis zum 31.12.2021** ausgeführte Reiseleistungen von Unternehmern mit Sitz im Drittland und ohne feste Niederlassung im Gemeinschaftsgebiet wird es nicht beanstandet, wenn die Sonderregelung des § 25 UStG angewendet wird.

zusammengesetzt werden. [9] § 25 UStG ist auch anzuwenden, wenn die Reiseleistung im eigenen Namen und für fremde Rechnung ausgeführt wird (vgl. Abschnitt 3.15 Abs. 6 Beispiel 3 und Abs. 7 Beispiel 1 bis 3). [10] Grundsätzlich ist eine entgeltliche, im Inland steuerbare Leistung Voraussetzung für die Anwendung des § 25 UStG (vgl. BFH-Urteil vom 13.12.2018, V R 52/17, BStBl. 2019 II S. 345). [11] Ein Unternehmer (Arbeitgeber), der an seine Arbeitnehmer im Rahmen des Dienstverhältnisses Reisen überlässt, erbringt unter den übrigen Voraussetzungen des § 25 UStG auch Reiseleistungen (vgl. Abschnitt 25.3 Abs. 4). [12] Leistungsempfänger ist der Besteller der Reiseleistung. [13] Dieser muss nicht selbst an der Reise teilnehmen, z.B. ein Vater schenkt seiner Tochter eine Pauschalreise.

(2) [1] Für das Vorliegen einer Reiseleistung ist es grundsätzlich erforderlich, dass der Unternehmer ein Bündel von Einzelleistungen erbringt, welches zumindest eine Beförderungs- oder Beherbergungsleistung enthält. [2] Als Bestandteile einer Reiseleistung kommen insbesondere in Betracht:

1. Beförderung zu den einzelnen Reisezielen, Transfer;
2. Beherbergung;
3. Verpflegung;
4. Betreuung durch Reiseleiter;
5. Durchführung von Veranstaltungen (z. B. Stadtrundfahrten, Besichtigungen, Sport- und sonstige Animationsprogramme, Landausflüge);
6. Eintrittsberechtigungen.

[3] Eigenleistungen sind bei der Prüfung, ob eine Reiseleistung gegeben ist, nicht zu berücksichtigen. [4] Eine einzelne Leistung genügt für die Anwendung des § 25 UStG nur dann, wenn es sich um eine Beherbergungsleistung handelt (vgl. EuGH-Urteil vom 19.12.2018, C-552/17, Alpenchalets Ressorts und BFH-Urteil vom 27.3.2019, V R 10/19 (V R 60/16), BStBl. 2021 II S. 497). [5] § 25 UStG ist hingegen auf den isolierten Verkauf von Opernkarten durch ein Reisebüro nicht anzuwenden (vgl. EuGH-Urteil vom 9.12.2010, C-31/10, Minerva Kulturreisen).[1)] [6] Die Einräumung von Eintrittsberechtigungen für Messen, Ausstellungen, Seminare und Kongresse und damit im Zusammenhang erbrachte Beförderungs-, Verpflegungs- und Beherbergungsleistungen, die vom Veranstalter als einheitliche Leistung (vgl. Abschnitt 3.10) angeboten werden, sind keine Reiseleistungen.

Auftreten im eigenen oder fremden Namen

(3) [1] Für die Frage des Auftretens im eigenen Namen kommt es bei Leistungen nach § 25 UStG maßgeblich auf die zivilrechtliche Beurteilung an. [2] Die Entscheidung, ob der Unternehmer eine Leistung im eigenen Namen erbringt oder eine fremde Leistung lediglich vermittelt, ist anhand des zugrundeliegenden Rechtsverhältnisses nach dem Gesamtbild des Einzelfalls zu treffen. [3] Im Hinblick darauf, dass eine Vermittlungsleistung ein Handeln im fremden Namen erfordert, kommt es für die Abgrenzung maßgeblich darauf an, wie der Unternehmer nach außen (gegenüber dem Leistungsempfänger) auftritt. [4] Es

---

1) DStR 2010, 2576.

muss somit für den Leistungsempfänger objektiv erkennbar sein, dass der Handelnde für den Geschäftsabschluss im fremden Namen auftreten will. [5]In der Regel hat dies durch die Prospektgestaltung und durch klare Hinweise außerhalb seiner AGB zu geschehen (vgl. BFH-Urteil vom 22.8.2019, V R 12/19 (V R 9/16), BStBl. 2021 II S. 498).

(4) [1]§ 25 UStG ist nicht anzuwenden, soweit der Unternehmer beim Verkauf von Reisen erkennbar im fremden Namen handelt (vgl. Abschnitt 3.7 Abs. 1). [2]Die Besteuerung der Vermittlungsleistungen richtet sich nach den allgemeinen Vorschriften des UStG. [3]Die Steuerbefreiung nach § 4 Nr. 5 UStG ist zu beachten (vgl. Abschnitt 4.5.2).

(5) [1]Reisebüros können sowohl im eigenen als auch im fremden Namen auftreten (vgl. BFH-Urteil vom 22.8.2019, V R 12/19 (V R 9/16), a. a. O.):

Auftreten von Reisebüros im eigenen Namen

1. [1]Reisebüros erbringen üblicherweise Vermittlungsleistungen, die der Regelbesteuerung unterliegen. [2]Die Bündelung von Leistungen und die eigene Preisgestaltung können jedoch auch zur Annahme von Leistungen im Sinne des § 25 UStG führen, wenn das Reisebüro gegenüber dem Reisenden im eigenen Namen auftritt.

   Beispiel:

   [1]Der Reiseveranstalter A hat ein Katalogangebot mit 2 Wochen Halbpension Mallorca für 799 € ausgeschrieben. [2]Das Reisebüro B übernimmt ein Kontingent von 20 Plätzen zu einem Einkaufspreis von 640 € und kalkuliert die Reise wie folgt:

Einkaufspreis	640,– €
zzgl. Transfer zum Flughafen durch Busunternehmer C	40,– €
Summe Reisevorleistungen	680,– €

   [3]Reisebüro B tritt beim Verkauf der Reise im eigenen Namen auf, händigt einen Sicherungsschein (§ 651r BGB) aus und berechnet für die Reise 809 €. [4]Die auf die Reise entfallende Marge beträgt:

Verkaufspreis	809,– €
abzgl. Reisevorleistungen	680,– €
Marge des B	129,– €

   [5]Reisebüro B verkauft die Reisen im eigenen Namen und für eigene Rechnung. [6]B nimmt für die Reisen die Leistungen des Reiseveranstalters A und des Busunternehmers C in Anspruch (Reisevorleistungen). [7]Reisebüro B erbringt jeweils einheitliche sonstige Leistungen, die nach § 25 UStG zu besteuern sind.

   [3]Erwirbt ein Tickethändler oder ein Reisebüro ein Paket von Flugtickets, um hieraus durch Verbindung mit anderen Leistungen (z. B. Beherbergung und Verpflegung) jeweils Pauschalreisen zusammenzustellen, liegt eine Reiseleistung vor (vgl. Abschnitt 4.5.3 Abs. 2).

Auftreten von Reisebüros im fremden Namen

2. [1]Reisebüros können beim Verkauf einer Reise an einen Kunden mehrere Vermittlungsleistungen nebeneinander erbringen, wenn sie dabei erkennbar im Namen des jeweiligen Leistungserbringers oder des Reisenden agieren.

   Beispiel 1:

   [1]Ein Reiseveranstalter hat ein Katalogangebot mit 2 Wochen Halbpension Mallorca ohne Anreise für 850 € ausgeschrieben. [2]Das Reisebüro verkauft dem Reisenden die Reise laut Angebot im Namen des Reiseveranstalters und händigt dessen Sicherungsschein aus. [3]Zu-

dem werden im Namen des Reisenden bei einer Fluggesellschaft wunschgemäß Hin- und Rückflug gebucht. 4 Die Bezahlungen sollen vereinbarungsgemäß vom Reisenden direkt an die Leistungserbringer erfolgen. 5 Das Reisebüro stellt dem Reisenden lediglich die Vermittlung des Fluges in Rechnung.

Beispiel 2:

Eine USA-Rundreise aus mehreren Bausteinen (Flug, Übernachtungen, Mietwagen) wird nach den im Beispiel 1 dargestellten Grundsätzen für den Reisenden zusammengestellt und im Namen der Leistungserbringer verkauft.

Beispiel 3:

1 Das Pauschalangebot eines Reiseveranstalters für eine zweiwöchige Reise wird an den Kunden vermittelt, wobei der Rückflug des Reisenden erst nach der dritten Woche erfolgen soll. 2 Das Reisebüro vermittelt für die dritte Woche einen zusätzlichen Hotelaufenthalt. 3 Die formalen Grundsätze des Beispiels 1 sind erfüllt.

2 Im Beispielsfall 1 liegen keine gebündelten Leistungen im Sinne der Nummer 1 vor, da der Unternehmer für beide Leistungen die Voraussetzungen einer Vermittlungsleistung erfüllt. 3 Hinsichtlich der Pauschalreise handelt er im Namen des Reiseveranstalters; bezüglich des Fluges tritt er im Namen des Reisenden auf. 4 Die Beispiele 2 und 3 sind wie der Beispielsfall 1 zu beurteilen, wenn das Reisebüro beim Vermittlungsgeschäft im Namen der jeweiligen Leistungserbringer auftritt.

Rabattgewährung durch Reisebüros

3. Gewährt ein Reisebüro, das als Vermittler für einen Reiseveranstalter handelt, dem Endverbraucher aus eigenem Antrieb und auf eigene Kosten einen Nachlass auf den Preis der vermittelten Leistung, ist dieser Vorgang umsatzsteuerrechtlich unbeachtlich (vgl. Abschnitt 17.2 Abs. 7).

(6) 1 Alle im Rahmen einer Reise erbrachten Leistungen gelten als einheitliche sonstige Leistung des Unternehmers an den Leistungsempfänger, soweit der Unternehmer gegenüber dem Leistungsempfänger im eigenen Namen auftritt und für die Durchführung der Reise Lieferungen und sonstige Leistungen Dritter (Reisevorleistungen) in Anspruch nimmt. 2 Im Rahmen einer Reise sind alle Reiseleistungen erbracht, die einem einzelnen Reisenden zugutekommen. 3 Liegen danach mehrere einheitliche sonstige Leistungen vor, können diese aus Vereinfachungsgründen als eine einheitliche sonstige Leistung behandelt werden, wenn der Unternehmer mehrere gleichartige Reisen an einen Leistungsempfänger abgibt.

Beispiel:

1 A erwirbt für sich, seine Ehefrau und seine drei Kinder fünf Reisen vom 17. bis 31. Juli nach Mallorca. 2 Die Unterbringung erfolgt in zwei Doppel- und einem Einzelzimmer.

(7) 1 Die sonstige Leistung wird nach § 3a Abs. 1 UStG an dem Ort ausgeführt, an dem der Unternehmer seinen Sitz hat; das gilt auch für die Erbringung sonstiger Leistungen nach § 25 UStG an andere Unternehmer für deren Unternehmen. 2 Wird die sonstige Leistung von einer Betriebsstätte des Unternehmers ausgeführt, gilt der Ort der Betriebsstätte als Leistungsort. 3 Die sonstige Leistung ist nach den allgemeinen Zuordnungskriterien entweder dem Sitz des Unternehmens oder einer Betriebsstätte zuzurechnen (vgl. Abschnitt 3a.1 Abs. 2), wobei auf den Schwerpunkt der erbrachten Leistungen

abzustellen ist. [4]Der Ort sonstiger Leistungen nach § 25 UStG bestimmt sich nach dem Vertrieb der Reise (vgl. EuGH-Urteil vom 20.2.1997, C-260/95, DFDS).[1)] [5]Eine Zurechnung der sonstigen Leistung an die Betriebsstätte kommt nur in Betracht, wenn diese unmittelbar am Verkauf beteiligt ist. [6]Werden einzelne Reisebestandteile vom selben Unternehmer zu unterschiedlichen Zeiten – ggf. während der Reise – und an unterschiedlichen Orten verkauft, ist der Leistungsort für die einheitliche sonstige Leistung nach § 25 UStG danach zu bestimmen, wo der Verkauf der Reise, soweit sie auf Reisevorleistungen beruht, überwiegend erfolgt.

(8) [1]§ 25 UStG gilt nur bei der Inanspruchnahme von Reisevorleistungen durch den Unternehmer, nicht jedoch, soweit dieser Reiseleistungen durch den Einsatz eigener Mittel (Eigenleistungen) – z.B. eigene Beförderungsmittel, eigenes Hotel, Betreuung durch angestellte Reiseleiter – erbringt. [2]Durch die Weitergabe von Fremdleistungen innerhalb des Organkreises werden Reisevorleistungen nicht zu Eigenleistungen. [3]Die Abgrenzung zwischen Eigenleistung einerseits und in die Margenbesteuerung einzubeziehender Reisevorleistung andererseits vollzieht sich nicht aus Sicht der Reisenden, sondern nach den tatsächlichen Umständen der Leistungserbringung (vgl. BFH-Urteil vom 1.3.2018, V R 23/17, BStBl. II S. 503). [4]Allein die Tatsache, dass der Unternehmer die volle Verantwortung für die Durchführung der Reise zu tragen hat, führt noch nicht zur Annahme von Eigenleistungen. [5]Für die Eigenleistungen gelten die allgemeinen umsatzsteuerrechtlichen Vorschriften. [6]Bei Reisen, die sich auch auf das Ausland erstrecken, unterliegen der Besteuerung daher die jeweiligen im Inland erbrachten Einzelleistungen. [7]Folgende Vorschriften sind zu beachten:

1. § 3a Abs. 1 oder Abs. 2 UStG bei Betreuung durch angestellte Reiseleiter;
2. § 3b Abs. 1 und § 26 Abs. 3 UStG für Personenbeförderungsleistungen;
3. § 3a Abs. 3 Nr. 1 Satz 2 Buchstabe a UStG für Beherbergungsleistungen;
4. § 3a Abs. 3 Nr. 3 Buchstabe a oder Abs. 2 UStG für (Land-)Ausflüge mit beispielsweise sportlichem, kulturellen oder unterhaltendem Charakter;
5. § 3a Abs. 3 Nr. 3 Buchstabe b UStG für die Abgabe von Speisen und Getränken zum Verzehr an Ort und Stelle (Restaurationsleistungen); zur Abgrenzung von Lieferungen zu Restaurationsleistungen vgl. Abschnitt 3.6; zur Abgrenzung von Haupt- und Nebenleistung vgl. Abschnitt 3.10 Abs. 6 Nr. 13.

[8]Eigene Mittel sind auch dann gegeben, wenn der Unternehmer ein Beförderungsmittel ohne Fahrzeugführer oder im Rahmen eines Gestellungsvertrags ein bemanntes Beförderungsmittel anmietet und dabei selbst sowohl Weisungsbefugnis hat als auch Verantwortung über den Einsatz des Beförderungsmittels trägt. [9]Der Unternehmer erbringt dagegen keine Reiseleistung unter Einsatz eigener Mittel, wenn er sich zur Ausführung einer Beförderung eines Unternehmers bedient, der die Beförderung in eigenem Namen und unter eigener Verantwortung ausführt. [10]Der Unternehmer bewirkt in diesem Falle eine Beförderungsleistung an den Leistungsempfänger, die bei Letzterem als

---

1) DStRE 1997, 342.

Reisevorleistung anzusehen ist (vgl. auch das Beispiel in Abschnitt 3b.1 Abs. 2). [11]Die Betreuungsleistungen, die Unternehmer durch angestellte Reiseleiter erbringen, unterliegen als Leistungen mit eigenen Mitteln (Eigenleistungen) nicht der Margenbesteuerung nach § 25 Abs. 1 UStG (BFH-Urteil vom 23.9.1993 V R 132/89, BStBl 1994 II S. 272).

(9) [1]Reisevorleistungen sind alle Leistungen, die von einem Dritten erbracht werden und dem Reisenden unmittelbar zugutekommen. [2]In Betracht kommen alle Leistungen, die der Reisende in Anspruch nehmen würde, wenn er die Reise selbst zusammenstellte, insbesondere Beförderung, Beherbergung und Verpflegung.

Beispiel 1:

[1]Reiseveranstalter A verkauft eine Pauschalreise im eigenen Namen. [2]Er bedient sich für die Beförderung, Unterbringung und Verpflegung der Unternehmer X, Y und Z. [3]Insoweit sind Reisevorleistungen gegeben.

[3]Erwirbt ein Unternehmer von einem anderen Unternehmer eine nach § 25 Abs. 1 Satz 3 UStG einheitliche Reiseleistung (Kettengeschäft), sind Reisevorleistungen die einzelnen Bestandteile und nicht die einheitliche Reiseleistung.

Beispiel 2:

[1]Reiseveranstalter B verkauft die von Reiseveranstalter A erworbene Pauschalreise im eigenen Namen. [2]Reisevorleistungen sind die einzelnen Bestandteile (Beförderung, Unterbringung und Verpflegung der Unternehmer X, Y und Z).

[4]Keine Reisevorleistungen sind hingegen die folgenden Leistungen dritter Unternehmer, die dem Reisenden nur mittelbar zugutekommen:

1. Ein selbständiges Reisebüro vermittelt die Pauschalreisen des Reiseveranstalters;
2. Ein Reisebus muss während einer Reise repariert werden.

(10) [1]Die Leistungen von Zielgebietsagenturen sind in vollem Umfang als Reisevorleistungen anzusehen, wenn die Betreuung der Reisenden vor Ort dabei im Vordergrund steht (z. B. Organisation des Transfers, Animation der Reisenden, Arrangements von Ausflügen und Besichtigungen). [2]Die im Zusammenhang damit ausgeführten Verwaltungsleistungen für den Unternehmer sind unselbstständige Nebenleistungen. [3]Ist aufgrund der Einreisebestimmungen anderer Staaten für die Erteilung eines Visums die Vorlage einer Reisebestätigung (Visabestätigung) erforderlich, handelt es sich bei der in diesem Zusammenhang in Aussicht gestellten Betreuungsleistung um eine Reiseleistung nach § 25 UStG. [4]Die Betreuung während der Reise stellt eine gegenüber der bloßen Beschaffung des Touristenvisums selbstständige sonstige Leistung dar (vgl. BFH-Urteil vom 2.3.2006, V R 25/03, BStBl. II S. 788).

(11) [1]Gemischte Leistungen liegen vor, wenn der Unternehmer sowohl Leistungen mit eigenen Mitteln erbringt (vgl. Absatz 8) als auch Reisevorleistungen in Anspruch nimmt (vgl. Absatz 9). [2]In diesen Fällen ist § 25 UStG nur anwendbar, soweit der Unternehmer gegenüber dem Leistungsempfänger im eigenen Namen auftritt und Reisevorleistungen in Anspruch nimmt. [3]Für die im Rahmen einer solchen Reise erbrachten Leistungen mit eigenen Mitteln gelten die allgemeinen Vorschriften.

Beispiel:

[1] Im Rahmen einer Pauschalreise befördert der Unternehmer die Reisenden im eigenen Bus. [2] Beherbergung und Verpflegung erfolgen in einem fremden Hotel. [3] Der Unternehmer tritt gegenüber den Reisenden im eigenen Namen auf.

[4] In diesem Fall erfolgt die Besteuerung der Beförderungsleistung nach den allgemeinen Vorschriften; die Beherbergungs- und Verpflegungsleistungen unterliegen der Besteuerung nach § 25 UStG. [5] Zur Ermittlung der Bemessungsgrundlagen vgl. Abschnitt 25.3 Abs. 2.

(12) [1] Für eine einheitliche Reiseleistung im Sinne des § 25 Abs. 1 Satz 2 UStG sind die unternehmerbezogenen Steuerbefreiungen nach § 4 UStG und Steuersatzermäßigungen zu beachten. [2] Demgegenüber kommen leistungsbezogene Steuerbefreiungen und Steuersatzermäßigungen nicht in Betracht (vgl. BFH-Urteil vom 27.3.2019, V R 10/19 (V R 60/16), a. a. O.).

(13) [1] Eine Reiserücktrittskostenversicherung, deren Abschluss bei Buchung der Reise in das Belieben des Leistungsempfängers gestellt wird und für die das Versicherungsentgelt neben dem Reisepreis ggf. gesondert berechnet wird, ist eine umsatzsteuerrechtlich gesondert zu beurteilende Leistung, die nicht der Margenbesteuerung des § 25 UStG unterliegt. [2] Auch der Abschluss einer obligatorisch vom Reiseveranstalter angebotenen Reiserücktrittskostenversicherung kann eine selbständige Leistung darstellen (vgl. BFH-Urteil vom 13.7.2006, V R 24/02, BStBl. II S. 935). [3] Der Umsatz kann je nach Sachverhalt entweder unter den Voraussetzungen des § 4 Nr. 10 Buchstabe b UStG (Verschaffung von Versicherungsschutz) oder unter denen des § 4 Nr. 11 UStG (Umsatz aus der Tätigkeit als Versicherungsvertreter) steuerfrei sein.

(14) [1] Tritt der Reisende vor Reisebeginn vom Reisevertrag zurück und hat er für diesen Fall eine in dem Reisevertrag vorab vereinbarte Entschädigung zu entrichten (Stornogebühr), liegt beim Reiseveranstalter echter Schadensersatz und somit kein Entgelt für eine Reise vor. [2] Dies gilt unter der Voraussetzung, dass zivilrechtlich ein Rücktrittsrecht besteht. [3] Schreibt der Unternehmer dem Reisebüro einen Anteil von Stornogebühren gut, handelt es sich hierbei um das Entgelt für Leistungen des Reisebüros. [4] Umbuchungs- und Änderungsgebühren, die der Reisende bei Änderung eines bestehenbleibenden Reisevertrags zu entrichten hat, erhöhen das für die Reise zu entrichtende Entgelt.

25.2[1)] Steuerfreiheit von Reiseleistungen nach § 25 Abs. 2 UStG

(1) [1] Nach § 25 Abs. 2 UStG ist eine Reiseleistung insgesamt steuerfrei, wenn die ihr zuzurechnenden Reisevorleistungen ausschließlich im Drittlandsgebiet bewirkt werden. [2] Zu den Reisevorleistungen können insbesondere Unterkunft, Verpflegung, Betreuung und Beförderung von Personen gehören.

Beispiel 1:

[1] Ein Reiseveranstalter bietet im eigenen Namen eine Rundreise mit dem Reisebus in den USA zu einem Pauschalpreis an. [2] Hin- und Rückreise von und nach Deutschland sind in dem Preis nicht enthalten.

[3] Die in der Beförderung der Reisenden mit dem Reisebus bestehenden Reisevorleistungen werden im Drittlandsgebiet bewirkt. [4] Da Übernachtungs- und Verpflegungsleistungen eben-

1) A 25.2 UStAE neugef. durch BMF v. 24.6.2021, BStBl. I 2021, 857, anzuwenden in allen offenen Fällen; zur **Übergangsregelung** siehe Anlage 8.

falls im Drittlandsgebiet bewirkt werden, ist die einheitliche sonstige Leistung des Veranstalters insgesamt steuerfrei.
[5] Der Ort, an dem die Reisevorleistungen bewirkt werden, bestimmt sich nach den allgemeinen Regelungen der §§ 3a ff. UStG. [6] Diese Ortsbestimmung bindet bei einem Kettengeschäft auch nachfolgende Unternehmer. [7] Werden Reisevorleistungen, deren Ort der Leistung sich nach § 3a Abs. 2 UStG bestimmen würde, ausschließlich im Drittlandsgebiet erbracht, verlagert sich der Ort nach § 3a Abs. 8 UStG ins Drittland (vgl. Abschnitt 3a.14 Abs. 5).

Beispiel 2:

[1] Ein deutscher Reiseveranstalter bietet Pauschalreisen nach Thailand im eigenen Namen an, deren Leistungsbestandteile er selbst eingekauft hat. [2] Er nimmt dabei Betreuungsleistungen eines schweizerischen Unternehmers in Anspruch, der im Reisezielgebiet keine Betriebsstätte hat und die Leistungen ausschließlich im Drittlandsgebiet ausführt.
[3] Die Betreuungsleistung des schweizerischen Unternehmers wird nach § 3a Abs. 2 in Verbindung mit Abs. 8 UStG im Drittlandsgebiet bewirkt. [4] Die Marge des deutschen Reiseveranstalters ist somit steuerfrei.

(2) Die einheitliche sonstige Leistung ist insgesamt steuerpflichtig, wenn die in Absatz 1 bezeichneten Reisevorleistungen (vgl. Abschnitt 25.1 Abs. 9) ausschließlich im Gemeinschaftsgebiet bewirkt werden.

Beispiel:

[1] Der deutscher Reiseveranstalter A bietet im eigenen Namen Rundreisen innerhalb des Gemeinschaftsgebiets an. [2] Er hat die Reisen von dem Reiseveranstalter B mit Sitz in Frankreich gekauft. [3] B hat die einzelnen Reisebestandteile (Beförderungs-, Betreuungs-, Beherbergungs- und Verpflegungsleistungen) von anderen Unternehmen erworben und zu einer einheitlichen Pauschalreise gebündelt. [4] Da sämtliche Reisevorleistungen im Gemeinschaftsgebiet bewirkt werden, ist die Marge des deutschen Reiseveranstalters A insgesamt steuerpflichtig.

(3) [1] Werden die Reisevorleistungen nur zum Teil im Drittlandsgebiet, im Übrigen aber im Gemeinschaftsgebiet erbracht, ist die Reiseleistung insoweit steuerfrei, als die Reisevorleistungen im Drittlandsgebiet bewirkt werden. [2] Dies gilt auch für Reisevorleistungen, die in der Beförderung von Personen bestehen. [3] Erstreckt sich somit eine Beförderung sowohl auf das Drittlandsgebiet als auch auf das Gemeinschaftsgebiet, hat der Unternehmer die gesamte Beförderungsleistung nach Maßgabe der im Drittlands- und im Gemeinschaftsgebiet zurückgelegten Strecken aufzuteilen.

Beispiel 1:

[1] Reiseveranstalter A verkauft im eigenen Namen eine Pauschalreise in die USA (Flug und Beherbergung) ab München.
[2] Die Reiseleistung des A ist insoweit steuerpflichtig, als die Personenbeförderung im Flugzeug (Reisevorleistung) im Gemeinschaftsgebiet bewirkt wird (vgl. Abschnitt 25.2 Abs. 4).
[3] Der Leistungsort der übrigen Reisebestandteile liegt im Drittlandsgebiet. [4] Die Reiseleistung ist daher insoweit steuerfrei.

Beispiel 2: (Kettengeschäft)

[1] Reiseveranstalter B verkauft die von Reiseveranstalter A erworbene Pauschalreise im eigenen Namen.
[2] Die Reiseleistung des B ist wie im Beispiel 1 insoweit steuerpflichtig, als die Personenbeförderung im Flugzeug (Reisevorleistung) im Gemeinschaftsgebiet bewirkt wird. [3] Der Leistungsort der übrigen Reisebestandteile liegt im Drittlandsgebiet. [4] Die Reiseleistung ist wie im Beispiel 1 insoweit steuerfrei.

(4) [1] Erstreckt sich eine Personenbeförderung im Luftverkehr (Reisevorleistung) sowohl auf das Drittlandsgebiet als auch auf das Gemeinschaftsgebiet, kann der Empfänger der Beförderungsleistung abweichend von Absatz 3 aus Vereinfachungsgründen wie folgt verfahren:

[2]Liegt der Zielort der Personenbeförderung im Drittlandsgebiet, gilt die Beförderungsleistung insgesamt als im Drittlandsgebiet bewirkt (Zielortregelung). [3]Im Rahmen von Kettengeschäften ist die Anwendung oder Nichtanwendung der Zielortregelung für alle nachfolgenden Unternehmer bindend.

Beispiel 1:

[1]Ein Reiseveranstalter bietet im eigenen Namen eine Flugreise von Düsseldorf auf die Kanarischen Inseln zu einem Pauschalpreis an. [2]Der Reiseveranstalter wendet für alle von ihm angebotenen Reisen die Zielortregelung an.

[3]Da der Zielort der Reise im Drittlandsgebiet liegt, gilt die Beförderungsleistung insgesamt als im Drittlandsgebiet bewirkt. [4]Werden auch alle übrigen Reisevorleistungen im Drittlandsgebiet bewirkt, ist die Reiseleistung des Veranstalters insgesamt steuerfrei.

[4]Liegt der Zielort der Personenbeförderung im Gemeinschaftsgebiet, gilt die Beförderungsleistung insgesamt als im Gemeinschaftsgebiet bewirkt.

Beispiel 2:

[1]Ein Reiseveranstalter bietet im eigenen Namen eine Flugreise von Düsseldorf nach Athen zu einem Pauschalpreis an. [2]Der Reiseveranstalter wendet für alle von ihm angebotenen Reisen die Zielortregelung an.

[3]Da der Zielort der Reise im Gemeinschaftsgebiet liegt, gilt die Beförderungsleistung als im Gemeinschaftsgebiet bewirkt. [4]Werden auch alle übrigen Reisevorleistungen im Gemeinschaftsgebiet bewirkt, ist die Reiseleistung des Veranstalters insgesamt steuerpflichtig.

[5]Hin- und Rückflug sind bei der Anwendung der Vereinfachungsregelung als eine Reisevorleistung anzusehen. [6]Der Zielort bestimmt sich nach dem Hinflug. [7]Zwischenlandungen aus flugtechnischen Gründen berühren die Anwendung der Vereinfachungsregelung nicht. [8]Inländische Zu- und Abbringerflüge sind nur dann in die Zielortregelung einzubeziehen, wenn die als Reisevorleistung in Anspruch genommene Beförderungsleistung einschließlich der Zu- und Abbringerflüge nach umsatzsteuerrechtlichen Grundsätzen eine einheitliche Beförderungsleistung darstellt (vgl. Abschnitt 3.10 und BFH-Urteil vom 1.3.2018, V R 23/17, BStBl. II S. 503).

Beispiel 3:

[1]Ein Reiseveranstalter bietet im eigenen Namen eine Busreise an. [2]Diese beginnt in Zürich (Schweiz) und endet in Rom (Italien). [3]Im Reisepreis sind Hin- und Rückflug von und nach Köln-Bonn enthalten. [4]Der Reiseveranstalter wendet für alle von ihm angebotenen Reisen die Zielortregelung an.

[5]Da der Zielort des Hinflugs im Drittlandsgebiet (Schweiz) liegt, gilt die Personenbeförderung mit dem Flugzeug inklusive des Rückflugs als insgesamt im Drittlandsgebiet bewirkt. [6]Die Busreise ist in einen steuerfreien Streckenanteil im Drittlandsgebiet und einen steuerpflichtigen Anteil im Gemeinschaftsgebiet aufzuteilen.

(5) [1]Macht ein Unternehmer von der Vereinfachungsregelung nach Absatz 4 Gebrauch, muss er diese bei allen von ihm in einem Veranlagungszeitraum veranstalteten Reisen anwenden. [2]Dies gilt nicht, soweit der Unternehmer im Rahmen von Kettengeschäften an die Entscheidung des Empfängers der Beförderungsleistung gebunden ist (vgl. Absatz 4).

(6) [1]Erstreckt sich eine Personenbeförderung mit Kreuzfahrtschiffen im Seeverkehr sowohl auf das Drittlandsgebiet als auch auf das Gemeinschaftsgebiet, kann der Unternehmer abweichend von Absatz 3 von der Berücksichtigung des auf das Gemeinschaftsgebiet entfallenden Anteils der gesamten Beförderungsstrecke aus Vereinfachungsgründen absehen. [2]Im Rahmen von

Kettengeschäften ist die Anwendung oder Nichtanwendung dieser Regelung für alle nachfolgenden Unternehmer bindend.

Beispiel:

[1] Ein Reiseveranstalter bietet im eigenen Namen eine siebentägige Kreuzfahrt im Mittelmeer an, die in Genua beginnt und endet.
[2] Die in der Beförderung der Reisenden bestehenden Reisevorleistungen sind als im Drittlandsgebiet erbracht anzusehen. [3] Die Reiseleistung des Veranstalters ist steuerfrei.

(7) Der Unternehmer hat bei der Abgabe einer Reiseleistung an einen anderen Unternehmer für dessen Unternehmen in der Rechnung anzugeben, in welchem Umfang die Leistungen nach § 25 Abs. 2 UStG im Drittlandsgebiet bewirkt werden (vgl. § 14 Abs. 4 Nr. 7 UStG).

(8) Liegen für nach § 25 Abs. 2 UStG steuerfreie Reiseleistungen im Drittland auch die Voraussetzungen einer Steuerbefreiung vor, die den Vorsteuerabzug ausschließt, geht diese Steuerbefreiung vor (vgl. Abschnitt 15.13 Abs. 5).

25.3[1)] Bemessungsgrundlage bei Reiseleistungen *[Fassung für Umsätze nach dem 31.12.2021]*

(1) [1] Abweichend von § 10 UStG ist die Bemessungsgrundlage die Differenz (Marge) zwischen dem Betrag, den der Leistungsempfänger entrichtet und den Aufwendungen für die Reisevorleistungen, jedoch abzüglich der Umsatzsteuer. [2] Dabei ist grundsätzlich auf die einzelne Reise abzustellen (vgl. Abschnitt 25.1 Abs. 1).

Beispiel 1:

[1] Ein Reiseveranstalter mit Sitz im Inland verkauft im eigenen Namen eine im Inland stattfindende Bahnpauschalreise. [2] Der Preis beträgt 440 € pro Person. [3] Es nehmen 40 Personen teil. [4] Der Reiseveranstalter wendet für Reisevorleistungen einschließlich Umsatzsteuer folgende Beträge auf:

1. an die Deutsche Bahn AG für Beförderungsleistungen	3 200,– €,
2. an das Hotel für Beherbergungsleistungen	12 000,– €.

[5] Die Marge ist für jeden einzelnen Reiseteilnehmer zu ermitteln, soweit nicht einzelne Leistungsempfänger im eigenen Namen für weitere Reiseteilnehmer auftreten:

Reisepreis (Aufwendungen des Reiseteilnehmers)		440,– €
./. Reisevorleistungen		
für die Beförderung	3 200,– €/40 = 80,– €	
für die Beherbergung	12 000,– €/40 = 300,– €	380,– €
Marge		60,– €
./. darin enthaltene Umsatzsteuer (19/119 = Steuersatz 19 %)		9,58 €
Bemessungsgrundlage		50,42 €

[3] Aus Vereinfachungsgründen wird es nicht beanstandet, mehrere Reisen zusammenzufassen, für die der Unternehmer einen einheitlichen Aufschlags- oder Kalkulationssatz verwendet. [4] Der Unternehmer kann ferner aus Vereinfachungsgründen bei Dritten erworbene Übernachtungs- oder Beförderungskontingente vollständig als Reisevorleistungen behandeln, auch wenn diese Kontingente nicht voll umfänglich abgerufen werden. [5] Macht ein Unterneh-

1) A 25.3 UStAE neugef. durch BMF v. 24.6.2021, BStBl. I 2021, 857, **anzuwenden auf Umsätze nach dem 31.12.2021;** zur bis dahin anzuwendenden Fassung von A 25.3 UStAE und zur **Übergangsregelung** siehe Anlage 8.

mer von der Vereinfachungsregelung Gebrauch, muss er diese Regelung bei allen von ihm innerhalb eines Besteuerungszeitraums veranstalteten Reisen anwenden. [6]Ergeben sich dadurch negative Einzelmargen, sind diese nicht mit positiven Einzelmargen verrechenbar. [7]Macht ein Unternehmer von der Vereinfachungsregelung keinen Gebrauch, sind die nicht abgerufenen Kontingente keine Reisevorleistungen. [8]Der Vorsteuerabzug steht ihm insoweit unter den übrigen Voraussetzungen des § 15 UStG zu.

Beispiel 2:

[1]Der im Inland ansässige Reiseveranstalter A hat einem spanischen Hotel für sieben Nächte die Belegung von 100 Zimmern zu einem Einzelübernachtungspreis von 35 € zugesagt. [2]A muss das dafür vertraglich vereinbarte Entgelt in Höhe von 24 500 € auch dann entrichten, wenn er die gebuchten Zimmer nicht alle belegen kann. [3]A kalkuliert mit einer 100 %igen Zimmerbelegung. [4]Tatsächlich wird lediglich eine Auslastung von 80% erreicht. [5]A hat pro Reise – ggf. pro Teilnehmer – zunächst 245 € als Reisevorleistung zu berücksichtigen. [6]Sobald A alle Informationen über die tatsächliche Belegung der gebuchten Zimmer vorliegen, sind die damit zusammenhängenden Margenermittlungen zu korrigieren. [7]Es ist nicht zu beanstanden, wenn die Berichtigung der Umsatzsteuer in einem Betrag vorgenommen wird, wenn dabei keine negativen Einzelmargen entstehen.

Geplante Beherbergungsleistungen pro Reise (35,– € × 7 Tage)	245,– €
Tatsächliche Beherbergungsleistungen pro Reise (35,– € × 7 Tage × 100/80 oder 24 500,– €/80)	306,25 €
Erhöhung der Reisevorleistung = Minderung der Marge pro Reise	61,25 €
Summe der Margenminderung (61,25 € × 80 oder 24 500,– € × 20%)	4 900,– €
./. darin enthaltene Umsatzsteuer (19/119 = Steuersatz 19%)	782,35 €
Minderung Bemessungsgrundlage	4 117,65 €

[9]Werden im Abrechnungsverkehr zwischen Leistungsträgern und Reiseveranstaltern Reisevorleistungen ausgehend vom sog. Bruttowert (Verkaufspreis abzüglich Provisionen zuzüglich Umsatzsteuer auf den Provisionsbetrag) berechnet, handelt es sich bei den Provisionen regelmäßig um Entgelt- bzw. Reisevorleistungsminderungen und nicht um Vergütungen für besondere (Vermittlungs-)Leistungen. [10]Der Wert der Reisevorleistungen ist dann identisch mit dem Wert einer agenturmäßigen Nettoberechnung. [11]Die in den Abrechnungen des Leistungsträgers auf den Provisionsbetrag gesondert als Negativbetrag ausgewiesene Umsatzsteuer wird weder vom Leistungsträger noch vom Reiseveranstalter nach § 14c Abs. 2 UStG geschuldet. [12]Aufwendungen für Reisevorleistungen in fremder Währung sind nach § 16 Abs. 6 UStG in dem Zeitpunkt umzurechnen, in dem die Leistung ausgeführt oder das Entgelt oder ein Teil des Entgelts vor Ausführung der Leistung gezahlt wird.

(2) [1]Treffen bei einer Reise Leistungen des Unternehmers mit eigenen Mitteln und Leistungen Dritter zusammen (vgl. Abschnitt 25.1 Abs. 11), sind für die Berechnung der Marge die eigenen Leistungen grundsätzlich im prozentualen Verhältnis zu den Fremdleistungen auszuscheiden (vgl. Abschnitt 10.1 Abs. 11). [2]Existieren keine Einzelverkaufspreise der verschiedenen Reisebestandteile, ist das Verhältnis der Eigenleistungen zu den Fremdleistungen anhand der entstandenen Kosten (einschließlich Umsatzsteuer) festzustellen. [3]Bei der Ermittlung der Kosten der Eigenleistung sind die Gemeinkosten sowie der kalkulatorische Unternehmerlohn nicht zu berücksichtigen.

Beispiel 1:

[1] Ein Reiseveranstalter mit Sitz im Inland führt eine Buspauschalreise im Inland aus. [2] Er tritt beim Verkauf gegenüber den Leistungsempfängern im eigenen Namen auf. [3] Der Preis beträgt 600 € pro Person. [4] Der Reiseveranstalter bietet die Reisebestandteile wie folgt auch einzeln an:

– Beförderung mit dem eigenen Bus inklusive Reiseleitung	130,– €;
– Beherbergung und Beköstigung	500,– €;
– Summe der Einzelverkaufspreise	630,– €.

[5] Es nehmen 50 Personen teil. [6] Dem Unternehmer entstehen folgende Aufwendungen:

	Gesamt	Pro Reise
a) Eigenleistungen		
Beförderung mit dem eigenem Bus	4000,– €	
Betreuung durch angestellte Reiseleiter	1000,– €	
Summe der Aufwendungen für Eigenleistungen	5000,– €	100,– €
b) Reisevorleistungen		
Beherbergung und Beköstigung	20 000,– €	400,– €

[7] Die Marge errechnet sich wie folgt:

Reisepreis (Aufwendungen pro Reiseteilnehmer) 600,– €	
Eigenleistungen (600,– € × 130,– €/630,– €)	123,81 €
§ 25 UStG (600,– € × 500,– €/630,– €)	476,19 €
./. Reisevorleistungen	400,– €
Marge	76,19 €
./. darin enthaltene Umsatzsteuer (19/119 = Steuersatz 19 %)	12,16 €
Bemessungsgrundlage	64,03 €

[8] Der Unternehmer hat jede Reise mit 19 % zu versteuern:

a) Eigenleistung (123,81 € ./. abzgl. enthaltener Umsatzsteuer)	104,04 €
b) die Leistungen nach § 25 UStG	64,03 €
Bemessungsgrundlage	168,07 €

Beispiel 2:

[1] Wie Beispiel 1, jedoch verkauft der Reiseveranstalter die Reisebestandteile nicht außerhalb des Pauschalangebots.

[2] Der Pauschalpreis ist nach dem Verhältnis der Reisevorleistungen zu den Kosten der Eigenleistungen aufzuteilen.

Reisepreis (Aufwendungen pro Reiseteilnehmer)		600,– €
Eigenleistungen (100,– € × 100 %/500,– €)	20 %	120,– €
§ 25 UStG (400,– € × 100 %/500,– €)	80 %	480,– €
./. Reisevorleistungen		400,– €
Marge		80,– €
./. darin enthaltene Umsatzsteuer (19/119 = Steuersatz 19 %)		12,77 €
Bemessungsgrundlage		67,23 €

[3] Der Unternehmer hat bei jeder Reise mit 19 % zu versteuern:

a) Eigenleistung (120,– € ./. abzgl. enthaltener Umsatzsteuer)	100,84 €
b) die Leistungen nach § 25 UStG	67,23 €
Bemessungsgrundlage	168,07 €

(3) Ist die einheitliche sonstige Leistung teils steuerfrei und teils steuerpflichtig (vgl. Abschnitt 25.2 Abs. 3), ist die Bemessungsgrundlage für die unter § 25 UStG fallenden Umsätze im Verhältnis der Reisevorleistungen im Sinne des § 25 Abs. 2 UStG zu den übrigen Reisevorleistungen aufzuteilen.

Beispiel 1:

[1] Ein Reiseveranstalter mit Sitz im Inland verkauft im eigenen Namen eine Flugpauschalreise nach Moskau, die am Flughafen Köln-Bonn beginnt und endet. [2] Der Preis beträgt 1100 € pro Person. [3] Es nehmen 80 Personen teil. [4] Der Veranstalter hat die folgenden Reisevorleistungen in Anspruch genommen.

Reisevorleistungen	Gesamt	Anteil
a) Kosten für Unterkunft und Verpflegung im Hotel (einschließlich Umsatzsteuer)	60 000,– €	75 %
b) Flugkosten	20 000,– €	25 %
insgesamt	80 000,– €	100 %

[5] Von der Flugstrecke entfallen 40 % auf das Drittlandsgebiet. [6] Sofern die Vereinfachungsregelung des Abschnitts 25.2 Abs. 4 nicht angewandt wird, errechnet sich die Marge wie folgt:

Reisepreis (Aufwendungen des Reisenden)		1100,– €
./. Reisevorleistungen		1000,– €
Einzelmarge		100,– €
davon entfallen auf	steuerpflichtig	steuerfrei § 25 Abs. 2 UStG
a) die Unterkunft und Verpflegung im Drittlandsgebiet 75 % der Reisevorleistungen – steuerfrei nach § 25 Abs. 2 UStG –		75,– €
b) den Flug 25 % der Reisevorleistungen = 25,– €. Da 40 % der Flugstrecke im Drittlandsgebiet liegt, beträgt der nach § 25 Abs. 2 UStG steuerfreie Anteil;		10,– €
der steuerpflichtige Anteil (60 % von 25,– €)	15,– €	
./. darin enthaltene Umsatzsteuer (19/119 = Steuersatz 19 %)	2,40 €	
Bemessungsgrundlage	12,60 €	85,– €

[7] Wendet der Reiseveranstalter die Zielortregelung des Abschnitts 25.2 Abs. 4 an, gilt die gesamte Beförderungsleistung (Reisevorleistung) als im Drittlandsgebiet bewirkt. [8] Die Leistung ist dann nach § 25 Abs. 2 UStG insgesamt steuerfrei.

Beispiel 2:

[1] Reiseveranstalter A mit Sitz im Inland veräußert im eigenen Namen 10 identische von ihm zusammengestellte Buspauschalreisen nach Genf (Schweiz) an den inländischen Reiseveranstalter B zum Preis von insgesamt 6000 €. [2] B wiederum veräußert die Reisen zum Preis von insgesamt 8000 € an den inländischen Reiseveranstalter C. [3] Der Reiseveranstalter A hat die folgenden Reisevorleistungen in Anspruch genommen:

Reisevorleistungen	Gesamt
a) Beherbergung und Beköstigung	3900,– €
b) Beförderung	900,– €
c) selbständiger Reiseleiter	200,– €
Insgesamt	5000,– €

[4] Die Beförderungsleistung wird zu einem Drittel im Inland erbracht. [5] Die Betreuungsleistung beginnt im Inland. [6] Die Umsatzsteuer für die Reiseleistung des A ermittelt sich für jede Reise wie folgt:

Reisepreis		600,– €
./. Reisevorleistungen		500,– €
Marge		100,– €
davon entfallen im Verhältnis der Ausgaben für Reisevorleistungen für jede Reise	steuerpflichtig	steuerfrei § 25 Abs. 2 UStG
a) auf die Beherbergung und Beköstigung im Drittlandsgebiet		390,– €
b) auf die Beförderung	30,– €	60,– €
c) auf die Betreuung	20,– €	
	50,– €	450,– €
	(10 %)	(90 %)

[7] Von der Marge des A sind somit für jede Reise 10 € steuerpflichtig. [8] Hierauf entfällt eine Umsatzsteuer von 1,60 € (19/119 von 10 €). [9] A hat den Anteil der steuerfreien Marge in seiner Rechnung anzugeben (vgl. Abschnitt 25.2 Abs. 7). [10] Die Marge des B für die einzelne Reise beträgt 200 € (800 € abzüglich 600 €). [11] Hiervon ist ein Anteil von 10 % steuerpflichtig. [12] Die Umsatzsteuer beträgt 3,19 € (19/119 von 20 €).

(4) Erwirbt ein Unternehmer Reisen, die nicht am Markt weiterverkauft werden, gilt in Abhängigkeit von deren Verwendung Folgendes:

1. [1]Beabsichtigt der Unternehmer bereits beim Erwerb der Reise, die Reise nicht für seine unternehmerische Tätigkeit, sondern ausschließlich und unmittelbar für unentgeltliche Wertabgaben im Sinne des § 3 Abs. 9a UStG zu verwenden, ist er nicht zum Vorsteuerabzug berechtigt (vgl. Abschnitt 15.15 Abs. 1 Satz 1). [2]Es erfolgt keine Besteuerung der unentgeltlichen Wertabgabe. [3]§ 25 UStG ist nicht anwendbar (vgl. BFH-Urteil vom 13.12.2018, V R 52/17, BStBl. 2019 II S. 345).
2. [1]Beabsichtigt der Unternehmer beim Erwerb der Reise, diese für seine unternehmerische Tätigkeit zu verwenden und überlässt er die Reise stattdessen unentgeltlich an das Personal oder für unternehmensfremde Zwecke, handelt es sich um eine unentgeltliche Wertabgabe im Sinne des § 3 Abs. 9a Nr. 2 UStG. [2]Die unentgeltliche Wertabgabe ist eine Reiseleistung. [3]Als Reiseerlös ist nach § 10 Abs. 4 Satz 1 Nr. 3 UStG die Summe aus den Ausgaben für Reisevorleistungen und anteilige Gemeinkosten des Arbeitgebers anzusetzen (sog. fiktiver Reiseerlös, vgl. Abschnitt 1.8 Abs. 7 Sätze 5 und 6).
3. Überlässt ein Unternehmer eine Reise entgeltlich an die in § 10 Abs. 5 Nr. 1 und 2 UStG benannten Personen, sind Reiseerlöse die tatsächlichen Aufwendungen des Leistungsempfängers, mindestens jedoch der fiktive Reiseerlös nach Nr. 2 Satz 3.
4. [1]Werden Reisen für Zwecke des Unternehmens verwendet, z. B. für Dienstreisen von Angestellten oder als Kundengeschenke, bewirkt der Unternehmer keine Leistungen im Sinne des § 25 UStG. [2]Liegen Kundengeschenke vor, ist die ggf. ausgewiesene Umsatzsteuer – z. B. bei Eigenleistungen des Leistungserbringers – nach § 15 Abs. 1a UStG nicht als Vorsteuer abziehbar (vgl. BFH-Urteil vom 13.12.2018, V R 52/17, a. a. O.).

(5) [1]Soweit der Unternehmer den Reisepreis vor Ausführung der Leistung vereinnahmt hat, ist die Anzahlungsbesteuerung nach § 13 Abs. 1 Nr. 1 Buchstabe a Satz 4 UStG vorzunehmen. [2]Der vereinnahmte Betrag ist ggf. auf die Reiseleistung und die Eigenleistung aufzuteilen. [3]Von dem auf die Reiseleistung entfallenden Betrag sind für den Zweck der möglichst exakten Ermittlung der Besteuerungsgrundlagen kalkulierte Reisevorleistungen auch dann abzuziehen, wenn diese in dem Voranmeldungszeitraum weder erbracht, noch (An-)Zahlungen dafür geleistet wurden. [4]Planmäßig steuerfreie Leistungen sind nicht einzubeziehen. [5]Vereinnahmt der Unternehmer den Reisepreis anteilig, ist die kalkulierte steuerpflichtige Marge mit dem vereinnahmten Betrag zu multiplizieren und sodann durch den Preis der gesamten Reise zu teilen, um die anteilige Marge zu ermitteln. [6]Kann die Höhe der Bemessungsgrundlage für einen im Voranmeldungszeitraum bewirkten Umsatz oder vereinnahmten Reisepreis noch nicht endgültig berechnet werden, z. B. wegen Garantieverträgen für Reisevorleistungen oder zeitraum- und umsatzabhängiger Boni, ist sie auf Basis der Kalkulation der einzelnen Reise zu schätzen (vgl. EuGH-Urteil vom 19.12.2018, C-422/17, Skarpa Travel)[1] oder nach Erfah-

[1] MwStR 2019, 193.

rungssätzen der Vorjahre zu ermitteln. [7]Die Margenermittlung ist spätestens dann zu korrigieren, wenn dem Unternehmer die dafür erforderlichen Informationen vorliegen. [8]Es ist nicht zu beanstanden, wenn die Berichtigung der Umsatzsteuer in einem Betrag vorgenommen wird, wenn dabei keine negativen Einzelmargen entstehen. [9]Wird die geschuldete Leistung für eine Anzahlung nicht erbracht, setzt die Berichtigung nach § 17 Abs. 2 Nr. 2 UStG die tatsächliche Rückzahlung des Entgelts voraus (vgl. BFH-Urteil vom 18.9. 2008, V R 56/06, BStBl. 2009 II S. 250), z. B. bei der Anzahlung auf nicht in Anspruch genommene Flüge (vgl. BFH-Urteil vom 15.9.2011, V R 36/09, BStBl. 2012 II S. 365).

(6) [1]Aufwendungen für Reisevorleistungen, welche sich der Unternehmer im Fall der Stornierung nicht ersparen kann, werden durch die Stornogebühr entschädigt (vgl. § 651h Abs. 2 BGB und Abschnitt 25.1 Abs. 14) und sind deshalb nicht mehr als Reisevorleistungen zu berücksichtigen; das gilt auch bei der zulässigen Pauschalierung der Stornogebühren. [2]Soweit der Unternehmer selbst infolge der Stornierung einer Reise durch den Kunden bereits bestellte Reisevorleistungen (z. B. Hotelzimmer) gegen Gebühr stornieren muss, liegen insoweit keine Reisevorleistungen vor.

25.4[1)] Vorsteuerabzug bei Reisen

(1) [1]Vom Vorsteuerabzug ausgeschlossen sind die Umsatzsteuerbeträge, die auf Reisevorleistungen entfallen, mithin auf Leistungen Dritter, die den Reisenden unmittelbar zugutekommen. [2]Umsatzsteuerbeträge, die dem Unternehmer für andere für sein Unternehmen ausgeführte Leistungen in Rechnung gestellt werden, sind dagegen unter den Voraussetzungen des § 15 UStG als Vorsteuern abziehbar. [3]Hierzu gehören z. B. Vorsteuerbeträge, die beim Erwerb von Einrichtungsgegenständen, Büromaschinen und Büromaterial sowie für die Erbringung von Eigenleistungen (z. B. die Anschaffung eines Reisebusses) anfallen. [4]Der Vorsteuerabzug steht dem Unternehmer auch zu, wenn die empfangene Leistung zwar mit der Reise unmittelbar zusammenhängt, aber dem Reisenden lediglich mittelbar zugutekommt (vgl. Abschnitt 25.1 Abs. 9 Satz 4 Nr. 1 und 2).

(2) [1]Die Berechtigung zum Vorsteuerabzug entfällt nur insoweit, als der Unternehmer Reiseleistungen bewirkt, die nach § 25 UStG der Besteuerung unterliegen. [2]Allerdings kommt es nicht darauf an, ob der Unternehmer für die steuerpflichtigen Reiseleistungen tatsächlich Umsatzsteuer zu entrichten hat. [3]Nicht beansprucht werden kann der Vorsteuerabzug deshalb auch in den Fällen, in denen es für die Reiseleistung im Sinne des § 25 Abs. 1 Satz 1 UStG an einer Bemessungsgrundlage (§ 25 Abs. 3 UStG) fehlt.

(3) [1]Ein im übrigen Gemeinschaftsgebiet ansässiger Unternehmer, der im Inland Reisevorleistungen in Anspruch nimmt, kann nach § 25 Abs. 4 Satz 1 UStG die ihm für diese Reisevorleistungen in Rechnung gestellte Steuer nicht als Vorsteuerbeträge abziehen. [2]Ebenso wenig kann eine Vergütung dieser

---

1) A 25.4 UStAE neugef. durch BMF v. 24.6.2021, BStBl. I 2021, 857, anzuwenden in allen offenen Fällen; zur **Übergangsregelung** siehe Anlage 8.

Umsatzsteuer in dem besonderen Verfahren nach § 18 Abs. 9 UStG, §§ 59 bis 61a UStDV erfolgen. [3]Das gilt auch für eine im übrigen Gemeinschaftsgebiet belegene Betriebsstätte, soweit sie Reiseleistungen erbringt.

(4) [1]Für empfangene Leistungen, die keine Reisevorleistungen sind, ist der Vorsteuerabzug nach § 15 Abs. 3 Nr. 1 Buchstabe a UStG auch dann zulässig, wenn sie vollständig oder teilweise für die Erbringung von nach § 25 Abs. 2 UStG steuerfreien Leistungen verwendet werden. [2]Das Gleiche gilt nach § 15 Abs. 3 Nr. 2 Buchstabe a UStG für im Ausland erbrachte Umsätze, die im Inland nach § 25 Abs. 2 UStG umsatzsteuerfrei wären. [3]Durch diese Regelung wird sichergestellt, dass der Unternehmer den Vorsteuerabzug für alle empfangenen Leistungen beanspruchen kann, die wirtschaftlich den nach § 25 Abs. 2 UStG steuerfreien oder entsprechenden nicht steuerbaren Leistungen ganz oder teilweise zuzurechnen sind, z. B. die Vermittlung einer steuerfreien Reiseleistung durch einen anderen Unternehmer oder die Lieferung von Reiseprospekten und Katalogen an den Unternehmer.

(5) [1]Sowohl die Vermittlung einer Reiseleistung als auch einer Eigenleistung (z. B. grenzüberschreitende Personenbeförderungsleistungen) für einen inländischen Unternehmer wird nach § 3a Abs. 2 UStG im Inland erbracht. [2]Der Unternehmer kann die in den Rechnungen über Vermittlungsleistungen ausgewiesenen Steuern als Vorsteuerbeträge abziehen, wenn die übrigen Voraussetzungen des § 15 UStG erfüllt sind. [3]Werden für einen inländischen Unternehmer gegen eine einheitlich vom Reisepreis berechnete Provision Leistungen vermittelt, bei denen der Unternehmer sowohl Reiseleistungen als auch Eigenleistungen in Form von grenzüberschreitenden Personenbeförderungsleistungen mit Flugzeugen (eigene, konzerneigene oder gemietete Flugzeuge) ausführt, erbringen die vermittelnden Unternehmer sowohl steuerpflichtige als auch steuerfreie Vermittlungsleistungen (§ 4 Nr. 5 Buchstabe b UStG). [4]Es wird nicht beanstandet, wenn die Beteiligten in diesen Fällen die Vermittlungsleistungen einvernehmlich zu 70% als steuerpflichtig behandeln. [5]In diesen Fällen kann die auf die als steuerpflichtig behandelte Vermittlungsprovision entfallende Umsatzsteuer als Vorsteuer abgezogen werden. [6]Dies gilt auch in Fällen, in denen mit Gutschriften abgerechnet wird.

25.5[1)] Aufzeichnungspflichten bei Reiseleistungen

(1) [1]Die Aufzeichnungspflichten nach § 25 Abs. 5 UStG bestehen für jede einzelne Reiseleistung. [2]Unternehmer, die nicht ausschließlich Reiseleistungen nach § 25 UStG ausführen, müssen diese getrennt von den übrigen Umsätzen aufzeichnen. [3]Zu den übrigen Umsätzen zählen insbesondere die im Rahmen einer Reise abgegebenen Leistungen, auf die § 25 UStG nicht anzuwenden ist (z. B. Eigenleistungen vgl. Abschnitt 25.1 Abs. 8).

(2) [1]Die Aufzeichnungspflicht des Unternehmers erstreckt sich nicht nur auf die steuerpflichtigen Reiseleistungen, sondern umfasst auch die nach § 25 Abs. 2 UStG steuerfreien Reiseleistungen. [2]Diese Leistungen sind getrennt voneinander aufzuzeichnen.

---

1) A 25.5 UStAE neugef. durch BMF v. 24.6.2021, BStBl. I 2021, 857, anzuwenden in allen offenen Fällen; zur **Übergangsregelung** siehe Anlage 8.

Aufzeichnung der von den Leistungsempfängern für Reiseleistungen aufgewendeten Beträge (§ 25 Abs. 5 Nr. 1 UStG)

(3) [1]Aufgezeichnet werden muss der für die Reiseleistung vereinbarte – berechnete – Betrag einschließlich der Umsatzsteuer. [2]Ändert sich der vereinbarte Betrag, hat der Unternehmer auch den Betrag der jeweiligen Preisminderung oder Preiserhöhung aufzuzeichnen.

(4) Gibt der Unternehmer mehrere gleichartige Reisen an einen Leistungsempfänger ab (vgl. Abschnitt 25.1 Abs. 6 Satz 3), braucht er nur den Gesamtbetrag dieser Reiseleistung aufzuzeichnen.

(5) [1]Soweit der Unternehmer gemischte Leistungen (vgl. Abschnitt 25.1 Abs. 11) ausführt, die Reiseleistungen und Eigenleistungen enthalten, muss aus den Aufzeichnungen hervorgehen, auf welchen Umsatz § 25 UStG anzuwenden ist und welcher Umsatz nach den allgemeinen Vorschriften des UStG zu beurteilen ist. [2]Dazu sind neben dem für die Reise berechneten Gesamtbetrag die auf die Reiseleistung und auf Eigenleistungen entfallenden Beträge aufzuzeichnen.

Aufzeichnung der vom Unternehmer für Reisevorleistungen aufgewendeten Beträge (§ 25 Abs. 5 Nr. 2 UStG)

(6) [1]Grundsätzlich sind die für Reisevorleistungen in Rechnung gestellten Beträge einschließlich der Umsatzsteuer aufzuzeichnen. [2]Ändern sich die für Reisevorleistungen aufgewendeten Beträge, ist dies in den Aufzeichnungen festzuhalten.

(7) [1]Aus den Aufzeichnungen des Unternehmers muss grundsätzlich hervorgehen, für welche Reiseleistung die einzelne Reisevorleistung in Anspruch genommen worden ist. [2]Hat der Unternehmer die in Anspruch genommenen gleichartigen Reisevorleistungen für mehrere Reiseleistungen verwendet, ist in den Aufzeichnungen anzugeben, welche Teilbeträge davon auf die einzelnen Reiseleistungen entfallen. [3]Das Gleiche gilt, wenn dem Unternehmer mehrere unterschiedliche Reisevorleistungen, z.B. Beherbergung und Beförderung, in Rechnung gestellt werden.

Aufzeichnung der Bemessungsgrundlage für Reiseleistungen (§ 25 Abs. 5 Nr. 3 UStG)

(8) [1]Aufgezeichnet werden müssen sowohl die Bemessungsgrundlagen für steuerpflichtige Reiseleistungen als auch für steuerfreie Reiseleistungen. [2]Ändert sich die Bemessungsgrundlage für eine Reiseleistung, muss in den Aufzeichnungen angegeben werden, um welchen Betrag sich die Bemessungsgrundlage verringert oder erhöht hat.

Aufzeichnungen bei steuerpflichtigen und steuerfreien Leistungen (§ 25 Abs. 5 Nr. 4 UStG)

(9) [1]Im Drittlandsgebiet bewirkte Reisevorleistungen sind getrennt von im Gemeinschaftsgebiet bewirkten Reisevorleistungen aufzuzeichnen. [2]Wird eine Reisevorleistung sowohl im Gemeinschafts- als auch im Drittlandsgebiet bewirkt, ist ebenfalls der Aufteilungsmaßstab für die Gebietszuordnung zu do-

kumentieren, z. B. bei Beförderungsleistungen. [3]Ist nach § 25 Abs. 2 UStG nur ein Teil einer Reiseleistung steuerfrei, muss aus den Aufzeichnungen des Unternehmers sowohl die Höhe der Bemessungsgrundlage für diesen Teil der Reiseleistung als auch für den steuerpflichtigen Teil der Reiseleistung hervorgehen.

Zu § 25a UStG

25a.1 Differenzbesteuerung

Anwendungsbereich

(1) [1]§ 25a UStG enthält eine Sonderregelung für die Besteuerung der Lieferungen nach § 1 Abs. 1 Nr. 1 UStG von beweglichen körperlichen Gegenständen einschließlich Kunstgegenständen, Sammlungsstücken und Antiquitäten, sofern für diese Gegenstände kein Recht zum Vorsteuerabzug bestand. [2]Sie werden nachfolgend als Gebrauchtgegenstände bezeichnet, weil sie nach der Verkehrsauffassung bereits „gebraucht" sind. [3]Edelsteine und Edelmetalle sind nach § 25a Abs. 1 Nr. 3 UStG von der Differenzbesteuerung ausgenommen. [4]Edelsteine im Sinne der Vorschrift sind rohe oder bearbeitete Diamanten (Position 7102 Zolltarif) sowie andere Edelsteine (z. B. Rubine, Saphire, Smaragde) und Schmucksteine (Position 7103 Zolltarif). [5]Synthetische und rekonstituierte Edelsteine oder Schmucksteine (Position 7104 Zolltarif) rechnen nicht dazu. [6]Edelmetalle im Sinne der Vorschrift sind Silber (aus Positionen 7106 und 7112 Zolltarif), Gold (aus Positionen 7108 und 7112 Zolltarif) und Platin einschließlich Iridium, Osmium, Palladium, Rhodium und Ruthenium (aus Positionen 7110 und 7112 Zolltarif). [7]Edelmetalllegierungen und -plattierungen gehören grundsätzlich nicht dazu. [8]Aus Edelsteinen oder Edelmetallen hergestellte Gegenstände (z. B. Schmuckwaren, Gold- und Silberschmiedewaren) fallen nicht unter die Ausnahmeregelung. [9]Die Anwendung der Differenzbesteuerung ist jedoch ausgeschlossen, wenn die Gegenstände, die Edelmetalle oder Edelsteine enthalten, ihre ursprüngliche Funktion nicht mehr erfüllen können und nur noch wegen des Wertes, der diesen Metallen und Steinen innewohnt, gehandelt werden (vgl. EuGH-Urteil vom 11.7.2018, C-154/17, E LATS).[1)]

(2) [1]Der Anwendungsbereich der Differenzbesteuerung ist auf Wiederverkäufer beschränkt. [2]Als Wiederverkäufer gelten Unternehmer, die im Rahmen ihrer gewerblichen Tätigkeit üblicherweise Gebrauchtgegenstände erwerben und sie danach, gegebenenfalls nach Instandsetzung, im eigenen Namen wieder verkaufen (gewerbsmäßige Händler), und die Veranstalter öffentlicher Versteigerungen, die Gebrauchtgegenstände im eigenen Namen und auf eigene oder fremde Rechnung versteigern (vgl. BFH-Urteile vom 2.3.2006, V R 35/04, BStBl. II S. 675, und vom 29.6.2011, XI R 15/10, BStBl. II S. 839). [3]Der An- und Verkauf der Gebrauchtgegenstände kann auf einen Teil- oder Nebenbereich des Unternehmens beschränkt sein.

---

1) DStRE 2019, 314.

Beispiel:

[1]Ein Kreditinstitut veräußert die von Privatpersonen sicherungsübereigneten Gebrauchtgegenstände. [2]Der Verkauf der Gegenstände unterliegt der Differenzbesteuerung. [3]Das Kreditinstitut ist insoweit als Wiederverkäufer anzusehen.

(3) [1]Der Ort der Lieferung der Gegenstände an den Wiederverkäufer muss im Inland oder im übrigen Gemeinschaftsgebiet liegen. [2]Wird ein Gegenstand im Drittlandsgebiet erworben und in das Inland eingeführt, unterliegt die spätere Lieferung des Gegenstands nur unter den Voraussetzungen des § 25a Abs. 2 UStG der Differenzbesteuerung.

(4) [1]Die Anwendung der Differenzbesteuerung setzt nach § 25a Abs. 1 Nr. 2 UStG voraus, dass der Wiederverkäufer die Gebrauchtgegenstände im Rahmen einer entgeltlichen Lieferung für sein Unternehmen erworben hat (vgl. BFH-Urteil vom 18.12.2008, V R 73/07, BStBl. 2009 II S. 612). [2]Diese Voraussetzung ist nicht erfüllt, wenn der Wiederverkäufer Gegenstände aus seinem Privatvermögen in das Unternehmen eingelegt oder im Rahmen einer unentgeltlichen Lieferung nach § 3 Abs. 1b Satz 1 UStG erworben hat. [3]Der Wiederverkäufer kann die Differenzbesteuerung auch bei der Veräußerung von Gegenständen des Anlagevermögens anwenden, wenn der Wiederverkauf des Gegenstandes bei seinem Erwerb zumindest nachrangig beabsichtigt war und dieser Wiederverkauf auf Grund seiner Häufigkeit zur normalen Tätigkeit des Unternehmers gehört (vgl. BFH-Urteil vom 29.6.2011, XI R 15/10, BStBl. II S. 839). [4]Die Differenzbesteuerung ist auch dann anwendbar, wenn ein Unternehmer Gegenstände liefert, die er gewonnen hat, indem er die zuvor von ihm erworbenen Gebrauchtgegenstände, z.B. Gebrauchtfahrzeuge, zerlegt hat (vgl. EuGH-Urteil vom 18.1.2017, C-471/15, Sjelle Autogenbrug, und BFH-Urteil vom 23.2.2017, V R 37/15, BStBl. 2019 II S. 452). [5]Die Einkaufspreise der ausgebauten und weiterverkauften Einzelteile sind im Wege der sachgerechten Schätzung zu ermitteln. [6]Die Schätzungsgrundlage ist in einer Anlage zu den Wareneingangsrechnungen zu erläutern und – soweit vorhanden – durch ergänzende Unterlagen zu belegen. [7]Wird aus mehreren Einzelgegenständen, die jeweils für sich die Voraussetzungen der Differenzbesteuerung erfüllen, ein einheitlicher Gegenstand hergestellt oder zusammengestellt, unterliegt die anschließende Lieferung dieses „neuen" Gegenstandes nicht der Differenzbesteuerung.

(5) [1]Die Differenzbesteuerung setzt nach § 25a Abs. 1 Nr. 2 UStG ferner voraus, dass für die Lieferung des Gegenstands an den Wiederverkäufer Umsatzsteuer im Gemeinschaftsgebiet nicht geschuldet oder nach § 19 Abs. 1 UStG nicht erhoben oder die Differenzbesteuerung im Gemeinschaftsgebiet vorgenommen wurde. [2]Der Wiederverkäufer kann die Regelung danach anwenden, wenn er den Gegenstand im Inland oder im übrigen Gemeinschaftsgebiet erworben hat von

1. einer Privatperson oder einer juristischen Person des öffentlichen Rechts, die nicht Unternehmer ist;
2. einem Unternehmer aus dessen nichtunternehmerischen Bereich;
3. einem Unternehmer, der mit seiner Lieferung des Gegenstands unter eine Steuerbefreiung fällt, die zum Ausschluss vom Vorsteuerabzug führt;

– der dem Unternehmer in Rechnung gestellte Preis unter dem marktüblichen Preis liegt oder
– der dem Unternehmer in Rechnung gestellte Preis unter dem Preis liegt, der seinem Lieferanten oder anderen Lieferanten, die am Erwerb der Ware beteiligt waren, in Rechnung gestellt wurde.

[2] Marktüblich ist ein Preis, den ein Leistungsempfänger an einen Unternehmer unter Berücksichtigung der Handelsstufe zahlen müsste, um die betreffende Leistung zu diesem Zeitpunkt unter den Bedingungen des freien Wettbewerbs zu erhalten.

(6) [1] Liegen die Haftungsvoraussetzungen vor, ist der Unternehmer zunächst anzuhören (§ 91 AO). [2] Im Rahmen der Anhörung hat der Unternehmer nach § 25d Abs. 2 Satz 3 UStG Gelegenheit, die Vermutung des § 25d Abs. 2 Sätze 1 und 2 UStG zu widerlegen, in dem er nachweist, dass die Preisgestaltung betriebswirtschaftlich begründet ist. [3] Kann der Unternehmer diesen Nachweis führen, ist dessen ungeachtet von der Finanzverwaltung zu prüfen, ob die Tatbestandsmerkmale Kenntnis oder Kennenmüssen auf Grund anderer Tatsachen als der Preisgestaltung vorliegen.

(7) [1] Bis zum Abschluss der Prüfung, ob die Voraussetzungen für den Erlass eines Haftungsbescheids vorliegen, kann die Erteilung der Zustimmung zu einer Steueranmeldung zur Umsatzsteuer (Voranmeldung, Umsatzsteuererklärung für das Kalenderjahr) im Sinne von § 168 Satz 2 AO versagt werden. [2] Dies gilt entsprechend für die Festsetzung nach § 167 Abs. 1 Satz 1 AO, wenn sie zu einer Umsatzsteuererstattung führt.

(8) [1] Können die Haftungsvoraussetzungen nachgewiesen oder die Vermutung nach § 25d Abs. 2 Sätze 1 und 2 UStG nicht widerlegt werden, soll ein Haftungsbescheid erlassen werden. [2] Kommen mehrere Haftungsschuldner in Betracht, haften diese als Gesamtschuldner (§ 25d Abs. 1 Satz 2 UStG). [3] In diesen Fällen ist es erforderlich, dass die zuständigen Finanzämter der Unternehmer, die in Haftung genommen werden sollen, ihr Vorgehen untereinander abstimmen. [4] Dem für den Steuerschuldner zuständigen Finanzamt, für dessen rückständige Steuer gehaftet wird, ist jeweils ein Abdruck des Haftungsbescheids zu übersenden. [5] Der Haftungsschuldner darf auf Zahlung auch in Anspruch genommen werden, ohne dass die Vollstreckung in das bewegliche Vermögen des Ausstellers der Rechnung ohne Erfolg geblieben oder anzunehmen ist, dass die Vollstreckung aussichtslos sein wird (vgl. § 25d Abs. 5 UStG).

(9) *(aufgehoben)*

Zu § 25e UStG[1)]

25e.1[2)] Voraussetzung für die Haftung

[1] Betreiber einer elektronischen Schnittstelle im Sinne von § 25e Abs. 1 UStG (Betreiber) haften für die nicht entrichtete Steuer aus einer Lieferung

---

1) Zu Vordruckmustern in diesem Zusammenhang siehe zwei BMF-Schreiben v. 28.7.2021: USt 1 TK, BStBl. I 2021, 1081; USt 1 TL, BStBl. I 2021, 1084.

2) A 25e.1 UStAE eingef. durch BMF v. 20.4.2021, BStBl. I 2021, 705 anzuwenden mWv 1.7.2021.

von Gegenständen, die nicht unter § 3 Abs. 3a UStG fallen, wenn sie die Lieferung dieser Gegenstände mittels einer elektronischen Schnittstelle unterstützen. [2] Darunter können insbesondere die folgenden Fallgestaltungen fallen:

1. Lieferungen an einen Unternehmer, unabhängig von der Ansässigkeit des liefernden Unternehmers

Beispiel 1:

[1] Ein in Deutschland ansässiger Händler H veräußert über eine elektronische Schnittstelle Handyhüllen an einen ebenfalls in Deutschland ansässigen Unternehmer U. [2] Die Ware wird vom Sitz des H oder aus einem Lager in Deutschland an den Sitz des U in Deutschland befördert oder versendet.
[3] § 3 Abs. 3a Satz 1 UStG findet keine Anwendung, da der Empfänger der Lieferung ein Unternehmer und der Lieferer im Gemeinschaftsgebiet (hier: Deutschland) ansässig ist. [4] § 3 Abs. 3a Satz 2 UStG findet keine Anwendung, da die Ware nicht aus dem Drittlandsgebiet eingeführt wurde. [5] Für die Lieferung des H an den U findet § 3 Abs. 6 Satz 1 UStG Anwendung. [6] Die Lieferung gilt als dort ausgeführt, wo die Beförderung oder Versendung an den Abnehmer beginnt (hier: Deutschland).

Beispiel 2:

[1] Ein in der Schweiz ansässiger Händler H veräußert über eine elektronische Schnittstelle Schuhe an einen in Deutschland ansässigen Unternehmer U. [2] Die Ware wird aus einem Lager des H in Deutschland an den Sitz des U in Deutschland befördert oder versendet.
[3] § 3 Abs. 3a Satz 1 UStG findet keine Anwendung, da der Empfänger der Lieferung ein Unternehmer ist. [4] § 3 Abs. 3a Satz 2 UStG findet keine Anwendung, da die Ware nicht aus dem Drittlandsgebiet eingeführt wurde. [5] Für die Lieferung des H an den U findet § 3 Abs. 6 Satz 1 UStG Anwendung. [6] Die Lieferung gilt als dort ausgeführt, wo die Beförderung oder Versendung an den Abnehmer beginnt (hier: Deutschland).

Beispiel 3:

[1] Ein in Deutschland ansässiger Händler H veräußert über eine elektronische Schnittstelle Schuhe (Sachwert: 100 €) an einen ebenfalls in Deutschland ansässigen Unternehmer U (kein Erwerber im Sinne des § 3 Abs. 3a Satz 5 UStG) zu der Lieferkondition „verzollt und versteuert". [2] Die Ware wird aus einem Lager des H in der Schweiz an den Sitz des U in Deutschland befördert oder versendet. [3] Die Zollanmeldung in Deutschland erfolgt durch H.
[4] § 3 Abs. 3a Satz 2 UStG findet keine Anwendung, da der Empfänger der Lieferung ein Unternehmer und kein Erwerber im Sinne des § 3 Abs. 3a Satz 5 UStG ist. [5] Für die Lieferung des H an den U gilt der Ort nach § 3 Abs. 8 UStG als im Inland gelegen (hier: Deutschland).

2. Lieferungen, bei denen die Warenbewegung innerhalb des Gemeinschaftsgebietes erfolgt und der liefernde Unternehmer im Gemeinschaftsgebiet ansässig ist

Beispiel 1:

[1] Ein in Deutschland ansässiger Händler H veräußert über eine elektronische Schnittstelle Handyhüllen an eine Privatperson in Deutschland. [2] Die Ware wird aus einem Lager in Deutschland an den Wohnsitz der Privatperson in Deutschland versendet.
[3] Nach § 3 Abs. 3a Satz 1 UStG wird keine Lieferung zwischen dem Betreiber der elektronischen Schnittstelle und der Privatperson fingiert, da H im Gemeinschaftsgebiet ansässig ist. [4] § 3 Abs. 3a Satz 2 UStG findet keine Anwendung, da die Ware nicht aus dem Drittlandsgebiet eingeführt wurde. [5] Für die Lieferung des H an die Privatperson findet § 3 Abs. 6 Satz 1 UStG Anwendung. [6] Die Lieferung gilt als dort ausgeführt, wo die Beförderung oder Versendung an den Abnehmer beginnt (hier: Deutschland).

Beispiel 2:

[1] Ein in Frankreich ansässiger Händler H veräußert über eine elektronische Schnittstelle Handyhüllen an eine Privatperson in Deutschland. [2] Die Ware wird aus einem Lager in Frankreich

an den Wohnsitz der Privatperson in Deutschland versendet. [3]H überschreitet die Umsatzschwelle von 10 000 € (§ 3c Abs. 4 Satz 1 UStG) oder verzichtet auf die Anwendung des § 3c Abs. 4 Satz 1 UStG (§ 3c Abs. 4 Satz 2 UStG).
[4]Nach § 3 Abs. 3a Satz 1 UStG wird keine Lieferung zwischen dem Betreiber der elektronischen Schnittstelle und der Privatperson fingiert, da H im Gemeinschaftsgebiet ansässig ist. [5]§ 3 Abs. 3a Satz 2 UStG findet keine Anwendung, da die Ware nicht aus dem Drittlandsgebiet eingeführt wurde. [6]Für die Lieferung des H an die Privatperson findet § 3c Abs. 1 UStG Anwendung. [7]Der Ort der Lieferung ist der Ort, an dem sich der Gegenstand bei Beendigung der Versendung an die Privatperson befindet (hier: Deutschland). [8]H kann das besondere Besteuerungsverfahren nach § 18j UStG (vgl. Abschnitt 18j.1) in Anspruch nehmen und den Umsatz darüber erklären. [9]Andernfalls hat H den Umsatz im Bestimmungsland (hier: Deutschland) im allgemeinen Besteuerungsverfahren (§ 18 Abs. 1 bis 4 UStG) zu erklären.

3. Lieferungen, bei denen die Ware vom Drittlandsgebiet in das Gemeinschaftsgebiet eingeführt wird, der Sachwert der Ware mehr als 150 € beträgt und sich der Ort der Lieferung nach § 3 Abs. 8 oder § 3c Abs. 2 UStG im Inland befindet, unabhängig von der Ansässigkeit des liefernden Unternehmers

Beispiel 1:

[1]Ein in Frankreich ansässiger Händler H veräußert über eine elektronische Schnittstelle Schuhe (Sachwert: 250 €) an eine Privatperson in Deutschland (Lieferkondition „verzollt und versteuert"). [2]Die Ware wird von H aus einem Lager in der Schweiz an den Wohnsitz der Privatperson in Deutschland versendet. [3]Die Zollanmeldung in Deutschland erfolgt durch H.
[4]§ 3 Abs. 3a Satz 2 UStG findet keine Anwendung, weil der Sachwert der Schuhe 150 € übersteigt. [5]Für die Lieferung des H an die Privatperson gilt der Ort nach § 3 Abs. 8 UStG als im Inland gelegen (hier: Deutschland).

Beispiel 2:

[1]Sachverhalt wie Beispiel 1. [2]Die Zollanmeldung erfolgt jedoch durch H in Frankreich.
[3]§ 3 Abs. 3a Satz 2 UStG findet keine Anwendung, weil der Sachwert der Schuhe 150 € übersteigt. [4]Der Ort der Lieferung des H an die Privatperson verlagert sich auf Grund des Fernverkaufs eines aus dem Drittlandsgebiet eingeführten Gegenstands nach § 3c Abs. 2 UStG in das Inland (hier: Deutschland), da der Gegenstand in Frankreich eingeführt wurde und die Versendung des Gegenstands an den Erwerber im Inland endet.

[3]Gemäß § 25e Abs. 5 UStG ist eine elektronische Schnittstelle im Sinne dieser Vorschrift ein elektronischer Marktplatz, eine elektronische Plattform, ein elektronisches Portal oder jeder andere vergleichbare elektronische Handelsplatz. [4]Voraussetzung für die Haftung ist, dass mittels der elektronischen Schnittstelle die Lieferung eines Gegenstandes unterstützt wird. [5]Wann vom Unterstützen einer Lieferung auszugehen ist, ist in § 25e Abs. 6 UStG geregelt. [6]§ 25e Abs. 1 UStG findet keine Anwendung auf elektronische Schnittstellen, die die Voraussetzungen nach § 25e Abs. 6 Satz 2 UStG kumulativ oder lediglich eine der in § 25e Abs. 6 Satz 3 UStG genannten Voraussetzungen erfüllen, wie z. B. sog. Vermittlungsmarktplätze/-plattformen, die die Funktion eines „Schwarzen Brettes" haben und über die sich Nutzer über bestehende Angebote Dritter informieren und Kontakt zu einem möglichen Vertragspartner aufnehmen können sowie Plattformen/Portale, die ausschließlich der Abwicklung von Zahlungen dienen.

25e.2[1] Tatbestandsmerkmale für einen Haftungsausschluss

(1) [1]Der Betreiber haftet nach § 25e Abs. 1 UStG für die nicht entrichtete Steuer aus Lieferungen, die mittels seiner elektronischen Schnittstelle unterstützt wurden; dies gilt nicht in Fällen des § 3 Abs. 3a UStG. [2]Der Betreiber haftet nach § 25e Abs. 2 Satz 1 UStG insoweit nicht für die nicht entrichtete Steuer aus Lieferungen, die mittels seiner elektronischen Schnittstelle unterstützt wurden, wenn der liefernde Unternehmer im Zeitpunkt der Lieferung über eine nach § 27a UStG erteilte, gültige USt-IdNr. verfügt (vgl. § 22f Abs. 1 Satz 1 Nr. 3 UStG). [3]Auch in den Fällen, in denen der liefernde Unternehmer gegenüber dem Betreiber erklärt, dass die Voraussetzungen für die Vergabe einer USt-IdNr. durch das BZSt nach § 27a UStG an ihn nicht vorliegen, weil er im Inland keine steuerbaren Umsätze im allgemeinen Besteuerungsverfahren (§ 18 Abs. 1 bis 4 UStG) zu erklären hat, gilt § 25e Abs. 2 Satz 1 UStG entsprechend. [4]Dies trifft insbesondere auf folgende Fälle zu:

1. [1]Im übrigen Gemeinschaftsgebiet ansässige Unternehmer, die im Gemeinschaftsgebiet ausschließlich innergemeinschaftliche Fernverkäufe im Sinne des § 3c Abs. 1 Sätze 2 und 3 UStG ausführen, die im Inland nicht steuerbar sind, weil die Umsatzschwelle im Sinne des § 3c Abs. 4 Satz 1 UStG nicht überschritten wird. [2]In diesen Fällen kann der Betreiber zum Nachweis der steuerlichen Erfassung die dem liefernden Unternehmer erteilte und zum Zeitpunkt der Lieferung gültige USt-IdNr. eines anderen EU-Mitgliedstaats aufzeichnen. [3]Soweit der liefernde Unternehmer nicht über eine USt-IdNr. verfügt, hat der Betreiber in geeigneter Weise nachzuweisen, dass die von dem Unternehmer ausgeführten Lieferungen im Inland nicht steuerbar sind, weil die Umsatzschwelle im Sinne des § 3c Abs. 4 Satz 1 UStG nicht überschritten ist (z. B. durch Abgabe einer entsprechenden Erklärung durch den betreffenden Unternehmer).
2. [1]Im übrigen Gemeinschaftsgebiet ansässige Unternehmer, die im Inland ausschließlich steuerpflichtige innergemeinschaftliche Fernverkäufe nach § 3c Abs. 1 Sätze 2 und 3 UStG erbringen und diese im besonderen Besteuerungsverfahren nach § 18j UStG erklären. [2]In diesen Fällen kann der Betreiber zum Nachweis der steuerlichen Erfassung die dem liefernden Unternehmer erteilte und zum Zeitpunkt der Lieferung gültige USt-IdNr. des EU-Mitgliedstaates, bei dem er die Teilnahme an dem besonderen Besteuerungsverfahren angezeigt hat, aufzeichnen.
3. [1]Unternehmer, die ausschließlich Lieferungen an Abnehmer im Inland ausführen, bei denen die Beförderung oder Versendung nach Abschluss des Kaufvertrages im Drittlandsgebiet beginnt (sog. Direktverkäufe), der Sachwert der Ware mehr als 150 € beträgt und für die der Ort der Lieferungen nicht nach § 3 Abs. 8 UStG oder nach § 3c Abs. 2 UStG im Inland gelegen ist bzw. keine Pflicht zur steuerlichen Erfassung im Inland besteht. [2]Auch in diesen Fällen muss der Betreiber einen entsprechenden Nachweis in geeigneter Weise vorhalten (z. B. durch Abgabe einer entsprechenden Erklärung durch den betreffenden Unternehmer).

[1] A 25e.2 UStAE eingef. durch BMF v. 20.4.2021, BStBl. I 2021, 705, anzuwenden mWv 1.7.2021.

[5]Betreiber, die ausschließlich über eine von einem anderen EU-Mitgliedstaat erteilte USt-IdNr. verfügen, können für die Prüfung der Voraussetzungen nach § 25e Abs. 2 Satz 1 UStG die dort bereitgestellten Verfahren zur Bestätigung von USt-IdNrn. der auf ihrer elektronischen Schnittstelle liefernden Unternehmer nutzen.

(2) [1]Die Befreiung aus der Haftung nach Absatz 1 tritt nicht ein, wenn der Betreiber davon Kenntnis hatte oder nach der Sorgfalt eines ordentlichen Kaufmanns hätte haben müssen, dass der liefernde Unternehmer seinen umsatzsteuerlichen Pflichten nicht oder nicht im vollen Umfang nachkommt (vgl. § 25e Abs. 2 Satz 2 UStG). [2]Unabhängig davon haftet der Betreiber in Fällen des Absatz 1 Satz 1 immer dann für die nicht entrichtete Steuer, wenn der liefernde Unternehmer im Zeitpunkt der Lieferung nicht über eine nach § 27a UStG erteilte, gültige USt-IdNr. oder der Betreiber nicht über einen Nachweis nach Absatz 1 Satz 4 verfügte. [3]In diesen Fällen kommt es auf die Kenntnis des Betreibers, ob der liefernde Unternehmer seinen steuerlichen Pflichten nachkommt, nicht an.

(3) [1]Von einer Kenntnis oder einem Kennenmüssen ist insbesondere auszugehen, wenn der Betreiber ihm offensichtliche oder bekanntgewordene Tatsachen außer Acht lässt, die auf eine umsatzsteuerliche Pflichtverletzung des liefernden Unternehmers schließen lassen. [2]Ein aktives Ausforschen ist dazu nicht erforderlich. [3]Das Kennenmüssen bezieht sich hierbei lediglich auf Sachverhalte, die dem Betreiber im Rahmen seines eigenen Unternehmens bekannt werden und auf eine umsatzsteuerliche Pflichtverletzung schlussfolgern lassen. [4]In diesen Fällen haftet der Betreiber nicht, wenn er den auf seiner elektronischen Schnittstelle tätigen Unternehmer auf die Pflichtverletzung hinweist und ihn auffordert, diese innerhalb einer Frist (längstens zwei Monate) abzustellen und der Unternehmer dieser Aufforderung nachkommt. [5]In den Fällen, in denen der Unternehmer der vorgenannten Aufforderung des Betreibers nicht nachkommt, scheidet eine Haftung nach § 25e Abs. 2 Satz 2 UStG nur aus, wenn der Betreiber den Unternehmer nach Ablauf der gesetzten Frist vom weiteren Handel auf seiner elektronischen Schnittstelle ausschließt (Sperrung aller bestehenden Accounts). [6]Gleiches gilt insbesondere für die Frage der Überschreitung der Umsatzschwelle nach Absatz 1 Satz 4 Nr. 1 und die Frage, ob die Voraussetzungen nach Absatz 1 Satz 4 Nr. 2 und 3 vorliegen. [7]In den Fällen, in denen der Unternehmer im Rahmen der vom Betreiber gesetzten Frist nicht der Aufforderung nachkommt, seine umsatzsteuerlichen Pflichten zu erfüllen und der Betreiber den betreffenden Unternehmer vom weiteren Handel auf seiner elektronischen Schnittstelle ausschließt (Sperrung aller bestehenden Accounts), sollte der Betreiber die Finanzverwaltung informieren.

(4) [1]Nach § 25e Abs. 3 UStG haftet der Betreiber nicht für die entstandene und nicht entrichtete Umsatzsteuer aus Lieferungen, die mittels seiner elektronischen Schnittstelle unterstützt wurden, wenn die Registrierung des Lieferers auf der elektronischen Schnittstelle nicht als Unternehmer erfolgt ist und der Betreiber den hierfür geltenden Aufzeichnungs- und Aufbewahrungspflichten nach § 22f Abs. 2 in Verbindung mit Absatz 1 Satz 1 UStG nachgekommen ist. [2]Dies gilt nach § 25e Abs. 3 Satz 2 UStG nicht in Fällen, in denen der Betreiber nach-

weislich nach Art, Menge oder Höhe der Umsätze Kenntnis hatte oder nach der Sorgfalt eines ordentlichen Kaufmanns hätte haben müssen, dass die Registrierung als Nichtunternehmer zu Unrecht erfolgt ist. [3] § 2 Abs. 1 UStG gilt entsprechend. [4] Für die Abgrenzung, ob es sich um eine unternehmerische Tätigkeit handelt, ist grundsätzlich nur die Tätigkeit auf der eigenen elektronischen Schnittstelle maßgebend. [5] Das Erreichen einer bestimmten Umsatzhöhe reicht für die Beurteilung der Frage, ob eine Tätigkeit unternehmerisch ausgeführt wird, allein nicht aus. [6] Unabhängig davon ist ein deutliches Anzeichen dafür, dass die Registrierung auf einer elektronischen Schnittstelle als Nichtunternehmer zu Unrecht erfolgte, wenn der mittels der elektronischen Schnittstelle erzielte Umsatz eine Höhe von 22 000 € innerhalb eines Kalenderjahres erreicht. [7] Absatz 3 Sätze 4, 5 und 7 gelten entsprechend.

25e.3[1] Verfahren bei Vorliegen von Pflichtverletzungen

(1) [1] Liegen dem nach § 21 AO örtlich zuständigen Finanzamt Erkenntnisse vor, dass ein Unternehmer, der im Inland steuerbare Umsätze über eine elektronische Schnittstelle ausführt, seinen umsatzsteuerlichen Pflichten nicht nachkommt und andere von ihm zu veranlassende Maßnahmen keinen unmittelbaren Erfolg versprechen, ist es nach § 25e Abs. 4 Satz 1 UStG berechtigt, den betreffenden Betreiber hierüber zu informieren (Offenbarungsbefugnis). [2] Mit dem Zugang dieser Mitteilung ist dem Betreiber die Möglichkeit einzuräumen, innerhalb der vom Finanzamt gesetzten Frist auf den betreffenden Unternehmer einzuwirken, damit dieser seinen umsatzsteuerlichen Pflichten nachkommt, oder sicherzustellen, dass der Unternehmer über seine elektronische Schnittstelle keine weiteren Umsätze ausführen kann (Sperrung aller bestehenden Accounts). [3] Für die Frage, wann die Mitteilung zugegangen ist, gelten die Regelungen des § 122 AO entsprechend. [4] Umsatzsteuerliche Pflichtverletzungen nach Satz 1 sind insbesondere:

1. Abgabe unrichtiger Umsatzsteuer-Voranmeldungen/Umsatzsteuererklärungen für das Kalenderjahr,
2. Nichtabgabe von Umsatzsteuer-Voranmeldungen/Umsatzsteuererklärungen für das Kalenderjahr,
3. Nichtzahlung oder nicht vollständige Zahlung fälliger Umsatzsteuerbeträge oder
4. Nichtbenennung eines Empfangsbevollmächtigten im Inland nach § 22f Abs. 1 Satz 2 UStG (vgl. Abschnitt 22f.2).

(2) [1] Weist der Betreiber innerhalb der gesetzten Frist nach, dass der betreffende Unternehmer über seine elektronische Schnittstelle keine Waren mehr anbieten kann (Sperrung aller bestehenden Accounts), wird eine Inanspruchnahme nach § 25e Abs. 4 Satz 2 UStG für die nicht entrichtete Umsatzsteuer hinfällig. [2] Wird dieser Nachweis vom Betreiber in der gesetzten Frist nicht erbracht, haftet er nach § 25e Abs. 4 Satz 2 UStG für die entstandene und

[1] A 25e.3 UStAE eingef. durch BMF v. 20.4.2021, BStBl. I 2021, 705, anzuwenden mWv 1.7.2021.

nicht entrichtete Umsatzsteuer aus Umsätzen, die mittels seiner elektronischen Schnittstelle unterstützt wurden und bei denen das Rechtsgeschäft nach Zustellung der Mitteilung vom Finanzamt abgeschlossen wurde. [3]Gleiches gilt in Fällen, in denen die Registrierung beim Betreiber als Nichtunternehmer erfolgte und das nach § 21 AO örtlich zuständige Finanzamt dem Betreiber mitgeteilt hat, dass die Tätigkeit im Rahmen eines Unternehmens erfolgt.

25e.4[1)] Einleitung des Haftungsverfahrens

[1]Liegen die Voraussetzungen für eine Haftung nach § 25e Abs. 1 UStG vor, ist der Betreiber zunächst anzuhören (§ 91 Abs. 1 Satz 1 AO). [2]Die Darlegungs- und Feststellungslast der Kenntnis oder des Kennenmüssens liegt grundsätzlich bei dem für den Erlass des Haftungsbescheids zuständigen Finanzamt. [3]Zuständig für die Durchführung des Haftungsverfahrens ist das für den liefernden Unternehmer örtlich zuständige Finanzamt (§ 25e Abs. 7 UStG und § 21 AO). [4]Im Rahmen der Anhörung ist dem Betreiber Gelegenheit zu geben, die Kenntnis oder das Kennenmüssen zu widerlegen.

Zu § 26 Abs. 3 UStG

26.1 Luftverkehrsunternehmer

(1) [1]Die niedrigere Festsetzung oder der Erlass von Umsatzsteuer nach § 26 Abs. 3 UStG für grenzüberschreitende Beförderungen im Luftverkehr setzt voraus, dass die Leistungen von einem Luftverkehrsunternehmer erbracht werden. [2]Luftverkehrsunternehmer im Sinne dieser Vorschrift sind Unternehmer, die die Beförderung selbst durchführen oder die als Vertragspartei mit dem Reisenden einen Beförderungsvertrag abschließen und sich hierdurch in eigenem Namen zur Durchführung der Beförderung verpflichten. [3]Der Verkauf von Einzeltickets für grenzüberschreitende Flüge vom Reisebüro oder vom Consolidator kann unter den Voraussetzungen des Abschnitts 4.5.3 Abs. 2 als steuerfreie Vermittlungsleistung behandelt werden. [4]Das Reisebüro und der Consolidator können insoweit nicht als Luftverkehrsunternehmer angesehen werden.

(2) [1]Unter den in Absatz 1 bezeichneten Voraussetzungen können auch Veranstalter von Pauschalreisen als Luftverkehrsunternehmer angesehen werden. [2]Die niedrigere Festsetzung oder der Erlass der Umsatzsteuer nach § 26 Abs. 3 UStG ist dann jedoch auf die Fälle beschränkt, in denen der Veranstalter die Reisenden mit seinen eigenen Mitteln befördert (vgl. Abschnitt 25.1 Abs. 8) oder Beförderungsleistungen an Unternehmer für ihr Unternehmen erbringt (vgl. Abschnitt 25.1 Abs. 2 Beispiel 2).

26.2 Grenzüberschreitende Beförderungen im Luftverkehr

(1) [1]Eine grenzüberschreitende Beförderung liegt vor, wenn sich eine Beförderung sowohl auf das Inland als auch auf das Ausland erstreckt (§ 3b Abs. 1 Satz 4 UStG). [2]Die niedrigere Festsetzung oder der Erlass der Umsatzsteuer

---

[1)] A 25e.4 UStAE eingef. durch BMF v. 20.4.2021, BStBl. I 2021, 705, anzuwenden mWv 1.7.2021.

nach § 26 Abs. 3 UStG kommt für folgende grenzüberschreitende Beförderungen im Luftverkehr in Betracht:

1. von einem ausländischen Flughafen zu einem Flughafen im Inland;
2. von einem Flughafen im Inland zu einem ausländischen Flughafen;
3. von einem ausländischen Flughafen zu einem ausländischen Flughafen über das Inland.

[3]Die niedrigere Festsetzung oder der Erlass der Umsatzsteuer kommt jedoch nicht in Betracht bei Beförderungen vom Inland in die nicht zum Inland gehörenden Gebiete der Bundesrepublik Deutschland (vgl. § 1 Abs. 2 UStG) und umgekehrt, z. B. Flüge zwischen Hamburg und Helgoland, sowie bei Beförde-

(Fortsetzung S. 881)

500/Anlage 8. Anwendungsregelungen

Übersicht

1. BMF-Schreiben vom 8.6.2017, BStBl. I 2017, 858

(Änderung in A 4.26.1 UStAE)

Anwendung (i. d. F. BMF v. 3.12.2018, BStBl. I 2018, 1365)

Soweit nicht anderweitig ein Vertrauenstatbestand gesetzt wurde, sind die Grundsätze dieses Schreibens in allen offenen Fällen anzuwenden. Für bis zum **31. Dezember 2019** für juristische Personen des öffentlichen Rechts ausgeführte Umsätze wird es nicht beanstandet, wenn sich der ehrenamtlich Tätige zur Begründung der Umsatzsteuerfreiheit der Umsätze auf die Benennung der Ehrenamtlichkeit in einer, auch im Rahmen der Satzungsautonomie erstellten, öffentlich-rechtlichen Satzung beruft, es sei denn, die Anwendung des Begriffs der Ehrenamtlichkeit auf seine Tätigkeit ist mit der gebotenen engen Auslegung des Begriffs der Ehrenamtlichkeit ausnahmsweise nicht mehr vereinbar, insbesondere wenn sie in einem Umfang ausgeführt wird, bei dem die Annahme einer beruflichen Ausübung nicht mehr ausgeschlossen werden kann.

2. BMF-Schreiben vom 27.7.2017, BStBl. I 2017, 1239

Anwendung (zu A 2.11 und A 2b.1 UStAE)

Für vor dem **1. Januar 2017** ausgeführte Leistungen ist die bisher zu § 2 Abs. 3 UStG vertretene Verwaltungsauffassung (vgl. insbesondere Abschnitt 2.11 UStAE) weiterhin maßgeblich. Es ist jedoch nicht zu beanstanden, wenn die jPöR die hiervon abweichende Rechtsprechung des BFH der Besteuerung zu Grunde legt, sofern dies einheitlich für das gesamte Unternehmen erfolgt. Eine Beschränkung auf einzelne Tätigkeitsbereiche oder Leistungen ist nicht zulässig.

Dies gilt entsprechend, solange § 2 Abs. 3 UStG in der am **31. Dezember 2015** geltenden Fassung infolge einer wirksamen Optionserklärung nach § 27 Abs. 22 Satz 3 UStG auf nach dem **31. Dezember 2016** und vor dem **1. Januar 2021** ausgeführte Leistungen weiterhin anzuwenden ist (vgl. Rz. 60 des Bezugsschreibens vom 16.12.2016, BStBl. I 2016, 1451).

3. BMF-Schreiben vom 10.10.2017, BStBl. I 2017, 1442

(Änderungen in A 1a.2 und 3.12 UStAE)

Anwendung (i. d. F. BMF v. 31.10.2018, BStBl. I 2018, 1203)

Die Grundsätze dieses Schreibens sind in allen offenen Fällen anzuwenden. Für **vor dem 1. Januar 2020** ausgeführte Lieferungen und innergemeinschaftliche Erwerbe wird es auch für Zwecke des Vorsteuerabzugs des Leistungsempfängers nicht beanstandet, wenn der leistende Unternehmer weiterhin nach Abschnitt 1a.2 Abs. 6 und Abschnitt 3.12 Abs. 3 UStAE in der bisherigen Fassung verfährt.

4. BMF-Schreiben vom 18.5.2018, BStBl. I 2018, 695

(Änderungen in A 13.5, 13b.12 und 15.3 UStAE)

Anwendung

Die Grundsätze dieses Schreibens sind in allen offenen Fällen anzuwenden. Es wird nicht beanstandet, wenn Steuerpflichtige für **bis zum 31. Dezember 2018** geleistete Anzahlungen die bisherige Fassung der Abschnitte 13.5, 13b.12 und 15.3 des Umsatzsteuer-Anwendungserlasses anwenden.

5. BMF-Schreiben vom 10.1.2020, BStBl. I 2020, 184

(Änderungen in A 6.3, 6.10 und 6.11 UStAE)

Anwendung

Die Grundsätze dieses Schreibens sind erstmals auf Lieferungen (Ausfuhrlieferungen im nichtkommerziellen Reiseverkehr) anzuwenden, die **nach dem 31. Dezember 2019** bewirkt werden. Maßgeblich ist hierbei der Zeitpunkt der Lieferung des leistenden Unternehmens an den Abnehmer; auf den tatsächlichen Ausfuhrvorgang des Abnehmers kommt es nicht an. Daher findet die Wertgrenze für Lieferungen, die vor dem 1. Januar 2020 bewirkt worden sind und bei denen der Liefergegenstand vom Abnehmer erst nach dem 31. Dezember 2019, aber innerhalb der Dreimonatsfrist des § 6 Abs. 3a Nr. 2 UStG ausgeführt wird, keine Anwendung.

Es wird jedoch nicht beanstandet, wenn der liefernde Unternehmer bei Ausfuhrlieferungen im nichtkommerziellen Reiseverkehr, die er **zwischen dem 1. Januar 2020 und dem 31. Januar 2020** erbracht hat, die Regelungen zur Wertgrenze (50 €) nicht entsprechend der Vorgaben dieses BMF-Schreibens angewendet hat.

6. BMF-Schreiben vom 23.3.2020, BStBl. I 2020, 288

(Änderungen in A 13b.1 und 13b.18 UStAE)

II. 1. Anwendung

Die Regelungen sind auf Umsätze anzuwenden, die **nach dem 31. Dezember 2019** ausgeführt werden.

(weitere nicht abgedruckt; siehe die sehr umfangreichen Regelungen im BMF-Schreiben)

2. Übergangsregelung

Bei Leistungen, die **nach dem 31. Dezember 2019 und vor dem 1. April 2020** ausgeführt werden, ist es beim leistenden Unternehmer und beim Leistungsempfänger nicht zu beanstanden, wenn die Vertragspartner einvernehmlich noch vor der Steuerschuldnerschaft des leistenden Unternehmers nach § 13a Abs. 1 Nr. 1 UStG ausgegangen sind. Voraussetzung hierfür ist, dass der Umsatz vom leistenden Unternehmer in zutreffender Höhe versteuert wird.

Dies gilt entsprechend auch in den Fällen, in denen das Entgelt oder ein Teil des Entgelts nach dem 31. Dezember 2019 und vor dem 1. April 2020 vereinnahmt wird und die Leistung erst nach der Vereinnahmung des Entgelts oder von Teilen des Entgelts ausgeführt wird. Tz. II. 1 gilt entsprechend.

7. BMF-Schreiben vom 24.3.2020, BStBl. I 2020, 291

(Änderungen in A 4.12.6, 4.16.3, 4.16.5 und 4.16.6 UStAE)

Anwendung

Die Grundsätze dieses Schreibens sind auf **ab dem 1. Januar 2020** in derartigen Einrichtungen erbrachte Umsätze anzuwenden. Es wird nicht beanstandet, wenn die Einrichtungen entgegen den Grundsätzen unter Tz. II. die Umsätze **bis zum 31. März 2020** aufgrund eines vor Veröffentlichung dieses BMF-Schreibens im BStBl. I[1] abgeschlossenen Vertrags umsatzsteuerpflichtig behandeln.

8. BMF-Schreiben vom 7.7.2020, BStBl. I 2020, 642

(Änderungen in A 10.7 Abs. 6 UStAE)

Anwendungs- und Nichtbeanstandungsregelung

Die Grundsätze dieses Schreibens sind in allen offenen Fällen anzuwenden.

In Fällen, in denen der Lieferant des Stroms bzw. der Wärme seine Leistung mit gesondertem Steuerausweis in Rechnung gestellt hat, sind die Regelungen des § 14c Abs. 1 UStG zu beachten.

Für Umsätze, die **vor dem 7. Juli 2020** ausgeführt werden, wird es auch für Zwecke des Vorsteuerabzugs nicht beanstandet, wenn der Unternehmer seine Leistungen der Mindestbemessungsgrundlage unterwirft. In den Fällen, in denen der Lieferant des Stroms oder der Wärme seine Leistung mit gesondertem Steuerausweis in Rechnung gestellt hat, gilt die Steuer auf die Mindestbemessungsgrundlage als Steuer i. S. v. § 15 Abs. 1 Satz 1 Nr. 1 UStG.

9. BMF-Schreiben vom 20.8.2020, BStBl. I 2020, 671

(Änderungen in A 1.7 Abs. 1 UStAE)

V. Anwendungsregelung

Die Regelung ist in allen noch offenen Fällen anzuwenden.

---

[1] Veröffentlicht im BStBl. I 2020 Nr. 5 vom 7.4.2020.

Für Umsätze der Marktgebietsverantwortlichen an die Bilanzkreisverantwortlichen und der Bilanzkreisverantwortlichen an die Marktgebietsverantwortlichen im Rahmen der Bilanzkreisabrechnung, die vor **dem 1. Oktober 2021** ausgeführt wurden bzw. werden, wird es – auch für Zwecke des Vorsteuerabzugs – nicht beanstandet, wenn diese Umsätze von den Beteiligten einvernehmlich bei bilanzieller Überspeisung als sonstige Leistungen des Bilanzkreisverantwortlichen an den Marktgebietsverantwortlichen und bei bilanzieller Unterspeisung als sonstige Leistungen des Marktgebietsverantwortlichen an den Bilanzkreisverantwortlichen abgerechnet wurden bzw. werden.

10. BMF-Schreiben vom 28.8.2020, BStBl. I 2020, 928

(Änderungen in A 10.5 und A 25a.1 UStAE)

III. Anwendung

Die Grundsätze dieses Schreibens sind in allen offenen Fällen anzuwenden. Es wird hinsichtlich aller bis **vor dem 1. Januar 2022** entstandener gesetzlicher Umsatzsteuer – auch für Zwecke des Vorsteuerabzugs – nicht beanstandet, wenn die Unternehmer Tauschumsätze entsprechend der bisherigen Fassung der Abschnitte 10.5 und 25a.1 Abs. 10 UStAE behandelt haben.

11. BMF-Schreiben vom 18.9.2020, BStBl. I 2020, 976

(Änderungen in A 14.5, A 14.11, A 15.2, A 15.2a und A 15.11 UStAE)

III. Anwendung

Die Grundsätze dieses Schreibens sind in allen offenen Fällen anzuwenden.

Es wird nicht beanstandet, wenn bei **bis zum 31. Dezember 2020** übermittelten Rechnungsberichtigungen nach § 31 Abs. 5 UStDV, die nach dem BFH-Urteil vom 20. Oktober 2016, V R 26/15, Rückwirkung besitzen, der Vorsteuerabzug gleichwohl erst in dem Besteuerungszeitraum geltend gemacht wird, in dem die berichtigte Rechnung ausgestellt wird. Eine Berufung hierauf scheidet aus, wenn der Vorsteuerabzug bereits aus der ursprünglichen Rechnung gewährt wurde.

12. BMF-Schreiben vom 12.11.2020, BStBl. I 2020, 1265

(Änderungen in A 4.20.1 und A 12.5 UStAE)

Anwendung

Die Grundsätze dieses Schreibens sind in allen offenen Fällen anzuwenden. Für Umsätze, die **vor dem 1. Januar 2021** ausgeführt werden, wird es nicht beanstandet, wenn die Vertragspartner die Leistungen – auch für Zwecke des Vorsteuerabzugs – abweichend von den vorgenannten Ausführungen als umsatzsteuerpflichtig behandeln bzw. diese Umsätze dem allgemeinen Steuersatz unterwerfen.

13. BMF-Schreiben vom 23.12.2020, BStBl. I 2021, 92

(Änderungen in A 13b.1, 13b.3, 13b.3a, 13b.4, 13b.5, 13b.6, 13b.7, 13b.7a, 13b.8, 13b.12, 13b.14, 13b.17, 13b.18, Einfügung von A 13b.7b)

II. Anwendungsregelung

1. Anwendung

Die Regelungen sind auf Umsätze anzuwenden, die **nach dem 31. Dezember 2020** ausgeführt werden.

(weitere nicht abgedruckt; siehe die sehr umfangreichen Regelungen im BMF-Schreiben)

2. Übergangsregelung

Bei Leistungen, die **nach dem 31. Dezember 2020 und vor dem 1. April 2021** ausgeführt werden, ist es beim leistenden Unternehmer und beim Leistungsempfänger nicht zu beanstanden, wenn die Vertragspartner einvernehmlich noch von der Steuerschuldnerschaft des leistenden Unternehmers nach § 13a Abs. 1 Nr. 1 UStG ausgegangen sind. Voraussetzung hierfür ist, dass der Umsatz vom leistenden Unternehmer in zutreffender Höhe versteuert wird.

Dies gilt entsprechend auch in den Fällen, in denen das Entgelt oder ein Teil des Entgelts **nach dem 31. Dezember 2020 und vor dem 1. April 2021** vereinnahmt wird und die Leistung erst nach der Vereinnahmung des Entgelts oder von Teilen des Entgelts ausgeführt wird. Tz. II.1 gilt entsprechend.

14. BMF-Schreiben vom 24.6.2021, BStBl. I 2021, 857

(Neufassung von A 25.1 bis A 25.5 UStAE)

Anwendung

Die Regelungen dieses Schreibens sind mit Ausnahme der Regelungen zur Einzelmargenbildung (Abschnitt 25.3 UStAE) in allen offenen Fällen anzuwenden. Die Regelungen des **Abschnitts 25.3 UStAE sind für Umsätze nach dem 31. Dezember 2021** anzuwenden. Die Nichtbeanstandungsregelung für Reiseleistungen von Unternehmen mit Sitz im Drittland (BMF-Schreiben vom 29. Januar 2021 – III C 2 – S 7419/19/10002 :004 (2020/0981332), BStBl. I S. 250) besteht fort. Aus Gründen des Vertrauensschutzes wird es nicht beanstandet, wenn Unternehmer auf **bis zum 31. Dezember 2021** ausgeführte Umsätze Abschnitt 25 UStAE in der am 1. Juni 2021 geltenden Fassung anwenden.

A 25.3 in der bis 31.12.2021 anzuwendenden Fassung lautet:

25.3 Bemessungsgrundlage bei Reiseleistungen

(1) [1]Abweichend von § 10 UStG ist Bemessungsgrundlage lediglich die Differenz (Marge) zwischen dem Betrag, den der Leistungsempfänger entrichtet und den Aufwendungen für die Reisevorleistungen, jedoch abzüglich der Umsatzsteuer.

Beispiel 1:

[1] Ein Reiseveranstalter mit Sitz oder Betriebsstätte im Inland führt eine Bahnpauschalreise im Inland aus. [2] Der Preis beträgt 440 € pro Person. [3] Es nehmen 40 Personen teil. [4] Der Reiseveranstalter hat für Reisevorleistungen aufzuwenden:

1. an die Deutsche Bahn AG für die Fahrt (einschließlich Umsatzsteuer)		3 200,– €,
2. an Hotel für Unterkunft (einschließlich Umsatzsteuer)		12 000,– €.

[5] Die Marge für die Leistung des Reiseveranstalters ermittelt sich wie folgt:

Reisepreis (Aufwendungen der Reiseteilnehmer)		17 600,– €
./. Reisevorleistungen		
für Fahrt	3 200,– €	
für Unterkunft	12 000,– €	15 200,– €
Marge		2 400,– €
./.darin enthaltene Umsatzsteuer ($^{19}/_{119}$ = Steuersatz 19 %)		383,19 €
Bemessungsgrundlage		2 016,81 €

[2] Zu den Aufwendungen für Reisevorleistungen gehören auch die Aufwendungen, die der Unternehmer auf Grund vertraglicher Vereinbarung für nicht ausgenutzte Kapazitäten (vgl. Abschnitt 25.1 Abs. 10) zahlen muss.

Beispiel 2:

Der Reiseunternehmer, der einem Hotel die Abnahme einer bestimmten Zahl von Zimmern oder auch aller Zimmer garantiert hat, muss das dafür vertraglich vereinbarte Entgelt auch dann in voller Höhe entrichten, wenn er die gebuchten Zimmer nicht alle oder nicht für den vereinbarten Abnahmezeitraum belegen kann.

[3] Werden im Abrechnungsverkehr zwischen Leistungsträgern und Reiseveranstaltern Reisevorleistungen ausgehend vom sog. Bruttowert (Verkaufspreis abzüglich Provisionen zuzüglich Umsatzsteuer auf den Provisionsbetrag) berechnet, handelt es sich bei den Provisionen regelmäßig um Entgelts- bzw. Reisevorleistungsminderungen und nicht um Vergütungen für besondere (Vermittlungs-)Leistungen. [4] Der Wert der Reisevorleistungen ist dann identisch mit dem Wert einer agenturmäßigen Nettoberechnung. [5] Die in den Abrechnungen des Leistungsträgers auf den Provisionsbetrag gesondert ausgewiesene Umsatzsteuer wird weder vom Leistungsträger noch vom Reiseveranstalter nach § 14c Abs. 2 UStG geschuldet. [6] Aufwendungen für Reisevorleistungen in fremder Währung sind nach § 16 Abs. 6 UStG in dem Zeitpunkt umzurechnen, in dem die Aufwendungen geleistet worden sind.

(2) [1] Treffen bei einer Reise Leistungen des Unternehmers mit eigenen Mitteln und Leistungen Dritter zusammen (vgl. Abschnitt 25.1 Abs. 11), sind für die Berechnung der Marge die eigenen Leistungen grundsätzlich im prozentualen Verhältnis zu den Fremdleistungen auszuscheiden. [2] Die eigenen Leistungen sind mit den dafür aufgewendeten Kosten (einschließlich Umsatzsteuer) anzusetzen.

Beispiel:

[1] Ein Reiseveranstalter mit Sitz oder Betriebsstätte im Inland führt eine Buspauschalreise im Inland aus. [2] Der Preis beträgt 600 € pro Person. [3] Es nehmen 50 Personen teil. [4] Dem Unternehmer entstehen folgende Aufwendungen:

	€	%
1. Eigenleistungen		
a) Beförderung mit eigenem Bus	4 000,–	
b) Betreuung am Zielort durch angestellte Reiseleiter	1 000,–	
Insgesamt	5 000,–	20

	€	%
2. Reisevorleistungen Dritter Unterkunft und Verpflegung	20 000,–	80
	25 000,–	100

[5] Die Marge errechnet sich wie folgt:

Reisepreis (Aufwendungen der Reiseteilnehmer)	30 000,– €
./. 20 % für Eigenleistungen	6 000,– €
	24 000,– €
./. Reisevorleistungen	20 000,– €
Marge	4 000,– €
./. darin enthaltene Umsatzsteuer ($^{19}/_{119}$ = Steuersatz 19 %)	638,66 €
Marge = Bemessungsgrundlage	3 361,34 €

[6] Der Unternehmer hat mit 19 % zu versteuern:

a) seine Eigenleistung (6000 € ./. darin enthaltene Umsatzsteuer in Höhe von $^{19}/_{119}$ = Steuersatz 19 %)	5 042,02 €
b) die Reiseleistung	3 361,34 €
	8 403,36 €

[3] Die Eigenleistungen können auch in anderer Weise ermittelt werden, wenn dies zu einem sachgerechten Ergebnis führt.

(3) Ist die einheitliche sonstige Leistung teils steuerfrei und teils steuerpflichtig (vgl. Abschnitt 25.2 Abs. 3), ist die Bemessungsgrundlage für die unter § 25 UStG fallenden Umsätze im Verhältnis der Reisevorleistungen im Sinne des § 25 Abs. 2 UStG zu den übrigen Reisevorleistungen aufzuteilen.

Beispiel:

[1] Ein Reiseveranstalter mit Sitz oder Betriebsstätte im Inland führt von einem inländischen Flughafen eine Flugpauschalreise nach Moskau aus. [2] Der Preis beträgt 1100 € pro Person. [3] Es nehmen 80 Personen teil. [4] Der Veranstalter hat an Reisevorleistungen aufzuwenden:

	€	%
1. Flugkosten	20 000,–	25
2. Kosten für Unterkunft und Verpflegung im Hotel (einschließlich Umsatzsteuer)	60 000,–	75
Insgesamt	80 000,–	100

[5] Sofern die Vereinfachungsregelung des Abschnitts 25.2 Abs. 4 nicht angewandt wird, errechnet sich die Marge wie folgt:

Reisepreis (Aufwendungen der Reiseteilnehmer)	88 000,– €	
./. Reisevorleistungen	80 000,– €	
Gesamtmarge	8 000,– €	
davon entfallen		
a) auf Unterkunft und Verpflegung im Drittlandsgebiet 75 % der Reisevorleistungen – steuerfrei nach § 25 Abs. 2 UStG –		6 000,– €
b) auf den Flug 25 % der Reisevorleistungen = 2 000,– €. Da nur 60 % der Flugstrecke über Gemeinschaftsgebiet führt, beträgt der nach § 25 Abs. 2 UStG steuerfreie Anteil;		800,– €
der steuerpflichtige Anteil	1 200,– €	
./. darin enthaltene Umsatzsteuer ($^{19}/_{119}$ = Steuersatz 19 %)	191,60 €	
steuerpflichtig	1 008,40 €	
steuerfrei		6 800,– €

[6]Die Bemessungsgrundlage für die Flugpauschalreise beträgt danach für steuerfreie Umsätze 6800,– € und für steuerpflichtige Umsätze 1008,40 €.

(4) [1]Die Errechnung der Marge für die einzelne Leistung (vgl. Beispiele in den Absätzen 1 bis 3) kann bei Pauschalreisen mit erheblichen Schwierigkeiten verbunden sein. [2]Eine Zuordnung der Reisevorleistungen wird vielfach abrechnungstechnische Probleme aufwerfen. [3]§ 25 Abs. 3 Satz 3 UStG sieht deshalb Erleichterungen vor. [4]Der Unternehmer hat danach die Möglichkeit, die Marge für bestimmte Gruppen von Reiseleistungen zu ermitteln. [5]Dies kann z. B. die Marge für eine in sich abgeschlossene Reise, z. B. Kreuzfahrt, oder für sämtliche Reisen während eines bestimmten Zeitraums (Saison) in einen Zielort oder ein Zielgebiet sein. [6]Er kann aber auch die Marge für seine gesamten innerhalb eines Besteuerungszeitraums bewirkten Reiseleistungen, soweit sie unter die Sonderregelung des § 25 UStG fallen, in einer Summe ermitteln.

Beispiel:

[1]Der Unternehmer hat im Kalenderjahr Reiseleistungen i. H. v. insgesamt 2 700 000 € bewirkt. [2]An touristischen Direktaufwendungen sind ihm entstanden:

	€	%
Eigenleistungen		
Beförderungen mit eigenen Bussen (davon 40 % Strecke im Inland = steuerpflichtig)	500 000,–	20
Reisevorleistungen		
1. Beförderungen mit Luftfahrzeugen		
a) über Gemeinschaftsgebiet 200 000,– €		
b) über Drittlandsgebiet 300 000,– €	500 000,–	20
2. Unterkunft und Verpflegung in EU-Mitgliedstaaten	1 000 000,–	40
3. Unterkunft und Verpflegung in Drittländern	500 000,–	20
	2 500 000,–	100

[3]Die Marge errechnet sich wie folgt:

Einnahmen aus Reiseleistungen	2 700 000,– €
./. 20 % Eigenleistungen	540 000,– €
	2 160 000,– €
./. Reisevorleistungen	2 000 000,– €
Marge	160 000,– €
davon entfallen auf Reisevorleistungen im Sinne von § 25 Abs. 2 UStG (Nr. 1b und Nr. 3) = 40 % der gesamten Reisevorleistungen – steuerfrei –	64 000,– €
Reisevorleistungen (Nr. 1a und Nr. 2) = 60 % der gesamten Reisevorleistungen – steuerpflichtig –	96 000,– €
./. darin enthaltene Umsatzsteuer ($^{19}/_{119}$ = Steuersatz 19 %)	15 327,73 €
Bemessungsgrundlage für steuerpflichtige Reiseleistungen	80 672,27 €

[4]Der Unternehmer hat danach mit 19 % zu versteuern:

steuerpflichtige Reiseleistungen	80 672,27 €
seine Beförderungsleistung mit eigenen Bussen, soweit sie auf das Inland entfällt (40 % der Einnahmen aus den Eigenleistungen i. H. v. 540 000 € = 216 000 € ./. darin enthaltene Umsatzsteuer i. H. v. $^{19}/_{119}$ = Steuersatz 19 %)	181 512,60 €
	262 184,87 €

[5]Nach § 25 Abs. 2 UStG sind steuerfrei 64 000,– €.

[6]Nicht steuerbar sind die auf das Ausland entfallenden Beförderungsleistungen (§ 3b Abs. 1 UStG) 324 000,– €.

(5) Für den Unternehmer, der eine „Incentive-Reise" für sein Unternehmen erwirbt, gilt Folgendes:

1.[1)] [1]Wird die Reise einem Betriebsangehörigen als unentgeltliche Wertabgabe im Sinne des § 3 Abs. 9a Nr. 2 UStG (vgl. Abschnitt 25.1 Abs. 2 Beispiel 3) oder gegen Entgelt überlassen, bewirkt der Unternehmer damit eine Reiseleistung, die der Besteuerung nach § 25 UStG unterliegt. [2]Im Falle einer unentgeltlichen Wertabgabe ergibt sich jedoch keine Marge, weil sich die Ausgaben nach § 10 Abs. 4 Satz 1 Nr. 3 UStG mit den Aufwendungen des Unternehmers für den Erwerb der Reise decken. [3]Das Gleiche gilt, wenn eine Barzahlung des Arbeitnehmers für die Reise die Aufwendungen des Unternehmers für den Erwerb der Reise nicht übersteigt. [4]Der Abzug der auf den Erwerb der Reise entfallenden Vorsteuer ist in diesen Fällen nach § 25 Abs. 4 UStG ausgeschlossen.

2. Wird die Reise nicht gegen Entgelt oder nicht als unentgeltliche Wertabgabe an Betriebsangehörige weitergegeben, sondern im Unternehmen verwendet, z.B. für Dienstreisen von Angestellten, als Kundengeschenk usw., bewirkt der Unternehmer keine Reiseleistung im Sinne des § 25 UStG.

(6) [1]Überlässt ein Reiseveranstalter an seine Arbeitnehmer im Rahmen des Dienstverhältnisses Reisen unentgeltlich (vgl. Abschnitt 25.1 Abs. 1), ergibt sich keine Marge, weil sich die Ausgaben nach § 10 Abs. 4 Satz 1 Nr. 3 UStG mit den Aufwendungen des Reiseveranstalters für die Reise decken. [2]Das Gleiche gilt, wenn eine Zuzahlung des Arbeitnehmers für die Reise die Aufwendungen des Unternehmers nicht übersteigt. [3]Ein Vorsteuerabzug für die Reisevorleistungen entfällt nach § 25 Abs. 4 UStG.

(7) [1]Durch die Erleichterungen bei der Ermittlung der Bemessungsgrundlage nach § 25 Abs. 3 UStG wird die Verpflichtung zur Übermittlung von Voranmeldungen nicht berührt. [2]Soweit in diesen Fällen die Höhe der Marge für die im Voranmeldungszeitraum bewirkten Umsätze noch nicht feststeht, bestehen keine Bedenken, dass der Unternehmer in der Voranmeldung als Bemessungsgrundlage geschätzte Beträge zu Grunde legt, die anhand der Kalkulation oder nach Erfahrungssätzen der Vorjahre zu ermitteln sind. [3]Das Gleiche gilt in den Fällen, in denen der Unternehmer zwar die Marge für jede einzelne Leistung ermittelt, ihm aber am Ende des Voranmeldungszeitraums die Höhe der Reisevorleistung für die in diesem Zeitraum bewirkten Leistungen noch nicht bekannt ist. [4]Es muss dabei gewährleistet sein, dass sich nach endgültiger Feststellung der Bemessungsgrundlage nicht regelmäßig höhere Abschlusszahlungen ergeben.

[1)] Kein Vorsteuerabzug beim Betriebsausflug, soweit keine Aufmerksamkeit (Grenze 110 €) vorliegt; siehe BFH v. 9.10.2010 V R 17/10, BStBl. II 2012, 53.

15. BMF-Schreiben vom 8.7.2021, BStBl. I 2021, 919

(Änderungen in A 2.2 und A 18.6 UStAE)

Anwendung

Die Regelungen dieses Schreibens sind in allen offenen Fällen anzuwenden. Zur Vermeidung von Übergangsschwierigkeiten wird es – auch für Zwecke des Vorsteuerabzugs – nicht beanstandet, wenn die bisher geltenden Regelungen in Abschnitt 2.2. Abs. 2 Satz 7 und Abs. 3 Satz 1 UStAE auf Leistungen angewendet werden, die **bis einschließlich 31. Dezember 2021** ausgeführt worden sind. Es wird ebenfalls nicht beanstandet, wenn ein Beamter oder ein politischer Mandatsträger, der eine Tätigkeit als Mitglied eines Aufsichts- oder Verwaltungsrats nicht lediglich aufgrund seiner gesellschaftlichen oder politischen Stellung, sondern aufgrund unmittelbarer Verknüpfung mit seinem Amt ausübt, trotz eines vorliegenden Vergütungsrisikos insoweit für bis 31. Dezember 2021 ausgeführte Umsätze als nicht selbstständig im Sinne des § 2 Abs. 1 Satz 1 UStG tätig beurteilt wird.

16. BMF-Schreiben vom 22.7.2021, BStBl. I 2021, 1023

(Änderungen in A 8.1 und A 8.2 UStAE)

Anwendung

Die Grundsätze dieses Schreibens sind auf alle Umsätze anzuwenden, die **nach dem 31. Dezember 2020** ausgeführt werden. Für Umsätze, die vor dem 1. Oktober 2021 ausgeführt werden, wird es, auch für Zwecke des Vorsteuerabzugs, nicht beanstandet, wenn der Unternehmer seine Leistungen abweichend von Abschnitt 8.2 Abs. 7 Nr. 7 UStAE umsatzsteuerpflichtig behandelt.

800. Anwendungserlass zur Abgabenordnung (AEAO)

Vom 31.1.2014 (BStBl. I 2014, 290)[1)·2)·3)]

(BMF IV A 4 – S 0062/14/10002; DOK 2014/0108334)

Geändert durch BMF-Schreiben vom 1.8.2014 (BStBl. I 2014, 1067), vom 3.11.2014 (BStBl. I 2014, 1393), vom 14.1.2015 (BStBl. I 2015, 76), vom 22.7.2015 (BStBl. I 2015, 571), vom 10.12.2015 (BStBl. I 2015, 1018), vom 26.1.2016 (BStBl. I 2016, 155),[4)] vom 23.5.2016 BStBl. I 2016, 490), vom 5.9.2016 (BStBl. I 2016, 974), vom 12.1.2017 (BStBl. I 2017, 51), vom 7.8.2017 (BStBl. I 2017, 1257), vom 6.12.2017 (BStBl. I 2017, 1603), vom 11.12.2017 (BStBl. I 2017, 1604), vom 12.1.2018 (BStBl. I 2008, 175), vom 18.1.2018 (BStBl. I 2018, 204), vom 24.1.2018 (BStBl. I 2008, 258), vom 29.5.2018 (BStBl. I 2018, 699), vom 19.6.2018 (BStBl. I 2018, 706), vom 31.1.2019 (BStBl. I 2019, 71), vom 5.4.2019 (BStBl. I 2019, 446), vom 17.6.2019 (BStBl. I 2019, 518), vom 27.9.2019 (BStBl. I 2019, 946), vom 20.12.2019 (BStBl. I 2020, 59), vom 4.5.2020 (BStBl. I 2020, 518), vom 28.5.2020 (BStBl. I 2020, 534), vom 27.8.2020 (BStBl. I 2020, 863), vom 20.1.2021 (BStBl. I 2021, 128), vom 28.1.2021 (BStBl. I 2021, 145), vom 6.8.2021 (BStBl. I 2021, 1036)

Nichtamtliche Inhaltsübersicht

---

1) Der neugefasste AEAO ist mit sofortiger Wirkung in allen offenen Fällen anzuwenden. Durch die Neufassung des AEAO werden die BMF-Schreiben v. 2.1.2008, BStBl. I S. 26; v. 21.4.2008, BStBl. I S. 582; v. 17.7.2008, BStBl. I S. 694; v. 2.1.2009, BStBl. I S. 8; v. 30.7.2009, BStBl. I S. 807, S. 2; v. 22.12.2009, BStBl. 2010 I S. 9; v. 28.7.2010, BStBl. I S. 630; v. 21.12.2010, BStBl. 2011 I S. 2; v. 17.3.2011, BStBl. I S. 241; v. 11.7.2011, BStBl. I S. 706; v. 17.1.2012, BStBl. I S. 83; v. 30.1.2012, BStBl. I S. 147; v. 15.8.2012, BStBl. I S. 850; v. 31.1.2013, BStBl. I S. 118; v. 23.7.2013, BStBl. I S. 933 und v. 1.10.2013, BStBl. I S. 1251 mit sofortiger Wirkung aufgehoben.

2) Die Satzzählung ist nicht amtlich.

3) Zum Datenschutz im Steuerverwaltungsverfahren seit dem 25.5.2021 durch die Datenschutz-Grundverordnung (DSGVO) siehe BMF v. 13.1.2020, BStBl. I 2020, 143, geänd. durch BMF v. 17.6.2021, BStBl. I 2021, 809.

4) Durch das Schreiben vom 26.1.2016 wird das BMF-Schreiben v. 11.12.1989, BStBl. I S. 470, geänd. durch BMF v. 2.1.2001, BStBl. I S. 40, aufgehoben.

Unter Bezugnahme auf das Ergebnis der Erörterungen mit den obersten Finanzbehörden der Länder gilt für die Anwendung der Abgabenordnung Folgendes:

AEAO zu § 1 – Anwendungsbereich:

1. [1]Der Anwendungsbereich beschränkt sich auf die Steuern einschließlich der Steuervergütungen. [2]Die AO gilt auch für Steuererstattungen; diese sind als Umkehr der Steuerentrichtung bereits durch den Begriff der Steuer in den Anwendungsbereich mit einbezogen (§ 37 Abs. 1 AO).

2. [1]Für die von den Finanzbehörden verwalteten, durch Bundesrecht geregelten übrigen öffentlich-rechtlichen Abgaben, Prämien und Zulagen wird die Geltung der AO durch die jeweiligen Rechtsvorschriften bestimmt. [2]Dies gilt insbesondere für die Wohnungsbauprämien, Eigenheimzulagen, Arbeitnehmer-Sparzulagen und die Investitionszulagen.

3. [1]Die Vorschriften der AO sind grundsätzlich sinngemäß auch auf die steuerlichen Nebenleistungen (§ 3 Abs. 4 AO) anzuwenden. [2]Ausgenommen sind die Bestimmungen über die Festsetzung, Außenprüfung, Steuerfahndung und Steueraufsicht in besonderen Fällen (§§ 155 bis 217 AO), soweit sie nicht ausdrücklich für anwendbar erklärt worden sind (§ 155 Abs. 3 Satz 2, § 156 Abs. 2 AO).

4. Die AO ist auch für die Angelegenheiten anzuwenden, die nicht unmittelbar der Besteuerung dienen, aber aufgrund der Verwaltungskompetenz für diese Steuern in den Zuständigkeitsbereich der Finanzbehörden fallen (z. B. Erteilung von Bescheinigungen in Steuersachen, Ausstellung von Einkommensbescheinigungen für nichtsteuerliche Zwecke).

5. Wegen der Anwendung der AO bei der Leistung von Rechts- oder Amtshilfe wird auf die §§ 111 ff. AO hingewiesen.

AEAO zu § 3 – Steuern, steuerliche Nebenleistungen:

[1]Steuerliche Nebenleistungen sind keine Steuern. [2]Sie sind in § 3 Abs. 4 AO abschließend aufgezählt. [3]Wegen der Anwendung der AO auf steuerliche Nebenleistungen wird auf § 1 AO hingewiesen.

AEAO zu § 4 – Gesetz:

Bei der Auslegung von Steuergesetzen gelten die allgemeinen Auslegungsregeln und damit auch die wirtschaftliche Betrachtungsweise, so wie sie ihren Niederschlag in der Rechtsprechung gefunden hat (vgl. BVerfG vom 24.1. 1962, 1 BvR 232/60, BStBl. I S. 506).

AEAO zu § 5 – Ermessen:

1. [1]Bei der Ausübung des Ermessens sind nicht nur die in einzelnen gesetzlichen Bestimmungen vorgeschriebenen Voraussetzungen, sondern auch die Grundsätze der Gleichmäßigkeit der Besteuerung, der Verhältnismäßigkeit der Mittel, der Erforderlichkeit, der Zumutbarkeit, der Billigkeit und von Treu und Glauben sowie das Willkürverbot und das Übermaßverbot zu beachten. [2]Verwaltungsvorschriften, die die Ausübung des Ermessens regeln, sind für die Finanzbehörden bindend.

2. Wegen der Begründung von Ermessensentscheidungen wird auf § 121 AO, wegen der Rücknahme und des Widerrufs auf §§ 130 und 131 AO hingewiesen.

AEAO zu § 7 – Amtsträger:

1. [1]Der Begriff des Amtsträgers ist u. a. im Zusammenhang mit dem Steuergeheimnis (§ 30 AO), der Haftungsbeschränkung (§ 32 AO), der Ausschließung und Ablehnung von Personen in einem Verwaltungsverfahren (§§ 82 ff. AO) und bei der Selbstanzeige (§ 371 Abs. 2 AO) von Bedeutung. [2]Die Bestimmung entspricht § 11 Abs. 1 Nrn. 2 und 3 StGB.

2. Die in § 7 Nrn. 1 und 2 AO genannten Personen sind ohne Rücksicht auf Art und Inhalt der ausgeübten Tätigkeit Amtsträger.

3. [1]Die in § 7 Nr. 3 AO aufgeführten Personen sind nur Amtsträger, soweit sie Aufgaben der öffentlichen Verwaltung wahrnehmen. [2]Das sind Aufgaben,

(Fortsetzung S. 7)

auch geschäftliche Reisen. [7]Der Tatbestand des gewöhnlichen Aufenthalts kann bei einem weniger als sechs Monate dauernden Aufenthalt verwirklicht werden, wenn Inlandsaufenthalte nacheinander folgen, die sachlich miteinander verbunden sind, und der Steuerpflichtige von vornherein beabsichtigt, nicht nur vorübergehend im Inland zu verweilen (BFH-Urteile vom 27.7. 1962, VI 156/59 U, BStBl. III S. 429, und vom 3.8.1977, I R 210/75, BStBl. 1978 II S. 118).

2. [1]Der gewöhnliche Aufenthalt im Inland ist zu verneinen, wenn der Steuerpflichtige unter Benutzung einer im Ausland gelegenen Wohnung lediglich seine Tätigkeit im Inland ausübt (BFH-Urteil vom 25.5.1988, I R 225/82, BStBl. II S. 944). [2]Grenzgänger haben ihren gewöhnlichen Aufenthalt grundsätzlich im Wohnsitzstaat (BFH-Urteile vom 10.5.1989, I R 50/85, BStBl. II S. 755, und vom 10.7.1996, I R 4/96, BStBl. 1997 II S. 15). [3]Dasselbe gilt für Unternehmer/Freiberufler, die regelmäßig jeweils nach Geschäftsschluss zu ihrer Familienwohnung im Ausland zurückkehren (BFH-Urteil vom 6.2.1985, I R 23/82, BStBl. II S. 331). [4]Wer allerdings regelmäßig an Arbeitstagen am Arbeits-/Geschäftsort im Inland übernachtet und sich nur am Wochenende bzw. an Feiertagen und im Urlaub zu seiner Wohnung im Ausland begibt, hat an dem inländischen Arbeits-/Geschäftsort jedenfalls seinen gewöhnlichen Aufenthalt.

3. [1]Der gewöhnliche Aufenthalt kann nicht gleichzeitig an mehreren Orten bestehen. [2]Bei fortdauerndem Schwerpunktaufenthalt im Ausland begründen kurzfristige Aufenthalte im Inland, z. B. Geschäfts-, Dienstreisen, Schulungen, keinen gewöhnlichen Aufenthalt im Inland. [3]Umgekehrt führen kurzfristige Auslandsaufenthalte bei fortdauerndem Schwerpunktaufenthalt im Inland nicht zur Aufgabe eines gewöhnlichen Aufenthalts im Inland.

4. [1]Der gewöhnliche Aufenthalt im Inland ist aufgegeben, wenn der Steuerpflichtige zusammenhängend mehr als sechs Monate im Ausland lebt, es sei denn, dass besondere Umstände darauf schließen lassen, dass die Beziehungen zum Inland bestehen bleiben. [2]Entscheidend ist dabei, ob der Steuerpflichtige den persönlichen und geschäftlichen Lebensmittelpunkt ins Ausland verlegt hat und ob er seinen Willen, in den Geltungsbereich dieses Gesetzes zurückzukehren, endgültig aufgegeben hat (BFH-Urteil vom 27.7.1962, VI 156/59 U, BStBl. III S. 429). [3]Als Kriterien dafür können die familiären, beruflichen und gesellschaftlichen Bindungen herangezogen werden (z. B. Wohnung der Familienangehörigen im Inland, Sitz des Gewerbebetriebs im Inland). [4]Hält sich der Steuerpflichtige zusammenhängend länger als ein Jahr im Ausland auf, ist grundsätzlich eine Aufgabe des gewöhnlichen Aufenthalts im Inland anzunehmen.

AEAO zu § 12 – Betriebstätte:[1)]

1. Die Begriffsbestimmung gilt auch für die freiberufliche Tätigkeit und Steuerpflichtige mit Einkünften aus Land- und Forstwirtschaft.

---

1) Vgl. auch Betriebsstättenerlass BMF v. 24.12.1999, BStBl. I 1999, 1076, geänd. durch BMF v. 20.11.2000, BStBl. I 2000, 1509, v. 25.8.2009, BStBl. I 2009, 888, v. 20.6.2013, BStBl. I 2013, 980, v. 26.9.2014, BStBl. I 2014, 1258, v. 22.12.2016, BStBl. I 2016, 182. – Zur Einkommensteuer vgl. R 2a Abs. 2 EStR (negative Auslandseinkünfte) bzw. R 4.12 EStR (Fahrten Wohnung-Betriebsstätte) (Nr. **1**), zur Gewerbesteuer vgl. R 2.9 GewStR (Nr. **450**).

2. [1]Auch nicht sichtbare, unterirdisch verlaufende Rohrleitungen (Pipelines) sind feste Geschäftseinrichtungen i. S. d. § 12 Satz 1 AO und damit Betriebstätten (BFH-Urteil vom 30.10.1996, II R 12/92, BStBl. 1997 II S. 12). [2]Zu den Betriebstätten zählen auch bewegliche Geschäftseinrichtungen mit vorübergehend festem Standort (z. B. fahrbare Verkaufsstätten mit wechselndem Standplatz).

3. Stätten der Erkundung von Bodenschätzen (z. B. Versuchsbohrungen) sind als Betriebstätten anzusehen, wenn die Voraussetzungen des § 12 Nr. 8 AO erfüllt sind.

4.[1)] [1]Soweit die Steuergesetze (insbes. EStG und GewStG) den Begriff „Betriebsstätte" verwenden, ohne ihn selbst abweichend von § 12 AO zu definieren (wie etwa § 41 Abs. 2 EStG), bestimmt sich dieser Begriff grundsätzlich nicht nach der Definition eines einschlägigen DBA, sondern nach innerstaatlichem Recht (vgl. BFH-Urteil vom 20.7.2016, I R 50/15, BStBl. 2017 II S. 230). [2]DBA legen lediglich fest, in welchem Umfang eine nach innerstaatlichem Recht – unter Berücksichtigung des § 12 AO – bestehende Steuerpflicht entfallen soll. [3]Eine in einem DBA[2)] vorgenommene, von § 12 AO abweichende Definition des Begriffs „Betriebsstätte" ist daher nur im Rahmen dieses DBA anwendbar, sofern im innerstaatlichen Recht nichts anderes bestimmt ist.

AEAO zu § 15 – Angehörige:

1. [1]Dem Angehörigenbegriff kommt überwiegend verfahrensrechtliche Bedeutung zu. [2]Für das materielle Recht können die Einzelsteuergesetze abweichende Regelungen treffen.

2. § 15 Abs. 1 Nr. 1 AO (Verlobte) setzt ein wirksames Eheversprechen bzw. ein wirksames Versprechen, eine Lebenspartnerschaft einzugehen, voraus.

3. [1]Zu den Geschwistern i. S. d. § 15 Abs. 1 Nr. 4 AO gehören auch die Halbgeschwister. [2]Das sind die Geschwister, die einen Elternteil gemeinsam haben; darunter fallen jedoch nicht die mit in eine Ehe oder Lebenspartnerschaft gebrachten Kinder, die keinen Elternteil gemeinsam haben.

4. Das Angehörigenverhältnis i. S. d. § 15 Abs. 1 Nr. 5 AO besteht lediglich zu den Kindern der Geschwister (Neffen oder Nichten), nicht jedoch zwischen den Kindern der Geschwister untereinander (z. B. Vettern oder Cousinen).

5. [1]Die Ehegatten bzw. Lebenspartner mehrerer Geschwister sind im Verhältnis zueinander keine Angehörigen i. S. d. § 15 Abs. 1 Nr. 6 AO. [2]Dasselbe gilt für Geschwister der Ehegatten bzw. Lebenspartner.

6. [1]Für die Annahme eines Pflegeverhältnisses gem. § 15 Abs. 1 Nr. 8 AO ist nicht erforderlich, dass das Kind außerhalb der Pflege und Obhut seiner leiblichen Eltern steht. [2]Ein Pflegeverhältnis kann z. B. auch zwischen einem Mann und einem Kind begründet werden, wenn der Mann mit der leiblichen Mutter des Kindes und diesem in häuslicher Gemeinschaft lebt. [3]Die Unterhaltsgewährung ist nicht Merkmal dieses Pflegekinderbegriffes. [4]Soweit Bestimmungen in Einzelsteuergesetzen auch daran anknüpfen, müssen dort besondere Regelungen getroffen sein.

---

1) Zu einer grenzüberschreitenden Betriebsaufspaltung siehe BFH v. 17.11.2020 I R 72/16, BStBl. II 2021, 484.

2) Alle DBA abgedruckt in **Doppelbesteuerungsabkommen.**

7. [1]Durch die Annahme als Kind erhält ein Kind die volle rechtliche Stellung eines ehelichen Kindes des oder der Annehmenden. [2]Damit wird auch die Angehörigeneigenschaft zwischen dem Kind und den Angehörigen des oder der Annehmenden nach Maßgabe des § 15 Abs. 1 AO begründet. [3]Dieser Grundsatz gilt entsprechend bei ähnlichen familienrechtlichen Rechtsbeziehungen ausländischen Rechts (Adoption).

8. Für die in § 15 Abs. 2 AO genannten Personen bleibt die Angehörigeneigenschaft auch dann bestehen, wenn die Beziehung, die ursprünglich die Angehörigeneigenschaft begründete, nicht mehr besteht; lediglich bei Verlobten erlischt die Angehörigeneigenschaft mit Aufhebung des Verlöbnisses.

AEAO zu § 16 – Sachliche Zuständigkeit:

1. [1]Die sachliche Zuständigkeit betrifft den einer Behörde dem Gegenstand und der Art nach durch Gesetz zugewiesenem Aufgabenbereich. [2]Neben dem Aufgabenkreis, der durch das FVG bestimmt wird, ergeben sich für die Finanzbehörden auch Aufgabenzuweisungen aus der AO (z. B. §§ 208, 249, 386 AO) und anderen Gesetzen (z. B. StBerG, InvZulG, EigZulG).

2. [1]Im Rahmen des föderativen Aufbaus der Bundesrepublik ist die verbandsmäßige Zuständigkeit als besondere Art der sachlichen Zuständigkeit zu beachten. [2]Nach der Rechtsprechung des BFH ist jedoch bei den nicht gebietsgebundenen Steuern (z. B. Einkommensteuer) die Verwaltungskompetenz nicht auf die Finanzämter des verbandsmäßig zuständigen Bundeslandes beschränkt. [3]Das Wohnsitzfinanzamt ist für die Besteuerung nach dem Einkommen auch für Besteuerungszeiträume zuständig, in denen der Steuerpflichtige in einem anderen Bundesland wohnte (BFH-Urteile vom 29.10. 1970, IV R 247/69, BStBl. 1971 II S. 151, und vom 23.11.1972, VIII R 42/ 67, BStBl. 1973 II S. 198).

3. Wegen der Rücknahme eines Verwaltungsakts einer sachlich unzuständigen Behörde wird auf § 130 Abs. 2 Nr. 1 AO hingewiesen.

AEAO zu § 17 – Örtliche Zuständigkeit:

1. Neben den Vorschriften im Dritten Abschnitt bestehen Sonderregelungen über die örtliche Zuständigkeit z. B. in den §§ 195, 367, 388 AO sowie in Einzelsteuergesetzen.[1)]

2. [1]Wegen der Folgen der Verletzung von Vorschriften über die örtliche Zuständigkeit Hinweis auf § 125 Abs. 3 Nr. 1 und § 127 AO. [2]Zur mehrfachen örtlichen Zuständigkeit Hinweis auf §§ 25 und 28 AO.

AEAO zu § 18 – Gesonderte Feststellung:[2)]

1. [1]Die Zuständigkeitsvorschriften des § 18 Abs. 1 Nrn. 1 bis 3 AO gelten für die Feststellung von Einheitswerten und Einkünften aus Land- und Forstwirtschaft, aus Gewerbebetrieb oder aus selbständiger Arbeit. [2]Bei den Einkünften gilt dies sowohl in den Fällen der Beteiligung mehrerer Personen (§ 180

---

1) Zur örtlichen Zuständigkeit siehe § 35 ErbStG bei der Erbschaftsteuer, § 17 GrEStG bei der Grunderwerbsteuer.

2) Zur örtlichen Zuständigkeit für gesonderte Feststellungen bei der Bedarfsbewertung siehe § 152 Nr. 1–4 BewG.

Abs. 1 Satz 1 Nr. 2 Buchstabe a AO) wie auch in den Fällen, in denen der Betriebsort, Ort der Geschäftsleitung bzw. Ort der Tätigkeit und der Wohnsitz nach den Verhältnissen zum Schluss des Gewinnermittlungszeitraums auseinander fallen (§ 180 Abs. 1 Satz 1 Nr. 2 Buchstabe b AO; vgl. auch AEAO zu § 180, Nr. 2.1). [3]Wegen der gesonderten Feststellung bei Zuständigkeit mehrerer Finanzämter in einer Gemeinde vgl. AEAO zu § 19, Nr. 3.

2. [1]Die Regelung nach § 18 Abs. 1 Satz 1 Nr. 4 AO bestimmt eine abweichende Zuständigkeit für die gesonderte Feststellung der Einkünfte aus Vermietung und Verpachtung oder aus Kapitalvermögen; i. d. R. ist nicht das Lagefinanzamt, sondern das Finanzamt zuständig, von dessen Bezirk die Verwaltung ausgeht. [2]Entsprechendes regelt § 18 Abs. 1 Satz 1 Nr. 4 AO für die Feststellung von sonstigem Vermögen, von Schulden und sonstigen Abzügen (§ 180 Abs. 1 Nr. 3 AO) und für die Durchführung von Feststellungen bei Bauherrengemeinschaften usw. (V zu § 180 Abs. 2 AO).[1)]

3. Aus Vereinfachungsgründen kann das Finanzamt bei der gesonderten Feststellung der Einkünfte aus Vermietung und Verpachtung aus nur einem Grundstück davon ausgehen, dass die Verwaltung dieser Einkünfte von dem Ort ausgeht, in dem das Grundstück liegt, es sei denn, die Steuerpflichtigen legen etwas anderes dar.

4. Wird von der gesonderten Feststellung nach § 180 Abs. 3 AO abgesehen (z. B. Fälle geringer Bedeutung), verbleibt es bei der für die Einzelsteuern getroffenen Zuständigkeitsregelung.

5. [1]Die Regelung in § 18 Abs. 2 AO hat insbesondere Bedeutung für die gesonderte Feststellung von ausländischen Einkünften, an denen mehrere im Inland steuerpflichtige Personen beteiligt sind. [2]Auf § 25 AO wird hingewiesen.

6. [1]Zur Bestimmung der örtlichen Zuständigkeit für die gesonderte und einheitliche Feststellung von Einkünften ausländischer Personengesellschaften, an denen inländische Gesellschafter beteiligt sind, ist zu prüfen, ob ein Anknüpfungsmerkmal im Sinne des § 18 Abs. 1 AO gegeben ist. [2]Ist dies der Fall, ist das dort genannte Finanzamt zuständig. [3]Fehlt dagegen ein solches Anknüpfungsmerkmal, gilt nach § 25 AO i. V. m. § 18 Abs. 2 AO Folgendes:

a) [1]Ist für alle inländischen Beteiligten ein gemeinsamer Treuhänder oder eine andere die Interessen der inländischen Beteiligten vertretende Person bestellt, ist das Finanzamt zuständig, in dessen Bezirk der Treuhänder oder die andere Person ansässig ist. [2]Sowohl eine Bevollmächtigung i. S. d. § 80 AO als auch eine Empfangsbevollmächtigung i. S. d. § 183 AO reichen für sich allein für die Annahme einer die Interessen der inländischen Beteiligten vertretenden Person i. S. d. Satzes 1 nicht aus. [3]Bei späterer Änderung der Treuhand- oder Vertretungsverhältnisse tritt ein Zuständigkeitswechsel nicht ein, solange mindestens ein Beteiligter durch den bisherigen Treuhänder oder Vertreter vertreten bleibt.

b) [1]Ist eine Bestimmung der Zuständigkeit nach Buchstabe a nicht möglich, ist das Finanzamt zuständig, in dessen Bezirk die Beteiligten mit den höchsten Anteilen ansässig sind. [2]Hierbei sind nur unmittelbare Beteiligungsverhältnisse zu berücksichtigen. [3]Bei Änderung der Beteiligungsverhältnisse

---

1) V zu § 180 Abs. 2 AO v. 19.12.1986, BGBl. I 1986, 2663, zuletzt geänd. durch VO v. 18.7.2016, BGBl. I 2016, 1722 (**Steuergesetze** Nr. **800e**).

tritt ein Zuständigkeitswechsel nicht ein, solange mindestens ein Beteiligter im Bezirk des Finanzamts ansässig ist.

c) [1]Lässt sich im Einzelfall die örtliche Zuständigkeit weder nach Buchstabe a) noch nach Buchstabe b) bestimmen, kann die gemeinsame fachlich zuständige Aufsichtsbehörde festlegen, welches der Finanzämter, in deren Bezirk mindestens ein Beteiligter ansässig ist, zuständig ist. [2]Fehlt eine gemeinsame Aufsichtsbehörde, so treffen die fachlich zuständigen Aufsichtsbehörden die Entscheidung gemeinsam.

d) Wenn sich mehrere Finanzämter nach den Buchstaben a) und b) für zuständig oder für unzuständig halten oder wenn die Zuständigkeit nach den Buchstaben a) und b) aus anderen Gründen zweifelhaft ist oder eine Entscheidung nach Buchstabe c) nicht getroffen werden kann, entscheidet das BZSt (§ 181 Abs. 1 Satz 1 AO i. V. m. § 5 Abs. 1 Nr. 7 FVG).

AEAO zu § 19 – Steuern vom Einkommen und Vermögen natürlicher Personen:[1)]

1. [1]Bei verheirateten, nicht dauernd getrennt lebenden Steuerpflichtigen ist bei mehrfachem Wohnsitz im Inland das Finanzamt des Aufenthalts der Familie für die Besteuerung nach dem Einkommen und Vermögen zuständig; Gleiches gilt für Lebenspartner. [2]Insoweit sind für die Bestimmung der örtlichen Zuständigkeit die Kinder in die Betrachtung einzubeziehen.

2. [1]Nach § 19 Abs. 3 AO ist das Lage-, Betriebs- oder Tätigkeitsfinanzamt auch für die persönlichen Steuern vom Einkommen und Vermögen zuständig, wenn ein Steuerpflichtiger in einer Gemeinde (Stadt) mit mehreren Finanzämtern einen land- und forstwirtschaftlichen oder gewerblichen Betrieb unterhält bzw. eine freiberufliche Tätigkeit ausübt. [2]In diesen Fällen ist keine gesonderte Feststellung durchzuführen (§ 180 Abs. 1 Satz 1 Nr. 2 Buchstabe b AO); für Gewinnermittlungszeiträume vor Verlegung des Betriebs in den Bezirk des für die Einkommensteuer zuständigen Finanzamts oder des Wohnsitzes in den Bezirk des Betriebsfinanzamts siehe aber AEAO zu § 180, Nr. 2.1.

3. [1]Wenn der Steuerpflichtige außerhalb des Bezirks seines Wohnsitzfinanzamts, aber in den Bezirken mehrerer Finanzämter derselben Wohnsitzgemeinde, Einkünfte aus Land- und Forstwirtschaft, Gewerbebetrieb oder freiberuflicher Tätigkeit erzielt, können nach § 19 Abs. 3 AO mehrere Finanzämter zuständig sein. [2]In diesen Fällen ist nach § 25 AO zu verfahren. [3]Gesonderte Feststellungen sind dann nur von den Finanzämtern vorzunehmen, die den Steuerpflichtigen nicht zur Einkommensteuer veranlagen (§ 180 Abs. 1 Satz 1 Nr. 2 Buchstabe b AO).

4. Zuständigkeitsregelungen enthalten auch § 20a AO i. V. m. der ArbZustBauV[2)] sowie die Einzelsteuergesetze und das FVG.

5. [1]Das Vermögen i. S. d. § 19 Abs. 2 Satz 1 AO bestimmt sich nach § 121 BewG, aber abweichend von § 121 Nr. 4 BewG unabhängig von der Höhe

---

[1)] Zur Zuständigkeit für beschränkt Steuerpflichtige nach § 1 Abs. 4 EStG mit ausschließlichen Einkünften i. S. d. § 49 Abs. 1 Nr. 7 u. 10 EStG siehe EStZustV v. 2.1.2009, BGBl. I 2009, 3, geänd. durch VO v. 11.12.2012, BGBl. I 2012, 2637.

[2)] Arbeitnehmer-Zuständigkeitsverordnung-Bau v. 30.8.2001, BGBl. I 2001, 2267, geänd. durch G v. 8.5.2008, BGBl. I 2008, 810.

der prozentualen Beteiligung an der inländischen Kapitalgesellschaft. [2]Im Fall der Beteiligung an einer Grundbesitz verwaltenden Personengesellschaft ist für die Bestimmung der örtlichen Zuständigkeit die Belegenheit des Grundstücks maßgebend. [3]Handelt es sich bei der Grundbesitz verwaltenden Personengesellschaft um eine gewerblich geprägte Personengesellschaft i. S. d. § 15 Abs. 3 Nr. 2 EStG, so richtet sich die örtliche Zuständigkeit für den beschränkt steuerpflichtigen Beteiligten in analoger Anwendung des § 18 Abs. 1 Satz 1 Nr. 2 AO nach dem Ort der Geschäftsleitung dieser Personengesellschaft.

AEAO zu § 20 – Steuern vom Einkommen und Vermögen der Körperschaften, Personenvereinigungen, Vermögensmassen:

In den Fällen des § 20 Abs. 3 AO gilt Nr. 5 des AEAO zu § 19 entsprechend.

AEAO zu § 20a – Steuern vom Einkommen bei Bauleistungen:

1. [1]Liegen die Voraussetzungen des § 20a Abs. 1 Satz 1 AO vor, beschränkt sich die Zuständigkeit nicht auf den Steuerabzug nach §§ 48 ff. EStG und auf Umsätze aus Bauleistungen; sie erfasst die gesamte Besteuerung des Einkommens des Unternehmers (Einkommensteuer, Körperschaftsteuer). [2]Das nach § 20a Abs. 1 Satz 1 AO zuständige Finanzamt ist auch für die Umsatzsteuer (§ 21 Abs. 1 Satz 2 AO) und die Realsteuern (§ 22 Abs. 1 Satz 2 AO) zuständig. [3]Siehe auch Rz. 100 des BMF-Schreibens vom 27.12.2002, BStBl. I S. 1399.

2. Zur Vermeidung eines erschwerten Verwaltungsvollzugs ist im Regelfall eine von der zentralen Zuständigkeit nach § 20a Abs. 1 und 2, § 21 Abs. 1 Satz 2 und § 22 Abs. 1 Satz 2 AO abweichende Zuständigkeitsvereinbarung nach § 27 AO mit dem ortsnahen Finanzamt herbeizuführen, wenn
- das Unternehmen nur gelegentlich Bauleistungen i. S. v. § 48 Abs. 1 Satz 3 EStG erbringt,
- das Unternehmen Bauleistungen i. S. v. § 48 Abs. 1 Satz 3 EStG erbringt, die im Verhältnis zum Gesamtumsatz nur von untergeordneter Bedeutung sind, oder
- eine zentrale Zuständigkeit weder für den Steuerpflichtigen noch für die Finanzbehörden zweckmäßig ist.

AEAO zu § 21 – Umsatzsteuer:

[1]Die zentrale Zuständigkeit nach § 21 Abs. 1 Satz 2 AO gilt bereits dann, wenn auch nur ein Anknüpfungspunkt der gesetzlichen Kriterien Wohnsitz, Sitz oder Geschäftsleitung im Ausland gegeben ist. [2]§ 21 Abs. 1 Satz 2 AO hat daher Vorrang vor § 21 Abs. 1 Satz 1 AO.

[1]Die zentrale Zuständigkeit nach § 21 Abs. 1 Satz 2 AO i. V. m. der UStZustV[1)] ist insbesondere in den Fällen von Bedeutung, in denen ein Unternehmen vom Ausland aus betrieben wird und der Unternehmer im Inland nicht einkommen- oder körperschaftsteuerpflichtig ist. [2]Sie ist aber auch zu beachten, wenn der Unternehmer im Inland auch zur Einkommen- oder Körperschaftsteuer zu veranlagen ist.

[1)] UmsatzsteuerzuständigkeitsV v. 20.12.2001, BGBl. I 2001, 3794, 3814, ber. I 2008, 1715, zuletzt geänd. durch Art. 24 JStG 2020, BGBl. I 2020, 3096 (**Steuergesetze** Nr. **519**).

[1]Ein Auseinanderfallen der örtlichen Zuständigkeiten für die Ertrags- und Umsatzbesteuerung kann allerdings zu einem erschwerten Verwaltungsvollzug führen, z. B. bei Kapitalgesellschaften mit statutarischem Sitz im Ausland und Geschäftsleitung im Inland. [2]Betroffen sind beispielsweise Fälle, in denen ein bisher im Inland ansässiges Unternehmen in eine britische „private company limited by shares“ (Limited) umgewandelt wird oder eine Limited neu gegründet wird, die lediglich ihren statutarischen Sitz in Großbritannien hat, aber allein oder überwiegend im Inland unternehmerisch tätig und unbeschränkt körperschaftsteuerpflichtig ist. [3]In diesen Fällen ist im Regelfall eine Zuständigkeitsvereinbarung nach § 27 AO herbeizuführen, nach der das für die Ertragsbesteuerung zuständige ortsnahe Finanzamt auch für die Umsatzsteuer zuständig wird (vgl. auch AEAO zu § 27, Nr. 3).

AEAO zu § 24 – Ersatzzuständigkeit:

1. [1]Für den Fall, dass sich die Zuständigkeit nicht aus den anderen Vorschriften ableiten lässt, ist die Finanzbehörde zuständig, in deren Bezirk objektiv ein Anlass für eine Amtshandlung besteht. [2]Abgesehen von der Zuständigkeit für Maßnahmen zur Aufdeckung unbekannter Steuerfälle (§ 208 Abs. 1 Nr. 3 AO) ist hiernach auch die Zuständigkeit für den Erlass von Haftungsbescheiden (§§ 191, 192 AO) zu bestimmen. [3]Wegen des Sachzusammenhangs ist mithin i. d. R. das Finanzamt des Steuerpflichtigen gleichzeitig für die Heranziehung des Haftenden örtlich zuständig.

2. Kann die örtliche Zuständigkeit nicht sofort einwandfrei geklärt werden, ist bei unaufschiebbaren Maßnahmen die Zuständigkeit auf § 29 AO zu stützen.

AEAO zu § 25 – Mehrfache örtliche Zuständigkeit:

[1]Einigen sich bei mehrfacher örtlicher Zuständigkeit die Finanzbehörden auf eine der örtlich zuständigen Finanzbehörden, so handelt es sich hierbei nicht um eine Zuständigkeitsvereinbarung i. S. d. § 27 AO. [2]Der Zustimmung des Betroffenen bedarf es nicht.

AEAO zu § 26 – Zuständigkeitswechsel:

1. [1]Der Steuerpflichtige kann sich auf den Zuständigkeitswechsel nicht berufen, solange keine der beiden beteiligten Finanzbehörden von den die Zuständigkeit verändernden Tatsachen Kenntnis erlangt hat. [2]Wegen der Bedeutung der Zuständigkeit für die Steuerberechtigung ist die Kenntnis über die Umstände, die die Zuständigkeit ändern, mit Angabe des Datums aktenkundig zu machen und unverzüglich der anderen Finanzbehörde mitzuteilen.

2. [1]Die Fortführung eines bereits begonnenen Verwaltungsverfahrens durch das bisher zuständige Finanzamt ist zulässig, wenn das Finanzamt, dessen Zuständigkeit durch die veränderten Umstände begründet wird, zustimmt. [2]Der Steuerpflichtige soll gehört werden; er ist von der Fortführung des Verwaltungsverfahrens zu benachrichtigen.

3. [1]Bei Verlegung des Wohnsitzes in den Bezirk eines anderen Finanzamtes unter gleichzeitiger Betriebsaufgabe sind von dem bisher für Personensteuern und Betriebssteuern zuständigen Finanzamt nur die Personensteuerakten abzugeben. [2]Das bisher zuständige Finanzamt ermittelt im Wege der Amtshilfe den Gewinn aus der Zeit bis zur Betriebsaufgabe und teilt ihn dem neuen Wohnsitzfinanzamt mit.

[1]Für die Betriebsteuern bleibt grundsätzlich das Betriebsfinanzamt zuständig, auch hinsichtlich der Erhebung und etwaigen Vollstreckung. [2]Rückstände sind erforderlichenfalls im Wege der Amtshilfe beizutreiben. [3]Ausnahmsweise kommt eine Zuständigkeitsvereinbarung nach § 27 AO in Betracht, wenn sich dies als zweckmäßig erweist.

4. Zu den Auswirkungen eines Zuständigkeitswechsels auf das Rechtsbehelfsverfahren vgl. AEAO zu § 367, Nr. 1 und BMF-Schreiben vom 10.10.1995, BStBl. I S. 664.

AEAO zu § 27 – Zuständigkeitsvereinbarung:

1.[1)] [1]Durch Vereinbarung zwischen den Finanzbehörden kann auch außer in den Fällen des § 26 Satz 2 AO die Zuständigkeit einer an sich nicht zuständigen Finanzbehörde begründet werden; Voraussetzung für diese Zuständigkeitsbegründung ist die Zustimmung des Betroffenen. [2]Das Zustimmungserfordernis ist eingefügt, um der Verfassungsbestimmung des Art. 101 Abs. 1 Satz 2 GG zu genügen, weil an die Zuständigkeit der Finanzbehörde die Zuständigkeit des Finanzgerichts anknüpft.

2. [1]Eine bestimmte Form ist für die Zustimmung des Betroffenen nicht vorgeschrieben. [2]Die Zustimmung ist bedingungsfeindlich und kann nur mit Wirkung für die Zukunft widerrufen werden.

3. Eine Zuständigkeitsvereinbarung ist insbesondere in den Fällen herbeizuführen, in denen eine zentrale Zuständigkeit nach § 21 Abs. 1 Satz 2 AO i. V. m. der UStZustV weder für den Steuerpflichtigen noch für die Finanzbehörden zweckmäßig ist.

Eine Zuständigkeitsvereinbarung, nach der das für die Ertragsbesteuerung zuständige Finanzamt auch für die Umsatzsteuer zuständig wird, ist hiernach regelmäßig herbeizuführen z. B.

a) bei Steuerpflichtigen, die ihr Unternehmen als Einzelunternehmer ausschließlich oder überwiegend im Inland betreiben und sowohl im Inland als auch im Ausland einen Wohnsitz haben;

b) bei Kapitalgesellschaften mit statutarischem Sitz im Ausland und Geschäftsleitung im Inland, die allein oder überwiegend im Inland unternehmerisch tätig sind (vgl. AEAO zu § 21).

4. Zur Zuständigkeitsvereinbarung bei Unternehmen, die Bauleistungen i. S. v. § 48 Abs. 1 Satz 3 EStG erbringen, vgl. AEAO zu § 20a, Nr. 2.

AEAO zu § 30 – Steuergeheimnis:[2)]

Inhaltsübersicht

---

1) Die Aufhebung einer Zuständigkeitsvereinbarung durch die Finanzbehörden bedarf keiner Zustimmung des Stpfl., BFH v. 12.7.2021 VI R 13/19, NWB 2021, 2649.

2) Zum Datenschutz im Steuerverwaltungsverfahren seit dem 25.5.2018 durch die Datenschutz-Grundverordnung (DSGVO) siehe BMF v. 13.1.2020, BStBl. I 2020, 143, geänd. durch BMF v. 17.6.2021, BStBl. I 2021, 809.

Gemeinnützigkeit eines Vertriebenenverbandes. [2]Die Verfolgung dieser Ziele ist keine Förderung der Allgemeinheit, weil solche Bestrebungen im Widerspruch zu den völkerrechtlich verbindlichen Verträgen der Bundesrepublik Deutschland mit ihren östlichen Nachbarstaaten und zum Grundgesetz stehen (vgl. BFH-Beschluss vom 16.10.1991, I B 16/91, BFH/NV 1992 S. 505).

2.6 [1]Zur Förderung der Ortsverschönerung gehören u. a. auch grundlegende Maßnahmen der Landschafts-, Heimat- und Denkmalpflege sowie des Naturschutzes zur Verbesserung der örtlichen Lebensqualität (z. B. Unterhaltung von öffentlichen Parkanlagen und Lehrpfaden zur Regionalgeschichte). [2]Aspekte der Wirtschafts- und Tourismusförderung fallen nicht darunter.

2.7 [1]Der Begriff Freifunk bezieht sich auf die nichtkommerzielle Förderung der Einrichtung und Unterhaltung von Kommunikationsnetzwerken, die der Allgemeinheit offenstehen. [2]Die Weitergabe oder Verwendung der Nutzerdaten für gewerbliche Zwecke fällt nicht unter den Begriff des steuerlich begünstigten Freifunks.

2.8. [1]Unter dem Begriff „bürgerschaftliches Engagement" versteht man eine freiwillige, nicht auf das Erzielen eines persönlichen materiellen Gewinns gerichtete, auf die Förderung der Allgemeinheit hin orientierte, kooperative Tätigkeit. [2]Die Anerkennung der Förderung des bürgerschaftlichen Engagements zugunsten gemeinnütziger, mildtätiger und kirchlicher Zwecke dient der Hervorhebung der Bedeutung, die ehrenamtlicher Einsatz für unsere Gesellschaft hat. [3]Eine Erweiterung der gemeinnützigen Zwecke ist damit nicht verbunden.

2.9. Soweit eine Körperschaft die Friedhofsverwaltung, einschließlich der Pflege und Unterhaltung des Friedhofsgeländes und seiner Baulichkeiten, selbstlos, ausschließlich und unmittelbar wahrnimmt, kann dies als Förderung der Allgemeinheit im Sinne des § 52 AO eingeordnet werden.

[1]Dazu können auch die Aufgaben des Bestattungswesens zählen, wie etwa der Bestattungsvorgang, die Grabfundamentierung, das Vorhalten aller erforderlichen Einrichtungen und Vorrichtungen sowie die notwendigerweise anfallenden Dienstleistungen wie Wächterdienste, Sargaufbewahrung, Sargtransportdienste im Friedhofsbereich, Totengeleit, Kranzannahme, Graben der Gruft und ähnliche Leistungen. [2]Weiterhin sind auch die Tätigkeiten umfasst, die kraft Herkommens oder allgemeiner Übung allein von der Friedhofsverwaltung erbracht oder allgemein als ein unverzichtbarer Bestandteil einer würdigen Bestattung angesehen werden, wie z. B. Läuten der Glocken, übliche Ausschmückung des ausgehobenen Grabes oder musikalische Umrahmung der Trauerfeier.

[1]Der Zweck umfasst auch die Unterhaltung von Gedenkstätten für sogenannte „Sternenkinder", die nach dem jeweiligen Landesbestattungsgesetz nicht bestattet werden können, als einen Ort der Trauer für die betroffene Familie. [2]Die seelsorgerische Betreuung der Angehörigen ist wie bisher als Förderung mildtätiger Zwecke gemäß § 53 AO anzusehen.

2.10. [1]Durch § 52 Abs. 2 Satz 2 AO wird die Möglichkeit eröffnet, Zwecke auch dann als gemeinnützig anzuerkennen, wenn diese nicht unter den Katalog des § 52 Abs. 2 Satz 1 AO fallen. [2]Die Anerkennung der Gemeinnützigkeit solcher gesellschaftlicher Zwecke wird bundeseinheitlich abgestimmt. [3]Satz 2 gilt auch für den Fall, dass die zuständige Finanzbehörde den Antrag ablehnen möchte, es sei denn, es ergibt sich aus anderen, nicht aus der Regelung des § 52 Abs. 2 Satz 2 AO resultierenden Gründen, dass der Antragsteller die Voraussetzungen der Gemeinnützigkeit nicht erfüllt.

2.11. Folgende Zwecke wurden als vergleichbare Zwecke i. S. d. § 52 Abs. 2 Satz 2 AO anerkannt:

– Turnierbridge nach dem Regelwerk der World Bridge Federation (BFH-Urteil vom 9.2.2017, V R 70/14, BStBl. II S. 1106).

3. Internetvereine können wegen Förderung der Volksbildung als gemeinnützig anerkannt werden, sofern ihr Zweck nicht der Förderung der (privat betriebenen) Datenkommunikation durch Zurverfügungstellung von Zugängen zu Kommunikationsnetzwerken sowie durch den Aufbau, die Förderung und den Unterhalt entsprechender Netze zur privaten und geschäftlichen Nutzung durch die Mitglieder oder andere Personen dient.

[1] Freiwilligenagenturen sind Körperschaften, die Menschen für freiwilliges, unentgeltliches Engagement bei steuerbegünstigten Körperschaften oder Körperschaften des öffentlichen Rechts qualifizieren und ihnen die entsprechenden Tätigkeiten vermitteln. [2] Sie treten auch unter anderen Bezeichnungen auf, z. B. Freiwilligenzentren oder Ehrenamtsbörsen. [3] Freiwilligenagenturen können regelmäßig wegen der Förderung der Bildung (§ 52 Abs. 2 Satz 1 Nr. 1 AO) als gemeinnützig behandelt werden, weil das Schwergewicht ihrer Tätigkeit in der Aus- und Weiterbildung der Freiwilligen liegt. [4] Die Vermittlung der Freiwilligen in das gewünschte Betätigungsfeld ist lediglich Endpunkt und Abschluss eines Qualifizierungsprozesses, nicht jedoch der vorrangige und überwiegende Tätigkeitsbereich. [5] Erhält eine Freiwilligenagentur im Zusammenhang mit der Vermittlung von Freiwilligen ein Entgelt für ihre Leistungen, liegt ein wirtschaftlicher Geschäftsbetrieb i. S. d. § 14 AO vor, der sowohl die Ausbildungsleistung als auch die Vermittlung umfasst. [6] Der wirtschaftliche Geschäftsbetrieb ist als Zweckbetrieb (§ 65 AO) zu behandeln, weil das Entgelt für die Gesamtleistung – mit Schwergewicht bei der Ausbildung – gezahlt wird.

4. [1] Erfinderclubs verfolgen in der Regel die Förderung von Bildung nach § 52 Abs. 2 Satz 1 Nr. 7 AO. [2] Eine Anerkennung der Gemeinnützigkeit wegen der Förderung der Forschung nach § 52 Abs. 2 Satz 1 Nr. 1 AO ist nur dann möglich, wenn der Verein selbst forscht (Gebot der Unmittelbarkeit, § 57 AO).

[1] Nicht gemeinnützig ist die Förderung einer eigenen gewerblichen Tätigkeit oder die Förderung der gewerblichen Tätigkeit der Mitglieder. [2] Es ist entscheidend, dass es sich bei dem Verein nicht lediglich um einen Zusammenschluss von Personen handelt, die durch Erfindungen, Patente und ihre Verwertung persönliche Einkünfte erzielen wollen. [3] Die für die Gemeinnützigkeit geforderte Selbstlosigkeit eines Erfindervereins schließt zwar ein gewisses Eigeninteresse der Mitglieder an der Vereinstätigkeit nicht aus, allerdings verstößt die Verfolgung von vorwiegend eigenwirtschaftlichen Interessen gegen das Gebot der Selbstlosigkeit nach § 55 Abs. 1 AO. [4] An der gebotenen Selbstlosigkeit fehlt es, wenn der Verein nach seiner Satzung die Patentierung und Verwertung von Erfindungen seiner Mitglieder fördert, sie also bei einer im Grundsatz gewerblichen Tätigkeit unterstützt. [5] Dies gilt auch, wenn der Verein die Patente für seine Mitglieder anmeldet und hält. [6] Unschädlich ist die allgemeine Information der Mitglieder, z. B. durch Lehrveranstaltungen oder Merkblätter zum Patentrecht.

[1]Bei einem Verein, der selbst forscht, ist es unschädlich für die Steuerbegünstigung, wenn er Forschungsergebnisse zum Patent anmeldet. [2]Er muss die Forschungsergebnisse aber veröffentlichen und damit der Allgemeinheit zugänglich machen. [3]Erlegt die Satzung den Mitgliedern eine Geheimhaltungsverpflichtung auf, ist dies ein Indiz dafür, dass nicht die Allgemeinheit, sondern (nur oder in erster Linie) die Mitglieder gefördert werden sollen.

Eine gemeinnützigkeitskonforme Zweckverwirklichung kann beispielhaft durch folgende Maßnahmen erfolgen:
- Förderung des Wissens über den Zusammenhang zwischen Erfindungen, Schutzrechten und Innovationen,
- Förderung des Erfahrungsaustausches im Zusammenhang mit Erfindungen, Innovationen und Patenten sowie
- Öffentlichkeitsarbeit; Durchführung von Veranstaltungen, Fortbildungsmaßnahmen, Vorhaben, Projekten, die den satzungsmäßigen Zwecken (und nicht nur Einzelnen) dienen.

5. [1]Bei Körperschaften, die Privatschulen betreiben oder unterstützen, ist zwischen Ersatzschulen und Ergänzungsschulen zu unterscheiden. [2]Die Förderung der Allgemeinheit ist bei Ersatzschulen stets anzunehmen, weil die zuständigen Landesbehörden die Errichtung und den Betrieb einer Ersatzschule nur dann genehmigen dürfen, wenn eine Sonderung der Schüler nach den Besitzverhältnissen der Eltern nicht gefördert wird (Art. 7 Abs. 4 Satz 3 GG und die Privatschulgesetze der Länder). [3]Bei Ergänzungsschulen kann eine Förderung der Allgemeinheit dann angenommen werden, wenn in der Satzung der Körperschaft festgelegt ist, dass bei mindestens 25 % der Schüler keine Sonderung nach den Besitzverhältnissen der Eltern i. S. d. Art. 7 Abs. 4 Satz 3 GG und der Privatschulgesetze der Länder vorgenommen werden darf.

6. [1]Nachbarschaftshilfevereine, Tauschringe und ähnliche Körperschaften, deren Mitglieder kleinere Dienstleistungen verschiedenster Art gegenüber anderen Vereinsmitgliedern erbringen (z. B. kleinere Reparaturen, Hausputz, Kochen, Kinderbetreuung, Nachhilfeunterricht, häusliche Pflege) sind grundsätzlich nicht gemeinnützig, weil regelmäßig durch die gegenseitige Unterstützung in erster Linie eigenwirtschaftliche Interessen ihrer Mitglieder gefördert werden und damit gegen den Grundsatz der Selbstlosigkeit (§ 55 Abs. 1 AO) verstoßen wird. [2]Solche Körperschaften können jedoch gemeinnützig sein, wenn sich ihre Tätigkeit darauf beschränkt, alte und hilfebedürftige Menschen in Verrichtungen des täglichen Lebens zu unterstützen und damit die Altenhilfe gefördert bzw. mildtätige Zwecke (§ 53 AO) verfolgt werden. [3]Soweit sich der Zweck der Körperschaften zusätzlich auf die Erteilung von Nachhilfeunterricht und Kinderbetreuung erstreckt, können sie auch wegen Förderung der Jugendhilfe anerkannt werden. [4]Voraussetzung für die Anerkennung der Gemeinnützigkeit solcher Körperschaften ist, dass die aktiven Mitglieder ihre Dienstleistungen als Hilfspersonen der Körperschaft (§ 57 Abs. 1 Satz 2 AO) ausüben.

Vereine, deren Zweck die Förderung esoterischer Heilslehren ist, z. B. Reiki-Vereine, können nicht wegen Förderung des öffentlichen Gesundheitswesens oder der öffentlichen Gesundheitspflege als gemeinnützig anerkannt werden.

7. [1]Ein wesentliches Element des Sports (§ 52 Abs. 2 Satz 1 Nr. 21 AO) ist die körperliche Ertüchtigung. [2]Motorsport fällt unter den Begriff des Sports

(BFH-Urteil vom 29.10.1997, I R 13/97, BStBl. 1998 II S. 9), ebenso Ballonfahren. [3]Dagegen sind Skat (BFH-Urteil vom 17.2.2000, I R 108, 109/98, BFH/NV S. 1071), Bridge, Gospiel, Gotcha, Paintball, IPSC-Schießen[1)] und Tipp-Kick kein Sport i. S. d. Gemeinnützigkeitsrechts. [4]Dies gilt auch für Amateurfunk, Modellflug und Hundesport, die jedoch eigenständige gemeinnützige Zwecke sind (§ 52 Abs. 2 Satz 1 Nr. 23 AO). [5]Schützenvereine können auch dann als gemeinnützig anerkannt werden, wenn sie nach ihrer Satzung neben dem Schießsport (als Hauptzweck) auch das Schützenbrauchtum (vgl. Nr. 12 des AEAO zu § 52) fördern. [6]Die Durchführung von volksfestartigen Schützenfesten ist kein gemeinnütziger Zweck.

8.[2)] [1]Die Förderung des bezahlten Sports ist kein gemeinnütziger Zweck, weil dadurch eigenwirtschaftliche Zwecke der bezahlten Sportler gefördert werden. [2]Sie ist aber unter bestimmten Voraussetzungen unschädlich für die Gemeinnützigkeit eines Sportvereins (s. § 58 Nr. 8 AO und § 67a AO).

9. [1]Eine steuerbegünstigte allgemeine Förderung des demokratischen Staatswesens ist nur dann gegeben, wenn sich die Körperschaft umfassend mit den demokratischen Grundprinzipien befasst und diese objektiv und neutral würdigt. [2]Ist hingegen Zweck der Körperschaft die politische Bildung, der es auf der Grundlage der Normen und Vorstellungen einer rechtsstaatlichen Demokratie um die Schaffung und Förderung politischer Wahrnehmungsfähigkeit und politischen Verantwortungsbewusstseins geht, liegt Volksbildung vor. [3]Diese muss nicht nur in theoretischer Unterweisung bestehen, sie kann auch durch den Aufruf zu konkreter Handlung ergänzt werden. [4]Keine politische Bildung ist demgegenüber die einseitige Agitation, die unkritische Indoktrination oder die parteipolitisch motivierte Einflussnahme (BFH-Urteil vom 23.9.1999, XI R 63/98, BStBl. 2000 II S. 200).

10. [1]Die Förderung von Freizeitaktivitäten außerhalb des Bereichs des Sports ist nur dann als Förderung der Allgemeinheit anzuerkennen, wenn die Freizeitaktivitäten hinsichtlich der Merkmale, die ihre steuerrechtliche Förderung rechtfertigen, mit den im Katalog des § 52 Abs. 2 Satz 1 Nr. 23 AO genannten Freizeitgestaltungen identisch sind. [2]Es reicht nicht aus, dass die Freizeitgestaltung sinnvoll und einer der in § 52 Abs. 2 Satz 1 Nr. 23 AO genannten ähnlich ist (BFH-Urteil vom 14.9.1994, I R 153/93, BStBl. 1995 II S. 499). [3]Die Förderung des Baus und Betriebs von Schiffs-, Auto-, Eisenbahn- und Drachenflugmodellen ist identisch im vorstehenden Sinne mit der Förderung des Modellflugs, die Förderung des CB-Funkens mit der Förderung des Amateurfunkens. [4]Diese Zwecke sind deshalb als gemeinnützig anzuerkennen. [5]Nicht identisch im vorstehenden Sinne mit den in § 52 Abs. 2 Satz 1 Nr. 23 AO genannten Freizeitaktivitäten und deshalb nicht als eigenständige gemeinnützige Zwecke anzuerkennen sind z. B. die Förderung des Amateurfilmens und -fotografierens, des Kochens, von Brett- und Kartenspielen und des Sammelns von Gegenständen, wie Briefmarken, Münzen und Autogrammkarten, sowie die Tä-

---

[1)] Siehe aber BFH v. 27.9.2018 V R 48/16, BStBl. II 2019, 790 (Verein zur Förderung des IPSC-Schießens gemeinnützig). – Siehe hierzu aber einschränkend (Prüfung jedes Einzelfalls) BMF v. 12.12.2019, BStBl. I 2019, 1370.

[2)] Siehe auch BFH v. 24.6.2015 I R 13/13, BStBl. II 2016, 971.

tigkeit von Reise- und Touristik-, Sauna-, Geselligkeits-, Kosmetik-, und Oldtimer-Vereinen. [6]Bei Vereinen, die das Amateurfilmen und -fotografieren fördern, und bei Oldtimer-Vereinen kann aber eine Steuerbegünstigung wegen der Förderung von Kunst oder (technischer) Kultur in Betracht kommen.

11. [1]Obst- und Gartenbauvereine fördern i. d. R. die Pflanzenzucht i. S. d. § 52 Abs. 2 Satz 1 Nr. 23 AO. [2]Die Förderung der Bonsaikunst ist Pflanzenzucht, die Förderung der Aquarien- und Terrarienkunde ist Tierzucht i. S. d. Vorschrift.

12. [1]Historische Schützenbruderschaften können wegen der Förderung der Brauchtumspflege (vgl. Nr. 7 des AEAO zu § 52), Freizeitwinzervereine wegen der Förderung der Heimatpflege, die Teil der Brauchtumspflege ist, als gemeinnützig behandelt werden. [2]Dies gilt auch für Junggesellen- und Burschenvereine, die das traditionelle Brauchtum einer bestimmten Region fördern, z. B. durch das Setzen von Maibäumen (Maiclubs). [3]Die besondere Nennung des traditionellen Brauchtums als gemeinnütziger Zweck in § 52 Abs. 2 Satz 1 Nr. 23 AO bedeutet jedoch keine allgemeine Ausweitung des Brauchtumsbegriffs i. S. d. Gemeinnützigkeitsrechts. [4]Studentische Verbindungen, z. B. Burschenschaften, ähnliche Vereinigungen, z. B. Landjugendvereine, Country- und Westernvereine und Vereine, deren Hauptzweck die Veranstaltung von örtlichen Volksfesten (z. B. Kirmes, Kärwa, Schützenfest) ist, sind deshalb i. d. R. nicht gemeinnützig.

13. [1]Bei Tier- und Pflanzenzuchtvereinen,[1)] Freizeitwinzervereinen sowie Junggesellen- oder Burschenvereinen ist besonders auf die Selbstlosigkeit (§ 55 AO) und die Ausschließlichkeit (§ 56 AO) zu achten. [2]Eine Körperschaft ist z. B. nicht selbstlos tätig, wenn sie in erster Linie eigenwirtschaftliche Zwecke ihrer Mitglieder fördert. [3]Sie verstößt z. B. gegen das Gebot der Ausschließlichkeit, wenn die Durchführung von Festveranstaltungen (z. B. Winzerfest, Maiball) Satzungszweck ist. [4]Bei der Prüfung der tatsächlichen Geschäftsführung von Freizeitwinzer-, Junggesellen- und Burschenvereinen ist außerdem besonders darauf zu achten, dass die Förderung der Geselligkeit nicht im Vordergrund der Vereinstätigkeit steht.

14. [1]Soldaten- und Reservistenvereine verfolgen i. d. R. gemeinnützige Zwecke i. S. d. § 52 Abs. 2 Satz 1 Nr. 23 AO, wenn sie aktive und ehemalige Wehrdienstleistende, Zeit- und Berufssoldaten betreuen, z. B. über mit dem Soldatsein zusammenhängende Fragen beraten, Möglichkeiten zu sinnvoller Freizeitgestaltung bieten oder beim Übergang in das Zivilleben helfen. [2]Die Pflege der Tradition durch Soldaten- und Reservistenvereine ist weder steuerbegünstigte Brauchtumspflege noch Betreuung von Soldaten und Reservisten i. S. d. § 52 Abs. 2 Satz 1 Nr. 23 AO. [3]Die Förderung der Kameradschaft kann neben einem steuerbegünstigten Zweck als Vereinszweck genannt werden, wenn sich aus der Satzung ergibt, dass damit lediglich eine Verbundenheit der Vereinsmitglieder angestrebt wird, die aus der gemeinnützigen Vereinstätigkeit folgt (BFH-Urteil vom 11.3.1999, V R 57, 58/96, BStBl. II S. 331).

[1)] Zur Veranstaltung von Pferderennen und Totalisatorbetrieb als einheitlicher wirtschaftlicher Geschäftsbetrieb vgl. BFH v. 22.4.2009 I R 15/07, BStBl. II 2011, 475, und BMF v. 4.5.2011, BStBl. I 2011, 539, mit Anwendungsregelung für am 27.5.2009 bestehende und als steuerbegünstigt anerkannte Körperschaften.

15. [1] Einrichtungen, die mit ihrer Tätigkeit auf die Erholung arbeitender Menschen ausgerichtet sind (z. B. der Betrieb von Freizeiteinrichtungen wie Campingplätze oder Bootsverleihe), können nicht als gemeinnützig anerkannt werden, es sei denn, dass das Gewähren von Erholung einem besonders schutzwürdigen Personenkreis (z. B. Kranken oder der Jugend) zugute kommt oder in einer bestimmten Art und Weise (z. B. auf sportlicher Grundlage) vorgenommen wird (BFH-Urteile vom 22.11.1972, I R 21/71, BStBl. 1973 II S. 251, und vom 30.9.1981, III R 2/80, BStBl. 1982 II S. 148). [2] Wegen Erholungsheimen wird auf § 68 Nr. 1 Buchstabe a AO hingewiesen.

16. Politische Zwecke (Beeinflussung der politischen Meinungsbildung, Förderung politischer Parteien u. dgl.) zählen grundsätzlich nicht zu den gemeinnützigen Zwecken i. S. d. § 52 AO.

[1] Eine gewisse Beeinflussung der politischen Meinungsbildung schließt jedoch die Gemeinnützigkeit nicht aus (BFH-Urteil vom 29.8.1984, I R 203/81, BStBl. II S. 844). [2] Eine politische Tätigkeit ist danach unschädlich für die Gemeinnützigkeit, wenn eine gemeinnützige Tätigkeit nach den Verhältnissen im Einzelfall zwangsläufig mit einer politischen Zielsetzung verbunden ist und die unmittelbare Einwirkung auf die politischen Parteien und die staatliche Willensbildung gegenüber der Förderung des gemeinnützigen Zwecks weit in den Hintergrund tritt. [3] Eine Körperschaft fördert deshalb auch dann ausschließlich ihren steuerbegünstigten Zweck, wenn sie gelegentlich zu tagespolitischen Themen im Rahmen ihres Satzungszwecks Stellung nimmt. [4] Entscheidend ist, dass die Tagespolitik nicht Mittelpunkt der Tätigkeit der Körperschaft ist oder wird, sondern der Vermittlung der steuerbegünstigten Ziele der Körperschaft dient (BFH-Urteil vom 23.11.1988, I R 11/88, BStBl. 1989 II S. 391).

Dagegen ist die Gemeinnützigkeit zu versagen, wenn ein politischer Zweck als alleiniger oder überwiegender Zweck in der Satzung einer Körperschaft festgelegt ist oder die Körperschaft tatsächlich ausschließlich oder überwiegend einen politischen Zweck verfolgt.

AEAO zu § 53 – Mildtätige Zwecke:

1. [1] Der Begriff „mildtätige Zwecke“ umfasst auch die Unterstützung von Personen, die wegen ihres seelischen Zustands hilfebedürftig sind. [2] Das hat beispielsweise für die Telefonseelsorge Bedeutung.

2. [1] Völlige Unentgeltlichkeit der mildtätigen Zuwendung wird nicht verlangt. [2] Die mildtätige Zuwendung darf nur nicht des Entgelts wegen erfolgen.

3. [1] Eine Körperschaft, zu deren Satzungszwecken die Unterstützung von hilfebedürftigen Verwandten der Mitglieder, Gesellschafter, Genossen oder Stifter gehört, kann nicht als steuerbegünstigt anerkannt werden. [2] Bei einer derartigen Körperschaft steht nicht die Förderung mildtätiger Zwecke, sondern die Förderung der Verwandtschaft im Vordergrund. [3] Ihre Tätigkeit ist deshalb nicht, wie es § 53 AO verlangt, auf die selbstlose Unterstützung hilfebedürftiger Personen gerichtet. [4] Dem steht bei Stiftungen § 58 Nr. 6 AO nicht entgegen. [5] Diese Vorschrift ist lediglich eine Ausnahme von dem Gebot der Selbstlosigkeit (§ 55 AO), begründet aber keinen eigenständigen gemeinnützigen Zweck. [6] Bei der tatsächlichen Geschäftsführung ist die Unterstützung von hilfebedürftigen Angehörigen grundsätzlich nicht schädlich für die Steuerbegünstigung. [7]Die Verwandtschaft darf jedoch kein Kriterium für die Förderleistungen der Körperschaft sein.

4. [1]Hilfen nach § 53 Nr. 1 AO (Unterstützung von Personen, die infolge ihres körperlichen, geistigen oder seelischen Zustands auf die Hilfe anderer angewiesen sind) dürfen ohne Rücksicht auf die wirtschaftliche Unterstützungsbedürftigkeit gewährt werden. [2]Bei der Beurteilung der Bedürftigkeit i. S. d. § 53 Nr. 1 AO kommt es nicht darauf an, dass die Hilfebedürftigkeit dauernd oder für längere Zeit besteht. [3]Hilfeleistungen wie beispielsweise „Essen auf Rädern" können daher steuerbegünstigt durchgeführt werden. [4]Bei Personen, die das 75. Lebensjahr vollendet haben, kann körperliche Hilfebedürftigkeit ohne weitere Nachprüfung angenommen werden.

5. [1]§ 53 Nr. 2 AO legt die Grenzen der wirtschaftlichen Hilfebedürftigkeit fest. [2]Danach können ohne Verlust der Steuerbegünstigung Personen unterstützt werden, deren Bezüge das Vierfache, beim Alleinstehenden oder Alleinerziehenden das Fünffache des Regelsatzes der Sozialhilfe i. S. d. § 28 SGB XII (jeweilige Regelbedarfsstufe) nicht übersteigen. [3]Etwaige Mehrbedarfszuschläge zum Regelsatz sind nicht zu berücksichtigen. [4]Leistungen für die Unterkunft werden nicht gesondert berücksichtigt. [5]Für die Begriffe „Einkünfte" und „Bezüge" sind die Ausführungen in R 33a.1 EStR[1)] maßgeblich.

6. [1]Zu den Bezügen i. S. d. § 53 Nr. 2 AO zählen neben den Einkünften i. S. d. § 2 Abs. 1 EStG auch alle anderen für die Bestreitung des Unterhalts bestimmten oder geeigneten Bezüge aller Haushaltsangehörigen. [2]Hierunter fallen auch solche Einnahmen, die im Rahmen der steuerlichen Einkunftsermittlung nicht erfasst werden, also sowohl nicht steuerbare als auch für steuerfrei erklärte Einnahmen (BFH-Urteil vom 2.8.1974, VI R 148/71, BStBl. 1975 II S. 139). [3]Gezahlte und empfangene Unterhaltsleistungen sind bei der Einkommensberechnung zu berücksichtigen.

Bei der Beurteilung der wirtschaftlichen Hilfebedürftigkeit von unverheirateten minderjährigen Schwangeren und minderjährigen Müttern, die ihr leibliches Kind bis zur Vollendung seines 6. Lebensjahres betreuen, und die dem Haushalt ihrer Eltern oder eines Elternteils angehören, sind die Bezüge und das Vermögen der Eltern oder des Elternteils nicht zu berücksichtigen.

7. Bei Renten zählt der über den von § 53 Nr. 2 Satz 4 Buchstabe a AO erfassten Anteil hinausgehende Teil der Rente zu den Bezügen im Sinne des § 53 Nr. 2 Satz 4 Buchstabe b AO.

8. Bei der Feststellung der Bezüge i.S.d. § 53 Nr. 2 Satz 4 Buchstabe b AO sind aus Vereinfachungsgründen insgesamt 180 € im Kalenderjahr abzuziehen, wenn nicht höhere Aufwendungen, die in wirtschaftlichem Zusammenhang mit den entsprechenden Einnahmen stehen, nachgewiesen oder glaubhaft gemacht werden.

9. [1]Als Vermögen, das zur nachhaltigen Verbesserung des Unterhalts ausreicht und dessen Verwendung für den Unterhalt zugemutet werden kann (§ 53 Nr. 2 Satz 2 AO), ist in der Regel ein Vermögen mit einem gemeinen Wert (Verkehrswert) von mehr als 15 500 € anzusehen. [2]Dabei bleiben außer Ansatz:
– Vermögensgegenstände, deren Veräußerung offensichtlich eine Verschleuderung bedeuten würde oder die einen besonderen Wert, z. B. Erinnerungswert, für die unterstützte Person haben oder zu ihrem Hausrat gehören

---

1) Nr. **1**.

– ein angemessenes Hausgrundstück i. S. d. § 90 Abs. 2 Nr. 8 SGB XII, das die unterstützte Person allein oder zusammen mit Angehörigen, denen es nach dem Tod der unterstützten Person weiter als Wohnraum dienen soll, bewohnt.

[3]Die Grenze bezieht sich auch bei einem Mehrpersonenhaushalt auf jede unterstützte Person. [4]H 33a.1 (Geringes Vermögen – „Schonvermögen") EStH[1)] gilt entsprechend.

10. [1]Erbringt eine Körperschaft ihre Leistungen an wirtschaftlich hilfebedürftige Personen, muss sie anhand ihrer Unterlagen nachweisen können, dass die Höhe der Einkünfte und Bezüge sowie das Vermögen der unterstützten Personen die Grenzen des § 53 Nr. 2 AO nicht übersteigen. [2]Eine Erklärung, in der von der unterstützten Person nur das Unterschreiten der Grenzen des § 53 Nr. 2 AO mitgeteilt wird, reicht allein nicht aus. [3]Eine Berechnung der maßgeblichen Einkünfte und Bezüge sowie eine Berechnung des Vermögens sind stets beizufügen.

11. [1]Auf diesen Nachweis ist zu verzichten, wenn die Leistungsempfänger Leistungen nach dem SGB II, SGB XII, WoGG, § 27a BVG oder nach § 6a BKGG beziehen. [2]Bei Beantragung dieser Sozialleistungen prüft die zuständige Sozialbehörde sowohl die Vermögens- als auch die Einkommensverhältnisse der antragstellenden Personen. [3]Verfügen sie über ausreichend finanzielle Mittel (Einkommen oder einzusetzendes Vermögen), dann werden die beantragten Leistungen nicht bewilligt.

[1]Es ist also ausreichend, wenn Empfänger der in § 53 Nr. 2 Satz 6 AO benannten Leistungen ihren für den Empfangszeitraum maßgeblichen Leistungsbescheid oder eine Bescheinigung des Sozialleistungsträgers über den Leistungsbezug bei der Körperschaft einreichen. [2]Die Körperschaft hat eine Ablichtung des Bescheids oder der Bestätigung aufzubewahren.

12. Beantragt eine Körperschaft die Befreiung von der Nachweispflicht nach § 53 Nr. 2 Satz 8 AO, muss sie nachweisen, dass aufgrund ihrer besonderen Art der gewährten Unterstützungsleistung sichergestellt ist, dass nur wirtschaftlich hilfebedürftige Personen unterstützt werden.

[1]Auf die Nachweisführung kann verzichtet werden, wenn aufgrund der Art der Unterstützungsleistungen typischerweise davon auszugehen ist, dass nur bedürftige Menschen unterstützt werden. [2]Hierbei sind die besonderen Gegebenheiten vor Ort sowie Inhalte und Bewerbungen des konkreten Leistungsangebotes zu berücksichtigen. [3]Im Regelfall müssen Kleiderkammern, Suppenküchen, Obdachlosenasyle und die sogenannten Tafeln keine Nachweise erbringen.

[1]Dagegen reicht die pauschale Behauptung, dass die Leistungen sowieso nur von Hilfebedürftigen in Anspruch genommen werden, nicht aus. [2]Werden z. B. bei einem Sozialkaufhaus Leistungen an jeden erbracht, der sie in Anspruch nehmen möchte, dann kommt eine Befreiung nicht in Betracht.

[1]Der Bescheid über den Nachweisverzicht kann befristet ergehen oder mit anderen Nebenbestimmungen (§ 120 AO) versehen werden. [2]Treten Änderungen im rechtlichen oder tatsächlichen Bereich ein, dann gelten die Absätze 3 bis 5 des § 60a AO entsprechend. [3]Dies gilt auch bei materiell-rechtlich fehlerhaften Bescheiden (vgl. Nrn. 6 bis 8 des AEAO zu § 60a).

---

1) Nr. **1**.

AEAO zu § 54 – Kirchliche Zwecke:

[1]Ein kirchlicher Zweck liegt nur vor, wenn die Tätigkeit darauf gerichtet ist, eine Religionsgemeinschaft des öffentlichen Rechts zu fördern. [2]Bei Religionsgemeinschaften, die nicht Körperschaften des öffentlichen Rechts sind, kann wegen Förderung der Religion eine Anerkennung als gemeinnützige Körperschaft in Betracht kommen.

AEAO zu § 55 – Selbstlosigkeit:

Zu § 55 Abs. 1 Nr. 1 AO:[1)]

1. [1]Eine Körperschaft handelt selbstlos, wenn sie weder selbst noch zugunsten ihrer Mitglieder eigenwirtschaftliche Zwecke verfolgt. [2]Ist die Tätigkeit einer Körperschaft in erster Linie auf Mehrung ihres eigenen Vermögens gerichtet, so handelt sie nicht selbstlos. [3]Eine Körperschaft verfolgt z. B. in erster Linie eigenwirtschaftliche Zwecke, wenn sie ausschließlich durch Darlehen ihrer Gründungsmitglieder finanziert ist und dieses Fremdkapital satzungsgemäß tilgen und verzinsen muss (BFH-Urteile vom 13.12.1978, I R 39/78, BStBl. 1979 II S. 482, vom 26.4.1989, I R 209/85, BStBl. II S. 670, und vom 28.6.1989, I R 86/85, BStBl. 1990 II S. 550).[2)]

2. [1]Die zur Erfüllung von Pflichtaufgaben einer juristischen Person des öffentlichen Rechts eingesetzte Eigengesellschaft verfolgt keine in diesem Sinne vordergründig eigennützigen Interessen ihres Gesellschafters. [2]Eine Steuerbegünstigung der Eigengesellschaft kommt grundsätzlich nur in Betracht, wenn die von ihr erbrachten Leistungen angemessen vergütet werden. [3]Maßstab ist die Höhe des Entgelts, das von einem ordentlichen und gewissenhaften Geschäftsleiter auch mit einem Nichtgesellschafter als Auftraggeber vereinbart worden wäre. [4]Dazu muss das Entgelt regelmäßig die Kosten ausgleichen und einen marktüblichen Gewinnaufschlag beinhalten (BFH-Urteil vom 27.11. 2013, I R 17/12, BStBl. 2016 II S. 68). [5]Bei steuerbegünstigten Einrichtungen ist aufgrund der fehlenden Gewinnorientierung die Erhebung eines Gewinnaufschlags in der Regel nicht marktüblich. [6]Dies gilt nicht für Leistungen der steuerbegünstigten Einrichtung aus einem steuerpflichtigen wirtschaftlichen Geschäftsbetrieb (§ 64 AO).

3. [1]Nach § 55 Abs. 1 AO dürfen sämtliche Mittel der Körperschaft nur für die satzungsmäßigen Zwecke verwendet werden (Ausnahmen siehe § 58 AO). [2]Auch der Gewinn aus dem Zweckbetrieb und aus dem steuerpflichtigen wirtschaftlichen Geschäftsbetrieb (§ 64 Abs. 2 AO) sowie der Überschuss aus der Vermögensverwaltung dürfen nur für die satzungsmäßigen Zwecke verwendet werden. [3]Dies schließt die Bildung von Rücklagen im wirtschaftlichen Geschäftsbetrieb und im Bereich der Vermögensverwaltung nicht aus.

4. [1]Es ist grundsätzlich nicht zulässig, Mittel des ideellen Bereichs (insbesondere Mitgliedsbeiträge, Spenden, Zuschüsse, Rücklagen), Gewinne aus

---

[1)] Zu steuerlichen Maßnahmen zur Förderung der Hilfe für von der Corona-Krise Betroffene siehe BMF v. 9.4.2020, BStBl. I 2020, 498, geänd. durch BMF v. 26.5.2020, BStBl. I 2020, 543, und v. 18.12.2020, BStBl. I 2021, 57.

[2)] Vgl. auch BFH v. 6.10.2009 I R 55/08, BStBl. II 2010, 335, zur Gemeinnützigkeit eines Wettbewerbsvereins.

Zweckbetrieben, Erträge aus der Vermögensverwaltung und das entsprechende Vermögen für einen steuerpflichtigen wirtschaftlichen Geschäftsbetrieb zu verwenden, z. B. zum Ausgleich eines Verlustes. [2] Für das Vorliegen eines Verlustes ist das Ergebnis des einheitlichen steuerpflichtigen wirtschaftlichen Geschäftsbetriebs (§ 64 Abs. 2 AO) maßgeblich. [3] Eine Verwendung von Mitteln des ideellen Bereichs für den Ausgleich des Verlustes eines einzelnen wirtschaftlichen Geschäftsbetriebs liegt deshalb nicht vor, soweit der Verlust bereits im Entstehungsjahr mit Gewinnen anderer steuerpflichtiger wirtschaftlicher Geschäftsbetriebe verrechnet werden kann. [4] Verbleibt danach ein Verlust, ist keine Verwendung von Mitteln des ideellen Bereichs für dessen Ausgleich anzunehmen, wenn dem ideellen Bereich in den sechs vorangegangenen Jahren Gewinne des einheitlichen steuerpflichtigen wirtschaftlichen Geschäftsbetriebs in mindestens gleicher Höhe zugeführt worden sind. [5] Insoweit ist der Verlustausgleich im Entstehungsjahr als Rückgabe früherer, durch das Gemeinnützigkeitsrecht vorgeschriebener Gewinnabführungen anzusehen.

5. Ein nach ertragsteuerlichen Grundsätzen ermittelter Verlust eines steuerpflichtigen wirtschaftlichen Geschäftsbetriebs ist unschädlich für die Steuerbegünstigung der Körperschaft, wenn er ausschließlich durch die Berücksichtigung von anteiligen Abschreibungen auf gemischt genutzte Wirtschaftsgüter entstanden ist und wenn die folgenden Voraussetzungen erfüllt sind:

– [1] Das Wirtschaftsgut wurde für den ideellen Bereich angeschafft oder hergestellt und wird nur zur besseren Kapazitätsauslastung und Mittelbeschaffung teil- oder zeitweise für den steuerpflichtigen wirtschaftlichen Geschäftsbetrieb genutzt. [2] Die Körperschaft darf nicht schon im Hinblick auf eine zeit- oder teilweise Nutzung für den steuerpflichtigen wirtschaftlichen Geschäftsbetrieb ein größeres Wirtschaftsgut angeschafft oder hergestellt haben, als es für die ideelle Tätigkeit notwendig war.
– Die Körperschaft verlangt für die Leistungen des steuerpflichtigen wirtschaftlichen Geschäftsbetriebs marktübliche Preise.
– Der steuerpflichtige wirtschaftliche Geschäftsbetrieb bildet keinen eigenständigen Sektor eines Gebäudes (z. B. Gaststättenbetrieb in einer Sporthalle).

Diese Grundsätze gelten entsprechend für die Berücksichtigung anderer gemischter Aufwendungen (z. B. zeitweiser Einsatz von Personal des ideellen Bereichs in einem steuerpflichtigen wirtschaftlichen Geschäftsbetrieb) bei der gemeinnützigkeitsrechtlichen Beurteilung von Verlusten.

6. Der Ausgleich des Verlustes eines steuerpflichtigen wirtschaftlichen Geschäftsbetriebs mit Mitteln des ideellen Bereichs ist außerdem unschädlich für die Steuerbegünstigung, wenn

– der Verlust auf einer Fehlkalkulation beruht,
– die Körperschaft innerhalb von zwölf Monaten nach Ende des Wirtschaftsjahres, in dem der Verlust entstanden ist, dem ideellen Tätigkeitsbereich wieder Mittel in entsprechender Höhe zuführt und
– die zugeführten Mittel nicht aus Zweckbetrieben, aus dem Bereich der steuerbegünstigten Vermögensverwaltung, aus Beiträgen oder aus anderen Zuwendungen, die zur Förderung der steuerbegünstigten Zwecke der Körperschaft bestimmt sind, stammen (BFH-Urteil vom 13.11.1996, I R 152/93, BStBl. 1998 II S. 711).

[1]Die Zuführungen zu dem ideellen Bereich können demnach aus dem Gewinn des (einheitlichen) steuerpflichtigen wirtschaftlichen Geschäftsbetriebs, der in dem Wirtschaftsjahr nach der Entstehung des Verlustes erzielt wird, geleistet werden. [2]Außerdem dürfen für den Ausgleich des Verlustes Umlagen und Zuschüsse, die dafür bestimmt sind, verwendet werden. [3]Derartige Zuwendungen sind jedoch keine steuerbegünstigten Spenden.

7. [1]Eine für die Steuerbegünstigung schädliche Verwendung von Mitteln für den Ausgleich von Verlusten des steuerpflichtigen wirtschaftlichen Geschäftsbetriebs liegt auch dann nicht vor, wenn dem Betrieb die erforderlichen Mittel durch die Aufnahme eines betrieblichen Darlehens zugeführt werden oder bereits in dem Betrieb verwendete ideelle Mittel mittels eines Darlehens, das dem Betrieb zugeordnet wird, innerhalb der Frist von zwölf Monaten nach dem Ende des Verlustentstehungsjahres an den ideellen Bereich der Körperschaft zurückgegeben werden. [2]Voraussetzung für die Unschädlichkeit ist, dass Tilgung und Zinsen für das Darlehen ausschließlich aus Mitteln des steuerpflichtigen wirtschaftlichen Geschäftsbetriebs geleistet werden.

[1]Die Belastung von Vermögen des ideellen Bereichs mit einer Sicherheit für ein betriebliches Darlehen (z.B. Grundschuld auf einer Sporthalle) führt grundsätzlich zu keiner anderen Beurteilung. [2]Die Eintragung einer Grundschuld bedeutet noch keine Verwendung des belasteten Vermögens für den steuerpflichtigen wirtschaftlichen Geschäftsbetrieb.

8. [1]Steuerbegünstigte Körperschaften unterhalten steuerpflichtige wirtschaftliche Geschäftsbetriebe regelmäßig nur, um dadurch zusätzliche Mittel für die Verwirklichung der steuerbegünstigten Zwecke zu beschaffen. [2]Es kann deshalb unterstellt werden, dass etwaige Verluste bei Betrieben, die schon längere Zeit bestehen, auf einer Fehlkalkulation beruhen. [3]Bei dem Aufbau eines neuen Betriebs ist eine Verwendung von Mitteln des ideellen Bereichs für den Ausgleich von Verlusten auch dann unschädlich für die Steuerbegünstigung, wenn mit Anlaufverlusten zu rechnen war. [4]Auch in diesem Fall muss die Körperschaft aber i.d.R. innerhalb von drei Jahren nach dem Ende des Entstehungsjahres des Verlustes dem ideellen Bereich wieder Mittel, die gemeinnützigkeitsunschädlich dafür verwendet werden dürfen, zuführen.

9. Die Regelungen in den Nrn. 4 bis 8 des AEAO zu § 55 gelten entsprechend für die Vermögensverwaltung.

10. Veräußert ein steuerpflichtiger Anteilseigner seine Anteile an einer steuerbegünstigten Kapitalgesellschaft an einen steuerbegünstigten Erwerber, liegt regelmäßig eine Mittelfehlverwendung im Sinne des § 55 Abs. 1 Nr. 1 AO vor, wenn der Veräußerungspreis über dem Wert der eingezahlten Kapitalanteile und dem gemeinen Wert der Sacheinlagen der Anteile liegt (vgl. BFH-Beschluss vom 12.10.2020, I R 59/09, BStBl. 2012 II S. 226).

11. [1]Mitglieder dürfen keine Zuwendungen aus Mitteln der Körperschaft erhalten. [2]Dies gilt nicht, soweit es sich um Annehmlichkeiten handelt, wie sie im Rahmen der Betreuung von Mitgliedern allgemein üblich und nach allgemeiner Verkehrsauffassung als angemessen anzusehen sind.

12. Keine Zuwendung i.S.d. § 55 Abs. 1 Nr. 1 AO liegt vor, wenn der Leistung der Körperschaft eine Gegenleistung des Empfängers gegenübersteht (z.B. bei

Kauf-, Dienst- und Werkverträgen) und die Werte von Leistung und Gegenleistung nach wirtschaftlichen Grundsätzen gegeneinander abgewogen sind.

13. [1]Ist einer Körperschaft zugewendetes Vermögen mit vor der Übertragung wirksam begründeten Ansprüchen (z. B. Nießbrauch, Grund- oder Rentenschulden, Vermächtnisse aufgrund testamentarischer Bestimmungen des Zuwendenden) belastet, deren Erfüllung durch die Körperschaft keine nach wirtschaftlichen Grundsätzen abgewogene Gegenleistung für die Übertragung des Vermögens darstellt, mindern die Ansprüche das übertragene Vermögen bereits im Zeitpunkt des Übergangs. [2]Wirtschaftlich betrachtet wird der Körperschaft nur das nach der Erfüllung der Ansprüche verbleibende Vermögen zugewendet. [3]Die Erfüllung der Ansprüche aus dem zugewendeten Vermögen ist deshalb keine Zuwendung i. S. d. § 55 Abs. 1 Nr. 1 AO. [4]Dies gilt auch, wenn die Körperschaft die Ansprüche aus ihrem anderen zulässigen Vermögen einschließlich der Rücklage nach § 62 Abs. 1 Nr. 3 AO erfüllt.

14. [1]Soweit die vorhandenen flüssigen Vermögensmittel nicht für die Erfüllung der Ansprüche ausreichen, darf die Körperschaft dafür auch Erträge verwenden. [2]Ihr müssen jedoch ausreichende Mittel für die Verwirklichung ihrer steuerbegünstigten Zwecke verbleiben. [3]Diese Voraussetzung ist als erfüllt anzusehen, wenn für die Erfüllung der Verbindlichkeiten höchstens ein Drittel des Einkommens der Körperschaft verwendet wird. [4]Die Ein-Drittel-Grenze umfasst bei Rentenverpflichtungen nicht nur die über den Barwert hinausgehenden, sondern die gesamten Zahlungen. [5]Sie bezieht sich auf den Veranlagungszeitraum.

15. [1]§ 58 Nr. 6 AO enthält eine Ausnahmeregelung zu § 55 Abs. 1 Nr. 1 AO für Stiftungen. [2]Diese ist nur anzuwenden, wenn eine Stiftung Leistungen erbringt, die dem Grunde nach gegen § 55 Abs. 1 Nr. 1 AO verstoßen, also z. B. freiwillige Zuwendungen an den in § 58 Nr. 6 AO genannten Personenkreis leistet oder für die Erfüllung von Ansprüchen dieses Personenkreises aus der Übertragung von Vermögen nicht das belastete oder anderes zulässiges Vermögen, sondern Erträge einsetzt. [3]Im Unterschied zu anderen Körperschaften kann eine Stiftung unter den Voraussetzungen des § 58 Nr. 6 AO auch dann einen Teil ihres Einkommens für die Erfüllung solcher Ansprüche verwenden, wenn ihr dafür ausreichende flüssige Vermögensmittel zur Verfügung stehen. [4]Der Grundsatz, dass der wesentliche Teil des Einkommens für die Verwirklichung der steuerbegünstigten Zwecke verbleiben muss, gilt aber auch für Stiftungen. [5]Daraus folgt, dass eine Stiftung insgesamt höchstens ein Drittel ihres Einkommens für unter § 58 Nr. 6 AO fallende Leistungen und für die Erfüllung von anderen durch die Übertragung von belastetem Vermögen begründeten Ansprüchen verwenden darf.

16. [1]Die Vergabe von Darlehen aus Mitteln, die zeitnah für die steuerbegünstigten Zwecke zu verwenden sind, ist unschädlich für die Gemeinnützigkeit, wenn die Körperschaft damit selbst unmittelbar ihre steuerbegünstigten satzungsmäßigen Zwecke verwirklicht. [2]Dies kann z. B. der Fall sein, wenn die Körperschaft im Rahmen ihrer jeweiligen steuerbegünstigten Zwecke Darlehen im Zusammenhang mit einer Schuldnerberatung zur Ablösung von Bankschulden, Darlehen an Nachwuchskünstler für die Anschaffung von Instrumenten oder Stipendien für eine wissenschaftliche Ausbildung teilweise als Darlehen vergibt. [3]Voraussetzung ist, dass sich die Darlehensvergabe von einer gewerbsmäßigen Kreditvergabe dadurch unterscheidet, dass sie zu günstigeren Bedingungen erfolgt als zu den allgemeinen Bedingungen am Kapitalmarkt (z.B. Zinslosigkeit, Zinsverbilligung).

Die Vergabe von Darlehen aus zeitnah für die steuerbegünstigten Zwecke zu verwendenden Mitteln an andere steuerbegünstigte Körperschaften ist im Rahmen des § 58 Nrn. 1 und 2 AO zulässig (mittelbare Zweckverwirklichung), wenn die andere Körperschaft die darlehensweise erhaltenen Mittel unmittelbar für steuerbegünstigte Zwecke innerhalb der für eine zeitnahe Mittelverwendung vorgeschriebenen Frist verwendet.

[1]Darlehen, die zur unmittelbaren Verwirklichung der steuerbegünstigten Zwecke vergeben werden, sind im Rechnungswesen entsprechend kenntlich zu machen. [2]Es muss sichergestellt und für die Finanzbehörde nachprüfbar sein, dass die Rückflüsse, d.h. Tilgung und Zinsen, wieder zeitnah für die steuerbegünstigten Zwecke verwendet werden.

17. Aus Mitteln, die nicht dem Gebot der zeitnahen Mittelverwendung unterliegen (Vermögen einschließlich der zulässigen Zuführungen und der zulässig gebildeten Rücklagen), darf die Körperschaft Darlehen nach folgender Maßgabe vergeben:

[1]Die Zinsen müssen sich in dem auf dem Kapitalmarkt üblichen Rahmen halten, es sei denn, der Verzicht auf die üblichen Zinsen ist eine nach den Vorschriften des Gemeinnützigkeitsrechts und der Satzung der Körperschaft zulässige Zuwendung (z.B. Darlehen an eine ebenfalls steuerbegünstigte Mitgliedsorganisation oder eine hilfebedürftige Person). [2]Bei Darlehen an Arbeitnehmer aus dem Vermögen kann der (teilweise) Verzicht auf eine übliche Verzinsung als Bestandteil des Arbeitslohns angesehen werden, wenn dieser insgesamt, also einschließlich des Zinsvorteils, angemessen ist und der Zinsverzicht auch von der Körperschaft als Arbeitslohn behandelt wird (z.B. Abführung von Lohnsteuer und Sozialversicherungsbeiträgen).

Maßnahmen, für die eine Rücklage nach § 62 Abs. 1 Nr. 1 AO gebildet worden ist, dürfen sich durch die Gewährung von Darlehen nicht verzögern.

18. [1]Die Vergabe von Darlehen ist als solche kein steuerbegünstigter Zweck. [2]Sie darf deshalb nicht Satzungszweck einer steuerbegünstigten Körperschaft sein. [3]Es ist jedoch unschädlich für die Steuerbegünstigung, wenn die Vergabe von zinsgünstigen oder zinslosen Darlehen nicht als Zweck, sondern als Mittel zur Verwirklichung des steuerbegünstigten Zwecks in der Satzung der Körperschaft aufgeführt ist.

19. [1]Eine Körperschaft kann nicht als steuerbegünstigt behandelt werden, wenn ihre Ausgaben für die allgemeine Verwaltung einschließlich der Werbung um Spenden einen angemessenen Rahmen übersteigen (§ 55 Abs. 1 Nrn. 1 und 3 AO). [2]Dieser Rahmen ist in jedem Fall überschritten, wenn eine Körperschaft, die sich weitgehend durch Geldspenden finanziert, diese – nach einer Aufbauphase – überwiegend zur Bestreitung von Ausgaben für Verwaltung und Spendenwerbung statt für die Verwirklichung der steuerbegünstigten satzungsmäßigen Zwecke verwendet (BFH-Beschluss vom 23.9.1998, I B 82/98, BStBl. 2000 II S. 320). [3]Die Verwaltungsausgaben einschließlich Spendenwerbung sind bei der Ermittlung der Anteile ins Verhältnis zu den gesamten vereinnahmten Mitteln (Spenden, Mitgliedsbeiträge, Zuschüsse, Gewinne aus wirtschaftlichen Geschäftsbetrieben usw.) zu setzen.

[1] Für die Frage der Angemessenheit der Verwaltungsausgaben kommt es entscheidend auf die Umstände des jeweiligen Einzelfalls an. [2] Eine für die Steuerbegünstigung schädliche Mittelverwendung kann deshalb auch schon dann vorliegen, wenn der prozentuale Anteil der Verwaltungsausgaben einschließlich der Spendenwerbung deutlich geringer als 50% ist.

20. [1] Während der Gründungs- oder Aufbauphase einer Körperschaft kann auch eine überwiegende Verwendung der Mittel für Verwaltungsausgaben und Spendenwerbung unschädlich für die Steuerbegünstigung sein. [2] Die Dauer der Gründungs- oder Aufbauphase, während der dies möglich ist, hängt von den Verhältnissen des Einzelfalls ab.

[1] Der in dem BFH-Beschluss vom 23.9.1998, I B 82/98, BStBl. 2000 II S. 320 zugestandene Zeitraum von vier Jahren für die Aufbauphase, in der höhere anteilige Ausgaben für Verwaltung und Spendenwerbung zulässig sind, ist durch die Besonderheiten des entschiedenen Falles begründet (insbesondere zweite Aufbauphase nach Aberkennung der Steuerbegünstigung). [2] Er ist deshalb als Obergrenze zu verstehen. [3] I. d. R. ist von einer kürzeren Aufbauphase auszugehen.

21. Die Steuerbegünstigung ist auch dann zu versagen, wenn das Verhältnis der Verwaltungsausgaben zu den Ausgaben für die steuerbegünstigten Zwecke zwar insgesamt nicht zu beanstanden, eine einzelne Verwaltungsausgabe (z. B. das Gehalt des Geschäftsführers oder der Aufwand für die Mitglieder- und Spendenwerbung) aber nicht angemessen ist (§ 55 Abs. 1 Nr. 3 AO).

22. [1] Bei den Kosten für die Beschäftigung eines Geschäftsführers handelt es sich grundsätzlich um Verwaltungsausgaben. [2] Eine Zuordnung dieser Kosten zu der steuerbegünstigten Tätigkeit ist nur insoweit möglich, als der Geschäftsführer unmittelbar bei steuerbegünstigten Projekten mitarbeitet. [3] Entsprechendes gilt für die Zuordnung von Reisekosten.

23. [1] Eine Unternehmergesellschaft i. S. d. § 5a Abs. 1 GmbHG i. d. F. des Gesetzes zur Modernisierung des GmbH-Rechts und zur Bekämpfung von Missbräuchen (MoMiG) vom 23.10.2008 (BGBl. I S. 2026) ist nach § 5a Abs. 3 GmbHG i. d. F. des MoMiG gesetzlich verpflichtet, von ihrem um einen Verlustvortrag aus dem Vorjahr geminderten Jahresüberschuss bis zum Erreichen des Stammkapitals von 25 000 € mindestens 25% in eine gesetzliche Rücklage einzustellen. [2] Mit der Bildung dieser Rücklage verstößt die Unternehmergesellschaft grundsätzlich nicht gegen das Gebot der zeitnahen Mittelverwendung.

Zu § 55 Abs. 1 Nr. 2 und 4 AO:

24. [1] Die in § 55 Abs. 1 Nr. 2 und 4 AO genannten Sacheinlagen sind Einlagen i. S. d. Handelsrechts, für die dem Mitglied Gesellschaftsrechte eingeräumt worden sind. [2] Insoweit sind also nur Kapitalgesellschaften, nicht aber Vereine angesprochen. [3] Unentgeltlich zur Verfügung gestellte Vermögensgegenstände, für die keine Gesellschaftsrechte eingeräumt sind (Leihgaben, Sachspenden), fallen nicht unter § 55 Abs. 1 Nr. 2 und 4 AO. [4] Soweit Kapitalanteile und Sacheinlagen von der Vermögensbindung ausgenommen werden, kann von dem Gesellschafter nicht die Spendenbegünstigung des § 10b EStG (§ 9 Abs. 1 Nr. 2 KStG) in Anspruch genommen werden. [5] Eingezahlte Kapitalanteile i. S. d. § 55 Abs. 1

Nr. 2 und 4 AO liegen nicht vor, soweit für die Kapitalerhöhung Gesellschaftsmittel verwendet wurden (z. B. nach § 57c GmbHG).

Zu § 55 Abs. 1 Nr. 3 AO:

25. [1]Bei Vorstandsmitgliedern von Vereinen sind Tätigkeitsvergütungen gemeinnützigkeitsrechtlich nur zulässig, wenn eine entsprechende Satzungsregelung besteht. [2]Zu Einzelheiten bei Zahlungen an den Vorstand steuerbegünstigter Vereine siehe BMF-Schreiben vom 21.11.2014, BStBl. I S. 1581.

Zu § 55 Abs. 1 Nr. 4 AO:

26. Eine wesentliche Voraussetzung für die Annahme der Selbstlosigkeit bildet der Grundsatz der Vermögensbindung für steuerbegünstigte Zwecke im Falle der Beendigung des Bestehens der Körperschaft oder des Wegfalles des bisherigen Zwecks (§ 55 Abs. 1 Nr. 4 AO).

[1]Hiermit soll verhindert werden, dass gemeinnützigkeitsrechtlich gebundenes Vermögen später zu nicht begünstigten Zwecken verwendet wird. [2]Die satzungsmäßigen Anforderungen an die Vermögensbindung sind in § 61 AO geregelt.

27. [1]Eine Körperschaft ist nur dann steuerbegünstigt i. S. d. § 55 Abs. 1 Nr. 4 Satz 2 AO, wenn sie nach § 5 Abs. 1 Nr. 9 KStG von der Körperschaftsteuer befreit ist. [2]Als Empfänger des Vermögens der Körperschaft kommen neben inländischen Körperschaften auch die in § 5 Abs. 2 Nr. 2 KStG aufgeführten Körperschaften in Betracht.

Zu § 55 Abs. 1 Nr. 5 AO:

28. [1]Die Körperschaft muss ihre Mittel grundsätzlich zeitnah für ihre steuerbegünstigten satzungsmäßigen Zwecke verwenden. [2]Verwendung in diesem Sinne ist auch die Verwendung der Mittel für die Anschaffung oder Herstellung von Vermögensgegenständen, die satzungsmäßigen Zwecken dienen (z. B. Bau eines Altenheims, Kauf von Sportgeräten oder medizinischen Geräten).

[1]Die Bildung von Rücklagen ist nur unter den Voraussetzungen des § 62 AO zulässig. [2]Davon unberührt bleiben Rücklagen in einem steuerpflichtigen wirtschaftlichen Geschäftsbetrieb und Rücklagen im Bereich der Vermögensverwaltung (vgl. Nr. 3 des AEAO zu § 55).

29. [1]Eine zeitnahe Mittelverwendung ist gegeben, wenn die Mittel spätestens in den auf den Zufluss folgenden zwei Kalender- oder Wirtschaftsjahren für die steuerbegünstigten satzungsmäßigen Zwecke verwendet werden. [2]Am Ende des Kalender- oder Wirtschaftsjahrs noch vorhandene Mittel müssen in der Bilanz oder Vermögensaufstellung der Körperschaft zulässigerweise dem Vermögen oder einer zulässigen Rücklage zugeordnet oder als im zurückliegenden Jahr zugeflossene Mittel, die in den folgenden zwei Jahren für die steuerbegünstigten Zwecke zu verwenden sind, ausgewiesen sein. [3]Soweit Mittel nicht schon im Jahr des Zuflusses für die steuerbegünstigten Zwecke verwendet oder zulässigerweise dem Vermögen zugeführt werden, ist ihre zeitnahe Verwendung nachzuweisen, zweckmäßigerweise durch eine Nebenrechnung (Mittelverwendungsrechnung). [4]Der Zweck des Grundsatzes der zeitnahen Mittelverwendung gebietet es, dass bei der Nachprüfung der Mittelverwendung nicht auf die einzelne Zuwendung abzustellen ist, sondern auf die Gesamtheit aller zeitnah zu verwendenden Zuwendungen und sonstigen Einnahmen bzw. Vermögenswerte der Körperschaft (Saldobetrachtung bzw. Globalbetrachtung; BFH-Urteil vom 20.3.2017, X R 13/15, BStBl. II S. 1110).

30. Die Pflicht zur zeitnahen Mittelverwendung besteht nicht für Körperschaften mit jährlichen Einnahmen von nicht mehr als 45 000 €.

[1]Einnahmen im Sinne der Norm sind alle Vermögensmehrungen, die der Körperschaft zufließen. [2]Es gilt das Zuflussprinzip nach § 11 EStG. [3]Dazu zählen die Einnahmen des ideellen Bereichs sowie die Bruttoeinnahmen der Vermögensverwaltung, des Zweckbetriebs und des steuerpflichtigen wirtschaftlichen Geschäftsbetriebs. [4]Zu den Einnahmen in diesem Sinne gehören auch solche Zuflüsse, die grundsätzlich nicht der zeitnahen Mittelverwendung unterliegen, z. B. Zuwendungen in das Vermögen der Körperschaft (§ 62 Abs. 3 AO). [5]Nicht zu den Einnahmen in diesem Sinne gehören solche Mittel, für die die Pflicht zur zeitnahen Mittelverwendung, z. B. wegen eines Sphärenwechsels, grundsätzlich wiederauflebt, ohne dass der Körperschaft insoweit Mittel zufließen.

Die Verpflichtung zur Verwendung für satzungsmäßige steuerbegünstigte Zwecke nach § 55 Abs. 1 Nr. 1 Satz 1 AO bleibt unberührt.

31. [1]In dem Veranlagungszeitraum, in dem die Einnahmen einer Körperschaft unter der 45 000 €-Grenze bleiben, ist für sämtliche vorhandene Mittel die Pflicht zur zeitnahen Mittelverwendung ausgesetzt. [2]Bei Überschreiten dieser Grenze unterliegen die in den Jahren des Unterschreitens angesammelten und die übrigen, zu diesem Zeitpunkt noch vorhandenen Mittel, nicht dem Gebot der zeitnahen Mittelverwendung.

32. [1]Nicht dem Gebot der zeitnahen Mittelverwendung unterliegt das Vermögen der Körperschaften, auch soweit es durch Umschichtungen innerhalb des Bereichs der Vermögensverwaltung entstanden ist (z. B. Verkauf eines zum Vermögen gehörenden Grundstücks einschließlich des den Buchwert übersteigenden Teils des Preises). [2]Außerdem kann eine Körperschaft die in § 62 Abs. 3 und 4 AO bezeichneten Mittel ohne für die Gemeinnützigkeit schädliche Folgen ihrem Vermögen zuführen.

[1]Werden Vermögensgegenstände veräußert, die satzungsmäßigen Zwecken dienen und aus zeitnah zu verwendenden Mitteln angeschafft worden sind, sind die Veräußerungserlöse zeitnah i. S. d. § 55 Abs. 1 Nr. 5 AO zu verwenden. [2]Werden derartige Vermögensgegenstände in den Bereich der Vermögensverwaltung oder in den steuerpflichtigen wirtschaftlichen Geschäftsbetrieb überführt, lebt die Pflicht zur zeitnahen Mittelverwendung in Höhe des Verkehrswerts dieser Vermögensgegenstände wieder auf.

Zu § 55 Abs. 2 AO:

33. [1]Wertsteigerungen bleiben für steuerbegünstigte Zwecke gebunden. [2]Bei der Rückgabe des Wirtschaftsguts selbst hat der Empfänger die Differenz in Geld auszugleichen.

Zu § 55 Abs. 3 AO:

34. [1]Die Regelung, nach der sich die Vermögensbindung nicht auf die eingezahlten Kapitalanteile der Mitglieder und den gemeinen Wert der von den Mitgliedern geleisteten Sacheinlagen erstreckt, gilt bei Stiftungen für die Stifter und ihre Erben sinngemäß (§ 55 Abs. 3 erster Halbsatz AO). [2]Es ist also zulässig, das Stiftungskapital und die Zustiftungen von der Vermögensbindung auszunehmen und im Falle des Erlöschens der Stiftung an den Stifter oder seine Erben zurückfallen zu lassen. [3]Für solche Stiftungen und Zustiftungen kann aber vom Stifter nicht die Spendenvergünstigung nach § 10b EStG (§ 9 Abs. 1 Nr. 2 KStG) in Anspruch genommen werden.

35. [1]Die Vorschrift des § 55 Abs. 3 zweiter Halbsatz AO, die sich nur auf Stiftungen und Körperschaften des öffentlichen Rechts bezieht, berücksichtigt die Regelung im EStG, wonach die Entnahme eines Wirtschaftsgutes mit dem Buchwert angesetzt werden kann, wenn das Wirtschaftsgut den in § 6 Abs. 1 Nr. 4 Satz 4 EStG genannten Körperschaften unentgeltlich überlassen wird. [2]Dies hat zur Folge, dass der Zuwendende bei der Aufhebung der Stiftung nicht den gemeinen Wert der Zuwendung, sondern nur den dem ursprünglichen Buchwert entsprechenden Betrag zurückerhält. [3]Stille Reserven und Wertsteigerungen bleiben hiernach für steuerbegünstigte Zwecke gebunden. [4]Bei Rückgabe des Wirtschaftsgutes selbst hat der Empfänger die Differenz in Geld auszugleichen.

AEAO zu § 56 – Ausschließlichkeit:

1. [1]Das Ausschließlichkeitsgebot des § 56 AO besagt, dass eine Körperschaft nicht steuerbegünstigt ist, wenn sie neben ihrer steuerbegünstigten Zielsetzung weitere Zwecke verfolgt und diese Zwecke nicht steuerbegünstigt sind. [2]Im Zusammenhang mit der Vermögensverwaltung und wirtschaftlichen Geschäftsbetrieben, die Nicht-Zweckbetriebe sind, folgt daraus, dass deren Unterhaltung der Steuerbegünstigung einer Körperschaft entgegensteht, wenn sie in der Gesamtschau zum Selbstzweck wird und in diesem Sinne neben die Verfolgung des steuerbegünstigten Zwecks der Körperschaft tritt. [3]Die Vermögensverwaltung sowie die Unterhaltung eines Nicht-Zweckbetriebs sind aus der Sicht des Gemeinnützigkeitsrechts nur dann unschädlich, wenn sie um des steuerbegünstigten Zwecks willen erfolgen, indem sie z.B. der Beschaffung von Mitteln zur Erfüllung der steuerbegünstigten Aufgabe dienen. [4]Ist die Vermögensverwaltung bzw. der wirtschaftliche Geschäftsbetrieb dagegen nicht dem steuerbegünstigten Zweck untergeordnet, sondern ein davon losgelöster Zweck oder gar Hauptzweck der Betätigung der Körperschaft, so scheitert deren Steuerbegünstigung an § 56 AO. [5]In einem solchen Fall kann die Betätigung der Körperschaft nicht in einen steuerfreien und in einen steuerpflichtigen Teil aufgeteilt werden; vielmehr ist dann die Körperschaft insgesamt als steuerpflichtig zu behandeln. [6]Bei steuerbegünstigten Körperschaften, insbesondere Mittelbeschaffungskörperschaften, die sich im Rahmen ihrer tatsächlichen Geschäftsführung an die in ihrer Satzung enthaltene Pflicht zur Verwendung sämtlicher Mittel für die satzungsmäßigen Zwecke halten, ist das Ausschließlichkeitsgebot selbst dann als erfüllt anzusehen, wenn sie sich vollständig aus Mitteln eines steuerpflichtigen wirtschaftlichen Geschäftsbetriebs oder aus der Vermögensverwaltung finanzieren. [7]Auf das BFH-Urteil vom 4.4.2007, I R 76/05, BStBl. II S. 631, wird hingewiesen.

2. [1]Eine Körperschaft darf mehrere steuerbegünstigte Zwecke nebeneinander verfolgen, ohne dass dadurch die Ausschließlichkeit verletzt wird. [2]Die verwirklichten steuerbegünstigten Zwecke müssen jedoch sämtlich satzungsmäßige Zwecke sein. [3]Will demnach eine Körperschaft steuerbegünstigte Zwecke, die nicht in die Satzung aufgenommen sind, fördern, so ist eine Satzungsänderung erforderlich, die den Erfordernissen des § 60 AO entsprechen muss.

AEAO zu § 57 – Unmittelbarkeit:

Zu § 57 Abs. 1 AO:

1. Die Vorschrift stellt in Absatz 1 klar, dass die Körperschaft die steuerbegünstigten satzungsmäßigen Zwecke selbst verwirklichen muss, damit Unmittelbarkeit gegeben ist (wegen der Ausnahmen Hinweis auf § 58 AO).

2. [1]Das Gebot der Unmittelbarkeit ist gem. § 57 Abs. 1 Satz 2 AO auch dann erfüllt, wenn sich die steuerbegünstigte Körperschaft einer Hilfsperson bedient. [2]Hierfür ist es erforderlich, dass nach den Umständen des Falles, insbesondere nach den rechtlichen und tatsächlichen Beziehungen, die zwischen der Körperschaft und der Hilfsperson bestehen, das Wirken der Hilfsperson wie eigenes Wirken der Körperschaft anzusehen ist, d. h. die Hilfsperson nach den Weisungen der Körperschaft einen konkreten Auftrag ausführt. [3]Hilfsperson kann eine natürliche Person, Personenvereinigung oder juristische Person sein. [4]Die Körperschaft hat durch Vorlage entsprechender Vereinbarungen nachzuweisen, dass sie den Inhalt und den Umfang der Tätigkeit der Hilfsperson im Innenverhältnis bestimmen kann. [5]Die Tätigkeit der Hilfsperson muss den Satzungsbestimmungen der Körperschaft entsprechen. [6]Diese hat nachzuweisen, dass sie die Hilfsperson überwacht. [7]Die weisungsgemäße Verwendung der Mittel ist von ihr sicherzustellen.

Die Steuerbegünstigung einer Körperschaft, die nur über eine Hilfsperson das Merkmal der Unmittelbarkeit erfüllt (§ 57 Abs. 1 Satz 2 AO), ist unabhängig davon zu gewähren, wie die Hilfsperson gemeinnützigkeitsrechtlich behandelt wird.

Die Steuerbegünstigung einer Hilfsperson ist nicht ausgeschlossen, wenn die Körperschaft mit ihrer Hilfspersonentätigkeit nicht nur die steuerbegünstigte Tätigkeit einer anderen Körperschaft unterstützt, sondern zugleich eigene steuerbegünstigte Satzungszwecke verfolgt und ihren Beitrag im Außenverhältnis selbstständig und eigenverantwortlich erbringt.

Zu § 57 Abs. 2 AO:

3. [1]Ein Zusammenschluss i. S. d. § 57 Abs. 2 AO ist gegeben, wenn die Einrichtung ausschließlich allgemeine, aus der Tätigkeit und Aufgabenstellung der Mitgliederkörperschaften erwachsene Interessen wahrnimmt. [2]Nach § 57 Abs. 2 AO wird eine Körperschaft, in der steuerbegünstigte Körperschaften zusammengefasst sind, einer Körperschaft gleichgestellt, die unmittelbar steuerbegünstigte Zwecke verfolgt. [3]Voraussetzung ist, dass jede der zusammengefassten Körperschaften sämtliche Voraussetzungen für die Steuerbegünstigung erfüllt. [4]Verfolgt eine solche Körperschaft selbst unmittelbar steuerbegünstigte Zwecke, ist die bloße Mitgliedschaft einer nicht steuerbegünstigten Organisation für die Steuerbegünstigung unschädlich. [5]Die Körperschaft darf die nicht steuerbegünstigte Organisation aber nicht mit Rat und Tat fördern (z. B. Zuweisung von Mitteln, Rechtsberatung).

Zu § 57 Abs. 3 AO:

4. [1]Das planmäßige Zusammenwirken mit mindestens einer weiteren Körperschaft, die im Übrigen die Voraussetzungen der §§ 51 bis 68 AO erfüllt, ist ein Fall der unmittelbaren Zweckverwirklichung. [2]Körperschaften können damit steuerbegünstigt arbeitsteilig vorgehen, um gemeinsam einen steuerbegünstigten Zweck zu verfolgen. [3]Wenn mehrere Körperschaften, die außer dem Unmittelbarkeitsgrundsatz alle Voraussetzungen der §§ 51 bis 68 AO erfüllen, satzungsgemäß durch planmäßiges Zusammenwirken einen gemeinnützigen Zweck verfolgen, ist das Kriterium der Unmittelbarkeit für alle beteiligten Körperschaften erfüllt.

5. Planmäßiges Zusammenwirken bedeutet das gemeinsame, inhaltlich aufeinander abgestimmte und koordinierte Wirken von zwei oder mehreren steuerbegünstigten Körperschaften, um einen ihrer steuerbegünstigten Satzungszwecke zu verwirklichen.

[1]Zusammenwirken umfasst alle Tätigkeiten, die geeignet sind, die Verwirklichung der eigenen satzungsmäßigen Zwecke in Kooperation mit einer anderen Körperschaft zu erfüllen. [2]Hierzu können neben Dienstleistungen auch Nutzungsüberlassungen gehören. [3]Ein planmäßiges Zusammenwirken liegt z. B. vor, wenn ein Krankenhaus eine zum Zweckbetrieb i. S. d. § 67 AO gehörende Wäscherei auf eine GmbH ausgliedert und die Wäscherei weiterhin Leistungen an das Krankenhaus erbringt.

[1]§ 57 Abs. 3 AO erfordert nicht den Leistungsaustausch zwischen zwei Körperschaften, sondern ein „satzungsmäßiges planmäßiges Zusammenwirken". [2]Dieses Zusammenwirken kann auch in der Weise erfolgen, dass mehrere Körperschaften unterschiedliche Leistungselemente an einen selbst nicht steuerbegünstigten Dritten erbringen, wenn diese Leistungselemente durch ihr Zusammenwirken in die Förderung eines gemeinsamen steuerbegünstigten Zwecks münden.

6. [1]Die Anforderung an den eigenen Beitrag einer Körperschaft besteht darin, dass sie selbst arbeitsteilig zur Verwirklichung der steuerbegünstigten Zwecke beitragen muss. [2]Eine bloße Vergabe von Aufträgen für ein Projekt, ohne Eigenleistung in diesem Projekt selbst, ist beispielsweise nicht ausreichend.

Das planmäßige Zusammenwirken erfordert keine Wiederholungsabsicht und keine finanzielle Eingliederung, so dass auch Kooperationen zwischen gesellschafts- oder verbandsrechtlich nicht verbundenen Körperschaften möglich sind.

7. Ein planmäßiges Zusammenwirken kann auch mit steuerbegünstigten Betrieben gewerblicher Art juristischer Personen des öffentlichen Rechts erfolgen, nicht aber mit juristischen Personen des öffentlichen Rechts als solchen.

8. [1]Das Zusammenwirken mit anderen Körperschaften zur Verwirklichung des eigenen steuerbegünstigten Satzungszwecks muss in der Satzung als Art der Zweckverwirklichung festgehalten sein. [2]Die Körperschaften, mit denen kooperiert wird, und die Art und Weise der Kooperation müssen in den Satzungen der Beteiligten bezeichnet werden.

9. [1]Eine Körperschaft, die sich auf § 57 Abs. 3 AO beruft, darf darauf vertrauen, dass die Körperschaft, mit der sie zusammenwirkt, steuerbegünstigt nach § 5 Abs. 1 Nr. 9 KStG ist, wenn sie sich deren Satzung und einen der in § 58a Abs. 2 AO genannten Nachweise hat vorlegen lassen. [2]§ 58a Abs. 3 Nr. 1 AO ist entsprechend anzuwenden.

10. [1]Leistungen, die in Verwirklichung des gemeinsamen Zwecks im Rahmen eines wirtschaftlichen Geschäftsbetriebs erfolgen, werden innerhalb eines Zweckbetriebs erbracht, wenn die gesetzlichen Voraussetzungen der §§ 65 ff.

AO erfüllt sind. [2]Für die Prüfung der Voraussetzungen des Zweckbetriebs im Sinne der §§ 65 ff. AO sind die aufgrund des planmäßigen Zusammenwirkens ausgeübten Tätigkeiten aller beteiligten Körperschaften in ihrer Gesamtheit zu beurteilen. [3]Wenn aufgrund des planmäßigen Zusammenwirkens ein Tatbestand der §§ 65 ff. AO erfüllt ist, dann ist diese zweckbetriebliche Beurteilung für alle beteiligten Körperschaften maßgeblich.

Für die Erbringung von Leistungen außerhalb des gemeinsamen steuerbegünstigten Zwecks gelten die allgemeinen Regelungen, sodass beispielsweise Leistungen an steuerpflichtige Dritte weiterhin regelmäßig einen steuerpflichtigen wirtschaftlichen Geschäftsbetrieb begründen.

[1]Ausschlaggebend für die gemeinnützigkeitsrechtliche Beurteilung ist der Charakter der Tätigkeiten aller beteiligten Körperschaften. [2]Eine isolierende Betrachtung darf nicht vorgenommen werden.

[1]Tätigkeiten werden damit dann noch in Verwirklichung des gemeinsamen steuerbegünstigten Zwecks erbracht, wenn diese auch dem steuerbegünstigten Bereich (Zweckbetrieb oder ideelle Tätigkeit) zugeordnet werden könnten, wenn sie alle von einer Körperschaft ausgeübt worden wären. [2]Begünstigt können z. B. gemeinschaftliche Serviceleistungen, wie Buchhaltung oder Beschaffungsstellen sowie Nutzungsüberlassungen und Vermietungen sein.

11. [1]Die beim planmäßigen Zusammenwirken im Zweckbetrieb oder im ideellen Bereich eingesetzten Wirtschaftsgüter (z. B. Grundstücke) sind auch bei den zusammenwirkenden Körperschaften dem Zweckbetrieb bzw. dem ideellen Bereich zuzuordnen. [2]Sie können deshalb mit zeitnah zu verwendenden Mitteln finanziert werden. [3]Eine Körperschaft darf insoweit zeitnah zu verwendende Mittel auch für die Finanzierung von Wirtschaftsgütern verwenden, die sie einer anderen steuerbegünstigten Körperschaft in einer Kooperation nach § 57 Abs. 3 AO zur Nutzung überlässt oder im Zusammenwirken mit einer anderen gemeinnützigen Körperschaft einsetzt. [4]Beteiligungen an anderen kooperierenden steuerbegünstigten Körperschaften sind dem ideellen Bereich zuzuordnen (vgl. Nr. 13 des AEAO zu § 57 Abs. 4 AO).

Zu § 57 Abs. 4 AO:

12. [1]Nach Absatz 4 wird durch das Halten und Verwalten von Anteilen an steuerbegünstigten Kapitalgesellschaften der Grundsatz der Unmittelbarkeit erfüllt (Holdingstrukturen). [2]Dabei genügt auch die Beteiligung an nur einer steuerbegünstigten Kapitalgesellschaft. [3]Eine Mindestbeteiligungsquote ist nicht erforderlich. [4]Das schließt aber nicht aus, dass eine solche steuerbegünstigte Holdinggesellschaft auch Anteile an steuerpflichtigen Kapitalgesellschaften halten kann. [5]Die übrigen Voraussetzungen der §§ 51 ff. AO (insbesondere Grundsätze der Selbstlosigkeit und der Ausschließlichkeit, §§ 55, 56 AO) müssen dennoch vorliegen.

13. [1]Eine Beteiligung, die nach § 57 Abs. 4 AO zur unmittelbaren Verfolgung der eigenen steuerbegünstigten Zwecke an einer steuerbegünstigten Kapitalgesellschaft gehalten und verwaltet wird, ist dem ideellen Bereich zuzuordnen, wenn die steuerbegünstigten Zwecke der gehaltenen Beteiligungsgesellschaft in den eigenen steuerbegünstigten Zwecken enthalten sind. [2]Die Einnahmen aus dieser Beteiligung sind dann keine Einnahmen der Vermögensverwaltung, sondern Einnahmen im ideellen Bereich.

14. [1]Bei den Anteilen an den steuerbegünstigten Kapitalgesellschaften handelt es sich um sogenanntes nutzungsgebundenes Vermögen (§ 55 Abs. 1 Nr. 5 Satz 2 AO). [2]Damit wird der Einsatz zeitnah zu verwendender Mittel ermöglicht. [3]Die Ausgliederung von Zweckbetrieben auf eine steuerbegünstigte Kapitalgesellschaft, bei der die übertragende Körperschaft als Gegenleistung Anteile an der übernehmenden Kapitalgesellschaft erhält und die Beteiligung bei der übertragenden Körperschaft dem ideellen Bereich zugeordnet wird, führt damit nicht zu einem Wiederaufleben der Pflicht zur zeitnahen Mittelverwendung.

15. [1]Soweit eine Holdinggesellschaft entgeltliche Leistungen, wie z.B. Buchführung, gegenüber den Kapitalgesellschaften ausführt, an denen sie beteiligt ist, sind diese Leistungen grundsätzlich als steuerpflichtiger wirtschaftlicher Geschäftsbetrieb zu qualifizieren. [2]Die Möglichkeit der steuerbegünstigten Leistungserbringung innerhalb einer Kooperation nach § 57 Abs. 3 AO bleibt davon unberührt.

AEAO zu § 58 – Steuerlich unschädliche Betätigungen:

Zu § 58 Nr. 1 AO:[1)]

1. [1]Diese Ausnahmeregelung ermöglicht es, Körperschaften als steuerbegünstigt anzuerkennen, die andere Körperschaften durch die vollständige oder teilweise Weitergabe bzw. Zuwendung eigener Mittel fördern. [2]Mittel sind nicht nur Bar- oder Buchgeld, sondern auch alle anderen Vermögenswerte. [3]Auch die Nutzungsüberlassung oder Erbringung einer Dienstleistung unterfallen dem Begriff der Mittel. [4]Sind Nutzungsüberlassungen oder Erbringungen von Dienstleistungen Gegenstand einer Kooperation nach § 57 Abs. 3 AO, richtet sich deren Behandlung nach § 57 Abs. 3 AO.

2. Als Mittelempfänger kommen in Betracht
- inländische steuerbegünstigte Körperschaften,
- in § 5 Abs. 2 Nr. 2 KStG aufgeführte Körperschaften (beschränkt steuerpflichtige Körperschaften aus EU/EWR-Staaten),
- inländische und ausländische juristische Personen des öffentlichen Rechts,
- ausländische Körperschaften, die nicht beschränkt steuerpflichtig sind, bei denen die spätere Verwendung der Mittel für steuerbegünstigte Zwecke ausreichend nachgewiesen wird, und
- beschränkt steuerpflichtige Körperschaften aus Nicht-EU/EWR-Staaten, bei denen die spätere Verwendung der Mittel für steuerbegünstigte Zwecke ausreichend nachgewiesen wird.

3. [1]Bei der Mittelzuwendung handelt es sich um eine Art der Zweckverwirklichung und nicht um einen eigenständigen steuerbegünstigten Zweck. [2]Der steuerbegünstigte Zweck ist in der Satzung weiterhin separat anzugeben. [3]Ist die einzige Art der Zweckverwirklichung die Weitergabe von Mitteln an andere Körperschaften oder juristische Personen des öffentlichen Rechts, muss dies in der Satzung benannt sein (Förderkörperschaft). [4]Es ist nicht erforderlich, die Körperschaften, an die Mittel weitergegeben werden sollen, in der Satzung aufzuführen.

---

1) Zum Crowdfunding-Portal als Förderkörperschaft siehe BMF v. 15.12.2017, BStBl. I 2018, 246.

[1]Eine steuerbegünstigte Körperschaft, die einen Satzungszweck unmittelbar verfolgt und einen weiteren Satzungszweck ausschließlich durch Mittelweitergabe verwirklicht, muss sowohl die unmittelbare Zweckverfolgung als auch die Mittelweitergabe in der Satzung abbilden. [2]Beispielsweise muss eine steuerbegünstigte Körperschaft, die satzungsmäßig die Zwecke Sport und Kultur fördert, aber nur den Zweck Sport unmittelbar und den Zweck Kultur durch Mittelweitergabe verwirklicht, auch die Förderung des Zwecks Kultur durch Mittelweitergabe als Art der Zweckverwirklichung in ihre Satzung aufnehmen.

[1]Verwirklicht hingegen eine steuerbegünstigte Körperschaft einen Zweck sowohl unmittelbar als auch durch Mittelweitergabe, ist eine Satzungsklausel zur Mittelweitergabe nicht erforderlich. [2]Beispielsweise muss eine steuerbegünstigte Körperschaft, die satzungsmäßig den Zweck Sport unmittelbar fördert und Mittel an eine andere steuerbegünstigte Körperschaft zur Förderung dieses Zwecks weitergibt, die Mittelweitergabe als Art der Zweckverwirklichung nicht in die Satzung aufnehmen.

[1]Die Zwecke der hingebenden und empfangenden Körperschaft müssen im Übrigen nicht identisch sein. [2]Das bedeutet, dass beispielsweise eine steuerbegünstigte Körperschaft, die satzungsmäßig unmittelbar nur den Zweck Sport fördert, auch Mittel an eine andere steuerbegünstigte Körperschaft, die beispielsweise den Zweck Kultur fördert, weitergeben darf, ohne diesen Zweck und die Mittelweitergabe in ihre Satzung aufnehmen zu müssen.

4. [1]Ausschüttungen und sonstige Zuwendungen einer steuerbegünstigten Körperschaft sind abweichend von § 55 Abs. 1 Nr. 1 Satz 2 AO unschädlich, wenn die Gesellschafter oder Mitglieder als Begünstigte ausschließlich steuerbegünstigte Körperschaften sind. [2]Entsprechendes gilt für Ausschüttungen und sonstige Zuwendungen an juristische Personen des öffentlichen Rechts, die die Mittel für steuerbegünstigte Zwecke verwenden. [3]Zwar ist bei einer Weiterleitung (auch in Form einer verhinderten Vermögensmehrung) an eine juristische Person des öffentlichen Rechts das Tatbestandsmerkmal „zur Verwendung zu steuerbegünstigten Zwecken" nicht erfüllt, wenn die Mittel dem Gesamthaushalt der juristischen Person des öffentlichen Rechts zugutekommen und die juristische Person des öffentlichen Rechts neben den steuerbegünstigten Zwecken auch noch andere Zwecke verfolgt (BFH-Urteil vom 27.11.2013, I R 17/12, BStBl. 2016 II S. 68). [4]Dies ist jedoch unschädlich, wenn die Mittel nachweislich für steuerbegünstigte Zwecke verwendet werden.

5. [1]Die Verwendung der zugewendeten Mittel hat i.S.d. § 55 Abs. 1 Nr. 5 AO zu erfolgen. [2]Wird dagegen verstoßen, liegt eine Mittelfehlverwendung bei der Empfängerkörperschaft vor.

6. Nicht zeitnah zu verwendende Mittel der Geberkörperschaft (z.B. freie Rücklage) unterliegen jedoch auch bei der Empfängerkörperschaft nicht dem Gebot der zeitnahen Mittelverwendung.

7. [1]Werden unentgeltlich oder lediglich gegen Kostenübernahme Nutzungen überlassen oder Dienstleistungen erbracht und diese Nutzungen und Dienstleistungen bei der Empfängerkörperschaft dem steuerbegünstigten Bereich zugeordnet, sind diese bei der Geberkörperschaft dem ideellen Bereich bzw. dem Zweckbetrieb zuzuordnen. [2]Folglich können die eingesetzten Vermögensgegenstände aus zeitnah zu verwendenden Mitteln finanziert werden.

[1] Werden Nutzungsüberlassungen oder Dienstleistungen gegen einen die entstandenen Kosten übersteigenden Betrag erbracht, sind diese grundsätzlich dem steuerpflichtigen wirtschaftlichen Geschäftsbetrieb bzw. der Vermögensverwaltung zuzuordnen und können damit nicht aus zeitnah zu verwendenden Mitteln finanziert werden. [2] In diesem Fall findet § 58 Nr. 1 AO keine Anwendung.

Zu § 58 Nr. 3 AO:

8. [1] Die Weitergabe der Gewinne aus wirtschaftlichen Geschäftsbetrieben (einschließlich Zweckbetriebe), der Überschüsse aus der Vermögensverwaltung sowie höchstens 15% der sonstigen zeitnah zu verwendenden Mittel zur Vermögensausstattung einer anderen Körperschaft ist unschädlich. [2] Maßgebend für die Ermittlung dieser Grenzen sind die Verhältnisse des vorangegangenen Kalender- oder Wirtschaftsjahres.

Folgende Voraussetzungen müssen erfüllt sein:

- Bei der Empfängerkörperschaft handelt es sich um eine steuerbegünstigte Körperschaft oder eine juristische Person des öffentlichen Rechts.
- [1] Die aus den Vermögenserträgen zu verwirklichenden steuerbegünstigten Zwecke der Empfängerkörperschaft müssen übereinstimmen mit den steuerbegünstigten satzungsmäßigen Zwecken der gebenden Körperschaft. [2] Der mit den weitergegebenen Mitteln verfolgte Zweck muss sowohl von der Geber- als auch von der Empfängerkörperschaft gefördert werden. [3] Beide Körperschaften können daneben aber auch noch weitere Zwecke fördern.
- Die zugewandten Mittel und deren Erträge dürfen nicht für weitere Mittelweitergaben nach § 58 Nr. 3 AO zur Vermögensausstattung verwendet werden.
- [1] Die zugewandten Mittel und Erträge unterliegen bei der Empfängerkörperschaft der steuerbegünstigten Mittelverwendungspflicht. [2] Erfolgt eine Verwendung für andere Zwecke, liegt eine Mittelfehlverwendung bei der Empfängerkörperschaft vor.

In diesem Sinne ist auch die Vermögensausstattung einer steuerbegünstigten Kapitalgesellschaft (z.B. gGmbH), die denselben steuerbegünstigten Zweck verfolgt, durch die Hingabe von Kapital bei Neugründung oder im Rahmen einer Kapitalerhöhung erlaubt, nicht aber der Erwerb von Anteilen an einer bereits bestehenden Körperschaft.

Zu § 58 Nr. 4 AO:

9. Eine steuerlich unschädliche Betätigung liegt auch dann vor, wenn nicht nur Arbeitskräfte, sondern zugleich Arbeitsmittel (z.B. Krankenwagen) zur Verfügung gestellt werden.

Zu § 58 Nr. 5 AO:

10. [1] Zu den „Räumen" i.S.d. § 58 Nr. 5 AO gehören beispielsweise auch Sportstätten, Sportanlagen und Freibäder.

Zu § 58 Nr. 6 AO:

11. [1] Eine Stiftung darf einen Teil ihres Einkommens – höchstens ein Drittel – dazu verwenden, die Gräber des Stifters und seiner nächsten Angehörigen zu pflegen und deren Andenken zu ehren. [2] In diesem Rahmen ist auch gestattet, dem Stifter und seinen nächsten Angehörigen Unterhalt zu gewähren.

[1]Unter Einkommen ist die Summe der Einkünfte aus den einzelnen Einkunftsarten des § 2 Abs. 1 EStG zu verstehen, unabhängig davon, ob die Einkünfte steuerpflichtig sind oder nicht. [2]Positive und negative Einkünfte sind zu saldieren. [3]Die Verlustverrechnungsbeschränkungen des EStG sind dabei mit Ausnahme der des § 15a EStG unbeachtlich.

Bei der Ermittlung der Einkünfte sind von den Einnahmen die damit zusammenhängenden Aufwendungen einschließlich der Abschreibungsbeträge abzuziehen.

Zur steuerrechtlichen Beurteilung von Ausgaben für die Erfüllung von Verbindlichkeiten, die durch die Übertragung von belastetem Vermögen begründet worden sind, wird auf die Nrn. 12 bis 14 des AEAO zu § 55 hingewiesen.

12. [1]Der Begriff des nächsten Angehörigen ist enger als der Begriff des Angehörigen nach § 15 AO. [2]Er umfasst:
- Ehegatten und Lebenspartner,
- Eltern, Großeltern, Kinder, Enkel (auch falls durch Adoption verbunden),
- Geschwister,
- Pflegeeltern, Pflegekinder.

13. [1]Unterhalt, Grabpflege und Ehrung des Andenkens müssen sich in angemessenem Rahmen halten. [2]Damit ist neben der relativen Grenze von einem Drittel des Einkommens eine gewisse absolute Grenze festgelegt. [3]Maßstab für die Angemessenheit des Unterhalts ist der Lebensstandard des Zuwendungsempfängers. [4]Leistungen mit Ausschüttungscharakter, z. B. in Höhe eines Prozentsatzes der Erträge, sind unzulässig.

14. [1]§ 58 Nr. 6 AO enthält lediglich eine Ausnahmeregelung zu § 55 Abs. 1 Nr. 1 AO für Stiftungen (vgl. Nr. 14 des AEAO zu § 55), begründet jedoch keinen eigenständigen steuerbegünstigten Zweck. [2]Eine Stiftung, zu deren Satzungszwecken die Unterstützung von hilfebedürftigen Verwandten des Stifters gehört, kann daher nicht unter Hinweis auf § 58 Nr. 6 AO als steuerbegünstigt behandelt werden.

Zu § 58 Nr. 7 AO:

15. [1]Gesellige Zusammenkünfte, die im Vergleich zur steuerbegünstigten Tätigkeit nicht von untergeordneter Bedeutung sind, schließen die Steuervergünstigung aus.

Zu § 58 Nr. 9 AO:

16. [1]Diese Ausnahmeregelung ermöglicht es den ausschließlich von einer oder mehreren Gebietskörperschaften errichteten rechtsfähigen und nichtrechtsfähigen Stiftungen, die Erfüllung ihrer steuerbegünstigten Zwecke mittelbar durch Zuschüsse an Wirtschaftsunternehmen zu verwirklichen. [2]Diese mittelbare Zweckverwirklichung muss in der Satzung festgelegt sein. [3]Die Verwendung der Zuschüsse für steuerbegünstigte Satzungszwecke muss nachgewiesen werden.

Zu § 58 Nr. 10 AO:

17. [1]Die Verwendung von Mitteln zum Erwerb von Gesellschaftsrechten zur Erhaltung der prozentualen Beteiligung an Kapitalgesellschaften schließt die Steuervergünstigungen nicht aus (§ 58 Nr. 10 AO). [2]Die Herkunft der Mittel ist dabei ohne Bedeutung. [3]§ 58 Nr. 10 AO ist nicht auf den erstmaligen Erwerb von Anteilen an Kapitalgesellschaften anzuwenden. [4]Hierfür können u. a. freie Rücklagen nach § 62 Abs. 1 Nr. 3 AO eingesetzt werden.

[1]Die Höchstgrenze für die Zuführung zu der freien Rücklage vermindert sich um den Betrag, den die Körperschaft zum Erwerb von Gesellschaftsrechten zur Erhaltung der prozentualen Beteiligung an Kapitalgesellschaften ausgibt oder bereitstellt. [2]Übersteigt der für die Erhaltung der Beteiligungsquote verwendete oder bereitgestellte Betrag die Höchstgrenze, ist auch in den Folgejahren eine Zuführung zu der freien Rücklage erst wieder möglich, wenn die für eine freie Rücklage verwendbaren Mittel insgesamt die für die Erhaltung der Beteiligungsquote verwendeten oder bereitgestellten Mittel übersteigen.

Beispiel:

Die Körperschaft erzielt im Jahr 01 folgende Überschüsse bzw. vereinnahmt folgende Mittel i. S. d. § 55 Abs. 1 Nr. 5 AO:

Überschuss Vermögensverwaltung: 21 000 €
Mittel i. S. d. § 55 Abs. 1 Nr. 5 AO: 30 000 €

Im Jahr 01 werden 2500 € für den Erwerb von Anteilen zum Erhalt der prozentualen Beteiligung eingesetzt.

Ermittlung der freien Rücklage im Jahr 01 unter Beachtung des § 62 Abs. 1 Nr. 3 AO

		Freie Rücklage
Überschuss Vermögensverwaltung	21 000 €	7000 €
Mittel i. S. d. § 55 Abs. 1 Nr. 5 AO	30 000 €	3000 €
Gesamt		10 000 €

Der Höchstbetrag für die freie Rücklage im Jahr 01 i. H. v. 10 000 € ist um die Mittel zu kürzen, die für den Erwerb der Anteile zum Erhalt der prozentualen Beteiligung eingesetzt wurden. Im Jahr 01 kann eine freie Rücklage demnach nur in Höhe von 7500 € gebildet werden.

Zu § 58 Nr. 2 bis 10 AO:

18. [1]Die in § 58 Nr. 3 bis 8 AO genannten Ausnahmetatbestände können auch ohne entsprechende Satzungsbestimmung verwirklicht werden. [2]Entgeltliche Tätigkeiten nach § 58 Nr. 4, 5 oder 7 AO begründen einen steuerpflichtigen wirtschaftlichen Geschäftsbetrieb oder Vermögensverwaltung (z. B. Raumüberlassung), sofern kein Fall des § 58 Nr. 1 AO oder des § 57 Abs. 3 AO vorliegt. [3]Bei den Regelungen des § 58 Nr. 6 und 9 AO kommt es jeweils nicht auf die Bezeichnung der Körperschaft als Stiftung, sondern auf die tatsächliche Rechtsform an. [4]Dabei ist es unmaßgeblich, ob es sich um eine rechtsfähige oder nichtrechtsfähige Stiftung handelt.

AEAO zu § 58a – Vertrauensschutz bei Mittelweitergaben:

1. [1]Die Vertrauensschutzregelung gilt für alle Mittelzuwendungen einer steuerbegünstigten Körperschaft an andere, ebenfalls steuerbegünstigte Körperschaften. [2]Sie ist auch auf die Übertragung von Mitteln auf Grundlage der Vermögensbindungsklausel des § 55 Abs. 1 Nr. 4 Satz 2 AO anwendbar.

2. Bei Zuwendungen an juristische Personen des öffentlichen Rechts für die Verwirklichung steuerbegünstigter Zwecke gilt – unabhängig von § 58a AO – stets der Vertrauensschutz, weil die Verwaltung nach Art. 20 Abs. 3 des Grundgesetzes an Gesetz und Recht gebunden ist, so dass Zuwendende darauf vertrauen dürfen, dass eine juristische Person des öffentlichen Rechts die zugewendeten Mittel entsprechend ihrer Bestimmung für steuerbegünstigte Zwecke verwendet.

3. Ausreichend für den Nachweis des geschützten Vertrauens im Sinne des § 58a Abs. 2 AO ist eine (elektronische) Kopie der in Nr. 1 bis 3 genannten Unterlagen.

AEAO zu § 59 – Voraussetzung der Steuervergünstigung:

1. [1]Die Vorschrift bestimmt u. a., dass die Steuervergünstigung nur gewährt wird, wenn ein steuerbegünstigter Zweck (§§ 52 bis 54 AO), die Selbstlosigkeit (§ 55 AO) und die ausschließliche und unmittelbare Zweckverfolgung (§§ 56, 57 AO) durch die Körperschaft aus der Satzung direkt hervorgehen. [2]Eine weitere satzungsmäßige Voraussetzung in diesem Sinn ist die in § 61 AO geforderte Vermögensbindung. [3]Das Unterhalten wirtschaftlicher Geschäftsbetriebe (§ 14 Satz 1 und 2 AO und § 64 AO), die keine Zweckbetriebe (§§ 65 bis 68 AO) sind, und die Vermögensverwaltung (§ 14 Satz 3 AO) dürfen nicht Satzungszweck sein. [4]Die Erlaubnis zur Unterhaltung eines Nichtzweckbetriebs und die Vermögensverwaltung in der Satzung können zulässig sein (BFH-Urteil vom 18.12.2002, I R 15/02, BStBl. 2003 II S. 384). [5]Bei Körperschaften, die ausschließlich Mittel für andere Körperschaften oder juristische Personen des öffentlichen Rechts beschaffen (§ 58 Nr. 1 AO), kann in der Satzung auf das Gebot der Unmittelbarkeit verzichtet werden.

2. Bei mehreren Betrieben gewerblicher Art einer juristischen Person des öffentlichen Rechts ist für jeden Betrieb gewerblicher Art eine eigene Satzung erforderlich.

3. [1]Ein besonderes Anerkennungsverfahren ist im steuerlichen Gemeinnützigkeitsrecht nicht vorgesehen. [2]Ob eine Körperschaft steuerbegünstigt ist, entscheidet das Finanzamt im Veranlagungsverfahren durch Steuerbescheid (ggf. Freistellungsbescheid). [3]Die Steuerbefreiung soll spätestens alle drei Jahre überprüft werden. [4]Dabei hat das Finanzamt von Amts wegen die tatsächlichen und rechtlichen Verhältnisse zu ermitteln, die für die Steuerpflicht und für die Bemessung der Steuer wesentlich sind. [5]Eine Körperschaft, bei der nach dem Ergebnis dieser Prüfung die gesetzlichen Voraussetzungen für die steuerliche Behandlung als steuerbegünstigte Körperschaft vorliegen, muss deshalb auch als solche behandelt werden, und zwar ohne Rücksicht darauf, ob ein entsprechender Antrag gestellt worden ist oder nicht. [6]Ein Verzicht auf die Behandlung als steuerbegünstigte Körperschaft ist somit für das Steuerrecht unbeachtlich.

4. [1]Wird bei einer Körperschaft, die bereits nach § 5 Abs. 1 Nr. 9 KStG steuerbefreit war, im Rahmen der Veranlagung festgestellt, dass die Satzung nicht den Anforderungen des Gemeinnützigkeitsrechts genügt, dürfen aus Vertrauensschutzgründen hieraus keine nachteiligen Folgerungen für die Vergangenheit gezogen werden. [2]Die Körperschaft ist trotz der fehlerhaften Satzung für abgelaufene Veranlagungszeiträume und für das Kalenderjahr, in dem die Satzung beanstandet wird, als steuerbegünstigt zu behandeln. [3]Dies gilt nicht, wenn bei der tatsächlichen Geschäftsführung gegen Vorschriften des Gemeinnützigkeitsrechts verstoßen wurde.

[1]Die Vertreter der Körperschaft sind aufzufordern, die zu beanstandenden Teile der Satzung so zu ändern, dass die Körperschaft die satzungsmäßigen

Voraussetzungen für die Steuervergünstigung erfüllt. [2]Hierfür ist eine angemessene Frist zu setzen. [3]Vereinen soll dabei in der Regel eine Beschlussfassung in der nächsten ordentlichen Mitgliederversammlung ermöglicht werden. [4]Wird die Satzung innerhalb der gesetzten Frist entsprechend den Vorgaben des Finanzamts geändert, ist die Steuervergünstigung für das der Beanstandung der Satzung folgende Kalenderjahr auch dann anzuerkennen, wenn zu Beginn des Kalenderjahres noch keine ausreichende Satzung vorgelegen hat.

[1]Die vorstehenden Grundsätze gelten nicht, wenn die Körperschaft die Satzung geändert hat und eine geänderte Satzungsvorschrift zu beanstanden ist. [2]In diesen Fällen fehlt es an einer Grundlage für die Gewährung von Vertrauensschutz.

AEAO zu § 60 – Anforderungen an die Satzung:

1. [1]Die Satzung muss so präzise gefasst sein, dass aus ihr unmittelbar entnommen werden kann, ob die Voraussetzungen der Steuerbegünstigung vorliegen (formelle Satzungsmäßigkeit).[1)] [2]Die bloße Bezugnahme auf Satzungen oder andere Regelungen Dritter genügt nicht (BFH-Urteil vom 19.4.1989, I R 3/88, BStBl. II S. 595).

2. Die Satzung muss die in der Mustersatzung bezeichneten Festlegungen enthalten, soweit sie für die jeweilige Körperschaft im Einzelfall einschlägig sind.

Unter anderem sind in folgenden Fällen Abweichungen vom Wortlaut der Mustersatzung möglich:

a) Bei Mittelbeschaffungskörperschaften (§ 58 Nr. 1 AO) kann entgegen § 1 der Mustersatzung auf das Gebot der Unmittelbarkeit verzichtet werden (vgl. Nr. 1 des AEAO zu § 59).

b) Insbesondere bei Stiftungen ist der in § 3 der Mustersatzung verwendete Begriff „Mitglieder" durch eine andere geeignete Formulierung zu ersetzen (vgl. § 55 Abs. 3 AO).

c) Körperschaften, deren Gesellschafter oder Mitglieder steuerbegünstigte Körperschaften sind und/oder juristische Personen des öffentlichen Rechts, die die Mittel für steuerbegünstigte Zwecke verwenden, können auf die Regelung in § 3 Satz 2 der Mustersatzung verzichten.

d) § 5 der Mustersatzung kann in Satzungen von Vereinen ohne die Formulierung „Aufhebung" verwendet werden.

Derselbe Aufbau und dieselbe Reihenfolge der Bestimmungen wie in der Mustersatzung werden nicht verlangt.

3. [1]Die Bestimmung, dass die Satzung die in der Mustersatzung bezeichneten Festlegungen enthalten muss (§ 60 Abs. 1 Satz 2 AO), gilt für Körperschaften, die nach dem 31.12.2008 gegründet werden oder die ihre Satzung mit Wirkung nach diesem Zeitpunkt ändern. [2]Die Satzung einer Körperschaft, die bereits vor dem 1.1.2009 bestanden hat, braucht nicht allein zur Anpassung an die Festlegungen in der Mustersatzung geändert zu werden.

4. Eine Satzung braucht nicht allein deswegen geändert zu werden, weil in ihr auf Vorschriften des StAnpG oder der GemV verwiesen oder das Wort „selbstlos" nicht verwandt wird.

---

1) Mustersatzung (= Anlage 1 zu § 60 AO) abgedruckt am Ende des AEAO als Anlage 2.

5. Ordensgemeinschaften haben eine den Ordensstatuten entsprechende zusätzliche Erklärung nach dem Muster der Anlage zu Nr. 5 des AEAO zu § 60 abzugeben, die die zuständigen Organe der Orden bindet.[1)]

6. Die tatsächliche Geschäftsführung (vgl. § 63 AO) muss mit der Satzung übereinstimmen.

7. Die satzungsmäßigen Voraussetzungen für die Anerkennung der Steuerbegünstigung müssen
– bei der Körperschaftsteuer vom Beginn bis zum Ende des Veranlagungszeitraums,
– bei der Gewerbesteuer vom Beginn bis zum Ende des Erhebungszeitraums,
– bei der Grundsteuer zum Beginn des Kalenderjahres, für das über die Steuerpflicht zu entscheiden ist (§ 9 Abs. 2 GrStG),
– bei der Umsatzsteuer zu den sich aus § 13 Abs. 1 UStG ergebenden Zeitpunkten,
– bei der Erbschaftsteuer zu den sich aus § 9 ErbStG ergebenden Zeitpunkten
erfüllt sein.

8. [1]Wird bei Neugründungsfällen die Feststellung nach § 60a AO abgelehnt und wird im gleichen Veranlagungszeitraum eine Satzung vorgelegt, die den gemeinnützigkeitsrechtlichen Bestimmungen genügt, kann die Steuerbegünstigung erst ab dem darauffolgenden Veranlagungszeitraum gewährt werden. [2]Dies gilt nicht, wenn die Körperschaft in der Zwischenzeit keine nach außen gerichteten Tätigkeiten entfaltet und keine Mittelverwendung stattgefunden hat.

Bei Körperschaften, die bereits vor Beginn des laufenden Veranlagungszeitraums existierten und erstmalig die Steuerbegünstigung oder die Feststellung nach § 60a AO beantragen, kann die Steuerbegünstigung erst ab dem darauffolgenden Veranlagungszeitraum gewährt werden.

9. Eine steuerbegünstigte Körperschaft, deren Satzung bereits vor dem 29. Dezember 2020 bestanden hat, braucht diese nicht allein aufgrund der neuen Regelungen in § 52 Abs. 2 Nr. 8, 10, 22, 23 und 26 AO und § 58 Nr. 1 AO zu ändern, wenn die bisherige satzungsgemäße steuerbegünstigte Tätigkeit weiterhin in gleichem Umfang durchgeführt wird.

AEAO zu § 60a – Feststellung der satzungsmäßigen Voraussetzungen:

1. [1]Das Verfahren nach § 60a AO hat die sogenannte vorläufige Bescheinigung abgelöst. [2]Die gesonderte Feststellung der Besteuerungsgrundlagen (§§ 179 ff. AO) hat nicht unter dem Vorbehalt der Nachprüfung (§ 164 AO) zu erfolgen.

Zu § 60a Abs. 1 AO:

2. [1]Hält die Satzung einer Körperschaft die satzungsmäßigen Voraussetzungen nach den §§ 51, 59, 60 und 61 AO ein, wird dies durch einen Bescheid gesondert festgestellt.[2)] [2]Diese Feststellung der Satzungsmäßigkeit ist für die Be-

[1)] Abgedruckt am Ende des AEAO als Anlage 3.

[2)] Zu einer Satzungsänderung bei Gemeinnützigkeit siehe BFH v. 23.7.2020 V R 40/18, BStBl. II 2021, 3.

steuerung der Körperschaft und der Steuerpflichtigen, die Zuwendungen in Form von Spenden und Mitgliedsbeiträgen an die Körperschaft erbringen, bindend.

Die Voraussetzungen für die Feststellungen nach § 60a AO liegen auch dann vor, wenn die Körperschaft bereits vor dem 1.1.2009 bestand und daher eine Anpassung an die Mustersatzung (Anlage 1 zu § 60 AO)[1] bisher nicht vornehmen musste (Art. 97 § 1f EGAO, siehe auch Nr. 3 des AEAO zu § 60).

3. [1]Das Verfahren nach § 60a AO ist ein Annexverfahren zur Körperschaftsteuerveranlagung. [2]Eine Feststellung nach § 60a AO ist für Körperschaften ausgeschlossen, die weder unbeschränkt i. S. d. § 1 KStG noch beschränkt i. S. d. § 2 KStG steuerpflichtig sind.

4. Die Feststellung der satzungsmäßigen Voraussetzungen kann bereits vor einer Registereintragung oder einer Anerkennung/Genehmigung der Körperschaft erfolgen, sofern zu diesem Zeitpunkt bereits eine Körperschaftsteuerpflicht besteht.

Eine Feststellung darf erst nach einem wirksamen Organbeschluss, beispielsweise über die Satzung, erfolgen.

Zu § 60a Abs. 2 AO:

5. Die Feststellung erfolgt auf Antrag der Körperschaft oder von Amts wegen bei der Veranlagung zur Körperschaftsteuer, wenn bisher noch keine Feststellung erfolgt ist.

Zu § 60a Abs. 3 AO:

6. Werden die Vorschriften, auf denen die Feststellung beruht, aufgehoben oder geändert, dann entfällt die Bindungswirkung des Feststellungsbescheids ab diesem Zeitpunkt.

Zu § 60a Abs. 4 AO:

7. [1]Treten bei den Verhältnissen, die für die Feststellung erheblich waren, Änderungen ein, so ist diese Feststellung ab dem Zeitpunkt der Änderung der Verhältnisse aufzuheben.[2] [2]Für die Feststellung erheblich sind alle Bestimmungen, die für das Vorliegen der formellen Voraussetzungen gem. §§ 51, 59, 60 und 61 AO von Bedeutung sind (gemeinnützigkeitsrechtliche Bestimmungen).
[3]Dies sind beispielsweise:
- Änderungen der Zwecke
- Anpassung an die Mustersatzung
- Änderung der Vermögensbindung.

[1]Ändert eine Körperschaft gemeinnützigkeitsrechtlich relevante Bestimmungen ihrer Satzung, so ist die bisherige Feststellung mit Datum des Inkrafttretens der Satzungsänderung aufzuheben. [2]Zivilrechtliche Änderungen ohne steuerliche Relevanz sind unerheblich. [3]Wird auf Antrag der Körperschaft bei steuerlich nicht relevanten Satzungsänderungen eine Feststellung vorgenommen, scheidet eine Aufhebung der vorherigen Feststellung aus.

---

[1] Abgedruckt am Ende des AEAO als Anlage 2.

[2] Zeitpunkt des Eintritts erst mit Eintragung ins Vereinsregister; siehe BFH v. 23.7.2020 V R 40/18, BStBl. II 2021, 3.

Zu § 60a Abs. 5 AO:

8. [1]Beruht die Feststellung der satzungsmäßigen Voraussetzungen auf einem materiellen Fehler, kann sie mit Wirkung für die Zukunft aufgehoben werden. [2]Die Feststellung wird dann ab dem Jahr aufgehoben, das auf die Bekanntgabe der Aufhebungsentscheidung folgt. [3]Stellt sich also beispielsweise im Mai des Jahres 01 heraus, dass der Feststellung der satzungsmäßigen Voraussetzungen ein materieller Fehler zu Grunde liegt, und ergeht der Bescheid zur Aufhebung der Feststellung nach § 60a AO im August 01, tritt die Aufhebung zum 1. Januar 02 in Kraft. [4]Die Regelung des § 176 AO ist dabei entsprechend anzuwenden. [5]Dies gilt allerdings nicht für die Kalenderjahre, die nach der Verkündung der maßgeblichen Entscheidung eines obersten Gerichtshofes des Bundes beginnen.

Zu § 60a Abs. 6 AO:

9. Die tatsächliche Geschäftsführung ist grundsätzlich kein Prüfungsgegenstand im Verfahren zur Feststellung der satzungsmäßigen Voraussetzungen nach § 60a AO.

10. [1]Liegen der Finanzverwaltung bis zum Zeitpunkt des Erlasses des erstmaligen Körperschaftsteuerbescheids oder Freistellungsbescheids bereits Erkenntnisse über Verstöße der tatsächlichen Geschäftsführung gegen die satzungsmäßigen Voraussetzungen vor, beispielsweise aufgrund von extremistischen Aktivitäten der Körperschaft, ist der Antrag auf Feststellung der satzungsmäßigen Voraussetzungen abzulehnen. [2]Dies gilt entsprechend auch für die Aufhebung bestehender Feststellungen nach § 60a Abs. 1 AO.

AEAO zu § 61 – Satzungsmäßige Vermögensbindung:

1. [1]Die Vorschrift stellt klar, dass die zu den Voraussetzungen der Selbstlosigkeit zählende Bindung des Vermögens für steuerbegünstigte Zwecke vorallem im Falle der Auflösung der Körperschaft aus der Satzung genau hervorgehen muss (Mustersatzung, § 5).[1)·2)] [2]Als Empfänger des Vermögens kommen in Betracht:

– inländische steuerbegünstigte Körperschaften,
– die in § 5 Abs. 2 Nr. 2 KStG aufgeführten Körperschaften,
– juristische Personen des öffentlichen Rechts.

Die satzungsmäßige Vermögensbindung nach § 55 Abs. 1 Nr. 4 Satz 2 i. V. m. § 61 Abs. 1 AO ist auch erfüllt, wenn in der Satzung einer Körperschaft als Anfallsberechtigte eine in einem EU-/EWR-Staat ansässige juristische Person des öffentlichen Rechts aufgeführt wird.

2. [1]Wird die satzungsmäßige Vermögensbindung aufgehoben, gilt sie von Anfang an als steuerlich nicht ausreichend. [2]Die Regelung greift auch ein, wenn die Bestimmung über die Vermögensbindung erst zu einem Zeitpunkt geändert wird, in dem die Körperschaft nicht mehr als steuerbegünstigt anerkannt ist. [3]Die entsprechenden steuerlichen Folgerungen sind durch Steuerfestsetzung rückwirkend zu ziehen.

---

1) Abgedruckt am Ende des AEAO als Anlage 2.

2) Zur Regelung der „Aufhebung" in der Vereinssatzung siehe BFH v. 23.7.2009 V R 20/08, BStBl. II 2010, 719; hierzu BMF v. 7.7.2010, BStBl. I 2010, 630, sowie BFH v. 12.1.2011 I R 91/09, BFH/NV 2011, 1111.

3. [1]Bei Verstößen gegen den Grundsatz der Vermögensbindung bildet die Festsetzungsverjährung (§§ 169 ff. AO) keine Grenze. [2]Vielmehr können nach § 175 Abs. 1 Satz 1 Nr. 2 AO auch Steuerbescheide noch geändert werden, die Steuern betreffen, die innerhalb von zehn Jahren vor der erstmaligen Verletzung der Vermögensbindungsregelung entstanden sind. [3]Es kann demnach auch dann noch zugegriffen werden, wenn zwischen dem steuerfreien Bezug der Erträge und dem Wegfall der Steuerbegünstigung ein Zeitraum von mehr als fünf Jahren liegt, selbst wenn in der Zwischenzeit keine Erträge mehr zugeflossen sind.

Beispiel:

Eine gemeinnützige Körperschaft hat in den Jahren 01 bis 11 steuerfreie Einnahmen aus einem Zweckbetrieb bezogen und diese teils für gemeinnützige Zwecke ausgegeben und zum Teil in eine Rücklage eingestellt. Eine in 11 vollzogene Satzungsänderung sieht jetzt vor, dass bei Auflösung des Vereins das Vermögen an die Mitglieder ausgekehrt wird. In diesem Fall muss das Finanzamt für die Veranlagungszeiträume 01 ff. Steuerbescheide erlassen, welche die Nachversteuerung aller genannten Einnahmen vorsehen, wobei es unerheblich ist, ob die Einnahmen noch im Vereinsvermögen vorhanden sind.

4. Verstöße gegen § 55 Abs. 1 bis 3 AO begründen die Möglichkeit einer Nachversteuerung im Rahmen der Festsetzungsfrist.

5. Die Nachversteuerung gem. § 61 Abs. 3 AO greift nicht nur bei gemeinnützigkeitsschädlichen Änderungen satzungsrechtlicher Bestimmungen über die Vermögensbindung ein, sondern erfasst auch die Fälle, in denen die tatsächliche Geschäftsführung gegen die von § 61 AO geforderte Vermögensbindung verstößt (§ 63 Abs. 2 AO).

Beispiel:

Eine gemeinnützige Körperschaft verwendet bei ihrer Auflösung oder bei Aufgabe ihres begünstigten Satzungszweckes ihr Vermögen entgegen der Vermögensbindungsbestimmung in der Satzung nicht für begünstigte Zwecke.

6. [1]Verstöße der tatsächlichen Geschäftsführung gegen § 55 Abs. 1 Nr. 1 bis 3 AO können so schwerwiegend sein, dass sie einer Verwendung des gesamten Vermögens für satzungsfremde Zwecke gleichkommen. [2]Auch in diesen Fällen ist eine Nachversteuerung nach § 61 Abs. 3 AO möglich (vgl. auch BFH-Urteil vom 12.10.2010, I R 59/09, BStBl. II 2012 S. 226).

7. [1]Bei der nachträglichen Besteuerung ist so zu verfahren, als ob die Körperschaft von Anfang an uneingeschränkt steuerpflichtig gewesen wäre. [2]§ 13 Abs. 3 KStG ist nicht anwendbar.

AEAO zu § 62 – Rücklagen und Vermögensbildung:

1. [1]Im wirtschaftlichen Geschäftsbetrieb können Rücklagen durch Zuführung des Gewinns gebildet werden. [2]Die Rücklagen müssen bei vernünftiger kaufmännischer Beurteilung wirtschaftlich begründet sein (entsprechend § 14 Abs. 1 Nr. 4 KStG). [3]Es muss ein konkreter Anlass gegeben sein, der auch aus objektiver unternehmerischer Sicht die Bildung der Rücklage im wirtschaftlichen Geschäftsbetrieb rechtfertigt (z.B. eine geplante Betriebsverlegung, Werkserneuerung oder Kapazitätsausweitung). [4]Eine fast vollständige Zuführung des Gewinns zu einer Rücklage im wirtschaftlichen Geschäftsbetrieb ist nur dann unschädlich für die Steuerbegünstigung, wenn die Körperschaft nachweist, dass die betriebliche Mittelverwendung zur Sicherung ihrer Existenz geboten war (BFH-Urteil vom 15.7.1998, I R 156/94, BStBl. 2002 II S. 162).

[1]Im Bereich der Vermögensverwaltung können Rücklagen durch Zuführung der Überschüsse aus der Vermögensverwaltung nur für die Durchführung konkreter Reparatur- oder Erhaltungsmaßnahmen an Vermögensgegenständen i.S.d. § 21 EStG gebildet werden. [2]Die Maßnahmen, für deren Durchführung die Rücklage gebildet wird, müssen notwendig sein, um den ordnungsgemäßen Zustand des Vermögensgegenstandes zu erhalten oder wiederherzustellen, und in einem angemessenen Zeitraum durchgeführt werden können (z.B. geplante Erneuerung eines undichten Daches).

Zu § 62 Abs. 1 AO:

2. Die Bildung einer Rücklage kann nicht damit begründet werden, dass die Überlegungen zur Verwendung der Mittel noch nicht abgeschlossen sind.

Zu § 62 Abs. 1 Nr. 1 AO:

3. [1]Bei der Bildung der Rücklage nach § 62 Abs. 1 Nr. 1 und 2 AO kommt es nicht auf die Herkunft der Mittel an. [2]Der Rücklage dürfen also auch zeitnah zu verwendende Mittel wie z.B. Spenden zugeführt werden.

4. [1]Voraussetzung für die Bildung einer Rücklage nach § 62 Abs. 1 Nr. 1 AO ist in jedem Fall, dass diese erforderlich ist, um die steuerbegünstigten, satzungsmäßigen Zwecke der Körperschaft nachhaltig erfüllen zu können. [2]Das Bestreben, ganz allgemein die Leistungsfähigkeit der Körperschaft zu erhalten, reicht für eine steuerlich unschädliche Rücklagenbildung nach dieser Vorschrift nicht aus (hierfür können nur freie Rücklagen nach § 62 Abs. 1 Nr. 3 AO gebildet werden, vgl. Nrn. 13 bis 17 des AEAO zu § 62). [3]Vielmehr müssen die Mittel für bestimmte – die steuerbegünstigten Satzungszwecke verwirklichende – Vorhaben angesammelt werden, für deren Durchführung bereits konkrete Zeitvorstellungen bestehen. [4]Besteht noch keine konkrete Zeitvorstellung, ist eine Rücklagenbildung dann zulässig, wenn die Durchführung des Vorhabens glaubhaft und bei den finanziellen Verhältnissen der steuerbegünstigten Körperschaft in einem angemessenen Zeitraum möglich ist. [5]Die Bildung von Rücklagen für periodisch wiederkehrende Ausgaben (z.B. Löhne, Gehälter, Mieten) in Höhe des Mittelbedarfs für eine angemessene Zeitperiode zur Sicherstellung der Liquidität ist zulässig (so genannte Betriebsmittelrücklage). [6]Ebenfalls unschädlich ist die vorsorgliche Bildung einer Rücklage zur Bezahlung von Steuern außerhalb eines steuerpflichtigen wirtschaftlichen Geschäftsbetriebs, solange Unklarheit darüber besteht, ob die Körperschaft insoweit in Anspruch genommen wird. [7]Eine beabsichtigte Vermögensausstattung nach § 58 Nr. 3 AO rechtfertigt keine Rücklagenbildung nach § 62 Abs. 1 Nr. 1 AO.

5. Die Rücklage nach § 62 Abs. 1 Nr. 1 AO kann unabhängig von dem Vorhandensein und der Höhe einer Rücklage nach § 62 Abs. 1 Nr. 3 AO (freie Rücklage) gebildet werden.

Zu § 62 Abs. 1 Nr. 2 AO:

6. [1]Eine Wiederbeschaffungsrücklage für Fahrzeuge und andere Wirtschaftsgüter, für deren Anschaffung die laufenden Einnahmen nicht ausreichen, ist nach § 62 Abs. 1 Nr. 2 AO zulässig. [2]Eine Wiederbeschaffungsabsicht liegt nur vor, wenn tatsächlich eine Neuanschaffung des einzelnen Wirtschaftsguts geplant und in einem angemessenen Zeitraum möglich ist. [3]Im Regelfall ist als Nachweis für die Wiederbeschaffungsabsicht ausreichend, dass die Rücklage gebildet wurde. [4]Diese Nachweiserleichterung gilt nicht für Immobilien. [5]Reicht die Zuführung von Mitteln in Höhe der Abschreibungen für eine beabsichtigte Wiederbeschaffung nicht aus, dann können auch höhere Mittel der Rücklage zugeführt werden. [6]Der Nachweis darüber ist durch die Körperschaft zu erbringen.

7. [1]Die Regelungen in den vorstehenden Textziffern zu § 62 Abs. 1 Nr. 1 und 2 AO gelten auch für Förderkörperschaften i. S. d. § 58 Nr. 1 AO (BFH-Urteil vom 13.9.1989, I R 19/85, BStBl. 1990 II S. 28). [2]Voraussetzung ist jedoch, dass die Rücklagenbildung dem Zweck der Beschaffung von Mitteln für die steuerbegünstigten Zwecke einer anderen Körperschaft entspricht. [3]Diese Voraussetzung ist z. B. erfüllt, wenn die Förderkörperschaft wegen zeitlicher Verzögerung der von ihr zu finanzierenden steuerbegünstigten Maßnahmen angehalten ist, die beschafften Mittel zunächst zu thesaurieren.

8. Unterhält eine steuerbegünstigte Körperschaft einen steuerpflichtigen wirtschaftlichen Geschäftsbetrieb, so können dessen Erträge der Rücklage erst nach Versteuerung zugeführt werden.

Zu § 62 Abs. 1 Nr. 3 AO:

9. [1]Der freien Rücklage (§ 62 Abs. 1 Nr. 3 AO) darf jährlich höchstens ein Drittel des Überschusses der Einnahmen über die Ausgaben aus der Vermögensverwaltung zugeführt werden. [2]Unter Ausgaben sind Aufwendungen zu verstehen, die dem Grunde nach Werbungskosten sind.

10. [1]Darüber hinaus kann die Körperschaft höchstens 10 % ihrer sonstigen nach § 55 Abs. 1 Nr. 5 AO zeitnah zu verwendenden Mittel einer freien Rücklage zuführen. [2]Mittel i. S. d. Vorschrift sind die Überschüsse bzw. Gewinne aus steuerpflichtigen wirtschaftlichen Geschäftsbetrieben und Zweckbetrieben sowie die Bruttoeinnahmen aus dem ideellen Bereich. [3]Bei Anwendung der Regelungen des § 64 Abs. 5 und 6 AO können in die Bemessungsgrundlage zur Ermittlung der Rücklage statt der geschätzten bzw. pauschal ermittelten Gewinne die tatsächlichen Gewinne einbezogen werden.

(Fortsetzung S. 87)

Zu § 64 Abs. 2 AO:

14. [1]Die Regelung, dass bei steuerbegünstigten Körperschaften mehrere steuerpflichtige wirtschaftliche Geschäftsbetriebe als ein Betrieb zu behandeln sind, gilt auch für die Ermittlung des steuerpflichtigen Einkommens der Körperschaft und für die Beurteilung der Buchführungspflicht nach § 141 Abs. 1 AO. [2]Für die Frage, ob die Grenzen für die Buchführungspflicht überschritten sind, kommt es also auf die Werte (Einnahmen, Überschuss) des Gesamtbetriebs an.

15. [1]§ 55 Abs. 1 Nr. 1 Satz 2 und Nr. 3 AO gilt auch für den steuerpflichtigen wirtschaftlichen Geschäftsbetrieb. [2]Das bedeutet u. a., dass Verluste und Gewinnminderungen in den einzelnen steuerpflichtigen wirtschaftlichen Geschäftsbetrieben nicht durch Zuwendungen an Mitglieder oder durch unverhältnismäßig hohe Vergütungen entstanden sein dürfen.

16. Die entgeltliche Übernahme von Verwaltungstätigkeiten durch Einsatzstellen, Zentralstellen und Träger i. S. d. §§ 6 und 7 Bundesfreiwilligendienstgesetz (BFDG) aufgrund von Verträgen nach § 16 BFDG begründet einen steuerpflichtigen wirtschaftlichen Geschäftsbetrieb nach § 64 AO (teilweise Nichtanwendung des BFH-Urteils vom 23.7.2009, V R 93/07, BStBl. 2015 II S. 735).

17. [1]Bei einer Körperschaft, die mehrere steuerpflichtige wirtschaftliche Geschäftsbetriebe unterhält, ist für die Frage, ob gemeinnützigkeitsschädliche Verluste vorliegen, nicht auf das Ergebnis des einzelnen steuerpflichtigen wirtschaftlichen Geschäftsbetriebs, sondern auf das zusammengefasste Ergebnis aller steuerpflichtigen wirtschaftlichen Geschäftsbetriebe abzustellen. [2]Danach ist die Gemeinnützigkeit einer Körperschaft gefährdet, wenn die steuerpflichtigen wirtschaftlichen Geschäftsbetriebe insgesamt Verluste erwirtschaften (vgl. Nrn. 4 ff. des AEAO zu § 55).

In den Fällen des § 64 Abs. 5 und 6 AO ist nicht der geschätzte bzw. pauschal ermittelte Gewinn, sondern das Ergebnis zu berücksichtigen, das sich bei einer Ermittlung nach den allgemeinen Regelungen ergeben würde (vgl. Nrn. 4 bis 6 des AEAO zu § 64).

Zu § 64 Abs. 3 AO:

18. [1]Die Höhe der Einnahmen aus den steuerpflichtigen wirtschaftlichen Geschäftsbetrieben bestimmt sich nach den Grundsätzen der steuerlichen Gewinnermittlung. [2]Bei steuerbegünstigten Körperschaften, die den Gewinn nach § 4 Abs. 1 oder § 5 EStG ermitteln, kommt es deshalb nicht auf den Zufluss i. S. d. § 11 EStG an, so dass auch Forderungszugänge als Einnahmen zu erfassen sind. [3]Bei anderen steuerbegünstigten Körperschaften sind die im Kalenderjahr zugeflossenen Einnahmen (§ 11 EStG) maßgeblich. [4]Ob die Einnahmen die Besteuerungsgrenze übersteigen, ist für jedes Jahr gesondert zu prüfen. [5]Nicht leistungsbezogene Einnahmen sind nicht den für die Besteuerungsgrenze maßgeblichen Einnahmen zuzurechnen (vgl. Nr. 20 des AEAO zu § 64).

[1]Die Besteuerungsgrenze von 45 000 € ist erstmalig für den Veranlagungszeitraum 2020 anzuwenden. [2]Für Veranlagungszeiträume vor 2020 ist die bisherige Besteuerungsgrenze von 35 000 € maßgebend.

19. [1]Zu den Einnahmen i. S. d. § 64 Abs. 3 AO gehören leistungsbezogene Einnahmen einschließlich Umsatzsteuer aus dem laufenden Geschäft, wie Einnahmen aus dem Verkauf von Speisen und Getränken. [2]Dazu zählen auch erhaltene Anzahlungen.

20. [1]Zu den leistungsbezogenen Einnahmen i. S. d. Nr. 19 des AEAO zu § 64 gehören z. B. nicht

a) der Erlös aus der Veräußerung von Wirtschaftsgütern des Anlagevermögens des steuerpflichtigen wirtschaftlichen Geschäftsbetriebs;

b) Betriebskostenzuschüsse sowie Zuschüsse für die Anschaffung oder Herstellung von Wirtschaftsgütern des steuerpflichtigen wirtschaftlichen Geschäftsbetriebs;

c) Investitionszulagen;

d) der Zufluss von Darlehen;

e) Entnahmen i. S. d. § 4 Abs. 1 EStG;

f) die Auflösung von Rücklagen;

g) erstattete Betriebsausgaben, z. B. Umsatzsteuer;

h) Versicherungsleistungen mit Ausnahme des Ersatzes von leistungsbezogenen Einnahmen.

21. [1]Ist eine steuerbegünstigte Körperschaft an einer Personengesellschaft oder Gemeinschaft beteiligt, sind für die Beurteilung, ob die Besteuerungsgrenze überschritten wird, die anteiligen (Brutto-)Einnahmen aus der Beteiligung – nicht aber der Gewinnanteil – maßgeblich. [2]Bei Beteiligung einer steuerbegünstigten Körperschaft an einer Kapitalgesellschaft sind die Bezüge i. S. d. § 8b Abs. 1 KStG und die Erlöse aus der Veräußerung von Anteilen i. S. d. § 8b Abs. 2 KStG als Einnahmen i. S. d. § 64 Abs. 3 AO zu erfassen, wenn die Beteiligung einen steuerpflichtigen wirtschaftlichen Geschäftsbetrieb darstellt (vgl. Nr. 3 des AEAO zu § 64) oder in einem steuerpflichtigen wirtschaftlichen Geschäftsbetrieb gehalten wird.

22. In den Fällen des § 64 Abs. 5 und 6 AO sind für die Prüfung, ob die Besteuerungsgrenze i. S. d. § 64 Abs. 3 AO überschritten wird, die tatsächlichen Einnahmen anzusetzen.

23. Einnahmen aus sportlichen Veranstaltungen, die nach § 67a Abs. 1 Satz 1 AO oder – bei einer Option – nach § 67a Abs. 3 AO kein Zweckbetrieb sind, gehören zu den Einnahmen i. S. d. § 64 Abs. 3 AO.

Beispiel:

Ein Sportverein, der auf die Anwendung des § 67a Abs. 1 Satz 1 AO (Zweckbetriebsgrenze) verzichtet hat, erzielt im Jahr 01 folgende Einnahmen aus wirtschaftlichen Geschäftsbetrieben:

Sportliche Veranstaltungen, an denen kein bezahlter Sportler teilgenommen hat:	40 000 €
Sportliche Veranstaltungen, an denen bezahlte Sportler des Vereins teilgenommen haben:	20 000 €
Verkauf von Speisen und Getränken:	5000 €

Die Einnahmen aus wirtschaftlichen Geschäftsbetrieben, die keine Zweckbetriebe sind, betragen 25 000 € (20 000 € + 5000 €). Die Besteuerungsgrenze von 45 000 € wird nicht überschritten.

24. [1]Eine wirtschaftliche Betätigung verliert durch das Unterschreiten der Besteuerungsgrenze nicht den Charakter des steuerpflichtigen wirtschaftlichen Geschäftsbetriebs. [2]Das bedeutet, dass kein Beginn einer teilweisen Steuerbefreiung i. S. d. § 13 Abs. 5 KStG vorliegt und dementsprechend keine Schlussbesteuerung durchzuführen ist, wenn Körperschaft- und Gewerbesteuer wegen § 64 Abs. 3 AO nicht mehr erhoben werden.

25. Bei Körperschaften mit einem vom Kalenderjahr abweichenden Wirtschaftsjahr sind für die Frage, ob die Besteuerungsgrenze überschritten wird, die in dem Wirtschaftsjahr erzielten Einnahmen maßgeblich.

26. 1 Der allgemeine Grundsatz des Gemeinnützigkeitsrechts, dass für die steuerbegünstigten Zwecke gebundene Mittel nicht für den Ausgleich von Verlusten aus steuerpflichtigen wirtschaftlichen Geschäftsbetrieben verwendet werden dürfen, wird durch § 64 Abs. 3 AO nicht aufgehoben. 2 Unter diesem Gesichtspunkt braucht jedoch bei Unterschreiten der Besteuerungsgrenze der Frage der Mittelverwendung nicht nachgegangen zu werden, wenn bei überschlägiger Prüfung der Aufzeichnungen erkennbar ist, dass in dem steuerpflichtigen wirtschaftlichen Geschäftsbetrieb (§ 64 Abs. 2 AO) keine Verluste entstanden sind.

27.[1)] 1 Verluste und Gewinne aus Jahren, in denen die maßgeblichen Einnahmen die Besteuerungsgrenze nicht übersteigen, bleiben bei dem Verlustabzug (§ 10d EStG) außer Ansatz. 2 Ein rück- und vortragbarer Verlust kann danach nur in Jahren entstehen, in denen die Einnahmen die Besteuerungsgrenze übersteigen. 3 Dieser Verlust wird nicht für Jahre verbraucht, in denen die Einnahmen die Besteuerungsgrenze von 45 000 € nicht übersteigen.

Zu § 64 Abs. 4 AO:

28. § 64 Abs. 4 AO gilt nicht für regionale Untergliederungen (Landes-, Bezirks-, Ortsverbände) steuerbegünstigter Körperschaften.

Zu § 64 Abs. 5 AO:

29. 1 § 64 Abs. 5 AO gilt nur für Altmaterialsammlungen (Sammlung und Verwertung von Lumpen, gesammelten Kleidungsstücken, Altpapier, Schrott). 2 Zahngold ist kein Altmaterial. 3 Die Regelung gilt nicht für den Einzelverkauf gebrauchter Sachen (Gebrauchtwarenhandel). 4 Basare und ähnliche Einrichtungen sind deshalb nicht begünstigt (vgl. BFH-Urteil vom 11.2.2009, I R 73/08, BStBl II S. 516). 5 Zu Kleiderkammern siehe Nr. 9 des AEAO zu § 66.

30. § 64 Abs. 5 AO ist nur anzuwenden, wenn die Körperschaft dies beantragt (Wahlrecht).

31. Der branchenübliche Reingewinn ist bei der Verwertung von Altpapier mit 5 % und bei der Verwertung von u. a. Altmaterial mit 20 % der Einnahmen anzusetzen.

Zu § 64 Abs. 6 AO:

32. 1 Bei den genannten steuerpflichtigen wirtschaftlichen Geschäftsbetrieben ist der Besteuerung auf Antrag der Körperschaft ein Gewinn von 15 % der Einnahmen zugrunde zu legen. 2 Der Antrag gilt jeweils für alle gleichartigen Tätigkeiten in dem betreffenden Veranlagungszeitraum. 3 Er entfaltet keine Bindungswirkung für folgende Veranlagungszeiträume.

---

1) Zur Hinzurechnung der Pachtzinsen beim Gewerbeertrag des Pächters eines wirtschaftlichen Geschäftsbetriebs siehe BFH v. 4.4.2007 I R 55/06, BStBl. II 2007, 725.

33. [1]Nach § 64 Abs. 6 Nr. 1 AO kann der Gewinn aus Werbemaßnahmen pauschal ermittelt werden, wenn sie im Zusammenhang mit der steuerbegünstigten Tätigkeit einschließlich Zweckbetrieben stattfinden. [2]Beispiele für derartige Werbemaßnahmen sind die Trikot- oder Bandenwerbung bei Sportveranstaltungen, die ein Zweckbetrieb sind, oder die aktive Werbung in Programmheften oder auf Plakaten bei kulturellen Veranstaltungen. [3]Dies gilt auch für Sponsoring i. S. d. Nr. 10 des AEAO zu § 64.

34. Soweit Werbeeinnahmen nicht im Zusammenhang mit der ideellen steuerbegünstigten Tätigkeit oder einem Zweckbetrieb erzielt werden, z. B. Werbemaßnahmen bei einem Vereinsfest oder bei sportlichen Veranstaltungen, die wegen Überschreitens der Zweckbetriebsgrenze des § 67a Abs. 1 AO oder wegen des Einsatzes bezahlter Sportler ein steuerpflichtiger wirtschaftlicher Geschäftsbetrieb sind, ist § 64 Abs. 6 AO nicht anzuwenden.

35. [1]Das Veranstalten von Trabrennen kann ein steuerpflichtiger wirtschaftlicher Geschäftsbetrieb nach § 64 AO sein, der mit dem Betrieb eines Totalisators einen einheitlichen wirtschaftlichen Geschäftsbetrieb bildet. [2]Diesem Betrieb sind grundsätzlich sämtliche Einnahmen und Ausgaben zuzuordnen, die durch ihn veranlasst sind (BFH-Urteil vom 22.4.2009, I R 15/07, BStBl. 2011 II S. 475).

[1]Nach § 64 Abs. 6 Nr. 2 AO kann der Gewinn aus dem Totalisatorbetrieb der Pferderennvereine allerdings mit 15% der Einnahmen angesetzt werden. [2]Die maßgeblichen Einnahmen ermitteln sich insoweit wie folgt:

Wetteinnahmen
abzgl. Rennwettsteuer (Totalisatorsteuer)
abzgl. Auszahlungen an die Wetter.

Zu § 64 Abs. 5 und 6 AO:

36. Wird in den Fällen des § 64 Abs. 5 oder 6 AO kein Antrag auf Schätzung des Überschusses oder auf pauschale Gewinnermittlung gestellt, ist der Gewinn nach den allgemeinen Regeln durch Gegenüberstellung der Betriebseinnahmen und der Betriebsausgaben zu ermitteln (vgl. Nrn. 4 bis 6 des AEAO zu § 64).

37. Wird der Überschuss nach § 64 Abs. 5 AO geschätzt oder nach § 64 Abs. 6 AO pauschal ermittelt, sind dadurch auch die damit zusammenhängenden tatsächlichen Aufwendungen der Körperschaft abgegolten; sie können nicht zusätzlich abgezogen werden.

38. [1]Wird der Überschuss nach § 64 Abs. 5 AO geschätzt oder nach § 64 Abs. 6 AO pauschal ermittelt, muss die Körperschaft die mit diesen Einnahmen im Zusammenhang stehenden Einnahmen und Ausgaben gesondert aufzeichnen. [2]Die genaue Höhe der Einnahmen wird zur Ermittlung des Gewinns nach § 64 Abs. 5 bzw. 6 AO benötigt. [3]Die mit diesen steuerpflichtigen wirtschaftlichen Geschäftsbetrieben zusammenhängenden Ausgaben dürfen das Ergebnis der anderen steuerpflichtigen wirtschaftlichen Geschäftsbetriebe nicht mindern.

39. Die in den Bruttoeinnahmen ggf. enthaltene Umsatzsteuer gehört nicht zu den maßgeblichen Einnahmen i. S. d. § 64 Abs. 5 und 6 AO.

27. Lebensjahres) erbracht werden, begründen einen selbständigen steuerpflichtigen wirtschaftlichen Geschäftsbetrieb nach §§ 14, 64 AO (BFH-Urteil vom 10.8.2016, V R 11/15, BStBl. 2018 II S. 113).[1)]

[1] Flüchtlinge zählen regelmäßig aufgrund ihrer psychischen, physischen oder wirtschaftlichen Situation zu dem von § 53 AO erfassten Personenkreis. [2] Eine Prüfung der Voraussetzungen des § 53 AO der Flüchtlinge ist deshalb bei Einrichtungen zur Versorgung, Verpflegung und Betreuung von Flüchtlingen nicht erforderlich.

Die Einrichtungen dürfen nicht des Erwerbs wegen betrieben werden (§ 66 Abs. 2 AO).

Zu § 68 Nr. 2 AO:

4. [1] Von § 68 Nr. 2 Buchstabe b AO werden nur solche Selbstversorgungseinrichtungen umfasst, die den darin genannten Handwerksbetrieben vergleichbar sind. [2] Werden auch Leistungen gegenüber Außenstehenden erbracht, sind nur solche Einrichtungen der steuerbegünstigten Körperschaft begünstigt, die nicht regelmäßig ausgelastet sind und deshalb gelegentlich auch Leistungen an Außenstehende erbringen, nicht aber solche, die über Jahre hinweg Leistungen an Außenstehende ausführen und hierfür auch personell entsprechend ausgestattet sind (vgl. BFH-Urteil vom 29.1.2009, V R 46/06, BStBl. II S. 560 und BMF-Schreiben vom 12.4.2011, BStBl. I S. 538). [3] Außenstehende im Sinne dieser Regelung sind auch Arbeitnehmer der Körperschaft. [4] Bei Lieferungen und Leistungen an Außenstehende tritt die Körperschaft mit Dritten in Leistungsbeziehung. [5] Solange der Umfang dieser Geschäfte an Dritte, hierzu gehören auch Leistungsempfänger, die selbst eine steuerbegünstigte Körperschaft i. S. d. § 68 Nr. 2 AO sind (BFH-Urteil vom 18.10.1990, V R 35/85, BStBl. 1991 II S. 157), nicht mehr als 20% der gesamten Lieferungen und Leistungen der begünstigten Körperschaft ausmachen, bleibt die Zweckbetriebseigenschaft erhalten.

Zu § 68 Nr. 3 AO:

5. [1] Der Begriff „Werkstatt für behinderte Menschen" bestimmt sich nach § 219 SGB IX.[2)] [2] Werkstätten für behinderte Menschen bedürfen der förmlichen Anerkennung. [3] Anerkennungsbehörde ist die Bundesagentur für Arbeit, die im Einvernehmen mit dem überörtlichen Träger der Sozialhilfe über die Anerkennung einer Einrichtung als Werkstatt für behinderte Menschen durch Anerkennungsbescheid entscheidet (§ 225 SGB IX).

[1] Läden oder Verkaufsstellen von Werkstätten für behinderte Menschen sind grundsätzlich als Zweckbetriebe zu behandeln, wenn dort Produkte verkauft werden, die von der – den Laden oder die Verkaufsstelle betreibenden – Werkstatt für behinderte Menschen oder einer anderen Werkstatt für behinderte Menschen i. S. d. § 68 Nr. 3 Buchstabe a AO hergestellt worden sind. [2] Werden von dem Laden oder der Verkaufsstelle der Werkstatt für behinderte Menschen auch zugekaufte Waren, die nicht von ihr oder von anderen Werkstätten für behinderte Menschen hergestellt worden sind, weiterverkauft, liegt insoweit ein gesonderter steuerpflichtiger wirtschaftlicher Geschäftsbetrieb vor.

---

1) AEAO Nr. 3 Abs. 1 Satz 2 zu § 68 Nr. 1 AO anzuwenden auf ab 2018 beginnende VZ.
2) **Aichberger SGB** Nr. **9**.

Zu den Zweckbetrieben gehören auch die von den Trägern der Werkstätten für behinderte Menschen betriebenen Kantinen, weil die besondere Situation der behinderten Menschen auch während der Mahlzeiten eine Betreuung erfordert.

6. [1] Inklusionsbetriebe i. S. d. § 215 SGB IX[1)] sind rechtlich und wirtschaftlich selbständige Unternehmen oder unternehmensinterne oder von öffentlichen Arbeitgebern i. S. d. § 154 Abs. 2 SGB IX geführte Betriebe oder Abteilungen zur Beschäftigung schwerbehinderter Menschen, deren Teilhabe an einer sonstigen Beschäftigung auf dem allgemeinen Arbeitsmarkt aufgrund von Art oder Schwere der Behinderung oder wegen sonstiger Umstände voraussichtlich trotz Ausschöpfens aller Fördermöglichkeiten und des Einsatzes von Integrationsfachdiensten auf besondere Schwierigkeiten stößt. [2] Inklusionsbetriebe i. S. d. § 215 SGB IX müssen mindestens 30 % und sollen in der Regel nicht mehr als 50 % der genannten Personengruppe beschäftigen, um sozialrechtlich als Inklusionsbetrieb anerkannt werden zu können. [3] Für die steuerliche Eignung als Zweckbetrieb bedarf es insgesamt einer Beschäftigungsquote von mindestens 40 % der genannten Personengruppen. [4] Auf diese Quoten wird auch die Anzahl der psychisch kranken beschäftigten Menschen angerechnet, die behindert oder von einer Behinderung bedroht sind und deren Teilhabe an einer sonstigen Beschäftigung auf dem allgemeinen Arbeitsmarkt auf Grund von Art und Schwere der Behinderung oder wegen sonstiger Umstände auf besondere Schwierigkeiten stößt. [5] Für Inklusionsbetriebe wird anders als bei Werkstätten für behinderte Menschen kein förmliches Anerkennungsverfahren durchgeführt. [6] Als Nachweis für die Eigenschaft als Inklusionsbetrieb dient in der Regel der Bescheid des zuständigen Integrationsamtes über erbrachte Leistungen nach § 217 SGB IX (Leistungsbescheid) sowie, im Falle einer Beschäftigung psychisch kranker Menschen, der Leistungsbescheid des zuständigen Rehabilitationsträgers. [7] Bei der Ermittlung der Beschäftigungsquote von 40 % sind alle schwerbehinderten und psychisch kranken Menschen, für die das jeweils zuständige Integrationsamt bzw. der zuständige Rehabilitationsträger auch Leistungen der begleitenden Hilfe im Arbeitsleben nach § 217 SGB IX erbringen kann, zu berücksichtigen. [8] Dies ist bei Inklusionsbetrieben bei Beschäftigten mit einer wöchentlichen Arbeitszeit ab 12 Stunden möglich. [9] Ein über diese Grenze hinausgehend Teilzeitbeschäftigter wird voll angerechnet.

Für Altfälle bis einschließlich VZ 2018 wird nicht beanstandet, wenn die bisherige Fassung der Nr. 6 des AEAO zu § 68 Nr. 3 angewendet wird.

7. [1] Zusätzliche Beschäftigungsmöglichkeiten für (schwer-)behinderte Menschen schaffen Handelsbetriebe, die als wohnortnahe Einzelhandelsgeschäfte beispielsweise mit einem Lebensmittelvollsortiment und entsprechendem Einsatz von Fachpersonal betrieben werden. [2] Mit dieser Beschäftigungsform soll behinderten Menschen eine Möglichkeit zur Teilhabe am Arbeitsleben auf dem allgemeinen Arbeitsmarkt auch außerhalb von Werkstätten für behinderte Menschen geboten werden.

[1] Handelsbetriebe, die keine Läden oder Verkaufsstellen von Werkstätten für behinderte Menschen i. S. d. Nr. 5 des AEAO zu § 68 darstellen, können als Inklusionsbetrieb (vgl. Nr. 6 des AEAO zu § 68) oder als zusätzlicher Arbeits-

1) **Aichberger SGB** Nr. **9**.

bereich, zusätzlicher Betriebsteil oder zusätzliche Betriebsstätte einer (anerkannten) Werkstatt für behinderte Menschen gegründet werden. [2]Im letzteren Fall muss die Werkstatt für behinderte Menschen bei den Anerkennungsbehörden (§ 225 SGB IX)[1)] die Erweiterung der anerkannten Werkstatt um den zusätzlichen Arbeitsbereich, den Betriebsteil oder die zusätzliche Betriebsstätte „Handelsbetrieb" anzeigen und um deren Einbeziehung in die Anerkennung nach § 225 SGB IX ersuchen. [3]Die Anerkennungsbehörden prüfen, ob die anerkannte Werkstatt für behinderte Menschen auch mit einer solchen Erweiterung insgesamt noch die Anerkennungsvoraussetzungen als Werkstatt für behinderte Menschen nach § 225 SGB IX erfüllt.

Handelsbetriebe, die von den Sozialbehörden als Inklusionsbetriebe gefördert werden, stellen grundsätzlich einen steuerbegünstigten Zweckbetrieb nach § 68 Nr. 3 Buchstabe c AO dar, wenn die Beschäftigungsquote von 40% der Personengruppe erreicht ist.

[1]Die von den Sozialbehörden vorgenommene sozialrechtliche Einordnung dieser Handelsbetriebe als Teil einer Werkstatt für behinderte Menschen (§ 68 Nr. 3 Buchstabe a AO) oder als Inklusionsbetrieb (§ 68 Nr. 3 Buchstabe c AO) soll von der zuständigen Finanzbehörde regelmäßig übernommen werden. [2]Dem zuständigen Finanzamt obliegt aber die abschließende rechtsverbindliche Entscheidung im Einzelfall. [3]Dabei kommt den Bescheiden der Sozialbehörden (Anerkennungsbescheid nach § 225 SGB IX[1)] bzw. Bescheid über erbrachte Leistungen nach § 217 SGB IX) grundsätzlich Tatbestandswirkung zu. [4]Die Bescheide stellen aber keine Grundlagenbescheide i. S. d. § 171 Abs. 10 AO dar.

8. [1]Einrichtungen für Beschäftigungs- und Arbeitstherapie, die der Eingliederung von behinderten Menschen dienen, sind besondere Einrichtungen, in denen eine Behandlung von behinderten Menschen aufgrund ärztlicher Indikationen erfolgt. [2]Während eine Beschäftigungstherapie ganz allgemein das Ziel hat, körperliche oder psychische Grundfunktionen zum Zwecke der Wiedereingliederung in das Alltagsleben wiederherzustellen, zielt die Arbeitstherapie darauf ab, die besonderen Fähigkeiten und Fertigkeiten auszubilden, zu fördern und zu trainieren, die für eine Teilnahme am Arbeitsleben erforderlich sind. [3]Beschäftigungs- und Arbeitstherapie sind vom medizinischen Behandlungszweck geprägt und erfolgen regelmäßig außerhalb eines Beschäftigungsverhältnisses zum Träger der Therapieeinrichtung. [4]Ob eine entsprechende Einrichtung vorliegt, ergibt sich aufgrund der Vereinbarungen über Art und Umfang der Heilbehandlung und Rehabilitation zwischen dem Träger der Einrichtung und den Leistungsträgern.

Zu § 68 Nr. 4 AO:

9. Begünstigte Einrichtungen sind insbesondere Werkstätten, die zur Fürsorge von blinden Menschen, Menschen mit körperlichen Behinderungen sowie Menschen mit psychischen und seelischen Erkrankungen beziehungsweise Behinderungen unterhalten werden.

Zu § 68 Nr. 6 AO:

10. [1]Lotterien und Ausspielungen sind ein Zweckbetrieb, wenn sie von den zuständigen Behörden genehmigt sind oder nach den jeweiligen landesrechtlichen Bestimmungen wegen des geringen Umfangs der Ausspielung oder Lotterieveranstaltung per Verwaltungserlass pauschal als genehmigt gelten. [2]Die sachlichen Voraussetzungen und die Zuständigkeit für die Genehmigung bestimmen sich

---

1) **Aichberger SGB** Nr. 9.

nach den lotterierechtlichen Verordnungen der Länder. [3]Der Gesetzeswortlaut lässt es offen, in welchem Umfang solche Lotterien veranstaltet werden dürfen. [4]Da eine besondere Einschränkung fehlt, ist auch eine umfangreiche Tätigkeit so lange unschädlich, als die allgemein durch das Gesetz gezogenen Grenzen nicht überschritten werden. [5]Die jährliche Organisation einer Tombola durch eine Mittelbeschaffungskörperschaft ist im Rahmen der Gesamtbetrachtung selbst dann als steuerbegünstigter Zweckbetrieb nach § 68 Nr. 6 AO zu beurteilen, wenn die Körperschaft die Mittel überwiegend aus der Ausrichtung der Tombola erzielt.

11. [1]Zur Ermittlung des Reinertrags dürfen den Einnahmen aus der Lotterieveranstaltung oder Ausspielung nur die unmittelbar damit zusammenhängenden Ausgaben gegenübergestellt werden. [2]Führt eine steuerbegünstigte Körperschaft eine Lotterieveranstaltung durch, die nach dem Rennwett- und Lotteriegesetz[1)] nicht genehmigungsfähig ist, z. B. eine Ausspielung anlässlich einer geselligen Veranstaltung, handelt es sich insoweit nicht um einen Zweckbetrieb nach § 68 Nr. 6 AO.

Zu § 68 Nr. 7 AO:

12. Wegen der Breite des Spektrums, die die Förderung von Kunst und Kultur umfasst, ist die im Gesetz enthaltene Aufzählung der kulturellen Einrichtungen nicht abschließend.

13. [1]Kulturelle Einrichtungen und Veranstaltungen i. S. d. § 68 Nr. 7 AO können nur vorliegen, wenn die Förderung der Kultur Satzungszweck der Körperschaft ist. [2]Sie sind stets als Zweckbetrieb zu behandeln. [3]Das BFH-Urteil vom 4.5.1994, XI R 109/90, BStBl. II S. 886 zu sportlichen Darbietungen eines Sportvereins (vgl. Nr. 3 des AEAO zu § 67a) gilt für kulturelle Darbietungen entsprechend. [4]Demnach liegt auch dann eine kulturelle Veranstaltung der Körperschaft vor, wenn diese eine Darbietung kultureller Art im Rahmen einer Veranstaltung präsentiert, die nicht von der Körperschaft selbst organisiert wird und die ihrerseits keine kulturelle Veranstaltung i. S. d. § 68 Nr. 7 AO darstellt. [5]Wenn z. B. ein steuerbegünstigter Musikverein, der der Förderung der volkstümlichen Musik dient, gegen Entgelt im Festzelt einer Brauerei ein volkstümliches Musikkonzert darbietet, gehört der Auftritt des Musikvereins als kulturelle Veranstaltung zum Zweckbetrieb.

14. [1]Der Verkauf von Speisen und Getränken und die Werbung bei kulturellen Veranstaltungen gehören nicht zu dem Zweckbetrieb. [2]Diese Tätigkeiten sind gesonderte wirtschaftliche Geschäftsbetriebe. [3]Wird für den Besuch einer kulturellen Veranstaltung mit Bewirtung ein einheitliches Entgelt entrichtet, so ist dieses – ggf. im Wege der Schätzung – in einen Entgeltsanteil für den Besuch der Veranstaltung (Zweckbetrieb) und für die Bewirtungsleistungen (wirtschaftlicher Geschäftsbetrieb) aufzuteilen.

Zu § 68 Nr. 8 AO:

15. [1]An Veranstaltungen belehrender Art i. S. d. § 68 Nr. 8 AO sind keine besonderen inhaltlichen Anforderungen zu stellen. [2]Es genügt, dass bei den jeweiligen Veranstaltungen überwiegend Vorträge gehalten werden, die naturgemäß belehrenden Charakter haben (BFH-Urteil vom 21.6.2017, V R 34/16, BStBl. 2018 II S. 55).

---

1) G v. 8.4.1922, BGBl. III 611-14, zuletzt geänd. durch G v. 30.11.2020, BGBl. I 2020, 2600 (**Steuergesetze** Nr. **630**).

Mitteilungsverordnung.[1] ²Die Verpflichtung der Behörden und der Rundfunkanstalten zu Mitteilungen, Auskünften (insbesondere Einzelauskünften nach § 93 AO), Anzeigen (z.B. gem. § 116 AO) und zur Amtshilfe (§§ 111ff. AO) aufgrund anderer Vorschriften bleibt unberührt. ³Mitteilungspflichten, die sich aus Verträgen oder Auflagen in Verwaltungsakten ergeben (z.B. besondere Bedingungen in Zuwendungsbescheiden nach Maßgabe des Haushaltsrechts), bleiben ebenfalls unberührt.

Die Mitteilungspflichten für Zwecke der Feststellung von Einheitswerten des Grundbesitzes sowie für Zwecke der Grundsteuer sind in § 29 Abs. 3 BewG geregelt.

AEAO zu § 93c – Datenübermittlung durch Dritte:

1. § 93c AO enthält die grundsätzlich für alle elektronischen Datenübermittlungspflichten Dritter einheitlich geltenden Verfahrensvorschriften.

2. ¹Zur Haftung der mitteilungspflichtigen Stelle bei vorsätzlicher oder grob fahrlässiger Pflichtverletzung vgl. § 72a Abs. 4 AO. ²Zur Außenprüfung bei der mitteilungspflichtigen Stelle vgl. § 203a AO.

3. § 93c AO ist erstmals anzuwenden, wenn steuerliche Daten eines Steuerpflichtigen für Besteuerungszeiträume nach 2016 oder Besteuerungszeitpunkte nach dem 31.12.2016 auf Grund gesetzlicher Vorschriften von einem Dritten als mitteilungspflichtiger Stelle elektronisch an Finanzbehörden zu übermitteln sind (Art. 97 § 27 Abs. 2 EGAO).

AEAO zu § 95 – Versicherung an Eides statt:

¹Aus der Weigerung eines Steuerpflichtigen, eine Tatsachenbehauptung durch eidesstattliche Versicherung zu bekräftigen, können für ihn nachteilige Folgerungen gezogen werden. ²Im Übrigen wird auf § 162 AO hingewiesen.

AEAO zu § 99 – Betreten von Grundstücken und Räumen:

¹Es dürfen auch Grundstücke, Räume usw. betreten werden, die nicht dem Steuerpflichtigen gehören, sondern im Eigentum oder Besitz einer anderen Person stehen. ²Von der Besichtigung „betroffene" Personen sind alle, die an dem Grundstück usw. entweder Besitzrechte haben, sie tatsächlich nutzen oder eine sonstige tatsächliche Verfügungsbefugnis haben. ³Wohnräume dürfen im Besteuerungsverfahren nicht gegen den Willen des Inhabers betreten werden (siehe aber § 210 Abs. 2 und § 287 AO).

AEAO zu § 101 – Auskunfts- und Eidesverweigerungsrecht der Angehörigen:

1. Der Beteiligte (Steuerpflichtige) selbst hat kein Auskunftsverweigerungsrecht; § 393 Abs. 1 AO ist zu beachten.

2. Ist nach § 101 Abs. 1 Satz 2 AO erforderliche Belehrung unterblieben, dürfen die auf der Aussage des Angehörigen beruhenden Kenntnisse nicht

---

[1] MitteilungsV v. 7.9.1993, BGBl. I 1993, 1554, zuletzt geänd. durch VO v. 12.1.2021, BGBl. I 2021, 67 (**Steuergesetze Nr. 800f**). – Vgl. hierzu BMF v. 21.1.2021, BStBl. I 2021, 136, geänd. durch BMF v. 18.6.2021, BStBl. I 2021, 810.

verwertet werden (BFH-Urteil vom 31.10.1990, II R 180/87, BStBl. 1991 II S. 204), es sei denn, der Angehörige stimmt nachträglich zu oder wiederholt nach Belehrung seine Aussage (vgl. auch BFH-Urteil vom 7.11.1985, IV R 6/85, BStBl. 1986 II S. 435).

AEAO zu § 104 – Verweigerung der Erstattung eines Gutachtens und der Vorlage von Urkunden:

Trotz ihres Auskunftsverweigerungsrechts sind die Angehörigen der steuerberatenden Berufe verpflichtet, alle Urkunden und Wertsachen, insbesondere Geschäftsbücher und sonstige Aufzeichnungen, die sie für den Steuerpflichtigen aufbewahren oder führen, auf Verlangen der Finanzbehörde unter den gleichen Voraussetzungen vorzulegen wie der Steuerpflichtige selbst.

AEAO zu § 107 – Entschädigung der Auskunftspflichtigen und Sachverständigen:

1. [1]Die Entschädigungspflicht wird nur ausgelöst, wenn die Finanzbehörde Auskunftspflichtige, Vorlagepflichtige oder Sachverständige durch Verwaltungsakt zu Beweiszwecken herangezogen hat. [2]Freiwillig erteilte Auskünfte oder vorgelegte Unterlagen und Sachverständigengutachten führen selbst dann nicht zu einer Entschädigung, wenn die Finanzbehörde sie verwertet.

2. Für die Duldung der Einnahme des Augenscheins (§ 98 AO) besteht kein Anspruch auf eine Entschädigung nach § 107 AO.

3. Für die Vorlage von Urkunden (§ 97 AO) besteht in entsprechender Anwendung des § 24 des Justizvergütungs- und -entschädigungsgesetzes nur dann ein Anspruch auf Entschädigung nach § 107 AO, wenn das Vorlageersuchen ab dem 30.6.2013 gestellt wurde.

4. [1]Bei Vorlageersuchen, die vor dem 30.6.2013 gestellt wurden, gilt zur Entschädigung des Vorlagepflichtigen Folgendes:

Bei einem kombinierten Auskunfts- und Vorlageersuchen hat der ersuchte Dritte nach § 107 AO a. F. Anspruch auf Ersatz aller seiner mit dem Ersuchen zusammenhängenden Aufwendungen, d. h. auch jener, die ihm im Zusammenhang mit der Vorlage von Urkunden entstanden sind (BFH-Urteil vom 24.3.1987, VII R 113/84, BStBl. 1988 II S. 163).

[1]Ein (reines) Vorlageverlangen i. S. d. § 97 AO, das nach § 107 a. F. AO keinen Kostenerstattungsanspruch auslöst, liegt vor, wenn die Finanzbehörde die vorzulegenden Unterlagen so konkret und eindeutig benennt, dass sich die geforderte Tätigkeit des Vorlageverpflichteten auf rein mechanische Hilfstätigkeiten wie das Heraussuchen und Lesbarmachen der angeforderten Unterlagen beschränkt. [2]Das setzt bei der Anforderung von Bankunterlagen voraus, dass die Finanzbehörde die Konten- und Depotnummern benennt oder vergleichbar konkrete Angaben zu sonstigen Bankverbindungen macht (BFH-Urteil vom 8.8.2006, VII R 29/05, BStBl. 2007 II S. 80).

AEAO zu § 108 – Fristen und Termine:

1. [1]Fristen sind abgegrenzte, bestimmte oder jedenfalls bestimmbare Zeiträume (BFH-Urteil vom 14.10.2003, IX R 68/98, BStBl. II S. 898). [2]Termine

AEAO zu § 140 – Buchführungs- und Aufzeichnungspflichten nach anderen Gesetzen:

[1]Durch die Vorschrift werden die sog. außersteuerlichen Buchführungs- und Aufzeichnungsvorschriften, die auch für die Besteuerung von Bedeutung sind, für das Steuerrecht nutzbar gemacht. [2]In Betracht kommen einmal die allgemeinen Buchführungs- und Aufzeichnungsvorschriften des Handels-, Gesellschafts- und Genossenschaftsrechts. [3]Zum anderen fallen hierunter die Buchführungs- und Aufzeichnungspflichten für bestimmte Betriebe und Berufe, die sich aus einer Vielzahl von Gesetzen und Verordnungen ergeben. [4]Auch ausländische Rechtsnormen können eine Buchführungspflicht nach § 140 AO begründen (BFH-Urteil vom 14.11.2018, I R 81/16, BStBl. 2019 II S. 390). [5]Verstöße gegen außersteuerliche Buchführungs- und Aufzeichnungspflichten stehen den Verstößen gegen steuerrechtliche Buchführungs- und Aufzeichnungsvorschriften gleich. [6]Hinweis auf § 162 Abs. 2 AO (Schätzung), § 379 Abs. 1 AO (Steuergefährdung). [7]Aufzeichnungspflichten, die für den Gesamthaushalt einer juristischen Person des öffentlichen Rechts bestehen (Doppik), führen nicht zu einer Verpflichtung zur Buchführung für einzelne Betriebe gewerblicher Art (BMF-Schreiben vom 3.1.2013, BStBl. I S. 59).

AEAO zu § 141 – Buchführungspflicht bestimmter Steuerpflichtiger:

1. [1]Die Vorschrift findet nur Anwendung, wenn sich nicht bereits eine Buchführungspflicht nach § 140 AO ergibt. [2]Wird von dem Wahlrecht nach § 241a HGB Gebrauch gemacht, kann dennoch eine Buchführungspflicht nach § 141 AO bestehen. [3]Unter die Vorschrift fallen gewerbliche Unternehmer sowie Land- und Forstwirte,[1)] nicht jedoch Freiberufler. [4]Gewerbliche Unternehmer sind solche Unternehmer, die einen Gewerbebetrieb i. S. d. § 15 Abs. 2 oder 3 EStG bzw. des § 2 Abs. 2 oder 3 GewStG ausüben.

[1]Ausländische Unternehmen fallen unter die Vorschrift jedenfalls dann, wenn und soweit sie im Inland eine Betriebstätte unterhalten oder einen ständigen Vertreter bestellt haben (BFH-Urteil vom 14.9.1994, I R 116/93, BStBl. 1995 II S. 238). [2]Die Buchführungspflicht einer Personengesellschaft erstreckt sich auch auf das Sonderbetriebsvermögen ihrer Gesellschafter. [3]Die Gesellschafter selbst sind insoweit nicht buchführungspflichtig.

2. [1]Die Finanzbehörde kann die Feststellung i. S. d. § 141 Abs. 1 AO im Rahmen eines Steuer- oder Feststellungsbescheids oder durch einen selbständigen feststellenden Verwaltungsakt treffen. [2]Die Feststellung kann aber auch mit der Mitteilung über den Beginn der Buchführungspflicht nach § 141 Abs. 2 AO verbunden werden und bildet dann mit ihr einen einheitlichen Verwaltungsakt (BFH-Urteil vom 23.6.1983, IV R 3/82, BStBl. II S. 768).

3. [1]Die Buchführungsgrenzen beziehen sich grundsätzlich auf den einzelnen Betrieb (zum Begriff vgl. BFH-Urteil vom 13.10.1988, IV R 136/85, BStBl. 1989 II S. 7), auch wenn der Steuerpflichtige mehrere Betriebe der gleichen Einkunftsart hat. [2]Eine Ausnahme gilt für steuerbegünstigte Kör-

---

[1)] Zur Buchführung in land- und forstwirtschaftlichen Betrieben siehe BMF v. 15.12.1981, BStBl. I 1981, 878.

perschaften, bei denen mehrere steuerpflichtige wirtschaftliche Geschäftsbetriebe als ein Betrieb zu behandeln sind (§ 64 Abs. 2 AO). [3]In den maßgebenden Umsatz (§ 141 Abs. 1 Nr. 1 AO)[1)] sind auch die nicht steuerbaren Auslandsumsätze einzubeziehen (BFH-Urteil vom 7.10.2009, II R 23/08, BStBl. 2010 II S. 219). [4]Sie sind ggf. zu schätzen; § 162 AO gilt entsprechend. [5]Bei einem Dauerverlustbetrieb einer juristischen Person des öffentlichen Rechts führt allein das Überschreiten der Umsatzgrenze nach § 141 Abs. 1 Satz 1 Nr. 1 AO nicht zu einer Buchführungspflicht, wenn dieser mangels Gewinnerzielungsabsicht kein gewerbliches Unternehmen darstellt (BMF-Schreiben vom 3.1.2013, BStBl. I S. 59). [6]Da die Gewinngrenze für die land- und forstwirtschaftlichen Betriebe (§ 141 Abs. 1 Nr. 5 AO) auf das Kalenderjahr abstellt, werden bei einem vom Kalenderjahr abweichenden Wirtschaftsjahr die zeitanteiligen Gewinne aus zwei Wirtschaftsjahren angesetzt. [7]Für die Bestimmung der Buchführungsgrenzen nach § 141 Abs. 1 Nr. 3 AO sind die Einzelertragswerte der im Einheitswert erfassten Nebenbetriebe bei der Ermittlung des Wirtschaftswertes der selbstbewirtschafteten Flächen nicht anzusetzen (BFH-Urteil vom 6.7.1989, IV R 97/87, BStBl. 1990 II S. 606).

4.[1)] [1]Die Finanzbehörde hat den Steuerpflichtigen auf den Beginn der Buchführungspflicht hinzuweisen. [2]Diese Mitteilung soll dem Steuerpflichtigen mindestens einen Monat vor Beginn des Wirtschaftsjahres bekannt gegeben werden, von dessen Beginn ab die Buchführungspflicht zu erfüllen ist.[2)] [3]Zur Bekanntgabe der Mitteilung über den Beginn der Buchführungspflicht bei ungeklärter Unternehmereigenschaft der Ehegatten/Lebenspartner als Miteigentümer der Nutzflächen eines landwirtschaftlichen Betriebs Hinweis auf BFH-Urteile vom 23.1.1986, IV R 108/85, BStBl. II S. 539, und vom 26.11.1987, IV R 22/86, BStBl. 1988 II S. 238. [4]Werden die Buchführungsgrenzen nicht mehr überschritten, so wird der Wegfall der Buchführungspflicht dann nicht wirksam, wenn die Finanzbehörde vor dem Erlöschen der Verpflichtung wiederum das Bestehen der Buchführungspflicht feststellt. [5]Beim einmaligen Überschreiten der Buchführungsgrenze soll auf Antrag nach § 148 AO Befreiung von der Buchführungspflicht bewilligt werden, wenn nicht zu erwarten ist, dass die Grenze auch später überschritten wird. [6]Bei der Prüfung, ob die in § 141 Abs. 1 Nr. 4 und 5 AO aufgeführten Buchführungsgrenzen überschritten werden, sind erhöhte Absetzungen für Abnutzung sowie Sonderabschreibungen unberücksichtigt zu lassen (§ 7a Abs. 6 EStG). [7]Erhöhte Absetzungen für Abnutzung sind nur insoweit dem Gewinn zuzurechnen, als diese die Absetzungsbeträge nach § 7 Abs. 1 oder 4 EStG übersteigen (§ 7a Abs. 3 EStG).

5. [1]Die Buchführungspflicht geht nach § 141 Abs. 3 AO kraft Gesetzes über. [2]Es ist nicht Voraussetzung, dass eine der in § 141 Abs. 1 Nrn. 1 bis 5 AO aufgeführten Buchführungsgrenzen überschritten ist. [3]Als Eigentümer bzw. Nutzungsberechtigter kommen z. B. in Betracht: Erwerber, Erbe, Pächter, Nießbraucher. [4]Eine Übernahme des Betriebs im Ganzen liegt vor, wenn seine Identität gewahrt bleibt. [5]Dies ist der Fall, wenn die wesentlichen

---

1) Anwendungsregelung zu § 141 Abs. 1 Satz 1 Nr. 1 AO i. d. F. des G v. 2.6.2021, BGBl. I 2021, 1259, siehe BMF v. 5.7.2021, BStBl. I 2021, 903.

2) Einhaltung der Monatsfrist ist keine Wirksamkeitsvoraussetzung; vgl. BFH v. 29.3.2007 IV R 14/05, BStBl. II 2007, 816.

Grundlagen des Betriebs als einheitliches Ganzes erhalten bleiben. [6]Dies liegt nicht vor, wenn nur der landwirtschaftliche, nicht aber auch der forstwirtschaftliche Teilbetrieb übernommen wird (BFH-Urteil vom 24.2.1994, IV R 4/93, BStBl. II S. 677).

AEAO zu § 143 – Aufzeichnung des Wareneingangs:

1. [1]Zur gesonderten Aufzeichnung des Wareneingangs sind nur gewerbliche Unternehmer (vgl. AEAO zu § 141, Nr. 1) verpflichtet; Land- und Forstwirte fallen nicht unter die Vorschrift. [2]Die Aufzeichnungspflicht besteht unabhängig von der Buchführungspflicht. [3]Bei buchführenden Gewerbetreibenden genügt es, wenn sich die geforderten Angaben aus der Buchführung ergeben.

2. Besondere Aufzeichnungspflichten, die in Einzelsteuergesetzen vorgeschrieben sind (z. B. nach § 22 UStG), werden von dieser Vorschrift nicht berührt.

AEAO zu § 144 – Aufzeichnung des Warenausgangs:

[1]Zur gesonderten Aufzeichnung des Warenausgangs sind gewerbliche Unternehmer (vgl. AEAO zu § 141, Nr. 1) sowie nach § 144 Abs. 5 AO auch buchführungspflichtige Land- und Forstwirte verpflichtet. [2]Mit der Einbeziehung der buchführungspflichtigen Land- und Forstwirte in die Vorschrift soll eine bessere Überprüfung der Käufer land- und forstwirtschaftlicher Produkte (z. B. Obst- oder Gemüsehändler) ermöglicht werden. [3]Bei buchführenden Unternehmern können die Aufzeichnungspflichten im Rahmen der Buchführung erfüllt werden. [4]Besondere Aufzeichnungspflichten, z. B. nach § 22 Abs. 2 Nrn. 1 bis 3 UStG, bleiben unberührt. [5]Erleichterungen nach § 14 Abs. 6 UStG für die Ausstellung von Rechnungen (z. B. nach §§ 31, 33 UStDV) gelten für Zwecke dieser Vorschrift ausschließlich für die Erteilung eines Belegs i. S. v. § 144 Abs. 4 AO. [6]Auf die Aufzeichnungspflichten des § 144 AO finden sie keine Anwendung. [7]Bei Verstoß gegen die Aufzeichnungspflichten nach § 144 AO kann eine Ordnungswidrigkeit nach § 379 Abs. 2 Nr. 1a AO vorliegen.

AEAO zu § 146 – Ordnungsvorschriften für die Buchführung und für Aufzeichnungen:

Inhaltsübersicht

1. Allgemeines

1.1. [1]Nur der ordnungsmäßigen Buchführung kommt Beweiskraft zu (§ 158 AO). [2]Verstöße gegen die Vorschriften zur Führung von Büchern und Aufzeichnungen (§§ 140 bis 147 AO) können z. B. die Anwendung von Zwangsmitteln nach § 328 AO, eine Schätzung nach § 162 AO oder eine Ahndung nach § 379 Abs. 1 Satz 1 Nr. 1 und Nr. 3 AO zur Folge haben. [3]Die Verletzung der Buchführungspflichten ist unter den Voraussetzungen der §§ 283 und 283b StGB (sog. Insolvenzstraftaten) strafbar.

1.2. Zu den Begriffen „vollständig, richtig, zeitgerecht, geordnet und unveränderbar“ vgl. Rzn. 36 bis 60 des BMF-Schreibens vom 28.11.2019, BStBl. I S. 1269.[1)]

1.3. Es ist Aufgabe des Steuerpflichtigen, seine aufzeichnungs- und aufbewahrungspflichtigen Unterlagen so zu organisieren, dass bei einer zulässigen Einsichtnahme in die steuerlich relevanten Unterlagen (Daten) keine gesetzlich geschützten Bereiche tangiert werden können, zum Beispiel bei Rechtsanwälten, Steuerberatern, Ärzten usw.

1.4. Buchführungspflichtige Steuerpflichtige haben für Bargeldbewegungen ein Kassenbuch (ggf. in der Form aneinandergereihter Kassenberichte) zu führen.

2. Einzelaufzeichnungspflicht (§ 146 Abs. 1 AO)

2.1. Grundsätze der Einzelaufzeichnung

2.1.1. [1]Aufzeichnungen (z.B. nach §§ 238ff. HGB und nach § 22 UStG) müssen unterschiedlichen steuerlichen Zwecken genügen. [2]Erfordern verschiedene Rechtsnormen gleichartige Aufzeichnungen, so ist eine mehrfache Aufzeichnung für jede Rechtsnorm nicht erforderlich (vgl. Rz. 13 des BMF-Schreibens vom 28.11.2019, BStBl. I S. 1269).[1)] [3]Die Pflicht zur Einzelaufzeichnung gilt demnach unabhängig von der Gewinnermittlungsart. [4]Hinsichtlich der Aufzeichnungspflichten bei Steuerpflichtigen, die ihren Gewinn nach § 4 Abs. 3 EStG ermitteln vgl. AEAO zu § 146, Nr. 2.1.7.

2.1.2. [1]Die Grundsätze ordnungsmäßiger Buchführung erfordern grundsätzlich die Aufzeichnung jedes einzelnen Geschäftsvorfalls unmittelbar nach seinem Abschluss und in einem Umfang, der einem sachverständigen Dritten in angemessener Zeit eine lückenlose Überprüfung seiner Grundlagen, seines Inhalts, seiner Entstehung und Abwicklung und seiner Bedeutung für den Betrieb ermöglicht. [2]Das bedeutet nicht nur die Aufzeichnung der in Geld bestehenden Gegenleistung, sondern auch des Inhalts des Geschäfts und des Namens des Vertragspartners. [3]Dies gilt auch für Bareinnahmen und für Barausgaben (vgl. BFH-Urteil vom 12.5.1966, IV 472/60, BStBl. III S. 371). [4]Die vorgenannten Grundsätze gelten für jeden, der eine gewerbliche, berufliche oder land- und forstwirtschaftliche Tätigkeit selbständig ausübt. [5]Der Umstand der sofortigen Zahlung rechtfertigt keine Ausnahme (vgl. BFH-Urteil vom 26.2.2004, XI R 25/02, BStBl. II S. 599).

2.1.3. [1]Die Grundaufzeichnungen müssen so beschaffen sein, dass sie jederzeit eindeutig in ihre Einzelpositionen aufgegliedert werden können. [2]Zeitnah, d.h. möglichst unmittelbar zu der Entstehung des jeweiligen Geschäftsvorfalles

[1)] BMF v. 28.11.2019, BStBl. I 2019, 1269, betr. Neufassung der GoBD, grds. anzuwenden auf nach dem 31.12.2019 beginnende Besteuerungszeiträume, die Anwendung auf vor dem 1.1.2020 endende Besteuerungszeiträume wird nicht beanstandet.

aufzuzeichnen sind der verkaufte, eindeutig bezeichnete Artikel, der endgültige Einzelverkaufspreis, der dazugehörige Umsatzsteuersatz und -betrag, vereinbarte Preisminderungen, die Zahlungsart, das Datum und der Zeitpunkt des Umsatzes sowie die verkaufte Menge bzw. Anzahl. [3]Die Möglichkeit zum Ausweis des Steuerbetrags in einer Summe nach § 32 UStDV in der Rechnung und die Zusammenfassung des Entgelts und des darauf entfallenden Steuerbetrags in einer Summe nach § 33 Satz 1 Nr. 4 UStDV in der Rechnung bleiben unbenommen. [4]Eine Verpflichtung zur einzelnen Verbuchung (im Gegensatz zur Aufzeichnung) eines jeden Geschäftsvorfalls besteht nicht. [5]Werden der Art nach gleiche Waren mit demselben Einzelverkaufspreis in einer Warengruppe zusammengefasst, wird dies nicht beanstandet, sofern die verkaufte Menge bzw. Anzahl ersichtlich bleibt. [6]Dies gilt entsprechend für Dienstleistungen.

2.1.4. [1]Die Pflicht zur Einzelaufzeichnung gilt grundsätzlich unabhängig davon, ob der Steuerpflichtige ein elektronisches Aufzeichnungssystem oder eine offene Ladenkasse verwendet. [2]Ein elektronisches Aufzeichnungssystem ist die zur elektronischen Datenverarbeitung eingesetzte Hardware und Software, die elektronische Aufzeichnungen zur Dokumentation von Geschäftsvorfällen und somit Grundaufzeichnungen erstellt. [3]Als elektronische Aufzeichnungssysteme gelten auch elektronische Vorsysteme mit externer Geldaufbewahrung. [4]Welche dieser elektronischen Aufzeichnungssysteme zusätzlich die besonderen Anforderungen des § 146a AO erfüllen müssen (Pflicht zur Aufzeichnung anderer Vorgänge, Schutz durch eine zertifizierte technische Sicherheitseinrichtung) bestimmt sich nach § 1 KassenSichV.[1)] [5]Als offene Ladenkasse gelten eine summarische, retrograde Ermittlung der Tageseinnahmen sowie manuelle Einzelaufzeichnungen ohne Einsatz technischer Hilfsmittel.

2.1.5. [1]Branchenspezifische Mindestaufzeichnungspflichten und Zumutbarkeitsgesichtspunkte sind zu berücksichtigen. [2]Es wird z. B. nicht beanstandet, wenn die Mindestangaben zur Nachvollziehbarkeit des Geschäftsvorfalls (vgl. AEAO zu § 146, Nr. 2.1.3) einzeln aufgezeichnet werden, nicht jedoch die Kundendaten, sofern diese nicht zur Nachvollziehbarkeit und Nachprüfbarkeit des Geschäftsvorfalls benötigt werden (vgl. Rz. 37 des BMF-Schreibens vom 28.11.2019, BStBl. I S. 1269).[2)] [3]Dies gilt auch, wenn ein elektronisches Aufzeichnungssystem eine Kundenerfassung und Kundenverwaltung zulässt, die Kundendaten aber tatsächlich nicht oder nur teilweise erfasst werden. [4]Soweit Aufzeichnungen über Kundendaten aber tatsächlich geführt werden, sind sie aufbewahrungspflichtig, sofern dem nicht gesetzliche Vorschriften entgegenstehen.

2.1.6. [1]Wird zur Erfassung von aufzeichnungspflichtigen Geschäftsvorfällen ein elektronisches Aufzeichnungssystem verwendet und fällt dieses aus (z. B. Stromausfall, technischer Defekt), ist während dieser Zeit eine Aufzeichnung auf Papier zulässig. [2]Die Aufzeichnungspflichten bei Verwendung einer offenen Ladenkasse gelten insoweit entsprechend (vgl. AEAO zu § 146, Nr. 3.2

---

1) Kassensicherungsverordnung v. 26.9.2017, BGBl. I 2017, 3515, geänd. durch VO v. 30.7.2021, BGBl. I 2021, 3295 (**Steuergesetze Nr. 800j**).

2) BMF v. 28.11.2019, BStBl. I 2019, 1269, betr. Neufassung der GoBD, grds. anzuwenden auf nach dem 31.12.2019 beginnende Besteuerungszeiträume, die Anwendung auf vor dem 1.1.2020 endende Besteuerungszeiträume wird nicht beanstandet.

und 3.3). [3]Die Ausfallzeit des elektronischen Aufzeichnungssystems ist zu dokumentieren und soweit vorhanden durch Nachweise zu belegen (z. B. Rechnung über Reparaturleistung).

2.1.7. [1]Der Grundsatz der Einzelaufzeichnungspflicht gilt auch für Steuerpflichtige, die ihren Gewinn nach § 4 Abs. 3 EStG ermitteln. [2]Nach § 146 Abs. 5 Satz 1 Halbsatz 2 AO müssen die Aufzeichnungen so geführt werden, dass sie dem konkreten Besteuerungszweck entsprechen (vgl. Rz. 25 des BMF-Schreibens vom 28.11.2019, BStBl. I S. 1269).[1)] [3]Eine ordnungsgemäße Gewinnermittlung nach § 4 Abs. 3 EStG setzt voraus, dass die Höhe der Betriebseinnahmen und Betriebsausgaben durch geordnete und vollständige Belege nachgewiesen wird (BFH-Urteil vom 15.4.1999, IV R 68/98, BStBl. II S. 481). [4]Ist die Einzelaufzeichnungspflicht nicht zumutbar, muss die Einnahmeermittlung nachvollziehbar dokumentiert und überprüfbar sein.

2.2. Ausnahme von der Einzelaufzeichnungspflicht aus Zumutbarkeitsgründen

2.2.1. [1]Die Aufzeichnung jedes einzelnen Geschäftsvorfalls ist nur dann nicht zumutbar, wenn es technisch, betriebswirtschaftlich und praktisch unmöglich ist, die einzelnen Geschäftsvorfälle aufzuzeichnen (BFH-Urteil vom 12.5.1966, IV 472/60, BStBl. III S. 371). [2]Das Vorliegen dieser Voraussetzungen ist durch den Steuerpflichtigen nachzuweisen.

2.2.2. [1]Bei Verkauf von Waren an eine Vielzahl von nicht bekannten Personen gegen Barzahlung gilt die Einzelaufzeichnungspflicht nach § 146 Abs. 1 Satz 1 AO aus Zumutbarkeitsgründen nicht, wenn kein elektronisches Aufzeichnungssystem, sondern eine offene Ladenkasse verwendet wird (§ 146 Abs. 1 Satz 3 und 4 AO, vgl. AEAO zu § 146, Nr. 2.1.4). [2]Wird hingegen ein elektronisches Aufzeichnungssystem verwendet, gilt die Einzelaufzeichnungspflicht nach § 146 Abs. 1 Satz 1 AO unabhängig davon, ob das elektronische Aufzeichnungssystem und die digitalen Aufzeichnungen nach § 146a Abs. 3 AO i. V. m. der KassenSichV[2)] mit einer zertifizierten technischen Sicherheitseinrichtung zu schützen sind.

2.2.3. [1]Werden eines oder mehrere elektronische Aufzeichnungssysteme verwendet, sind diese grundsätzlich zur Aufzeichnung sämtlicher Erlöse zu verwenden. [2]Ist für einen räumlich oder organisatorisch eindeutig abgrenzbaren Bereich aus technischen Gründen oder aus Zumutbarkeitserwägungen eine Erfassung über das vorhandene elektronische Aufzeichnungssystem nicht möglich, wird es nicht beanstandet, wenn zur Erfassung dieser Geschäftsvorfälle eine offene Ladenkasse verwendet wird. [3]Soweit der Steuerpflichtige mehrere Geschäftskassen führt, sind die Anforderungen an die Aufzeichnung von baren und unbaren Geschäftsvorfällen für jede einzelne Sonder- und Nebenkasse zu beachten (vgl. BFH-Urteil vom 20.10.1971, I R 63/70, BStBl. II 1972 S. 273). [4]§ 146 Abs. 1 Sätze 2 bis 4 AO bleiben hiervon unberührt.

---

1) BMF v. 28.11.2019, BStBl. I 2019, 1269, betr. Neufassung der GoBD, grds. anzuwenden auf nach dem 31.12.2019 beginnende Besteuerungszeiträume, die Anwendung auf vor dem 1.1.2020 endende Besteuerungszeiträume wird nicht beanstandet.

2) Kassensicherungsverordnung v. 26.9.2017, BGBl. I 2017, 3515, geänd. durch VO v. 30.7.2021, BGBl. I 2021, 3295 (**Steuergesetze** Nr. **800j**).

2.2.4. [1]Liegen Einzeldaten einer Waage (Artikel, Gewicht bzw. Menge und Preis der Ware) einem aufzeichnungs- und aufbewahrungspflichtigen Geschäftsvorfall zugrunde, sind diese einzeln aufzuzeichnen und aufzubewahren. [2]Werden diese Einzeldaten unter Berücksichtigung von § 146 Abs. 4 AO zusätzlich in einem elektronischen Kassensystem aufgezeichnet, wird es nicht beanstandet, wenn die Einzeldaten der Waage nicht zusätzlich aufbewahrt werden.

[1]Verwendet der Steuerpflichtige eine offene Ladenkasse sowie eine Waage, die lediglich das Gewicht und/oder den Preis anzeigt und über die Dauer des einzelnen Wiegevorgangs hinaus über keine Speicherfunktion verfügt, wird es unter den Voraussetzungen des § 146 Abs. 1 Satz 3 AO nicht beanstandet, wenn die o. g. Einzeldaten der Waage nicht aufgezeichnet werden. [2]Erfüllt die Waage hingegen die Voraussetzung einer elektronischen Registrierkasse, ist die Verwendung einer offenen Ladenkasse unzulässig.

2.2.5. [1]Von einem Verkauf von Waren an eine Vielzahl nicht bekannter Personen ist auszugehen, wenn nach der typisierenden Art des Geschäftsbetriebs alltäglich Barverkäufe an namentlich nicht bekannte Kunden getätigt werden (vgl. BFH-Urteile vom 12.5.1966, IV 472/60, BStBl. III S. 371 und vom 16.12.2014, X R 29/13, BFH/NV 2015 S. 790). [2]Dies setzt voraus, dass die Identität der Käufer für die Geschäftsvorfälle regelmäßig nicht von Bedeutung ist. [3]Unschädlich ist, wenn der Verkäufer aufgrund außerbetrieblicher Gründe tatsächlich viele seiner Kunden namentlich kennt.

2.2.6. [1]Die Zumutbarkeitsüberlegungen, die der Ausnahmeregelung nach § 146 Abs. 1 Satz 3 AO zugrunde liegen, sind grundsätzlich auch auf Dienstleistungen übertragbar. [2]Es wird vor diesem Hintergrund nicht beanstandet, wenn diese Ausnahmeregelung auf Dienstleistungen angewendet wird, die an eine Vielzahl von nicht bekannten Personen gegen Barzahlung erbracht werden (vgl. AEAO zu § 146, Nr. 2.2.5) und kein elektronisches Aufzeichnungssystem verwendet wird. [3]Hierbei muss der Geschäftsbetrieb auf eine Vielzahl von Kundenkontakten ausgerichtet und der Kundenkontakt des Dienstleisters und seiner Angestellten im Wesentlichen auf die Bestellung und den kurzen Bezahlvorgang beschränkt sein. [4]Einzelaufzeichnungen sind dagegen zu führen, wenn der Kundenkontakt in etwa der Dauer der Dienstleistung entspricht und der Kunde auf die Ausübung der Dienstleistung üblicherweise individuell Einfluss nehmen kann (zur Aufzeichnung der Kundendaten vgl. AEAO zu § 146, Nr. 2.1.5). [5]Auf die Aufzeichnungserleichterung können sich Dienstleister – wie auch Einzelhändler – aber insoweit nicht berufen, als tatsächlich Einzelaufzeichnungen geführt werden (vgl. AEAO zu § 146, Nr. 2.1.2 und Nr. 2.1.3). [6]Die Mindestanforderungen an eine offene Ladenkasse (vgl. AEAO zu § 146, Nr. 3.2) bleiben unberührt.

3. Aufzeichnungspflichten bei Verwendung einer offenen Ladenkasse

3.1. Es besteht keine gesetzliche Pflicht zur Verwendung eines elektronischen Aufzeichnungssystems.

3.2. [1]Einzelaufzeichnungen können durch die vollständige und detaillierte Erfassung (vgl. AEAO zu § 146, Nr. 2.1.2 und 2.1.3) aller baren Geschäftsvorfälle in Form eines Kassenbuches erfolgen. [2]Wird ein Kassenbericht zur Ermittlung der Tageslosung verwendet, kann die Einzelaufzeichnung auch durch die geordnete (z. B. nummerierte) Sammlung aller Barbelege gewährleistet werden.

3.3. [1]Besteht aus Zumutbarkeitsgründen keine Verpflichtung zur Einzelaufzeichnung (vgl. AEAO zu § 146, Nr. 2.2.2), müssen die Bareinnahmen zumindest anhand eines Kassenberichts nachgewiesen werden. [2]Hierbei ist stets vom gezählten Kassenendbestand des jeweiligen Geschäftstages auszugehen. [3]Von diesem Kassenendbestand werden der Kassenendbestand bei Geschäftsschluss des Vortages sowie die durch Eigenbeleg zu belegenden Bareinlagen abgezogen. [4]Ausgaben und durch Eigenbeleg nachzuweisende Barentnahmen sind hinzuzurechnen.

Ein sogenanntes „Zählprotokoll" (Auflistung der genauen Stückzahl vorhandener Geldscheine und -münzen) ist nicht erforderlich (BFH-Beschluss vom 16.12.2016, X B 41/16, BFH/NV 2017 S. 310), erleichtert jedoch den Nachweis des tatsächlichen Auszählens.

3.4. [1]Kasseneinnahmen und Kassenausgaben sind täglich festzuhalten. [2]Werden Kasseneinnahmen und Kassenausgaben ausnahmsweise erst am nächsten Geschäftstag aufgezeichnet, ist dies noch ordnungsgemäß, wenn zwingende geschäftliche Gründe einer Aufzeichnung noch am gleichen Tag entgegenstehen und aus den Aufzeichnungen und Unterlagen sicher entnommen werden kann, wie sich der sollmäßige Kassenbestand entwickelt hat (vgl. BFH-Urteil vom 31.7.1974, I R 216/72, BStBl. II S. 96). [3]Bei Kassen ohne Verkaufspersonal (sog. Vertrauenskassen, wie z. B. beim Gemüseverkauf am Feldrand, Fahrscheinautomaten sowie Waren- und Dienstleistungsautomaten) wird es nicht beanstandet, wenn diese nicht täglich, sondern erst bei Leerung ausgezählt werden. [4]Kassenaufzeichnungen müssen so beschaffen sein, dass ein sachverständiger Dritter jederzeit in der Lage ist, den Sollbestand mit dem Istbestand der Geschäftskasse zu vergleichen (BFH-Urteil vom 20.9.1989, X R 39/87, BStBl. 1990 II S. 109).

3.5. Die umsatzsteuerlichen Aufzeichnungs- und Aufbewahrungspflichten bleiben unberührt.

4.[1)] Verzögerungsgeld (§ 146 Abs. 2b AO)

[1]Die Festsetzung eines Verzögerungsgelds nach § 146 Abs. 2b AO in Zusammenhang mit Mitwirkungsverstößen im Rahmen von Außenprüfungen ist nicht auf Fälle beschränkt, bei denen die elektronische Buchführung im Ausland geführt und/oder aufbewahrt wird. [2]Eine mehrfache Festsetzung eines Verzögerungsgelds wegen fortdauernder Nichtvorlage derselben Unterlagen ist jedoch nicht zulässig (BFH-Beschlüsse vom 16.6.2011, IV B 120/10, BStBl. II S. 855, und vom 28.6.2011, X B 37/11, BFH/NV S. 1833). [3]Wird die Verpflichtung nach Festsetzung des Verzögerungsgelds erfüllt, so ist der Vollzug nicht einzustellen.

[1)] Zur Ermessensausübung und Verhältnismäßigkeit bei der Festsetzung von Verzögerungsgeld siehe BFH v. 28.8.2012 I R 10/12, BStBl. II 2013, 266.

5. DV-gestützte Buchführung und Aufzeichnungen (§ 146 Abs. 5 AO)

[1] § 146 Abs. 5 AO enthält die gesetzliche Grundlage für die sog. „Offene-Posten-Buchhaltung" sowie für die Führung der Bücher und sonst erforderlichen Aufzeichnungen auf maschinell lesbaren Datenträgern (z. B. Magnetplatten, Magnetbänder, CD, DVD, Blu-ray-Disk, Flash-Speicher). [2] Bei einer Buchführung auf maschinell lesbaren Datenträgern (DV-gestützte Buchführung) müssen die Daten innerhalb der gesetzlichen Aufbewahrungsfrist unverzüglich lesbar gemacht werden können. [3] Es wird nicht verlangt, dass der Buchungsstoff zu einem bestimmten Zeitpunkt (z. B. zum Ende des Jahres) lesbar gemacht wird. [4] Er muss ganz oder teilweise lesbar gemacht werden, wenn die Finanzbehörde es verlangt (§ 147 Abs. 5 AO). [5] Dies gilt sinngemäß auch für sonst erforderliche Aufzeichnungen. [6] Wer seine Bücher oder sonst erforderlichen Aufzeichnungen auf maschinell lesbaren Datenträgern führt, hat die Grundsätze zur ordnungsmäßigen Führung und Aufbewahrung von Büchern, Aufzeichnungen und Unterlagen in elektronischer Form sowie zum Datenzugriff – GoBD – (BMF-Schreiben vom 28.11.2019, BStBl. I S. 1269)[1] zu beachten.

AEAO zu § 146a – Ordnungsvorschriften für die Buchführung und für Aufzeichnungen mittels elektronischer Aufzeichnungssysteme; Verordnungsermächtigung:

Inhaltsübersicht

[1] BMF v. 28.11.2019, BStBl. I 2019, 1269, betr. Neufassung der GoBD, grds. anzuwenden auf nach dem 31.12.2019 beginnende Besteuerungszeiträume, die Anwendung auf vor dem 1.1.2020 endende Besteuerungszeiträume wird nicht beanstandet.

1. Allgemeines und Begriffsdefinition

1.1. Elektronische Aufzeichnungssysteme

Zur Definition elektronischer Aufzeichnungssysteme vgl. AEAO zu § 146 Nr. 2.1.4.

1.2. Elektronische oder computergestützte Kassensysteme oder Registrierkassen

Die in § 1 Satz 1 KassenSichV[1)] genannten „elektronischen oder computergestützten Kassensysteme oder Registrierkassen" sind für den Verkauf von Waren oder die Erbringung von Dienstleistungen und deren Abrechnung spezialisierte elektronische Aufzeichnungssysteme, die „Kassenfunktion" haben.

[1] Kassenfunktion haben elektronische Aufzeichnungssysteme dann, wenn diese der Erfassung und Abwicklung von zumindest teilweise baren Zahlungsvorgängen dienen können. [2] Dies gilt auch für vergleichbare elektronische, vor Ort genutzte Zahlungsformen (elektronisches Geld wie z. B. Geldkarte, virtuelle Konten oder Bonuspunktesysteme von Drittanbietern) sowie an Geldes statt angenommene Gutscheine, Guthabenkarten, Bons und dergleichen. [3] Eine Aufbewahrungsmöglichkeit des verwalteten Bargeldbestandes (z. B. Kassenlade) ist nicht erforderlich.

Sofern ein elektronisches Aufzeichnungssystem mit Kassenfunktion die Erfordernisse der „Mindestanforderungen an das Risikomanagement – MaRisk" und der „Bankaufsichtlichen Anforderungen an die IT" (BAIT) der Bundesanstalt für Finanzdienstleistungsaufsicht in der jeweils geltenden Fassung erfüllt und von einem Kreditinstitut i. S. d. § 1 Absatz 1 KWG betrieben wird, unterliegt dieses nicht den Anforderungen des § 146a AO.

1.3.[2)] Schutz durch eine zertifizierte technische Sicherheitseinrichtung (§ 146a Abs. 1 Satz 2 AO)

[1] Grundsätzlich ist jedes eingesetzte elektronische Aufzeichnungssystem i. S. d. § 146a AO i. V. m. § 1 Satz 1 KassenSichV[1)] sowie die damit zu führenden digitalen Aufzeichnungen durch eine zertifizierte technische Sicherheitseinrichtung zu schützen. [2] Werden mehrere einzelne elektronische Aufzeichnungssysteme (z. B. Verbundwaagen, Bestellsysteme ohne Abrechnungsteil, App-Systeme) mit einem Kassensystem im Sinne von § 146a AO i. V. m. § 1 Satz 1 KassenSichV verbunden, dann wird es nicht beanstandet, wenn die damit zu führenden digitalen Aufzeichnungen mit einer zertifizierten technischen Sicherheitseinrichtung geschützt werden, die alle im Verbund befindlichen elektronischen Aufzeichnungssysteme gemeinsam nutzen.

Ein elektronisches Aufzeichnungssystem oder eine Gruppe elektronischer Aufzeichnungssysteme muss bei störungsfreier Verwendung genau einer zertifizierten technischen Sicherheitseinrichtung zugeordnet sein.

---

1) Kassensicherungsverordnung v. 26.9.2017, BGBl. I 2017, 3515, geänd. durch VO v. 30.7.2021, BGBl. I 2021, 3295 (**Steuergesetze** Nr. **800j**).

2) Die Verwendung elektronischer Aufzeichnungssysteme iSd § 146 AO ohne zertifizierte technische Sicherheitseinrichtung nach dem 31.12.2019 bis längstens 30.9.2020 wird nicht beanstandet (BMF v. 6.11.2019, BStBl. I 2019, 1010).

1.4. Schutzziele

Die Regelungen des § 146a AO sollen für digitale Grundaufzeichnungen, die mittels elektronischem Aufzeichnungssystem i. S. d. § 146a AO i. V. m. § 1 Satz 1 KassenSichV[1] geführt werden, Folgendes sicherstellen:
- deren Integrität,
- deren Authentizität
- und deren Vollständigkeit.

1.5. Zertifizierte technische Sicherheitseinrichtung

[1] Die Architektur der zertifizierten technischen Sicherheitseinrichtung wird durch § 146a AO i. V. m. der KassenSichV,[1] die Architektur der einzelnen Bestandteile wird durch die Technischen Richtlinien des Bundesamtes für Sicherheit in der Informationstechnik (BSI) festgelegt (insbesondere BSI TR-03153 „Technische Sicherheitseinrichtung für elektronische Aufzeichnungssysteme, Version 1.0.1“, BMF-Schreiben vom 28.2.2019, BStBl. I S. 206, BSI TR-03151 „Secure Element API (SE API), Version 1.0.1“, BMF-Schreiben vom 28.2.2019, BStBl. I S. 206, und *BSI TR-03116 „Kryptographische Vorgaben für Projekte der Bundesregierung Teil 5 – Anwendungen der Secure Element API, Stand 2019“, BMF-Schreiben vom 28.2.2019, BStBl. I S. 206).*[2] [2] Alle nachfolgenden Ausführungen dienen dem Verständnis der Funktionsweise.

1.6. Vorgang

[1] Der Begriff des Vorgangs i. S. d. KassenSichV[1] ist nachfolgend als ein zusammengehörender Aufzeichnungsprozess zu verstehen, der bei Nutzung oder Konfiguration eines elektronischen Aufzeichnungssystems eine Protokollierung durch die zertifizierte technische Sicherheitseinrichtung auslösen muss (vgl. § 2 KassenSichV). [2] Ein Vorgang kann einen oder mehrere Geschäftsvorfälle sowie andere Vorgänge umfassen (vgl. AEAO zu § 146a, Nr. 1.8 und Nr. 1.9). Aus Gründen der besseren Lesbarkeit wird der Begriff „Vorgang“ im Folgenden als Oberbegriff für Geschäftsvorfälle und andere abzusichernde Vorgänge genutzt.

1.7. Transaktion

[1] Im Rahmen der Protokollierung eines Vorgangs (vgl. AEAO zu § 146a, Nr. 3.3) muss nach § 2 KassenSichV[1] innerhalb der zertifizierten technischen Sicherheitseinrichtung mindestens eine Transaktion erzeugt werden. [2] Während der Begriff „Vorgang“ sich auf die Abläufe im Aufzeichnungssystem bezieht, beschreibt der Begriff „Transaktion“ die innerhalb der zertifizierten technischen Sicherheitseinrichtung erfolgenden Absicherungsschritte (mindestens bei Vorgangsbeginn und -ende) zum Vorgang im jeweiligen Aufzeichnungssystem.

1.8. Geschäftsvorfälle

1.8.1. Geschäftsvorfälle sind alle rechtlichen und wirtschaftlichen Vorgänge, die innerhalb eines bestimmten Zeitabschnitts den Gewinn bzw. Verlust oder die Vermögenszusammensetzung in einem Unternehmen dokumentieren oder

---

1) Kassensicherungsverordnung v. 26.9.2017, BGBl. I 2017, 3515, geänd. durch VO v. 30.7.2021, BGBl. I 2021, 3295 (**Steuergesetze Nr. 800j**).

2) Siehe jetzt BMF v. 17.8.2021, BStBl. I 2021, 1041.

beeinflussen bzw. verändern (z. B. zu einer Veränderung des Anlage- und Umlaufvermögens sowie des Eigen- und Fremdkapitals führen; vgl. auch Rz. 16 des BMF-Schreibens vom 28.11.2019, BStBl. I S. 1269).[1)]

1.8.2. Beispiele für Geschäftsvorfälle, die bei elektronischen Aufzeichnungssystemen i. S. d. AEAO zu § 146a, Nr. 1.2 vorkommen können: Eingangs-/Ausgangs-Umsatz, nachträgliche Stornierung eines Umsatzes, Trinkgeld (Unternehmer, Arbeitnehmer), Gutschein (Ausgabe, Einlösung), Privatentnahme, Privateinlage, Wechselgeld-Einlage, Lohnzahlung aus der Kasse, Geldtransit.

1.9. Andere Vorgänge

1.9.1. [1]Unter anderen Vorgängen sind Aufzeichnungsprozesse zu verstehen, die nicht durch einen Geschäftsvorfall, sondern durch andere Ereignisse im Rahmen der Nutzung des elektronischen Aufzeichnungssystems ausgelöst werden und zur nachprüfbaren Dokumentation der zutreffenden und vollständigen Erfassung der Geschäftsvorfälle notwendig sind. [2]Hierunter fallen beispielsweise Trainingsbuchungen, Sofort-Stornierung eines unmittelbar zuvor erfassten Vorgangs, Belegabbrüche, erstellte Angebote, nicht abgeschlossene Geschäftsvorfälle (z. B. Bestellungen).

1.9.2. [1]Nicht alle in einer Kasse verwalteten Vorgänge sind für die Erreichung der Schutzziele erforderlich. [2]Für die Erreichung der Schutzziele nicht erforderliche Vorgänge müssen nicht abgesichert werden (z. B. Bildschirmeinstellung heller/dunkler; Überwachung der Prozessor-Temperatur etc.).

1.9.3. Abzusichernde Funktionsaufrufe (Systemfunktionen) und Ereignisse innerhalb der technischen Sicherheitseinrichtung (Audit-Daten) werden in der BSI TR-03153 definiert.

2. Sachlicher und zeitlicher Anwendungsbereich

Alle elektronischen Aufzeichnungssysteme müssen – wie bisher – den allgemeinen Ordnungsmäßigkeitsgrundsätzen entsprechen (vgl. BMF-Schreiben vom 28.11.2019, BStBl. I S. 1269).[1)]

2.1. Sachlicher Anwendungsbereich

[1]Der sachliche Anwendungsbereich der Pflicht zum Einsatz einer zertifizierten technischen Sicherheitseinrichtung wird durch § 146a Abs. 1 Satz 2 AO i. V. m. § 1 KassenSichV[2)] begrenzt (§ 146a Abs. 3 Nr. 1 AO). [2]Unabhängig davon unterliegen jedoch alle elektronischen Aufzeichnungssysteme der Einzelaufzeichnungspflicht nach § 146a Abs. 1 Satz 1 AO. [3]Die in § 1 Satz 1 KassenSichV genannten elektronischen Aufzeichnungssysteme müssen neben den allgemeinen Ordnungsmäßigkeitsgrundsätzen die besonderen Vorschriften des § 146a AO beachten. [4]§ 1 Satz 2 KassenSichV grenzt elektronische Aufzeichnungssysteme ab, die ausdrücklich nicht in den Anwendungsbereich des § 146a AO fallen.

[1)] BMF v. 28.11.2019, BStBl. I 2019, 1269, betr. Neufassung der GoBD, grds. anzuwenden auf nach dem 31.12.2019 beginnende Besteuerungszeiträume, die Anwendung auf vor dem 1.1.2020 endende Besteuerungszeiträume wird nicht beanstandet.

[2)] Kassensicherungsverordnung v. 26.9.2017, BGBl. I 2017, 3515, geänd. durch VO v. 30.7. 2021, BGBl. I 2021, 3295 (**Steuergesetze** Nr. **800j**).

2.2. Zeitlicher Anwendungsbereich

2.2.1. [1]In Art. 97 § 30 EGAO werden die Anwendungszeitpunkte der Regelungen des § 146a AO bestimmt. [2]§ 146a AO gilt erstmals für Kalenderjahre, die nach dem 31.12.2019 beginnen.

2.2.2. [1]Nach dem 25.11.2010 und vor dem 1.1.2020 angeschaffte Registrierkassen, welche die Anforderungen des BMF-Schreibens vom 26.11.2010, BStBl. I 2010, 1342 erfüllen, aber bauartbedingt nicht aufrüstbar sind, so dass sie die Anforderungen des § 146a AO nicht erfüllen, dürfen längstens bis zum 31.12.2022 weiterhin verwendet werden (Art. 97 § 30 Abs. 3 EGAO). [2]Die Nachweise des Vorliegens dieser Voraussetzungen sind für die jeweils eingesetzte Registrierkasse der Systemdokumentation beizufügen (z. B. durch eine Bestätigung des Kassenherstellers). [3]Von der Ausnahmeregelung des Art. 97 § 30 Abs. 3 EGAO sind PC-Kassensysteme nicht umfasst.

2.2.3. Registrierkassen, für die die Übergangsregelung des Art. 97 § 30 Abs. 3 EGAO gilt, unterliegen im Übergangszeitraum nicht der Mitteilungsverpflichtung nach § 146a Abs. 4 AO.

2.2.4. Die Mitteilung nach § 146a Abs. 4 AO ist für elektronische Aufzeichnungssysteme, die unter den Anwendungsbereich des § 146a AO i. V. m. § 1 Satz 1 KassenSichV[1)] fallen und vor dem 1.1.2020 angeschafft wurden, bis spätestens zum 31.1.2020 zu erstatten.

3. Die zertifizierte technische Sicherheitseinrichtung

3.1. Anforderungen an die zertifizierte technische Sicherheitseinrichtung

3.1.1. Die Anforderungen an die zertifizierte technische Sicherheitseinrichtung werden nach § 146a Abs. 3 Satz 3 AO i. V. m. § 5 Satz 1 KassenSichV[1)] durch das BSI festgelegt.

3.1.2. Vorgaben hierzu sind insbesondere in folgenden Technischen Richtlinien erfasst (vgl. auch BMF-Schreiben vom 28.2.2019, BStBl. I S. 206):
- BSI TR-03153 Technische Sicherheitseinrichtung für elektronische Aufzeichnungssysteme, Version 1.0.1,
- BSI TR-03151 Secure Element API (SE API), Version 1.0.1,
- *BSI TR-03116 Kryptographische Vorgaben für Projekte der Bundesregierung Teil 5 – Anwendungen der Secure Element API, Stand 2019.*[2)]

3.2. Komponenten der zertifizierten technischen Sicherheitseinrichtung

3.2.1. [1]Das BSI hat in den Technischen Richtlinien Mindestanforderungen an eine zertifizierte technische Sicherheitseinrichtung festgelegt. [2]Dabei wurde – soweit möglich – auf technische Vorgaben verzichtet. [3]Insbesondere muss eine zertifizierte technische Sicherheitseinrichtung nicht notwendigerweise in einer physikalischen Einheit verbaut sein.

3.2.2. Mindestvorgaben werden in den Technischen Richtlinien lediglich zu den einzelnen Komponenten einer zertifizierten technischen Sicherheitsein-

---

1) Kassensicherungsverordnung v. 26.9.2017, BGBl. I 2017, 3515, geänd. durch VO v. 30.7. 2021, BGBl. I 2021, 3295 (**Steuergesetze Nr. 800j**).

2) Siehe jetzt BMF v. 17.8.2021, BStBl. I 2021, 1041.

richtung (Sicherheitsmodul, Speichermedium und einheitliche digitale Schnittstelle) geregelt.

3.2.3. [1]Das Sicherheitsmodul muss nach § 146a Abs. 1 AO i. V.m. § 2 KassenSichV[1)] die sichere Protokollierung von Vorgängen (vgl. AEAO zu § 146a, Nr. 1.6) gewährleisten. Durch die Technische Richtlinie BSI TR-03153 wird die Architektur des Sicherheitsmoduls vorgegeben (vgl. AEAO zu § 146a, Nr. 3.1.2).

3.2.4. Nach § 2 Satz 1 KassenSichV[1)] wird festgelegt, dass jeder Vorgang mindestens eine Transaktion in der zertifizierten technischen Sicherheitseinrichtung mit mehreren Protokollierungsschritten auslöst.

Das Sicherheitsmodul erzeugt folgende Daten (Protokolldaten):
- Zeitpunkt des Vorgangsbeginns sowie Zeitpunkt der Vorgangsbeendigung (auch bei Vorgangsabbruch),
- eindeutige und fortlaufende Transaktionsnummer,
- Prüfwert (vgl. Ziffer 3.3.4 der BSI-TR 03153),
- Seriennummer der technischen Sicherheitseinrichtung,
- Signaturzähler.

[1]Es kann optionale Protokolldaten hinzufügen. [2]Bei der Beschreibung des Ablaufs der Protokollierung (vgl. AEAO zu § 146a, Nr. 3.5) wird auf die Anwendungsdaten und auf die Protokolldaten im Einzelnen näher eingegangen.

3.2.5. [1]Die Zeitpunkte für Vorgangsbeginn und -ende (vgl. AEAO zu § 146a, Nr. 3.6.3) müssen von dem Sicherheitsmodul bereitgestellt werden. [2]Möglich sind eine interne Zeitquelle, eine externe Zeitquelle (Signed NTP) oder eine Mischform. [3]Für die Zeitquelle ist lediglich entscheidend, dass die Zeitführung im Sicherheitsmodul erfolgen muss und die Transaktionszeit streng monoton wachsend ist. [4]Hierfür ist z.B. auch ausreichend, wenn die zertifizierte technische Sicherheitseinrichtung bei Start des elektronischen Aufzeichnungssystems die interne Zeitquelle mit einer externen Zeitquelle abgleicht und danach nur noch die interne Zeitquelle verwendet.

3.2.6. [1]Das Speichermedium der zertifizierten technischen Sicherheitseinrichtung muss den Anforderungen des Kapitels 6 der Technischen Richtlinie BSI TR-03153 entsprechen. [2]Insbesondere müssen die sichere Speicherung der abgesicherten Anwendungsdaten (Log-Nachrichten) sowie deren Export ermöglicht werden. [3]Darüber hinaus werden spezielle Anforderungen an die Zuverlässigkeit des Speichermediums formuliert.

3.2.7. [1]Nicht erforderlich ist eine physikalische Identität von Sicherheitsmodul und Speichermedium. [2]Das Speichermedium kann z.B. sowohl in Form eines herkömmlichen Datenträgers (Speicherkarte o.Ä.) als auch mit einer Cloud-Speicherung erfüllt werden. § 146 Abs. 2a AO bleibt unberührt.

3.2.8. Das BSI hat in Kapitel 4 der Technischen Richtlinie BSI TR-03153 zwei Bestandteile der einheitlichen digitalen Schnittstelle der zertifizierten technischen Sicherheitseinrichtung definiert:
- Einbindungsschnittstelle
- Exportschnittstelle der zertifizierten technischen Sicherheitseinrichtung.

---

1) Kassensicherungsverordnung v. 26.9.2017, BGBl. I 2017, 3515, geänd. durch VO v. 30.7. 2021, BGBl. I 2021, 3295 (**Steuergesetze** Nr. **800j**).

auf die steuerrechtliche Beurteilung von Tatsachen für vorläufig erklärt werden (BFH-Urteil vom 25.4.1985, IV R 64/83, BStBl. II S. 648). [3]Vorläufige Steuerfestsetzungen nach § 165 Abs. 1 Satz 1 AO sind insbesondere dann vorzunehmen, wenn eine Steuerfestsetzung unter Vorbehalt der Nachprüfung nicht zweckmäßig ist, z. B. weil keine Nachprüfung des gesamten Steuerfalles mehr zu erwarten ist oder weil sie aus Rechtsgründen nicht möglich ist (z. B. bei fortbestehender Ungewissheit nach einer Außenprüfung).

2. Die Tatsache, dass ein Doppelbesteuerungsabkommen nach seinem Inkrafttreten voraussichtlich rückwirkend anzuwenden sein wird, rechtfertigt eine vorläufige Steuerfestsetzung nach § 165 Abs. 1 Satz 2 Nr. 1 AO, um dem Steuerpflichtigen die Vorteile des Doppelbesteuerungsabkommens zu sichern.[1)]

3.[2)] Eine vorläufige Steuerfestsetzung nach § 165 Abs. 1 Satz 2 Nr. 2 oder Nr. 2a AO setzt voraus, dass die Entscheidung des Bundesverfassungsgerichts oder des Gerichtshofs der Europäischen Union bereits ergangen ist und die gesetzliche Neuregelung noch aussteht.

4.[3)] Zweifel an der Vereinbarkeit einer der Steuerfestsetzung zugrunde liegenden Rechtsnorm mit höherrangigem Recht (insbesondere mit dem Grundgesetz oder dem Europäischen Unionsrecht) rechtfertigen nur dann eine vorläufige Steuerfestsetzung nach § 165 Abs. 1 Satz 2 Nr. 3 AO, wenn dieselbe Frage Gegenstand eines Musterverfahrens bei dem Gerichtshof der Europäischen Union, dem Bundesverfassungsgericht oder einem obersten Bundesgericht ist.

Zum Rechtsschutzbedürfnis für einen Einspruch gegen eine hinsichtlich des strittigen Punktes bereits vorläufige Steuerfestsetzung vgl. AEAO zu § 350, Nr. 6.

5. [1]Nach § 165 Abs. 1 Satz 2 Nr. 4 AO kann eine Steuer vorläufig festgesetzt werden, soweit eine im Fall des Steuerpflichtigen entscheidungserhebliche Rechtsfrage Gegenstand eines Verfahrens beim Bundesfinanzhof ist. [2]Hierbei handelt es sich auch um solche Fälle, in denen eine strittige Rechtsfrage nicht nur unter verfassungsrechtlichen Aspekten zu beurteilen ist (und deretwegen bereits eine vorläufige Steuerfestsetzung nach § 165 Abs. 1 Satz 2 Nr. 3 AO erfolgt), sondern vom Bundesfinanzhof auf „einfachgesetzlichem" Wege, d. h. durch Anwendung bzw. Auslegung des einfachen Rechts, entschieden werden könnte.

6. [1]Die Entscheidung, die Steuer vorläufig festzusetzen, steht in sämtlichen Fällen des § 165 Abs. 1 AO im Ermessen der Finanzbehörde. [2]Von der Mög-

---

[1)] Zum Stand der DBA und der Verhandlungen am 1.1.2021 siehe BMF v. 18.2.2021, BStBl. I 2021, 265 (**Doppelbesteuerungsabkommen** Nr. **0.1**).

[2)] Zu vorläufigen Festsetzungen bzw. Feststellungen bei der **Grunderwerbsteuer** siehe gleich lautenden Ländererlass v. 16.12.2015, BStBl. I 2015, 1082; zu Einsprüchen gegen **Einheitswertfeststellungen** und Festsetzungen des **Grundsteuermessbetrags** siehe Allgemeinverfügung v. 18.1.2019, BStBl. I 2019, 26, ergänzt durch Allgemeinverfügung v. 3.6.2019, BStBl. I 2019, 470; zur vorläufigen Festsetzung des **Gewerbesteuermessbetrags** siehe gleich lautenden Ländererlass v. 28.10.2016, BStBl. I 2016, 1114.

[3)] Zur vorläufigen Steuerfestsetzung wegen anhängiger Musterverfahren (§ 165 Abs. 1 Satz 2 AO), zur Aussetzung der Steuerfestsetzung nach § 165 Abs. 1 Satz 4 AO, zum Ruhenlassen von außergerichtlichen Rechtsbehelfsverfahren (§ 363 Abs. 2 AO) und zur Aussetzung der Vollziehung (§ 361 AO, § 69 Abs. 2 FGO) siehe BMF v. 15.1.2018, BStBl. I 2018, 2, Anlage i. d. F. des BMF v. 30.8.2021, BStBl. I 2021, 1042.

lichkeit, eine Steuer nach § 165 Abs. 1 Satz 2 AO vorläufig festzusetzen, ist nur Gebrauch zu machen, soweit die Finanzbehörden hierzu durch BMF-Schreiben oder gleich lautende Erlasse der obersten Finanzbehörden der Länder angewiesen worden sind.

7. [1]Die Vorläufigkeit ist auf die ungewissen Voraussetzungen zu beschränken und zu begründen. [2]Die Begründung kann nachgeholt werden (§ 126 Abs. 1 Nr. 2 AO). [3]Wird eine vorläufige Steuerfestsetzung geändert, so ist in dem neuen Steuerbescheid zu vermerken, ob und inwieweit dieser weiterhin vorläufig ist oder für endgültig erklärt wird. [4]Ein ursprünglich angeordneter Vorläufigkeitsvermerk bleibt auch dann wirksam, wenn er in einem nachfolgenden Änderungsbescheid nicht ausdrücklich wiederholt wird (BFH-Urteil vom 9.9.1988, III R 191/84, BStBl. 1989 II S. 9). [5]Enthält aber der Änderungsbescheid einen Vorläufigkeitsvermerk, wird durch diesen der Umfang der Vorläufigkeit neu bestimmt (BFH-Urteile vom 19.10.1999, IX R 23/98, BStBl. 2000 II S. 282, und vom 16.6.2020, VIII R 12/17, BStBl. II S. 702). [6]Dies gilt auch, wenn ein sowohl auf § 165 Abs. 1 Satz 1 AO als auch auf § 165 Abs. 1 Satz 2 AO gestützter Vorläufigkeitsvermerk im Änderungsbescheid durch einen allein auf § 165 Abs. 1 Satz 2 AO gestützten Vorläufigkeitsvermerk ersetzt wird (BFH-Urteil vom 14.7.2015, VIII R 21/13, BStBl. 2016 II S. 371).

8. [1]Soweit wegen der Frage der Vereinbarkeit einer Rechtsnorm mit dem Grundgesetz eine Steuer nach § 165 Abs. 1 Satz 2 Nr. 3 AO vorläufig festgesetzt worden ist, sind Steuerbescheide auch dann nach § 165 Abs. 2 AO zu ändern, wenn das Bundesverfassungsgericht oder der Bundesfinanzhof die streitige Frage dadurch entscheidet, dass das Gericht die vom Vorläufigkeitsvermerk erfasste Rechtsnorm entgegen der bisherigen Verwaltungsauffassung verfassungskonform so auslegt, dass das betreffende Steuergesetz mit höherrangigem Recht vereinbar ist und diese Auslegung zu einer Steuerminderung führt (BFH-Urteil vom 30.9.2010, III R 39/08, BStBl. 2011 II S. 11). [2]Dies gilt auch, wenn der Vorläufigkeitsvermerk insoweit zusätzlich auf § 165 Abs. 1 Satz 2 Nr. 4 AO gestützt war.

Soweit eine Steuer (auch) nach § 165 Abs. 1 Satz 2 Nr. 4 AO vorläufig festgesetzt worden ist, sind die Steuerbescheide (zudem) auch dann nach § 165 Abs. 2 AO zu ändern, wenn der Bundesfinanzhof die vom Vorläufigkeitsvermerk erfasste Rechtsnorm aufgrund einfachgesetzlicher Auslegung eines Steuergesetzes entgegen der bisherigen Verwaltungsauffassung auslegt, diese Auslegung zu einer Steuerminderung führt und dieses Urteil über den entschiedenen Einzelfall hinaus anzuwenden ist.

9. [1]Die vorläufige Steuerfestsetzung kann jederzeit für endgültig erklärt werden. [2]Die Vorläufigkeit bleibt bis dahin bestehen; für den Ablauf der Festsetzungsfrist gilt § 171 Abs. 8 AO. [3]Wird die vorläufige Steuerfestsetzung nach Beseitigung der Ungewissheit geändert (§ 165 Abs. 2 Satz 2 AO), sind im Rahmen des Änderungsbetrages auch solche Fehler zu berichtigen, die nicht mit dem Grund der Vorläufigkeit zusammenhängen (BFH-Urteil vom 2.3. 2000, VI R 48/97, BStBl. II S. 332).

10. [1]In den Fällen des § 165 Abs. 1 Satz 2 AO ist eine Endgültigkeitserklärung nicht erforderlich, wenn sich die Steuerfestsetzung letztlich als zutreffend erweist und der Steuerpflichtige keine Entscheidung beantragt. [2]Die Vorläu-

[1]Der fehlerhafte Steuerbescheid ist in den Fällen des § 174 Abs. 1 AO nur auf Antrag aufzuheben oder zu ändern. [2]Hat der Steuerpflichtige fälschlich nur einen Antrag auf Änderung des rechtmäßigen Steuerbescheids gestellt, ist der Antrag allgemein als Antrag auf Beseitigung der widerstreitenden Festsetzung zu behandeln. [3]Die Antragsfrist (§ 174 Abs. 1 Satz 2 AO) ist eine gesetzliche Frist i. S. d. § 110 AO. [4]Über den fristgerecht gestellten Antrag kann auch noch nach Ablauf der Jahresfrist entschieden werden.

3. Zu § 174 Abs. 2 AO

[1]§ 174 Abs. 2 AO regelt in entsprechender Anwendung des § 174 Abs. 1 AO die Fälle, dass ein bestimmter Sachverhalt mehrfach zugunsten eines oder mehrerer Steuerpflichtiger berücksichtigt worden ist. [2]Die Änderung des fehlerhaften Steuerbescheids ist von Amts wegen vorzunehmen. [3]Eine Änderung nach § 174 Abs. 2 AO ist nicht auf den Fall der irrtümlichen Doppelberücksichtigung eines bestimmten Sachverhaltes beschränkt, sie kommt auch bei bewusst herbeigeführten widerstreitenden Steuerfestsetzungen in Betracht (vgl. BFH-Urteil vom 6.9.1995, XI R 37/95, BStBl. 1996 II S. 148).

Unter den Begriff des Antrages oder einer Erklärung des Steuerpflichtigen i. S. d. Vorschrift fallen auch formlose Mitteilungen und Auskünfte außerhalb des Steuererklärungsvordrucks (vgl. BFH-Urteil vom 13.11.1996, XI R 61/96, BStBl. 1997 II S. 170) sowie für den Beteiligten von Dritten abgegebene Erklärungen (z. B. im Rahmen des § 80 Abs. 1 und 4 AO, § 200 Abs. 1 AO).

4. „Widerstreit" im Sinne des § 174 Abs. 1 und 2 AO

[1]Ein „Widerstreit" i. S. d. § 174 Abs. 1 und 2 AO setzt voraus, dass die in verschiedenen Steuerbescheiden vorgenommenen Feststellungen bzw. Besteuerungen aufgrund der materiellen Rechtslage nicht miteinander vereinbar sind. [2]Sie stehen im Widerspruch zueinander, da nur einer der beiden Steuerbescheide und die darin angeordnete Rechtsfolge zutreffend sein kann. [3]Nach materiellem Recht muss sich die mehrfache Erfassung eines bestimmten Sachverhaltes zwingend ausschließen.

5. Unionskonforme Auslegung des § 174 Abs. 1 und 2 AO

[1]In unionskonformer Auslegung des § 174 Abs. 1 und 2 AO kann auch ein Steuerbescheid, der von einer Finanzbehörde eines anderen Mitgliedstaates der Europäischen Union oder eines Staates, auf den das Abkommen über den Europäischen Wirtschaftsraum (EWR-Abkommen) Anwendung findet, erlassen wurde, eine widerstreitende Steuerfestsetzung i. S. d. § 174 Abs. 1 oder 2 AO begründen (BFH-Urteil vom 9.5.2012, I R 73/10, BStBl. 2013 II S. 566).[1)] [2]Die Änderung eines inländischen Steuerbescheids nach § 174 Abs. 1 oder 2 AO setzt voraus, dass eine aus innerstaatlicher Sicht rechtswidrige/fehlerhafte Behandlung des Sachverhaltes im inländischen Steuerbescheid vorliegt. [3]Ein rechtmäßiger Steuerbescheid kann nicht nach § 174 Abs. 1 oder 2 AO geändert werden (vgl. BFH-Urteil vom 17.6.2006, II R 48/04, BFH/NV S. 1611 m. w. N.). [4]Auch eine später eingetretene Rechtswidrigkeit aufgrund rückwirkender geänderter Rechtslage (neue oder geänderte Rechts-

---

[1)] Ein Widerstreit zwischen einem inländischen und einem ausländischen Steuerbescheid liegt nicht vor, wenn derselbe Sachverhalt im Ausland bei der Bemessungsgrundlage für die Steuer und im Inland im Rahmen des Progressionsvorbehalts hätte berücksichtigt werden können, siehe BFH v. 20.3.2019 II R 61/15, BStBl. II 2020, 463.

norm) oder rückwirkender Ereignisse berechtigt nicht zu einer Änderung nach § 174 Abs. 1 und 2 AO.

[1]Bei einem Antrag auf Änderung eines von einer inländischen Finanzbehörde erlassenen Steuerbescheids zugunsten eines Steuerpflichtigen liegt die objektive Feststellungslast im Hinblick auf den ausländischen Steuerbescheid bei dem Steuerpflichtigen. [2]Zudem trifft ihn insoweit eine erhöhte Mitwirkungspflicht (§ 90 Abs. 2 AO).

Beispiel:

Die inländische Finanzbehörde hat bei der Festsetzung der Einkommensteuer Einkünfte als steuerpflichtig berücksichtigt. Der Einkommensteuerbescheid wird bestandskräftig. Der Steuerpflichtige beantragt ein Jahr später die Änderung dieses Einkommensteuerbescheids, da die fraglichen Einkünfte auch in den Niederlanden versteuert worden seien.
Zu prüfen ist zunächst, ob Deutschland insoweit ein Besteuerungsrecht hatte. Wenn dies zu verneinen ist, muss als weitere Voraussetzung eine mehrfache und mit dem materiellen Recht unvereinbare Berücksichtigung dieser Einkünfte in verschiedenen Steuerbescheiden vorliegen. Der Steuerpflichtige hat zum einen darzulegen, dass die Besteuerung im Inland rechtswidrig bzw. fehlerhaft war, und zum anderen nachzuweisen, dass eine Besteuerung des Sachverhalts in den Niederlanden stattgefunden hat.
Nach § 174 Abs. 1 AO ist der inländische Einkommensteuerbescheid zu ändern, wenn dieser aus innerstaatlicher Sicht rechtswidrig/fehlerhaft war und tatsächlich eine Besteuerung des gleichen Sachverhaltes (Einkünfte) in den Niederlanden stattgefunden hat.

[1]§ 174 Abs. 1 und 2 AO findet keine Anwendung bei Unstimmigkeiten zwischen den Vertragsstaaten über die Ausübung von Besteuerungsrechten (z. B. Verrechnungspreisfälle, Cash-Pooling, konkurrierende Besteuerungen bzw. Anwendung von Rückfallklauseln etc.). [2]Die Regelungen des § 174 AO stehen auch nicht in Konkurrenz bzw. Widerspruch zu Verständigungs- oder Schiedsverfahren nach den DBA; vgl. dazu auch § 175a AO.

6.[1)] Zu § 174 Abs. 3 AO

[1]§ 174 Abs. 3 AO erfasst die Fälle, in denen bei einer Steuerfestsetzung ein bestimmter Sachverhalt in der erkennbaren Annahme nicht berücksichtigt worden ist, dass der Sachverhalt nur Bedeutung für eine andere Steuer, einen anderen Besteuerungszeitraum oder einen anderen Steuerpflichtigen habe. [2]Dieser andere Bescheid muss nicht notwendigerweise schon erlassen worden sein oder später erlassen werden (vgl. BFH-Urteil vom 29.5.2001, VIII R 19/00, BStBl. II S. 743). [3]Der Anwendung des § 174 Abs. 3 AO steht auch nicht entgegen, dass die Finanzbehörde in der (erkennbaren) Annahme, ein bestimmter Sachverhalt sei in einem anderen Steuerbescheid zu berücksichtigen, zunächst überhaupt keinen Steuerbescheid erlässt (BFH-Urteil vom 23.5. 1996, IV R 49/95, BFH/NV 1997 S. 89).

[1]Die Annahme, der bestimmte Sachverhalt sei in einem anderen Steuerbescheid zu erfassen, muss für den Steuerpflichtigen erkennbar und für die Nichtberücksichtigung kausal geworden sein. [2]Die Erkennbarkeit ist gegeben, wenn der Steuerpflichtige die (später als fehlerhaft erkannte) Annahme des Finanzamts auch ohne entsprechenden Hinweis aus dem gesamten Sachverhaltsablauf allein aufgrund verständiger Würdigung des fehlerhaften Bescheids erkennen konnte (BFH-Urteil vom 21.12.1984, III R 75/81, BStBl. 1985 II S. 283, und BFH-Beschluss vom 15.10.1998, IV B 15/98, BFH/NV 1999 S. 449). [3]An der Kausalität fehlt es dagegen, wenn die Nichtberücksichtigung

1) Siehe auch BFH v. 19.12.2013 V R 7/12, BStBl. II 2017, 841.

rechtfertigt sein, von einem Widerruf der verbindlichen Zusage abzusehen oder die Wirkung des Widerrufs zu einem späteren Zeitpunkt eintreten zu lassen. [3] Eine solche Billigkeitsmaßnahme wird i. d. R. jedoch nur dann geboten sein, wenn sich der Steuerpflichtige nicht mehr ohne erheblichen Aufwand bzw. unter beträchtlichen Schwierigkeiten von den im Vertrauen auf die Zusage getroffenen Dispositionen oder eingegangenen vertraglichen Verpflichtungen zu lösen vermag. [4] Der Steuerpflichtige ist vor einer Aufhebung oder Änderung zu hören (§ 91 Abs. 1 AO).

AEAO zu § 208 – Steuerfahndung, Zollfahndung:[1)]

1. Der Steuerfahndung weist das Gesetz folgende Aufgaben zu:

a) Vorfeldermittlungen zur Verhinderung von Steuerverkürzungen (§ 85 Satz 2 AO), die auf die Aufdeckung und Ermittlung unbekannter Steuerfälle gerichtet sind (§ 208 Abs. 1 Satz 1 Nr. 3 AO);[2)]

b) die Verfolgung bekannt gewordener Steuerstraftaten gem. § 386 Abs. 1 Satz 1 AO und Steuerordnungswidrigkeiten einschließlich der Ermittlung des steuerlich erheblichen Sachverhalts und dessen rechtlicher Würdigung (§ 208 Abs. 1 Satz 1 Nrn. 1 und 2 AO). [2] § 208 Abs. 1 Sätze 2 und 3 AO bestimmen, welche Vorschriften für das Verfahren zur Durchführung von Steuerfahndungsmaßnahmen maßgebend sind.

2. Die Steuerfahndung übt die Rechte und Pflichten aus,

a) die den Finanzämtern im Besteuerungsverfahren zustehen (§§ 85 ff. AO);

b) die sich aus § 404 Satz 2 AO ergeben: erster Zugriff; Durchsuchung; Beschlagnahme; Durchsicht von Papieren sowie sonstige Maßnahmen nach den für die Ermittlungspersonen der Staatsanwaltschaft geltenden Vorschriften.

3. [1] Zu Maßnahmen im Besteuerungsverfahren ist die Steuerfahndung auch berechtigt, wenn bereits ein Steuerstrafverfahren eingeleitet worden ist (vgl. BFH-Beschluss vom 29.10.1986, I B 28/86, BStBl. 1987 II S. 440). [2] Für Einwendungen gegen ihre Maßnahmen im Besteuerungsverfahren ist der Finanzrechtsweg, für Einwendungen gegen Maßnahmen im Strafverfahren wegen Steuerstraftaten der ordentliche Rechtsweg gegeben.

4. Für die Steuerfahndung gelten bei der Ermittlung der Besteuerungsgrundlagen und bei Vorfeldermittlungen folgende Einschränkungen aus Vorschriften über das Besteuerungsverfahren nicht (§ 208 Abs. 1 Satz 3 AO):

a) Andere Personen als die Beteiligten können sofort um Auskunft angehalten werden (§ 93 Abs. 1 Satz 3 AO).

b) Das Auskunftsersuchen bedarf entgegen § 93 Abs. 2 Satz 2 AO nicht der Schriftform.

c) Die Vorlage von Urkunden kann ohne vorherige Befragung des Vorlagepflichtigen verlangt und die Einsichtnahme in diese Urkunden unabhängig von dessen Einverständnis erwirkt werden (§ 97 Abs. 2 AO).

---

1) ZollfahndungsdienstG v. 16.8.2002, BGBl. I 2002, 3202, zuletzt geänd. durch G v. 5.7.2021, BGBl. I 2021, 2274 (**Zölle und Verbrauchsteuern** Nr. 565).

2) Merkblatt über die Rechte und Pflichten von Steuerpflichtigen bei Prüfungen durch die Steuerfahndung nach § 208 Abs. 1 Nr. 3 AO (BMF v. 13.11.2013, BStBl. I 2013, 1458).

5. [1]Mitwirkungspflichten des Steuerpflichtigen, die sich aus den Vorschriften über die Außenprüfung ergeben, bleiben bestehen (§ 208 Abs. 1 Satz 3 AO). [2]Die Mitwirkungspflicht kann allerdings nicht erzwungen werden, wenn sich der Steuerpflichtige dadurch der Gefahr aussetzen würde, sich selbst wegen einer von ihm begangenen Steuerstraftat oder Steuerordnungswidrigkeit belasten zu müssen oder wenn gegen ihn bereits ein Steuerstraf- oder Bußgeldverfahren eingeleitet worden ist. [3]Über diese Rechtslage muss der Steuerpflichtige belehrt werden.

6. Beamte der Steuerfahndung können mit sonstigen Aufgaben betraut werden (§ 208 Abs. 2 AO).

AEAO zu § 218 – Verwirklichung von Ansprüchen aus dem Steuerschuldverhältnis:

Inhaltsübersicht

1. Konkretisierung der Ansprüche aus dem Steuerschuldverhältnis

[1]Ansprüche aus dem Steuerschuldverhältnis (§ 37 AO) werden durch Verwaltungsakt konkretisiert. [2]Der – ggf. materiell-rechtlich unrichtige – Verwaltungsakt beeinflusst zwar nicht die materielle Höhe des Anspruchs aus dem Steuerschuldverhältnis, solange er jedoch besteht, legt er fest, ob und in welcher Höhe ein Anspruch durchgesetzt werden kann. [3]Maßgebend ist allein der letzte Verwaltungsakt (z.B. der letzte Änderungsbescheid oder der letzte Abrechnungsbescheid). [4]Der einheitliche Anspruch aus dem Steuerschuldverhältnis kann deshalb bei – ggf. mehrfacher – Änderung einer Festsetzung nicht in unterschiedliche Zahlungs- und Erstattungsansprüche aufgespalten werden (BFH-Urteil vom 6.2.1996, VII R 50/95, BStBl. 1997 II S. 112).

Der Verwaltungsakt wirkt konstitutiv, wenn es sich um steuerliche Nebenleistungen handelt, deren Festsetzung in das Ermessen der Finanzbehörde gestellt ist, z.B. beim Verspätungszuschlag (§ 152 AO).

2. Säumniszuschläge

Bei Säumniszuschlägen bedarf es keines Leistungsgebotes, wenn sie zusammen mit der Steuer beigetrieben werden (§ 254 Abs. 2 AO).

3. Abrechnungsbescheid

[1]Über Streitigkeiten, die die Verwirklichung von Ansprüchen aus dem Steuerschuldverhältnis betreffen, entscheiden die Finanzbehörden durch Abrechnungsbescheid (§ 218 Abs. 2 AO). [2]Als Rechtsbehelf ist der Einspruch gegeben. [3]Die Korrekturmöglichkeiten richten sich nach den §§ 129 bis 131 und § 218 Abs. 3 AO.

[1]Eine Verfügung über die Anrechnung von Steuerabzugsbeträgen und Steuervorauszahlungen (Anrechnungsverfügung) ist ein Verwaltungsakt mit Bindungswirkung (vgl. BFH-Urteil vom 27.10.2009, VII R 51/08, BStBl. 2010 II S. 382). [2]Diese Bindungswirkung muss auch beim Erlass eines Abrechnungsbescheids beachtet werden. [3]Deshalb kann im Rahmen eines Ab-

rechnungsbescheids die Steueranrechnung zugunsten oder zuungunsten des Steuerpflichtigen nur dann korrigiert werden, wenn eine der Voraussetzungen der §§ 129 bis 131 oder § 218 Abs. 3 AO gegeben ist (vgl. BFH-Urteil vom 15.4.1997, VII R 100/96, BStBl. II S. 787).[1)]

4. Widerstreitende Anrechnungsverfügungen oder Abrechnungsbescheide

4.1. [1]Wird eine Anrechnungsverfügung oder ein Abrechnungsbescheid auf Grund eines Rechtsbehelfs oder auf Antrag zurückgenommen und ein für den Rechtsbehelfsführer/Antragsteller günstigerer Verwaltungsakt erlassen, können nachträglich gegenüber ihm, aber auch gegenüber anderen Personen (z. B. Ehegatte oder Lebenspartner des Steuerpflichtigen, Abtretungsempfänger, Pfandgläubiger), durch Änderung einer Anrechnungsverfügung oder eines Abrechnungsbescheids die entsprechenden steuerlichen Folgerungen gezogen werden (§ 218 Abs. 3 Satz 1 AO). [2]War Rechtsbehelfsführer/Antragsteller nicht der Steuerpflichtige, sondern ein Dritter (z. B. ein Abtretungsempfänger oder ein Pfandgläubiger), können die entsprechenden steuerlichen Folgerungen auch gegenüber dem Steuerpflichtigen nach § 218 Abs. 3 Satz 1 AO gezogen werden.

4.2. [1]Gegenüber einer Person, die im Ausgangsverfahren nicht Rechtsbehelfsführer/Antragsteller war, ist eine für sie nachteilige Korrektur ihrer Anrechnungsverfügung oder ihres Abrechnungsbescheids nach § 218 Abs. 3 AO nur dann möglich, wenn sie an dem Verfahren, das zur Aufhebung oder Änderung der fehlerhaften Anrechnungsverfügung bzw. des fehlerhaften Abrechnungsbescheids geführt hat, in entsprechender Anwendung des § 174 Abs. 5 AO beteiligt wurde. [2]Für eine wirksame Beteiligung dieser Person muss ihr auch der Verwaltungsakt bzw. im Einspruchsverfahren die Einspruchsentscheidung bekannt gegeben werden (vgl. BFH-Urteile vom 11.4.1991, V R 40/86, BStBl. II S. 605, und vom 5.5.1993, X R 111/91, BStBl. II S. 817).

Diese Person ist dabei darauf hinzuweisen, dass

- ihr die Entscheidung als Beteiligtem bekannt gegeben wird,
- die entsprechenden steuerlichen Folgerungen aus dem maßgeblichen Sachverhalt in ihrem Besteuerungsverfahren gem. § 218 Abs. 3 i. V. m. § 174 Abs. 4 und Abs. 5 AO gezogen werden und
- Einwendungen gegen die Entscheidung nur mit Anträgen oder Rechtsbehelfen gegen diesen Verwaltungsakt geltend gemacht werden können.

4.3. Welches die „entsprechenden steuerlichen Folgerungen" sind, entscheidet sich dabei verbindlich im Ausgangsverfahren des antragstellenden bzw. einspruchsführenden Steuerpflichtigen oder Dritten.

4.4. Hinsichtlich des Antragstellers oder Rechtsbehelfsführers wird die Zahlungsverjährung nach § 231 Abs. 1 Satz 1 AO unterbrochen.

4.5. Die Zahlungsverjährungsfrist gegenüber einer Person, die im Ausgangsverfahren nicht Rechtsbehelfsführer/Antragsteller war, wird in entsprechender Anwendung des § 174 Abs. 4 Satz 3 AO unterbrochen, wenn sie vor Eintritt

---

[1)] Zu § 130 Abs. 2 Nr. 4 AO vgl. BFH v. 26.6.2007 VII R 35/06, BStBl. II 2007, 742.

der ihr gegenüber geltenden Zahlungsverjährung beteiligt wurde (vgl. AEAO zu § 218, Nr. 4.2) und ihr gegenüber die entsprechenden steuerlichen Folgen innerhalb eines Jahres nach Korrektur der Anrechnungsverfügung oder des Abrechnungsbescheids im Ausgangsverfahren gezogen werden.

4.6. § 218 Abs. 3 AO gilt ab dem 31.12.2014 für alle zu diesem Zeitpunkt noch nicht zahlungsverjährten Anrechnungsverfügungen und Abrechnungsbescheide (Art. 97 § 13a EGAO).

AEAO zu § 219 – Zahlungsaufforderung bei Haftungsbescheiden:

1. [1]Es ist zu unterscheiden zwischen der gesetzlichen Entstehung der Haftungsschuld, dem Erlass des Haftungsbescheids (§ 191 AO) und der Inanspruchnahme des Haftungsschuldners durch Zahlungsaufforderung (Leistungsgebot). [2]§ 219 AO regelt nur die Zahlungsaufforderung. [3]Der Erlass des Haftungsbescheids selbst wird durch die Einschränkung in der Vorschrift nicht gehindert. [4]Die Zahlungsaufforderung darf jedoch mit dem Haftungsbescheid nur verbunden werden, wenn die Voraussetzungen des § 219 AO vorliegen. [5]Ist ein Haftungsbescheid ohne Leistungsgebot ergangen, beginnt die Zahlungsverjährung mit Ablauf des Kalenderjahres, in dem dieser Bescheid wirksam geworden ist (§ 229 Abs. 2 AO).

2. [1]§ 219 AO ist Ausdruck des Grundsatzes, dass der Haftungsschuldner nur nach dem Steuerschuldner (subsidiär) für die Steuerschuld einzustehen hat. [2]Auch in den Fällen des § 219 Satz 2 AO, in denen das Gesetz eine unmittelbare Inanspruchnahme des Haftungsschuldners erlaubt, kann es der Ausübung pflichtgemäßen Ermessens entsprechen, sich zunächst an den Steuerschuldner zu halten.

AEAO zu § 220 – Fälligkeit:

1. [1]Die angemeldete Steuervergütung bzw. das angemeldete Mindersoll ist erst fällig, sobald dem Steuerpflichtigen die Zustimmung der Finanzbehörde bekannt wird (§ 220 Abs. 2 Satz 2 AO). [2]Wird der Steuerpflichtige schriftlich bzw. elektronisch über die Zustimmung unterrichtet (z.B. zusammen mit einer Abrechnungsmitteilung), ist grundsätzlich davon auszugehen, dass ihm die Zustimmung erst am dritten Tag nach Aufgabe zur Post bzw. nach der Absendung bekannt geworden ist. [3]Ergeht keine Mitteilung, wird die Zustimmung dem Steuerpflichtigen grundsätzlich mit der Zahlung (§ 224 Abs. 3 AO) der Steuervergütung bzw. des Mindersolls bekannt.

2. Zur Fälligkeit von Insolvenzforderungen vgl. AEAO zu § 251, Nr. 5.1.

AEAO zu § 224 – Leistungsort, Tag der Zahlung:

1. § 224 Abs. 2 Nr. 3 AO stellt sicher, dass Verzögerungen bei der Einziehung aufgrund einer Einzugsermächtigung nicht zu Lasten des Steuerpflichtigen gehen.

2. Die Regelungen zum Tag der Zahlung (§ 224 Abs. 2 und 3 AO) gelten nur bei wirksam geleisteten Zahlungen, d. h. wenn der geleistete Betrag den Empfänger erreicht hat.

AEAO zu § 226 – Aufrechnung:

1. [1]Für die Aufrechnung gelten die Vorschriften §§ 387 bis 396 BGB sinngemäß. [2]Eine Aufrechnung kann danach erst erklärt werden, wenn die Aufrechnungslage gegeben ist; dies bedeutet Erfüllbarkeit (d. h. abstrakte Entstehung) der Verpflichtung des Aufrechnenden (Hauptforderung) und gleichzeitige Fälligkeit seiner Forderung (Gegenforderung). [3]Das Finanzamt ist allerdings an der Aufrechnung gehindert, wenn die Durchsetzbarkeit der Gegenforderung durch Aussetzung der Vollziehung oder Stundung ausgeschlossen ist (vgl. BFH-Urteil vom 31.8.1995, VII R 58/94, BStBl. 1996 II S. 55). [4]Die Aufrechnungslage wird durch eine nachträgliche rückwirkende Stundung nicht beseitigt (BFH-Urteil vom 8.7.2004, VII R 55/03, BStBl. 2005 II S. 7).

[1]§ 215 erste Alternative BGB wird durch § 226 Abs. 2 AO ausgeschlossen. [2]Die Gegenseitigkeit von Forderungen aus dem Steuerschuldverhältnis ist gewahrt, wenn die Abgabe derselben Körperschaft zusteht (§ 226 Abs. 1 AO) oder von derselben Körperschaft verwaltet wird (§ 226 Abs. 4 AO). [3]Das Finanzamt kann daher von einem Steuerpflichtigen geforderte Erbschaftsteuer (dem Land allein zustehende Abgabe) gegen an diesen Steuerpflichtigen zu erstattenden Solidaritätszuschlag (dem Bund allein zustehende Abgabe) aufrechnen. [4]Bei der Aufrechnung durch den Steuerpflichtigen findet § 395 BGB keine Anwendung (BFH-Urteil vom 25.4.1989, VII R 105/87, BStBl. II S. 949).

2. [1]Eine Aufrechnung bewirkt nach § 226 Abs. 1 AO i. V. m. § 389 BGB, dass die Forderungen, soweit sie sich decken, in dem Zeitpunkt als erloschen gelten, in welchem sie zur Aufrechnung geeignet einander gegenüberstehen. [2]Dabei ist nicht auf die Festsetzung oder die Fälligkeit eines Steueranspruchs bzw. eines Steuererstattungsanspruchs abzustellen, sondern auf dessen abstrakte materiellrechtliche Entstehung (vgl. BFH-Urteil vom 3.5.1991, V R 105/86, BFH/NV 1992 S. 77). [3]Materiellrechtlich entstehen Ansprüche aus dem Steuerschuldverhältnis bereits mit Verwirklichung des gesetzlichen Tatbestandes, d. h. z. B. die veranlagte Einkommensteuer bereits mit Ablauf des Veranlagungszeitraumes; auf die Kenntnis des Finanzamts oder des Steuerpflichtigen über Grund und Höhe der abstrakt entstandenen Ansprüche kommt es nicht an.

[1]Das Steuererhebungsverfahren knüpft aber – anders als das Zivilrecht – nicht an die abstrakte Entstehung, sondern an die Konkretisierung des Steueranspruchs bzw. Steuererstattungsanspruchs durch dessen Festsetzung im Steuerbescheid und seine hieran anschließende Fälligkeit an (vgl. § 218 Abs. 1 AO). [2]Deshalb geht die Rückwirkung einer Aufrechnung bei der Berechnung von Zinsen und Säumniszuschlägen nicht über den Zeitpunkt der Fälligkeit der Schuld des Aufrechnenden hinaus (vgl. § 238 Abs. 1 Satz 3 und § 240 Abs. 1 Satz 5 AO). [3]Rechnet das Finanzamt mit einer Steuerforderung gegen eine später als die Steuerforderung fällig gewordene Erstattungsforderung auf, bleiben deshalb Säumniszuschläge hinsichtlich der zur Aufrechnung gestellten Steuerforderung für die Zeit vor der Fälligkeit der Erstattungsforderung bestehen.

[1]Bei der Umbuchung von Steuererstattungs- oder Steuervergütungsansprüchen, die sich aus Steueranmeldungen ergeben, gilt die Erstattung/Vergütung

aus Billigkeitsgründen als am Tag des Eingangs der Steueranmeldung, frühestens jedoch als am ersten Tag des auf den Anmeldungszeitraum folgenden Monats geleistet (Wertstellung). [2]Dies gilt entsprechend, wenn die Steuererstattung oder Steuervergütung abweichend von der Steueranmeldung festgesetzt wird.

3. Soweit sich die Aufrechnungslage weder aus § 226 Abs. 1 AO aufgrund der Ertragsberechtigung noch aus § 226 Abs. 4 AO aufgrund der Verwaltungshoheit ergibt, kann in geeigneten Fällen die erforderliche Gegenseitigkeit seitens der Finanzverwaltung dadurch hergestellt werden, dass zwecks Einziehung der zu erhebende (ggf. anteilige) Anspruch an die Körperschaft, die den anderen Anspruch zu erfüllen hat, abgetreten und damit die Gläubiger-/Schuldneridentität i. S. d. § 226 Abs. 1 AO herbeigeführt wird (BFH-Urteil vom 5.9.1989, VII R 33/87, BStBl. II S. 1004).

4.[1)] Für die Erklärung der Aufrechnung ist grundsätzlich die Behörde zuständig, die den Anspruch, gegen den aufgerechnet werden soll, zu erfüllen hat.

5. [1]Liegen die Voraussetzungen für eine Aufrechnung nicht vor, bleibt die Möglichkeit einer vertraglichen Verrechnung der Forderungen. [2]Ein solcher Verrechnungsvertrag kommt z. B. dadurch zustande, dass der Unternehmer (eine Personengesellschaft) gleichzeitig mit der Umsatzsteuer-Voranmeldung dem Finanzamt die Verrechnung seines Umsatzsteuer-Erstattungsanspruchs mit der Einkommensteuer-Forderung des Finanzamts an einen der Gesellschafter anbietet und das Finanzamt dieses Angebot ausdrücklich oder stillschweigend annimmt. [3]Die Rechtswirksamkeit eines Verrechnungsvertrags ist nach den allgemeinen Rechtsgrundsätzen über den Abschluss von Verträgen zu beurteilen (BFH-Urteile vom 13.10.1972, III R 11/72, BStBl. 1973 II S. 66, vom 21.3.1978, VIII R 60/73, BStBl. II S. 606, und vom 30.10.1984, VII R 70/81, BStBl. 1985 II S. 114).

AEAO zu § 228 – Gegenstand der Verjährung, Verjährungsfrist:

1. [1]Die Zahlungsverjährung erstreckt sich auch auf Ansprüche des Steuerpflichtigen. [2]Der einheitliche Anspruch aus dem Steuerschuldverhältnis (z. B. für die Steuer eines Veranlagungszeitraums) kann bei – ggf. mehrfach – geänderter Festsetzung nicht in unterschiedliche Zahlungs- und Erstattungsansprüche aufgespalten werden, die bezogen auf die jeweils ergangenen Verwaltungsakte unterschiedlichen Verjährungsfristen unterliegen (BFH-Urteil vom 6.2.1996, VII R 50/95, BStBl. 1997 II S. 112).

2. Fällt das Ende der Verjährungsfrist auf einen Sonntag, einen gesetzlichen Feiertag oder einen Sonnabend, so endet die Verjährungsfrist erst mit dem Ablauf des nächstfolgenden Werktages (§ 108 Abs. 3 AO).

3. Die Zahlungsverjährung führt zum Erlöschen des Anspruchs (§§ 47, 232 AO).

---

1) Aufrechnungserklärung des FA erfordert keine Bekanntgabe; siehe BFH v. 29.11.2012 VII B 88/12, BFH/NV 2013, 508.

AEAO zu § 229 AO – Beginn der Verjährung:

[1]Die Zahlungsverjährung beginnt grundsätzlich mit Ablauf des Kalenderjahres, in dem der Anspruch erstmals fällig geworden ist. [2]Wird durch eine Steueranmeldung oder Steuerfestsetzung erst die Voraussetzung für die Durchsetzung des Anspruchs geschaffen, so beginnt die Verjährung auch bei früherer Fälligkeit des Anspruchs (z. B. bei den sog. Fälligkeitssteuern) nicht vor Ablauf des Kalenderjahres, in dem die Steueranmeldung oder die Festsetzung, die Aufhebung oder Änderung der Festsetzung eines Anspruchs wirksam geworden ist. [3]Dies gilt unabhängig davon, ob der Bescheid angefochten wird oder nicht.

AEAO zu § 231 – Unterbrechung der Verjährung:

1. [1]Zu den Unterbrechungstatbeständen gehört auch die schriftliche Geltendmachung eines Zahlungsanspruchs durch den Steuerpflichtigen (§ 231 Abs. 1 Satz 1 Nr. 8 AO). [2]Bei elektronischer Übermittlung kann – vorbehaltlich der Eröffnung eines entsprechenden Zugangs durch die Finanzbehörde (§ 87a Abs. 1 AO) – auf eine qualifizierte elektronische Signatur und auch auf ein Verfahren nach § 87a Abs. 3 Satz 4 und 5 AO verzichtet werden, da kein Unterschriftserfordernis besteht (vgl. AEAO zu § 87a, Nr. 3.2.4).

2. Eine dem Zahlungspflichtigen von der Finanzbehörde bekannt gegebene Maßnahme i. S. d. § 231 Abs. 1 AO unterbricht die Zahlungsverjährung auch dann, wenn es sich bei dieser Maßnahme um einen Verwaltungsakt handelt, der rechtswidrig oder nichtig oder rückwirkend aufgehoben worden ist (vgl. BFH-Beschluss vom 21.6.2010, VII R 27/08, BStBl. 2011 II S. 331).

AEAO zu § 233a[1)] – Verzinsung von Steuernachforderungen und Steuererstattungen:

Inhaltsübersicht

Allgemeines

1. [1]Die Verzinsung nach § 233a AO (Vollverzinsung) soll im Interesse der Gleichmäßigkeit der Besteuerung und zur Vermeidung von Wettbewerbsver-

---

[1)] **§ 233a i. V. m. § 238 Abs. 1 Satz 1 AO für Verzinsungszeiträume ab 1.1.2014 verfassungswidrig,** mit Fortgeltungsanordnung bis 31.12.2018; bis 31.7.2022 muss der Gesetzgeber für Verzinsungszeiträume ab 2019 eine alle bestandskräftigen Hoheitsakte erfassende rückwirkende Neuregelung treffen, siehe BVerfG v. 8.7.2021 1 BvR 2237/14, 1 BvR 2422/17, DStR 2021, 1934.

zerrungen einen Ausgleich dafür schaffen, dass die Steuern trotz gleichen gesetzlichen Entstehungszeitpunkts, aus welchen Gründen auch immer, zu unterschiedlichen Zeitpunkten festgesetzt und erhoben werden. [2]Die Verzinsung ist gesetzlich vorgeschrieben; die Zinsfestsetzung steht nicht im Ermessen der Finanzbehörde. [3]Die Zinsen werden grundsätzlich im automatisierten Verfahren berechnet, festgesetzt und zum Soll gestellt. [4]Die Zinsfestsetzung wird regelmäßig mit dem Steuerbescheid oder der Abrechnungsmitteilung verbunden.

Sachlicher und zeitlicher Geltungsbereich

2. [1]Die Verzinsung nach § 233a AO ist beschränkt auf die Festsetzung der Einkommen-, Körperschaft-, Vermögen-, Umsatz- und Gewerbesteuer (§ 233a Abs. 1 Satz 1 AO). [2]Wegen der Verzinsung des Steuervergütungsanspruchs nach § 18 Abs. 9 UStG i. V. m. §§ 59 ff. UStDV und in Fällen des Mini-one-stop-shop-Verfahrens nach § 18 Abs. 4e UStG (MOSS-Verfahren) vgl. AEAO zu § 233a, Nr. 62. [3]Von der Verzinsung ausgenommen sind die übrigen Steuern und Abgaben sowie Steuervorauszahlungen und Steuerabzugsbeträge (§ 233a Abs. 1 Satz 2 AO); vgl. auch BFH-Beschluss vom 18.9.2007, I R 15/05, BStBl. 2008 II S. 332, und BVerfG-Beschluss vom 3.9.2009, 1 BvR 1098/08, BFH/NV S. 2115. [4]Auch bei der Nachforderung von Abzugsteuern gegenüber dem Arbeitnehmer (vgl. BFH-Urteil vom 17.11.2010, I R 68/10, BFH/NV 2011 S. 737), der Festsetzung der vom Arbeitgeber übernommenen Lohnsteuer sowie der Festsetzung der Umsatzsteuer im Abzugsverfahren erfolgt keine Verzinsung nach § 233a AO. [5]Kirchensteuern werden nur verzinst, soweit die Landeskirchensteuergesetze dies vorsehen. [6]Als Einfuhrabgabe unterliegt die Einfuhrumsatzsteuer den sinngemäß geltenden Vorschriften für Zölle, weshalb ein sich bei der Festsetzung von Einfuhrumsatzsteuer ergebender Unterschiedsbetrag nicht nach § 233a AO zu verzinsen ist (BFH-Urteil vom 23.9.2009, VII R 44/08, BStBl. 2010 II S. 334). [7]Der AO lässt sich im Übrigen kein allgemeiner Grundsatz des Inhalts entnehmen, dass Ansprüche des Steuerpflichtigen aus dem Steuerschuldverhältnis auch ohne einzelgesetzliche Grundlage stets zu verzinsen sind (vgl. BFH-Urteil vom 16.12.2009, I R 48/09, BFH/NV 2010, S. 827).

[1]§ 233a AO ist bei Wegzug in einen Mitgliedstaat der EU bzw. des EWR im Lichte der Niederlassungsfreiheit nach Art. 49 AEUV europarechtskonform auszulegen. [2]Hiernach ist die Wegzugsteuer nach § 6 Abs. 1 AStG bzw. die Steuer auf Entstrickungsgewinne bei Wegzug nach § 27 Abs. 3 Nr. 3 Satz 2 UmwStG 2006, § 21 Abs. 2 Satz 1 Nr. 2 UmwStG 1995 nicht der Vollverzinsung zu unterwerfen, soweit die Steuer nach § 6 Abs. 5 AStG zinslos zu stunden ist.

Zinsschuldner/-gläubiger

3. [1]Bei der Verzinsung von Steuernachzahlungen ist der Steuerschuldner auch Zinsschuldner. [2]Schulden mehrere Personen die Steuer als Gesamtschuldner, sind sie auch Gesamtschuldner der Zinsen. [3]Bei der Verzinsung von Erstattungsansprüchen ist grundsätzlich der Gläubiger des Erstattungsanspruchs Zinsgläubiger. [4]Die Aufteilung der Zinsen nach §§ 268 ff. AO hat für die Zinsberechnung keine Bedeutung. [5]Zur Abtretung eines Anspruchs auf Erstattungszinsen vgl. AEAO zu § 46, Nr. 1.

Zinslauf

4. [1]Der Zinslauf beginnt im Regelfall 15 Monate nach Ablauf des Kalenderjahres, in dem die Steuer entstanden ist (Karenzzeit nach § 233a Abs. 2 Satz 1

aussetzung eines anderen Grundlagenbescheids und der hierauf beruhenden Folgebescheide gem. § 361 Abs. 3 Satz 1 AO oder § 69 Abs. 2 Satz 4 FGO auslöst, tritt die Verzinsung ein.

3. Bei teilweiser Aussetzung der Vollziehung eines angefochtenen Verwaltungsakts bezieht sich die Zinspflicht nur auf den ausgesetzten Steuerbetrag.

4. [1]Aussetzungszinsen sind zu erheben, soweit ein Einspruch oder eine Anfechtungsklage endgültig erfolglos geblieben ist. [2]Ohne Bedeutung ist, aus welchen Gründen der Rechtsbehelf im Ergebnis erfolglos war (BFH-Urteil vom 27.11.1991, X R 103/89, BStBl. 1992 II S. 319). [3]Aussetzungszinsen sind demnach zu erheben,

a) wenn der Steuerpflichtige aufgrund einer bestandskräftigen Einspruchsentscheidung oder aufgrund eines rechtskräftigen gerichtlichen Urteils ganz oder teilweise unterlegen ist,
b) wenn das Einspruchsverfahren oder gerichtliche Verfahren nach der Rücknahme des Einspruchs, der Klage oder der Revision rechtskräftig abgeschlossen wird,
c) wenn der angefochtene Verwaltungsakt – ohne dem Rechtsbehelfsantrag voll zu entsprechen – geändert wird und sich der Rechtsstreit endgültig erledigt,
d) soweit der Rechtsbehelf aufgrund einer unanfechtbar gewordenen Teil-Einspruchsentscheidung (§ 367 Abs. 2a AO) oder Allgemeinverfügung (§ 367 Abs. 2b AO) oder aufgrund eines unanfechtbar gewordenen Teilurteils (§ 98 FGO) endgültig keinen Erfolg hatte, unabhängig davon, inwieweit das Rechtsbehelfsverfahren im Übrigen wegen weiterer Streitpunkte anhängig bleibt.

[1]Wird ein ändernder oder ersetzender Verwaltungsakt nach § 365 Abs. 3 AO oder nach § 68 FGO Gegenstand des Rechtsbehelfsverfahrens, ist für die Verzinsung das Ergebnis des gegen den neuen Verwaltungsakt fortgeführten Einspruchs- bzw. Klageverfahrens maßgebend. [2]Dies gilt auch, wenn ein angefochtener Vorauszahlungsbescheid durch die Jahressteuerfestsetzung ersetzt wird (vgl. AEAO zu § 365, Nr. 2).

Für die Entscheidung, wann der Einspruch oder die Anfechtungsklage endgültig ohne Erfolg geblieben ist und somit die einjährige Frist für die Festsetzung von Aussetzungszinsen (§ 239 Abs. 1 Satz 2 Nr. 5 AO) in Lauf gesetzt wurde, ist auch dann auf den Zeitpunkt des Abschlusses des Einspruchsverfahrens oder des Verfahrens vor dem Finanzgericht oder dem BFH abzustellen, wenn sich hieran ein Verfassungsbeschwerdeverfahren anschließt (BFH-Urteil vom 11.2.1987, II R 176/84, BStBl. II S. 320; BFH-Beschluss vom 14.6.2007, VII B 185/06, BFH/NV S. 2055; vgl. auch AEAO zu § 361, Nr. 1.3).

5. Aussetzungszinsen sind nicht zu erheben, wenn die Fälligkeit des streitigen Steueranspruchs, z. B. aufgrund einer Stundung (§ 222 AO), hinausgeschoben war oder Vollstreckungsaufschub (§ 258 AO) gewährt wurde.

6. [1]Aussetzungszinsen sind vom Tag des Eingangs des außergerichtlichen Rechtsbehelfs, frühestens vom Tag der Fälligkeit an, oder von der Rechtshängigkeit an bis zu dem Tag zu erheben, an dem die nach § 361 AO oder nach § 69 FGO gewährte Aussetzung der Vollziehung endet. [2]Wird die Aussetzung der Vollziehung erst später gewährt, werden Zinsen erst vom Tag des Beginns der Vollziehungsaussetzung erhoben.

7. [1]Bei den Realsteuern obliegt die Festsetzung und Erhebung der Aussetzungszinsen den Gemeinden. [2]Diesen sind deshalb – soweit erforderlich – die für die Berechnung und Festsetzung der Zinsen notwendigen Daten mitzuteilen.

8. [1]Wegen der einjährigen Frist für die Festsetzung von Aussetzungszinsen wird auf den AEAO zu § 237, Nr. 4 (letzter Absatz) und auf § 239 Abs. 1 Satz 1, Satz 2 Nr. 5 AO verwiesen. [2]Soweit der Rechtsbehelf durch eine Teil-Einspruchsentscheidung (§ 367 Abs. 2a AO), eine Allgemeinverfügung (§ 367 Abs. 2b AO) oder ein Teilurteil (§ 98 FGO) zurückgewiesen wurde (vgl. AEAO zu § 237, Nr. 4 erster Absatz Buchstabe d), beginnt die Festsetzungsfrist bereits mit dem Eintritt der Unanfechtbarkeit dieser Entscheidung.

AEAO zu § 238 – Höhe und Berechnung der Zinsen:[1), 2)]

1. Ein voller Zinsmonat (§ 238 Abs. 1 Satz 2 AO) ist erreicht, wenn der Tag, an dem der Zinslauf (ggf. unter Berücksichtigung des § 108 Abs. 3 AO) endet, hinsichtlich seiner Zahl dem Tag entspricht, der dem Tag vorhergeht, an dem die Frist begann (BFH-Urteil vom 24.7.1996, X R 119/92, BStBl. 1997 II S. 6).

2. [1]Abzurunden ist jeweils der einzelne zu verzinsende Anspruch. [2]Bei der Zinsberechnung sind die Ansprüche zu trennen, wenn Steuerart, Zeitraum (Teilzeitraum) oder der Tag des Beginns des Zinslaufs voneinander abweichen. [3]Im Falle von Teilzahlungen wird nur der Gesamtbetrag gerundet.

AEAO zu § 239 – Festsetzung der Zinsen:

1. [1]Zinsen werden durch Zinsbescheid festgesetzt; die Formvorschriften für Steuerbescheide (§ 157 Abs. 1, ggf. § 87a Abs. 4 AO) gelten entsprechend. [2]Der Mindestinhalt des Zinsbescheids richtet sich nach § 157 Abs. 1 Sätze 2 und 3, § 119 Abs. 3 AO. [3]Der Bescheid kann nach § 129 AO berichtigt oder nach §§ 172 ff. AO aufgehoben oder geändert werden. [4]Als Rechtsbehelf gegen den Zinsbescheid sowie gegen die Ablehnung, Erstattungszinsen nach §§ 233a, 236 AO zu zahlen, ist der Einspruch gegeben. [5]Zum Rechtsbehelfsverfahren gegen die Entscheidung über eine Billigkeitsmaßnahme vgl. AEAO zu § 347, Nr. 4.

2. [1]Nach Ablauf der Festsetzungsfrist von einem Jahr können Zinsen nicht mehr festgesetzt werden. [2]Die für Folgebescheide geltende Ablaufhemmung nach § 171 Abs. 10 Satz 1 AO wird im Verhältnis vom Steuerbescheid zum Zinsbescheid gemäß § 233a AO durch die speziellen Regelungen in § 239 Abs. 1 Sätze 1 bis 3 AO verdrängt. [3]Ergeht hingegen ein Zinsbescheid als Folgebescheid eines Zins-Grundlagenbescheids (§ 239 Abs. 3 AO), endet die Festsetzungsfrist für den Zinsbescheid nach § 171 Abs. 10 Satz 1 AO nicht vor Ablauf von zwei Jahren nach Bekanntgabe des Zins-Grundlagenbescheids

---

1) Zur vorläufigen Festsetzung von Zinsen nach § 233 AO iVm § 238 Abs. 1 Satz 1 AO siehe BMF v. 2.5.2019, BStBl. I 2019, 448, geänd. durch BMF v. 27.11.2019, BStBl. I 2019, 1266.

2) **§ 233a i. V. m. § 238 Abs. 1 Satz 1 AO für Verzinsungszeiträume ab 1.1.2014 verfassungswidrig,** mit Fortgeltungsanordnung bis 31.12.2018; bis 31.7.2022 muss der Gesetzgeber für Verzinsungszeiträume ab 2019 eine alle bestandskräftigen Hoheitsakte erfassende rückwirkende Neuregelung treffen, siehe BVerfG v. 8.7.2021 1 BvR 2237/14, 1 BvR 2422/17, DStR 2021, 1934.

Für handschriftliche Notizen

Für handschriftliche Notizen

Für handschriftliche Notizen

Für handschriftliche Notizen

Für handschriftliche Notizen

Für handschriftliche Notizen

Für handschriftliche Notizen

Für handschriftliche Notizen

Für handschriftliche Notizen

Für handschriftliche Notizen

Für handschriftliche Notizen

Für handschriftliche Notizen

Für handschriftliche Notizen

Für handschriftliche Notizen

Für handschriftliche Notizen

Für handschriftliche Notizen

Für handschriftliche Notizen

Für handschriftliche Notizen

Für handschriftliche Notizen

Für handschriftliche Notizen

Für handschriftliche Notizen

Für handschriftliche Notizen

Für handschriftliche Notizen

Für handschriftliche Notizen

Für handschriftliche Notizen

Für handschriftliche Notizen

Für handschriftliche Notizen

Für handschriftliche Notizen

Für handschriftliche Notizen

Für handschriftliche Notizen

Für handschriftliche Notizen

Für handschriftliche Notizen